KB269042

근대 계몽기의 교육학 연구와 교과서

허재영 엮음

지식과교양

머리말

이 책은 근대 계몽기 교육학 관련 논설 및 논문, 교과서를 자료로 입력하고, 일부 교과서는 번역을 하여 묶은 것이다. 근대 계몽기는 1880년대부터 일제 강점 직전인 1910년까지를 일컫는 말로써, 이 시기 학제 도입과 함께 각종 교육입국 논의가 활발하게 전개되었다. 특히 근대식 학제 도입은 교과(학과)의 개념 도입뿐만 아니라 교과서, 교육 정책, 교사 양성 등의 다양한 문제를 유발하게 되었다. 더욱이 전통적인 교육 제도와는 달리 사범 교육이 강조되면서 학문적 차원에서 교육 활동을 접근하게 된 것으로 보인다.

근대 계몽기의 교육학은 서구나 일본을 거쳐 도입된 것이 많았지만, 그 가운데 일부는 상당한 수준의 연구가 이루어지기도 했다. 그럼에도 기존의 한국 교육사나 어문 교육사 연구에서 이 시기 교육학에 대해서는 많은 논의가 이루어지지 못한 면이 있다.

이를 고려하여 이 시기의 여러 신문과 학회보에 실린 교육학 관련 자료를 수집하여 엮었다. 또한 기무라의 『신찬교육학』(1896)이나 유옥겸(1908)의 『간명교육학』은 사범 교육용 단행본 교육학 교과서로 중요한 의미를 지닌다. 『신찬교육학』은 일본인의 저술이지만 한문에 한글 현토를 한 저술로 1900년대까지 사범 교육용 교과서로 쓰였으므로 원문을 입력하고, 간결한 번역을 붙였다.

　　이들 논설이나 논문 또는 단행본은 대부분 국한문체로 이루어져 있어, 당시의 어문 문제를 이해하는 데 중요한 단서가 되기도 한다. 여기서는 자료를 정리하는 차원에서 한글로 입력하고, 일부 어휘나 외국인명에 대해서는 주석을 붙이기도 했는데, 서양인명의 경우 간접 음역 방식의 차자를 사용하여 어떤 사람을 지칭하는지 알 수 없는 경우가 많으므로 이에 대한 별도의 정리도 필요할 것으로 보인다.

1.
교육론과 학교 교육

1.1.교육 실태와 교육론 일반

◎ 別報, 황성신문, 광무2년(1898) 3월 8일

◎ 論說, 황성신문, 광무3년(1899) 1월 14일

◎ 別報, 황성신문, 광무3년(1899) 5월 6일

◎ 제국신문, 광무 3년(1899)년 5월 6일

◎ 론설, 제국신문, 광무 5년(1901) 6월 27일

◎ 論說, 황성신문, 광무3년(1899) 7월 5일

◎ 論說, 황성신문, 광무3년(1899) 7월 11일

◎ 論說, 論中學校 課程, 황성신문, 광무 4년(1900) 12월 28일

◎ 論說, 論敎育發達之策, 황성신문, 광무 6년(1902) 12월 9일 ~ 12일까지 4회 연재

◎ 論說, 敎育制度, 황성신문, 광무 8년(1904) 5월 9일 ~ 10일

◎ 論說, 勸告學校之設立, 황성신문, 광무 9년(1905) 6월 2일 ~ 3, 5, 6, 8, 9일 6회 연재

◎ 論說, 學部는 廢止언덩 學校는 不可廢, 황성신문, 광무 9년(1906) 10월 5일 ~ 6일

◎ 論說, 學部瀆職之責, 황성신문 광무 10년(1906) 5월 9일

◎ 雜報, 敎員 速成科, 황성신문 광무 10년(1906) 5월 9일

◎ 論說, 義務敎育, 황성신문 광무 10년(1906) 12월 5일, 6일, 7일

◎ 敎育이 不明이면 生存을 不得, 朴庠鎔, 태극학보 제10호, 광무11년(1907) 5월 24일

◎ 希望의 曙光, 白岳子 張膺震, 태극학보 제11호, 광무11년(1907) 6월 24일

◎ 精神的 敎育의 必要, 李東初, 태극학보 제11호, 광무11년(1907) 6월 24일

◎ 論說, 學部는 外人의 雇用이 無益, 황성신문, 융희 원년(1907) 10월 20일

◎ 論說, 義務敎育先自貧民始, 황성신문 융희 2년(1908) 6월 6일

◎ 寄書, 小學敎育에 對ᄒ는 意見, 兪吉濬, 황성신문 융희 2년(1908) 6월 10일

◎ 敎育 方針에 對흔 意見, 柳承欽, 대한학회월보 제7호~9호, 융희 2년(1908) 9월 25
   일, 11월 25일(2회 연재)

◎ 敎育時弊, 구자학, 대한흥학보 제12호, 융희 4년(1910) 4월 20일

1.2. 교육의 목적과 학교 제도

◎ 敎育의 目的, 禹敬命(譯), 태극학보 제10호, 광무11년(1907) 5월 24일
◎ 敎育의 目的, 鄭永澤, 기호흥학회보 제1호, 융희 2년(1908) 8월 25일
◎ 敎育의 意義, 鄭永澤, 기호흥학회보 제2호, 융희 2년(1908) 9월 25일
◎ 敎育의 可能, 鄭永澤, 기호흥학회보 제3호, 융희 2년(1908) 10월 25일
◎ 敎育의 必要, 鄭永澤, 기호흥학회보 제4호, 융희 2년(1908) 11월 25일
◎ 敎育의 限界, 鄭永澤, 기호흥학회보 제4호, 융희 2년(1908) 12월 25일
◎ 敎育의 限界, 鄭永澤, 기호흥학회보 제6호, 제7호 융희 3년(1909) 1월 25일, 2월 25일
◎ 學典, 李膺鐘, 기호흥학회월보 제10호 ~ 제12호, 융희 3년(1909) 5월 25일 ~ 7월 25일
◎ 敎育의 新潮, 金永基, 대한흥학보 제3호, 융희 3년(1909) 5월 20일
◎ 學校의 槪說, 姜邁, 대한흥학보 제3호, 융희 3년(1909) 5월 20일
◎ 學生論, 嘯印生, 대한흥학보 제4호, 융희 3년(1909) 6월 20일

근대 계몽기의 교육학 연구와 교과서

1.1. 교육 실태와 교육론

◎ 別報, 황성신문, 광무2년(1898) 3월 8일

해설

학부 훈령으로 당시의 교육 실태를 소개하고, 학부 설립이 얼마 되지 않아 교과서를 전부 준비하지 못했으므로 우선 〈공법회통〉 2질, 〈태서신사 국한문〉 5질, 〈서유견문〉 1을 전용할 필요가 없고, 국한문 교용이 가책, 〈중일사략〉 10책, 〈아국약사(俄國略史)〉 20책, 〈심상소학〉 10질, 〈대한도〉 2폭, 〈소지구도〉 5폭을 보냄. 국문 사용 실태가 포함되어 있음. 강제로 한문능하며 국문 전용도 불가하지 않으므로 오직 그 뜻에 부응하도록 의견을 창달하라고 함. 각 교재와 함께 주의해야 할 사항을 '문제'로 정하여 훈령에 포함하였음.

學部에서 平安南道 公立小學校에 訓令훈 草本을 左에 記훈노라.

向日 接讀修身論諸篇에 入門이 頗正후니 足 見留心聖學에 爲斯文行이 多矣로다. 然이나 本部ㅣ 職司 敎育에 玆 將學業大槩후야 爲

諸生誦之ᄒ노라. 夫幼而學之는 欲壯而行也라. 然則 立說 著書가 俱要實踐寔踏이오 不可但以空言無補而已라. 故로 泰西諸國學校之制가 設有 小學 中學 大學之等級ᄒ야 其 年幼者는 先入 小學校而敎授之法이 極其淺近易曉ᄒ야 但求粗通文算 並 地球 史學 等書ᄒ며 或 兼 習他國言語文字ᄒ고 至十五歲 以後則 所習者ㅣ 天文 測算 格物 化學 重學 製造學 政治學 法律學 富國學 交涉學이오 並 …(중략)…

且 不必强意全用漢文ᄒ며 其以國漢文交用이 實爲可合而其全用國文도 亦無不可ᄒ야 惟任其意興所到에 暢達意見ᄒ라. (중략)

　問題

法國이 何故大亂ᄒ며 拿破崙 第一皇은 何如ᄒ 英雄고. (이하 생략)

◎ 論說, 황성신문, 광무3년(1899) 1월 14일

이 시기 교과서는 시문(時文)과 관련된 것이 적은데, 학부에서 17종의 교과서를 만들었으나 세계 사정을 이해하는 데 적절하지 못한 점이 있어, 외부의 고관들이 일본, 영국, 독일, 러시아, 이탈리아, 프랑스, 오스트리아의 각 장을 구체적으로 편집하여 책을 냈으나, 그 사실을 관보에만 게재하여 평민들이 보기 어렵게 한 점을 비판한 논설임.

　我國의 書冊이 汗牛充棟ᄒ야 聖經賢傳 以外에도 天下의 遺文

古史가 畢集치 아닌 者ㅣ 無ᄒ되 唯獨 時文이 不足ᄒ야 官人과 百姓이 世界의 形便과 交際의 本旨를 明達치 못ᄒᄂ 故로 外人을 對ᄒᆷ이 井底蛙를 免치 못ᄒ야 항상 有志者의 深歎ᄒᄂ 빈 되더니 甲午 以後에 學部에서 前人의 未發ᄒ 바를 發ᄒ야 如干 時局의 緊要ᄒ 者를 摘ᄒ니 近日 公法會通과 萬國地誌와 萬國歷史와 朝鮮地誌와 朝鮮歷史와 泰西新史와 中日略史와 俄國歷史와 種痘新書와 尋常小學과 國民小學讀本과 輿載撮要와 萬國年契와 地球略論과 近易筭術과 簡易四則과 朝鮮地圖와 世界地圖와 小地球圖[1] 等 冊이 是라. 此ㅣ 비록 大方家에ᄂ 見笑ᄒ나 또ᄒ 足히 褊邦(편방)의 聞見을 略開할지라. 是以로 各 學校 幼蒙들이 日課月習ᄒ야 其 進就ᄒᆷ이 鳥의 數飛ᄒᆷ을 佇待ᄒ되[2] 但 各國 約章을 未遑刊出ᄒ야 租界의 定段과 交易의 收征을 口岸官民이 尙未灼知ᄒ야 交涉 通商의 利害가 懸守ᄒ니 此ᄂ 無他라. 該約章을 人民들이 得見치 못ᄒ 故ㅣ라. 然ᄒ 故로 外部에서 某某 高官들이 商議ᄒ고 日美英德俄義法奧 各約과 各港 租界 章程과 現行 細則을 上下編으로 彙集ᄒ야 現己刊完ᄒ엿스니[3] 國民의 有益ᄒᆷ이 此에 過할 冊子가 無ᄒ지라. 맛당히 人人 閱覽ᄒ야 依約準行이라야 이에 可히 開明國이라 稱ᄒᆯ 것인즉 該部에서 맛당히 各 新聞에 廣告ᄒ야 全國 人民에게 通知케 ᄒᆷ이 先覺의 主旨어늘 今에 官報에만 揭載ᄒ고 價金 十八錢을 懸錄ᄒ야 顧覽者로 ᄒ야곰 本部에 來ᄒ야 請購ᄒ라 ᄒ엿스니 全國에 新聞 보ᄂ 者와 官報 보ᄂ 者가 孰多孰少ᄂ 豫質치 못ᄒ거니와 大抵 官報보ᄂ 者ᄂ 擧皆 官人이오 新聞보ᄂ 者ᄂ 擧

---

1 이 시기 교과서로 쓰인 책 17종을 거론하였음.

2 저대(佇待)ᄒ되: 우두커니 기다리되.

3 발행한 책을 구체적으로 알 수 없으나, 당시 기사를 고려할 때 <약장합편> 또는 <법규유편(法規類編)>을 의미하는 것으로 보임.

皆 平民이니 然則 此 約章을 官人만 見ᄒ고 平民은 見치 못ᄒ게 홈인지 其 主義ᄂ 知치 못ᄒ거니와 此 約章의 施行홀 者ᄂ 民이 아니고 誰오. (중략) 官人들은 쏘ᄒ 該部로 來ᄒ야 購去홀지니 然則 人民의 所願이 就ᄒ고 外部의 能事가 畢홀지라. 엇지 公本ᄒ 文字를 作ᄒ야 石室에 藏홈을 效코져 ᄒ리오. 嗟乎라. 此等 冊子 의 有意ᄒ고도 空囊이 羞澁ᄒ야 購覽키 末由ᄒᄂ 者ᄂ 其 景況을 想像ᄒ야 外部에셔 用意홈이 如何ᄒᄃᆟ 在홀 듯ᄒ도다.

◎ 別報, 황성신문, 광무3년(1899) 5월 6일

해설

양근군 사립 영화학교 사무원 정운철(鄭雲哲)의 기서로 당시 교육 실태와 교과서에 대한 내용이 수록됨. 수기치인의 강령(綱領)에 해당하는 경술(經術)을 존중하고, 수기치인의 조목(條目)에 해당하는 법률(法律) 공부를 소홀히 함을 비판하였음. 법률 전문학교를 설립하는 취지와 학교 설립 사정을 호소하고 신문 발송을 부탁하는 내용임. 〈법규유편〉, 〈약장합편〉, 〈공법회통〉 등의 교과서에 대한 기술이 나타남.

敬啓者ᄂ 愚等이 草野에 生長ᄒ야 學識은 面墻ᄒ고 聞見은 坐井이라. 平生에 如干 書籍을 開覽ᄒ얏스나 治平의 言論은 便是龍肉의 座談이오 學課의 規模ᄂ 一切 兎株를 死守ᄒ니 此豈 志慮를 發達ᄒ며 步趣를 開進ᄒᄂ 實際리오. (中略) 故로 鄕中에 二三 同志로 學校를 設立ᄒ고 學徒를 募集ᄒ야 學問을 討論홈이 茅塞ᄒ 心胸을 開爽코져 ᄒ노니 夫 法律은 政治의 高等學이오 人道의 當

然き 規制라. 官吏가 此에 明き면 治人이 有餘き고 凡人이 此에 明き면 修己가 有餘き거늘 我韓의 學問은 經術을 本흠으로 法律을 恥言き느니 然きト 經術은 修己治人의 綱領이오 法律은 修己治人의 條目이라. 經術과 法律이 互相 表裡흠은 古昔에도 猶然홀 쑨더러 現今 時象이 懸殊き야 經術은 漸漸 稀闊き고 人心은 漸漸 澆薄き야 政治 學問과 人道 規則에 多遠홀 慮가 不無きト 實노 慨然き 事라. 是로 以き야 自顧의 孤陋를 不揆き고 法律學을 專門으로 創設きト 列朝大典과 現行 法律과 無寃錄의 人命 獄情만 講論홀 쑨 아니라 法類類編에, 皇上陛下끠셔 聖衷으로 乾斷き심을 參求き며 約章合編에 各國 條約き 章程을 明核き며 公法會通에 萬國 通行きト 法權을 斟酌き야 비록 鄉曲에 處き더라도 現象이 昭然き며 徜히 出身き더라도 時務에 瞭然코져 きト 本意오니 此 學校ト 雖是 私立이나 尋常學校와 意見이 迥異(형이)き 故로 卒業의 証書가 無き면 學員을 足히 激勵치 못흘시 卒業의 準許홀 意見을 本 郡守의 報告로 法部에 請求き얏ト지라. 其 認許指令은 尚今 未准き얏스나 卽於陰曆 三月十五日에 開會協議き와 四月 一日노 爲先 開學きト 科條를 確定き고 學員에 職分을 盡心코져 き오나 經費가 窘絀き야 校用을 支過키 難흠이 右陳き 六課程만 專門 孜孜き고 其他 歷史, 地誌, 筭術 等 課程은 念不暇及이온ㄷ 時局 現象에 太昧き야도 孤陋를 未免흘깃기로 博雅き 君子의 新聞 論說과 時事에 外報를 延覽き야 鄉儒의 聞見을 發達코져 き오니 貴社 新聞紙를 本校로 逐日 信發き라 き얏더라.

◎ 제국신문, 광무 3년(1899)년 5월 6일

1899년 5월 6일부터 교육과 관련된 논설을 연속으로 게재함. 5월 9일, 5월 10일은 '보통교육', 5월 12일은 '권리', 5월 13일 '개화악습', 5월 15일, 16일 '돈' 등과 같이 제목을 붙인 논설을 게재함

교육이란 것은 사름의 싱애에 지남텰과 갓흔 것이라. 고로 무릇 사름이 텬디간에 싱쟝ᄒ야 ᄀ장 신령ᄒ고 ᄀ쟝 귀흔 갑슬 표ᄒ야 내고져 홀진대 반드시 됴흔 교육을 밧지 아니ᄒ면 되지 아니홀지라. …

교육의 실상 효험이 젼호에 긔록흔 바와 굿홀진디 참 우리가 사름의 몬저인도ᄒᄂ 것이며 싱이의 근원이라 그런고로 그것슬 ᄀ르치며 비호ᄂ대 당ᄒ야서는 확실흔 목뎍을 세우며 덕댱흔 방법을 론란치 아니치 못ᄒ리라. …

그러ᄒ면 교육ᄒᄂ 법을 다 각각 달으게 홀가. 반드시 그러치 못홀 거시라. 만일 이굿치 ᄒ고 보면 그 번잡흔 것은 말홀 슈 업거니와 ᄯ 효험을 죠곰도 보지 못홀지라. …그러므로 사름의 본디 아ᄂ 것과 본디 능흔 것을 ᄎ뎨로 발달케 ᄒ야 그 일반 보통의 굿흔 쳔성을 잇끄러 내ᄂ 것을 보통교육이라 ᄒᄂ니라.

◎ 론셜, 제국신문, 광무 5년(1901) 6월 27일

외국인이 해외 교육을 열심히 하는 이유를 밝히고, 장대한 계획 하에 교육
에 힘써야 함을 강조한 논설. 특히 이 시기 미국인 학교와 일본인 학교를
통한 상권(商權) 확보와 교육권(敎育權) 확보가 갖는 의미를 주목한 점이
특징임.

사름이 무삼 일을 경영ᄒ던지 당쟝에는 젹은 일이라도 불가불
쟝원ᄒ 렴녀가 업슬 슈 업ᄂ듸 흠을며 나라를 위ᄒ야 영원무궁ᄒ
복록을 누리고져 ᄒᄂ 크고 큰 일이야닐너 무엇ᄒ리오. 가령 학교
로 말ᄒ 지경이면 인ᄌ를 교육ᄒ야 나라에 동량보필도 될여니와
사름마다 그 긔지를 변화ᄒ야 악ᄒ 사름의 성품이 착ᄒ게도 되고
어리셕은 사름이 슬긔롭게도 되고 약ᄒ던 사름이 강건ᄒ게도 되며
나틔ᄒ던 사름이 근실ᄒ게도 되나니 그 허다ᄒ 효력을 리로 말ᄒ
슈 업거니와 첫지 사름이 학문이 업고ᄂ 셰샹에 무삼 일이 되ᄂ 슈
가 업나니 그런즉 그럿케 크고 쟝대ᄒ 일을 갈ᄋ치ᄂ 사름이나 비
호ᄂ 사름이 엇지 쟝구ᄒ 렴녀가 업시 ᄒ로잇흘 일노 알고 범연이
녁이ᄂ 것이 가ᄒ리오.

우리나라에 공스립 학교가 젹지 안어 인ᄌ를 교육ᄒᄂ 일이 미
상불 크고 쟝구ᄒ 경영이 아님이 아니로듸 <u>근일 각 학교 형편을 슬
펴보건듸 갈ᄋ치ᄂ 사름들은 다만 벼슬에나 월급에 미여셔 빙빙
과거ᄒᄂ 일이 만코 비호ᄂ 사름들은 크고 깁흔 학문을 비화 일후
에 크게 쓸 싱각은 일호도 업고 다만 한두달 이삼년에 효험 볼 경
영쑨이니</u> 사름마다 그 모영으로 싱각ᄒ즉 나라에 학문 잇ᄂ 사름

은 한나도 업고 무식하고 어리석은 사름만 만흔즉 무삼 슬기와 무삼 학력으로 나라이 부강하며 무삼 슈단으로 남의 나라 슈치와 압제를 면하리오. 지금 세계 각국에서 교육에 힘쓰는 것은 말하지 안어도 사름마다 가히 짐작하려니와 비단 그 나라 안에서만 교육에 힘쓸 쑨 아니라 해외 교육이라고 남의 나라까지 가셔 외국 사름들을 글ㅇ치기에 열심하야 각쳐에 학교를 셜시하고 아모죠록 글ㅇ쳐 주기로 ㅎ나니 어리석은 소견으로 보개드면 그 신둙을 알 슈가 업슬 듯ㅎ되 그 실상을 궁구ㅎ야 보게드면 그도 쏘흔 리익의 큰 것이라. 외국 사름을 교육ㅎ야 무엇이 즈긔나라에 유조ㅎ리오만은 타국에 가셔 첫지 쟝슈ㅎ는 권리를 엇는 것이 리익이오 둘지 교육ㅎ는 권리를 엇는 것이 리익이라. 샹권의 리익은 이무가론이어니와 교육권을 엇게드면 그 나라 사름의 감성이 샹ㅎ지 아니ㅎ고 즈연 권리가 도라오나니 그것이 쏘흔 리익이라. 그런고로 <u>지금 일로 보더릭도 미국 사름은 교회를 쥬쟝ㅎ야 우리나라 각쳐에 학교를 비셜ㅎ고 일본셔는 일어를 글ㅇ치기로 각쳐에 학교를 셜립한 것이 십여쳐인딕 사름마다 그 학교에서 교육을 밧게드면 불가불 그 교소나 그 나라 사름과 즈연 즁 감졍이 될 것은 필연한 리치</u>라. 이제 외국인의 해외교육에 열심하는 일을 의론하건딕 일변 싱각ㅎ면 한심흠을 익의지 못흘 터이나 일변 싱각ㅎ면 그 뜻이 깁고 멀고 널으기가 한량이 업기로 대강 말하거니와 <u>명동 경셩학당은 일본 사름의 해외교육회 학교인딕</u> 여러해 젼부터 본국사름을 교육하기로 즈본을 구쳐하야 학당쟝과 교두와 여러 교소의 월급을 주고 학원의 지필묵을 비급하며 열심으로 교육하미 본국 공소립 학교에는 학원들이 젹어셔 심지어 미일 상학ㅎ는 학원의 슈효가 불과 일이명ㅅ지 되는 딕가 잇셔도 그 학당에는 학원이 날노 늘어셔 나죵에는 학원을 모다 퇴하기ᄭ지 ᄒ얏스니 그 일노 보더ᄅᆞ도 그 신둙을 가히 짐작ᄒᆞᆯ 것이어니와 지금 **학당쟝 도뢰상길 씨**ᄂᆞᆫ 일본 교육가의 유명한 사ᄅᆞᆷ인ᄃᆡ 그 학당을 더 확장하기를 경영하ᄂᆞᆫᄃᆡ ᄆᆡ양 일본 사ᄅᆞᆷ이 말하기를 그럿케 크게 확장ᄒᆞᆯ 것이 업ᄂᆞᆫ 것이 죠선 사ᄅᆞᆷ은 깁고 큰 학문 ᄇᆡ홀 싱각은 한명도 업고 다만 말마ᄃᆡ나 ᄇᆡ호게드면 그만이오 탕건개 쓰면 학문을 전폐하나니 그렁뎌렁 지ᄂᆡᆫ 것이 됴타ᄂᆞᆫ 공론이 잇거늘 도뢰상길 씨ᄂᆞᆫ 자탄ᄒᆞ고 말하기를 그럿치 안은 것이 학교를 확장하야 ᄀᆞᄅ으치기를 만이만 하게드면 ᄇᆡᆨ명에 하나이던지 이ᄇᆡᆨ명에 한 명은 필경 깁흔 학문 ᄇᆡᄒᆞᄂᆞᆫ 사ᄅᆞᆷ이 잇슬 터이니 그럿케 하기를 마지 아니하면 그 ᄇᆡᆨ명이나 이ᄇᆡᆨ명 즁 한 명이 교육에 열심하야 ᄯᅩ 몃 ᄇᆡᆨ명을 교육하야 그럿케 한나식 둘식 늘게 드면 전국에 학문 ᄇᆡ홀 사ᄅᆞᆷ이 졈졈 만어질 터이오 지금 학문에 열심 안난 것은 죠선에 교육가가 업서 인도하기를 잘하지 못하는 신둑이라 하고 이에 경성학당 확장ᄒᆞᆯ 방침을 예산ᄒᆞ얏ᄂᆞᆫᄃᆡ …(하략)

◎ **論說**, 황성신문, 광무3년(1899) 7월 5일

학교의 의의와 유형, 당시의 학교 사정, 학과의 의미 등을 바탕으로 교육을 장려하는 논설

　夫 學校ᄂᆞᆫ 開進 文化ᄒᆞᄂᆞᆫ 一大 門路라. 人이 다 此 門路로 從出한 然後에 國家의 需用할 英材가 不乏ᄒᆞ고 人民의 資生할 産業이 自足ᄒᆞ야 富强의 基礎를 期然치 안코 必致ᄒᆞᄂᆞ니 學校의 旺衰가

엇지 國家 興廢의 大關이 아니리오. 泰西 諸邦을 開明人이라 富强 國이라 謂홈은 本來 別樣 人種이 아니라 國內에 學校를 廣設ㅎ야 人才를 敎育홈이 其 敎課ㅎᄂ 道가 階級이 有ㅎ야 沖年으로 長成 에 至토록 小學校, 中學校, 師範學校, 專門學校, 大學校를 次第 就 學ㅎ야 政治學과 武學과 農學과 商學과 工學과 化學과 理學 諸種 學을 各各 所向ᄒ 딕로 卒業ᄒ 後에 其 職業을 各守ㅎ야 天下에 一民도 遺棄홈이 無케 ㅎ니 …(중략)… 更張 以後에 城內外와 各 地方에 學校를 略設ㅎ야 幼蒙을 開導홈이 實效가 稍有ᄒ지라. 日 前에 各 官立小學校에셔 學期試驗을 經ᄒ식 學員의 應試ᄒ 만ᄒ 者 合 一百六十八 人을 選拔ㅎ얏ᄂ딕 齋洞學校에 四十五人이오 …(중략)… 其 卒業ᄒ 者ㅣ 齋洞에 九人이오 安洞에 五人이오 … 課程은 讀書와 習字와 作文과 筭術과 歷史와 地誌인딕 學務局長 과 校長들이 試取ㅎ고 …(하략)

◎ 論說, 황성신문, 광무3년(1899) 7월 11일

이 시기 교원 문제와 관련된 논설. 국가에서 교원을 두는 이유를 망각하고, 교사가 태만한 현실을 비판함.

國家에서 各 地方에 學校를 設ㅎ고 敎員을 任ㅎ야 別定ᄒ 課程 으로 鄕家 子弟를 敎育홈은 其 蒙愚함을 解ㅎ고 開達한데로 就ㅎ 야 一國으로 ᄒ야곰 文明에 躋케 함이라. (중략) 今에 各 地方 學校 의 詳寄를 更聞ᄒ즉 設校 以來로 學徒가 朝三暮四ㅎ야 規模가 懈

弛홀 쑨더러 <u>國漢文 交用 文字를 開化者의 學으로 歸</u>ᄒ야 原定 課
程을 眼外로 視之ᄒ되 校師ᄂ 一分도 勸勵홈이 無ᄒ고 何如케 學
ᄒ던지 一月만 送ᄒ면 俸給을 例索ᄒ니 …(하략)

◎ **論說, 論中學校 課程,** 황성신문, 광무 4년(1900) 12월 28일

해설

중학교령 발포 이후 시행될 중학교 교육과정에 대한 논설임. 중학교 교육
과정의 각 내용이 현실에 맞지 않는 문투로 이루어져 있음을 비판.

我國에 學校를 廣設ᄒ야 敎育을 實施ᄒ다 ᄒ야도 尋常 普通科
에 不過ᄒ 小學校와 師範學校 幾處而已러니

聖化ㅣ 隆治ᄒ시고 治敎ㅣ 休明ᄒ샤 中學校를 命設ᄒ실식 巨
額의 國金을 消費ᄒ며 …(중략)… 近日 敎育ᄒᄂ 課程을 槪聞ᄒ
즉 現習 <u>地志로 論ᄒ건듸</u> 論水則激浪奔波가 飜銀簸雪이니 紅蓼
碧波에 游鷗(유구)가 往來ᄒ나니 論山則曰 棧畔悲風(잔반비풍)이
虛嘯와 如ᄒ며 峽間古木은 龍蟠(용반)과 彷彿이라 ᄒᄂ <u>全篇 文意
가 演稗句法이라 其 文彩를 可取언뎡 地志라 ᄒ기ᄂ 不可ᄒ며 一
次 閱覽은 可홀지언뎡 課程이라 ᄒ기ᄂ 不可ᄒ 것</u>이 一也오, **物理
經濟**로 論ᄒ건듸 <u>飜譯ᄒ 冊子를 面面에 攤開(탄개)홈이 現無ᄒ고
外國 敎師가 心傳口授ᄒ며 提耳面命홈을 雖爲努力이나 言語를
不通ᄒᄂ 學員들이 採聽이 不慣ᄒ고 隨聞記述홈이 十百文意가
各自不同ᄒ니 毫釐之差에 千里之繆(천리지무)가 恐有ᄒ 것</u>이 二
也오, **筭學으로** 論ᄒ건듸 尋常科 卒業生이 多ᄒ즉 加減乘除ᄂ 稍

解홀 것이어늘 筭學 初程을 同一 敎習ᄒ면 工程의 遲滯ᄒᄂ 獘가 不無홈이 三也오, **畫學으로** 論ᄒ건듸 梅菊蘭竹과 翰毛析枝(한모석지)도 三昧妙境을 造得ᄒ얏스면 一技라 足稱홀 것이로듸 鳳眼이니 介字이니 全心ᄒ기ᄂ 不緊홈이 四也오, **語學으로** 論ᄒ건듸 日語로 起頭ᄒ야 不過 幾日에 英語로 換面ᄒ니 又過 幾日이면 德語로 代遞홀ᄂ지 漢語로 交換홀ᄂ지 學員이 衆心이 未能專一홀가 可慮가 五也오, **無欠ᄒ 課程은 讀書 一科라** ᄒ니 是亦 萬幸이어니와 諸般 課程의 弊端을 思惟컨듸 敎育의 方과 作成의 效가 一朝一夕에 躁進獵等홈을 企望홈이 不是라. (중략) 學部 諸公은 敎育方針을 另立ᄒ야 作成을 勉勵ᄒ며 敎師 諸位ᄂ 課程을 改良ᄒ고 敎導를 一定ᄒ야 …(하략)

◎ 論說, 論敎育發達之策,

　황성신문, 광무 6년(1902) 12월 9일 ~ 12일까지 4회 연재

해설

서원, 서당, 향교 등 전통 교육 기관의 한계를 논하고 학교 제도와 교과 개선을 촉구한 장편의 논설임.

◎ 論說, 敎育制度, 황성신문, 광무 8년(1904) 5월 9일 ~ 10일

해설

세계 열강의 교육 제도를 소개한 논설. 당시 일본은 대학 4, 고등사범학교

2, 고등학교 6, 각종 전문학교 10, 심상 중학교 70, 심상 사범학교 40, 기타 보습 중등학교 수십, 초등 교육기관은 전국내 행정 기관에 따라 분포한 것으로 기술함.

◎ 論說, **勸告學校之設立**,
　황성신문, 광무 9년(1905) 6월 2일 ~ 3, 5, 6, 8, 9일 6회 연재

해설

학교 설립의 필요성을 논한 논설. 당시 학교 설립이 급한 일이었음을 의미하는 논설임.

◎ 論說, 學部는 廢止언뎡 學校는 不可廢,
　황성신문, 광무 9년(1906) 10월 5일 ~ 6일

해설

학부에서 교원 감봉으로 인해 분규가 발생하고, 학부대신 이완용이 이를 조치하겠다고 하였으나 지키지 않은 데 대해 비판하는 논설.

近者 學部에서 各學校 敎員의 減俸一事로 學部與敎官間에 一大 粉競이 生ᄒ야 敎官은 擧皆 請願而自退ᄒ고 學員은 一齊納卷而廢業ᄒ야 學部廳前에 哀咽齊哭의 聲과 鐘路街上에 悲憤慷慨의 說이 誠聞者 見者로 ᄒ야곰 …學部大臣 李完用 氏가 理論ᄒ야 曰 數日 以內로 從當 善良妥辨ᄒ리니 勿煩就學ᄒ라 ᄒ얏다 ᄒ기로

愚는 其善後措置의 方策이 有ᄒ야 不日內로 安頓 登學케 ᄒᆯ 쥴노 期待ᄒ얏더니 今日에 至ᄒ도록 …

◎ 論說, 學部溺職之責, 황성신문 광무 10년(1906) 5월 9일

해설

이 시기 학교 설립에 비해 교과서와 교사 부족 현상에 대한 학부의 책임을 밝히고자 한 논설. 특히 외국인 고용이 교육 발전에 도움이 되지 않음을 역설함

(전략) 抑且邇日來로 全國之內에 公私學校之設이 紛然日滋호듸 <u>皆以 敎師之未備와 敎科書之無有</u>로 穹然曠屋에 徒立學校ᄒᄂ 無以振興其 敎育ᄒ야 四顧噓唏에 歎息不己ᄒ니 此其責이 亦將歸之何地乎아.
我 政府ㅣ 費了多數金額ᄒ고 延聘外國之人ᄒ야 以之ᄒ야 參與於 學政者ᄂ 貴其有文明之學術ᄒ야 足以廣吾之知見ᄒ며 足以補吾之 未逮ᄒ야 使學政政務로 有所發達之益을 是爲希望也오 是爲本旨也 어늘 今也에 <u>所謂 開明國 雇聘之人도 徒費年俸</u>ᄒ고 <u>虛占地位</u>ᄒ야 …(하략)

◎ 雜報, 敎員 速成科, 황성신문 광무 10년(1906) 5월 9일

學部에셔 臨時 敎員 速成科를 設ᄒᄂ듸 敎官 一人 書記 一人 講 師 五人이니 學部 官人 中으로 兼任하고 生徒 四十名을 敎授하기

로 議決ㅎ고 度支部에 照會ㅎ되 …

◎ 論說, 義務敎育, 황성신문 광무 10년(1906) 12월 5일, 6일, 7일

이 시기 교육론은 널리 퍼져 있었으나 의무교육에 관한 논의는 충분하지 않은 상태에서, 비록 한국의 교육이 널리 보급되지 못한 상활일지라도 의무교육의 의의와 필요성을 밝혀야 한다는 차원에서 연재한 논설임

◎ 敎育이 不明이면 生存을 不得, 朴庠鎔,
　　태극학보 제10호, 광무11년(1907) 5월 24일

　上下古今 屢千年ㅎ며 縱橫 東西 數萬里ㅎ니 胡爲乎富며 胡爲乎强이며 胡爲乎貧이며 胡爲乎弱고 ㅎ면 多設學校ㅎ야 民智 發達 者는 以之而富且强焉ㅎ며 以之而得爲生存於自由獨立之世ㅎ고 學校不興ㅎ야 民智閉塞者는 (하략)

◎ 希望의 曙光, 白岳子 張膺震, 태극학보 제11호, }
　　광무11년(1907) 6월 24일

　(전략) 近來 我國民 中에 絶望의 聲이 漸高ㅎ고 我特 靑年輩 中에 絶望病에 罹ㅎ야 自暴自棄ㅎ는 者ㅣ 比比有之라 ㅎ니 果是 眞

耶非耶아. (하략)

◎ 精神的 敎育의 必要, 李東初,
　태극학보 제11호, 광무11년(1907) 6월 24일

학교 현실과 일본인 교사 고용에 대한 비판적 논설임

(전략) 大抵 敎育의 根本은 三要素로써 成立홀지라. 此 三要素者는 何를 稱홈이뇨. 卽 家庭과 社會와 學校를 謂혼 바인딕 今에 此 三者가 互相히 如何혼 關係로써 如何히 存在ᄒ야 如何히 發達된 根源 意味를 贅論홀지로다. 唯 彼 家庭敎育과 社會敎育이라는 兩者 中에 何者가 吾人 人族上에 率先 顯行ᄒ엿ᄂ냐. (중략)

我 世宗大王쎼오셔 國文으로 龍飛御天歌 百餘章을 御製ᄒᄉ 官民間에 頒布ᄒ야 享祀 燕飮에 必須 使謳謠케 ᄒ시니 此以 禮樂之用으로 家庭 社會 恭協同化케 ᄒᄂ 大政雄略이로다. (중략)

我邦 敎育狀態가 如何ᄒ냐? 官立學校니 私立學校니 普通學校니 專門學校 類가 多數 昌起ᄒ엿ᄂ딕 其 課程은 엇지든지 新學問이오 其 生徒는 我國 同胞오, <u>其 敎師는 招聘혼 日本 敎師라</u>. 此 敎師를 渡航費니 往還費니 宅舍費니 俸給費니 ᄒᄂ 多額 經費를 國帑金(국탕금) 中으로 支佛ᄒᄂ딕 敎鞭을 執ᄒᄂ 彼 敎師가 如何혼 學識과 如何혼 德量과 如何혼 方略으로 我邦 學生에게 臨ᄒᄂ냐. (하략)

◎ 論說, 學部는 外人의 雇用이 無益, 황성신문,
　융희 원년(1907) 10월 20일

現今 我 政府에셔 各 府郡院廳의 勅奏任官 以下로 一般 官吏를
多數히 外國人으로 任用ᄒ는디 其 事由인즉 腐敗ᄒ 舊習을 欲除
ᄒ고 開明ᄒ 新度를 欲採라 ᄒ니 此는 今日 時勢에 牽制ᄒ 바ㅣ
되야 …

大抵 學部는 地方行政이나 或 京察事務에 基重ᄒ 바ㅣ 無ᄒ고
其他 財政이나 軍務나 及 實業 司法 等의 機關도 未有ᄒ 者오 但
人民의 敎育 事務를 掌홀 쓴이라. 近來 財政이 艱紬홈으로 學務의
擴張도 希望키 難ᄒ다 하고 姑且 時期가 不及이라고 義務敎育도
實施키 不能ᄒ다 하고 其外 **國內에 略干 設立된 官公立 學校에는
一切 日本 敎師를 雇聘ᄒ야 敎務를 擔任케 ᄒ얏스니** 全然 學部의
事務는 各學校에서 或 報告 請願 等의 文書나 接受 保管홀 而已
오 且 學校를 監督하며 人民을 獎勵하야 敎育을 發展케 홀 쓴이라
何等 繁務는 叟無홀 것이니 外人을 雇用홀 必要가 未有ᄒ며

且 敎科書를 編輯ᄒ거ᄂ 或 檢定ᄒ는 學務가 有ᄒᄂ 此는 決코
外國人의 代行치 못홀 것이라 本國人이라도 其 學識이 能히 自國
事情에 貫通치 못ᄒ면 此 編輯의 任을 勘當키 不可ᄒ거던 況 外國
人이 我國의 言語 文字와 風土 物情을 通解치 못ᄒ고 且 其 敎育
의 程度도 料度치 못ᄒ니 …

◎ 論說, 義務敎育先自貧民始, 황성신문, 융희 2년(1908) 6월 6일

북부 계동의 계산학교 설립에 대한 논의가 활발했는데, 이 시기에 박제준, 김용준이 군대 해산시의 퇴직금을 내어 신명학교를 설립함. 교감 임달윤, 찬무원 최창식 발기

◎ 寄書, 小學敎育에 對ᄒᄂ 意見, 兪吉濬,
　　황성신문, 융희 2년(1908) 6월 10일

소학 교육에서 국어, 국체, 보급 관련 사항이 중요함을 역설한 논설(근대계몽기 어문정책과 국어 교육 소재)

이 시기 유길준은 흥사단뿐만 아니라 각종 교과서 저술에도 종사했는데, <황성신문> 융희 2년(1908) 6월 28일에는 동양사를 저술하여 학부에 검정을 청구하여 인허를 받았다는 기사도 실렸음. 또한 7월 23일자에는 <유몽교과서>를 고심 편찬하여 학부에 검정을 청했더니 인허를 얻지 못해서 6천 여원의 손해를 입었다는 기사가 실림

◎ 敎育 方針에 對ᄒᆞᆫ 意見, 柳承欽, 대한학회월보 제7호~9호,
　　융희 2년(1908) 9월 25일, 11월 25일(2회 연재)

이 논설은 이 시기 교육문제로 학회, 교과서, 교육 기관 조성으로 나누어
설명한 논설임. 제7호와 제9호에 실림. 제2의 교과서의 종류, 교과서 편술
에 사용하는 언어(특히 철자법 미정이나 국명, 인명 혼란) 등에 관한 언술
이 포함됨.

敎育社會 諸公에게 一覽을 供흠

　敎育도 一定策이라. 精神의 位置와 方法의 順序를 要흘지니 萬
一 此에 不明흘진ᄃᆡ 其 弊害를 生흠이 反히 敎育이 無흠만 不如흘
지라. 凡 國籍을 自國에 有흔 者ㅣ 自國 敎育策에 對ᄒᆞ야 自國으
로써 精神의 單位를 作코져 흠은 多辯을 不須ᄒᆞ려니와 其 方法의
施設에 至ᄒᆞ야 深察을 不加코ᄂᆞᆫ 順序의 差錯을 生ᄒᆞ야 遂히 位置
의 幻倒를 致흘지로다.
　今에 祖國의 幸望은 다만 敎育 一件에 在ᄒᆞ다 흠은 諸公의 常히
唱導ᄒᆞᄂᆞᆫ 바이오 且 諸公은 敎育社會의 當局者이니 想念컨ᄃᆡ 講
究가 周到ᄒᆞ얏실 것이오 吾儕ᄂᆞᆫ 此에 對ᄒᆞ야 尙히 一 傍觀者의 地
位에 不過흔지라. 故로 補充的으로 三種의 愚見을 略陳ᄒᆞ노니 一
曰 敎育의 骨子되ᄂᆞᆫ 機關 組織에 對흔 意見이오 二曰 敎育의 精神
되ᄂᆞᆫ 敎科書 編述에 對흔 意見이오 三曰 敎育의 順序를 要ᄒᆞᄂᆞᆫ 地
點 先後에 對흔 意見이라.

第一 敎育의 機關: 多種이 有ᄒᄂ니 學部, 學會, 學校와 如ᄒ 者ㅣ나 此에 述코쟈 ᄒᄂ 바ᄂ 導率 方針의 性質을 有ᄒ 卽 學會에 在ᄒ도다.

往昔 鎖國 自守ᄒ 時에ᄂ 一 國家의 興亡이 但히 在 上者 少數人의 禍福에 止ᄒ고 其 國民은 間接의 影響을 受흠에 不過ᄒ지라. 故로 彼 時代에 在ᄒ야ᄂ 一國의 國是 定策을 亦是 少數人에게 一任ᄒ고 國民된 者ᄂ 但히 此에 服從ᄒᄂ 務를 遵守ᄒ 而已어니와 今日에 在ᄒ야ᄂ 不然ᄒ야 國家의 盛衰가 直接으로 國民 一般의 福禍을 成ᄒ고 在 上少數人은 反히 間接의 關係에 在타 ᄒ야도 過言이 아니라.

是以로 現時에 人의 國運을 善覘(선첨)ᄒᄂ 者ᄂ 必히 其國의 民權과 政府權의 何如흠을 先察ᄒᄂ니 民權이 政府權보다 勝ᄒ 時에ᄂ 其國이 雖衰나 盛運이라 稱ᄒ고 民權이 政府權보다 劣ᄒ 時에ᄂ 遂히 其國을 悲觀에 屬之ᄒᄂ지라. 然則 其 政策의 精神 部分되ᄂ 敎育을 但히 政府와 官署의 左右흠에 一委ᄒ고 國民의 參涉을 要치 아님이 不可ᄒ 것시며 而況 我國의 現狀態와 如ᄒ 國家ᄂ 單位 關係의 虛가 無키 不能ᄒᄂ니 더욱 民間社會로써 組織ᄒ 敎育機關의 必要를 感起ᄒᄂ도다.

觀察을 一轉ᄒ야 內地 敎育界의 實際에 現ᄒ 者를 見ᄒ건ᄃᆡ 各 社會ㅣ 振作ᄒᄂ 同時에 敎育의 論이 一唱ᄒ야 各 學會의 發起가 有ᄒ고 各 學會의 成立ᄒᄂ 同時에 曰西北 曰嶠南 曰湖南 曰畿湖 曰關東의 學會 名稱이 各其 標榜을 揭ᄒ야 今日의 盛況을 逞ᄒ니 其 偉美의 成蹟을 往時 憧憧(종종)의 界에 比ᄒ진ᄃᆡ 盡言키 難ᄒ도다. 然이나 苟히 國家를 爲ᄒ야 百年의 計를 畫ᄒᄂ 者ᄂ 現時

와 將來를 熟算ᄒ야 最後 目的의 所在處를 講究치 아니티 못ᄒᆯ지라. 此 目的에 達ᄒ기를 圖코져 ᄒᆯ진ᄃᆡ 爲先 我國民上下로 ᄒ야곰 統一的 精神을 不要ᄒ고ᄂ 不可ᄒᆯ지로다.

今에 **各 學會가 如此히 京城에서 角立ᄒ 現狀으로** 利益點과 弊害點을 試擧ᄒᆯ진ᄃᆡ 利益點: 一 各其 自己의 地方을 分擔ᄒ야 信用의 力이 有ᄒᆷ이오 二. 彼此의 競爭熱을 鼓吹ᄒ야 勇進의 心을 養ᄒᆷ이오 三 各其 位置를 京城에 定ᄒ 故로 同地方의 有志者가 一邊으로 政界에 不離ᄒ야 權勢를 利用ᄒ며 且 學校에ᄂ 敎師를 互用ᄒᆷ을 得ᄒᆷ이오.

弊害點: 一. 處所의 失策이니 大凡 敎育의 方法도 時代의 如何를 因ᄒ야 起點이 不同ᄒᄂ니 專制의 政策을 取ᄒ며 ᄯᅩ 自國의 政令이 亶히 自國으로 由ᄒ야 出ᄒᆯ 時代에ᄂ 必先히 其 首府를 敎育ᄒ야서 地方에 及케 ᄒᆯ지니 成就의 便利를 得ᄒ고 ᄯᅩ 先開者ㅣ 治者가 되고 後開者ㅣ 被治者가 되야 階級의 秩序가 自成ᄒᄂ 利益이 有ᄒ나 今日과 ᄀᆺ치 平等의 養成을 要ᄒ며 ᄯᅩ 複雜ᄒ 時代에ᄂ 先히 地方을 敎育ᄒᆯ 必要가 有ᄒ니 此ᄂ 地方人의 性質이 首府人에 比ᄒ면 稍히 硬强淳朴ᄒ야 勇敢忍耐ᄒᄂ 心이 富ᄒ 故이니 乃 世界의 通例라. **今에 各 地方學會와 學校를 京城에 設置ᄒᆷ이** 該 地方에 有爲之才가 有ᄒᆯ지라도 資力의 膽否로 由ᄒ야 多數 就學을 不得ᄒᆯ지며, 二. 經濟關係이니 設或 有資産ᄒ 幾個人의 就學이 有ᄒᆯ지라도 此로 因ᄒ야 地方의 財力과 勢力이 總히 京城에 集合ᄒᆯ지니 地方의 財政困難은 自然ᄒ 勢라. 平等을 養成ᄒᄂ 本意가 何在뇨. 東西萬古에 創業主와 政治家가 數多ᄒ되 華盛頓으로ᄡ 第一指를 屈ᄒᄂ 者ᄂ 華翁이 米洲를 獨立ᄒ고 國是를 定ᄒᆯ 時에 當ᄒ야 曰 米國 都城을 環ᄒ야 百里 內에ᄂ 學校와 工場을 置

치 勿ᄒ라 흔 一語에 在타 ᄒᄂ지라 蓋 國家의 集權處가 四種 中心이 有ᄒ니 一曰 政治 中心이오 二曰 敎育 中心이오 三曰 商業 中心이오 四曰 工業 中心인딕 原來 首府ᄂ 其國의 政治 中心이라 恒常 優勝흔 勢力을 占有ᄒᄂ니 其他 一二의 中心이라도 此에 倂置ᄒᆯ진딕 平等의 制度ᄂ 成立치 못ᄒᆯ디며, 三. 猜忌心의 啓源이니 猜忌心은 競爭心의 變體라. 互相 表裏가 되야 此의 優勝은 彼의 劣敗와 同意味에 歸ᄒᄂ디라. 故로 我의 優勝을 欲圖ᄒᄂ 者ㅣ 他의 劣敗를 欲致ᄒ야 往往히 構誣陷捏의 手段을 試ᄒ며 且 近日 實地上으로 見ᄒᆯ지라도 此黨彼黨을 區別ᄒ야 我도 一會며 爾도 一會라ᄂ 虛風으로 者作名譽ᄒᄂ 者ㅣ 種種 有之ᄒ니 若此ᄒ야 仇怨이 漸深ᄒ면 和解ᄒᆯ 者ㅣ 其 誰뇨. 畢竟 私爭私鬪로 以ᄒ야 國家의 大目的을 忘失흠에 至ᄒᆯ지라도. 此外에도 數多흔 弊源이 有ᄒ나 畧之ᄒ거니와 已上 數種의 利害만 比較ᄒᆯ지라도 各道 學會를 京城에 設置ᄒᆯ 必要가 少無흔지라. 故로 現時 志士 中에도 此에 對ᄒ야 廢止의 論과 合一의 議를 主唱ᄒᄂ 者ㅣ 往往ᄒ도다.

余가 此에 對ᄒ야 一管見이 有흠이 徜應 諸公도 量存인바 爲先 各地方 性質을 有흔 學會와 學校ᄂ 一齊히 各其 地方 首府에 移設ᄒ야 各其 道內 總敎育會ㅣ 되고 次第로 郡邑에 支會를 設ᄒ야 뼈 閭里에 及케 ᄒ되 本支의 制度를 取ᄒ야 道率과 實施에 關흔 一切 敎育事務를 總轄ᄒ고 其施設方針에 對ᄒ야 每年 幾回의 會議를 要ᄒᆯ지며 全國에 在ᄒᄂ 公通 聯絡이 無코ᄂ 不可ᄒᆯ지니 總機關의 必要가 有흔지라. 此에 對ᄒ야ᄂ 各道 學會 中으로 敎育方法에 嫺熟흔 熱誠家 幾十人式 抄選ᄒ야 一大總機關을 組織ᄒ되 位置ᄂ 京城에 定ᄒ며 名稱은 敎育中央總部로나 又ᄂ 大韓敎育會나 總學會로 命ᄒ고 一年一回나 或은 春秋 一回式 總會를 招集

ᄒ야 全國內 敎育에 對ᄒ 程度와 方針을 參酌 議決ᄒ되 南道에 何樣 學校와 何制 機械가 適當ᄒᆷ으로 認ᄒᆯ 時에ᄂᆫ 北道에서도 此를 幇助케 ᄒ며 東道에 何種 敎科와 何等 敎師가 必要로 指ᄒᆯ 時에ᄂᆫ 西道에서도 此를 擇送케 ᄒᆯ지니 如此히 ᄒᆯ진딕 議決機關과 執行機關이 各其 完全ᄒ야 互相 複雜ᄒᆯ 慮가 無ᄒ며 國中에 公通ᄒ 制度가 成立ᄒ야 已上 諸種의 弊端이 除祛되고 利益의 結果만 留存ᄒ야 萬全의 功效를 奏ᄒᆯ 줄노 思惟ᄒ노라. 然이나 事實이 卒地難行에 屬함인즉 諸公은 徐徐히 營爲에 準備ᄒ기를 望ᄒ노라.

第二 敎科書의 編述: 凡稱 敎科書라 ᄒᆯ진딕 幼稚園, 小學校와 如히 初入學童으로부터 各專門大學에 至ᄒ기ᄭᅵ지 其間 百種 科學에 應用ᄒ야 敎者ᄂᆫ 此에 依ᄒ야 敎授ᄒ며 被敎者ᄂᆫ 此에 從ᄒ야 學得ᄒᄂᆫ 書類를 謂ᄒᆷ이니 今에 此를 便宜로 從ᄒ야 假定으로 左 數種에 分類 論述코져 ᄒ노라.

一. 育性 敎科書 及 育智 敎科書: 此ᄂᆫ 被敎育者의 程度 及 年齡에 標準ᄒᆷ이니 幼稚園 及 小學校로부터 中學校 普通科에 至ᄒ기ᄭᅵ지ᄂᆫ 年齡이 猶히 小幼ᄒ고 聞見이 尙히 淺薄ᄒ야 是非와 善惡도 必히 敎者를 須ᄒ야 辨別ᄒᆯ 것이오 利害와 恩怨도 必히 敎者를 待ᄒ야 判定ᄒᆯ지니 此를 敎導ᄒᆷ은 其 後天的 智識을 開發ᄒᆷ이 아니라 卽 其 先天的 賦性을 補充ᄒᆷ이 必要ᄒᆯ지니 此에 用ᄒᄂᆫ 敎科書ᄂᆫ 育性敎科書라 ᄒᆯ 것이오 此에 反ᄒᄂᆫ 中學校로부터 各 專門科學에 至ᄒ기ᄭᅵ지ᄂᆫ 於是乎 勢理를 世界에 觀察ᄒ며 微妙를 事物에 硏究ᄒᆯ지니 卽 其 智識을 擴充ᄒᆷ이라. 故로 此에 用ᄒᄂᆫ 敎科書ᄂᆫ 育智敎科書라 ᄒᆯ지로다.

二. <u>可動的 敎科書 及 不動的 敎科書</u>: 此는 各 科學의 種類로뼈 標準코져 함이니 其 科目 中 比較的으로 物質的 及 固有名詞가 多ᄒ야 人意로뼈 容易히 變改치 못ᄒ 者는 不動的 敎科書라 ᄒ지니 歷史學, 地理學, 工學 中 器械名 及 原料品, 商學 中 商品學과 如ᄒ 者는 此 部門에 入ᄒ 것이오, 其 科가 時代에 隨ᄒ며 處所에 從ᄒ야 人의 智識으로 說明이 各殊ᄒ며 定義가 不同ᄒ되 基準的에 至ᄒ야는 歸一無妨ᄒ 者는 可動的 敎科書라 云ᄒ지니 法律學, 政治學, 論理學, 社會學 等을 此 部門에 置코져 ᄒ고 此外에도 前項에 論述ᄒ과 如히 年齡과 程度로도 區分ᄒ 수가 有ᄒ니 中學校 以下는 比較的으로 年齡과 程度가 幼稚ᄒ 故로 事物 判斷에 自覺力이 不足ᄒ지라. 隨ᄒ야 敎科書 及 敎師의 口를 須ᄒ야 一次 斷定ᄒ면 習遂成性ᄒᄂ니 其 結果가 不動的에 歸ᄒ 것이오 中學校 以上은 不然ᄒ야 自解 能力이 有ᄒ지라 從ᄒ야 雖百 敎科書와 敎師가 橫竪說去ᄒ지라도 參量反覆ᄒ 餘智가 有ᄒ니 其 結果가 可動的이 될지로다.

然而 近日 世界 風潮의 劇烈ᄒ을 隨ᄒ야 國家의 政機을 一變ᄒ고 政機가 一變ᄒ을 隨ᄒ야 敎育制度의 更張을 是見ᄒ고 此 <u>更張을 勵行ᄒ는 同時에 敎科書 編述의 必要를 感覺ᄒ얏시니 實노 一日이라도 不可遲緩ᄒ 政務라.</u> 於是에 在朝在野를 勿論ᄒ고 <u>此에 絶叫ᄒ며 此에 從事ᄒ는 有志者가 百千으로 可計ᄒ지니 實例를 擧ᄒ진듸 學部의 編輯局과 與士團의 編纂所와 其他 國文硏究會와 某 志士의 改訂玉篇과 某學者의 歷史 地誌 物理 等 編述이 是</u>라. 然則 吾先輩 諸公의 宏博識見이 盡善盡美에 達ᄒ 줄노 思惟ᄒ나 或三思의 失을 補ᄒ며 千慮의 得을 圖코져 ᄒ야 管見을 敢陳

ᄒ노니 盖 敎育이라 ᄒ옴은 國民에게 普及ᄒ기로 爲主ᄒ옴은 贅說을 不待ᄒᆯ 바ㅣ어니와 普及을 是主ᄒ라면 漢字 國文을 交用 制作ᄒ옴이 亦歸一ᄒᆫ 結論이라. 然이나 原來 我國은 言辭國이나 支那의 文化를 受ᄒ옴이 年代가 頗久ᄒ야 全國의 通用 習慣이 殆히 文辭國을 化作ᄒ여거늘 此를 不拘ᄒ고 一朝에 國文의 蘊奧를 講究ᄒ야 原則에 輒返코져 ᄒᆯ진ᄃᆡ 反히 人의 耳目을 眩惑케 ᄒ며 口舌을 澁帶케 ᄒ야 急進의 功效를 奏ᄒ기 難ᄒᆯ 것이오, 且 今日 新文化의 輸入이 時刻 惟急ᄒᆫ 時를 當ᄒ야 一編을 學得ᄒᆫ 者ㅣ면 卽 一編을 譯述ᄒᆯ 것이오 一科를 學得ᄒᆫ 者ㅣ면 亦一科를 譯述ᄒ고야 可ᄒ깃거늘 此 國文 原則을 未曉ᄒ옴에 遲疑不能ᄒᆯ 事도 有ᄒᆯ지라. **實例를 擧ᄒᆯ진ᄃᆡ 前者에ᄂᆞᆫ 爲字에 對ᄒᆫ '하다' 與 '하지'의 區別과 好字에 對ᄒᆫ '됴타' 與 '죠치'의 區別 等과 如ᄒᆫ 者이며** 後者에ᄂᆞᆫ 余도 其例에 在ᄒᆫ 一人이라 是에 反ᄒ야 **其 綴文字義에 全不審愼ᄒ야 淸國에서 著述ᄒᆫ 書를 漢字로만 但取ᄒ거나 日本에서 編纂ᄒᆫ 書를 日音으로만 直譯**ᄒᆯ진ᄃᆡ 遂히 地理學을 卒業ᄒᆫ 者ㅣ 地名을 言치 못ᄒᆯ지며 歷史學을 專攻ᄒᆫ 者ㅣ 人名을 說치 못ᄒᆯ지니 實例를 擧ᄒᆯ진ᄃᆡ 前者ᄂᆞᆫ '우라지호스더크(浦墟斯德)'를 '보류사득'이라 ᄒᆯ 것이오 後者ᄂᆞᆫ '와싱돈(ワシントン)'을 '와신동'이라 ᄒᆯ 것이나 其 精神 單位와 如ᄒᆫ 重要主義ᄂᆞᆫ 已無加論이어니와 如此ᄒᆫ 細瑣點에도 不可 注意라. 今에 若其 難易의 關係로 平汎看過ᄒᆯ진ᄃᆡ 此後 十年이면 遂히 全國 學問界에 痼疾을 作ᄒ야 欲醫不得ᄒᆯ지라. 於此에 余의 一意見이 有ᄒ니 第一 敎科書 編에ᄂᆞᆫ 雖 何如者라도 外人의 干涉은 一切 拒絶ᄒ고 中學 以下 程度 及 歷史 地誌와 如히 育性的 或 不動的 種類에 屬ᄒᆫ 敎科書ᄂᆞᆫ 其 蘊奧를 硏鑽ᄒ며 原則을 明確히 ᄒ기 爲ᄒ야 一定ᄒᆫ 編述家에 專任ᄒ며 其他 中學 程

度 以上 及 各 科學에 就ᄒ야 育智的 或 可動的 種類에 屬할 者는 廣히 多衆 學者에게 放任ᄒ야 細瑣흔 規則을 不拘ᄒ고 各其 意見 디 多教飜譯 及 編述ᄒ기를 是望ᄒ노라.

第三. 敎育順序의 地點 先後: 此는 第七號 本題 第一項 敎育機 關의 組成이란 下에 倂設흔 故로 此에는 畧之흠.

◎ 敎育時弊, 구자학, 대한흥학보 제12호, 융희 4년(1910) 4월 20일

해설

이 논문은 대한흥학회원 구자학이 당시의 교육 문제를 7개 항으로 나누어 서술한 글임. 서양과 일본의 교육 대가의 의견과 학설을 종합하여 예방책 을 마련하고자 이 글을 썼다고 밝혔음. 글의 내용은 '각학교의 반목, 교내 직원의 불화, 학교와 가정의 상격, 교사와 생도, 시험, 상여, 과벌'로 이루 어짐.

一. 各學校의 反目
二. 校內 職員의 不和
三. 學校와 家庭의 相隔
四. 敎師와 生徒
五. 試驗
六. 賞與
七. 課罰

1.2. 교육의 목적과 학교 제도

◎ 敎育의 目的, 禹敬命(譯), 태극학보 제10호,
　광무11년(1907) 5월 24일

해설

이 논설은 우경명이 역술한 것으로, 〈대한매일신보〉 융희원년(1907) 10
월 3일자에도 실려 있다.

如何흔 目的을 爲흐야 人을 敎育홈인지 卽 人을 敎育흐야 到達코
져 흐는 目的은 何에 在흔고. 此 問題에 對흐여는 古來 學者의 所言
이 不一흐느 然이느 此를 一言으로 論흘진딕 大抵 敎育의 目的은
幼弱흔 人을 善導흐야 獨立自裁흐는 域에 達케 흐야써 將來 社會
上에 立흐야 能히 人된 職分을 完全케 홈에 在흐다 謂흐리로다.

此에 人의 職分이라 흐는 言에 對흐야는 人人의 思量흐는 바 亦
各異흐니 或은 人의 職分은 人의 道德的 生活을 完成홈에 在흐다 흐
며 或은 人으로 흐여금 天賦의 性質을 完成케 홈에 在흐다 흐며 或은
人生의 道德的 品性을 確立홈에 在흐다 謂흐야 其 所論이 各異흐느

畢竟 同一호 意義를 有호고 또호 十分 解釋을 盡치 못허엿도다.

大抵 人은 生長 後 許多호 境遇에 處호야 活動홀 運命을 有호 者이니 다못 自己 一個人의 生活만 能케 홀 샏 아니라 凡ㅣ 人된 職分이라 호는 것슨 其 種種호 境遇에 處호야 一一이 此에 對호 義務를 完全히 遂行흠으로 由호야 비로서 完盡흠을 得홀 것이라. 其 關係가 쟈못 複雜호느 大略 區別호면 次와 如호니

一. 自己에 對호 關係
一. 家族에 對호 關係
一. 國家에 對호 關係
一. 社會에 對호 關係
一. 自然에 對호 關係

卽 人은 何人울 不論호고 成長호 後에는 同是 以上 列擧호 關係 間에 立호야 活動홀 運命을 有호 者니 所謂 人類의 普通 職分이라 하는 거슨 此等 活動 全範圍에 對호 義務를 圓滿케 흠에 在호다 謂홀지라. 自己에 對호 關係는 人은 自己의 生命을 保存호고 自己의 智識을 增進호며 自己의 道德을 完成호는 義務가 有호고 家族에 對호 關係는 人은 家族間에서 生長호야 家族에 一員으로 生涯를 送호는 者이민 家族의 幸福을 增進호며 繁昌을 經營호는 義務가 有호고 國家에 對호 關係는 人은 國家의 一員으로 生活호야 國家의 保護가 有호 後에 其生을 安호며 其業에 服흠을 得호니 人間의 幸福은 實로 完全호 國家的 生活로 因호야 其 最高度에 達흠을 得호깃고 人類의 進步 發達도 또호 此로 由호야 完全흠을 得홀 것이니 故로 國家的 生活을 營호는 거슨 人類 一般의 目的에 適合호

者라 謂홀지라. 然則 人은 國家의 有用혼 一分子로 其 國家의 隆盛 發達에 盡力홀 義務가 有ᄒ며 또 社會에 對혼 關係ᄂ 人은 一般 人類社會間에 生存ᄒ야 此에 相離치 못홀 關係가 有ᄒ고 社會의 文化로 因ᄒ야 其 心身 諸力의 完全혼 發達을 遂ᄒᄂ 者이미 人은 또 社會에 對혼 義務로 社會의 文明 開化를 增進ᄒ며 其 不完全혼 點을 改良ᄒ야써 後繼者로 ᄒ여금 其 文化의 恩惠를 浴케 홀 義務가 有ᄒ고 自然에 對혼 關係ᄂ 凡 社會의 進步 發達은 專혀 自然을 利用ᄒᄂ 如何에 關係홈인 則 人은 自然의 理法에 從ᄒ야 厚生의 資를 供ᄒ며 또 自然을 愛護ᄒᄂ 道를 取치 아니치 못홀 거시라. 卽 人生의 職分은 以上의 境遇에 處ᄒ야 各各 其 義務를 完盡ᄒᄂ 者ㅣ니 如此혼 人은 다못 一個人으로 價値가 有홀 쑨만 아니라 社會에 立ᄒ면 極히 有用혼 人됨을 得ᄒ깃고 此로 由ᄒ야 人間의 理想과 社會 進步의 目的이 平行 發展홈을 得ᄒ리로다.

人의 職分이 此와 如ᄒ면 敎育의 目的은 言을 不待ᄒ고 自明홀 거시니 卽 敎育의 目的은 人으로 ᄒ여금 將來 成長혼 後에 獨立 自裁으로 以上 種種의 關係間에 立ᄒ야 適當히 身을 處ᄒ며 其 義務를 完盡케 ᄒ기 爲ᄒᄂ 準備를 與ᄒᄂ 데 在ᄒ다 謂홀지라.

此 目的을 達ᄒ기 爲ᄒ야 敎育上에 左記의 方法을 講치 아니치 못홀지니

一. 敎育을 受ᄒᄂ 人으로 ᄒ여금 成長혼 後 以上 各樣의 義務를 完全케 ᄒ기 爲ᄒ야 幼時로부터 其 身軆의 健全 强壯혼 發達을 遂케 ᄒᄂ 事이니 卽 體育이 是也요

一. 敎育을 受ᄒᄂ 人으로 ᄒ여금 將來 道德的 生活을 完全케 ᄒ기 爲ᄒ야 道德上 行爲에 律從케 ᄒᄂ 事이니 卽 德育이 是也요

一. 敎育을 受ᄒᄂ 人으로 ᄒ여금 將來 處世上에 必要혼 智識과

技能을 學得케 흠이니 則 智育이 是也라.

◎ 敎育의 目的, 鄭永澤, 기호흥학회보 제1호,
  융희 2년(1908) 8월 25일

敎育의 目的은 如何흔 点에 存在흔가 ᄒᆞᄂᆞᆫ 問題에 對ᄒᆞ야 衆論
이 紛然에 定說이 殆無흔지라 今에 諸主義 中 最重要흔 者를 擧示
ᄒᆞ야 略略論評ᄒᆞ고 最後에 結論을 試爲흘지니

(一) 實利主義: 此主義ᄂᆞᆫ 人生의 目的은 惟一흔 實利에 歸着흔
다 ᄒᆞ야 敎育의 宗旨를 定흠에 쏘흔 此로 以흠이니 卽 被敎育者의
生活上 幸福을 計圖흠과 社會 一般에 有用 人物을 作成흠에 其意
를 三致흔 者라. 其 當然흔 結果로 實業的 敎育을 重視ᄒᆞ고 高尙
的 敎育을 排斥흘지로다.
此主義도 一理가 不無흔 者인즉 遽然히 排斥키 難ᄒᆞ나 要흔즉
人은 軀殼的 人될 쑨 아니오 쏘흔 精神的 人된 者이라. 惟利를 是
求ᄒᆞ고 其他를 不問ᄒᆞ면 到底히 完全흔 人됨을 不得흘지니 此 主
義가 此点에 至ᄒᆞ야 不得不 白旗를 立흘지니라.

(二) 重魂主義: 此主義ᄂᆞᆫ 敎育의 目的을 現世에 不置ᄒᆞ고 未來
에 注重ᄒᆞ야 身體의 需要ᄂᆞᆫ 等時ᄒᆞ고 靈魂의 修鍊을 專力ᄒᆞᄂᆞᆫ 者
이니 宗敎家 一派에서 唱道ᄒᆞᄂᆞᆫ 바이라.
吾人이 決코 靈魂을 無視치 아니ᄒᆞᄂᆞ 쏘흔 現生을 泛看(범간)치
아니ᄒᆞ노니 試問ᄒᆞ노라. 身體ᄂᆞᆫ 極히 等閒케 ᄒᆞ고 靈魂만 僅히 快

樂케 홈은 果然 何種의 奇癖인가. 現生을 奮勵ᄒ고 現世를 莊嚴홈은 쏘ᄒ 宗教的 責任의 一面될지어날 此理를 不知ᄒ고 極論을 盲唱홈은 實際에 有害ᄒ고 天則에 違反되ᄂ 莫大ᄒ 謬執인뎌.

(三) 政治主義: 此主義ᄂ 教育의 目的이 國民의 參政的 資格을 養成홈에 在ᄒ다 홈이니 卽 兒童의 公民的 品質을 作코저 ᄒᄂ 古代 教育을 希臘 及 羅馬에서 其規를 實行ᄒ얏던 바라.

人의 目的이 엇지 政治에만 在홀가. 政治ᄂ 反히 各種의 事業을 保護ᄒᄂ 要具에 不過ᄒᄂ니 是를 執ᄒ야 教育의 惟一 目的을 定홈은 其 不當홈이 莫甚이라. 古代엔 如何ᄒ던지 今日엔 絶悖ᄒ 主義될지로다.

(四) 自然主義: 此主義ᄂ 有名ᄒ 婁素[4] 氏의 極力 主張ᄒᄂ 者이니 人性은 其 自然에 放任홈이 至當ᄒ다 ᄒ야 教育의 方針은 消極的으로 其 妨害만 除却홈이 可ᄒ고 積極的으로 其 助長을 務爲홈이 不可ᄒ다 ᄒᄂ 바라.

果然홀가. 妨害만 除却ᄒ야 能히 成就홀 人은 僅少에 不過ᄒ고 助長을 必待ᄒ야 始로 成就ᄒ 人은 天下에 彌滿ᄒᄂ니 自然主義ᄂ 一種 實際에 矛盾되ᄂ 詭說이 될지로다.

(五) 優美主義: 此主義ᄂ 實利를 鄙薄ᄒ고 高趣를 是認ᄒ야 美術 文學 等으로써 教育의 目的이라 ᄒᄂ 者ㅣ라.

酒若是披霞(英國文人)[5] 等의 文字만 謳歌ᄒ고 閒坐ᄒ면 不耕코

---

4 루소(婁素): 루소.
5 쇄약시피하(酒若是披霞): 셰익스피어. 영국 문인.

能食ᄒ며 不織코 能衣ᄒᆯ가. 耕織의 責은 他人에 是任ᄒ고 高尙ᄒᆫ 趣味ᄂᆫ 獨自로 享受ᄒᆯ가. 天下에 如斯ᄒᆫ 主義가 豈有ᄒ리오. 余ㅣ 決코 美術 文章 等을 全體 排斥ᄒᆷ이 아니오 只 其 如右ᄒᆫ 妄說을 攻擊ᄒᆷ에 論鋒을 不休ᄒ노라.

(六) 道德主義: 此主義ᄂᆫ 人生의 價値가 全혀 道德의 一点에 在ᄒ다 ᄒ야 敎育 終局의 目的은 卽 道德的 品性을 陶冶 成就ᄒᆷ에 在ᄒ다 ᄒᄂᆫ 바라. 道德이 人生에 至大ᄒᆫ 關係를 有ᄒᆷ은 殆히 辨論을 不待ᄒᆯ지나 只其 道德의 一事로만 敎育의 能事가 畢ᄒ얏다 ᄒ기 難ᄒᄂᆫ니 假令 身體가 不健ᄒ고 知識이 蒙昧ᄒ면 道德이 비록 如何히 膽富ᄒᆯ지라도 仍然히 無能力者의 境域을 未脫ᄒᆯ지라. 其人이 迂拙ᄒ야 到底히 立身키 不能ᄒᆯ지니 吾人이 此点으로 觀ᄒ야 道德主義에 ᄯᅩᄒᆫ 首肯치 아니ᄒ노라.

以上 各種 主義가 擧皆 完全치 못ᄒ야 一是를 莫衷이라. 敎育의 目的은 果然 發見ᄒᆷ을 不得ᄒᆯ가. 此를 遽然히 說明키 難ᄒ나 要ᄒᆫ 즉 諸主義를 比較ᄒ며 又 實際를 考察ᄒᆷ이 자못 繁要ᄒᆫ 事될지며 普通的으로 草草 說去ᄒ야 其意를 苟達코져 ᄒᆯ진ᄃᆡ 敎育의 目的은 人의 體智德 三者를 完全 發達케 ᄒ야 能히 獨立的 人物 되게 ᄒᆷ에 在ᄒ다 ᄒᆷ이 或可ᄒᆯ 듯ᄒ도다.

但 獨立的 人物은 孤立的 人物이 아님을 注意ᄒᆷ이 可ᄒᄂᆫ니 盖 孤立的 人物은 甚히 國家에 殆害ᄒᄂᆫ 者이나 獨立的 人物은 決코 不然ᄒᆫ 바라.

◎ 敎育의 意義, 鄭永澤, 기호흥학회보 제2호,
　융희 2년(1908) 9월 25일

　敎育學은 敎育의 理論과 應用과 及 其 實際를 講究ᄒᄂᄂ 學問이
라. 故로 此 科學의 如何를 知ᄒ랴면 먼져 敎育의 意義를 明白히
ᄒ지니라.
　敎育을 成就ᄒ랴면 第一은 敎育者오 第二ᄂ 被敎育者니 卽 敎
育을 受ᄒᄂ 者오 第三은 敎育을 爲ᄒ 目的이오 第四ᄂ 此 目的을
達ᄒ 方法이니라.

　第一. 敎育者ᄂ 廣히 言ᄒ면 其中에 天然과 社會 人文과 及 個
個 人間을 包括ᄒ얏ᄂ니 天然이라 홈은 天地間에 自然ᄒ 現狀이
冥冥中에 人類에게 大影響과 同히 發達ᄒ얏슨즉 敎育上에 天然
影響이 一要素가 될 것이오, 社會 人文이라 홈은 各其 社會에 固
有ᄒ 歷史가 有ᄒ야 其 人情, 風習 制度가 相異ᄒ 故로 此 社會에
셔 生存ᄒ 人은 此 社會 影響을 因ᄒ야 크게 感化 鎔鑄ᄒᄂ니 此
를 社會 人文 敎育이라 云ᄒ고 個人間 敎育이라 홈은 卽 人格을
具備ᄒ 成人이 他人을 感化ᄒᄂ 者니 卽 敎育者라 稱ᄒᄂ 바라.
故로 敎育者라 稱홈은 此 個人 敎育者를 指홈이오 且 外 他敎育
勢力까지 包含ᄒ얏나니라.

　第二. 被敎育者ᄂ 卽 敎育을 受ᄒᄂ 者니 大抵 動物과 植物은
馴致와 培養을 得ᄒ나 敎育치 못ᄒ며 且 人에도 被敎育이라 稱홈
은 心身이 未熟ᄒ 幼童으로브터 早年에 在ᄒ 者를 云홈이니 萬一
自然 影響과 社會 人文의 感化로써 言ᄒ면 此를 受ᄒᄂ 人은 長幼

의 別이 無ᄒ고 擧世가 皆 被敎育者라. 然이나 被敎育者라 흠은 特別히 未成熟ᄒ 人을 指흠이니라.

 敎育者ᄂ 種類가 各異ᄒ야 自然 影響과 社會 人文의 感化와 個人의 感化로 分ᄒ얏스나 此中에 最後 境遇ᄂ 一定ᄒ 目的에 達흘 方法을 硏究흘지니 大凡 人類 原始時代에ᄂ 敎育事業을 分치 아니ᄒ얏스나 人文이 發達ᄒ야 社會 組織이 複雜흔 後에ᄂ 敎育이라 稱ᄒᄂ 特別 事業을 分ᄒ야 設置 敎育場도 生ᄒ얏스니 成人된 者ᅵ 他 未熟者를 感化ᄒ랴면 不得不 目的과 方法이 有흘지라. 然이나 自然 影響과 社會 感化ᄂ 個人 敎育者에 比ᄒ면 判然 明確흔 目的이 無흔지라. 故로 自然 影響과 社會 感化ᄂ 비록 强大흔 敎育 勢力이 偶然이 有ᄒ나 오히려 汗漫은 不免흘지라. 故로 敎育은 반다시 以上 四要素를 具備흔 個人 感化에 在ᄒ니라. ᄯ 敎育은 釋義ᄒ면 曰 通常 意義로ᄂ 人格을 具흔 成人이 一定흔 目的으로서 未成年을 感化ᄒᄂ 바라 云ᄒ얏스나 右 釋義ᄂ 形式上 意義ᄲ이오 實質 感化ᄂ 明白히 解釋치 못ᄒ얏ᄂ니 萬一 此를 明白히 言ᄒ랴면 <u>敎育 感化가 果然 可能흘가</u>. ᄯ <u>敎育의 必要가 如何ᄒ며</u> **<u>敎育術과 其 理論의 關係가 如何</u>**<u>ᄒ며 敎育의 目的은 如何ᄒ며 此 目的을 達ᄒᄂ 方法은 如何ᄒ며 敎育ᄒᄂ 處所ᄂ 如何ᄒ며 被敎育者의 性質 機能과 及 被敎育者의 資格과 注意ᄂ 如何흔지 此等 事에 關ᄒ야 明瞭 詳審흔 解釋을 必爲흘지니 以上 解釋을 自任ᄒᄂ 者가 卽 敎育學이라</u>. 以下에 次第로 論述ᄒ겟노라.

◎ 敎育의 可能, 鄭永澤, 기호흥학회보 제3호,
　융희 2년(1908) 10월 25일

敎育은 卽 一定흔 目的으로 兒童을 感化ㅎ야 其 心身을 一定흔 形狀으로 陶冶ㅎᄂ 것이라. 然則 此 敎育 感化가 果然 可能흔가. 萬一 其 感化가 不可能ㅎ면 敎育은 決斷코 成立치 못흘지라. 故로 敎育 感化의 可能 不可能을 決ㅎ랴면 第一은 兒童의 心身이 아직 一定 確固치 못흔 事와 第二ᄂ 兒童의 心身은 아직 外來 感化를 因ㅎ야 變化ㅎᄂ 事가 卽是니라.

大凡 兒童을 敎育홈은 但 外部에셔만 陶冶흘 쑨 아니오 其 自己 活動ㅎᄂ 性格도 亦自 發達케 흠이라. 敎育者ᄂ 但 此發達흠을 助長ㅎ며 或 其 方向을 左右 加減흘 쑨이니 故로 敎育흠도 亦其外部로 强行흠이 아니오 自然 傾向으로써 正當흔 感化를 加흘지라. 萬一 兒童이 如斯흔 自己活動物이 아니면 敎育은 不可能이오 又 如斯히 活動ㅎᄂ 物이라도 外部에셔 刺激치 아니ㅎ면 決斷코 發達 成就치 못흘지니 此 內外要素가 有ㅎ여야 비로소 敎育 事業이 成흘지오 且 兒童의 心身은 크게 發達ㅎᄂ 것이라. 故로 其 心身이 아즉 一定 確固치 못ㅎ고 未熟 不定, 變易ㅎᄂ 性이 有ㅎ나니 大抵 未發達흔 兒童을 外部로 感化ㅎ야써 目的흔 定形으로 發達케 ㅎᄂ 것이 卽 敎育의 任務니 此ᄂ 敎育의 可能흔 者니라.

然이나 兒童의 心身은 同一치 아니ㅎ고 各各 相異흔 天稟이 有ㅎ야 外來 影響과 相須ㅎ야 發達ㅎᄂ니 然則 此 天性이 或 敎育의 效力을 防礙흘지라. 然이나 大抵 天性은 兒童이 發達흘 際에 僅히 其 大體 傾向을 決흘 쑨이오 其他ᄂ 外來 感化를 因ㅎ야 變化ㅎᄂ니 卽 此 天性을 隨ㅎ야 敎育을 施흘 것이오 決斷코 此를 防礙치

아닐지라. 所謂 宿命說에 云혼 바 人生의 經歷과 性行은 其 生命과 同히 一定ᄒ야 能히 人力으로 變化치 못혼다 ᄒ얏스니 此ᄂ 敎育을 不可能혼다 홈이라. 故로 此說을 現今 學者가 採用치 아니ᄒ나 然이나 但 敎育者가 牢記혼 者ᄂ 童의 天性은 其 性行에 有勢혼 動力이 有ᄒ니 此를 牢記ᄒ야 其 天稟을 善察順應ᄒ야 敎育의 目的이 實行하도록 計劃ᄒ면 自然히 敎育 感化가 成ᄒᄂ니라.

大抵 敎育 感化ᄂ 兒童의 心身이 確固치 아니홈과 及 其 心身이 外來 感化로 變化홈을 豫想ᄒ여야 敎育이 可能홀 것이나 此 亦 敎育의 能力을 稱홈이 아니라 天性에 制限이 有혼 緣故니라.

◎ 敎育의 必要, 鄭永澤, 기호흥학회보 제4호,
　　융희 2년(1908) 11월 25일

敎育이 可能에 屬홈은 旣知ᄒ얏스나 然이나 敎育의 必要ᄂ 其 如何혼 事를 言홀지라. 左에 個人과 社會 兩面을 解說ᄒ노라.

第一. 兒童의 心身은 他은 扶助 敎養을 俟(사)ᄒᄂ니 大凡 動物 中에 人類ᄂ 生後에 最久히 幼弱 無力ᄒ야 他의 扶養을 賴치 아니ᄒ면 生存치 못ᄒ고 他 動物은 生後에 卽時 獨立으로 敎育ᄒ던지 或 母 動物의 保護를 受홀 뿐이나 人에 至ᄒ야ᄂ 養護를 受ᄒᄂ 時期가 最長ᄒ니 此 卽 人이 特別히 敎育을 要ᄒᄂ 所以라. 然이나 又 如此히 養護를 久受ᄒᄂ 것이 卽 人이 他 動物보다 特秀ᄒ야 偉大혼 發達을 能成ᄒᄂ 所以니 動物은 本能을 因ᄒ야 其 發達의 限定이 有ᄒᄂ 人은 本能이 크게 退縮ᄒ고 敎育이 此를 代ᄒᄂ

니 此로써 觀ᄒ면 幼稚 未熟ᄒᆯ 時에 敎育이 如何히 必要홈을 可知
ᄒᆯ지라. 以上은 一個 兒童을 身體上으로 觀察ᄒᆫ 것이ᄂ 萬一 後日
에 精神이 發育ᄒ야 一個 成人이 되ᄂ 事를 言ᄒ면 곳 社會와 關
係가 生ᄒᄂ니라.

第二. 敎育은 個人을 社會上으로 感化ᄒᄂ 것이오 此 感化를 與
ᄒᄂ 것은 卽 廣義의 敎育이라. 大抵 人과 社會ᄂ 密接ᄒ 關係가
有ᄒ야 相離치 못ᄒᄂ니 社會를 因ᄒ야 吾人이 如斯히 發達홀지
라. 萬一 個人으로 ᄒ야곰 幼時부터 社會를 遠離ᄒ야 孤立 獨捿ᄒ
면 實로 禽獸와 相距가 不遠홀지니 言語ᄂ 人이 固有ᄒ 것이 아니
오 生後에 習得ᄒ 것인 故로 熒然獨捿(형연독서)ᄒ 個人은 吾人과
갓치 靈妙ᄒ 言語가 無홀 것이오 言語가 旣無ᄒ면 言語思想을 表
ᄒᄂ 記號되ᄂ 文字도 亦無홀지니 實로 彼 等 人은 生活의 必要와
日常經驗을 因ᄒ야 僅少 狹隘ᄒ 實驗智識을 收得홀 뿐이며 且 狹
隘ᄒ 經驗을 反覆홀 뿐이오 幾多 歲月과 無數 勤勞를 經ᄒ야 成立
ᄒ 社會文明 寶庫를 開홀 만ᄒ 關鑰(관약)을 能히 把握치 못ᄒ고
彼 野蠻보다도 不如ᄒ 劣等 狀態에 陷墜홀지니 社會 感化가 必要
홈은 可知홀지니라.

然이나 吾人은 但 社會 感化만 必要홀 뿐 아니라 亦 具案ᄒ 敎
育이 必要ᄒ니 大抵 吾人이 文明社會에 旣在ᄒ야 日夜로 四面影
響을 受ᄒ니 곳 一躍ᄒ야 文明으로 化홀지라. 然이나 但 文明社會
에 在홀 뿐이면 社會와 個人間 交涉이 遊移不定ᄒ야 十分 發育치
못홀 것이오 오작 一定ᄒ 計劃 方法을 因ᄒ야 先進된 者ᄂ 後進을
敎育ᄒ야 數千年來에 衆多 心血로써 得ᄒ 바 學術, 技藝와 道德
風敎를 가장 簡易 確實케 傳ᄒ여야 비로소 僅僅 歲月間에 能히 當
時 文明이 暢興ᄒᄂ 一切 寶庫를 願有케 ᄒ야 一個 文明ᄒ 人格이

되게 홀지니 故로 個人이 捷徑으로 社會에 感化ᄒ야 文明ᄒ 人이 되야 無窮히 進步흠은 實로 敎育의 力이라. 此로써 觀ᄒ면 敎育은 人類가 貯有ᄒ 文化 寶庫를 가장 簡單確實ᄒ게 次代에 傳ᄒᄂ 有意 具案이라 稱ᄒ지니 헤-겔[6]의 敎育 解說에 曰 個人은 倫理 社會로 化ᄒᄂ 方法이라 云ᄒ 것도 卽 個人社會 感化를 謂흠이라 ᄒ고 하리쓰[7]ᄂ 曰 敎育은 個人으로 ᄒ야금 各種 階級으로 登케 ᄒᄂ 活機라ᄒ니라.

◎ **敎育의 限界, 鄭永澤, 기호흥학회보 제4호,**
　　융희 2년(1908) 12월 25일

　敎育 效力에 關ᄒ야 二種 極端說이 有ᄒ니 其一은 敎育 無效說이라. 其言에 曰 被敎育者된 兒童은 一定ᄒ 天性이 有ᄒ야 스스로 發達ᄒ나니 故로 敎育者ᄂ 但 在傍ᄒ야 監督 指揮흘 쑨이라고 其 效力이 甚小흘 쑨더러 況 社會와 及 其他 外圍의 影響이 大勢力을 振ᄒ야 敎育者 行動을 妨害흔다 ᄒ고 쏘 此와 反對로 ᄒ야 敎育 萬能力을 主張ᄒᄂ 者가 有ᄒ니 其言은 曰 被敎育者ᄂ 비록 스스로 發達ᄒᄂ 活物이나 然이나 最初브터 如何ᄒ 人物이 됨은 一定ᄒ 것이 아니라. 故로 敎育者가 地圖 監督ᄒ야 相當ᄒ 方法과 適當ᄒ 材料로써 其 心身을 發達ᄒ야 社會와 外圍의 感化를 取捨ᄒ면 敎育의 效果가 極大ᄒ고 且 人人이 다 遺傳ᄒ 性이 有ᄒ나 敎育者ᄂ 도로혀 利用俯順ᄒ야 完全히 發達케 ᄒ야 敎育 目的이 實

---

6 헤겔:
7 하리쓰:

行토록 陶冶홀지니 萬一 此等 注意가 周到緻密ᄒ야 遺憾이 無ᄒ면 곳 敎育 目的을 達ᄒ얏다 홀지니라.

吾人의 意見으로 見ᄒ면 敎育의 可能과 必要를 旣知ᄒ고 又 實際로 敎育을 實行ᄒ얏슨즉 彼 無效說에ᄂ 贊同치 못홀지라. 今에 兩說을 對比ᄒ면 各各 一理가 皆有ᄒ니 此로써 敎育에ᄂ 如左ᄒ 限界가 有홈을 說明ᄒ노라.

(一) 被敎育者 天稟 敎育의 效力이 無限치 못ᄒ고 制限을 大被홈은 全혀 被敎育者의 天稟을 因홈이니 大凡 兒童의 心身은 活潑ᄒ 者도 有ᄒ고 遲鈍ᄒ 者도 有ᄒ며 輕躁ᄒ 者도 有ᄒ고 沈着ᄒ 者도 有ᄒ며 早成ᄒ 者도 有ᄒ고 晚成ᄒ 者도 有ᄒ지라. 各種 學科에 對ᄒ야 長短과 好惡와 巧拙의 別이 有ᄒ니 如斯히 身體 及 精神上, 天稟과 此 天稟에서 來ᄒᄂ 바 偏向 性癖이 實로 千態萬象이라. 此等 各種 稟性이 敎育者 事業을 困難케 홈은 多ᄒ나 其中 甚ᄒ 者ᄂ 如何히 苦心 經營ᄒ야도 制御키 難ᄒ 者가 有ᄒ며 且 身體機能이 不具 或 遲鈍ᄒ면 如此ᄒ 人은 無可奈何라. 譬컨딕 此ᄂ 곳 聽覺이 鈍ᄒ 者에게 音樂을 習케 ᄒ며 手指의 運用이 拙劣ᄒ 者로 ᄒ야곰 手工技藝에 達케 홈과 如ᄒ니 古語에 曰 上智와 下愚ᄂ 不移라 ᄒ니 天才 (卽 上智)ᄂ 姑舍ᄒ고 白痴나 盲啞ᄂ 特別敎育에 依托키 外에ᄂ 別ᄒ 道理가 無ᄒ고 或 被敎育者 個性 (卽 各個天性)의 眞髓를 把守키 難ᄒ 者가 有ᄒ야 或은 才能이 內部에 深히 潛匿ᄒ얏다가 後日 長成ᄒ 後에야 忽然히 發現ᄒᄂ 者도 不尠ᄒ니라.

此로써 觀ᄒ면 敎育의 效驗은 被敎育者 個性을 因ᄒ야 制限을 大被ᄒ고 況 一 師傅가 一 兒童을 敎育홈과 異ᄒ야 一 敎師가 多

數 兒童을 同時에 敎育코져 ᄒ면 自然히 如何케 盡力ᄒ야도 敎育者의 注意가 周到치 못ᄒ야 一般 敎育이 各種 結果를 成ᄒ나니 此 卽 有意 計劃ᄒᄂ 敎育의 大制限이라. 然이나 敎育者가 恆常 各 兒童의 天稟을 透着ᄒ야 極力으로 其 賦性에 適當ᄒ 方法을 用ᄒ야 其 嗜好와 偏向ᄒᄂ 바로써 引導ᄒ야 彼等 性向으로 ᄒ야곰 自然 大成ᄒ게 努力ᄒ면 엇지 敎育이 無效ᄒ리오. 大抵 敎育은 兒童의 個性을 全然 變改홈이 아니오 此 個性에 普遍ᄒ 基礎를 與ᄒ야 各 個性으로 ᄒ야곰 大成케 ᄒ나니라.

◎ 敎育의 限界, 鄭永澤, 기호흥학회보 제6호,
　　융희 3년(1909) 1월 25일

(二) 被敎育者 以外 事情 被敎育者의 稟性을 因ᄒ야 其 效力이 制限을 受ᄒᄂ 外에 敎育은 又 社會와 其他 外圍 事情과 敎育者 等을 因ᄒ야 制限을 亦受ᄒᄂ니라.

第一은 社會가 一種의 敎育者가 되야 兒童에게 大感化를 與ᄒ며 兒童도 亦 社會의 一人이라 其中에 生活ᄒ얏슨즉 其 每日 家庭과 鄕里와 或 朋友 親戚 交際間에 各種 勢力의 感化ᄒ 바ㅣ 되다가 長成ᄒ 後에ᄂ 一 社會의 風習과 政敎의 制度가 每日 事變을 因ᄒ야 恒常 感化ᄒ 바ㅣ 되고 又 現今갓치 交通機關이 具備ᄒ 時代에ᄂ 益甚ᄒᄂ니 如斯히 被敎育者가 其 四面 社會에셔 受ᄒᄂ 바 敎育의 勢力이 强大ᄒ야 學校敎育이 도로혀 制限을 受ᄒᄂ지라. 故로 敎育者ᄂ 恆常 此等 社會 事情에 注目ᄒ야 善良ᄒ 勢力

은 利用ᄒᆞ고 不良ᄒᆞᆫ 感化ᄂᆞᆫ 杜絶ᄒᆞᆯ지라. 然이나 如何ᄒᆞᆫ 敎育者라도 能히 此 目的을 達ᄒᆞᄂᆞᆫ 者ᄂᆞᆫ 尠少ᄒᆞ니 故로 敎育者ᄂᆞᆫ 但 人格 敎育者될 ᄲᅮᆫ 아니라 又 外他의 偉大ᄒᆞᆫ 敎育者가 有ᄒᆞᆷ을 覺悟ᄒᆞ야 大發憤ᄒᆞ야 提挈(제설) 交涉ᄒᆞᆯ지니라.

次에 自然界 勢力은 卽 天地 氣候와 氣象과 山川과 土地와 海洋의 狀況과 天灾地妖 等이 其間에 棲息ᄒᆞᄂᆞᆫ 人類에게 大影響을 與ᄒᆞᄂᆞ니 世界 各 人種은 本來 此等 勢力을 因ᄒᆞ야 現世界와 갓치 된 것을 思ᄒᆞ면 其 感化가 偉大ᄒᆞ야 人力으로 能히 如何치 못ᄒᆞᆯ지라. 現今에ᄂᆞᆫ 科學 工藝가 進步ᄒᆞ야 天然力을 制御ᄒᆞ야 變災를 豫防ᄒᆞ얏스나 오히려 其 大部分은 依然히 存在ᄒᆞ며 特別히 幼童이 此世에 始來ᄒᆞᄆᆡ 自然界 事物과 及 其 勢力이 ——히 彼等을 聳動ᄒᆞ야 其 驚訝와 好奇心을 誘引케 ᄒᆞ야 實로 一個 敎育者의 感化가 되ᄂᆞ니 卽 人格 敎育者의 敎育은 此를 因ᄒᆞ야 制限을 被ᄒᆞᆯ지라. 然이ᄂᆞ 此勢力은 亦 敎育을 援助ᄒᆞᄂᆞᆫ 事가 有ᄒᆞᆫ 故로 敎育者가 도로혀 此에 注意ᄒᆞᄂᆞ니라.

其次ᄂᆞᆫ 人爲 事情이니 卽 被敎育者의 貴賤 貧富를 因ᄒᆞ야 敎育 手段을 制限ᄒᆞᄂᆞ니 萬一 幼童이 富貴家에 生ᄒᆞ면 便利가 大有ᄒᆞ려니와 或 貧賤家에 生ᄒᆞ던지 又 其 社會가 經濟上에 有碍ᄒᆞ야 敎育을 受치 못ᄒᆞ던지 或 中途에 廢止ᄒᆞ면 敎育 效果가 制限을 受ᄒᆞᆯ지라. 然이나 古人이 窮阨(궁액) 中에 在ᄒᆞ야도 能히 大業을 成ᄒᆞᄂᆞ니 古來브터 英才가 엇지 富貴人ᄲᅮᆫ이리오. 故로 敎育者ᄂᆞᆫ 極히 敎育 感化를 期與ᄒᆞᆯ지오 富貴貧賤의 關係가 少ᄒᆞ며 又 敎育 中에 主要되ᄂᆞᆫ 德育은 尤히 此와 無關ᄒᆞ니라.

敎育者도 自身 敎育을 審愼ᄒᆞᆯ지니 大抵 敎育者의 氣色과 容貌와 態度 等이 皆 受 敎育者의 模範이라. 故로 敎育者ᄂᆞᆫ 身體가 健

全ᄒ고 性格이 高尙ᄒ야 一擧手一投足에 其 職責을 能盡ᄒ 後에
可ᄒ지라. 然이나 良敎育者를 得히 甚難ᄒ고 又 敎育者의 性格이
不同ᄒ며 且 多數ᄒ 敎師가 分科 敎授ᄒᄂ 故로 全體가 統一키 難
ᄒ니 然則 敎育 制限이 多ᄒ지니라.

(三) 敎育事業 終結 敎育에ᄂ 各種 制限이 有ᄒ나 敎育者의 注
意가 周到ᄒ면 效果를 可得ᄒ지라. 如斯히 次第로 敎育 感化를 積
ᄒ면 敎育事業이 終結ᄒ지니 此를 謂ᄒ되 敎育界限에 達ᄒ얏다
ᄒ 것이오 大抵 敎育事業의 終結은 何也오. 曰 敎育은 敎育者와
被敎育者의 不平等ᄒ 人格間에 成立ᄒ 關係가 有ᄒ니 其 目的은
幼童으로 ᄒ야금 自由 獨立케 ᄒ야 敎育者와 對等 位置가 되게 홈
이니 故로 被敎育者가 其 敎育을 因ᄒ야 心身이 成熟ᄒ고 性格이
定立ᄒ야 獨立 自治의 人格이 되면 곳 敎育事業이 終結ᄒ지라. 此
를 年齡으로 言ᄒ면 二十一歲 乃至 二十四五歲ᄭ지 幼童으로브
터 靑年을 經ᄒ야 成人이 된 時에 終ᄒᄂ니 万一 成人ᄒ 後에도
오히려 被敎育者라 視ᄒ야 管轄코저 ᄒ면 此ᄂ 人格을 不知ᄒᄂ
者라. 實로 敎育 眞義에 違反홈이오 或 此 限界에도 更히 制限을
加ᄒ 必要가 有ᄒ니라.

◎ 敎育의 限界, 鄭永澤, 기호흥학회보 제7호,
　　융희 3년(1909) 2월 25일

其一은 無論 何社會ᄒ고 上下 貧富의 階級이 有ᄒ야 經濟 事情
이 未及홈으로써 敎育 事情이 終結치 못ᄒ고 不得已 中止ᄒᄂ 事

가 有ᄒ니 故로 一般 人民에ᄂ 國民教育으로 數年間 小學校 教育을 授ᄒᆯ 뿐이오 叟히 餘力이 有ᄒᆫ 者ᄂ 中等 以上 教育을 受케 ᄒᄂ 制度ᄅᆯ 採用ᄒᆯ지라. 然이나 此 制度ᄅᆯ 用ᄒ야도 오히려 不就學ᄒᄂ 兒童 數가 夥多ᄒ야 正式 教育으로 性格이 有ᄒᆫ 人物은 成치 못ᄒ고 滔滔ᄒᆫ 不學無德의 輩로 ᄒ야금 國家 社會의 累ᄅᆯ 作케 ᄒᄂ니 엇지 慨歎치 아니리오,

第二ᄂ 教育事業이 終結ᄒᆫ 者라도 오히려 自修 獨學ᄒᆯ 必要가 益有ᄒ니 大抵 教育 終結은 但 學校教育으로 言ᄒᆷ이오 決斷코 教育 終局에 達ᄒᆷ은 아니라. 學校教育은 但 豫備로 智能과 性格(品性)을 啓發ᄒ야 子弟로 ᄒ야금 獨立 自治ᄅᆯ 能爲케 ᄒᆷ인 故로 學校教育의 終結은 卽 自修에 繁要ᄒᆫ 教育의 始初오 此後ᄂ 此人이 靜穩ᄒᆫ 學校 生活을 辭ᄒ고 風波가 險荒ᄒᆫ 社會에 立ᄒ얏스니 不得不 日夜로 實修涵養ᄒ야 退轉치 아니ᄒ고 勇進電力(용진민력)ᄒᆯ지니 況 我의 學校教育이 不完全ᄒ니 엇지 暫時라도 心身을 放過ᄒ리오. 且 社會ᄂ 一大學校라 自然 上下 先後에 階級을 成ᄒ야 彼此間 感化 教育ᄒᄂ니 오작 向上ᄒᄂ 理想을 抱ᄒ고 駸駸然 不息ᄒᄂ 活社會에 立ᄒᆫ 者ᄂ 益自進修ᄒ야 社會ᄅᆯ 補益코져 ᄒᆯ지니 故로 如斯ᄒᆫ 自修自育은 吾人이 生前에 終結치 아니ᄒᆯ지라. 彼 非凡ᄒᆫ 人物이 學校教育이 不完全ᄒ던지 或 全缺ᄒ야도 能히 大器ᄅᆯ 成ᄒ야 千載의 難遇ᄒᆯ 功業을 建ᄒᄂ니 此ᄂ 皆 自修ᄒᆫ 功이오 또 平常人이라도 學校教育의 豫備가 旣有ᄒ면 엇지 自修치 못ᄒᆯ 理가 有ᄒ리오. 卽 學校教育과 自修ᄂ 相須ᄒ야 可離치 못ᄒᆯ지니라.

第五章 敎育術 及 敎育論

敎育은 一邊으로 見ᄒ면 卽 技術이라. 外他 各般 技術과 갓치 全혀 實行上 事業에 屬ᄒ나 然이나 敎育은 精神上으로 造人ᄒᄂ 技術이라. 敎育者가 其 精神 感化로서 未熟ᄒ 幼童을 獨立 自由의 人物로 陶冶ᄒ랴 ᄒᄂ 것인 故로 他 技行[8]과 갓치 其 目的物을 機械로 作홈과ᄂ 大異ᄒ고 其 目的物은 性情이 가장 豊富ᄒ고 四圍와 恆常 交涉ᄒ야 活動 變化ᄒᄂ 人이라. 故로 此를 管理ᄒᄂ 敎育者ᄂ 各種 障碍와 力爭ᄒ고 複雜ᄒ 性情을 査察홀지라. 故로 敎育者ᄂ 熟練이 必要홀 쑨 아니라 德義은 溫情과 明智를 具備ᄒ 바 精神上 技術者가 極宜ᄒ니라.

如斯히 至難ᄒ 任務를 責負ᄒ 技術者에 對ᄒ야ᄂ 但 經驗쑨 아니오 又 理論의 基礎도 必要ᄒ지라. 然ᄒᄂ 或은 曰 敎育者에ᄂ 理論의 效ᄂ 至少ᄒ고 經驗이 第一 必要라 ᄒ고 又或은 理論을 崇尙ᄒ고 經驗을 輕視ᄒᄂ 者가 有ᄒ니 此ᄂ 皆中 正ᄒ 意見이 아니라. 大抵 敎育事業은 理論보다 先行됨이 他 事業과 一般이라. 理論을 待ᄒ야 비로소 成立ᄒ 것이 아닌 故로 經驗이 必要ᄒᄂ 然이나 又 技術의 進步ᄂ 理論을 不可不 依홀지라. 然則 何等 技藝라도 所得經驗으로 規律을 定立ᄒ야 實際 行動에 標準을 作ᄒᄂ니 況 敎育갓치 至難ᄒ 技術에야 理論 基礎가 尤 益 必要ᄒ지라.

大凡 吾人의 經驗은 狹隘 有限ᄒ야 世上 萬般 境遇를 悉知치 못ᄒᄂ니 故로 萬一 人이 一個 經驗으로 滿足타 稱ᄒ면 古今東西에 苦心 經營ᄒ야 收得ᄒ 貴重 敎訓을 空然히 廢棄홈이오 且 自己 經驗만 依賴ᄒ면 其 偏頗 固陋를 難免홀지니 設令 此等 失錯이 無홀

지라도 自己의 經驗 以外 境遇에는 疑感 彷徨홀 것이오 但 非凡혼 天才로 智識과 規律을 達ᄒ야 機變을 應ᄒ야 制宜ᄒᄂ 人이라야 能홀지니 故로 通常 境遇에는 敎育術에 對혼 科學 理論을 修得ᄒ야 其 基礎를 堅實커 홀지니라. 但 玆에 注意홀 것은 理論에만 拘泥ᄒᄂ 弊라. 大抵 理論이라 흠은 槪括혼 것으오 細小혼 境遇를 一一히 規定치 못ᄒ고 又 遺漏가 多혼 故로 理論에만 過泥ᄒ면 事를 當ᄒ야ᄂ 疑懼 逡巡[9]ᄒ야 實行에 澁滯[10]홀지니 卽 敎授方法에 拘泥ᄒ야 無味혼 死敎授가 되ᄂ 것은 實로 此弊에 陷흠이라. 故로 敎育者ᄂ 敎育의 理論과 及 此 理論으로 演繹혼 規律을 十分 領會ᄒ야 如何혼 境遇라도 容易 迅速 確實ᄒ게 判斷홀지라. 詳言ᄒ면 彼 敎育者의 一擧一動이 標準 規矩에 合ᄒ여야 可홀지니 譬ᄒ면 外科醫의 解剖刀와 如ᄒ야 實驗 演習으로 得홀 것이오 決斷코 坐上公論으로ᄂ 敎홀 바가 아니니라.

總論컨딘 經驗은 理論을 待ᄒ야 비로소 中正合理ᄒ고 理論은 經驗을 因ᄒ여야 비로소 活動ᄒ고 或 修正을 經ᄒ야 尤益 精微ᄒ야 互相 提挈ᄒ야 技術 進步에 資홀지니라. (未完)

** 미완으로 표시하였지만 이어진 내용이 연재되지 않았음.

---

9 준순(逡巡): 어떤 일을 단행하지 못하고 우물쭈물함. 또는 뒤로 멈칫멈칫 물러남. (표)

10 삽체(澁滯): 일이 잘 진행되지 아니하고 늦어짐.(표)

◎ 學典, 李膺鐘, 기호흥학회월보 제10호, 융희 3년(1909) 5월 25일

해제

'학전'이란 학문의 규범이 되는 지식을 의미한다. 기호흥학회에서는 이 시기 신학문 소개에 많은 노력을 기울였는데, 이응종의 '학전'은 교육과 관련된 이론을 정리한 논문이다. 제10호, 제11호에 연재되었으며 '교육의 개념', '교육 제도', '학교 제도'를 소개하였다. 미완의 논문이어서 이후 더 연재할 분량이 있었음을 짐작할 수 있으나 이 학회보가 더 이상 발행되지 않았으므로 이어지는 글을 찾을 수 없다.

| 學典 |

一. 敎育

敎育이라 홈은 人類로 ᄒ야곰 完全ᄒ 人格을 修養ᄒ야 理想上 充實 及 生活上 運命을 爲ᄒ야 其 身體 知識 德性 等 諸能力을 發育케 ᄒᄂ 事業이니 此 事業을 行ᄒᄂ 者를 敎育者라 ᄒ고 其此를 受ᄒᄂ 者 卽 其 事業에 因ᄒ야 養成되ᄂ 者를 被敎育者라 云ᄒᄂ니라.

敎育의 要件은 自然과 人爲의 區別이 有ᄒ니 彼 宇宙間 天然의 狀態 動作과 社會의 人文 卽 人情 風俗 制度 歷史 習慣 等이 不知不識間에 人을 大히 發育케 ᄒ고 且 感化 鎔鑄ᄒᄂ니 此를 自然敎育이라 ᄒ고 一定ᄒ 人格을 完成ᄒ 者ㅣ 一定ᄒ 目的으로 他人에게 敎訓을 施ᄒ야 感化를 與ᄒᄂ 者를 人爲敎育이라 云ᄒ고

又 此等 敎育이 家庭에 在ᄒ야 行홀 時ᄂ 此를 家庭敎育이라 稱

ᄒ고 學校에서 行ᄒ 時ᄂ 此ᄅ 學校敎育이라 稱ᄒ고 夏進ᄒ야 社會上에 立ᄒ야 社會上 自然의 感化와 萬般 文物 見聞으로브터 成ᄒᄂ 者ᄅ 社會敎育이라 云ᄒᄂ니 吾人이 幼時에 家庭에 在ᄒ야 父母 家長의 保育을 受ᄒ다가 此 家庭敎育 時期로브터 漸次 長成ᄒ야 學齡에 達ᄒ야 學校敎育에 入ᄒ고 此 學校敎育 時期ᄅ 經ᄒ야 社會上 人物로 社會敎育을 受ᄒ이 普通의 順序라. 此 三者ㅣ 互相 聯絡ᄒ야 始終을 成ᄒ이나 通常의 敎育事業 卽 人爲敎育은 家庭으로브터 始ᄒ야 學校敎育의 終局에 至ᄒ야 其業을 完成ᄒᄂ 者ㅣ라. 然而 此 人爲敎育은 其 部門과 改階가 不一ᄒ니 其 目的으로 區別ᄒ면 普通敎育 高等敎育, 專門敎育과 實業敎育, 武儀敎育 及 此外 特殊ᄒ 事情을 因ᄒ 敎育 卽 盲啞, 孤兒 等 敎育이 有ᄒ여 其 階級的 系統으로 言ᄒ면 小學, 中學, 大學 等 數種 敎育이 有ᄒ니 此 說明은 次의 學校論에 讓ᄒ노라.

二. 敎育의 制度

事物이 有ᄒ면 法則이 必有ᄒᄂ니 此 敎育事業에도 其 活用ᄒᄂ 制度가 必有ᄒ 바라. 然而 此ᄂ 自來 各 時代와 列國의 情形에 因ᄒ야 其撰가 不一ᄒ얏스나 今日 大槪 各國이 同一히 採用ᄒᄂ 者ᄂ 强制 敎育制度가 是니 國家가 其 國民을 敎育ᄒ기 爲ᄒ야 一定ᄒ 法令을 發布ᄒ고 總히 國民은 一定ᄒ 年限(學齡)에 普通敎育을 必服ᄒ으로써 人民이 國家에 對ᄒ 義務(卽 責任)로 ᄒ야 其 學齡에 達ᄒ 者ㅣ 學校에 不入ᄒ면 곳 其 父兄을 責罰ᄒ고 其 敎育費ᄂ 各其 地方의 公費로 支出ᄒ야 其 地方의 住民이 貧富共之ᄒ야 國稅와 갓치 此ᄅ 負擔ᄒᄂ 制度니 此로써 國民의 當行ᄒ 義

務로 ㅎ는 故로 日 義務敎育이라 稱ㅎㄴ니 盖 此 制度는 往昔 支
那 唐虞의 時에 旣已略行ㅎ야 人生 八歲에 皆入 小學홈으로 三代
에 隆盛이 歷史에 冠絶되얏거니와 其 確實히 制度的으로 完成홈
은 實노 近來의 事니 往時(西曆 一千七百六十三年) 厚禮斗益[11]
王의 强迫 就學令 德國에서 實行ㅎ야 一時 創愈를 回復ㅎ고 因ㅎ
야 威光을 大揚ㅎ얏슴으로 伊來로 國病을 醫ㅎ는 者ㅣ 皆此로써
粱肉(양육)의 味로 認ㅎ야 次第로 其國民에게 實行ㅎ야 現今宇內
에 雄飛ㅎ는 列强이 其 實力이 此에 依ㅎ야 確立되지 아니흔 者ㅣ
殆無ㅎ며 尙此 高等敎育은 此를 반다시 强制로 必行케는 아니ㅎ
고 人民의 自由에 放任ㅎ나 盛히 此를 獎勵ㅎ야 百方으로 其 發達
을 援助 振行ㅎ야 互相히 其 學術 程度로 文化의 進步를 競爭ㅎ기
에 至ㅎ니라.

◎ 學典, 李膺鐘, 기호흥학회월보 제11호, 융희 3년(1909) 6월 25일

三. 敎育의 主義

　敎育의 主義는 敎育事業의 主張되는 意義를 謂홈이니 卽 敎育
의 精神이 是라. 敎育者는 此主義를 確定홈이 極히 必要ㅎㄴ니 其
精神의 惟一 重要흔 者는 曰 國民主義라. 大抵 國家는 特性이 固
有ㅎㄴ니 此는 國家 內의 土地와 民族과 歷史와 運命이 相同ㅎ며
政體와 風俗과 言語와 思想과 感情이 相同ㅎ야 自然히 國民의 精

---

11 후레두익 왕(厚禮斗益王): 프리드리히 왕.

神上에서 結合 成立힌 者ㅣ니 所謂 國粹가 是라. 國粹는 一國의 生命이오 其 獨立 體面이 此에 因ㅎ야 保存되는 者ㅣ라. 吾人은 此韓에 住ㅎ야 韓人의 子孫으로 韓國民의 一員이라. 吾人의 一身은 韓國을 組成힌 一分子니 卽 吾人이 此 韓國으로 더브러 利害休戚을 共히 ㅎ는 者ㅣ라. 故로 人이 自己를 愛코져 ㅎ면 必先 國家를 愛ㅎ느니 此 國家를 愛흠은 畢竟 自己를 愛흠이 되는 所以라. 此 愛國心의 本意는 此로써 國粹를 維持ㅎ야 國民된 本分을 能盡케 ㅎ도록 敎育흠이 卽 國民主義의 本旨라. 使 其 敎育으로 此 精神이 若無힐진딘 雖 家家에 絃誦의 聲이 聒耳ㅎ고 人人이 算筆의 業이 滿腹힐지라도 其 人類로써 此 國家에 生活ㅎ야 可行힐 職務의 最 重要힌 者를 失ㅎ야 畢竟 無用에 歸힐지니 엇지 愼重치 아니ㅎ리오.

　然이나 此 主義는 政治上 主義가 아님을 忘却흠이 不可ㅎ니 다만 被敎育의 愛國心의 根源을 培達ㅎ야 忠義의 德性을 涵養힐 쑨이오 現代의 政治上 問題에 容喙케 흠은 愼避힐지니 是는 被敎育者로 ㅎ야금 心身을 徒然 攪亂(교란)ㅎ야 未熟힌 慷慨心을 無用에 激發케 흠에 不過힌 所以며

　此 愛國心의 培養은 着實힌 實際的됨을 要ㅎ느니 自來 我邦 學問界에셔는 恆常 單純힌 理論으로만 高尙이라 ㅎ고 實地 事物은 淺近이라 ㅎ야 此를 等閒에 付ㅎ고 高遠 虛荒에 騖馳(무치)흠으로 其所 筆舌의 言論은 飜雲懸河흠과 如ㅎ되 眞實힌 事物에는 空空如也ㅎ야 迂闊 怠慢으로써 自好ㅎ야 實學을 捨ㅎ고 虛理를 探ㅎ며 實行을 忘ㅎ고 虛榮을 樂ㅎ며 實利를 失ㅎ고 虛福을 求ㅎ며 實力을 消ㅎ고 虛式을 擁ㅎ야 與之全國 上下가 同受其毒ㅎ야 恬然不覺(염연불각)ㅎ느니 是以 世人은 此를 嘲評ㅎ야 曰 構虛(구허)

는 韓人之長技라 ᄒ며 韓國의 學者는 漢學을 輸入ᄒ야 形殼만 留ᄒ고 精神 骨子는 他에 讓送ᄒ얏다 ᄒ니 此ㅣ 엇지 過言이리오. 故로 最近에 各 學校令의 頒布ᄒ 者를 讀ᄒ건되 官部는 此弊를 拯救(증구)코져 ᄒ야 其 各 敎科目 敎授要旨 等 說明에 曰 '躬行實踐' 曰 '言論만 虛尙ᄒᄂ 偏習이 無케' 曰 '高遠에만 馳騖치 아니ᄒ게' 云云ᄒ야 再三 辯說ᄒ엿ᄂ니 然而 現今에 新式의 學校와 敎育의 本旨를 稍解ᄒᄃ 稱ᄒᄂ 者도 아즉 此 從來 痼癖의 勢力에 牽泥되야 皮想空論에서 彷徨ᄒ고 深切ᄒ 實理에 適行ᄒᆷ을 不得ᄒ니 此ㅣ 余의 慨歎ᄒᄂ 바ㅣ라. 今에 此 弊害를 匡救ᄒ고 實效를 收得코저ᄒᆯ진되 決코 依然히 高尙ᄒ 理論으로만 以ᄒ야 可能ᄒᆯ 바ㅣ 아니라 眞的히 實際에 就ᄒ야 淺近ᄒ 一事一物이라도 被敎育者의 最易解되도록 果然 愛國思想이 如何ᄒᆷ을 切切히 感覺 契着ᄒ야 不知中에 一種 德性을 成ᄒ게 ᄒᆷ이 誠實ᄒ 培養 方法이 될지오.

且 此 愛國心 培養은 決코 偏向的되지 아니ᄒ게 ᄒᆷ이 必要ᄒ니 敎育主義는 絶對的 永久的으로 誠實ᄒ 愛國心을 培養ᄒᆷ이 極히 必要ᄒ거니와 若 過度히 偏向的으로만 主ᄒ면 往往히 自尊 排他ᄒᄂ 頑陋ᄒ 國民될 結果를 釀出ᄒᆷ이 不無ᄒᄂ니 故로 其 自國에 對ᄒ야 忠愛를 盡ᄒᆷ은 叓히 一國이 世界에 對ᄒ야 存立됨을 覺悟ᄒ야 廣히 四海의 同胞와 相愛ᄒ야 此 世界文化에 共進ᄒᄂ 人道를 ᄯᅩᄒ 不失케 ᄒᆯ지니라.

◎ 學典, 李膺鐘, 기호흥학회월보 제12호, 융희 3년(1909) 7월 25일

四. 學校

學校는 敎育을 施行ㅎ는 機關이니 卽 國力의 由生ㅎ는 根源이오 文化의 産出場이라. 故로 其 制度 組織과 設立 維持의 多少 完否는 其國 程度를 占ㅎ는 標準이라. 是以로 列國이 此에 非常히 用力ㅎ야 各其 發達을 圖ㅎ느니 盖 其 設備 及 組織에 就ㅎ야는 國民 社會 程度에 因ㅎ야 各其 相議흠이 各殊흘지나 今에 各國 現行 制度와 最 普通인 者를 先述ㅎ고 次에 我帝國의 現行 制度를 繼說ㅎ노라.

列國의 現行 制度로는 學校를 數種 段階에 分ㅎ니 一은 小學校니 國民 一般이 義務로 必受흘 初等 普通敎育을 施行ㅎ는 處라. 其 目的은 國民主義와 道德 宗敎主義와 兒童의 身體發育을 主ㅎ고 且 其 民間 生活에 必要흔 知識과 技能을 敎授홈에 在ㅎ며 入學 年齡은 大概 六七歲며 敎科는 簡易흔 國語, 筭法, 習字, 體操, 唱歌, 修身, 歷史, 地誌, 理科 等이오 修業年限은 六個年이 普通이니 然而 此를 尋常과 高等 二級에 叉分ㅎ야 各 三年으로 ㅎ되 尋常小學 三年間은 敎科도 最其 淺近簡單흔 者 四五科만 敎授ㅎ고 次는 高等 三年間에 補充 敎授ㅎ며 又 尋常 三年間만 義務服으로 ㅎ는 國도 有ㅎ고 且 小學 六年은 男女 兒童을 合同 敎授홈을 得ㅎ며 且 此에 補修科를 溫習코져 ㅎ는 者와 其 小學만 卒業ㅎ고 叉히 上級學校에 不入ㅎ는 者로 入學을 許ㅎ야 其 學科를 修케 ㅎ느니 年限은 大概 二年이나 一年 或 半年의 短期로 흠이라.

第二. 中學校니 社會 中流 以上 人物을 養成ㅎ는 高等普通敎育

場이라. 故로 此에 入學홀 者는 小學校를 修了혼 者와 又는 此와 同等 以上되는 學力이 有혼 者라야 可호고 且 入學도 列國이 皆 此 中學으로붓터 以上은 此를 强制로 入學케 아니호며 年限은 大槪 五年 或 四年이니 其 敎授호는 科程은 其 入學者의 目的에 因호야 二種의 區別이 有호니 一은 中學을 畢호고 實地 業務에 就코져 호는 者는 此를 實修 中學이라 호고 其 中學을 畢호고 叟히 高等혼 專門 學業을 修코저 호는 者는 此를 豫備 中學으로 호야 前者는 實地 生活에 必要혼 高等 普通學科로 호야 此에 自國文化에 最重要된 學科를 最多케 加入호고 後者는 其 目的者의 志願에 從호야 該專門科의 預備되는 學科를 爲主호야 少少히 他學科의 一斑을 添入호느니 此에 卒業혼 者는 各其 目的호는 專門學校로 入去호는 者라. 然而 中學에셔브터는 男女를 分호야 敎授호며 且 中學은 男子에게만 施行호고 女子는 特히 高等女學校를 設호야 敎授호느니 其 目的은 國民의 賢母良妻되야 家庭의 高等 人格과 生活上 必要혼 知識을 養成홈이오 大略 三四年으로 修了호느니라.

　第三. 專門學校니 此는 單一혼 科學 或 技術을 敎授홈이 目的이니 其 種類와 程度가 不一혼지라. 今에 其 種類를 數호건딕 實業을 主호는 者는 實業學校와 商業, 工手, 織工 等 學校가 有호니 其 程度는 小學을 畢혼 者에게 此等 技能을 敎授홈이오 又 此와 同等으로 女子에게 裁縫 料理 家庭 等 專門으로 敎授호는 學校가 有호고 中學을 畢혼 者에게 稍高되는 專門으로 敎授홈에는 文學, 政治, 法律, 經濟, 數理, 醫學, 藥學, 農林, 工, 商, 航海, 商船, 郵船 等 專門學校가 有호며 又 武儀敎育에는 陸海軍 士官 及 海軍兵學校, 砲工學校가 有호며 師範敎育으로는 尋常師範과 高等師範學校가 有호니 前者는 小學을 畢혼 者에게 小學敎員될 資格을 養成호고

後者는 尋常師範이나 中學을 畢혼 者에게 中學敎員되는 資格을 養成호는 者오, 又 尋常師範에는 女子에게 此를 敎授호는 者와 又 高等師範 同等의 女子大學校가 有호야 女子의 最高等되는 敎育과 師範되는 敎授를 施호는 者오 又 外國語를 專門으로 敎授호는 學校가 有호니 其 程度는 小學을 畢혼 者로써 此에 許入호며 其 修業年限은 其 語學의 難易를 因호야 二年 或 三四年신지에 至호느니라.

第四. 大學校니 一國 學術의 淵藪오 敎化의 本源이니 其 程度는 專門學校 上位에 在호야 最高等 學術을 專攻 精修호야 國家에 有用혼 高等 人物을 養成홈이라. 此를 大學 預備 高等科와 分科大學과 大學院으로 分호야 預備 高等科에서 中學 卒業者를 許入호야 分科大學에 入홀 準備로 其所 目的호는 學科를 爲主호야 兼호야 最高等 普通學識을 敎授호고 分科大學은 此等 預備 高等科의 卒業者와 專門學校의 卒業者를 許入호야 此를 其 目的호는 바에 從호야 何科던지 自由 選擇호야 修業케 호느니 其 區分된 學科는 一. 法科니 此를 法律, 政治, 經濟, 行政 等 科로 細分호고 二. 醫科니 醫學 藥學으로 分호고 三. 工科니 土木學 機械工學, 造船學, 造兵學, 電氣工學, 建築工學, 應用化學, 火藥學, 採鑛 及 冶金學 等 科로 細分호고 三. 文科니 哲學, 國文學, 史學, 言學, 各 外國文學 等 科로 細分호고 四. 農科니 農學, 林學, 禽獸 牧畜學, 農藝化學, 獸醫學 等 科로 細分호고 五. 理科니 星學, 地質學, 數學, 物理學, 化學, 動物學, 植物學 等 科로 細分호며 又 此等 分科의 一科 或 數科가 合호야 一大學을 構成홈이 有호며 又 此外에 神學科를 加호야 大學을 成홈도 有호고 且 武儀敎育으로 陸海軍 兵學大學과 士官 及 軍醫大學 等이 有호니 大槪 此 分科 中 一科學를 修得홀

時는 學士됨을 得훔이오 大學院은 此等 分科大學 修了者로 호야 곰 此에 入호야 其 科學의 愈益溫奧훔을 講究케 호느니 其 學科의 分類는 分科大學과 略同호고 其 修學年限은 三年 以上 乃至 十數 年에 達호는 者라.

尙且. 此에 附設홀 者는 幼稚園이니 此는 三四歲 乃至 五六歲되 는 幼兒를 集合호야 同一 監護下에서 活動호야 家庭敎育의 補充 及 兒童의 身體와 覺官을 鍊習호야 他日 小學에 入호는 准備를 作 훔이니 其 課業은 遊戲와 作業이니 其 作業도 遊戲的이오 耳目의 覺官을 天然으로 鍊習케 훔으로 目的호느니 其 次第 長年되야 學 齡에 近훔에 圖畵, 唱歌, 古史談을 課훔도 有호니라.

◎ 敎育의 新潮, 金永基, 대한흥학보 제3호, 융희 3년(1909) 5월 20일

十九世紀 老大野干이 二十世紀 文明健兒를 産出호야 粉飾的 平和 面目과 流傳的 侵略 手段으로 雷轟電擊호며 風號雨 打호야 半島 江山에 輻湊來襲(폭주내습)호니 傳守舊業이 零落殆盡이라. 全局이 掃如에 殘存이 幾何오. 然猶 大韓名字가 依然 獨存훔은 只 是 國民의 二千萬腦에 靑邱 靈魂이 存在훔을 以훔이로다.

斯民은 國家의 休戚을 同홀 者며 宗社의 安危를 共홀 者며 競爭 舞臺에 標幟를 揭홀 者며 獨立活界에 凱旋을 奏홀 者니 誠可敬可 愛호고 最親最信훈 者는 惟我民族이라. 普及的 敎育으로 先導치 아니훔이 不可홀식 所以로 先覺 諸氏가 敎育說을 主唱호야 學校 也 講習所가 列立相望호니 實同志의 感을 自任키 難호거니와 但 其 主義與 敎授方法이 鵠鶩이 相類호야 始焉 諸氏의 滿腔沸血(만

강비혈)ᄒ든 熱心이 終焉 斯民의 說食數錢ᄒᄂ 錯誤에 對ᄒ야 得末補失의 患이 八九皆然ᄒ니 此實 痛惜不己ᄒᄂ 바라. 이에 學退를 是暇ᄒ야 最近 歐美 敎界의 斬新ᄒ 學說을 博探ᄒ며 日本 諸家의 拔奇ᄒ 講演을 傍搜ᄒ고 兼之我韓의 舊來 俗尙과 民族의 流傳 性質를 反覆 斟酌ᄒ야 二種 意見을 折衷 畧陳ᄒ야 我 敎育界 熱心 諸氏의게 紹介코져 ᄒ노니 譬컨디 釀花春蜂이 色香을 總取ᄒ야 消融成蜜이라 ᄒ기는 自敢치 못ᄒ거니와 ᄯ오ᄒ 剝棗秋鵑(박조추견)이 生澁을 全呑ᄒ고 旋卽吐滓흠은 안이로다.

其 第一은 曰 敎育主義오 第二는 曰 敎授方法이며 其 敎育主義에 又 兩種 主義를 分ᄒ니 曰 保守的 主義, 曰 進步的 主義라.

保守的 主義 云者ᄂ 德國의 産物이니 厥土 人性은 愼重의 態를 尊崇ᄒ고 思想의 力이 膽富ᄒ야 得失 豫算에 分毫가 不差ᄒ고 凡於 學理에 自己 發明이 아니면 如何ᄒ 神奇 學說이 有ᄒ더라도 將來 影響을 深究 明知ᄒ기 以前에ᄂ 容易 首肯치 아니ᄒ며 一般 學校에 敎師 本位를 制定ᄒ야 嚴密ᄒ 規則으로 生徒를 監督ᄒ고

進步的 主義 云者ᄂ 美洲의 特質이라. 此 國俗尙은 敏速을 是重ᄒ며 實行에 傾嚮ᄒ야 何事를 不計ᄒ고 有聞 卽 行ᄒ며 有見敢爲ᄒ야 工作 商行이 朝建夕破ᄒ고 昨無今有ᄒ며 聯邦學校에 生徒 本位를 取用ᄒ야 自由 制度로 生徒를 收養ᄒ니 此是 泰西 敎界에 第一 位置를 占領ᄒ 兩大 潮流라. 然ᄒᄂ 局外 中立者로 正眼 看取컨디 鳧短(부단)鶴長의 嫌이 兩俱不無ᄒ도다. 德國의 思想 偏重과 敎師 本位ᄂ 進取 前途에 遲緩沈縮의 嫌을 難免ᄒᆯ 거시요, 美洲의 敏速是傾과 生徒 本位ᄂ 放任餘習이 輕躁橫逸의 失을 釀成

홀 거시니 然혼즉 保守 與 進步에 折衷主義를 取用치 아니ᄒ면 長足進取와 現象維持에 二俱不能홀 쥴 明認ᄒ노라. (하략)

◎ 學校의 槪說, 姜邁, 대한흥학보 제3호, 융희 3년(1909) 5월 20일

大抵 學校의 起源은 此를 大分ᄒ면 三種의 別이 有ᄒ니 其 最古흔 者ᄂ 社會의 特別 階級으로 起因흔 者라. 上古 埃及과 及 印度에셔ᄂ 僧侶의 子弟를 一定흔 處所에 集合ᄒ야(흔이 神殿) 其 階級의 必要흔 業務를 敎授ᄒ얏고 希臘에셔도 學問 一道ᄂ 特別흔 人格에 從屬홀 걸노 思惟ᄒ얏시ᄂ 然ᄒᄂ 希臘의 人은 性格이 活潑ᄒ고 知識을 求ᄒᄂ 傾向이 强硬홈으로 此等 精神的 業務로 特別흔 個別的의 卓高홈을 不喜ᄒ야 一般 自由의 歸着홈을 計圖ᄒ얏도다. 是로 由ᄒ야

第二種 卽 個人 又ᄂ 自由의 私 團体로 由ᄒ야 設立된 學校를 見홈에 至ᄒ얏고, 第三種의 學校ᄂ 一國의 主權者 或 公共團體가 國民의 知德을 啓發ᄒ며 社會의 進就홈을 計圖ᄒ야 特別히 敎師를 招聘ᄒ며 相當흔 設備를 經營홈에 至ᄒ도다. (중략)

日本의 敎育 始期ᄂ 幼稚園으로써 起點을 作ᄒ니 此ᄂ 學齡 以前의 兒童을 敎育ᄒᄂ 處所요 及 其 學齡에 已達홀 時ᄂ 尋常小學에셔 六年(義務敎育)과 高等小學에셔 四年으로 一般 國民의 知德을 養成ᄒ고 次에 中學校 五年으로 社會 中等의 地位를 訓練ᄒ며 實業과 及 各科學을 專修키 爲ᄒ야 種種의 專門學校가 有ᄒ며 高等 學術를 硏究키 爲ᄒ야 各 大學의 設置가 有ᄒ니 左表와 如홈이라.

(日本의 學校 系統表) : 이하 생략

◎ 學生論, 嘯印生, 대한흥학보 제4호, 융희 3년(1909) 6월 20일

학생 문제에 대한 논설로 학생의 가치, 학생의 이상, 학생과 역사 및 선배의 세 부분으로 이루어진 논설임.

(전략)

甲. 學生의 價値

華盛頓이 歸ᄒ면 鄰坤[12]이 來ᄒ고 俾士麥[13]이 老ᄒ면 比有魯[14]가 進ᄒᄂ니 今日 國家ᄂ 엇지 過去 學生의 國家가 안이며 將來 國家ᄂ 엇지 今日 學生의 國家가 안인가. (중략)

乙. 學生과 理想

(전략) 此에 注意ᄒ야 圓滿ᄒᆫ 人格下에 完美ᄒᆫ 理想을 具ᄒ면 긔 責任의 重ᄒᆷ과 價値의 大ᄒᆷ이 何이 我에 有ᄒ리오.

丙. 學生과 歷史 及 先輩(하략) (미완)

---

12 린곤(鄰坤): 링컨.
13 비사맥(俾士麥): 비스마르크. 비사맥(俾斯麥)으로 차자하는 경우도 있음.
14 비유로(比有魯): 미상.

2.
교육학의 일반 원리와 연구 분야, 교육사

2.1. 교육학의 일반 원리

◎ 敎育學의 區分, 서북학회월보, 제1권 제7호. 융희2년 12월(1908.12.)
◎ 敎育學 原理, 柳瑾, 대한자강회보 제6호~제13호, 1906~1907.
　-柳瑾(1906) 敎育學原理, 대한자강회월보 제6호(광무3년 12월: 1906.12.)
　-柳瑾(1907) 敎育學原理 대한자강회월보 제7호(광무 1년 1월: 1907.1.)
　-柳瑾(1907) 敎育學原理, 대한자강회월보 제8호(광무11년 2월: 1907.2.)
　-柳瑾(1907) 敎育學原理, 대한자강회월보 제9호 (광무11년 3월: 1907.3.)
　-柳瑾(1907) 敎育學原理, 대한자강회월보 제10호 (광무11년 3월: 1907.4.)
　-柳瑾(1907) 敎育學原理, 대한자강회월보 제11호 (광무11년 3월: 1907.5.)
　-柳瑾(1907) 敎育學原理, 대한자강회월보 제12호 (광무11년 3월: 1907.6.)
　-柳瑾(1907) 敎育學原理, 대한자강회월보 제13호 (광무11년 7월: 1907.7.)

2.2. 가정 교육론

◎ 제국신문 1899.2.24. – 2.27. (2회 연속)
◎ 家庭敎育, 張啓澤, 太極學報 제2호, 광무 10년(1906) 9월 24일
◎ 家庭敎育, 吳錫裕, 太極學報 제6호, 광무 11년(1907) 1월 24일
◎ 집안에셔 어린아히 기라는 법, 禹敬命, 太極學報 제11호, 광무 11년(1907) 6월 24일
◎ 家庭敎育法, 金壽哲, 태극학보 제16호~제26호 연재. 광무11년(1907)~융희2년(1908)
◎ 兒童敎育說, 硏究生, 태극학보 제22호, 융희 2년(1908) 6월 24일
◎ 家庭敎育法, 金壽哲, 대한흥학회보 제1호, 융희3년(1909) 3월 20일

2.3. 사회 교육론

◎ 社會敎育, 蔡奎丙, 태극학보 제1호, 광무 10년(1906) 8월 24일
◎ 雜報, 國民夜學, 황성신문 융희 2년(1908) 2월 12일
◎ 論說, 勸勉勞動同胞夜學, 황성신문 융희 2년(1908) 2월 20일
◎ 寄書, 遣家僮ᄒ야 入國文夜學校, 岳下山人, 황성신문 융희 2년(1908) 3월 15일
◎ 雜報, 勞動學會 任員 懇親, 황성신문 융희 2년(1908) 4월 3일
◎ 論說, 興士團의 必要훈 事業, 황성신문 융희 2년(1908) 5월 3일
◎ 論說, 講習所의 歡迎, 황성신문 융희 3년(1909) 6월 15일

2.4. 여자 교육론

◎ 제국신문, 1898.10.20.
◎ 제국신문, 광무 3년(1899)년 12월 19일
◎ 론셜, 제국신문, 광무 6년(1901) 9월 29일, 10월 1, 2, 3일 4회 연속
◎ 論說, 婦人開明(女子敎育會), 만세보, 1906.7.8.
◎ 論說, 女子敎育會의 智識 程度, 만세보, 1906.10.12.
◎ 女子敎育會 趣旨書, 만세보, 1906.12.2.
◎ 녀ᄌ교휵, 金洛泳, 태극학보 제1호, 광무 10년(1906) 8월 24일
◎ 家庭敎育, 張啓澤, 태극학보 제2호, 광무 10년(1906) 9월 24일
◎ 아히 기르는 방법, 金洛泳, 태극학보 제2호, 광무 10년(1906) 9월 24일
◎ 본국 형제미의게, 女史 尹貞媛(윤뎡원), 태극학보 제2호, 광무 10년(1906) 9월 24일
◎ 추풍일딘(奇書), 女史 尹貞媛, 태극학보 제3호, 광무 10년(1906) 10월 24일
◎ 공겸의 정신, 女史 尹貞媛, 태극학보 제4호, 광무 10년(1906) 11월 24일
◎ 獻身的 精神, 女史 尹貞媛(윤뎡원), 태극학보 제7호, 광무 11년(1907) 2월 24일
◎ 雜報, 會裁請願, 황성신문, 광무 11년(1907) 5월 15일
◎ 論說, 觀女會記念式 遺憾, 황성신문, 광무 11년(1907) 6월 4일
◎ 雜報, 진명부인개회식 성황, 광무 11년(1907) 6월 17일
◎ 論說, 女子의 敎育, 황성신문 융희 2년(1908) 2월 6일

2.5. 교육사

◎ 講壇 西洋 敎育史, 頭山逸民, 서북학회월보, 제1권 제17호, 융희3년 11월(1909.11.)
◎ 講壇 西洋 敎育史, 頭山逸民, 서북학회월보, 제1권 제18호, 융희3년 12월 1일
◎ 페수다롯지 傳, 대한흥학회보 제3호, 융희 3년(1909) 5월 20일
◎ 日本 明治七年 以后 敎育界의 新傾向, (姜邁) 대한흥학회보 제12호, 융희 4년(1910)
　　4월 20일
◎ 日本 敎育思想의 特點, 編輯人, 대한흥학회보 제13호, 융희 4년(1910) 5월 20일

근대 계몽기의 교육학 연구와 교과서

2.1. 교육학 개념과 연구 분야

◎ 敎育學의 區分, 서북학회월보, 제1권 제7호.
　융희2년 12월(1908.12.)

人者는 心身의 兩部로 由ㅎ야 成호 것인딩 其 心意作用은 又 分ㅎ야 知 與 行의 二種이 된지라. 若 以敎育學論之ㅎ면 劃ㅎ야 三大部가 되니 卽 德育과 智育과 體育이 是라.

體育

體育의 目的은 身體의 生長과 强健을 增進ㅎ야 精神的 國民이 되ᄂᆞᆫ딩 在호 것이라. 然ㅎ나 此 目的을 達ㅎᄂᆞᆫ 方法은 左의 圖式과 如ㅎ니라.

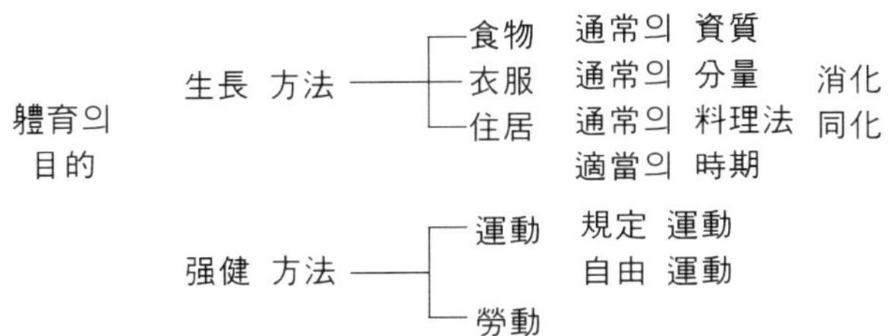

智育

智育의 目的은 國民 智識의 能力을 充足ㅎ야 自己에 對흔 義務
와 其中에 分흔 個人의 義務와 公衆과 國家에 對흔 義務와(國家와
君主) 萬有에 對흔 義務와 國體와 歷史와 疆土에 對흔 特性으로써
人圓主義에(完全無缺흔 國民資格) 俱備흔 然後에야 優勝劣敗之
世에 生存을 得ㅎ야 獨立之民이 되기에 不愧홀 如是而已라. 今에
其 方法을 載흠이 如左ㅎ니

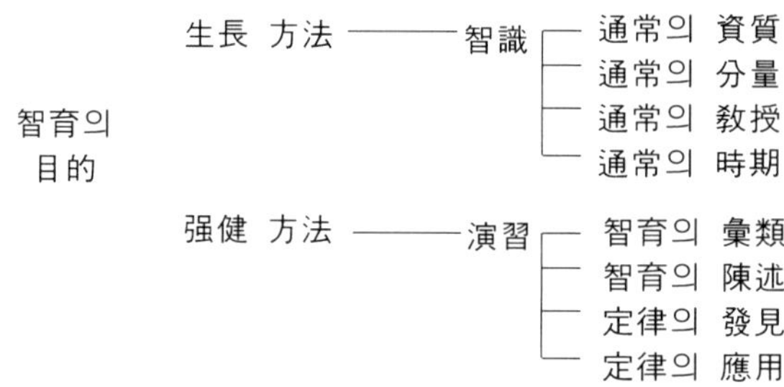

德育

德育의 目的은 其 德性의 生長을 增進ㅎ야 將來에 完全無缺흔
國民이 되게 흠에 在ㅎ니 其 方法은 左의 圖式과 如ㅎ니라.

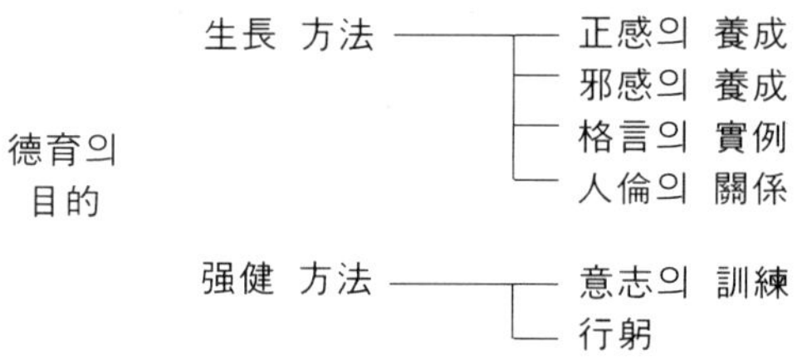

◎ 敎育學 原理, 柳瑾, 대한자강회보 제6호~제13호, 1906~1907.

유근의 교육학 원리는 <대한자강회보> 제6호부터 13호까지 연재되었다. 총론은 6호에 연재되었으나 7호와 8호에는 본론(2) 교육 각론의 제2 교화편을 실어 순서가 바뀌었으므로, 8호 끝에 역술한 내용의 목차를 제시하였다. 역술 목차는 다음과 같다.

敎育學原理 目次

序論
　敎育學이 科學中의 位置
本論(一) 敎育槪論
　一. 敎育의 定義
　二. 敎育의 目的과 及 其 內容
　三. 人의 所以 敎育을 當受
　四. 敎育의 效力
　五. 敎育方法의 分類
本論(二) 敎育各論
　第一. 育化篇 ------------- 9, 10호
　　　人身과 他 動物의 比較
　　　生理作用의 通例
　　　遊戱와 及 體操의 效益
　　　學校衛生
　　　敎育的 病理學
　　　情慾的 敎育學
　第二. 敎化篇 ------------- 7, 8호
　　　思想 一般의 性質
　　　思想發達의 通例
　　　敎授의 形式
　　　敎科의 種類
　　　敎科의 統一

第三. 感化篇 ------------- 10, 11, 12호
　　情의 性質
　　情育의 教科
　　情育의 方法
第四. 訓化篇 ------------- 12, 13호
　　意志의 性質
　　訓練意志의 通例
　　罰體의 利害
　　訓鍊意志의 次序 -------- (이 부분부터는 실리지 않음)
　　自治의 品性
本論(三). 教育의 形式
　一. 學校教育과 社會教育
　二. 學校教育과 家庭教育
　三. 學校教育의 形式
　　幼稚園小學校
　　小學校, 中學校, 高等學校
　　大學校, 師範學校
餘論
　教育學과 教育術

◎ 柳瑾(1906) 教育學原理,

대한자강회월보 제6호(광무3년 12월: 1906.12.)

總論

○ 教育學이란 者는 何科學인고, 盖今東西에 教育의 事를 研究ᄒ
야 其系統을 繹ᄒ야 組織ᄒ 者니 其性質이 雜駁ᄒ 故로 曰 自然科
學(自然의 狀態를 研究ᄒ는 者를 自然科學이라 謂ᄒ니 倫理學, 心
理學 等이 是라.)을 可히 原理의 下에 括흠만 不如홀지라.

德儒 洛失苛來智[1]가 敎育學의 性質을 述ᄒ야 曰敎育學은 一, 混合科學이 되야 其 性質이 醫學에 類ᄒ다 ᄒ니 其 混合科學이라 謂ᄒ 者ᄂ 卽 敎育學이 倫理學과 心理學을 必須ᄒ야 補助홈을 指홈이오 其 醫學과 類ᄒ다 謂ᄒ 者ᄂ 卽 敎育이 醫學으로 더부러 健全과 不健全홈을 均別ᄒ야써 人心 健全의 法을 講홈이라. 但 敎育學으로써 混合科學을 삼은 者ᄂ 特히 其 湊集의 意쑨 아이오 亦 各種科學의 結果를 借ᄒ야 其 目的과 方法을 明홈이니라.

敎育의 目的과 方法을 明코져 홀진딘 必四種의 科學으로써 補助홀지니 卽 倫理學 社會學(二者ᄂ 其 目的을 示홈이라) 心理學 生理學(二者ᄂ 其 方法을 示홈이라)이 是라. 古來로 敎育學을 組織ᄒᄂ 者ㅣ 但 黑排梯을 從ᄒ야 倫理學으로 目的을 삼으며 心理學으로써 方法을 삼고 社會學과 生理學을 借助치 아니ᄒᄂ 故로 尙 殘缺不全ᄒ야 美善의 域에 不造ᄒ니라.

敎育學이 此四種의 科學을 得ᄒ야 其目的과 方法을 明히 ᄒ 後에 健全ᄒ 敎育의 原則을 可定홀지니 此ᄂ 卽 洛失苛來智의 謂ᄒ 바 醫學에 類ᄒ야 一種 規範科學을 成ᄒ다 홈이니 特히 事實을 說明홀 쑨 不是오 其 標準을 探求ᄒ야써 其餘를 例홈이라. 故로 敎育學의 原理가 有二ᄒ니

(一) 敎育의 目的 及 其 所以 成立ᄒᄂ 原理오

(二) 其 目的 實行의 方法 及 其 形式의 原理라

---

1 낙실가래지(洛失苛來智):독일의 철학자이자 교육학자인 페스탈로치(John Heinrich Pestalozzi, 1746-1827)로 추정됨. 사회 개혁과 사회 구제 사업의 일환으로 학교 사업을 하였으며, 종교적·도덕적 인간성을 중심으로 인간의 조화로운 발달을 중시하였음. '어느 은거자의 저녁'(1789), '린할트와 게르루루드'(1781-1787), '아동의 가정교육'(1782), '입법과 영아살해죄'(1783), '기초 도야의 이념에 관한 견해와 경험'(1807) 등의 저술이 있음.

約言흔 則

敎育學이란 者는 敎育의 目的과 其 方法을 硏究ᄒᄂ 科學이니 必
倫理學과 心理學과 社會學과 生理學을 次ᄒᄂ니 補助上으로 言흔
則 可히 混合科學이라 謂홀지오 性質上으로 言흔 則 規範科學이라
謂홀지니라 (未完)

◎ 柳瑾(1907) 교육학원리

　　대한자강회월보 제7호(광무 1년 1월: 1907.1.)

第二 敎化篇

○ 前篇은 身體 養育의 方法을 述ᄒ고 此ᄂ 智識 開發의 方法을 述
ᄒ니 此 方法이 敎育上 寂重要의 地位를 占ᄒ야 名을 敎化 或 智育
이라 云흔지라. 萬若 殘闕不全ᄒ면 事物의 理를 旣히 判斷키 不能
ᄒ며 感情을 高尙키 不能ᄒ며 志氣를 堅固키 不能ᄒ리니 敎育 目
的에 謂흔 바 團體 自治의 品性은 쟝찻 何로 由ᄒ야 得ᄒ리오, 然ᄒ
나 此 方法의 詳細흠을 知코져 홀진딕 思想 一般의 性質과 其 發達
의 通例를 先攷치 아니흠이 不可ᄒ니라.

一. 思想 一般의 性質

　人의 知識은 決코 智情義 三者에 能히 分明홀 빅 아니라 同是
知識이로딕 事物 辨明을 智라 謂ᄒ고 感觸 境遇를 情이라 謂ᄒ고
希望 一切를 意라 謂ᄒᄂ니 無他라 其 所向ᄒᄂ 者ㅣ 異흠이라.

伯論他諾[2]이 嘗 分析ᄒᆞ야 曰 (甲) 其 知識이 對象에 現ᄒᆞᆫ 者ᄅᆞᆯ 表象이라 名ᄒᆞ고 (乙) 對象에 現ᄒᆞ야 決定홈과 及 反對ᄒᆞᄂᆞᆫ 者ᄅᆞᆯ 信念이라 名ᄒᆞ고 (丙) 對象에 現ᄒᆞ야 冀望 或 嫌惡의 意ᄅᆞᆯ 懷ᄒᆞᄂᆞᆫ 者ᄅᆞᆯ 興味라 名ᄒᆞᆫ다 홈이 庶히 其 得當ᄒᆞᆯ지나 然ᄒᆞ나 科學의 實際ᄅᆞᆯ 講코져 ᄒᆞᆯ진ᄃᆡ 其 種類ᄅᆞᆯ 區別홈에 在ᄒᆞ나 今에 一端을 左에 特擧ᄒᆞ야 閱ᄒᆞᄂᆞᆫ 者로 ᄒᆞ야곰 隅反케 ᄒᆞ노라.

智의 性質은 眞을 明ᄒᆞᆯ 쑨이니 謂ᄒᆞᆫ 바 眞을 明ᄒᆞᄂᆞᆫ 者ᄂᆞᆫ 何오. 一은 五官으로 從ᄒᆞ야 事物을 感動ᄒᆞᄂᆞᆫ 者니 曰 感覺이며 又曰 直覺이오 二ᄂᆞᆫ 心이 事物의 感動홈을 受ᄒᆞᄂᆞᆫ 者니 曰 知覺이오 三은 知覺으로 由ᄒᆞ야 普通의 性質을 推繹ᄒᆞᄂᆞᆫ 者니 曰 槪念이오 四ᄂᆞᆫ 其 槪念으로써 一名 數ᄅᆞᆯ 構成ᄒᆞᄂᆞᆫ 者니 曰 判定이오 五ᄂᆞᆫ 判定의 關係로부터 一新論을 別演ᄒᆞᄂᆞᆫ 者니 曰 推論이라 ᄒᆞᄂᆞ니 此 五種의 作用은 皆 人의 心意로 ᄒᆞ야곰 眞을 明케 ᄒᆞᄂᆞᆫ 所以라. 萬若 貫通 鍊達치 아니ᄒᆞ면 影響이 糢糊ᄒᆞᆯ지니 엇지 事事物物의 眞相을 可得ᄒᆞ리오.

夫 心의 所及에 天神은 其 尊嚴을 失ᄒᆞ고 美人은 其 媚態ᄅᆞᆯ 失ᄒᆞ고 刀鋸ᄂᆞᆫ 其 利銳을 失ᄒᆞᄂᆞ니 斯 固然ᄒᆞ나 勤히 其理ᄅᆞᆯ 知ᄒᆞ고 一一히 實驗을 徵치 아니ᄒᆞ면 但히 空想쑨이니 쪼흔 何ᄅᆞᆯ 取ᄒᆞ리오. 故로 반다시 方向을 指導ᄒᆞ야 實際에 悉歸ᄒᆞ야써 野蠻 幻想의 陋習을 脫케 ᄒᆞᆯ지니 此ᄂᆞᆫ 團體 自治의 品性이 無智키 不可ᄒᆞᆫ 所以라.

開智의 法을 知코져 ᄒᆞᆯ진ᄃᆡ 맛당히 其 思想 發達의 次序와 及 其 條件을 先攷ᄒᆞᆯ지니라.

二. 思想 發達의 通例

思想은 簡單으로붓허 複雜에 趨ᄒᄂᆫ 者라. 古來로 發明ᄒᆫ 者가 二大 學說이 有ᄒᆞ니 一은 利發業志[3]와 康德黑智爾[4] 等의 唱ᄒᆫ 바 德國派오 一은 黑排梯[5] 等의 唱ᄒᆫ 바 英國派라.

德國派ᄂᆫ 謂ᄒᆞ되 人의 心意가 先天 總合 活動 統一의 諸性質이 有ᄒᆞ니 必히 平日 經驗을 待ᄒᆞ야 發達ᄒᄂᆫ 者라 ᄒᆞ고 英國派ᄂᆫ 謂ᄒᆞ되 人의 心意가 分析 受動 判斷의 諸 階級을 積ᄒᆞ야 發達을 漸致ᄒᄂᆫ 者라 ᄒᆞ니 盖 德國派ᄂᆫ 形而上ᄒᄂᆫ 學에 近ᄒᆞ고 英國派ᄂᆫ 自然科學에 近ᄒᆞ니라.

此 二大學說이 根據가 各有ᄒᆞ니 德國派ᄂᆫ 實노 知識의 原理되고 英國派ᄂᆫ 僅히 觀念의 聯合으로써 證明ᄒᆞᆷ이니 故로 彌勒全姆斯[6]가 力言ᄒᆞ되 人은 感覺ᄒᆞᆷ에 不過ᄒᆯ ᄯᅡ름이라 ᄒᆞ니 彌勒頓[7]이 駁擊ᄒᆞ야 曰 人이 果然 感覺에 不過ᄒᆞ면 ᄒᆞ야곰 感覺이 有케 ᄒᄂᆫ 者ᄂᆫ 何라 謂ᄒᆯ고. 黑排梯派가 觀念의 同化를 推ᄒᆞ야 興味의 說을 立ᄒᆞ니 ᄯᅩᄒᆫ 駁擊을 難免ᄒᆯ지라. 盖英國派와 黑排梯派의 說이 原理에 疎ᄒᆞ고 閱歷에 長ᄒᆫ 者라. 是以로 今에 心意發達을 論ᄒᆯ진ᄃᆡ 必히 德國派로써 形式을 삼고 英國派와 黑排梯派로써 內容을 삼은 後에 至當 不易의 通例가 出ᄒᆯ지니라.

---

3 리발업지(利發業志): 독일의 교육학자. 철학자.

4 강덕흑지이(康德黑智爾:): 독일의 교육학자. 철학자.

5 흑배제(黑排梯: John Friedrich Herbart, 1776-1841): 헤르바르트. 독일 올데불그에서 출생. 교육의 목적론과 방법론을 구체화한 교육철학자.'일반 교육학'(1806), '교육학 강요'(1835) 등을 저술함. '준비-제공-교제-개괄-응용'의 5단계 교수 과정설을 주창함.

6 미륵전모사(彌勒全姆斯): 미상.

7 미륵돈(彌勒頓):밀턴.

觀念 同化의 根柢는 德國派 所言者에 逃홈이 誠無호나 其同化의 次序는 英國派의 觀念聯合法이 有三호니 (一日)[8] 一致律이니 例칸듸 我가 親을 思호야 人의 親에 及흔 者와 如홈이 是오 二日 對比律이니 例칸듸 黑白 善惡이 性質이 相反호야 人으로 호야곰 兩兩 比較의 念을 生케 호는 者와 如홈이 是오 三日 近似律이니 例칸듸 拿破崙[9]을 追憶호는 者가 因 호야 亞歷 山大該撤 秦皇 漢武[10]에 旁及호는[11] 者와 如홈이 是라. 黑排梯派의 同化說에 至호야 비록 分類홈은 아니나 其 意는 英國派로 더부러 同호니 其 舊觀念의 同化와 新觀念의 狀態를 述호야 日 今에 一羣의 觀念이 腦中에 入호듸 萬若 舊者의 力이 新者보다 强호면 必히 互相 衝突홀지오 衝突이 己極호면 逐히 混호야 俱化爲新호는 故로 同化오 又 日 融會라 호느니 旣히 融會홈에 及호면 興高味烈호야 非常히 愉快홈이 此로 從호야 種種의 興味랄 遞生흔다 云云호니라.

故로 敎授의 秘訣은 오즉 其 興味를 啓發홀 싸름이라. 玆에 其 興味를 將호야 列表홈이 如左호니

```
                    ┌─ 事物과 及 其 關係를 硏究호는 者 ─┬─ 實驗의 興味
                    │                                  └─ 推理의 興味
考驗의 興味 ────────┤
                    └─ 事物의 善惡美醜를 判斷호는 者 ──── 審美의 興味
```

---

8 원문에는 없지만 '일왈'의 탈자로 보임.

9 나파륜(拿破崙) 나폴레옹.

10 아력 산대해철 진황 한무(亞歷 山大該撤 秦皇 漢武): 아시아 역사의 산대해철(?) 진시황, 한무제. (?)

11 방급(旁及): 곁에 미침.

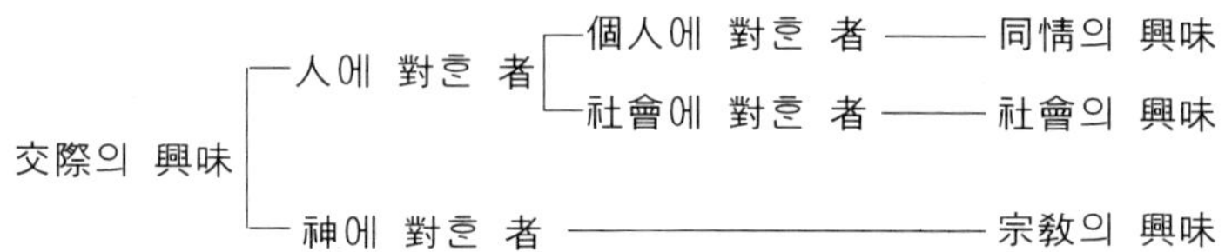

英國派의 觀念 聯合 三律 과 黑排梯派의 六種 興味는 其 心理 學上에 在흐야 비록 至今ᄭ지 疑問이 되나 然흐나 人의 思想이 簡 單을 由흐야 複雜에 漸趨흔즉 鉄案(철안)이 山과 如흐야 可易치 못홀지라. 今에 蘇格蘭[12] 某 大學敎授 老湖里[13]가 區分흔 一人 思 想의 發達흐는 時代를 下에 特擧흐야써 證明흐노라.

第一 嬰兒期感覺 直覺의 時代

(一歲)

第二 幼兒期知覺 及 槪念의 時代

(二歲로 自흐야 八歲에 至) 約히 幼稚園에 在흔 時

第三 成童期槪念 及 判定의 時代

(九歲로 自흐야 十五歲에 至) 約히 小學校에 在흔 時

第四 靑年期推論의 時代

(十六歲로 自흐야 十八歲에 至) 約히 中學校 或 高等學校에 在흔 時

第五 成人期新理想 發達의 時代

(十九歲로 自흐야 二十四歲에 至) 約히 大學校에 在흔 時

思想 發達의 通例를 從흐야 敎授 原理를 抽出흠이 如左흐니

---

12 소격란(蘇格蘭): 소르본.

13 노호리(老湖里): 미상.

一. 敎授를 맛당히 觀念聯合의 法을 從홀지오

二. 敎授를 맛당히 竭力ᄒ야 其 興味를 啓發홀지오

三. 敎授를 맛당히 心意發達의 次序를 從홀지니라.

今에 다시 以上 諸原理를 詳說ᄒ노니

一. 敎授를 맛당히 觀念聯合의 法을 從ᄒᄂ 所以ᄂ 觀念의 發達
이 此法을 卽 依ᄒᄂ 故라. 此法의 一致, 對比, 近似 三律을
分홈은 前節에 己見ᄒ얏거니와 玆에 其 敎授 原則을 述홈이
如左ᄒ니

(一) 自然 附 麗者ᄂ 敎授홀 時에 須히 相連케 ᄒ야 歧分홈이 不可
홀지오 (二) 一物 觀念의 形이 近似律로 由ᄒ야 轉ᄒ야 直覺 敎授
되ᄂ 者ᄂ 須히 近似律을 利用홀지오 (三) 普通 觀念의 形이 一致
律노 由ᄒ야 轉ᄒ야 槪念 敎授되ᄂ 者ᄂ 須히 一致律을 利用홀지
오 (四) 直覺 敎授와 槪念 敎授를 不論ᄒ고 凡 兒童의 腦筋에 卽ᄒ
야 須히 對照 比較홀 者ᄂ 必히 對比律을 利用홀지오 (五) 敎授의
法은 敎科 編制와 時刻 酌定을 勿論ᄒ고 다 觀念聯合法을 須從홀
지니라.

二. 敎授를 맛당히 竭力ᄒ야 其 興味를 啓發ᄒᄂ 所以ᄂ 盖 觀
念의 發達이 必히 興味를 依ᄒ야 漸次로 深厚ᄒ 故라. 興味
가 凡 六種이니 敎授 原則이 此 六種의 興味를 從ᄒ야 定ᄒ
者라.

(一) 敎授時에 須히 愉快ᄒ야 困苦를 不覺케 ᄒᆯ지오 (二) 凡 興味가 無ᄒᆫ 事物은 敎授ᄒᆯ 時에 須히 避ᄒᆯ지오 (三) 興味로 ᄒ야곰 一偏에 局케 흠이 不可ᄒᆯ지오 (四) 敎授時에 須히 退而自省ᄒ야뼈 餘興을 勃發케 ᄒᆯ지오 (五) 興味로 더부러 共發ᄒᄂ 觀念은 敎授ᄒᆯ 時에 須히 系統을 組織ᄒ야뼈 證明ᄒᆯ지니라.

三. 敎授를 맛당히 心意 發達의 次序를 不從ᄒᄂ 所以ᄂ 盖 心意 發達의 次序를 不從ᄒ고 顚倒히 敎授ᄒ면 其 結果ᄂ 兒童의 知識으로 ᄒ야곰 活潑케 흠이 아니오 反히 枯死케 ᄒᄂ 故라. 其 次序ᄂ 凡 感覺 知覺 槪念 推論 理想의 五期를 介하니 敎授 原則은 此를 準ᄒ야 定ᄒᆫ 者라.

(一) 先에 名物을 示ᄒ고 後에 言語로뼈 敎ᄒᆯ지오 (二) 旣知흠을 由ᄒ야뼈 未知흠에 及ᄒᆯ지오 (三) 一物이 未明ᄒ면 他物로써 更흠이 不可ᄒᆯ지오 (四) 宜히 具體者 實을 抽象者虛의 前과 簡單者를 複雜者의 前에 實ᄒᆯ지오 (五) 感覺을 敎授ᄒᆯ 時에 須히 非常히 敏捷ᄒ야 其 知覺을 動케 ᄒᆯ지오 (六) 知覺을 敎授ᄒᆯ 時에 須히 全體의 關係를 專論ᄒᆯ지오 (七) 精確ᄒᆫ 槪念을 得코져 ᄒᆯ진딕 第一은 湏히 彼此에 比較 特異의 點으로 明示ᄒᆯ지오 (八) 第二ᄂ 湏히 特別노부터 普通에 及ᄒ며 具體로부터 抽象에 及ᄒᆯ지오 (九) 推論흠을 湏히 歸納 演繹 兩法(按컨딕 二法이 皆 名學의 法이니 一則 歸ᄒ야 納ᄒ고 一則 演ᄒ야 繙흠이라)으로부터 入門케 ᄒᆯ지오 (十) 歸納 演繹 兩法을 從ᄒ야 因果律에 照ᄒ야 自由로 思考ᄒ야 己의 新理想을 發揮케 ᄒᆯ지니라.

以上은 諸 原理은 驟히 觀ᄒ면 唯曰 繁雜이라 ᄒ지나 其 要旨를 撮ᄒ며 其 綱領을 挈(설)ᄒ면 一心意의 同化ᄒᆯ 싸름이니 世에 冬烘(동홍) 學究ᄂ 此理를 不知ᄒ고 死토록 難澁 斷爛의 經典 文字만 讀ᄒ야 兀兀 窮年에 牢히 可破치 못ᄒ니 其弊가 無數ᄒᆫ 木偶人材를 養成ᄒᆷ에 遂至ᄒ지라. 法國 文豪 福祿特爾[14]가 嘗痛斥ᄒ야 曰 師傳가 人을 有用의 實學으로써 不敎ᄒ고 徒히 故紙를 鑽ᄒ야 陳言을 欺弄ᄒᄂ 者ᄂ 亡國의 罪魁라 ᄒ니 旨ᄒ다. 言이여.

四. 敎授의 形式

古來로 敎授의 法이 千差万別ᄒ야 悉數를 終키 難ᄒ나 權ᄒ야 分컨디 一則 曰 注入主義니 곳 各種 事物노뻐 兒童의 腦中에 灌輸ᄒ야 永矢ᄒ야 入케 ᄒᄂ 者오 一則 曰 開發主義니 곳 各種 事物노뻐 其 自然 發達의 心意를 開發ᄒ야 觸類旁通케 ᄒᄂ 者라. 注入主義ᄂ 苦히 學ᄒ야 鍛鍊ᄒᆷ을 專重히 하고 開發主義ᄂ 興味가 淋漓(임리)ᄒᆷ을 專重ᄒᆷ이니 表面으로부터 觀ᄒ면 二者가 相輔하야 行ᄒᆷ과 如히 偏廢키 不可하나 然하나 心理學上에 徵ᄒᆫ 則 開發主義ᄂ 有益코 無損ᄒᆯ지오 注入主義ᄂ 有益코 亦 有損ᄒᆯ지니 開發主義ᄂ 實노 近世敎育이 中世 上世 敎育으로 더부러 特異ᄒᆫ 點이니라.

開發의 法이 有二ᄒ니 一則 旣有에 觀念界를 分解ᄒᆷ이니 敎育의 目的을 依ᄒ야 其繁을 刪ᄒ고 其簡에 就ᄒᆷ은 名學 中 謂ᄒᆫ 바

分解 教授法과 猶홈이오 一 則 新觀念을 舊觀念界에 擴加홈이니
其類를 充き고 其盡을 至きぐ 博通宏達케 홈은 名學 中에 謂き 바
總合의 敎授法과 猶홈이라. 此 二法은 科學으로 硏究きと 者의 必
需흘 비 되니 敎育에 施きぐ 足히 州 人에 心性을 開發케 홈이 綽
綽(작작)흘지니라.

　若 夫 敎授法의 階級[15]이 通常에 三段을 分きゖ 曰 豫備니 곳
敎授者의 散慢き 知識으로 きぐ곰 敎授의 中心點에 集注케 きと
者오 曰 授與니 곳 新材料로州 授きぐ 其 集註의 觀念界를 恢張き
と 者오 曰 應用이니 곳 其 新舊 觀念을 聯合きぐ 自由應用을 得
케 きと 者라. 黑排梯[16]派가 猶히 心에 不滿타 きぐ 四段에 分き고
近時 來因[17]이 又 五段에 分きゖ 兹에 其 變遷홈을 將きぐ 列表홈
이 如左きノ라.

<table>
<tr><td rowspan="4">敎授의 階級</td><td>一 特弗立特 及 活特梯[18]: 一. 觀察 二. 思考 三. 應用</td></tr>
<tr><td>二 黑排梯 及 徐爾拉[19]</td></tr>
<tr><td>: 一. 明瞭二. 聯合三. 系統四. 方法(應用)</td></tr>
<tr><td>三 來因: 一. 豫備二. 授與三. 聯合四. 結果五. 應用</td></tr>
</table>

---

15 유옥겸(1908)에서는 교수 단계설로 헐버트 4단계설(전심의 명료, 연합, 치사의 계통, 방법), 칠너의 5단계설(구체적 관념의 분해, 통합, 개념적 관념은 연합, 계통, 응용적 연습 방법), 라인의 5단계설(직관의 예비, 제시, 개념의 연결, 통괄, 응용의 단계), 빌만의 3단계설(수납, 사고, 응용)을 소개함.

16 흑배제(黑排梯: J.F.Herbart): 헤르바르트. '명료, 연합, 계통, 방법'의 4단계 교수설을 주장함.

17 래인(來因: W. Rein): 라인. '예비, 제시, 비교, 총괄, 응용'의 5단계 교수설을 주장함.

18 특불립특 급 활특제(特弗立特 及 活特梯:)

19 서이납(徐爾拉): 미상.

來因 氏ㅣ 敎授의 階級을 分ᄒ야 五段으로 爲ᄒ니 故로 名曰 五段敎授法이라. 其 所謂 豫備라ᄂᆞᆫ 者ᄂᆞᆫ 通常 豫備의 意로 더부러 同ᄒ고 所謂 授與라ᄂᆞᆫ 者ᄂᆞᆫ 亦 通常 授與의 意로 더부러 同ᄒ고 所謂 聯合이라ᄂᆞᆫ 者ᄂᆞᆫ 卽 新舊 觀念을 合倂ᄒ야써 觀念界를 混一ᄒᆞᆷ이오 所謂 應用이라ᄂᆞᆫ 者ᄂᆞᆫ 亦 通常 應用의 意로 더부러 異ᄒᆞᆫ 바 無ᄒ니라. 五段敎授法은 敎授ᄒᆞᆫ 時에 雖 區劃키 不可ᄒ나 然ᄒ나 心에 其 意를 知ᄒ야 敎科를 運用ᄒ야 써 受敎育者의 觀念을 啓發ᄒ면 同化 次序를 不背ᄒ야 其 思想이 風發潮湧ᄒ야 限量키 不可ᄒᆞᆷ을 遂得ᄒᆞᆯ지니라.

敎授의 主義와 其 階級은 前에 旣略述ᄒ얏거니와 然ᄒ나 其 主義를 實行ᄒᆞᆫ 所以와 其 階級의 方法은 尙 未及ᄒᆞᆫ지라. 今에 其 要를 枚擧ᄒ야 論ᄒ노니

(第一) 則 問答法이 是니 此中에 비록 疑問을 發ᄒ야써 難ᄒᆞᆷ과 互히 問答ᄒᆞᆫ 別이 有ᄒ나 要컨되 皆 受敎育者의 觀念界를 察ᄒ야 其 不明ᄒᆞᆫ 者면 則 開케 ᄒ고 明코 未達ᄒᆞᆫ 者면 則 通케 ᄒ야써 新材料를 灌入ᄒᆞᆯ지라. 昔 希臘 大賢 梭格拉底[20]가 此法을 創始ᄒᆞᆫ 故로 又名을 梭格拉底法이라 ᄒ니 彼嘗曰 余ᄂᆞᆫ 知識을 授ᄒᆞᆫ 者ㅣ 아니오 乃 知識을 生케 ᄒᆞᆫ 産婆라 ᄒ니 此를 觀컨되 其 眞意를 可知ᄒᆞᆯ지라. 此法을 敎授ᄒᆞᆯ 時에 開發主義 中의 分解法 敎授 階級 中 豫備와 應用으로써 最宜를 삼음이오

---

20 사격납저(梭格拉底: Sorrates 469-399.B.C.): 소크라테스.

(第二) 則 談話法이 是니 此中에 비록 細目의 可分홈이 有ᄒ나 要컨딕 其 事實을 講明ᄒ야 受敎育者로 ᄒ여곰 豁然(활연)히 開朗케 홈은 一이라. 但 此法이 修辭 論辯의 學에 精ᄒ 者 아니면 往往히 平庸 一派에 流入ᄒ야써 人을 動케 ᄒ기 難ᄒ 故로 敎授홀 時에 開發主義 中의 總合法과 敎授 階級 中의 聯合과 結合으로써 最宜를 삼ᄂ니라.

兹에 敎授의 方法을 將ᄒ야 列表홈이 如左ᄒ니

교授의 方法 { 問答法 … 分解法 … 豫備 應用 / 談話法 … 總合法 … 授與 聯合 結合

然ᄒ나 此 二法을 有時로 交相 爲用홈이 可ᄒ니 談話法으로써 豫備 應用을 삼고 問答法으로써 授與 聯合 結合을 삼으되 一定의 程式을 株守키 不能ᄒᄂ니 是ᄂ 敎育ᄒᄂ 者가 神而明之ᄒ야 因時制宜홈에 在ᄒ니라.

五. 敎科의 種類

敎科라ᄂ 者ᄂ 敎授原理와 其形式을 表ᄒ야써 人心을 開發의 具라. 今에 其種類를 析ᄒ야 縷述ᄒ노라.

昔希臘의 敎科ᄂ 體操와 音樂을 專重ᄒ고 栢拉圖의 定(共和國)ᄒ 敎科ᄂ 始로 數學 幾何學 天文學 物理學(卽格致學)으로써 加ᄒ고 阿里土士德은 一大學校를 立ᄒ야 更히 哲學 美術로써 加ᄒ고 中世에 凡七科를 分ᄒ니 曰拉文法이오 曰倫理學(卽名學)이오 曰修辭學이오 曰數學이오 曰幾何學이오 曰天文學이오 曰音樂이

라 ᄒ고 近世에 至ᄒ야 倍根이 出ᄒᆷ이 自然科學이 發然히 繁興ᄒ니 倫理 語學 作文 地理 歷史 數學 物理學 化學 動物學 植物學 習字 圖畫 體操 手工 音樂 諸科가 有ᄒ니 此ᄂᆞᆫ 歐州 敎科變遷의 大槪라.

退ᄒ야 東洋의 敎科를 觀컨듸 支那學制의 最히 完備ᄒᆫ 者ᄂᆞᆫ 唐代만 莫如ᄒ니 其時에 國學은 國子 大學 四門 律學 畫學 算學 六門을 立ᄒ고 此後에 詩賦策論製藝 等이 皆 人材를 破壞ᄒᄂᆞᆫ 具니 足히 써 敎科라 言치 못ᄒᆯ지오 日本 王朝時代를 當ᄒ야 明經道 紀傳道 明法道 算道 四道가 有ᄒ고 德川幕府의 頃에ᄂᆞᆫ 各 藩學校에셔 和學 漢學 算道 筆道 天文地理 歷史 兵學 諸科를 槪課ᄒ더니 明治維新 後에 至ᄒ야 歐美 敎育의 法을 盡採ᄒ니 敎科가 由是로 完備ᄒ다 云ᄒ니라.

故로 今日에 맛당히 敎科라 承認ᄒᆯ 者ᄂᆞᆫ 倫理 語學 作文 地理 歷史 數學 物理學 化學 動物學 植物學 習字 圖畫 體操 手工 音樂 諸科니라.

但 此等 敎科로써 普通敎育을 삼ᄂᆞᆫ 者ᄂᆞᆫ 必 高等專門의 知識이 有ᄒᆷ이 아니라 惟 團體 自治의 品性을 養ᄒ야 ᄒ여곰 一 公民이 되야써 個人의 義務를 盡ᄒᆯ ᄲ분이니 固히 其 國家에 關係ㅣ 如是히 重且大ᄒᆫ지라. 玆에 各學科의 價値를 復將ᄒ야 條論ᄒ노니

• 第一 倫理

倫理란 者ᄂᆞᆫ 爲人의 道를 敎ᄒᄂᆞᆫ 바니 敎科 中 最 重要ᄒᆫ 者라. 昔者에 歐美 諸國이 皆 宗敎로 더부러 混視ᄒ야 宗敎를 敎授ᄒᆷ이 卽 倫理를 敎授ᄒᆷ이라 ᄒ더니 近時에 文明이 日進ᄒᆷ이 其謬를 始知ᄒ야 宗敎ᄂᆞᆫ 可히 自由 信仰ᄒ고 倫理ᄂᆞᆫ 强之使從ᄒᄂᆞᆫ 法律을

遂定ᄒ니 其 實行 方法은 訓化篇(卽 德育篇) 中에 見홈으로 玆에 復贅치 아니ᄒ노라.

• 第二 語學

語學이란 者는 本國語와 外國語를 不論ᄒ고 其要가 知識을 交換ᄒ는 媒介오 品性을 陶冶ᄒ는 資料라. 其 敎科 中에 在ᄒ야 殆히 倫理로 더부러 均히 各科의 基礎가 되느니 注意홈이 最宜ᄒ니라.

• 第三 作文

作文은 卽 己의 思想을 表ᄒ고 或 人의 意志를 解ᄒ야써 操守를 培養ᄒ야 他日에 出世 餘地를 삼나니 盖 語學의 受動ᄒ는 밧 者ㅣ 發ᄒ야 能動ᄒ는 者ㅣ 됨으로써 此科를 敎授홈이 맛당히 語學으로 더부러 表裏相應ᄒ을지니라.

• 第四 地理歷史

地理와 歷史는 卽 吾人 經驗을 擴張ᄒ는 要科니 地理로써 其 空間에 關ᄒ 觀念을 廣케 ᄒ며 歷史로써 其時間의 關ᄒ 知識을 增케 홈이라. 黑排梯派[21]는 歷史를 尤 重히 ᄒ야 社會交際의 興味가 僅히 此에 在ᄒ다 ᄒ니 實 則 二科ㅣ 關係가 互有ᄒ야 編廢홈이 不可ᄒ니라

• 第五 數學

數學이란 者는 萬物의 容積과 分量을 測定ᄒ야 絲毫의 誤謬가

---

21 흑배제파(黑排梯派): 헤르바르트 학파.

無흔 學이라. 特히 人의 推理力과 思考力을 練흘 쑨 아니라 且 生活上에 一日도 少키 不可흔 밧 者오 且 此에 止흘 쑨 아니라 物理化學을 證明ᄒ야써 其 方程式을 示코져 흘 者는 惟 數學을 是賴흘지니라.

• 第六 物理化學

物理와 化學이란 者는 萬物 要素의 組織과 變化를 硏究ᄒ야 數學 方程式을 借ᄒ야서 自然現象의 眞相을 得홈이라. 可히 써 思考力과 推理力을 練ᄒ야 其 實用의 結果는 今日에 如火 如茶흔 文明世界를 卽 成홈인 故로 敎科 中에 在ᄒ야는 歷史 地理로 더부러 同等 位實에 立ᄒ나니라.

• 第七 動物學 植物學

動物學과 植物學은 物理化學의 自然現象에 較ᄒ야 尤히 顯著ᄒ니 兒童의 視之恒覺홈이 人으로 더부러 無異흔 故로 推理力을 練흔 外에 쏘 可히 審美와 同情의 興味를 啓發흘지며 萬若 物理化學을 混合ᄒ면 更히 鑛物學을 成ᄒ리니 誠히 敎育上에 有用흘 敎科니라.

• 第八 習字 圖畵

習字와 圖畵는 手眼의 知覺을 練習ᄒ야 筋肉으로 ᄒ야곰 自由로써 實用을 供ᄒ야 審美의 興味를 得케 흘 바 者니 其 學校 敎科中에 在ᄒ야는 비록 附屬科가 되나 其 敎育에 價値는 固히 甚卑치 아니ᄒ니 感化篇(卽 情育篇) 美育 一節에 見ᄒ니라.

• 第九 體操 手工

體操와 手工은 皆 全身을 運動ㅎ야 筋肉을 强壯케 ㅎ는 밧 者라. 其中에 手工의 價値는 審美의 興味를 發揮홈과 數學의 思想을 練習홈과 及 知覺上으로 自ㅎ야 觀ㅎ면 卽 可恍然홀지오 體操에 至ㅎ야는 育化篇에 己見ㅎ니라.

• 第十 音樂

音樂이란 者는 心身調和의 理의 本ㅎ고 萬物節奏의 聲을 從ㅎ야 뻐 其耳를 練習ㅎ는 바라. 昔에 希臘이 此科를 嚴重히 ㅎ고 栢拉圖[22]가 嘗曰 音樂이라는 者는 精神을 發揚ㅎ며 德行을 培植ㅎ야 可히 少치 못홀 비라 ㅎ니 音樂 中에 關係 最有혼 者는 國民歌와 及 自然 流行의 詩歌만 莫如ㅎ니 實로 足히 써 國民自然의 感情을 養成ㅎ야 倫理의 不及홀 바를 補홀 者라. 其 價値는 亦 感化篇 中 美育 一節에 見ㅎ니라.

以上에 擧혼 바 敎科가 頗히 繁雜ㅎ나 其 大體의 性質을 論ㅎ건디 可히 二種에 分홀지니 一曰 人文者니 卽 人間活動에 關혼 者오 一曰 自然者니 卽 自然現象에 關혼 者 是라. 黑排梯派가 人文者로 交際의 興味를 養ㅎ고 理科(卽 物理化學의 類라)로서 經驗의 興味를 養혼다 ㅎ고 因ㅎ야 人文者는 又 可曰 倫理者오 理科者는 又可曰 實用者라. 玆에 來因[23] 氏의 敎科 分類表를 錄示홈이 如左ㅎ니

---

22 백납도(栢拉圖): 미상.
23 래인(來因): 라인.

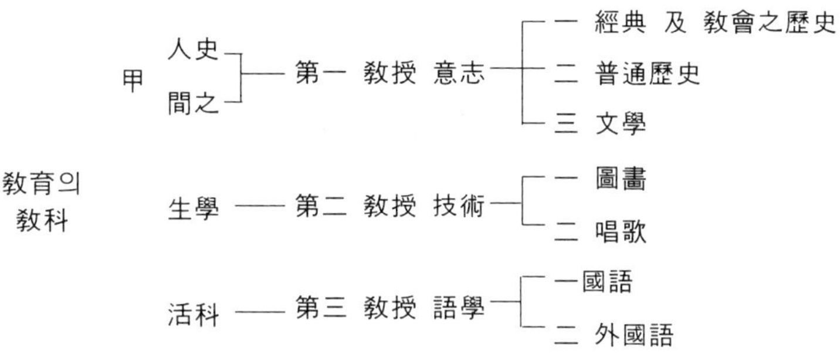

◎ 柳瑾(1907) 敎育學原理,

　대한자강회월보 제8호(광무11년 2월: 1907.2.)

敎化篇

六. 敎科의 統一

　前節에 述흔 바 敎科의 種類-頗히 複雜흠으로 以ᄒ야 兒童의 才智德性을 造就흠에 統一치 아니ᄒ면 不可흔지라. 來因 氏 敎科 分類表에 史와 理科 二者를 區別흠이나 但 其 性質에 就ᄒ야 言흠이 統一타 謂치 못흔지라. 今에 來因 氏 敎育學 原理 中으로 目ᄒ야 其 要旨를 摘ᄒ노니

第一 敎科를 開化史의 階級에 統一ᄒ니[24] 曰호디

---

24 개화사적 단계설: 헤르바르트의 종합 교육 이론으로, 아동의 발달은 인류의 발달 단계를 반복하는 것이라는 입장에서 인류가 태초부터 금일까지 경과해 온 과정을 거친다는 설.

時時로 敎育을 受き 者의 精神을 激刺きゅ써 其 學中에 在き 興味를
助長きゅ きゅ곰 退學き 後에도 餘興이 尙有케 き 者 敎科의 價値라.
其 興味의 敎科를 起케 き진듸 當히 心理學에 要求き 바를 從き지니
旣有의 舊觀念을 依き야 未來의 新觀念을 漸生케 호듸 卽 世界의 開
化史로써 次第히 敎授き야 其 心界 發達의 階級을 引誘き지니라.

此눈 黑排梯에서 敎科를 開化史에 統一き다눈 說이라. 玆에 其
敎授 次序를 將き야 列表흠이 如左き니

第一年 仙話[25]

第二年 洛皮沙哥羅叔[26]

第三年 家族 及 政治時代의 史談

第四年 封建武士의 事蹟

第五年 意司臘耳 諸王의 傳記[27]

第六年 耶蘇의 傳

第七年 敎徒의 事蹟

第八年 宗敎改革과 及 近世의 事蹟

第二 敎科를 倫理 中心點에 統一き다눈 說에 曰호듸

少年의 人格을 養成코져 흘진듸 各種 觀念界를 混合호듸 講き야 通
치 아니홈이 不可きゅ 否きゅ면 則 分離 雜亂き야 動홈에 輒(첩)히 隔

---

25 선화(仙話): 신화로 해석됨.

26 낙피사가라숙(洛皮沙哥羅叔): 미상.

27 의사랍이(意司臘耳) 제왕(諸王)의 전기(傳記): 이슬람 제국의 제왕 전기일 듯.

膜ᄒᄋ야 品性이 旣 統攝(통섭)ᄒᆫ 비 無ᄒᆷ이 而 人格이 亦 此를從ᄒᄋ야 不及ᄒᆯ지니라. 司他衰[28] 曰호ᄃᆡ 敎授ᄒᆷ이 音樂合奏를 可喩ᄒᆯ지니 其 前導ᄒᆫᄂᆫ 者ᄂᆫ 必 先히 發音ᄒᆫ 後에 他音을 起호ᄃᆡ 與히 相應ᄒᄋ야 溫 稚鏗訇히 更唱迭和ᄒᄋ야[29] 鳳儀獸舞에 至樂을 遂成케 ᄒᄂ니 敎授ᄒᆷ 도 亦 然ᄒᆫ지라. 始에 宗敎 倫理 歷史 文學의 材料로써 其 意旨를 訓 練ᄒᄀᆞ고 更히 圖畵 唱歌의 各種 技藝로 調和ᄒᄋ야써 其 經驗 及 交際를 擴張케 하나니 若是ᄒ며 則 敎育의 功을 可見ᄒᆯ지니라.

茲에 特 其 系統圖를 錄ᄒᆷ이 如左하니

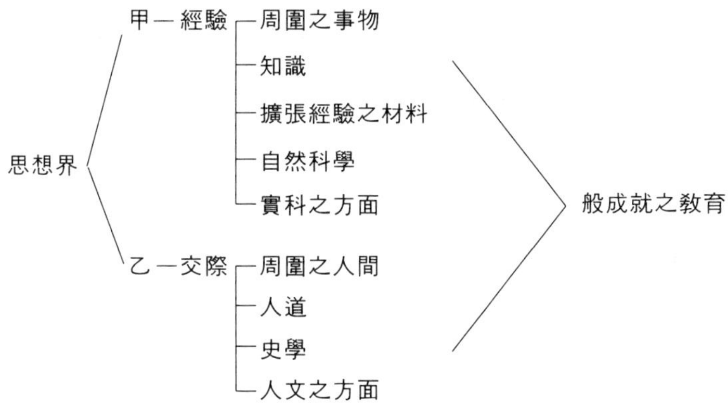

黑排梯派에서 開化史의 階級을 縱從하고 倫理의 中心點을 橫 從하야써 敎科를 統一ᄒᆷ은 其 敎授原理에 特識이 有ᄒᆯ지나 雖然 이ᄂᆞ 事實에 證하면 則 個人의 發達이 世界文化의 發達노 與하야

---

28 사타쇠(司他衰): 미상.

29 온치갱굉(溫稚鏗訇)히 경창질화(更唱迭和)ᄒᄋ야: 온화하고 작은 것이 큰소리를 일 으켜 다시 갈마들어 조화를 이루어.

往往히 相謀호딕 適相反치 아니흔 者는 盖 心理 自由홈에 在흔지라. 其 敎科를 倫理의 中心點에 統一하면 則 全 相反對派 ㅣ 有호 느니 斯賓塞[30] ㅣ 代表者니라.

斯賓塞의 著흔 敎育論略에 謂호딕 敎科의 價値는 最高흔 者 ㅣ 理科에 莫加하니 盖 凡人의 終生活動이 五者에 不外흔지라. 一은 一己의 活動을 保守홈이 되고 二는 謀生의 活動홈이 되고 三은 一 家를 整理하야 子孫 繁榮홈의 活動이 되고 四는 社會 政治홈의 活 動이 되고 五는 怡情의 活動이 되느니 此 五者 ㅣ 完全하여야 乃 能 一身을 支持하야 國家의 重任을 當홈에 不驚하느니 是等 知識, 才能, 道德을 培養홈은 皆 理科의 所致라. 旁求[31]를 不待홀지니 故로 理科 ㅣ 殆 敎科 統一의 中心點이라[32]. 此 卽 斯賓塞 ㅣ 黑排 梯로 與하야 相反의 明證이라.

其他에 敎科 統一의 特別 意見이 有흔 者는 今에 北美 合衆國 雪揩葛 大學校[33] 哲學摠敎 笛活[34]이 是니 去歲 發行흔 敎育 雜誌 中에 有言曰호딕

---

30 사빈색(斯賓塞: Herbart Spencer, 1820-1903): 스펜서. 1861년 <지적, 도덕적, 육체 적 교육>이라는 책을 출판. 고전 연구를 목적으로 하는 대신, 교육은 완전한 생애 를 위한 준비를 목적으로 해야 한다고 주장하고, 생의 활동 범위를 '자아를 보수 (保守)할 수 있는 활동', '생활 필수품의 확보 활동', '자녀를 양육할 수 있는 활동', '사회적 정치적으로 관련된 일을 정확하게 판단하고 이에 가담할 수 있는 활동', '여가를 유용할 수 있는 활동'으로 나누었음.

31 방구(旁求): 두루 구함.

32 이과(理科) ㅣ 태(殆) 교과 통일(敎科 統一)의 중심점(中心點)이라.: 스펜서는 교육 이 생애의 준비를 위한 것이라고 하여, 과학 공부가 자아를 보존하고 건강을 보호 유지하는 데 가장 필요한 과목이라고 하였음. 따라서 교육과정에서 과학이 가장 상위에 있어야 하고, 인문과학 공부는 한가한 시간을 유용하게 쓰게 하는 방법으 로 가장 아래에 있어야 한다고 주장함.

33 설개갈 대학교(雪揩葛 大學校: Chicago 대학): 시카고 대학.

34 적활(笛活): 앤더슨, 혹은 듀이(?)

凡 社會의 生活을 訓鍊하야 發達되는 者는 敎科 統一의 根底오, 하여
곰 盡力 成功되는 者는 敎科 統一의 內容이니 若 社會의 生活을 離ㅎ
야 讀書, 習字, 地理, 歷史, 等科를 專硏ㅎ면 則 適足히 써 其 性質을
敗壞ㅎ며 其 道德을 劉喪[35]홀지니 故 敎科統一의 中心點은 科學도
아니며 文學도 아니며 歷史도 아니며 地理도 아니오 獨立 自營ㅎ야
能히 社會의 生活을 爲홀 따름에 在ㅎ니라

科學이라는 者는 皆 自然의 理라. 其 人身에 關係ㅣ 甚히 密切치 아
니흔 故로 以ㅎ야 敎科 統一의 中心點됨이 分裂의 巨禍를 招홀가 恐
ㅎ며 文學이 亦 敎科統一의 中心點됨을 不得홈은 誠히 文學은 社會
의 經驗을 發表홈에 不過ㅎ야 決코 結果ㅣ 無ㅎ니 卽 或 有ㅎᄂ 其
根據ㅣ 亦 怐悗無憑홀지며 歷史ㅣ 亦 其 中心點됨을 不得홀지라. 盖
歷史 範圍는 社會의 變遷 進退를 記述홈이니 雖 敎育의 價値는 有ㅎ
ᄂ 社會를 依賴ㅎ야 獨立키 不能ㅎ며 地理도 亦 然ㅎ니라.

其言이 隱然히 黑排梯 專重倫理와 斯賓塞 專重理科의 隘홈을
指摘ㅎ야써 社會의 生活 統一홈을 完全케 홈이니 其實은 卽 倫理,
理科, 二者를 合ㅎ야 成홈이라. 前節 定義에 謂흔 敎育의 目的이
團體 自治의 品性을 養홈에 在라 홈이 亦 倫理로써 體를 爲ㅎ고
理科로써 用을 爲흔 者라. 故 敎科統一의 中心點은 此에 在ㅎ고
彼에 不在ㅎ니라.

自七號所揭至此 爲第二敎化篇 盖 此篇之上有 第一育化篇 此係
本論之二 敎育各論 中 又 其上有本論之一 敎育槪論 而文藁先後

---

35 유상(劉喪): 죽여 사라지게 함.

錯倒 故今先整 其目次列于左俾讀者備攷云

敎育學原理 目次

◎ 柳瑾(1907) 敎育學原理,

대한자강회월보 제9호 (광무11년 3월: 1907.3.)

本論(二) 敎育各論

第一 育化篇(卽 體育篇)

○ 體幹을 發育홈이 敎育 方法의 一이니 可히 忽치 못홀 者ㅣ라.
'毛貪因'[36]이 日 吾等이 敎育 精神은 能言치 못하느 오히려 體幹을
發育홈은 得言하노니 體幹을 敎育지 아니하면 一 具體的(有形의
體ㄴ 具하느 改良 進步ㄴ 不能혼 者를 具體的이라 謂홈)의 人이라

---

36 모탐인(毛貪人): 미상.

하니 彼 黑排梯派가 當히 此를 排斥하야 '克龍'[37]의 言을 引ㅎ야 曰

世의 體幹의 敎育을 常言ㅎ는 者ㅣ 쎠 ㅎ되 心身이 相依흔 故로 體幹
의 發達이 敎育上 重大흔 事가 된다 ㅎᄂ니 是ᄂ 敎育을 濫用ㅎᄂ 者
라. 엇지 心身의 相依ㅎᄂ 理가 不然흠이 有흠을 知ㅎ리오. 今에 斷定
흠이 如左ㅎ니

(甲) 精神敎育에 用力ㅎ야 其功을 成코저 흘진디 健康 强固의 體幹이
有흠을 必須흘지오.

(乙) 敎育者가 敎育을 受흔 者의 心性作用이 다 肉體의 影響에 由흠
을 不知키 不可흘지오.

(丙) 敎育者가 人心과 外界의 聯絡이 肉體 五官의 媒介됨이 아니면
相通흠을 忘흠이 不可ㅎ니라.

是以로 吾等이 敎育學을 論흘 時에 비록 體幹 調攝의 事를 不言흠은
아니ᄂ 決코 體育과 智育으로 ㅎ야곰 同等 地位에 立지 아니케 흘지
니 盖 體幹을 發育흠은 醫生의 責任이라 敎育의 目的은 其 精神을 培
養흠에 在ㅎ니라.

'克龍'의 說이 如此ㅎ니 비록 體育을 排斥흔다 謂ㅎᄂ 旣히 體幹
健康흠이 成功의 要素(要素라 흠은 化學 中 原素와 猶흠)됨을 知
ㅎ고 又 心性이 肉體 五官으로 더부러 直接의 關係ㅣ 有흠을 知ㅎ
얏슨즉 엇지 實코 不問하리오. 滿足히 體幹 發育흠이 敎育者의 반
다시 硏究흘 바 됨을 見흘지라. 盖 醫生의 責任은 疾病을 療治[38]
흠에 在하니 過去事 或 現在事가 되고 敎育은 不然하야 生理學의

---

37 극룡(克龍): 미상.
38 요치(療治): 치료(治療).

定理로뻐 體幹을 訓練하며 精神을 培養하야 將來의 計를 爲ᄒ니 ᄯᅩᄒᆫ 永久의 計가 될지니라.

今에 生理學의 非常이 進步홈이 所謂 '生理的 心理學'이라ᄂᆫ 者가 有ᄒ니 心身의 關係를 發明홈이 恰히 一物의 兩方面과 如ᄒ야 彼를 擊ᄒᆫ즉 此가 響ᄒ고 此를 擊ᄒᆫ즉 彼가 響ᄒ야 其間에 上下 先後의 別이 殆無ᄒ다 ᄒ니 由是觀之컨딕 體育 一端이 愈히 敎育의 要件됨을 知홀지니라. 然ᄒᆫ즉 體幹을 果然 如何히 發育홈을 得홀고. 曰 必人身 與 他動物의 比較와 生理作用의 通例를 先知ᄒᆫ 然後에 可히 體育을 詳述홀지니라.

一. 人身과 他動物의 比較

人身과 他動物의 比較ᄂᆫ 其 最異ᄒᆫ 者ㅣ 三有ᄒ니 第一은 人身이 數年 育養을 須홀지오 第二ᄂᆫ 人身의 構造가 尤히 細緻하야 最高等의 有機體가 됨이오 第三은 人身의 發達과 智識의 發達이 同時에 共進ᄒᆫ 者ㅣ 是라.

第一은 人身이 數年 育養을 須홈은 呱呱墜地(고고추지)홈으로부터 三四歲時에 至하야 飮食 起居를 父母에게 不離하니 他動物의 生而自生活(多不過半年)하ᄂᆫ 者와 不同ᄒ지라. 故로 家庭敎育은 決코 可少치 못홀 거시오 學校에 入ᄒᆫ 後에ᄂᆫ 비록 成童에 係하ᄂ 오히려 体幹이 發達치 못홀지니 体育을 仍히 注意홈이라.

第二ᄂᆫ 人身의 構造가 尤히 細緻ᄒ니 其中 最要ᄒᆫ 部가 万一 破壞ᄒ면 生命을 隕(운)홀지오 特히 此쑨 아니라 ᄯᅩ 一部에 病이 有ᄒ면 全体가 輭弱(연약)ᄒᄂ니 下等動物에 至ᄒ야ᄂ 不然ᄒ야 筋

骨이 已斷호딕 오히려 能히 蠉飛蠢動[39]호야 生活을 自營호고 且 稍히 高等者라도 또호 人의 痛痒(통양)을 便覺호야 全体가 震驚호 는 者와 不如하니 是以로 人身의 健康 與否는 다 体育으로 樞杻 (추뉴)를 삼을지니 体育이 엇지 急지 아니하리오.

　第三은 人身의 構造는 旣히 他動物에 較호야 細緻홈이 된지라. 其中에 最히 細緻호 者는 腦만 莫如하니 腦의 發達은 恒常 知識의 發達로 더부러 同時 幷進호ᄂ니 是亦 人身이 他動物노 不同홈이 有호 者라. 他動物의 腦는 旣히 精密홈만 不如호며 且 人의 進化 홈만 不如하야 其 体幹의 發育이 智識으로 더부러 關係가 毫無하 되 人은 是에 異하야 体育이 愈善호즉 腦力이 愈大호야 恰히 草木 의 本 與花와 如호니 萬若 其 本을 未培하야 風霜雨露의 飄零을 任케 호면 비록 奇芳天葩(기방천파)의 美質이 有홀지라도 破顔一 笑의 艶態가 遂無홈은 또 必至의 勢니라.

　人身과 他動物의 比較가 此 三異가 有호니 此는 育化를 一日도 忽키 不可호 所以언마는 特히 其 生理의 作用이 果然 若何홈을 不 知호는또다.

◎ 柳瑾(1907) 敎育學原理,

　대한자강회월보 제10호 (광무11년 3월: 1907.4.)

育化篇

二. 生理作用의 通例

○ 人의 生理作用은 可히 三系統에 分ᄒ니 一曰 長養系統이라. 新陳代謝가 自然 流行ᄒ야 身体를 長養ᄒᄂ 者니 呼吸消化, 血液循環, 排泄이 是오 二曰 運動 及 知覺 系統이라. 卽 後世에 傳種ᄒᄂ 組織이니 色慾이 是라. 此ᄂ 生理作用의 通例니 今에 敎育上에 맛당히 注意ᄒᆯ 事項 及 方法을 特擧홈이 如左ᄒ니

　　(一) 遊戲, 體操, 手工으로써 長養系統과 運動系統을 活潑케 ᄒ야 强健 發達하야 精神을 振作케 홈을 務홈이오
　　(二) 學校衛生으로써 知覺系統의 腦力을 發達ᄒ되 其 智德 進步에 有害ᄒ 者를 곳 剗除(잔제)하야 淨盡ᄒᆯ지오
　　(三) 敎育的 病理學과 及 情慾的 敎育學으로써 生殖系統의 一種 不穩ᄒ 感情을 抑制ᄒ되 其 宿病이 有ᄒ 者를 療治ᄒᆯ지니라.

三. 遊戲, 體操, 手工의 價値

人이 體幹이 時時로 運動치 아니면 充分케 發育홈을 不能ᄒᆯ지니 運動의 法은 비록 遊戲로 首하ᄂ 然ᄒᄂ 遊戲ᄂ 僅히 兒童에게

可施하야 敎育을 樂케 홈이니 萬若 身體 組織의 理法을 照하야써 心性 訓鍊의 目的을 達코져 하면 體操는 尙히 己홀지니라.

遊戲에 本旨는 初에 오작 其 自然의 運動을 任홈이니 生理上으로 觀하면 內部 生理의 勢力이 可히 外部에 膨脹ᄒ고 心理上으로 觀하면 兒童 嗜好의 趨向(추향)이 可히 外部에 流露홀지라. 故로 游戲의 敎育에 맛당히 留意홀 바 者는 第一은 冒險 不懷케 홈이오 第二는 其 全體에 運動을 誘홈이오 第三은 干涉 或 沮撓키 不可케 홈이오 第四은 其 個性(卽 個人의 性)과 嗜好의 趨向을 察하야 善ᄒ즉 助長ᄒ고 惡ᄒ즉 指導 改路케 홈이라. 體操는 卽 游戲의 意로 一定의 程式을 삼음은 其 體幹을 健壯케 ᄒ며 秩序를 重히 하며 命令을 從하야 其 堅忍 嚴肅의 性質을 培養케 하는 所以라. 體操의 目的이 如此하니 其 難易홈을 必피 年齡으로 더부러 比例됨을 쏘흔 可知홀지니라.

若 夫 手工는 其 目的이 游戲만 不如ᄒ니 體操는 體幹를 發達홈에 在하야 手眼을 鍛鍊ᄒ며 數學 思想을 啓迪(계적)하야써 實用 餘地를 슴음이라. 故로 쏘흔 体育의 一部가 되느니 반다시 學校課程 中에 編入홀지니라.

游戲, 體操, 手工 外에 陸克[40]의 主張흔 冷水浴은 嚴寒을 能耐케 홈이오 盧騷[41]의 主張흔 自由主義는 兒童으로 ᄒ여곰 其 性情

---

40 륙극(陸克:John Locke, 1632-1704): 로크. 영국의 경험론 철학자이자 실학주의 교육학자. <인간오성론>, <오성작용에 관하여>, <자연철학 요의> 등이 있으며, 교육에 관한 수필 논문인 '교육론고'가 있다. 로크의 교육 목적은 '교양인'을 양성하는 데 있으며 이를 위해 '미덕', '자혜', '예법', '학습'이 필요하다고 하였다. 로크의 교육론은 '체육론', '덕육론', '지육론', '심의론'으로 이루어져 있다. 체육론은 "건전한 정신은 건전한 신체에서 생긴다."라는 그의 명구가 있듯이, 단련주의에 입각한 체육론이라고 할 수 있다. 그는 위생생활의 필요를 역설하고, 이를 위해 '교외 운동', '수면의 시간을 풍부히 가질 것', '영양 있는 음식물을 섭취할 것', '주류를 금하며 의류는 체온에 적합한 것을 착용할 것', '심신을 단련할 것' 등을 주장하였다.

을 放任하야뼈 天眞을 葆(보)케 홈이오 또 英國 小學校에셔 天晴 課餘에 往往이 生徒를 率하고 山林原野에 出ᄒ야 奔走馳驅(분주치구)ᄒ야 其 心身으로 하여곰 天歐米千八地의 晴光을 直接케 홈[42]과 如홈은 비록 學校 中 體育의 正法은 아니나 臨機應變ᄒ야 行ᄒ면 또ᄒ 宏效가 有ᄒ리니 엇지 特히 小補ᄒᆯ ᄹᆫ이리오.

四. 學校衛生

學校衛生은 游戲 體操 手工의 體幹을 强壯케 ᄒ난 者로 其旨가 稍異하니 盖 專히 學校의 布實가 得宜홈으로 其 健康을 保ᄒ난 者난 校地의 選擇과 校舍 講堂의 構造와 採光法과 搜氣法과 几椅 書箱 黑板의 適當 與否와 及 學校 醫局의 設實홈과 如홈이 是라.

校地난 四圍 閒雜ᄒ야 雜沓喧費[43]의 象이 無ᄒ며 地質 乾燥ᄒ고 泉水 純潔ᄒ고 空氣 淸淨ᄒᆫ 者를 擇홀지오 校舍 講堂은 其 方向과 形狀과 幅員 等이 皆 生徒의 健康을 保케 須建홀지오 採光法은 光線 射入의 原理를 依ᄒ야 近視眼의 患이 無케 홀지오, 探氣法은 常히 炭酸을 外에 放出하고 新空氣를 收入케 홀지오 几椅난 必 生徒의 年齡 身体에 恰合케 홀지오 書籍은 紙質이 良하고 字形이 大ᄒᆫ 者로써 爲最홀지오 黑板은 黑漆노 塗ᄒ야 其字가 白而大

---

41 로소(盧騷: Jean Jaeque Rousseau, 1712-1778): 루소. <에밀>, <민약론> 등으로 유명한 18세기 스위스의 교육학자. 그의 교육 사상은 "자연으로 돌아가라."라는 명언에 잘 나타나 있으며, 교육 관련 서사물인 <에밀>이 유명하다. <에밀>은 고아 에밀의 일대기를 전제로 한 교육서로 '유아기', '아동기', '초기 성장기', '후기 성장기'로 구성되어 있다. 특히 유아기 아동의 신체 발달을 건전히 하도록 유도할 것을 주장하면서, '아동의 신체 단련'과 '약을 주지 말 것'을 주장하였다.

42 천구미천팔지(天歐米千八地)의 청광(晴光)을 직접(直接)케 홈: 미상

43 잡답훤재(雜沓喧費): '훤재잡답'으로도 쓰임. 잡스러운 것과 시끄러운 곳(?).

하야 生徒로 ᄒ야금 一覽에 瞭然케 홀지오 學校 醫局은 時時로 生
徒의 氣體를 檢査ᄒ야써 學校의 病이 近視眼과 龜背脊 等을 豫防
홀지니라.

此外난 學校 周圍에 樹木을 裁植ᄒ야써 其 淸潔ᄒ물 保케 ᄒ고
美麗의 花園을 設ᄒ야 一은써 學校를 飾ᄒ며 一은써 生徒의 玩花
興을 起케 ᄒ고 쏘 完全의 游戲場을 設ᄒ야써 生徒 運動을 誘ᄒ고
或 兒童의 身心 發育홀 程度를 視ᄒ야 科目을 增減홈이 亦 學校
衛生의 事니라.

百八十年來로 學校 衛生學이 非常히 發達ᄒ니 其 創始ᄒ 者난
自奇司開[44]라. 特히 兒童 一身의 幸福뿐 아니라 쏘흔 國運 消長에
有關ᄒ 者니 可히 加意치 아니ᄒ리오.

近日 法蘭西[45] 政府에셔 其 女子의 身體 萎弱홈을 頗憂ᄒ야 全
國 女學校를 大獎勵호ᄃᆡ 冷水浴을 用케 ᄒ니(按 法蘭西 女學校에
多有寄宿舍라) 冷水浴이 誠히 有效홀진ᄃᆡ 學校 衛生學 中에 一門
類를 又 增홀지니라.

五. 敎育的 病理學

體育의 目的은 體幹이 健强 優美ᄒ야 品性을 養홈에 在ᄒ니 萬
若 異狀이 有ᄒ야 或 心緒가 不佳ᄒ거던 其 病理를 速診ᄒ야 設法
療治ᄒ야 常人의 資格을 全케 홈이 宜ᄒ니

從來로 罪過를 屢犯코 不悛ᄒ난 者난 往往히 鞭撻禁錮ᄒ야 嚴
刑으로써 矯正코져 ᄒ더니 近時에 病理學이 漸次 進步ᄒ야 其身

---

44 자기사개(自奇司開:): 미상.
45 법란서(法蘭西): 불란서. 프랑스.

에 一病이 有홈을 始知ᄒ니 其 鞭撻禁錮를 加ᄒ되 其 成效가 不著
홈으로난 其 病源을 治ᄒ야 健全흔 故態을 得復홈만 孰若ᄒ리오
謂흔 바 敎育的 病理學이라난 此라.

意大利[46] 法醫學家 某의 著한 <天才論>에 曰 天才라난 者난 何
오. 發狂의 病이라 ᄒ며 쏘 曰 生理學家에서 新發明ᄒ되 厭世ᄒ난
者난 胃病이 多有ᄒ고 自殺ᄒᄂ 者난 腦病이 多有ᄒ고 其他 大罪
大過를 犯하ᄂ 者난 其 體幹을 檢홈이 쏘흔 一種 奇妙의 病이 多
有ᄒ지라.

大凡 生理學에 病狀이 皆 人心으로 더부러 極大의 影響이 有ᄒ
니 此난 敎育的 病理學의 起흔 所以니라. 故로 生徒의 身體에 萬
若 異狀이 有ᄒ며 或 心緖가 不佳ᄒ야 性急易怒ᄒ며 畏縮驚懼ᄒ
며 猝發奇癖 等은 必히 速治ᄒ야 常態에 復케 훌지니 此 亦 體育
의 一法이라.

六. 情慾的 敎育學

情慾的 敎育學과 敎育的 病理學은 皆 身體에 起ᄒᄂ 一種 不穩
의 感情을 抑制ᄒ고 指導ᄒ야 敎育의 效果를 全ᄒᄂ 所以니라.

人의 情慾이 비록 身體에 盡起홈이 아니나 靑年時代에ᄂ 必히
旺盛ᄒ나니 此時 萬若 指導치 아니면 終生토록 可救치 못홈을 得
ᄒ야 國家에 胎誤훌 者가 比比皆然훌지라. 故로 男子가 中學校에
在흔 時(十三四로 自ᄒ야 十七八歲에 至흔 時)와 女子가 高等女
學校에 在훌 時(上同)에 必히 情慾的 敎育學으로써 指導훌지라.

---

46 의대리(意大利): 이탈리아.

情慾的 敎育學의 性質은 佛敎와 異ᄒ니 佛敎 所謂ᄒᆞ비 淸淨寂寞ᄒ야 涅槃의 境에 入코져 ᄒᄂ 者ㅣ 其 方向을 正ᄒ며 種族을 繁殖ᄒ야 豊富 快樂의 淨土 天國을 組織ᄒᆯ ᄯ름이니 竭力 抑制ᄒᆷ이 斷코 不可하니라.

是以로 智力上에 맛당히 抑制ᄒᆯ 바ᄂ 冒昧 從事ᄒ야 永不可救의 病原을 釀成ᄒ야 終身을 苦海에 陷케 ᄒᆷ이 無ᄒᆯ지오 感情上에 맛당히 抑制ᄒᆯ 바 者ᄂ 自卑ᄒᆫ 位實로써 其 高尙 優美의 愛情을 起ᄒᆷ이 無케 ᄒᆯ지오 意念上에 맛당히 抑制ᄒᆯ 바 者ᄂ 任意 忘想으로 轉ᄒ야 淫癖을 轉爲ᄒᆷ이 無케 ᄒ야써 適宜 專一ᄒᆷ을 期ᄒᆯ지니라.

此外에 ᄯ 注意ᄒᆯ 者ᄂ 諺에 云ᄒᆞ딕[47] 小人이 閑居ᄒᆷ이 不善을 ᄒᆫ다 ᄒ니 暇時에 맛당히 校外에 漫游ᄒ야 社會 交際의 樂을 得케 ᄒ고 ᄯ 其 血液을 活潑케 ᄒᆷ이 亦 調和의 一妙法이니라.

以上에 述ᄒᆫ 바 育化의 原理와 方法을 更히 綜ᄒ야 論컨딕 卽 第一節은 人身과 他動物의 比較를 述ᄒ야 人身의 尤히 育化ᄒᆷ을 見ᄒᆷ이오 第二節은 生理作用의 通例를 述ᄒ야 生理敎育上에 맛당히 注意ᄒᆯ 事項을 明ᄒᆷ이오 第三節은 遊戱 體操 手工의 價値를 述ᄒ야 育化 手段을 ᄒᆷ이오 第四節은 學校衛生에 關係가 重大ᄒᆷ을 述ᄒᆷ이요, 第五節은 敎育的 病理學의 必히 可小치 못ᄒᆷ을 述ᄒᆷ이요, 第六節은 情慾的 敎育學의 性質이 最히 靑年時代에 有益ᄒᆷ을 述ᄒᆫ 者ㅣ 是라.

---

47 언(諺)에 운(云)ᄒ되: 속담에 이르기를.

第三 感化編(卽 情育篇)

一. 情育의 性質

前篇 敎化의 主義는 智識開發홈을 뼈 宗을 爲훈지라. 其 結果ㅣ 可히 뼈 理를 見홈이 精確호고 事를 判홈이 明敏호나니 誠 敎育의 要件인져. 然호나 慧眼이 僅有호되 熱心이 無호면 則 特히 空談無裨쓷 아니오 抑且 進步에 有礙호리니 此ㅣ 感化의 所以可少치 못 홀지라. 感化는 敎化로 與호야 相反호니 一은 則 物의 眞을 探홈이오 一은 則 物의 美를 得홈이니 玩花홈에 譬컨딕 其 科學家에 在호야 必 其 種類ㅣ 何科에 屬홈을 硏究홈을 花ㅣ 幾瓣(기판)이 有호야 胚珠ㅣ 何處에 位實홈인고 호ᄂ니 詩人 則 不然호야 詠歌ㅣ 偏反일식 天地妙趣로써 我로 호여곰 移情케 홀 다름이니 感化 는 亦 敎育의 一大 事業이니라.

試호야 實際에 徵호면 則 理에 不動호고 情에 動호는 者ㅣ 坐坐히 有훈지라. 諺에 云호되 其 情을 負홈을 與홀지론 理를 勝홈만 不如 타 호니 人은 誠히 情의 物에 動홈이 有홀진져. 自古로 大敎育家 皆 情으로써 情을 化호야 師弟 敬愛의 情이 充케 호ᄂ니 此ㅣ 敎育의 效를 成홈이나 然호나 世에 敎育學을 硏究호는 者ㅣ 大抵 智育 德育 體育를 論호되 情育은 不及홈이 抑 獨何이뇨. 歷史ㅣ 盖 無因홈 이 아니로다. 其初에 敎育을 分호야 智育 德育 體育 三者를 爲훈 者 는 希臘 大賢 阿里多士德[48]이라. 其 心理學에 謂호되 情者는 行爲 와 思想의 調不調홈을 依호야 發生호는 者라. 因호야 情育이 闕如 호더니 及 盧騷[49] 出호야 乃 大昌호되 情이 凡人生活의 一大 原動

力이 되다 ᄒ고 康德[50]이 更起ᄒ야 昌明ᄒ니 其 前後 變遷의 理을 推ᄒ야 恰히 知識으로 與ᄒ야 進化홈에 必先ᄒ고 主ᄂ 倫理를 觀홈에 一轍로 同出ᄒ나니 蓋 感情은 決코 思想行爲에 附屬홈이 아니오 偶히 一觸ᄒ면 遂히 意馬心猿을 可히 遏抑(알억)치 못ᄒ지라[51]. 敎育ᄒᄂ 者ㅣ 엇지 意를 加치 못홈을 得ᄒ리오. 然ᄒ나 人文派와 及 科學派의 敎育家 黑排梯ㅣ 甚히 情育을 注意치 아니ᄒ고 實利派의 敎育家 斯貧塞에 至ᄒ야 其 敎育論에 智德體 三育을 專言ᄒ고 一言도 情育에 及홈이 無ᄒ니 亦奇치 아니ᄒ뇨. 今에 試ᄒ야 感情을 放任ᄒ야 敎育지 아니ᄒ면 則 喜怒哀樂이 正理에 不依ᄒ리니 其 志行이 엇지 薄弱ᄒ야 邪僻에 流치 아니ᄒ리오. 若 敎育이면 則 氣質이 高尙ᄒ고 韻致ㅣ 豊富ᄒ 人을 造就커 不難할지니 何則고. 人品의 純雜홈이 皆 習慣의 動機에 生ᄒ고 其 動機ᄂ 實 感情에 生ᄒᄂ니 故로 人品을 改良코져 홀진딕 必 感情을 修養홈을 自ᄒ야 始홀지니라.

感情 修養홈을 巧求홀 方法에 至ᄒ야ᄂ 當 先히 一般 性質라 及 其 種類의 槪略을 知홀지니라. 感情이라 云ᄒ 者ᄂ 言語로뼈 形容키 難ᄒ니 其 性質을 知코져 홀진딕 必須히 實際에 自徵ᄒ야 强히

---

48 아리다사덕(阿里多士德: Aristoteles): 아리스토텔레스. 고대 그리스의 철학자(B.C. 384~ B.C.322). 소요학파의 창시자이며, 고대에 있어서 최대의 학문적 체계를 세웠고, 중세의 스콜라 철학을 비롯하여 후세의 학문에 큰 영향을 주었다. 저서에 ≪형이상학≫, ≪오르가논≫, ≪자연학≫, ≪시학≫, ≪정치학≫ 따위가 있다.(표준국어대사전)

49 로소(盧騷): 루소. 앞에서도 나옴.

50 강덕(康德): 칸트.

51 의마심원(意馬心猿)을 가(可)히 알억(遏抑)치 못홀지라: 의마심원(意馬心猿)은 불교 용어로, 생각은 말처럼 달리고 마음은 원숭이처럼 설렌다는 뜻으로, 사람의 마음이 세속의 번뇌와 욕정 때문에 항상 어지러움을 이르는 말.(표준국어대사전 등재어임). 생각은 말처럼 달리고 마음은 원숭이처럼 설레는 어지러움을 가히 억제하지 못할 것이다.

뻐 名홀지니 卽 吾人이 時時 感覺의 不快와 如홈이 是라.

所謂 快不快란 者는 如何히 生함이뇨. 亞里斯多德이 曰호딕 所妨이 無며 所强이 又無ᄒ야 自由 活動ᄒ면[52] 則 快樂이 生ᄒ고 反是ᄒ면 不快樂의 感情이 生ᄒ다 ᄒ고 近世學者ㅣ 謂호딕 快樂은 活動 平均홈에 生홀식 而 心身 安慰의 時라 ᄒ더니 當代 斯賓塞에 至ᄒ야 進化論으로써 斷ᄒ야 曰호딕 生理活動ᄒ야 ᄒ여금 增加케 홀 者는 快樂이 되고 ᄒ여금 退步케 홀 者는 不快樂이 되다 ᄒ니 以上 諸說을 參照하야 解홀 則 可謂호딕 快樂은 心身 調和ᄒ야 活動 進步의 時에 生ᄒ고 不快樂은 反是의 時에 生하다 홀지니라. 但 此 感情의 性質은 快不快를 專指ᄒ야 言홈이오 感情은 決코 快不快의 能히 括盡無餘홀 비 아니라. 今에 更爲分類하노니

一曰호딕 感覺의 感情이니 凡 筋肉 接觸과 及 運動의 感情과 臭味 視聽의 感情이 皆 屬홈이오 二曰호딕 想念의 感情이니 凡 嫌惡, 悲哀, 怒恨, 戀愛, 喜悅, 激刺, 要求, 希望, 恐怖의 感情이 皆屬홈이오 三曰ᄒ딕 利己와 及 同情이니 凡 一己로써 中心의 感情을 爲ᄒ야 無私의 同情과 及 倫理, 宗敎, 智力, 審美의 感情이 皆屬홈이라. 是 個 感情은 皆 人人 固有홀 바 者니 其 價値ㅣ 亦 甚히 低昻홈이 無하ᄂ 然하ᄂ 敎育上으로 自ᄒ야 論ᄒ면 則 當히 其 久暫 多寡를 比較홈이 可히 同日에 語치 못홀지니라.

感覺의 感情은 卽 筋力과 及 五官의 感情이니 皆 肉體를 隨ᄒ야 自然히 發生ᄒᄂ 者라. 若 修養호딕 限制ᄒ야써 適宜홈에 至치 못ᄒ면 則 酗酒漁色(후주어색)[53]하야 直 禽獸로 與等하리니 人에 何 有리오.

---

52 자유 활동(自由 活動)ᄒ면: 스스로 말미암아 활동하면. 자신이 하고 싶어서 활동하면.
53 후주어색(酗酒漁色): 술주정하고 색을 탐함. 사전 등재어는 아님.

想念의 感情은 卽 思想 調和와 進步 與否에 ᄒᆞᄂᆞᆫ 感情이니 不調和ᄒᆞᆫ 時에ᄂᆞᆫ 嫌惡, 喜悅, 怨憎이 生ᄒᆞᆯ지며 反是ᄒᆞ면 卽 戀愛, 喜悅, 同情이 生ᄒᆞᆯ지오 調和ᄒᆞ고 進步홈이 有ᄒᆞ면 則 要求, 希望이 生ᄒᆞᆯ지며 反是ᄒᆞ면 則 恐怖, 退縮이 生ᄒᆞᆯ지오 此外에 又 種種히 互相 衝突의 激情이 有ᄒᆞᆯ지니라. 德國 有名ᄒᆞᆫ 心理學家 奶洛司氣[54]의 分類홈이 如左ᄒᆞ니

適宜의 驚訝(경아)	過度의 驚訝
不意의 快活	狼狽의 乏興
喜悅	苦痛
放逸	悲歎 及 憂愁
歡心	沈鬱
勇敢	膽怯
忿怒	羞恥
憤怨	畏怖
責望	悽愴
感動	寒心
狂喜	悔恨
	退縮

此 皆 想念의 感情이니 亦 敎育上 當히 硏究ᄒᆞᆯ 바 者라. 彼 嫌忌를 被ᄒᆞ야 社會의 交通을 絶ᄒᆞ고 同情을 徇(주창할 순)ᄒᆞ야 一身의 自立을 忘ᄒᆞᄂᆞᆫ 者ᄂᆞᆫ 均히 不得當홈이니 可히 陶淑ᄒᆞ야 其 心性

으로 ᄒᆞ여곰 和平ᄒᆞ고 始終에 欣然ᄒᆞ야 外로 事物 掣肘(체주)홈을
不爲ᄒᆞ며 內로 情慾 奴隷를 不爲케 아니홈이 不可ᄒᆞ니라.

一己로써 中心의 感情을 爲홈은 雖曰 惡根性이ᄂ 然이ᄂ 苟히
人人이 自利만 圖하면 則 亦 相爭 相消ᄒᆞ야 害ㅣ 不然홈이 無ᄒᆞᆯ지
니 己를 保컨딕 私-公을 不勝ᄒᆞ고 相殘 相殺ᄒᆞ야 盡홈에 同歸ᄒᆞᆯ
지니 敎育ᄒᆞᄂ 者ㅣ 此點을 不注意함이 不可하니라.

然ᄒᆞ즉 人이 亦 決코 僅히 一己로뼈 中心을 爲ᄒᆞ야 而可히 自利
치 아니ᄒᆞᄂ 者면 無私의 同情이 是에 生ᄒᆞᄂ니 此ㅣ 無私의 同情
이라. 進化論家ㅣ 비록 利己에 感情으로 自ᄒᆞ야 生ᄒᆞᄂ 者라 ᄒᆞᄂ
而倍因[55]과 雪特活克[56]은 皆 竭力 反對ᄒᆞ야 其 理를 證明ᄒᆞ야스
니 盖 人은 必 與人 共和ᄒᆞ야 社會를 維持ᄒᆞᆫ 後에 公心을 激發ᄒᆞ
ᄂ 者니 試ᄒᆞ야 倫理, 宗敎, 智力, 審美의 諸感情을 觀ᄒᆞᆯ지어다.

倫理의 感情이 何에 自ᄒᆞ야 生ᄒᆞᄂ뇨. 凡人이 己ㅣ 社會의 一員
됨을 旣知ᄒᆞ면 則 鈞是行爲라. 其一身의 便利를 僅圖홈만 與홈으
로 多數의 幸福을 造홈만 不如ᄒᆞᄂ니 是에 是에 義務의 感情이 生
ᄒᆞ고 義務 不盡ᄒᆞ면 是에 悔悟와 感情이 生ᄒᆞᄂ 故로 敎育홈에 義
務의 念을 務養ᄒᆞ야 其 良心을 培ᄒᆞᆯ지며 有過어든 其 悔悟의 機를
務啓ᄒᆞ야 ᄒᆞ여곰 速自湔洗[57]ᄒᆞᆯ지니라.

宗敎의 感情은 倫理의 感情으로 與ᄒᆞ야 相關이 密切ᄒᆞᆫ지라. 人
이 常히 絶大勢力을 依屬ᄒᆞᆯ 心이 有하ᄂ니 其 依屬ᄒᆞᆯ 時ᄂ 歎美崇
拜의 念이 生ᄒᆞᆯ지라. 但 此 感情이 往往 迷信홈에 陷ᄒᆞ야 自振키
不克ᄒᆞ야 其 流弊ㅣ 實히 淺尠치 아니ᄒᆞ니[58] 敎育ᄒᆞᄂ 者ㅣ 宜히

---

55 이배인(而倍因): 다윈으로 추정됨.

56 설특활극(雪特活克): 손다이크로 추정됨.

57 속자전세(速自湔洗): 속히 스스로 씻다.

防微杜漸[59]ᄒ야 其 迷信의 惡習을 斷케 ᄒ지니라. 近年에 歐洲 各 國에서 宗敎ㅣ 敎育으로 與ᄒ야 分離ᄒ다ᄂ 說을 大唱흔지라. 如 今에 法蘭西에서 已 全히 宗敎를 普通敎育의 範圍 外에 放逐ᄒ야 凡 宗敎로 ᄒ여곰 個人이 自由 信仰케 一任ᄒ니라.

智力의 感情은 知識으로써 知識 求흘 時에 生ᄒᄂ니 歌白昵[60] 의 地動說을 倡흠과 牛頓(卽 奈端)[61]의 引力(一名 吸力)을 發明흠 과 如흠이 是 其 例라. 此 感情이 物의 眞을 得흔즉 愉快 非常ᄒ고 不得흔 즉 懊悔甚劇[62]ᄒᄂ니 故로 敎育ᄒᄂ 者ㅣ 必須히 明示 指 導ᄒ야뻐 修養케 흘지니라.

審美의 感情은 一種 高尙의 感情이 되야 內에 嚴正 滑稽 二方面 을 分ᄒ되 智力의 感情으로 與ᄒ야 智識으로써 智識 求흘 時에 同 生흠이라. 人이 此 感情을 有ᄒ야 始에 修養 有餘의 人이 될지니 此 雖 實利派 敎育家 斯賓塞의 獨히 主張흔 빈ᄂ 要컨되 人으로 ᄒ여곰 審美의 樂境을 得케 흘지라. 亦 敎育上 乘의 事니 不可치 못흘지니라.

以上에 述흔 바 種種의 感情이 皆 敎育의 當히 ᄒ여곰 發達케 흘 바 者니 其 如何히 ᄒ여곰 發達의 敎科와 及 其 方法을 次節의

---

58 천선(淺尠)치 아니ᄒ니: 얕고 적지 아니하니.

59 방미두점(防微杜漸): 방미-두점(防微杜漸)「명사」어떤 일이 커지기 전에 미리 막음. ≒방미02(防微).(표)

60 가백닐(歌白昵: Copernicus, Nicolaus): 코페르니쿠스. 폴란드의 천문학자(1473~1543). 육안으로 천체를 관측하여 지동설을 제창하였다. 저서에 ≪천체의 회전에 관하여≫가 있다. (표)

61 우돈 즉 내단(牛頓 卽 奈端: Newton, Sir Isaac): 뉴턴. 영국의 물리학자·천문학자·수학자(1642~1727). 광학 연구로 반사 망원경을 만들고, 뉴턴 원무늬를 발견하였으며, 빛의 입자설을 주장하였다. 만유인력의 원리를 확립하였으며, 저서에 ≪자연 철학의 수학적 원리≫가 있다.(표)

62 오회심극(懊悔甚劇): 한탄과 후회가 극심함. (등재어 아님)

說明ᄒᄂ니라.

二. 情育의 敎科

敎科의 情育에 適ᄒᆫ 者ᄂ 敎化篇 中 敎科의 種類 一條에 旣言ᄒ얏거이와 卽 習字, 圖畵, 手工은 最히 審美를 發ᄒᄂ 興味에 適ᄒ며 歷史ᄂ 最히 同情을 養ᄒᄂ 興味에 適ᄒ고 自然科學 中 動植物學이 亦 足히 뼈 審美 同情의 興味를 誘啓ᄒᆷ이 是라. 而 情의 種類ᄂ 前節에 述ᄒᆫ 바와 如ᄒᆷ이 頗히 複雜ᄒᆷ을 覺ᄒᆯ지니 今에 情育을 分ᄒ야 感覺의 感情이 敎育과 思想의 感情의 敎育과 利己 及 同情의 感情의 敎育과 倫理의 感情의 敎育과 宗敎의 感情의 敎育과 智力의 感情의 敎育과 審美의 感情의 敎育을 爲ᄒ야 而 各 其 敎科를 定ᄒ니라.

感覺의 感情의 敎育은 宜히 ᄒ여금 身體로 運動의 愉快를 覺하고 目으로 美色의 愉快를 見ᄒᆷ에 各ᄒ고 雅樂의 愉快를 聽ᄒᆷ에 各케 하나니 故로 其 敎科ㅣ 하여금 身體로 運動의 愉快를 覺케 ᄒᆷ이라난 者난 體操에 莫善하고 하여금 目으로 美色의 愉快를 見ᄒᆷ에 覺케 ᄒᆷ이라난 者 圖畵 手工과 及 天然物을 硏究ᄒᆷ에 莫善하고 ᄒ여곰 耳로 雅樂을 聽ᄒᆷ에 覺케 ᄒᆷ이라ᄂ 者ᄂ 音樂 唱歌와 及 語學 中의 修辭 演說에 莫善ᄒᆯ지오.

想念의 感情의 敎育은 務히 하여곰 想念이 明確 銳敏하야뼈 感情의 橫決ᄒᆷ을 制ᄒᆯ지니 其 敎科ㅣ 倫理에 莫善ᄒᆯ지오.

利己에 感情의 敎育은 務히 ᄒ여곰 自奉에 甚히 高厚케 아니ᄒ며 審히 卑薄히 아니ᄒ야 常 社會上에 相當의 名譽를 保케 ᄒᆯ지니 其 敎科ㅣ 亦 倫理에 莫善ᄒᆯ지오.

同情에 感情의 敎育은 務히 ᄒ여곰 利己에 感情으로 與ᄒ야 相反
ᄒ되 社會에 孤立지 아니하고 而 社會에 密接ᄒᄂ니 其 敎科ㅣ 歷
史에 莫善ᄒᆯ지라. 歷史上에 粉身碎骨ᄒ야써 世를 爲ᄒ고 國을 爲ᄒᆫ
人物 傳記ㅣ 最足히 써 此 感情을 發揚ᄒᆯ지니 倫理ㅣ 次될지오.

倫理의 感情의 敎育은 其 敎科ㅣ 倫理에 莫善ᄒᆷ은 特言ᄒᆷ은 自
無ᄒᆯ지오.

宗敎의 感情의 敎育은 其 歐美에 在ᄒᆷ에 大抵 基督 耶蘇를 信仰
ᄒᆷ이니 則 基督耶蘇의 聖經 敎育 詩歌로써 敎科를 爲ᄒᄂ니 亦理
勢의 使然ᄒᆷ이오, 若 東洋(韓國 日本 淸國 運羅[63] 等 國를 指ᄒᆷ이
라)에 在ᄒ야ᄂ 則 倫理 歷史와 及 自然界의 硏究ᄒᆷ에 莫善ᄒᆯ지
라. 夫 倫理 歷史로써 宗敎의 感情을 養ᄒᆷ은 人人의 所知라. 贅言
ᄒᆷ을 不待ᄒᆯ지니 自然界의 硏究ᄒᆷ에 至ᄒᆷ에 而亦 可히 敎科ㅣ 되
야 稍奇ᄒᆷ을 似覺ᄒᆷ이어니와 實은 則 自然界의 宏大微妙ᄒ야 四
時ㅣ 自行ᄒ며 百物이 自生ᄒ야 造化의 機ㅣ 循環 闔闢ᄒᆷ에 冥冥
漠漠ᄒ야[64] 其因을 莫知ᄒᄂ니 苟 一念이 此에 及ᄒ면 則 宗敎의
感情이 勃興ᄒᆯ지라. 著名ᄒᆫ 敎育家 林特挪[65]ㅣ 曰ᄒ되 自然界를
精巧ᄒᆯ 者ᄂ 其 宗敎의 感情이 必 高 且切ᄒᆯ지니 盖 自然界의 風
雲蕃變ᄒ야[66] 離奇閃爍ᄒᆷ[67]이 斷코 尋常人의 能히 臆測ᄒᆯ 비 아
니나 然하나 深思熟察ᄒ면 則 皆 一定ᄒᆫ 秩序ㅣ 丹井不紊(단정불
문)ᄒᆷ이 有ᄒ니 是ㅣ 宇宙 主宰 아니면 曷克至此[68]ᄒ리오. 故로

---

63 *라(*羅): 정확히 어느 나라인지 알 수 없으나 심의성 역술의 '역사 급 지리 개설'
〈대한자강회보〉 제11호)에서는 사이암이라고 하였음. 사이암이 괌인지 사이판인
지 또는 다른 나라를 의미하는지는 좀 더 살펴야 함.

64 명명막막(冥冥漠漠): 명막-하다. 까마득하게 멀고 넓다.(표)

65 림특나(林特挪): 미상.

66 풍운번변(風雲蕃變): 비바람이 매우 심하게 변화함.

67 이기섬삭(離奇閃爍): 잠시의 번쩍하는 섬광. '섬삭(閃爍)'은 '번쩍하고 빛나는 모양'(표).

古來 最大의 理學家(卽 格致家)는 卽 最深흔 宗敎의 人이라. 傳에 云ㅎ되 牛頓이 每神의 名을 聞ㅎ고 嘗脫帽 致敬 아니치 못ㅎ다 ㅎ니 其 明徵이 아니리오. 智力의 感情의 敎育은 凡 智力開發의 敎科ㅣ 皆 足히써 此 感情을 養흠이니 謂흔 바 眞理를 爲ㅎ되 眞理를 愛ㅎ야 眞理를 求ㅎ는 者ㅣ 是오 審美의 感情의 敎育은 其 敎科ㅣ 音樂 唱歌 手工 圖畵 習字 作文과 及 自然物의 硏究흠에 莫善호되 其中 習字 作文을 曩時에는 皆 甚히 注意치 아니ㅎ얏스니 然ㅎ나 以ㅎ야 審美의 感情을 養흠에는 亦 適當의 敎科ㅣ니라.

以上에 言흔 바를 總括한 則

運動 愉快의 感情을 養훌 者	圖畵와 及 自然界의 硏究
耳의 審美의 感情을 養훌 者	音樂, 唱歌, 讀法
一般 想念의 感情을 養훌 者	倫理
利己의 感情을 養훌 者	同上
同情의 感情을 養훌 者	歷史 倫理
宗敎의 感情을 養훌 者	倫理 歷史와 及 自然界의 硏究
智力의 感情을 養훌 者	智力의 敎科
審美의 感情을 養훌 者	音樂, 作文, 手工, 習字, 圖畵

와 及 自然界의 硏究ㅣ 是라. 但 此 敎科를 果如 何히 利用ㅎ야써 種種의 感情을 培養흘지요, 其 方法을 尙詳悉치 못흘지니 玆 特히 次節에 條論하노라.

---

68 갈극지차(曷克至此): 어찌 지극히 이에 이르리오. '갈(曷)'은 '어찌'.

◎ 柳瑾(1907) 敎育學原理,

　　대한자강회월보 제11호 (광무11년 3월: 1907.5.)

　三. 情育의 方法

　情育의 方法은 其 體操를 利用ㅎ야 運動 愉快의 感情을 養할 者
니 盖 古代의 希臘에셔 濫觴ㅎ니라. 希臘에셔 男女를 不論ㅎ고 皆
公供 体操場에 出ㅎ야 体操를 習練ㅎ얏더니 迄今에 摩挲猶像[69]
이 猶 其 体格의 强建優美홈을 想見홈이 至ㅎ야 低回不寘라 云ㅎ
나 体操는 紀律이 最重ㅎ야 特히 써 体育을 資할 샏 아니오 亦 可
히 運動 愉快의 感情을 養ㅎ야 情育에 大有功홀 者니 읏지 竭力
獎勵치 아니홈을 得ㅎ리오.

　圖畵와 及 自然界에 硏究로써 審美 感情을 養食할식 到底히 美
術 目的에 適흔 圖畵로써 模範을 作ㅎ되 其 圖畵의 技術을 出케
ㅎ고 此 模範을 依ㅎ야 精練홀지오 同時에 又 自然界의 秩序를 觀
察ㅎ야 其 美흔 者를 取ㅎ고 學ㅎ야 繪할식 其 題目은 卽 草木 花
卉로 自ㅎ되 進ㅎ야 魚鳥山水의 類에 及홀지니 此外에 學校의 講
舍 精微ㅎ야 風景雅麗홈과 如홈이 亦 所以 其 審美 感情을 養ㅎ는
一 方法이오.

　音樂 唱歌 讀法으로써 耳에 審美 感情을 養할지니 其中 音樂 唱
歌 二科는 人人의 所知라. 贅言을 無待할지나 讀法에 至ㅎ야는 我
國에만 오작 高聲 朗讀할 싸름이라. 西國에 在ㅎ야는 則 論理의
讀法과 審美의 讀法이 有ㅎ니 論理의 讀法은 務ㅎ야 文章의 意義

---

69 마사유상(摩挲猶像): 미상.

가 瞭然히 掌을 指흠과 如히 其 句法 語法을 朗讀케 ㅎ고 審美의
讀法은 務ㅎ야 悲哀의 文章은 則 悲哀의 音節노써 出케 ㅎ며 雄壯
의 文章은 則 雄壯의 音節노써 出케 ㅎ야써 讀者를 感動케 ㅎ는
者ㅣ 卽 是라. 彼 夫 卑鄙猥藝[70]의 言을 聞ㅎ고 欣然히 喜ㅎ는 者
는 皆 耳의 審美感 不足흔 故이오.

情이 倫理로써 想念의 感情을 養할식 務ㅎ야 想念이 明瞭ㅎ야
放逸을 無任홀지니 卽 嫌忌 怨憎과 如흠이는 則 社會의 關係로써
告ㅎ야 默히 轉移케 ㅎ야써 公德에 傾向케 ㅎ며 悲哀에는 則 勤導
ㅎ야 傷沮에 不至케 ㅎ며 希望에는 則 助長ㅎ며 退縮에는 鞭策할
지오. 其他 種種의 激情은 皆 富히 隨時 指導할지라. 總히 是等 感
情은 生徒가 學校 中에 在흠이 往往 流露ㅎ야 自覺지 못ㅎ는 者니
可히 其 善者는 獎勵ㅎ고 其 惡者는 禁止ㅎ야써 純粹의 感情을 培
케 아니치 못홀지오.

倫理로써 利己에 感情을 養할식 無ㅎ야 其 私意를 制ㅎ야 社會
를 顧全ㅎ되 惟利是圖흠을 不肯할지나 然ㅎ나 壓抑이 過度ㅎ면
卽 自尊 自重 自主 自立의 心을 失ㅎ고 而 卑汚 齷齪흠이 不至할
비 無할지니 敎育ㅎ는 者ㅣ 其 意를 加흠이 可할지오.

同情의 感情을 養할 者는 倫理 歷史만 莫如ㅎ니 其中 歷史 一科
는 克龍[71] 氏의 言흠이 最詳흔지라. 同氏가써 ㅎ되 特히 歷史는 同
情을 養할 쑨 아니라 卽 傳記 精神의 詩를 寫흠이 亦 足以養 同情
이니 盖 詩人이 歷史上에 傳記를 從ㅎ야 其 材料를 取ㅎ고 或 一
己의 想像을 由ㅎ야 而 人物을 構成흠이 文韻으로써 出ㅎ며 且 其
事實을 略敍ㅎ야써 流風에 目前 活現케 할지니 如是코 敎育을 受

---

70 비비외설(卑鄙猥藝): 더럽고 비천하고 외설스러운.
71 극룡(克龍): 육화편에도 나온 사람이나 불명.

호는 者의 猶 怦然히[72] 動호고 油然히 生치 아닐 者ㅣ 未之有也니라. 然則 此 氏의 言이 若 此 不已흠이 可히 同情을 養할진져. 然호나 又 兒童의 實地 交際間에 其 萌芽를 助長호디 務히 我ㅣ 世로 호야금 團結 不解의 感情이 有케 혼 而後에 可홀지오.

倫理로 倫理의 感情을 養할시 義務의 念이 高흠을 事實케 見할지니 敎育호는 者ㅣ 當히 古今東西에 德行을 博採호야 身体力行호야써 模範이 될지라. 其 義務已盡흠이 卽 道德 完全호면 則 非常快慰호며 義務不盡호면 則 深自悔恨할지오 若 道德에 背호면 慚愧不安호야 必奮起痛改할지라. 夫 如是호면 普通에 謂혼 바 天良이라는 者를 時時로 心營目擊호는 事事物物 中에 發現호야 而或 汨沒할 者ㅣ 無할지나 然호나 倫理의 感情에 止就호야 言흠이니 若 倫理의 性格을 養코져 흠은 則 德育의 大事業이라 訓化篇에 詳見흠이오.

宗敎의 感情을 養할 者는 倫理 歷史와 及 自然界의 硏究만 莫如호야 倫理로써 宗敎의 感情을 養할지니 老烏里[73] 曰호디 凡人 固有의 德性이 實노 思想의 本体가 되나니 苟 其 關係를 講호야 通호고써 神明에 直接호면 則 宗敎의 感情이 油油히 生혼다 호니 其 意가 倫理로써 宗敎 過度에 程이 됨이 在혼지라. 孔子ㅣ 亦 畏天知命으로 倫理에 至흠이 된다 호시니 其言이 論語 中에 散見흠이라. 玆에 贅及지 아니호나 歷史로 宗敎의 感情을 養흠은 所謂 皇古時代에 最適宜호고 其他 歷史 中에 偉人 或 高僧이 皆 宗敎 信仰의 言行이 有호니 是等 傳記ㅣ 亦足히 感情을 養호야 有餘할지오. 自然界의 硏究로써 此 感情을 養홀 者는 務히 自然界의 秩序

---

72 평연(怦然)히: 조급히.
73 노오리(老烏里): 미상.

에 恍然(황연)ᄒ야 冥冥의 中에 主宰ㅣ 自有홈을 知케 홀지라. 西諺[74]에 云ᄒ되 智開ᄒ면 愛神이라 ᄒ니 卽 此를 指홈이라. 但 敎科의 種類 一條에 云ᄒ되 歐洲 各國이 曩時에 倫理와 宗敎를 混視ᄒ야 區別이 毫無ᄒ더니 近時에 其謬를 治知ᄒ고 遂 宗敎를 人의 自由 信仰홈을 聰ᄒ되 倫理ᄂ 卽 强히 ᄒ야곰 從홈에 法律을 定ᄒ야시니 然ᄒ즉 當今이 世에 而猶 宗敎의 感情을 養코져 홈이 웃지 蛇足이 아니리오. 雖然ᄒ나 人은 宗敎의 一念이 必有ᄒ니 卽 當히 開發 指導ᄒ야써 其 德을 培할지오 決코 度外에 寘홈이 不可ᄒ니 特히 敎育ᄒᄂ 者ㅣ 必須 其 迷信의 弊를 預防할지니라.

此外에 自然界를 硏究ᄒ야써 宗敎의 感情을 起케 홈이 一 原理가 猶有ᄒ니 敎授法上에 當히 注意할 바 者ᄂ 卽 物理 化學의 現狀과 天地自然의 秩序와 動物 植物의 生理가 是라. 譬컨듸 博物學을 敎授홈이 若 僅히 解剖ᄒ면 卽 一 枯死의 軀殼(구각)이니 웃지 其 宗敎의 感情을 觸動[75]ᄒ리오. 其 生理를 必示ᄒ되 ᄒ야곰 萬物의 皆 活動 精神이 有ᄒ야 其中에 分配 運行홈을 知케 ᄒ 而後에 可ᄒ니 此ㅣ 所以 大異ᄒ 智職의 格物이니라.

智力의 感情은 凡 智育의 敎科를 皆 可히 養할지라. 然則 敎授에 巧ᄒ야 自然의 秩序로써 明示치 아니면 則 生徒가 怠荒홈을 必致ᄒ야 踴躍[76]홈을 無由ᄒ리니 然ᄒ즉 果當如何히 敎授ᄒ 以後에 可히 ᄒ야곰 趣味 濃淡ᄒ야 從事홈에 樂홀지뇨. 曰ᄒ되 第一은 最活動의 事物을 取ᄒ야 敎師된 者ㅣ 最活動의 思想으로써 講明케 할지오 第二ᄂ 生徒 一身의 活動力으로써 各種 問題를 解釋키 不

---

74 서언(西諺): 서양의 속담.(표)

75 촉동(觸動): 어떤 자극을 받아서 움직임. 또는 어떤 자극을 주어서 움직이게 함. (표)

76 용약(踴躍): 용약(踊躍). 좋아서 뜀.

能의 問題가 有커든 湏稍稍[77] 扶助ㅎ야 作答홈이 易ㅎ야쎠 愉快의 感情이 生케 할지오 第四ᄂ 生徒의 嗜好홈을 投ㅎ야 想像홈을 深加케 할지오 第五ᄂ 生徒를 獎勵ㅎ야 知識를 自求케 홀지니 但히 世에 得雋홈에 坐位進退와 褒賞 等物노쎠 獎勵홈은 上策이 아니니라.

◎ 柳瑾(1907) 敎育學原理,

　　대한자강회월보 제12호 (광무11년 3월: 1907.6.)

情育의 方法(承前)

審美의 感情을 養홈은 一名 美育이니 世의 敎育을 論하ᄂ 者ㅣ 雖 並히 眞善美 三者를 稱하나 要컨딕 美로쎠 尤重할지니 蓋 人이 審美의 感情이 無하면 則 必 閒雅高尙의 丰姿[78] ㅣ 乏하리니 一可憐可鄙의 動物이 아니오. 何이뇨. 此 感情을 養하ᄂ 敎科ㅣ 音樂[唱歌 屬] 作文, 手工, 習字, 圖畵와 及 自然界의 硏究만 莫如하니 音樂은 特히쎠 耳의 審美 感情을 養할 쑨 아니라 且 各種의 審美 感情이 亦由 是發現할지며 作文은 一己의 言論으로쎠 自由表著하야 人人이 皆 修辭코져 하ᄂ 故로 亦 足히쎠 其 審美感情을 養할지며 手工은 雖 實用의 事에 屬하나 하여곰 製作을 精巧하야 美術에 協케 하나니 是 足히쎠 審美感情을 養할지며 習字ᄂ 雖 小技

---

77 회초초(湏稍稍): '초초(稍稍)'는 '점점'(표). '회)湏)'는 '수(須)'의 오자로 보임. 모름지기 점점.

78 봉자(丰姿): 예쁜 모습.

에 係하나 然하나 大小 巧拙의 位寘를 結構한 間에 美術이 自有하니 每古人의 手筆을 見하면 千載의 下에 猶 其 風采를 思想하야 低回흠을 久히 하느니 是ㅣ 亦足히 써 審美 感情을 養할지며 圖畵는 葛提[79]의 謂흔 바 生徒 美麗 貴重의 感覺흠을 擴充하고 且 物의 形體 彩色으로써 新觀念을 啓發하야 造化의 美를 知케 호딕 敬하며 愛하야 樂케 할 者오. 否하면 則 手目을 練達하며 善惡을 判決하야써 發明 推巧의 心이 生케 할 者라 흠과 如흠이니 是亦 審美 感情을 養할지며 若 夫 自然界를 硏究할진딕 則 宗敎의 感情을 養흠을 除흔 外에 又 可히 其 審美 感情을 養할지니 此ㅣ 所以 詩歌 文章과 或 悲憤 沈痛과 或 激昂 慷慨와 或 汪洋閎肆[80]흔 其 韻致는 不同하나 而 其 材料는 太牛이나 天地에 美를 取할진져.

此外 學校의 位寘와 如하야는 喧賣雜踏[81]의 境을 遠離하야 閒雅優美의 之에 寘호딕 學校의 屋舍는 專히 財富에 斷斷치 아니하고 湏[82]美術의 精神이 有케 할식 校內에는 塵埃를 掃除하며 標本을 陳設하고 校外에는 花園을 建築호딕 佳卉 等을 廣植하야 生徒로 하야곰 身이 形勝의 奧區에 處하야 天然의 妙境을 遊覽케 할지니 亦 美育의 一 方法이라. 要컨딕 美育이라는 者는 所以 高尙 活潑의 人物을 養하야 可히 世俗의 塵累를 超하야 써 淸潔 圓滿의 新天地에 引入케 흠이라.

---

79 갈제(葛提): 미상.
80 왕양굉사(汪洋閎肆): 넓고 마음대로 하는.
81 훤재잡답(喧賣雜踏): 시끄럽고 잡된 곳.
82 회(湏): 수(須)의 오자로 보임.

第四 訓化篇(德育篇)

敎育의 三大 事業이 有하니 卽 育化, 敎化, 感化가 是라. 上項에도 槪言하얏거니와 今에 其 最後 一大 事業을 述하건딕 訓化, 育化란 者눈 身體를 所以 强健케 흠이오 敎化란 者눈 感情을 所以 培養케 흠이로딕 訓化란 者눈 此 身體와 此 智慧와 此 感情이 有흔 人으로 하야곰 一定흔 主義 及 品性이 有케 하눈 빈니 假使 人人으로 此 身體와 此 身體와 此 智慧와 此 感情이 皆 可僅有하나 一定흔 主義와 品性이 無하면 卽 完人됨을 不得할지니 故로 訓化란 者눈 敎育의 極境이라. 普通 所謂 訓練 或 德育이 是라.

黑排梯派가 謂하되 敎導라 하니 心理學上에 意志의 敎育으로 自하면 卽 可謂 意育이라 할지니라. 意育은 訓練의 事業이라. 更히 管理 訓練 二者를 分하니 管理눈 訓化의 外部로써 爲主하며 訓練은 訓化의 內部로써 爲主하고 又 管理눈 僅 現在에 關하며 訓練은 且 將來에 關하느니 約言하면 則 管理란 者눈 學校에 秩序를 整理흠이로 訓練이란 者눈 其 意志를 陶冶흠이라. 管理의 法은 餘論中(敎育學과 敎育術)에 詳하니 玆에 訓練을 專述하노라.

訓化눈 旣 敎育 意志의 事가 됨이니 則 必 心理學으로 自하야 此 意志의 性質을 先檢흔 然後에 敎育法을 可及할지니라.

一. 意志의 性質

意志란 者눈 心中에 在흔 特別 一種의 活動이라. 智力의 (知)와 感情의 (感)으로 與하야 皆 不同하고 其 初動의 形은 曰 衝動이오 自然히 其 目的을 達할 時눈 本性이니 動物의 活動은 終토록 此

範圍에 不出홀지라도 吾儕도 嬰兒時代에 亦 若 是나 然하나 稍長에 及혼 즉 知識이 漸開하야 是에 種種 要求의 念이 有하니 所謂 願欲이라는 者 卽 意志 第二의 形式이라.

願欲이 已稍 明白의 目的이 有홈이 衝動에 異하야 其 目的에 得達치 못혼 則 氣ㅣ 僅히 爲하야 一沮할지오 若 其 目的에 達혼 則 快樂이 生하야 好惡行 止의 動機가 亦 從 此出 홀지라. 好惡行止의 動機가 相爭相競하리니 是에 一定의 主義를 選擇호듸 堅持하야 習慣이 旣久홈에 品性이 遂爲라. 故로 品性의 善惡은 其 主義가 標準됨에 視할지니 主義가 善하면 則 其 品性이 亦 善하ᄂ니 謂호듸 有德의 人이오, 主義가 惡하면 卽 品性이 亦 惡하ᄂ니 謂호듸 無德의 人이라. 阿里士德이 曰호듸 有德의 人은 則 德行이 成就하야 快樂을 常覺하는 人이라 하니 信히 誣치 아님인져.

然則 吾人 行爲의 善惡이 決코 責任이 非無혼 者니 大哲學家 李特[83]의 著혼 바 心理學初步에 嘗列論하야 曰호듸 (一) 意志 作用은 卽 己의 思想이 發現하야 活動ᄒᄂ 바라. 其 作用 明明은 余가 自爲할 者오 (二) 意志 作用을 皆 余의 有할 力으로 自信할지니 此 所以 道德의 或 耻辱이 有홀가 贊美홈이라. 余 能히 道德에 盡力하면 則 贊美를 受할지오 反是하면 則 耻辱이 有할지니 此 亦 天然的 知識의 一部分이오 (三) 意志 作用은 又 余가 可히 自由 記憶과 自由 思想과 自由 苦樂과 自由 愛惡의 念이 有홈이니 (四) 是 三者ㅣ 有하면 責任의 感情이 遂生하야쎠 하되 余의 意志 作用은 其 責任이 專히 在 余한지라. 天下의 人이 皆 此 責任을 無負하는 者라야 自立의 心이 是에 不可搖할 者니라.

---

[83] 리특(李特): 미상.

由是觀之컨딕 世의 境遇에 困호 바 되야 偏僻에 流호 者를 雖曰 호딕 境遇의 罪라 하나 然하나 自己의 一新 境遇를 旣造케 不能하고 又 補救振作키 不能하니 自立 自責의 心을 已失한지라 웃지 其 責任을 逃키를 得호리오.

意志의 形式은 上에 旣言하엿거니와 今 其 內容을 更論컨딕 人의 意志는 互相 抗爭홈이 二 原理가 有하니 理와 義가 是라. 支那에셔 謂호 道心 人心과 康德[84]의 爲호 道心 性理는 常 普通의 公道에 傾向하나니 客은 性質을 觀홈이 人心 情慾이 常 利己의 私欲에 傾向홈이라 홈이 有호고 主는 性質을 觀홈이 是로써 古의 道心 性理를 呼하야 曰호딕 (良心의 聲)이니 其 義로써 標準을 爲홈을 言홈과 人心 情欲을 呼하야 曰 (煩惱의 犬)이니 其 利로써 標準을 爲하야 言홈이 有하니 二者가 兩途劃然하야 一히 人의 選擇을 自爲홈을 聽할지니 謂호 바 君子 小人이란 者를 則 此에 判할지니라.

然호 則 人의 意志가 皆 謀利의 私欲을 制홈이 亦 敎育 中에 應할 바 者라. 此 卽 訓化의 事니 訓化의 通例난 心理學으로써 基礎를 作할지라. 次章에 詳言하깃노라.

---

84 강덕(康德: Kant, Immanuel): 칸트. 독일의 철학자(1724~1804). 경험주의와 합리주의를 통합하는 입장에서 인식의 성립 조건과 한계를 확정하고, 형이상학적 현실을 비판하여 비판 철학을 확립하였다. 저서에 《순수 이성 비판》, 《실천 이성 비판》, 《판단력 비판》, 《영구 평화론》 따위가 있다.(표)

◎ 柳瑾(1907) 敎育學原理,

　대한자강회월보 제13호 (광무11년 7월: 1907.7.)

二. 意志 訓練의 通例(承前)

上節에 論述ᄒᆞᆫ 바 意志 作用의 善惡이 皆 責任이 有ᄒᆞ니 則 其 方向을 導ᄒᆞ야 ᄒᆞ여곰 良心의 聲을 從ᄒᆞ고 而煩惱의 犬을 舍케 ᄒᆞᆯ 者라. 固 訓化의 事니 其 法이 約 三端이 有ᄒᆞᆫ지라. 試ᄒᆞ야 條擧ᄒᆞ니

第一 生徒ㅣ 私欲無饜[85]ᄒᆞ야 其 奴隷를 爲ᄒᆞᆫ 者ㅣ 有커든 敎育ᄒᆞᆯ 者ㅣ 須 道德의 威嚴을 代表ᄒᆞ야 命令 等으로셔 禁止ᄒᆞᆯ지니 敎化上에 謂ᄒᆞᆫ 바 道義를 馴致흠이 意志라.

道義를 馴致흠이 意志는 其 手段이 命令 巡視 賞罰만 莫如ᄒᆞ니 命令이라는 者는 所以 道義의 威嚴을 代表ᄒᆞ야셔 其 不義에 陷흠의 弊를 拒ᄒᆞᆯ 者라. 故로 (一)은 道義에 不合케 흠이 不可ᄒᆞ고 (二)는 生徒 疑心을 動케 흠이 不可ᄒᆞ고 (三)은 明顯精確지 아니흠이 不可ᄒᆞ고 (四)는 前後 一律로 아니흠이 不可ᄒᆞᆯ지라. 巡視라는 者는 所以 過失을 豫防ᄒᆞ며 且 粗野放逸의 私欲을 制ᄒᆞ야 生徒로 ᄒᆞ여곰 時時로 風采를 瞻仰ᄒᆞ야 畏愛ᄒᆞᆯ 빅 有케 아니흠이 不可ᄒᆞ니 但 巡視 過度ᄒᆞ면 則 生徒ㅣ 厭흠이 生ᄒᆞ야 秘密히 爲惡흠을 難免ᄒᆞ리며 若 生徒로 ᄒᆞ여곰 互相 告發케 ᄒᆞ면 則 時機 疑懼ᄒᆞ야 又 忠厚를 傷ᄒᆞ리니 故 巡視흠에 當히 純任 自然ᄒᆞᆯ지오, 賞罰이라는 者는 所以 善惡을 懲勵ᄒᆞ야 遺德의 人을 造就케

---

85 사욕무염(私欲無饜): 사욕에 물리지 않아.

홀지니 故로 濫行ᄒᆞ야 作僞홈과 及 奴隸의 劣根性을 致生홈이 不可ᄒᆞ니라.

第二各種 道德의 目的을 取ᄒᆞ야 一一히 指導호ᄃᆡ 敎育을 受홀 者로 ᄒᆞ여곰 自能히 善을 從ᄒᆞ고 惡을 棄케 홀지라. 敎化上에 謂ᄒᆞᆫ 바 實踐의 原則으로셔 與ᄒᆞᆫ 者니 卽 其人欲의 私를 去ᄒᆞ고 天理의 公을 存케 홀지니라.

實踐의 原則으로써 與홈은 其 手段이 示例와 敎訓만 莫如ᄒᆞ니 示例ᄂᆞᆫ 實活動의 敎訓이라. 偏斯他洛氣[86] ㅣ 曰호ᄃᆡ「余의 一身은 兒童의 世界」라 ᄒᆞ고 席拉(Sellep)[87]이 曰호ᄃᆡ「敎育ᄒᆞᄂᆞᆫ 者ㅣ 兒童의 所望을 自失홈이 不可라」ᄒᆞ니 蓋 兒童이 摹倣[88]을 最善홈은 而 敎師ㅣ 兒童의 標準됨이라. 苟 犧牲 一己라도 正義 維持홈으로써 ᄒᆞ면 則 訓化를 奏效치 아니홈이 未有홀 者니 此ㅣ 示例의 特長이라. 然ᄒᆞ나 敎訓이 亦 足히 써 其 不足홈을 補ᄒᆞ야 ᄒᆞ여곰 俊偉高潔[89]의 道德 知識을 得ᄒᆞ야써 俊偉高潔의 道德行爲 前導를 爲홀지니라.

第三 生徒의 習慣 品性으로 ᄒᆞ여곰 皆 能히 道心 人心의 別이 無홈을 自治호ᄃᆡ 心의 所欲을 從ᄒᆞ야 則 矩를 不踰[90]ᄒᆞ야써 渾然 一體에 理想 圓滿의 境을 達케 홈이니 謂ᄒᆞᆫ 바 道德上의 自由ㅣ

---

86 편사타락기(偏斯他洛氣): 미상.

87 석납(席拉: Sellep): 미상.

88 모방(摹倣): 본뜸.

89 준위고결(俊偉高潔): 뛰어나고 높고 깨끗함.

90 구(矩)를 불유(不踰): 범위를 벗어나지 않음. 논어에 나오는 종심소욕불유구(從心所欲不踰矩)의 뜻.

是라.

道德上의 自由ᄂᆞᆫ 特히 訓化의 目的을 爲ᄒᆞᆯ 쑨 아니오 抑 亦 敎育의 目的이니 故로 道德上의 自由를 旣得ᄒᆞ면 則 敎育의 目的을 不達ᄒᆞᆷ이 亦 無ᄒᆞᆯ지라. 其 手段은 示例 巡視 賞罰 敎訓 命令을 用ᄒᆞᆷ이 不可ᄒᆞ니 此等 手段은 皆 意志로 ᄒᆞ여곰 道德의 規律을 服從ᄒᆞ고 或 道德의 知識을 授與ᄒᆞᆷ에 不過ᄒᆞᆯ 짜름이라. 更히 一步를 進ᄒᆞ면 則 爲善ᄒᆞᆷ에 必勇ᄒᆞ야 習慣이 品性을 成ᄒᆞ야 事事에 皆 能히 自治ᄒᆞ며 道德에 吻合(문합)ᄒᆞᆫ 而後에 可ᄒᆞ니 是以로 道德上의 自由를 得코져 ᄒᆞᆯ지면 雖曰 須히 獎勵 强迫ᄒᆞᆷ이 無ᄒᆞᆯ지나 然ᄒᆞ나 聖賢 君子 偉人 豪傑의 傳記 事蹟과 及 遺著ᄒᆞᆫ 經典으로써 標準을 爲 치 아니면 則 恐컨딕 時時로 狂暴를 發ᄒᆞ야 制키 不能ᄒᆞᆯ지라. 其 源委ᄂᆞᆫ 後節에 詳見ᄒᆞ니 意志 訓練의 次序라.

三. 體罰의 利害

上節에 意志 訓練의 通例를 謂ᄒᆞ딕 賞이라ᄂᆞᆫ 者ᄂᆞᆫ 所以 道德의 行爲를 獎勵ᄒᆞ야 其 結果ㅣ 敎育에 最 有益ᄒᆞᆫ 者나 然ᄒᆞ나 賞을 濫히 ᄒᆞ면 則 生徒ㅣ 將矯揉ᄒᆞᆷ을 揣摩[91]ᄒᆞ고 仁義를 貌行ᄒᆞ야 適히써 其 作爲의 機를 開ᄒᆞᆯ지오. 若 夫 罰이라ᄂᆞᆫ 者ᄂᆞᆫ 所以 過失을 懲戒ᄒᆞ야 其 萌芽를 絶ᄒᆞᆷ이니 亦 訓化의 一法이라 可少치 못ᄒᆞᆯ지오. 而 其中에 罰體의 成效ㅣ 尤捷ᄒᆞ나니 古來로 敎育ᄒᆞᄂᆞᆫ 者ㅣ 皆 樂用ᄒᆞ니라.

敎育史를 觀컨딕 則 世界 各國이 罰體의 手段을 不用ᄒᆞᆫ 者ㅣ 無

---

91 췌마(揣摩): 촌탁(忖度). 남의 마음을 미루어 헤아림.(표)

혼지라. 古代 斯巴達[92]에서 最히 嚴酷ᄒ고 印度, 支那, 日本의 敎師도 亦必 榎楚[93]를 持ᄒ야써 從事ᄒ더니 近世에 發達主義의 說이 興홈에 至ᄒ야 始로 敎授홈이 當히 心意ㅣ 自然開發의 次序를 從ᄒ야 威力을 無待ᄒ니 遂 稍稍히 廢혼지라. 今앤 則 文明國에서 德意志를 除혼 外에ᄂ 悉히 罰體로써 爲치 아니ᄒ나니 此 亦 近世 敎育의 一大 特色이니라. (未完)

---

92 사파달(斯巴達: Sparta): 스파르타. 고대 그리스의 도리아 인이 펠로폰네소스 반도 중부의 라코니아 지방에 세운 도시 국가. 귀족 정치를 실행하여 본토인을 노예화하고 자국민에게 군국주의식 의식 교육을 베풀었다. 기원전 5세기에 펠로폰네소스 전쟁에서 아테네를 격파하고 그리스의 패권을 잡았으나 점차로 쇠퇴하여 기원전 146년에 로마에 망하였다.(표)

93 가초(榎楚): 매. 회초리.

2.2. 가정 교육론

◎ 제국신문 1899.2.24. ‑ 2.27. (2회 연속)

어린 아히 기르는 규모

텬하에 근본을 궁구ᄒ게드면 어린 ᄋ히 기르는 규모에셔 더 즁ᄒ 게 업는 거시 오날날 어른들은 다 젼일에 어린 ᄋ히오 오날날 어린 ᄋ히는 다 일후에 어른이라. 셰샹에 딕를 이어 쳔만셰를 샹젼ᄒ여가며 각항 스무를 직히여 가ᄂ니 금일 어른들이 이젼 ᄋ히 째에 교육ᄒ기를 졍도로 써 ᄒ지 아니ᄒ면 금일 어른되여 무삼 셩취흠이 온젼ᄒ리오. 속담에 닐은 말이 어려셔 굽은 길마가지라 ᄒ엿스니 교육에 관계가 즁대흠은 니로 말흘 슈 업거니와 남의 부모 된 쟈가 지식이 넉넉ᄒ 후에애 ᄋ히 교육ᄒᄂ 도를 아는 거시니 ᄋ히 십셰 젼에ᄂ 교육ᄒᄂ 거시 그 어미에게 잇고 십셰 후에ᄂ 그 아비에게 잇스되 십셰 젼이 십셰 후보다 교육ᄒ기가 더욱 극란ᄒ지라. …

아히가 말을 ᄒᆞ고 거름을 것는 째에는 길으는 규모가 젼보다 달나셔 그 셩품을 슌히ᄒᆞ는 일도 여간 분별이 잇스니 범빅 동졍을 어룬이 참견ᄒᆞ되 샤소ᄒᆞᆫ 일이라도 속이지 말고 울불ᄒᆞ게도 ᄒᆞ지 말디라. 대뎌 사름이란 거슨 동물인 고로 동ᄒᆞ지 아니ᄒᆞ면 못 쓰는 고로 쟉란ᄒᆞ며 … 셔양 사름들은 ᄋᆞ히 교육ᄒᆞ며 양싱ᄒᆞ며 녀인 졉딕ᄒᆞ기를 긔졍ᄒᆞᆫ 후로 붓터 인죵이 졈졈 커셔 슈빅년 젼 사름에 갑쥬를 젹어셔 입을 슈가 업다 ᄒᆞᆫ다 ᄒᆞ니 교육ᄒᆞ는 효험을 쟝대흠을 니로 말ᄒᆞᆯ 슈 업겟더라.

◎ 家庭敎育, 張啓澤, 太極學報 제2호, 광무 10년(1906) 9월 24일

夫ㅣ 人의 父兄된 者ㅣ 其 子弟를 敎育ᄒᆞ는 것은 當然ᄒᆞᆫ 義務라. 故로 敎育ᄒᆞ기를 不怠ᄒᆞ되 或 說諭로써 ᄒᆞ며 或 勸進ᄒᆞ며 或 强行ᄒᆞᆯ 찐도 有ᄒᆞ야 可成的 力을 竭盡치 아니ᄒᆞ면 此는 其 子弟에게 對ᄒᆞ야 父兄된 職分을 失ᄒᆞᆯ 뿐 아니라 實로 吾人 社會上에 對ᄒᆞ야 重大ᄒᆞᆫ 義務를 不行ᄒᆞᆫ 者라 稱ᄒᆞ리로다.

智力이 發達치 못ᄒᆞ고 聞見이 博達치 못ᄒᆞᆫ 幼年 子女를 家庭 內에셔 薰陶 養育흠은 其 父母에 過ᄒᆞᆯ 者ㅣ 無ᄒᆞ리니 何則고. 情愛의 親密흠과 恩愛의 深厚흠이 父母와 如ᄒᆞᆫ 者ㅣ 無ᄒᆞᆫ 故로 三四歲 幼兒에 一端 觀念이 此世에는 吾의 父兄보다 善良ᄒᆞ고 愛情이 多ᄒᆞ며 吾의 母親보다 親切 仁慈ᄒᆞᆫ 이가 更無ᄒᆞᆫ 줄노 知ᄒᆞ고 쏘 父母의 所念은 此世에는 吾의 子女보디 愛重ᄒᆞᆫ 者가 無ᄒᆞ야 子에게 遺傳ᄒᆞ는 物은 平生에 所惜ᄒᆞ는 바 無ᄒᆞ며 쏘 子가 父母에게 受取ᄒᆞᆫ 物은 半點도 疑懼ᄒᆞ는 者ㅣ 無ᄒᆞ니 如此ᄒᆞᆫ 幼年을 訓導 敎育ᄒᆞ는 데 對ᄒᆞ야셔는 父母兄妹가 實로 好地位에 處ᄒᆞ엿다 할 만 ᄒᆞ깃

고 쏘 其 父兄된 者ㅣ 一生 注意홀 것은 其 子弟를 爲ᄒ여는 비록 如何흔 勞苦가 有홀지라도 口外에 不出흠이 可ᄒ며 其 目的을 達 홀 方法을 能力 手段과 善言良談으로써 諄諄 敎喩ᄒ야 漸次 進步 케 흠이 必要ᄒ고 쏘 家庭 內는 恒常 和平 快樂을 主ᄒ야 缺義沒 德의 弊端이 無케 ᄒ며 潔白지 못흔 俗談과 善良치 못흔 言行은 一切 家內에 勿入ᄒ야 單純흔 幼年子弟의 腦로 ᄒ야곰 感化 模範 이 되게 할지니라.

特別히 母된 者는 小兒敎育에 一層 重要흔 地位에 處ᄒ얏다 謂 홀지니 人이 此世에 生ᄒ미 母로 쏘츠 始ᄒ얏스며 初見ᄒ는 者ㅣ 母의 行爲며 始見ᄒ는 者ㅣ 母의 行爲며 始聞ᄒ는 者ㅣ 母의 言語 며 始感ᄒ는 者ㅣ 母의 容貌라. 故로 母의 正邪와 善惡으로써 自 然히 其子에 性質을 助成ᄒ나니 假令 人의 天與흔 稟性이 各有 所 定이라 稱ᄒ나 其 特質은 家庭敎育間에 形成ᄒ는 者니 此는 人의 母親된 者 第一 注意홀 者니라. 古來에 所謂 偉人 傑士가 多有ᄒ 나 其 原因을 硏究홀진딘 或 天性의 特出흔 者도 有ᄒ나 其 十分 之九는 母親 養育間에 如何흔 거스로 좃차 成흔 者니 西國에 有名 흔 傑士 나파륜이 嘗曰 一小兒의 將來 運命은 其 母의 行爲에 在 ᄒ며 一國民의 富强도 其國民의 母에 在ᄒ다 ᄒ며 又曰 國民의 精 神과 習慣과 偏僻과 特質과 德性이 各其 母 一身에 在ᄒ다 ᄒ니 此는 吾人도 經驗 自覺홀 者라. 我 東方에 偉聖 孟子도 其母의 三 遷之敎가 아니면 엇지 其名이 至今까지 赫赫不滅홀 줄을 期ᄒ엿 스리요. 然則 自古 及 今토록 偉人 賢士의 盛名은 다ㅣ 其 母親의 善良흔 指導와 家庭敎育의 起因造成흔 者ㅣ 實로 不少ᄒ도다.

嬰兒의 思想은 極히 狹淺ᄒ야 家內든지 或 門外에 出ᄒ야 遊戲 活動홀 時라도 善惡과 眞僞와 美醜와 危險 等을 一切 未別ᄒ나니

時時로 父母가 隨行ᄒ야 看察ᄒ되 兒가 或 危險과 暴行을 犯ᄒ거든 順言으로써 曉喩ᄒ고 壓迫悖言은 勿用홈이 可ᄒ며 或 範圍 以外에 出ᄒ거든 此를 禁止홈이 可ᄒ도다. 是以로 兒童을 有혼 者ᄂ 特別히 家庭內에 遊戲場을 設置ᄒ고 此內에 飮食 等과 兒童에 極히 嗜好ᄒᄂ 物를 設置ᄒ야 時時로 活潑 遊戲케 홀지니라.

吾人이 此 新世界에 生ᄒ야 新學問과 新知識은 不可不 硏究홀 거시나 就中 最要혼 者ᄂ 道德의 觀念이 是라. 人이 此 二字를 不解ᄒ면 學問이 有餘ᄒ나 社會上 事業의 經營과 個人的 家庭의 幸福을 十分 期必키 難홀지니 水를 飮코져 ᄒᄂ 者ㅣ 엇지 井을 豫備치 아니ᄒ리오.

現今 文明 列國에 敎育이 普及홈으로 學問이 發達되고 學校를 益益 廣設ᄒ나 槪觀컨디 此等 學校ᄂ 智育을 高尙히 養成혼다 홈은 可홀지나 德育의 點에 至ᄒ여ᄂ 아즉도 幼穉에 歎을 不免ᄒ깃도다. 嬰兒의 單純 潔白혼 性質를 其 父母兄妹된 者ㅣ 注意치 아니ᄒ야 家庭에셔 不良 不美의 行動과 朋輩 親族의 悖理卑賤혼 誘導 模範으로 漸漸 養成ᄒ면 兒童의 良質이 此에 傳染되야 後日 良材의 基礎를 失홀지니 如此혼 後 學校에 入ᄒ야 비록 經天緯地의 智略을 習得ᄒ나 엇지 此世에 健全혼 人物됨을 期望ᄒ리오. 然則 家庭敎育의 重要혼 것은 多論을 不待ᄒ고 明瞭혼 者니 此 家庭에 敎育을 完美코져 ᄒ면 不可不 此에 主務되ᄂ 女子의 敎育을 急히 發達ᄒ야 賢母良妻를 造成홈에 在ᄒ도다.

廣潤혼 이 世上에 最樂혼 우리 家庭 萬親愛로 璧을 삼고 仁情으로 席을 삼아 父母姉妹相樂ᄒ니 和氣春風 우리 家庭.

◎ 家庭敎育, 吳錫裕, 太極學報 제6호, 광무 11년(1907) 1월 24일

世界가 文明에 漸進홈에 家庭敎育의 必要를 唱ᄒᄂᆫ 소리 甚히 盛ᄒ도다. 今에 其 注意點을 擧ᄒ야 略述ᄒ노라. 大抵 小兒와 母의 關係의 緻密ᄒᆫ 것은 不可再論의 可驚處라. 是ᄂᆫ 天然的 造化의 作用인즉 爲 其母者ᄂᆫ 其 愛情으로 ᄒ야곰 益益 親密히 ᄒ야 堅固케 ᄒ고 母의 價値를 知케 ᄒ야 一層 勉力ᄒ야 愛兒로 ᄒ야곰 正道를 常踏케 ᄒ야 幼兒의 美質를 永遠히 發達케 할지라. 盖 幼兒의 性質은 白紙와 如히 其染ᄒᄂᆫ딕 依ᄒ야 或 靑 或 黃됨과 갓치 惡에 陷落ᄒ기 常易ᄒᆫ지라 一日 惡에 染質되고 邪에 被導ᄒ면 容易히 回復ᄒ야 本色에 使還키 到底 難ᄒᆫ지라. 故로 注意에 注意를 加ᄒ야 十分 高尙ᄒᆫ 德性를 養成ᄒᄂᆫ 것을 其母ᄂᆫ 肝要로 知ᄒᆯ지니라.

世上이 愛兒의 敎育이 極其 至重홈을 知ᄒ고도 爲其母者ㅣ 其 責任에 自當치 안이ᄒ고 ᄒᆞᆫ갓 師傅 手中에 委任ᄒ야 母의 責任을 以盡ᄒᆫ다고 自感者ㅣ 擧世가 靡不皆然ᄒ니 師傅된 者ㅣ 極히 撫而敎之ᄒ야 其 全力을 盡ᄒᆫ다 云ᄒ야도 其 慈愛之情이 엇지 親生母의게 比ᄒ리오. 幼兒가 其母를 尊敬仰慕ᄒᄂᆫ 것이 鬼神을 崇尙ᄒᄂᆫ ᄉᆞ름갓치 一事二事를 惟其母의게만 依賴홈이 안이랴. 如斯히 小兒가 信服ᄒᄂᆫ 其母ㅣ 自手를 下ᄒ야 懇懃히 注意ᄒ야 小兒를 敎而育之ᄒ면 其 感化의 强固홈이 當何如哉아. 父母가 小兒敎育의 責任을 共負ᄒᄂᆫ 것은 必不待言이나 然其 感化力은 父의게ᄂᆫ 少ᄒ고 全然히 母의게 惟在ᄒᆫ지라. 然則 爲其母者ㅣ 是我之子라. 依我之思ᄒ야 我當十分敎之ᄒ리라 홈과 如ᄒᆫ 惟思를 自諒치 말고 此 幼兒로 言ᄒ면 我國民의 一分子라. 將來의 社會를 組織ᄒᆯ

樞要의 民子됨을 廣義로 解釋ᄒ며 ᄯᅩᄒᆫ 婦人이 國家에 對ᄒᆫ 一大 義務ᄂᆫ 小兒의 敎育을 完全히 흠에 在흠을 自悟ᄒ야 小兒 敎育上에 一毫 過失이 無ᄒ게 勉力ᄒᄂᆫ 것은 爲母者의 責任上 最必要흠이니라. (下略)

◎ 집안에서 어린아히 기라ᄂᆫ 법, 禹敬命, 太極學報 제11호,
　광무 11년(1907) 6월 24일

(제일) 음식 멕이ᄂᆫ 데 주의홀 일

　음식을 싴키ᄂᆫ(消化) 힘은 사름의 년령(年齡)에 좃ᄎ 갓지 아니ᄒ니 그런고로 어린아히의게 음식을 멕일 ᄯᅢ에ᄂᆫ 몬져 그 년령에 주의ᄒᄂᆫ 거시 필요ᄒ외다. 아모리 자양분(滋養分)이 만흔 음식이라도 만일 그 물건의 셩질과 ᄯᅩ 음식 밀된 방법이 아히의 년령과 젹당ᄒ지 아니ᄒ면 아히가 그 음식을 먹은 후에 몸에 리럽지 못홀 ᄲᅮᆫ 아니라 도리혀 몸을 히롭게 ᄒᄂᆫ 거시오, 어린 아히ᄂᆫ 아즉 먹ᄂᆫ 물건을 싴키ᄂᆫ 힘이 극히 연약ᄒ미 이 ᄯᅢ에ᄂᆫ 아모조록 싴키기 쉬온 거슬 멕이ᄂᆫ 거시 필요ᄒ니 아히가 나온 지 한–일년 동안 니(齒)가 아즉 나지 아니ᄒ여슬 동안에ᄂᆫ 그 어머니의 졋슬 멕이난 거시 텬연의 법이ᄂ 외국에서ᄂᆫ 소졋슬(牛乳) 멕이ᄂᆫ 거시 아히의 양싱에도 극히 조코 모친되ᄂᆫ 이에게 히(害)가 밋지 아니흠으로 흔이 소졋스로 아히를 기르ᄂᆫ 거시오, 이 갓치 일년 가량을 길너 니(齒)가 나게 되면 이 ᄯᅢ부터ᄂᆫ 졋멕이기ᄂᆫ 페ᄒ고 아모조록 싴키기 쉬운 것, 가령 말ᄒ면 죽과 미움 가탄 거슬 멕이고 륙칠 세 되면 그 ᄯᅢ

부터는 힝용 사람의 먹는 음식을 멕이되 미온 것은 아모조록 멕이지 아니ᄒ고 쏜 물을 극히 죠심ᄒ야 멕일 거시라.

음식의 분량(分量)은 쏘흔 그 싁키는 힘이 강ᄒ고 약흔 것과 몸에 젹당ᄒᆯ 거슬 보아 뎡ᄒᆯ 거시니 곳 몸의 발달이 왕성ᄒ야 음식을 싁키는 힘이 만흔 사람에게는 음식에 분량도 만을 것이라. 어린 아히는 일변으로 싱각ᄒ면 몸의 발달ᄒ는 거시 극히 속ᄒ고 왕성ᄒᄂ 음식을 싁키는 힘은 아즉 극히 연약ᄒ야 음식을 흔 씌에 만히 먹이기는 ᄒᆯ 수 업사니 어린 아히일수록 음식을 여러 번에 논ᄂ셔 흔 번에 조곰식 멕이게 ᄒ되 나은 지 일년 가량된 아히는 두 시간 동안에 흔 번식 멕일고 사오 셰ᄉ지는 세 시간 동안 흔 번식 먹이면 젹당ᄒ오. 그러ᄂ 음식은 일뎡흔 시간을 졍ᄒ여 두고 먹이는 거시 싁키기도 잘ᄒ고 몸을 튼튼ᄒ게 ᄒ는 데 극히 필요ᄒ니 아히를 아모조록 어려슬 씌부터 일뎡흔 시간에 음식을 먹게 ᄒ는 습관(習慣)을 기르는 거시 필요흔 거시라. 만일 아히에게 음식을 무시로 과도ᄒ게 먹이든지 부졍흔 음식을 먹이면 아히의 창자는 연약ᄒ야 다— 싁키지 못ᄒᆷ으로 혹 식독(食毒)도 싱기며 코와 츔을 흘녀 몸의 건강(健康)을 히롭게 ᄒᄂ니 부모되신이들 엇지 주의ᄒ지 아니ᄒ깃소.

(제이) 의복 입히는 일

우리 사람의 의복이라 ᄒ는 거슨 다못 살을 가리울 쑨이 아니라 기후(氣候)의 덥고 찬데 딕ᄒ야 우리 몸의 피부(皮膚 살과 가죽)를 뎍당ᄒ게 보호(保護)ᄒ는 거스로써 주요(主要)를 삼ᄂ니 특별이 어린 아히에게 의복을 니피되 의복을 너머 쏙 입피면 가심을 눌녀 숨

쉬는 데 히롭게 ᄒ고 혈믹(血脈) 도라가는 듸 방희(妨害)가 잇슬 거시니 ᄋ희의 의복은 아모됴록 너그럽게 짓는 거시 됴코 어려슬 쩌브터 의복을 너머 두텁게 입히면 피부가 연약ᄒ야져셔 조곰ᄒ야도 감긔가 들니기 쉽고 병나기 쉬우니 아모됴록 의복을 뎍당ᄒ게 입히기를 쥬의ᄒ 거시오.

(뎨삼) 청결(清潔)ᄒ게 ᄒ 일

ᄋ희의 쥬위(周圍)를 아모됴록 청결ᄒ게 ᄒ는 거슨 ᄋ희의 몸을 건강(健康)ᄒ게 ᄒ는데 필요ᄒ 쑨 아니라 어린 ᄋ희의 정신을 교휵ᄒ는 데도 큰 관계가 잇스니 ᄋ희의 몸을 항샹 목욕시켜 청뎔ᄒ게 ᄒ며 방안에는 늘빗과 공긔(空氣)를 잘 통ᄒ게 ᄒ고 의복과 각싀 긔구(器具)와 이불 갓튼 거슬 일졀 다 청결ᄒ게 ᄒ야 쟝셩ᄒ 후싀지라도 이 습관을 일치안케 ᄒ 것이라.

(뎨사) 운동시키는 일

몸은 항샹 뎍당ᄒ 운동을 ᄒ 후에야 건젼(健全)ᄒ게 발달이 되ᄂ니 몸은 튼튼ᄒ게 ᄒ랴면 뎍당ᄒ 운동은 아니ᄒ지 못ᄒ 거시라. 운동ᄒ는 듸 듸하여 쥬의ᄒ 일을 잠간 들어 말ᄒ면

> (가) 일긔 청명ᄒ 쩌에는 아모됴록 집밧게 나아가셔 놀게 ᄒ 거시오,
>
> (나) 운동ᄒ는 시간을 뎡당ᄒ게 ᄒ야 어린 ᄋ희로 ᄒ여곰 너머 갓부게 하지 아니ᄒ 거시오,
>
> (다) 아모됴록 사지(四肢)를 평균ᄒ게 운동시킬 거시오,

(라) 운동홀 씌에 위험ㅎ고 히가 잇슬 거슨 금지홀 거시라.

(데오) 잠지우고 쉬는 일

운동ㅎ여 몸이 곤ㅎ고 갓분 씌에 편안ㅎ게 쉬면 몸의 갓분 것도 회복ㅎ고 온몸의 혈믹(血脈)을 쳥신ㅎ게 ㅎ야 졍신과 몸이 다시 활동(活動)홀 만ㅎ게 되는 거시라. 만일 활동만 ㅎ고 쉬지 아니ㅎ면 혈믹에 쳥신혼 피는 다ㅎ고 그 결과로 몸이 곤ㅎ고 갓붐을 니기지 못홀지라. 그런 고로 사름의 몸의 강건혼 거슨 덕당ㅎ게 쉬는 것으로써 졈졈 발달되는 거슬 알지라. 그 즁에 가장 완젼ㅎ게 쉬는 거슨 자는 거시니 사름이 낫에 활동ㅎ야 곤ㅎ고 갓븐 거슬 밤의 자는 거스로써 졍신과 몸의 운동을 젼혀 쉬게 ㅎ야 회복ㅎ고 혈믹을 쳥신케 ㅎ야 몸의 싱싱혼 긔운을 다시 엇는 것이니 어린 ᄋ희의 잠자는 데 듸ㅎ여셔는 부모되신이 특별히 주의홀 거시라. 잠자는 시간은 년령에 좃ᄎ 각각 다른데 잠자는 시간을 비교ㅎ면

한셜노브터 두셜ᄭ지는 一日에 열두 시로 열네 시 동안

두셜브터 셰ᄭ지는 一日에 열두 시간 가량

륙셰로 십셰ᄭ지는 一日에 열혼 시간 가량

십셰로 십오셰ᄭ지는 一日에 아홉 시간 혹 열 시간

십오셰 이상은 一日에 닐곱 시간 혹 여듧 시간

◎ 家庭教育法, 金壽哲, 태극학보 제16호, 광무11년(1907) 12월 4일

해설

이 논문은 태극학보 제16호(1907.12.4.), 제17호, 제18호, 제19호, 제20호, 제21호, 제22호, 제23호, 제25호, 제26호에 9회 연재된 것으로 제1부 가정교육의 원리, 제2부 가정교육의 방법으로 구성되었다. 여기서는 제1부의 주요 내용과 제2편 정신교육 부분을 입력하였다. 학회보 연재물의 특성상 편-장-절-목의 구성 방식이 혼란스럽지만 이 시기 가정교육론을 체계화한 논문이라는 점에서 큰 의미를 갖는다.

| 緒論 |

大抵 敎育의 終局 目的이 人物 養成에 在호 것은 世의 定論이라. 更히 呶呶홀 비 無호거니와 回顧컨딕 現時 小學校는 果然 人物 養成에 適當호가. 又 如何히 호면 完全호 人物을 養成할가. 此는 實노 敎育界의 一大 問題ㅣ라. 此 問題를 解釋호여 正當호 答辯을 與홀 것은 卽 吾人 敎育者의 當應할 責務가 아니리오. 若 敎育의 目的이 單히 知識技能을 授與홈에 在호다 호면 余輩ㅣ 다시 무엇을 云云호리오. (중략)

以上의 所論에 由호면 家庭의 任務는 實로 大호다 謂홀지로다. 그러나 現時의 家庭이 能히 其 要求에 應호여 其任을 完得호느냐 호면 余輩는 맛당히 否라 答홀 것을 不憚홀리로다.嗚呼라. 小學校 敎育에 關호여 先進者ㅣ 이믜 其 設備을 考究호며 敎授의 方法을 硏究호는 等 諸般의 改良을 努力홈으로 뻐 適當의 書物도 漸出호고 其 方法도 公共호게 되엿스나 其 家庭敎育에 至호야서는 世間이 아직 其 必要홈을 感함이 懇切티 못홀 쑨더러 또호 其 方法을

研究ᄒ는 者도 絶無ᄒ도다. 엇지 其 學校敎育에 基礎되는 家庭敎育이 此와 如히 等閒에 付흠을 見ᄒ건듸 敎育에 從事ᄒ는 者ㅣ 一層 猛省티 아니리오. 大槪 敎育者는 國家의 先覺者로써 任흘지며 社會에 先進者로써 立흘지라. 余輩ㅣ 비록 不才ᄒ나 多年間 敎育의 事에 留意흠이 不無흘식 恒常 家庭敎育의 不備흠을 慨歎ᄒ야 써 其 未知의 理論을 硏究ᄒ고 未發의 方法을 案出ᄒ야 世의 一般 家庭의 注意를 促ᄒ야 改良을 施ᄒ며 善良의 敎育을 行ᄒ고 又 進ᄒ여 其 學校敎育의 進步 發達흠을 貢獻코져 自期ᄒ는 빅로라.

(第一部) 家庭敎育의 原理

第一 家庭敎育의 意義

家庭敎育의 意義를 明確히 ᄒ고져 ᄒ면 必先 家庭의 如何ᄒ 것을 解說치 아니면 不可흔지라. 그러나 家庭에 對ᄒ야서는 아직 確固흔 解釋이 업슴으로 人人의 所說이 區區ᄒ도다. 今에 余輩의 所見으로 由ᄒ면 家庭이라 ᄒ는 것은 卽 學校 以外의 敎育所이며 又 家庭敎育이라 ᄒ는 것은 此 家庭의 與ᄒ는 敎育이라 云흘지라. 그러나 此 意義ㅣ 甚히 廣漠흠에 失ᄒ여 其 眞意를 知키 不能타는 誹嘲가 亦不無흘이로다. 그런즉 家庭敎育에 對ᄒ여 其 廣義의 解釋을 與ᄒ자면 可히 二部에 分흘지니 第一部는 學校時代 以前의 家庭敎育, 第二部는 學校時代의 家庭敎育이라 稱흘지라. 前者는 學校敎育의 基礎가 되고 後者는 學校敎育의 補助가 되나 此를 簡言ᄒ자면 兒童이 小學校에 入ᄒ기 前에 施흘 敎育은 勿論 其 在學 中과 學校 以外에 當ᄒ야서도 行흘 敎育은 卽 家庭敎育이 是ㅣ라.

又 進ㅎ여 中等敎育의 學校에 入흔 後에라도 感情 猛烈흔 靑年時代에는 恒常 思想이 堅固치 못흔 故로 又 家庭敎育의 必要를 觀흘지니 故로 이믜 一般의 普通敎育을 終ㅎ면 所謂 成年時代에 達ㅎ야 父母의 干涉흘 빈 減少ㅎ다 ㅎ나 더욱 社會敎育의 要用을 認ㅎ느니 此 社會敎育도 多大히 家庭敎育의 補助를 必借흘지로다. 그런즉 人生의 如何흔 時代를 勿論ㅎ고 學校敎育 以外에 更히 或種의 敎育의 必要를 見ㅎ겟도다.

余輩는 此種 敎育을 總稱ㅎ여 家庭敎育이라 名ㅎ노니 實노 廣義의 家庭敎育 中에는 社會敎育과 幼稚園 敎育이 다 含蓄흠이로다. 그러나 今에 論코져 ㅎ는 곳은 卽 小學校 以前의 家庭敎育에 在흠일시 其 學校時代의 家庭敎育에 關ㅎ야서는 別論을 更擧ㅎ겟노라.

第二 家庭敎育의 目的

家庭敎育의 意義는 이믜 明確흔지라. 玆에 論흘 만흔 範圍도 定ㅎ엿슨즉 又 進ㅎ여 其 目的의 如何흔 것을 更히 硏究ㅎ리로다. 現時 世에 行ㅎ는 家庭敎育의 狀態를 觀察흔즉 兒童學, 兒童心理學, 兒童衛生學 等에 對ㅎ여서는 如何흔 硏究도 少無ㅎ고 徒히 兒童을 抑制흘 뿐더러 所謂 嚴格흔 行儀 作法을 授ㅎ여 知識을 付與ㅎ노라고 ㅎ야 反히 情神의 過勞를 來ㅎ며 過度의 勞働을 作ㅎ야뼈 身体 發育을 害케 ㅎ야 其 學校에 入흔 後에도 다시 挽回흘 수 업는 悲境에 陷케 ㅎ는 者ㅣ 多ㅎ니 此는 全혀 家庭敎育의 目的을 不解흠이라. 그러면 其 目的은 如何흔고. 乞惟 此를 左에 述ㅎ노라.

今에 熟히 家庭에 在혼 兒童의 狀態를 觀察ᄒ건되 其 心意와 밋 身體의 組織이 아직 完全혼 域에 未達ᄒ고 今에 비로소 發達의 時期에 在ᄒ니 可히 此 微弱혼 心意를 發達ᄒ여 强固게 홈으로 써 他日 學校敎育을 施홀 準備를 하지 아니치 못홀지로다. 若 此와 反ᄒ야 此 纖弱혼 兒童에게 對ᄒ야 理論으로써 制御ᄒ고 壓制로써 束縛ᄒ는 等은 다못 其 心意의 發達을 害홀 뿐만 안이라 盛히 成長ᄒ는 身体의 發育을 妨홈도 頗大ᄒ니라.

幼兒는 極히 自然ᄒ고 極히 眞誠ᄒ고 極히 玲瓏ᄒ니 彼等의 行動은 卽 天性이라. 故로 大人의 惡으로 見ᄒ는 바 彼等은 反ᄒ여 善으로 思ᄒ고 大人의 正으로 思ᄒ는 바 彼等은 反ᄒ여 邪로 考ᄒᄂ니 眞實노 事實의 眞想을 不究ᄒ고 單히 皮相의 觀察과 無法의 推測으로 써 兒로 童을 律홈은 實노 大謬見이니라.

嗚呼라. 今日과 如히 風儀頹廢혼 家庭에서는 決코 人物을 養成키는 難望이로다. 必先 家庭의 改良을 待ᄒ야 自初로 其 目的을 進達케 ᄒ여야 될지라. 그런즉 如何히 家庭을 改良ᄒ여야 可ᄒ고. 此ㅣ 必先 其 目的의 確立을 要홀지니 故로 家庭敎育의 二大部에 從ᄒ야 目的을 次와 如히 二種에 分ᄒ노라.

第一 家庭敎育의 目的은 兒童 身體의 發達에 留意ᄒ야 其 心的 傾向을 觀察ᄒ야 써 完全혼 心身의 發育을 圖ᄒ고 後來 學校敎育의 基礎를 作홈에 在ᄒ니라.

第二 學校와 連絡을 謀ᄒ고 又 協力ᄒ야 兒童의 敎育에 從事ᄒ야 互相間 背馳가 無홈을 要홀지니라.

◎ 家庭敎育法, 金壽哲(譯述),

　태극학보 제17호, 융희2년(1908) 1월 24일

第三章 家庭敎育의 要件

家庭敎育의 目的에 從ᄒ야 其 要件을 定ᄒ건딕 左와 如ᄒ니

第一　凡 敎育에는 此를 施ᄒᄂ는 敎師의 必要됨과 如히 家庭敎育에
　　　對ᄒ여서도 ᄯ흔 其 敎育의 可堪(가감)ᄒ 人을 要치 아니면
　　　不可ᄒ니 그럼으로 其 人格은 이믜 完全흔 敎育을 受흔 知識
　　　豊富, 感情 融和, 身体 健康됨을 要ᄒᄂ니 家庭 組織의 父母
　　　는 實노 此 敎育의 中心이라 엇지 右와 如흔 資格을 預備홈이
　　　可치 아니ᄒ리오. 又 兄妹는 此에 補助의 責이 有ᄒ니 ᄯ흔
　　　敎育을 施치 아니치 못홀지며 其他 僕俾에 至ᄒ기ᄭ지 同一
　　　家庭에 在흔 者는 直接 間接을 不問ᄒ고 兒童의 敎育에 影響
　　　되는 處가 殆多ᄒᄂ니 此等의 選擇에 밀이 注意치 안이ᄒ면
　　　不可ᄒ니라.

第二　敎育에ᄂ 此를 受ᄒᄂ는 生徒 l 有홈을 要ᄒᄂ니 抑 家庭敎育
　　　에 對흔 生徒는 則 小學校 時代 以前의 兒童이라. 此等의 兒
　　　童은 身體强壯, 心意 活潑, 外界의 抵抗에 勝ᄒ며 自然과 調
　　　和ᄒ야 諸般의 知識과 經驗을 修得홀 能이 有흔 者를 要홀지
　　　니라.

第三　家庭敎育에ᄂ 此를 施홈에 適흔 處所를 要ᄒᄂ니 兒童은 時
　　　時로 外界의 事物과 觸接ᄒ야 天然의 風光을 樂ᄒᄂ는 機會 l
　　　有ᄒ니 其時間의 大部는 自己의 住家에 在ᄒᄂ니 故로 住居
　　　는 自然의 風光에 富ᄒ야 空氣 淸潔, 土地 高燥 l 무릇 衛生

에 適혼 地를 選치 아니면 不可ᄒ니 卽 家屋을 建築ᄒᆯ 時에도 此 覺悟를 豫要ᄒᆯ지며 쪼혼 家屋은 一 校舍될 바ㅣ 勿忘ᄒᆯ지니라. 小學校 設備 規則은 뼈 家屋建築의 參考에 供홈이 可ᄒ니라.

第四 家庭敎育에는 一定의 方法이 無ᄒ면 不可ᄒ니 抑 方案이 無혼 敎育은 前後 撞着, 刻印一致치 못홈으로 兒童의 思想을 混亂홈에 至ᄒᄂ니라.

第五 家庭敎育은 其 材料를 選擇치 아니면 不可ᄒ니 兒童의 心意에 適應ᄒ고 體力에 堪能될 材料를 選ᄒ야 兒童으로 ᄒ여곰 同化 融合케 홈이 可ᄒ니라.

第六 家庭敎育에는 一定의 目的이 有홈을 要ᄒᄂ니 盖 方案이라 云ᄒ며 材料라 云홈은 其 目的에 因ᄒ야 定ᄒᆯ 것이니라. 故로 前章에 就ᄒ여 이믜 目的을 論혼 所以니라.

第四章 家庭敎育에 對혼 父母의 位地 (중략)

第五章 家庭敎育에 對혼 祖父母 兄弟의 位地(중략)

第六章 家庭敎育에 對혼 僕婢의 位地(중략)

第七章 家庭敎育에 對혼 小學校 敎師의 位地

家庭敎育의 主腦는 父母에게 在ᄒ고 其 補助는 祖父母 兄妹 等의 家族에 在ᄒᄂ 此等은 아직 其 位地를 十分 理解치도 못ᄒ며 비록 此를 知혼다 ᄒ더리도 無敎育者ㅣ 多홈으로써 到底 放任置除키 不可ᄒ도다. 家庭敎育이 小學校의 基礎되는 것은 前章에 屢論혼 바ㅣ와 如ᄒ거니와 小學校 敎師된 者는 家庭敎育에 向ᄒ여서도 全然 其 責任이 無ᄒ다고도 云홈을 不得홈ᄲᅳᆫ더러 多大히 盡

力의 處가 亦 不無타 謂ᄒ겟도다. (중략)

第八章 理想的 家庭

嗚呼라. 家庭 組織의 亂雜홈과 其 風儀의 頹廢홈이 今日보다 더 甚화ᄂ 者는 無ᄒ도다. 此와 如혼 家庭에 在ᄒ여서는 到底 其 敎育의 目的을 達키 萬萬不可ᄒ니 故로 善良有效혼 敎育을 施코져 홀진ᄃᆡ 몬져 家庭의 改良을 第一 急務로 숨을지라. 抑 家庭을 改良코져 ᄒ면 쏘혼 其 頹廢에 至혼 原因을 先究치 아으면 不可ᄒ니 今에 余輩의 見解로쎠 推ᄒ면 其 原因이 비록 種種에 不止ᄒ나 大槪 家庭을 主宰ᄒ는 者의 威權이 不行홈과 家風 或 家憲의 確立치 못홈과 家族의 統一치 못홈과 社會風潮의 感化 等이 實노 其主되는 바ㅣ로다. 그런즉 此等 病源을 除去ᄒ야써 其恢復을 圖홈이 肝要티 아니리오. (하략)

第二部 家庭敎育의 方法
------------태극학보 제 18호 융희 2년(1908) 2월 24일
第一編 身體敎育
　總論
　第一節 身體敎育의 必要
　第二節 身體敎育의 二種
　　第一章 榮養
　　第一 榮養의 意義
　　第二 (種類)
　　　1. 飮料水
　　　2. 動物性 榮養物
　　　3. 植物性 榮養物
　　　4. 刺戟物

總論
第一節　精神敎育의　意義
第二節　精神敎育의　必要
第三節　精神敎育에　對한　謬見
第四節　精神敎育의　要件
第一　精神敎育은　身體發達에　應ᄒ야　行ᄒ 것이니
第二　精神敎育은　興味를　有케　ᄒ 것이니
（헤르바르트: 할발트）

第一章　知育
----------------태극학보 제25호 융희 2년(1908) 10월 24일
第一節　知育의　意義
第二節　知的作用에　對ᄒ 心象의　一般
第一　知覺
第二　記憶
第三節　知育의　方法
-------------태극학보 제26호 융희 2년(1908) 11월 24일
第一　言語의　練習
第二　玩具의　授與

◎ 家庭敎育法, 金壽哲(譯述)

第一章　知育
----------------태극학보 제25호 융희 2년(1908) 10월 24일
第一節　知育의　意義
第二節　知的作用에　對ᄒ 心象의　一般
第一　知覺
第二　記憶
第三節　知育의　方法
----------------태극학보 제26호 융희 2년(1908) 11월 24일

第一　言語의　練習
第二　玩具의　授與

(이하의 내용은 대한학회보 제1호에 수록됨)

◎ 兒童敎育說, 研究生, 태극학보 제22호, 융희 2년(1908) 6월 24일

　大凡 人이 始生홀 時에 智慧 靈敏을 具有흔 者라. 及 其 三四歲
ㅎ야 言語를 粗解ㅎ면 所見의 物을 指ㅎ야 名詞와 名義를 父母의
게 叩問ㅎᄂ 것은 天然的 求知心이 發生흔 然故라. 是時에 其 父
母된 者ㅣ 隨問詳告ㅎ야 物質과 物名을 解得ㅎ도록 重言復言ㅎ
여야 天然的 求知心이 漸次 發展ㅎ야 來頭의 指問홀 良心이 流出
홀 터이오 不然ㅎ야 或 其 事爲의 忽忙흠을 因ㅎ든지 問答의 支離
흠을 因ㅎ야 孩童의 叩問ㅎᄂ 것을 揮之喝之ㅎ면 柔芽갓치 發生
ㅎ든 求知心이 忽然 蝟縮ㅎ야 更히 叩問홀 思想이 自消홀지라.
(하략)

◎ 家庭敎育法, 金壽哲,
　　대한흥학회보 제1호, 융희3년(1909) 3월 20일

(前 太極學報 十七號 續) 知育의 方法(玩具의 授與)

2.3. 사회 교육론

◎ 社會敎育, 蔡奎丙, 태극학보 제1호, 광무 10년(1906) 8월 24일

敎育이 有三ᄒ니 曰 家庭敎育 曰 學校敎育 曰 社會敎育이 是也ㅣ라. 夫 吾人이 家庭에셔 父母兄弟의 訓戒를 受ᄒ야 倫理上 思想을 啓發ᄒ며 學校에셔 敎師의 薰陶를 被ᄒ야 學問智識을 養成ᄒ며 社會에셔 先進者의 敎導를 依ᄒ야 健全흔 精神과 確固흔 意思를 發揚ᄒ야 비로소 完全無缺흔 人物이 되ᄂ니 此 三者ᄂ 輕重의 差別이 無ᄒ도다. 引例而言之컨딘 學校에셔 舌爛口焦ᄒ도록 忠義를 講論ᄒᄂ 家庭에 在흔 父兄이 不忠不義를 敎ᄒ며 學校에셔 禮義 廉恥를 說明ᄒᄂ 社會風習이 貪饕(탐도)를 是尙ᄒ면 國民敎育이 何等 目的을 達ᄒ리오.

故로 歐米 各國에셔ᄂ 社會敎育을 熱心 是圖ᄒᄂ데 其 敎育機關이 具備ᄒ고 其 敎育方法이 完全ᄒ니 或 新聞 雜誌 等으로써 科學的 智識과 政治上 得失과 社會上 公論을 國民에게 敎誨ᄒ며 或 每 日曜日에 諸先進家가 各處에 散在흔 敎會 及 學校 內에 講演會를 開ᄒ야 倫理上 觀念과 公共的 精神과 國家的 思想과 文藝上

精華를 國民에게 演明ᄒ야 自國 同胞로 ᄒ여곰 其 個人的 品性을
善良케 ᄒ며 其 國民的 人格을 高尙케 ᄒ야 自國의 目的에 適合ᄒ
ᄂ 人物을 養成ᄒᄂ니라. 現今 我邦의 情況을 回顧ᄒ건딘 二三 有
志士가 新聞 雜誌를 發刊ᄒ야 社會敎育에 注意를 不怠ᄒᄂ 아직
도 其 機關이 未備ᄒ고 其 範圍가 狹小ᄒ야 多數 國民을 指導ᄒ기
難ᄒᆯ ᄯᆺᄒ도다. 靜言思之ᄒ니 我邦갓치 敎育이 未洽ᄒ 國家에ᄂ
더옥 社會敎育의 必要가 有ᄒ 것은 非他라. 假令 學校를 擴張ᄒ야
敎育을 獎勵ᄒ더라도 三四十歲 以上人은 學校에 入ᄒ야 順序로
硏學ᄒ기 不能ᄒ니 爲先 社會敎育의 方策으로써 此를 一時 救急
ᄒᄂ 것이 必要ᄒ다 ᄒ야 我邦 諸先進에게 請告ᄒ노니 政治家 軍
人家 法律家 文學家 實業家를 勿論ᄒ고 餘力을 利用ᄒ야 或은 文
詞로써 ᄒ며 或은 言論으로써 ᄒ야 無學ᄒ 同胞 兄弟를 啓發ᄒᆯ지
어다.

◎ 雜報, 國民夜學, 황성신문 융희 2년(1908) 2월 12일

有志 紳士 李昌植, 崔在學, 趙重吉 三氏가 國民 夜學校를 發起
ᄒ고 其 趣旨를 頒布ᄒᆷ이 如左ᄒ니

盖日猩徘旣變ᄒ며 審蠻始夏으로 東西 四千載之間에 國於全球
者孰非以學問으로 致其富强ᄒ며 興其文明也리오. 是以로 西人之
言에 曰 將來 世界가 落在敎育家之手中이라 ᄒ니 今天下有其國
有其家有其身者 果不以此爲務而苟奔之也 … 乃玆 設立一夜學校
ᄒ고 名曰 國民夜學校라 ᄒ니 盖其趣旨ᄂ 必募集其一般勞動同胞

ᄒ야 喚醒我祖國精神而貫徹其腦髓ᄒ야 以之而奮發ᄒ며 以之而生活ᄒ며 以之而動作ᄒ야 盡國民之義務而已니 …

◎ 論說, 勸勉勞動同胞夜學, 황성신문 융희 2년(1908) 2월 20일

해설

간고를 극복하고 자주 독립 정신과 견인불발의 성질을 단련하여 장래를 대비하기 위해 야학에 힘쓰라는 논설. 이 논설에는 중국 고대인 이윤, 증기기관차 발명가인 영국의 徐欲舒史者(스티븐슨으로 추정됨), 미국 대통령 林肯(링컨), 활판인쇄공에서 철학사 겸 정치가가 된 芙蘭具麟(프랭클린) 등이 언급되었음.

近日 某郡某鄉에 樵牧 夜學과 西北學會에 汲水商 夜學이 屢揭報紙矣라. … 今夫 我韓 勞動 同胞 中에도 엇지 若個人物이 必無ᄒ리오. 彼樵牧之夫와 汲水之商이 其境遇의 卑賤과 生活의 困難이 苦勞其筋力ᄒ며 激動其心志者ㅣ 多矣니 此로 由ᄒ야 其 自主獨立의 精神과 堅忍不拔의 性質을 鍛鍊 養成홈이 必非富貴安逸者의 所可比擬라. 將來에 艱苦를 戰勝ᄒ고 非常ᄒ 事業을 做得出來홀 줄노 切切期望ᄒ노니 嗟我勞動同胞여.

◎ 寄書, 遣家僮ㅎ야 入國文夜學校, 岳下山人,
황성신문 융희 2년(1908) 3월 15일

余家에 一小僮이 有ㅎ야 八九歲붓터 余의 使喚을 被ㅎ고 養育을 受ㅎ야 髮髮이 漸長에 今至成童이라. 生來에 一字를 不讀흠으로 目不識丁ㅎ야 蠢蠢然禽獸若이러니 一日은 國文夜學校의 設立됨을 聞ㅎ고 躍然而喜ㅎ야 使家人으로 紹介而請ㅎ되 晝則服役ㅎ고 夜則學校에 往ㅎ야 國文 受學ㅎ기로 願혼다 ㅎ거늘 余卽許之ㅎ고 帽子 及 鞋를 爲之備給ㅎ야 使之入學케 ㅎ고 … 今에 爾도 上天의 賦予ㅎ신 性分이 有혼 者이며 我大韓國民의 職務가 有혼 者ㅣ 안인가.

但其 敎育을 不受ㅎ야 文字를 不解흠으로 耳目의 視聽과 心知의 思想이 完全치 못ㅎ야 人格을 不成ㅎ니 是는 天賦ㅎ신 聰明을 放失혼 者오 …

嗚呼라. 近日 各處에 樵牧夜學과 勞動夜學이 稍稍 發現ㅎ니 此는 我韓文化 開進에 最好消息이라. 至若國文ㅎ야 便利易曉ㅎ야 歲月의 多費를 不須ㅎ고 材質의 愚鈍혼 者라도 解得키 不難ㅎ니 惟 我國內 郡郡邑邑과 坊坊曲曲과 里里村村에 一切로 國文夜學校를 設置ㅎ야 男女와 智愚를 勿論ㅎ고 隨暇 上學ㅎ야 普通學術을 無不曉得케 ㅎ면 人民의 智識과 國家의 文化가 非常히 發達될 것은 指日可期니 凡我同胞는 一致注意ㅎ심을 十分 務望ㅎ노라.

◎ 雜報, 勞動學會 任員 懇親, 황성신문 융희 2년(1908) 4월 3일

해설

노동야학회에서 경성에 거주하는 목공, 토공, 석공, 개와장, 도배장, 담군, 역부까지 만여명이 입회하여 임원 간친회를 4월 5일에 명월관에서 개최하기로 하였다는 보도 기사임

◎ 論說, 興士團의 必要 事業, 황성신문 융희 2년(1908) 5월 3일

해설

이 시기 흥사단 조직과 함께 이와 관련된 기사와 논설이 자주 실렸음. 흥사단은 1907년 12월 15일 유길준, 염중모, 장헌식의 발기로 결성되었으며, 〈황성신문〉 융희 2년(1908) 4월 23일자에는 유길준이 흥사단 내에 '측량 학교'를 설립했다는 기사가 실리기도 하였음. 이 논설에서는 흥사단이 교과서 편찬, 사범 양성, 측량 학교 운영에 전력할 것을 당부하는 내용으로 이루어짐

興士團의 必要 事業은 一曰 敎科 編纂이오 一曰 師範 養成이오 一曰 測量 敎授니 右 三件의 必要를 論 건 大略 如左 니

敎科書 學者의 要素라 譬컨 農夫의 田地와 工師의 器械와 如 야 若其精美 敎科書가 無 면 엇지 精美 學問이 有 리오. 是以로 世界上 文明 各國의 敎育制度를 觀 건 各種 敎科書籍이 皆其 高明 文學家의 苦心 專力과 博究精研으로 部門別類에 務極

精美ㅎ야 尋常 中等 高等 普通 專門의 需要를 供給흔 者라. …

◎ 論說, 講習所의 歡迎, 황성신문 융희 3년(1909) 6월 15일

해설

일본 동경 대한흥학회에서 하기 휴학기를 이용하여 본국 내에 강습소를 설치하고자 한 일에 대한 축하 논설. 이 시기 대한흥학회는 일본에 분립하던 여러 학회를 합쳐 만든 학회라고 하였음

2.4. 여자 교육론

◎ 제국신문, 1898.10.20.

향일에 부인협회에셔 녀학교 설시ᄒ여지라고 국문으로 샹소ᄒ고 국문으로 비지ᄭ지 밧자와 학부로 마련ᄒ여 잘 되게 ᄒ여쥬라 ᄒ옵셧다더니 지금 들은즉 부인협회에셔 일젼에 학부로 쳥원셔를 ᄒ엿ᄂᄃ ᄒ엿스되 본회에셔 녀학교 설시홀 쥬의로 글을 텬폐에 올녓삽더니 즉시 비지를 밧자왓ᄉ오니 귀부에셔 응당 시힝ᄒ시려니와 여러날이 되와도 힝ᄒᄂ 실적을 보옵지 못ᄒ옵기로 앙고ᄒ오니 속히 학교를 설시ᄒ게 ᄒ여 쥬심을 복망ᄒᄂ니다 ᄒ엿더라.

◎ 제국신문, 광무 3년(1899)년 12월 19일

청국에서 사회 사업을 하는 서양 여자들을 소개하면서 여자 교육의 필요성을 강조한 논설

서양 녀인들이 쳥국에 나와셔 ᄉ업ᄒ 것도 만코 셔양잇셔 쳥국 인들을 위ᄒ야 ᄉ업ᄒ니도 만타고 쳥국 유지ᄒ 사ᄅᆷ이 그 녀인들 에 ᄉ업ᄒ 힝젹을 셜명ᄒ엿기로 ᄃᆡ강 번역ᄒ거니와 우리 동양 녀 ᄌ들은 가히 놀랄만ᄒ 일이더라. 원ᄅᆡ 셔양 녀인들이 이십셰 안에 학교에 공부ᄒ야 셰게 형편을 짐작ᄒ고 ᄯᅩ 의슐이던지 격물치지학 을 졸업ᄒ여 가지고 외국에 유람ᄒ야 남의 션싱 노릇ᄒ기와 착ᄒ 일 ᄒ기를 조아ᄒ며 혹 약질이 되여 멀니 나가지 못ᄒ게드면 외국 으로 나오ᄂᆞᆫ 녀ᄌ들을 위ᄒ야 노ᄌ를 만이 주고 의조금을 만이 보 ᄂᆡ며 아모됴록 불상ᄒ 사ᄅᆷ을 구졔ᄒ게 ᄒᄂᆞᆫᄃᆡ 그 녀인들이 쳥국 에 나와셔 착ᄒ 일 ᄒᄂᆞᆫ 거슨 쳣ᄌᆡ 병원을 셜시ᄒ고 가란ᄒ 사ᄅᆷ의 병을 곤쳐주ᄂᆞᆫᄃᆡ 그 녀의원 ᄒ 명이 ᄆᆡ년에 젹어도 만명식은 치료 ᄒ고 만드면 슈삼만명이오 ᄯᅩ 의슐이 도뎌ᄒ야 별노 곤치지 못ᄒ ᄂᆞᆫ 병이 업ᄂᆞᆫᄃᆡ 그 부비ᄂᆞᆫ 거긔 셔양 사ᄅᆷ의 의조ᄒ 거스로 쓰고 …ᄯᅩ 학교를 셜시ᄒ고 쳥국 녀ᄋ들을 쳥ᄒ야 셔양 글과 쳥국 글을 가라쳐셔 성공이 된 후에 다리고 외국으로 가셔 졸업을 식혀 가지 고 돌아온 쟈가 무슈ᄒ니 …발이 젹어셔 마음ᄃᆡ로 다닐 슈가 업시 평싱 고질이 되ᄂᆞᆫ 거신ᄃᆡ 셔양 사ᄅᆷ들이 대단 원통이 녁여셔 그 병 을 곤쳐주ᄂᆞᆫ 쟈가 잇스니 립덕 부인이라. 칠팔년 젼에 영국 샹민 립 덕 씨가 셔쵝 즁경 ᄯᅡ에 우거ᄒᆞᆯ시 ᄆᆡ양 젹벽강 샹류가 험악ᄒ야 치 픠ᄒᄂᆞᆫ 힝긱이 만은고로 그 험악ᄒ 여울에 ᄃᆡ왕ᄒᄂᆞᆫ 륜션을 지어 사ᄅᆷ의 횡익을 구졔ᄒ니 그 공덕이 젹지 안코 ᄯᅩ 그 부인은 샹ᄒᆡ에 잇셔셔 부인회를 향셜ᄒ고 일홈을 텬족회라 ᄒ야 쳥국 녀인과 녀 ᄋ들을 쳥ᄒ야 연셜노 효유ᄒ고 학문으로 권면ᄒ야 발 졸이ᄂᆞᆫ 폐 단을 업게ᄒᄆᆡ …

◎ 론셜, 제국신문, 광무 6년(1901) 9월 29일, 10월 1, 2, 3일 4회 연속

남녀의 차이에 대한 객관적 설명을 목표로 한 논설임

남녀의 분별(一): 옛적에는 동셔양이 일톄로 밋기를 녀즈는 남즈보다 연약ᄒ야 남즈의게 미여 지닐 만ᄒ니 남즈와 갓치 동등의 권리가 업다 ᄒ야 압제와 구츅흠이 즈심ᄒ더니 즁간에 이르러 셔양에 교화가 놉하지며 평등 즈유 권리를 즁히 녁인 후로 녀즈도 남즈와 갓흔 권리가 잇다는 의론이 싱기며 이런 편벽되던 구습을 변ᄒ야 균평히 디졉ᄒ미 도덕 학문 졍치샹에 일톄로 권리를 누려 지금 미국 안에 남즈와 갓치 ᄉ업샹에 쥬쟝ᄒᄂ 부인이 홀노 만하 매학교 교ᄉ와 신문 월보 쥬필이며 큰 회샤와 교회 샤쟝 회당 등 각식 ᄉ업가를 통계ᄒ면 삼분지 일은 남즈요 삼분지 이는 부인이라. 그럼으로 셔양 학문에는 어늬 나라이던지 부인네를 잘 교육ᄒ기 젼에는 나라이 흥황ᄒᆯ 슈 업다 ᄒᄂ바 ᅵ 라. 우리나라에셔는 아즉 이 식견에 올케 녁이지 아니ᄒ야 이런 글을 부인이 보면 변고로 녁이나 ᄎᄎ 인민이 열녀가는 디로 그 긴즁ᄒᆫ 관계를 ᄭᅢ달을지라.

엇던 <u>셔양학ᄉ가 남녀의 셩질을 분별ᄒ야 그 관계를 말ᄒ엿ᄂᆫ디 가히 식견의 유조흠이 될지라 아릭 번등ᄒ노니</u> 신톄를 의론ᄒᆯ진디 남즈는 힘이 강장흠이 낫고 녀즈는 얼골에 아름다옴이 나으며

마음과 직질을 의론ᄒᆯ진디 녀인이 항샹 남즈만 못ᄒ야 녀인도 ᄯᅩᄒᆫ 그런 쥴로 아나니 이는 즈고로 지닌 ᄉ젹을 보면 가히 알지라. 대기 격치와 문학과 기예 등 각식 학식이 만히 남즈의 손에 발명되엿ᄂᆫ지라. 그럼으로 마음과 직조의 대톄를 말ᄒ면 녀인이 남즈만

못ᄒ나 특별흔 지조로 불진듸 녀인이 남ᄌ보다 나흔 곳시 만하셔 무슴업을 편벽되히 싱각홈이 더욱 활발ᄒ며 일을 몬져 보고 졍밀이 싱각ᄒ야 속히 씨달으며 일을 쥬션ᄒ기에 민쳡ᄒ고 론란ᄒ는 구지와 ᄉ소흔 일에 졀묘히 만듬과 셔샤왕복이며 소셜 짓는 지조 등은 부인이 항샹 쟝부보다 지나며

힝실의 구별을 의론홀진듸 녀인이 남졍보다 대단히 나흐니 각국이 다 갓흔 바ㅣ라. 확실흔 증거를 보고져 홀진듸 각국 옥즁과 송ᄉ마당에 항샹 남ᄌ가 만코 녀인이 젹으니 일로 미루어 알 거시오

힝신 쳐ᄉ름을 의론컨듸 녀인은 능히 괴롭고 어려온 거슬 참으며 간곤홈을 견듸며 졀기를 즉히고 욕심을 익의며 몸을 이져바리고 ᄌ녀를 ᄀ라치며 산업을 다사려셔 범사에 직칙을 다ᄒ되 ᄉᄉ 리익을 위ᄒ야 ᄌ편홈을 춰치 아니ᄒ며

마음먹은 분별을 의론홀진듸 녀ᄌ의 마음이 항샹 남ᄌ보다 졍결ᄒ야 능히 겸손ᄒ고 부드러오며 화슌흔 모든 덕힝의 셩품이 잇셔 셰샹의 귀즁히 넉이는 바 더욱 남ᄌ의 밋지 못홀 바는 남을 ᄉ랑ᄒ는 마음이 만하셔 원협을 속히 이져바림이오

담략에 씌를 당ᄒ야 졀기를 셰울 자리에셔는 녀인의 담이 더욱 커셔 죽기를 밍셰ᄒ고 의리를 잡아 굴치 아니ᄒᄂ니 열녀 효부가 ᄉ긔에 끈치지 아니하며

ᄉ랑ᄒ는 마음을 분별홀진듸 녀인의 셩품이 항샹 남인보다 편벽되히 ᄉ랑홈이 젹고 녀인은 흔히 일편으로 ᄉ랑ᄒᄂ니 이는 녀인이 ᄉ랑에 ᄲᅡ지기 쉬온 연괴라. ᄉ랑에 ᄲᅡ지는 쟈는 박지 못홈이니 집에 잇스면 ᄉ랑ᄒ는 ᄌ식의 악흔 쥴을 모를 거시오 나라에 쳐ᄒ면 괴이는 신하의 간악홈을 모로ᄂ니 국가를 위틱케 ᄒ며 싱령을 도탄에 너으되 오쟉 춍신만 앗겨 위망의 이름을 아지 못ᄒ고 **ᄒ

고져 하는 바면 임의로 힝홀 쑨이오.

넝나리 씨달음을 분별홀진딕 녀인은 남즈보다 속히 씨달아 눈으로 흔 번 보면 심즁에 곳 알어듯고 귀로 흔번 들으면 곳 심령이 동흐느니 별로 싱각지 안코도 능히 리치를 씨달으며

사름 졉딕흠을 분별홀진딕 녀인은 항샹 너그럽고 후흐게 딕졉흐나 의견이 항샹 좁어서 사름을 권면키에 능히 젼후로 변복흐야 소상히 못흐는 고로 사름 감화싀이는 힘이 항샹 남즈만치 널지 못흐며(미완) …중략(2회 분)…

이상 련일 셜명흠을 볼진딕 구라파 각국이 즁간 셰딕에 이르러 녀인의 딕졉밧는 디위가 졈졈 놉하지미 근본은 교회 즁에셔붓터 시작되여 필경은 국법상으로 녀인을 특별히 후딕흐미 즈고로 남즈를 즁히 흐고 녀인을 멸시흐던 구습을 츠뎨로 졔흐야 십륙 셰긔에 이르러는 루터라 흐는 사름이 구교를 반딕흐고 싀교를 셰우미 리틔 모든 나라는 구교를 조츠며 싀교흐는 모든 나라는 싀법을 좃츠미 구교에셔는 예슈의 모친 마리를 밧들고 신교에셔는 삼위일톄 구쥬를 셤기나 구교 즁에셔는 녀인의 덕으로 즁흐게 넉이며 신교 즁에셔는 남즈의 덕으로 즁히 넉이고 쏘흔 구교 즁 젼도흐는 법은 풍류 긔계와 그림과 싀림질흔 화상이며 집을 화려히 짓고 모히는 쳐소를 굉쟝히 흐느니 이는 다만 사름의 헛되히 사모흐는 싱각만 격동홀 쑨이오 리치를 궁리흐는 마음은 격발치 못흐며 …

이 쯧슬 모로는 동양 사름들은 닐으되 셔양 사름이 녀인을 너무 과히 놉히미 도로혀 닉외가 밧권 모양이라 흐나니 이는 녀인을 즁히 넉여 남즈보다 놉히 넉임이 아니라 실상은 녀즈가 잔약흐고 연흐야 능히 즈유권리를 찻지 못흐미 남즈에 특별히 보호흠이 아니

면 영히 폐훈 사름되기를 면치 못훌지라 힘을 밋어 약훈 쟈를 압제
홈이 엇지 공평타 호리오. <u>그럼으로 아희와 로인과 녀즈는 특별히
한층 더 디졉홈이니 엇지 덕화에 지극홈이 아니리오.</u>

◎ 論說, 婦人開明(女子敎育會), 만세보, 1906.7.8.

　昨金曜日 文明上에 有志훈 貴婦人 二百八十餘名이 女子敎育會
를 組織호야 養閨義塾 內에 開會式을 擧行호고 女子敎育의 贊成
훌 義務와 婦人社會의 文明훈 目的으로 趣旨를 演說호얏다 호니
… 女子이 學問이 素無훈 社會 中에도 此와 如훈 高等知識이 有호
야 一部 文明의 社會를 組織호고 女子敎育을 贊成호ᄂ 盛擧를 刱
立호얏스니 女子敎育이 全國에 流通호야 學問이 啓發훌 境遇에
ᄂ 女子의 智識이 全世界에 高等될 줄로 信仰호노라.

◎ 論說, 女子敎育會의 智識 程度, 만세보, 1906.10.12.

해설

여자교육회 통상회를 시찰하고 '유아를 교육함에 엄절히 단속하는 것보다
화평히 인도하는 것이 가함'이라는 주제의 토론에 대한 감상을 표출한 논
설임. 당시의 토론 문화 일부를 보여주는 자료임. 좌의에 김송재 조남파 두
부인, 우의에 이정일당, 김극암 두 부인이 참석하였음.

◎ 女子教育會 趣旨書, 만세보, 1906.12.2.

해설

여자교육회를 창립하는 취지서임. 여자의 학문상, 진보상 찬동할 범위와
의무. 발기인은 진학신, 진학위, 김운곡, 김호산, 김송암

◎ 녀ᄌ교휵, 金洛泳, 태극학보 제1호, 광무 10년(1906) 8월 24일

해설

태극학회 회원 김낙영의 이름으로 기재된 여자 교육의 필요성에 대한 논설
임. 순한글로 기록되었으며, 문단 나누기는 옮긴이가 임의대로 하였음.

대뎌 인싱이라 ᄒᄂ 거슨 남녀 두 셩픔이 합ᄒ여 된 거스로 쟝릭
의 샤회문명을 기드려 브라는 것이니 녯사름이 말ᄒ되 문명이라
ᄒᄂ 거슨 음즉이고 고요ᄒ 두 가지 힘이 합ᄒ여 고로럽게 된 거슬
닐음이라 ᄒ니 이 두 가지 힘을 ᄂ호아 말ᄒ면 음즉이는 거슨 녀ᄌ
를 닐음이오 고요ᄒ 거슨 녀인을 닐음이니 이 말이 비록 디혜와 덕
의 가득ᄒ 거슬 붉히 말ᄒᆷ에 지나지 못ᄒ나 실샹 남녀의 힝동ᄒᄂ
거스로 보건듸 남ᄌᄂ 항샹 디혜로 동ᄒᄂ 거슬 가젓고 녀인은 항
샹 덕으로 죵용ᄒ 거슬 가졋ᄉ니 이 두 가지를 합ᄒ여 이 세샹 샤
회의 긔죠를 삼아 우리 인싱의 쟈미를 엇게ᄒᆯᄉ 태호 복희 씨 혼인
ᄒᄂ 례를 시쟉ᄒ엿고 집만 일을 드ᄉ리기 위ᄒ야 셩인의 녀ᄌ훈
이 소연ᄒ니 혼인은 실노 인싱의 힝ᄒᆯ 바ㅣ 첫길이오 샤회를 왕셩
케 ᄒᆯ 큰 댱본이라.

몸은 다로나 ᄆᆞ음은 ᄀᆞᆺᄒᆞ지고 성픔은 다르나 졍은 ᄀᆞᆺᄒᆞ지ᄂᆞ니 이 세샹에 친밀ᄒᆞᆫ 거시 이에서 지늘 거시 업는 고로 합ᄒᆞ여 한 집안을 ᄆᆞᆫ들고 덧이 잇셔 죵용ᄒᆞᆫ 거슬 됴화ᄒᆞ는 셩픔은 안헤 잇셔 집안을 ᄃᆞ스리고 디혜롭고 동ᄒᆞ기를 됴화ᄒᆞ는 셩픔은 밧게 잇셔 빅ᄉᆞ를 쥬댜댱ᄒᆞ야 안과 밧겻이 셔로 응ᄒᆞ며 화목ᄒᆞ야 ᄋᆞ룰이 잇고 손ᄌᆞ가 잇ᄉᆞ며 ᄯᅩ 이 ᄌᆞ손의게 셩인의 훈계가 잇셔 삼강오륜의 도와 튱군이국의 졍셩을 ᄀᆞᄅ치ᄂᆞ니 쟝릭 가족의 번챵ᄒᆞ기와 다ᄅᆞᄂᆞᆯ 나라 집 샤쇠의 발달될 거시 쟌혀 ᄌᆞ녀를 잘 교휵홈에 잇슴이라. 만일 그 부모된 이 ᄌᆞ녀를 ᄀᆞᄅ쳐 션ᄒᆞᆫ 딕로 인도ᄒᆞ지 못ᄒᆞ면 다ᄅᆞᄂᆞᆯ 불표불튱과 경직픽가가 되리로다.

슬프다. 부모되신 이 ᄌᆞ식의 불량ᄒᆞᆫ 거슬 보면 ᄒᆞ기 쉬온 말노 언필칭 슌님금ᄒᆞ며 ᄌᆞ식 못 둔 한탄으로 일삼아 셰월을 보내면셔 힝혀 효도를 밧아 보랴 ᄒᆞ니 속담에 닐은 바ㅣ 범의 색기는 도로 범이 되고 긔삭기는 다시 긔가 된다 ᄒᆞ는 말을 헛말노만 앎인가. 부모된 이도 일즉 조부모의게 샹당ᄒᆞᆫ 교휵을 밧지 못ᄒᆞ엿슴으로 ᄌᆞ긔의 지닌 일 딕로 그 ᄌᆞ식을 ᄀᆞᄅ쳣스니 그 ᄌᆞ식인들 하ᄂᆞᆯ에서 ᄶᅥ러진 쟈가 아니여든 어딕셔 효도를 빅호앗스리오. 그런 고로 ᄌᆞ식의게 효도를 밧으며 나라에 튱신이 되고 샤회의 큰 일군이 되기를 원ᄒᆞ시거든 어려샤브터 션 것과 쟈비ᄒᆞᆫ 것과 올흔 것으로만 잘 ᄀᆞᄅ치시오. 이것들을 ᄀᆞᄅ치시려면 부모가 ᄌᆞ식 ᄉᆞ랑ᄒᆞ는 거슨 비록 쏙ᄀᆞᆺ다 ᄒᆞ나 부친된 이는 ᄉᆞ랑 가온딕라도 위엄이 은연히 낫타나셔 어리고 량슌ᄒᆞᆫ ᄋᆞ히 눈에 무섭게 보히는 고로 친근ᄒᆞ지 못ᄒᆞ고 눈결에 혹 보이게 되면 긔어히 보지 아니ᄒᆞ려 ᄒᆞ며 혹 피치 못ᄒᆞ여 그 압헤셔 교훈을 드를 ᄶᅵ 무셔온 거시 압서셔 ᄆᆞ음이 썰니는 고로 그 ᄀᆞᄅ치는 거슬 분명히 듯지 못ᄒᆞᄂᆞ니 만일 이ᄀᆞᆺ치 부인의 교휵

만 밧으면 엄흔 것 흔가지로 쥬의를 삼아 그 훗즈손의게도 역시 엄
흔 것으로만 ᄀᄅ칠 터히니 대기 엄죽것 가온듸는 졍이 화ᄒ지 못
ᄒ여 ᄂ죵에는 부즈지간에 불효 불친흔 거시 졀노 싱겨 한 집안 안
에 젼징이 슫이지 아니ᄒᄂ니 이 ᄯᆞ를 당ᄒ여 당쵸에 ᄀᄅ치지 못
흔 즈긔 허물은 싱각지 아니ᄒ고 다만 그 즈식을 한탄ᄒ고 미워ᄒ
니 원리 쓸희 업는 나무에서 닙과 슌이 엇지 돗으며 호메질 아니흔
곡식 밧에서 열ᄆᆡ가 엇지 츙실ᄒ리오.

  이와 ᄀ치 교휵의 너무 엄흔 결과는 결단코 완젼치 못홀 거신즉
덕으로 죵용흔 셩품을 가진 그 모친이 뭇는 거시 합당ᄒ니 그 모친
은 원리 온유ᄒ고 쟈비ᄒᄆᆡ 즈녀를 거느려 ᄀᄅ침에 스랑과 감동
이 압셔 힝ᄒ고 즐거움과 화흔 긔운이 쟈연 가득ᄒ게 되는 고로 그
어린ᄋᆞ히들이 스모ᄒ기를 빅곱흐고 목마른 것 ᄀ치 ᄒ여 교화가
은연히 뎌들의 졍신에 가득흔 이후에 학교의 교휵과 샤회의 교휵
을 밧아 튱효의 어룬과 도덕의 군즈가 되여 훗사룸으로 ᄒ여곰 그
어머니의 덕을 임스의게 비ᄒ고 그 어머니 공을 맹모의게 찬숑ᄒ
리니 한 집안 경스는 엇더고 한 나라 영광은 엇더ᄒ며 쳔추만셰 력
스 우혜 아름다온 일홈 빗치 과연 엇더ᄒ겟는가.

  이거슬 보면 사룸의 일싱에 튱효 군즈라 도적 쇼인이라 ᄒᄂ는 거
시 다 어려슬 ᄯᆡ에 교휵 잘 밧고 못 밧은 거에 달녓ᄂᆡ 흰 조희와
ᄀ치 물드리는 듸로 빗시 ᄂ고 맑은 물과 ᄀ치 그룻을 ᄯᅡ라 형용이
변ᄒ는 것 ᄀ흔 어린ᄋᆞ희의 셩품을 ᄀᄅ치는 거시 젼혀 그 어머니
의게 인스즉 어머니 된 이는 뭇당히 뎍당흔 학문을 빅호워야 홀 터
인고로 뎌 문명를 틱셔 모든 나라들이 녀인의 권셰를 놉혀 주며 고
등흔 함문 뎡도로 녀학교를 만히 셜립ᄒ여 왼 나라 녀즈를 구름ᄀ
치 모호와 이훗듸의 어진 어머니와 어진 안히가 되여 이러케 둥대

흔 소임을 감당홀 만흐게 가라치니 오늘 어린 계집ᄋ히들은 이홋 딕 ᄌ손의 어머니라. 지금 이 녀ᄌ들을 교흌식이지 아니하면 이는 쟝릭의 나라 샤회를 멸망식히는 것과 다름이 업슬지라. 이 말이 비록 과흐고 외람흔 듯흐나 그럿치 아니흐니 집안은 곳 샤회의 긔쵸오 ᄌ녀는 즉 집안은 근본이라. 만일 ᄌ손이 픽악흐면 집안이 불힝흐고 샤회가 멸망흐리니 엇지 무셥지 아니흐리오.

쟝릭 문명의 긔쵸를 맛흔 부인의 즉분을 잘 짓히게 흐는 것은 오늘 여러 부모되신 이의 녀ᄌ교흌을 힘쓰는 딕 잇슨즉 여러 부모씌셔 이ᄀ치 즁흔 소임을 두 엇기에 매엿는지라. 엇지 평안히 잇서서 조곰도 니러놀 싱각이 업서 희마흐게 누어 잇스리오. 우리 신명흐오신 대황뎨 폐하씌오셔도 거륵흐신 죠셔를 ᄂ리우샤 일반 신민으로 학문을 힘쓰게 흐엿스오니 우리 인민된 쟈는 몸이 망흐고 목슘이 다흐도록 정성을 다흐여 일변으로 셩지를 밧드러 딕답흐고 일변으로 나라의 용밍흔 정신을 예비케 흐옵시기를 근졀히 브라옵ᄂ이다.

◎ 家庭教育, 張啓澤, 태극학보 제2호, 광무 10년(1906) 9월 24일

夫－ 人의 父兄된 者ㅣ 其 子弟를 敎育흐는 것은 當然흔 義務라. 故로 敎育흐기를 不怠흐되 或 說論로써 흐며 或 勸進흐며 或 强行흘 씨도 有흐야 可成的 力을 竭盡흐며 ──

◎ 아희 기르는 방법, 金洛泳, 태극학보 제2호,
　광무 10년(1906) 9월 24일

ᄋ히 기르는 딕 셰 가지 요긴흔 거시 잇스니

(一) 몸을 건강ᄒ게 기를 것: 대뎌 ᄋ희들은 즈라는 도수가 심히
셜나 정신과 몸이 항샹 활동ᄒᄂ 고로 비록 조고마흔 거리낍
이 잇슬지라도 압흔 줄을 아지 못ᄒ고 자조 뛰놀기를 됴화ᄒ
며 무슴 물건이던지 손으로 움키기와 입으로 싀으러 너흐랴
ᄒᄂ니 그 나히 만일 륙칠셰 된 아희면 우리나라 풍속에 어려
셔 번잡흔 쟈는 쟝셩ᄒ여도 역시 흔가지라 이ᄂ 량반의 집안
을 그릇되게 ᄒ고 졈지 안은[94] 부모를 욕보일 놈이라 ᄒ여 부
친된 이ᄂ 눈을 부릅쓰고 쵸달을 친다 머리를 싸리고 모친된
이도 혹 칙망과 모진 욕셜을 긋치지 아니ᄒ여 미로 울녀놋코
다시 미로 긋치게 ᄒ니 가이업ᄂ 일이로다. 사름의 평싱 활동
되ᄂ 거시 젼혀 어려셔 활동ᄒ고 못흔 딕 달녓거늘 압졔의 위
엄과 형벌의 교훈으로 훈도를 밧으니 그 당시엔 완픽홈이 업
고 공슌흔 것은 됴흐나 그 셩질에 활동력이 젹어져서 쟝셩흔
후에라도 다 죽어가는 형샹으로 병신 일홈을 면ᄒ지 못ᄒ고
어쳔만스에 담긔가 업ᄂ 거슨 엇지ᄒ리오. 쏘 무슴 일이나 물
건을 그럿되게 홀 씨ᄂ 슌슌히 일너 ᄀ른치ᄂ 일은 업고 즈긔
게로 도로 가ᄂ 욕셜과 괴악흔 손버릇으로 톡톡 싸리니 그 후
에 셜혹 잘못흔 일이 잇슬지라도 부모를 속이고 거즛말노 모
면ᄒ기를 비홀 터인즉 이ᄂ 즈식의게 방탕흔 것과 악흔 거슬

---

[94] 졈지 안은: 점잖은.

가르쳐 줌이라. 그런 고로 만일 잘못흔 일이 잇거든 쥰졀이 フ르쳐 스스로 붓그러음을 씨듯고 다시 힝치 아니ᄒ게 ᄒᄂ 거시 됴흐며 쏘 음식 먹이ᄂ 거슬 보면 츰 가소로온 일이 잇스니 난지 멧 둘이 되지 못흔 ᄋ히의게 졋은 잇셔도 먹이지 아니ᄒ고 밥과 고기 굿흔 기름진 음식을 먹이되 어룬의 음식 본으로 큼직흔 술에 가득히 써셔 밋쳐 삼키기도 젼에 쏘 너허 먹이ᄂ니 엇지 어리셕음이 이굿흔고. 대기 ᄋ히들은 그 몸에 모든 긔관이 연약흔 고로 기름진 음식은 삭이지 못ᄒ고 만히 먹도록 비는 졈졈 커 가며 살은 졈졈 말나셔 필경은 죽ᄂ 일도 잇ᄂ니 그런 고로 음식은 샹샹ᄒ게 먹이고 어린 ᄋ히면 가만히 한 반 시 동안 뉘워셔 먹은 음식이 자리를 잡은 후에 안아도 주고 드러도 주디 업을 씨ᄂ 됴심ᄒ여 홀 거시니 우리나라 사름은 어려셔브터 업ᄂ 것을 뎨일 됴흔 것으로 알아, 약흔 다리를 업ᄂ 사름의 허리에 다이고 씌로 단단ᄒ게 미여 기르미 그 다리가 활 모양으로 굿치 굽어지니 그 관졀이 어그러지고 힘술도 온젼치 못ᄒ엿슬지라. 그 몸이 엇지 튼튼ᄒ리오. 그런 고로 업ᄂ 것은 주의ᄒ시고 방안에 쟉난가음[95]을 만드러 째째로 동모를 모호아 졔 임의되로 놀게 ᄒ면 그 몸이 졈졈 건쟝홀 거시라.

(二) ᄆ음과 의긔를 발달식혀 줄 것: ᄋ히들의 심신은 본릭 연약ᄒ니 부모된 이ᄂ 그 ᄌ식의 나에 샹당흔 디혜와 감졍과 의ᄉ 이 세 가지를 잘 붓드러 인도ᄒ고 달늬여 フ르칠 거시니 그 나히

---

95 쟉난 가음: 장난감.

록칠 셰 되기신지는 힝용 알기 쉬온 것, 밉고 고흔 것과 달고 쓴 것과 션호고 악흔 것, 굿흔 것들을 분별호기와 늘마다 그 몸에 닷치는 것으로 구른치며 산슐과 글즈 갓흔 것들을 학당 에 다니기 젼에 구른치는 거시 예비가 될가 호여 구른치는 이 도 잇스나 이는 리롬이 업슬 쑨만 아니라 이것으로 인호여 다 른 교훈신지라도 한입으로 다른 소릭를 비앗아 정신치 아니홀 터히니 효용이 업슬 것이오 됴흔 긔회를 타셔 디식을 구른칠 씩라도 지루호게 호지 말며 친밀호고 스랑의 말노 구른치되 부딕 욕셜은 일졀 업시호며 학교에 다닐 씩에는 그 빅호아 오 는 공부를 뎡녕호게 구른치며 항샹 잘흔다고 칭찬호여 모음과 정신이 즈연 활발흔 것으로 습관이 되게 홀 거시며 감정은 몬 져 션흔 일에는 됴화호는 감동이 되게 호고 악흔 일에는 슬혀 호는 감동이 되게 호며 그 즁에 동졍의 감졍과 스모의 감졍을 기를 것이오, 의스는 무슴 일에든지 말만 호지 말고 쏫신지 힝 호는 습관을 기른시되 쓸 딕 업는 싱각과 시긔와 원망과 무셔 온 것, 들에는 감졍이 닐지 안케 호는 거시 됴흔딕 더욱 쥬의 홀 거슨 거즛말과 뷘 것을 무셔워호게 홈이니 우리나라 풍속 에 ㅇ히가 울 씩에는 우름 굿치는 것과 공연히 무셔워 숨기랴 호는 것을 한 쟈미로 알아 돗갑이, 호랑이 굿흔 말을 호여 ㅇ 히의 셩졍을 약호게 호고 긔운을 썩겨지게 호니 이는 뎨일 급 히 곳쳐야 홀지라.

(三) 쟝셩흔 후에 스스로 셔셔 지낼 거슬 준비홀 것: 여긔 딕호여는 두 가지 필요가 잇스니 (一)은 학교 교휵이오 (二)는 긔예(직 됴)교휵이라. 학교 교휵은 이 셰샹 사는 동안에 보통 사롬이

되여 몸을 셰우고 일홈을 날니는디 가히 업지 못홀 것이오, 긔 예교휵은 몸에 루거만금 지산이 잇스나 지물은 잇다가도 업셔지기 쉬오니 죡히 밋을 것이 못되는 것이라. 긔예를 비호앗스면 여간 픽산을 당홀지라도 한 항산으로 삼아 그 항심을 회복 ᄒ면 아모 걱정이 업슬 터히니 ᄌ녀를 ᄉ랑ᄒ거든 교휵을 잘 식히오 이 우헤 긔록혼 셰 가지를 만일 발달식혀 주지 못ᄒ여 그 ᄌ녀로 쟝리 샤회에 한 병인이 되게 ᄒ면 이는 텬셩의 친분을 어그러침이오 그 ᄌ손을 나아 기라는 본의가 아니니 어린 ᄋ희를 둔 부모와 아즉 두지 못혼 부모들이여. 녯 습관을 속히 ᄇ리시고 문명샹에 진보ᄒ시오.

◎ 본국 형제미의게, **女史 尹貞媛**(윤뎡원), 태극학보 제2호,
  광무 10년(1906) 9월 24일

윤정원이 보낸 '기서(奇書)'로 여자 교육의 필요성을 논한 논설로, 순한글로 기록되었음. 괄호 안의 한자는 옮긴이가 편의상 써 넣은 것임. 엄대비가 설립한 진명여학교의 학생 수가 불과 17인에 불과하다는 말을 듣고 이 편지를 보낸 것으로 추정됨.

데뎌 우리나라 녀ᄌᄂ는 ᄌ긔의 감화지력이 얼마즘 샤회샹의 관계 잇는 줄을 아지 못혼다 ᄒ여도 됴흐리로다. 녀ᄌ라 ᄒ는 것은 국민지모요, 샤회지화요, 인류지 틱양이니 국민지모(國民之母)라 홈은 불비다언[96]이라도 가디홀 거시오, 샤회지화(社會之花)라 홈

은 만일 인간 샤회로브터 녀즈를 진취무디케 훌 디경이면 이는 실
노 무미무식흔 암흑턴디가 될지라. 그런 고로 금일 소위 문명제국
에셔는 아모됴록 직덕이 겸비흔 녀즈를 교졔 샤회에 느셔게 흐고
그 즁에라도 직식슉덕의 츌등흔 녀즈로 교졔샤회의 꽂슬 삼고, 츠
인(此人)의 언힝 동졍과 범빅 만스로 모범을 삼아 흠모존디흐고
일편으로는 샤회샹에 꽂과 듕심이 된 쟈는 추호만치라도 교만지
심을 두지 아니흐고(실샹은 몽듕에라도 교만지심이 잇슬 듯흔 즈
는 당쵸에 이 위치에 셰우지 아니훌 듯) 아모됴록 즈긔의 픔힝지
덕을 더욱더욱 놉히 닷가셔 즈긔 감화를 인연흐여 만분지일이라
도 샤회샹에 유익흔 바ㅣ 잇도록 진심갈력흐는 테디오, 인류지태
양(人類之太陽)이라 훔은 가령 일기 가뎡을 화원으로 칠 지경이면
민일 아츰에 됴양(朝陽)이 동츌흐여 그 찬란무쌍흔 광치로 화원을
빗최면 화화초초가 일층 션명 번화흐고 혹시 이 반디로 류운습우
가 턴디에 가득흐면 화원이 암연무식흐여 조곰도 싱기가 업슴은
민일 누구던지 목도흐는 바ㅣ나 이와 굿치 일가지쥬모(一家之主
母)의 안식의 하여 훔이 조곰도 화원지태양과 다르지 아니훔은 혹
쥬모의 안식이 팔면령롱흐여 조곰도 불형흔 빗치 업스면 반듸시
그 가듕 혼솔이 희희락락히 셰월을 보닐 터히오, 혹 불연훌 디경
이면 일가의 평화안녕을 보젼치 못훔은 씩씩 목도흐는 일일 듯흐
도다.

지금 가뎡으로 말을 흐엿스나 샤회샹에도 역연이오 국가샹에도
역연(亦然)이라. 그 됴흔 증거가 황연히 잇슨즉 이는 씩씩 본국을
시찰흔 동셔양 외국인의게 맛나면 반듸시 문왈 됴션 계신 동안에

---

96 불비다언(不備多言): 많은 말을 준비하지 않아도.

무엇을 데일 부독히 싱각호엿느뇨 호면 십상팔구는 다 이구동언히 「데일 부독호게 싱각호는 바는 어느 집을 가셔 엇더케 친밀히 교졔를 호더리도 그 쥬모던지 령녀가 다만 일추라도 친히 나와셔 인수 슈쟉호는 일이 업슴으로 이 거시 데일 불쾌 셥셥호더라」호니 이는 실노 지당지언인 거슨 추인들의 흉즁에 박힌 한국은 즉 잡쵸송빅만 울울창창히 번성호고 가련호 쏫 호 송이가 픠지 아니호고 낫시 되여도 히가 쓰지 아니호고 밤에는 달도 업고 촉불도 업는 나라와 굿호니 엇지 셥셥호고 불쾌치 아느리오.

연즉 일가를 화긔만실(和氣滿室)케 호고 못호기도 녀즈지수즁(女子之手中)에 잇고 샤회를 번화찬란케 호고 못호기도 녀즈의 수즁에 잇고 지어(至於) 국가를 번화챵셩케 호고 못호기도 절반 이샹은 녀즈의 힘이 잇셔야 될 터힌즉 엇지 녀즈의 칙임이 젹고 가바엽다 호리오. 여추히 즁대호 칙임이 녀즈의게 잇는 줄을 실노 깁히 씨드를 디경이면 엇지 금일 굿치 쌧늬와 다림이를 텬명지직분으로 싱각호거나 혹은 담빅를 피우고 슐을 먹고 쓸듸업는 잡담으로 귀즁호 셰월을 보닐 수가 잇스리오. 일시라도 밧비 즈금지폐를 곳치고 엇지호면 실노 녀즈의 칙임을 헛되게 아니호고 즈긔의 텬명을 완연히 득달홀가 호는 문뎨를 긔셜호여야 될 듯호나 이 듸답에는 다만 교휵 이쯔(二字) 밧게는 업스니 대뎌 교휵을 밧기만 호면 특별호 민족과 고딜이 잇는 사름 이외에는 년긔의 조감과 유직무직(有才無才)를 불문호고 보통 디식을 엇기는 그다지 어려온 일이 아닌즉 반듸시 빅만스를 졔호고라도 이 크고 즁호 교휵을 밧어야 홀 터인듸 아즉도 본국 녀즈 각위는 여추히 싱각지 아니실 듯호 거슨 일젼에 드른즉 금번 엄대비끠옵셔 셜립호신 녀학교[97]의 학싱 수가 불과 십칠인이라 호니 이를 듯고 엇지 대경챠탄치 아니홀 쟈 잇스리오. 이 학교의 교수의 인물과 셜비의 완불완은 듯고 보지 못ᄒ 비니 말ᄒᆯ 수 업스나 되뎌 엇지 ᄒ엿든지 엄대비ᄭᅬ옵셔 셜립ᄒ셧다는 학교인즉 본국 뎨일등 녀학교로 싱각지 아니치 못ᄒ겟고 셜혹 불셩지언이나 이 학교가 챵립지쵸가 되여 범빅셜비가 진션진미치 못ᄒ더릭도 엇지ᄒ엿든지 교휵을 목뎍ᄒ고 교수가 믹일 혈심으로 교양ᄒᆯ 터인즉 본국 녀ᄌ의 방금 형셰로 말ᄒ면 션후를 닷토아 입학ᄒᄂᆞᆫ 거시 엇지 당연지수가 아니리오. 연(然)이나 지금 위티를 밧고아 싱각ᄒ면 령이[98] 령미되신 이던지 부형되신 이ᄂᆞᆫ 즈릭지구습(自來之舊習)과 허다ᄒ 수졍으로 학교에 보닉ᄂᆞᆫ 거시 됴흘지 아니 보닉ᄂᆞᆫ 거시 됴흘지 혹 보닉엿다가 셩공이 여의치 못ᄒ면 엇지 ᄒᆯ고 ᄒᄂᆞᆫ 싱각도 업지 아니ᄒᆯ 터이오 ᄯᅩᄂᆞᆫ 즈긔의 ᄆᆞ음인즉 가고 십흐나 부형이 엄금ᄒ심으로 입학지 못ᄒᄂᆞᆫ 이도 업지 아닐 듯ᄒ나 혹 과연 여ᄎᆞᄒ 수졍으로 방황ᄒ시ᄂᆞᆫ 이들이 계시거든 즉시 부형되신 이ᄂᆞᆫ 단졍코 령이 령미를 학교에 보닉시고 령이 령미[99] 되

---

97 엄대비ᄭᅬ옵셔 셜립ᄒ신 녀학교: 1906년 4월 엄귀비 순헌(純獻)과 엄준원이 세운 진명여학교. 엄준원은 여성교육을 통한 국권회복을 목적으로 누이인 귀비(貴妃) 순헌(純獻)으로부터 대지를 희사받아 종로구(鐘路區) 창성동(昌成洞)에 학교를 세우고 초대교장으로 취임하였다. 기존의 여학교들이 외국선교사가 세운 학교인데 반해 진명여학교는 한국인이 세운 최초의 여학교라는 점에 그 의의가 있다. 2년제 보통과로 출발하여 1908년 첫 졸업생 10명을 배출하였다. 같은 해 9월 유치과·예비과·중등과 3과를 두었고, 1912년 4년제 진명여자보통학교와 3년제 진명여자고등보통학교의 인가를 받았다. 1922년 3년제의 진명여자고등보통학교 부설 경성여학원이 생겼는데 이는 1912년에 병설된 기예과(技藝科)가 개편된 것이다. 1938년 진명고등여학교, 1947년 진명여자중학교로 개칭되었고, 1951년 진명여자고등학교와 진명여자중학교로 분리, 개편되었다가 1987년 중학교는 폐교되었다. 진명의 학생들은 일제강점기에 3·1운동, 1920년대 말의 항일투쟁, 1930년대 초의 농촌계몽운동 및 문자보급운동 등 많은 활동을 하였고, 여성계몽과 민족문화 창달에 큰 영향을 주었다.(다음 위키백과)

98 령이(令愛): 윗사람의 딸을 높여 부르는 말.(표)

99 령미(令妹): 매씨(妹氏). 1) 손 아래 누이를 높여 이르는 말. 2) 자기의 손위 누이를 높혀 이르는 말.(표)

신 이는 하로밧비 부형의 간청ᄒ여 입학ᄒᄂ 거시 됴ᄒᆯ 듯ᄒ고 지어 그 유익무익 여부 문뎨에 당ᄒ여ᄂ 다언ᄒᆯ 것 업시 동서양 제국의 모범 잇ᄂ 일이오 연이나 일편으로ᄂ 동서양 제국에서 녀ᄌ교흑을 너무 흡으로 인연ᄒ야 난 폐단이 업지 아니ᄒ나 이ᄂ 교흑을 ᄒᄂ 쟈의 연구ᄒᆯ 문뎨요, 지금 당쟝 시급히 교흑을 밧아야 ᄒᆯ 정세의 잇ᄂ 본국 녀ᄌ샤회에ᄂ 아즉 의론ᄒᆯ 찐가 아닌 듯.

◎ 추풍일딘(奇書), 女史 尹貞媛, 태극학보 제3호,
　　광무 10년(1906) 10월 24일

여자 교육의 가치를 논한 논설로 순한글로 기록됨.

눈을 들어 우듀만물을 보면 그 크기ᄂ 무극ᄒ 공간에 통ᄒ고 멀기ᄂ 북두성신에 달ᄒ며 젹기ᄂ 현미경이 아니면 볼 수 업고 갓갑기ᄂ 안젼목엽 곤통에 니르도록 상합됴화ᄒ야 찬연ᄒ 광칙를 ᄉ시를 좃차 텬디에 가득케 ᄒ니 고금을 불문ᄒ고 시ᄉ가인(詩士佳人)은 이를 위ᄒ여 영가ᄒ며 문인화공은 이를 위ᄒ여 그리고, 악슈령인은 이를 위ᄒ여 노릭ᄒ여 한 번이라도 이 됴화지력을 쇠ᄒ거나 파ᄒ 일이 업스나 다만 여츳히 완연히 조화ᄒ고 미묘낭낭ᄒ 류악 즁에 셔서 불쾌ᄒ 얼골과 불평ᄒ 무음으로 듀야 방황ᄒᄂ 거슨 엇지 사름쑨이 아니리오.

ᄌ고로 추월츈화가 스스로 한탄ᄒ 일은 업스나 한탄ᄒᄂ 쟈ᄂ 다만 이를 보ᄂ 사름쑨이오 추풍락엽이 스스로 슬퍼ᄒ 일은 업스

나 이를 보고 청삼을 적시는 쟈는 쏘흔 사름쑨이라. 연즉 텬디만물은 즐거워 노릭ᄒᆞ는딕 무슴 연고로 사름은 혼즈 츠탄ᄒᆞ며 텬디 ᄉᆞ방은 안연즈역ᄒᆞ는딕 하고(何故)로 다믄 사름은 방황부지ᄒᆞᄂᆞ뇨.

이는 다름 아니라 사름마다 심즁에 량인(션악_ 지쥬가 일슴이라. 착흔 쥬인이 ᄒᆞ고져 ᄒᆞ는 바-는 악흔 지ㅣ 못ᄒᆞ게 ᄒᆞ고 악흔 쟈ㅣ ᄒᆞ고져 ᄒᆞ는 바는 착흔 쟈ㅣ 허락지 아니ᄒᆞ여 일인의 심즁이 션악 량인의 젼당이 되여 몽미 즁에라도 쉬지 아니ᄒᆞ니 엇지 그 사름이 일시라도 평화를 엇을 길이 잇스리오. 이럼으로 일가도 평화를 부득ᄒᆞ고 일국도 평화를 부득ᄒᆞ고 지어 텬하도 평화를 부득ᄒᆞ여 스스로 텬샹명월이 참담흔 것 굿치 뵈이고 텬하 츄풍이 소실흔 것 굿ᄒᆞ나 연이나 텬샹텬하에 쟈연 세계는 태극지초브터 한 번도 그 룰려 됴화를 변흔 일이 업고 오즉 인간 세계만 이 참담흔 형세를 현츌ᄒᆞ는도다. 나라와 나라와는 항샹 호표굿치 싸호고 붕우친즈 형뎨는 어름굿치 링링ᄒᆞ여 졍히 인싱 세계는 불평 곤궁의 젼당이 됨을 면치 못ᄒᆞ는도다.

이럼으로 즈고로 허다흔 셩인 군즈와 학쟈가 곤궁를 졔흘 방법을 연구ᄒᆞ여 왈 죵교, 도덕, 미슐, 급 철학이라 ᄒᆞ나 죵교의 셰력은 미약불셩ᄒᆞ고 도덕의 광치는 암연불명ᄒᆞ며 미슐과 쳘학의 ᄉᆞ상은 아즉 유치부둑ᄒᆞ믈 엇지ᄒᆞ리오. 연고로 죵교가는 열심으로 젼도ᄒᆞ고 셩현은 열심으로 가르치며 학쟈는 열심으로 연구ᄒᆞ나 오즉 <u>의 가온딕셔 몸으로 실힝ᄒᆞ는 쟈-는 다만 녀즈쑨</u>이라. 쟈션 교휵, 간병, 젼도, 위셕, 면려 등 ᄉᆞ업은 녀즈의 본분이라. 초등 ᄉᆞ업의 목덕을 십분 득달케 ᄒᆞ는 쟈는 엇지 녀즈가 아니리오. 녀즈는 무리히 힘쓰지 아니ᄒᆞ드릭도 텬싱으로 여츠흔 아름다온 셩질을 가진 쟈ㅣ라. 예수-가 쟝츠 이 세샹을 바리시지 아니치 못ᄒᆞ실 림시에 그 뎨일 귀즁흔 머리털노 그 발을 씻슨 즈와 십이인 졔즈는 다 각각 그 싱명을 보젼코져 흐여 동셔남북에 몸을 감초고 다만 일인도 그 뒤를 짜르지 아니흐는 씩를 당흐여셔도 십즈가 하에 업듸여 락누요 요흔 쟈는 엇지 녀즈가 아니리오. 만국 사막(沙漠)에 물을 주고 가는 곳마다 황활흔 향긔로 텬하를 빗ᄂ게 흐는 쟈는 엇지 녀즈가 아니리오. 텰학쟈의 만권셔가 추호무공흐고 궁리 의론이 조곰도 인심을 위로치 못흐는 씩 깁훈 동졍의 한마듸 말노 능히 우려를 훗터지게 흐고 가련이원흐는 눈물노 능히 환란징투를 화합게 흠도 엇지 녀즈가 아니리오. 이를 비컨듸 남즈는 젼심진력흐여 발연명구흐는 쟈ㅣ오 녀즈는 직각 실힝흐는 쟈ㅣ라. 연고로 뎨일 덕뎡 착실케 그 본분을 씩닷고 직히는 쟈ᅳ는 녀즈라 흐고 뎨일 바르게 그 길을 밝게 그르치는 것을 녀즈교휵이라 흔다더라.

◎ 공겸의 졍신, **女史 尹貞媛**, 태극학보 제4호,
　　광무 10년(1906) 11월 24일

　외인이 왈 죠션 부인은 실노 교만불공흐여 남을 안흐무인케 싱각흐는 곳이 잇다는 말을 씩씩로 드른 일이 잇는 즁에 겸흐여 근일 틱극흑보에 낭차 긔록한 바를 잠간 볼 지경이면 실노 녀즈가 안니면 사람이 안니요 녀자가 안니면 일시라도 싱활홀 슈가 업ᄂ드시 싱각흐시는 이도 업지 아니할 듯흐나 이는 깁히 싱각흐여야 홀 바는 비록 녀즈는 샤회의 곳치라는 말을 쳔호만호흐기로 실노 녀즈의 심신이 곳과 갓치 아람답게 되기 젼에야 누가 이 소릭에 귀를 돌녀 듯는 쟈 잇스며 쏘 녀즈는 텬싱으로 아름다온 셩질이 잇노라

고 쳔인만인이 말만 ᄒ기로 실시로 이를 발표ᄒ기 젼에야 참 아름답, 귀ᄒ게 녁이며 샤회에 무삼 효험이 잇스리요. 이러ᄒᆫ 고로 실노 바라ᄆᆫ 바는 비록 이갓흔 말을 아니ᄒ더릭도 자연히 그 형용은 인류의 쏫치 되고, 그 스업은 감을에 우로와 갓치 되는딕 잇스나 지금 본국 졍세로 말ᄒ면 녀ᄌ가 ᄌ긔의 직분을 젹당히 씨닷지 못ᄒ고 그 실력이 잇기만ᄒ면 얼마즘 쓸 곳이 잇는 줄도 아지 못ᄒᆫ 고로 부득불 ᄒ여 ᄒ고 십지 아닌 말ᄭᅡ지 ᄒᆫ 빅로다. 딕뎌 나라의 동셔와 스람의 남녀를 불문ᄒ고 이 샤회에 쳐ᄒ며 일기 국민이 되여 안온 무스ᄒ게 세월을 보닉고져 ᄒ며 가졍을 화락게 ᄒ고 붕우 친쳑과 교졔를 깁히 ᄒ고져 ᄒ면 부득불 직회지 아니치 못홀 바는 국민젹 도덕이라. 이 국민젹 도덕을 남ᄌ의 편으로 보면 남ᄌ의 도덕이요, 녀ᄌ의 편으로 관찰ᄒ면 녀ᄌ의 도덕이 될지라. 딕뎌 부인의 도덕이라 ᄒᆫᆫ 거슨 엇더ᄒᆫ 도덕인고. ᄒᆫ 의심이 잇슬 듯ᄒ나 이는 결단코 남ᄌ의게는 쓸딕업스나 녀ᄌ의게만 필요되는 특별ᄒᆫ 도덕이라 ᄒᆫ 거시 안너라 남ᄌ의게도 필요는 이스나 특별히 녀ᄌ는 불가불 깁흔 소양이 잇셔야 홀 도덕을 말홀 빅라. 지금 이를 일일히 말홀 지경이면 실노 한두가지가 안너라 부디기수 일듯ᄒ나 긔쟈(記者)[100] 역시 쳔흑협식ᄒ여 그 십쌴지일도 아지 못ᄒ나 다만 평일 연구ᄒ던 중 뎨일 우리 미형의게 필요로 싱각ᄒᆫ는 바는 공겸(恭謙)의 졍신일 듯. 공겸이라 함은 그 글ᄌ와 갓치 공경ᄒ고 겸근ᄒ라는 말인즉 ᄌ긔의 직디 학식, 문벌, 직산을 염두에 두지 아니ᄒ고 타인을 혈심으로 공경ᄒ고 ᄌ긔를 겸손ᄒ라는 쓰이라.

딕뎌 녀ᄌㄱ 녀ᄌ갓치 아름답게 뵈이는 바는 이 졍신이 잇슴을

---

100 긔쟈(記者): 여기서는 '기록하는 자', 곧 자신을 의미하는 말임.

인흠이라. 고금동서를 불문ᄒ고 녀즈의 도덕 중에 공겸 이즈를 말 아니ᄒ올 곳이 업스니 잠간 싱각ᄒ면 공겸과 절조(節操)는 녀즈의 젼 문 도덕 갓흐나 이는 직츠의 말이거니와 결단코 그런 것시 아니라 다만 특별히 이 두 가지가 남즈보다 녀즈의게는 즁딕흠으로 인연 함이라. 만일 힝동거지와 언어 응답이 어딕까지라도 뇨됴숙녀갓치 양성코져 ᄒ면 다만 표면 형식의 례의, 례식쑌으로는 일평싱을 공 부ᄒ여도 무익흘지요, 반다시 마음 속의 틕글 ᄒ나 업는 구실갓치 찬란영농흔 공겸지덕을 감초아 둔 연후에 그 지휘를 응ᄒ여 진퇴 응답ᄒ여야 쳐음으로 그 언어가 화려ᄒ고 그 힝동이 요됴흘 바는 빅만스가 다 ᄆ음이 근원이오 힝스는 이를 좃츠 발흠을 인흠이라.

공겸의 반딕는 말흘 것 업시 교만이니 교만이라 흠은 즈긔의 직 디, 학식과 위치, 부귀를 현어스식ᄒ여 타인을 틕글굿치 ᄀ바엽게 보고 텬하에 즈긔 이외에는 놉흔 직 업는 듯시 싱각ᄒ여 무슴일에 관계ᄒ던지 즈긔를 몬져 압헤 셰우고 져 ᄒ는 쟈를 닐음이나 여츠 흔 쟈는 비록 남즈라도 용서흘 슈 업는 품힝이라. 하믈며 녀즈가 교 만지심이 츄호만티라도 심듕에 밍동ᄒ여셔는 원만무결흔 가뎡과 화긔만만흔 샤회에 일시라도 용납흘 슈 업슬 쑌 아니라 필경은 남 의게 슬혀흔 빅 되고 우슴걸이가 되여 일평싱을 불힝 듕에 보늬는 운명이 되리로다. 그러나 쏘 녀즈가 숨가야 흘 바는 은인(隱忍)이 라 ᄒ는 것일 듯. 은인이라 흠은 즉 것츠로 겸손흔 듯 ᄒ게 뵈이고 속으로는 교만ᄒ다는 쯧이라. 그 심듕으로 즈긔는 놉흔 문벌과 수 만금 지순을 가진 우혜 츌등흔 용모와 텬하무쌍흔 학식이 잇다는 싱각을 실샹은 몽미의도 잇지 아니ᄒ면셔 외면으로만 겸손흔 듯 ᄒ게 보이는 이가 특별히 녀즈샤회에 만타 ᄒ나 이는 실노 젹지 아 닌 도덕샹의 죄인이라 ᄒ여도 과흔 말이 아닌 고로 깁히 깁히 쥬의

ᄒ여야 홀 빈나 쏘 그럿타고 아모 분별도 업시 전후좌우를 도라보지 아니ᄒ고 누구의게든지 머리를 숙히라는 말은 결단코 아니라. 이ᄂ 겸손을 과ᄒ여 비굴ᄒ 정신이라. 오직 공경홀 만ᄒ 쟈를 어딋지라도 공경ᄒ고 즈긔를 겸손ᄒᄂ 듕에라도 능히 범홀 슈 업ᄂ 품격(品格)을 일치말고 즈긔의 위엄을 보젼ᄒ여 사름으로 ᄒ여곰 스스로 가히 놉힐 만ᄒ고 친홀 만ᄒ 사름이라는 감탄지셩을 발ᄒ도록 심신을 닥기에 그 목뎍은 잇스나 이ᄂ 말노 ᄒ면 대단히 쉬운 듯ᄒ여도 실ᄒ키 지극히 어려온 바이라. 오직 다 각각 ᄆ음을 놋치 말고 이 셰샹을 ᄇ리는 늘ᆺ지 일시라도 닛지 아니ᄒ도록 힘써야 홀 일일 듯. 만일 무슴 쏫치던지 춤 아릅답게 퓌기만 ᄒ면 내 쏫츤 이곳치 곱다고 즈랑 아니ᄒ여도 스스로 보는 이마다 듯기슬토록 층찬홈을 마지 아니홀 터히오 쏘 그 향긔가 실노 황홀무쌍홀 지경이면 가만히 안져 잇드릭도 바름을 인연ᄒ여 사방에 훗터질지라. 그런 고로 업ᄂ 쏫빗과 향긔를 잇ᄂ 톄ᄒ다가 도로혀 수비의 수치를 밧지 말고 다만 힘쓰는 바ᄂ 실노 즈긔의 쏫슬 아모됴록 곱게 피도록 ᄒ고 그 향긔를 조곰이라도 더ᄒ게 ᄒᄂ 딕 잇게 홀지어다.

(西諺 一句)

잘 영근 보리(大麥)ㅣ 일스록 그 머리를 숙이더라.

◎ 獻身的 精神, 女史 尹貞媛(윤뎡원), 태극학보 제7호,
　　광무 11년(1907) 2월 24일

해설

부인학회 창립 소식을 듣고 한국 여자들이 헌신적으로 이 학회에 활동할
것을 권유하는 논설임.

　　대뎌 문명 뎡도(文明程度)가 극도에 달흔 금일, 이십셰긔(二十世
紀)는 무슴 세계인고 홀 디경이면 일편으로 석탄세계(石炭世界)라
ᄒ여도 됴흘지라. 금일 문명의 데일 리긔(利器)로 치는 긔챠 긔선
(汽車汽船)과 긔타 허다흔 공쟝회샤(工場會社)에 흑석탄이 업술
디경이면 일촌일분(一寸一分)을 음죽일 수 업슬지라. 혹시 하로라
도 이곳흔 늘이 잇슬 디경이면 문명세계가 변ᄒ야 암흑(闇黑) 세계
가 될지라. 엇지 석탄이 귀즁흔 물건이라 아니ᄒ리오. 연즉 이 문명
지모(文明之母)와 ᄀᆺ흔 귀듕흔 석탄은 엇지ᄒ여 싱(生)흔 것인고
홀 디경이면 이는 보통디식(普通知識) 잇는 이는 누구라도 아는 듯
시 왕고의 왕셩ᄒ엿든 일종식물(一種植物)이 미몰(埋沒)ᄒ여 슈쳔
만년 동안 디하에셔 압력(壓力)을 밧아 화셕(化石)흔 것이 즉 금일
석탄이라. 혹 왕시(往時)의 식물이 그 싱명을 져버리고 미몰티 아
니ᄒ엿더면 엇지 금일 오인의 힝복(吾人幸福)을 치(致)홀 수 잇셔
스리오. 연즉 금일 이십셰긔 문명지모는 왕고 식물의 희싱지결과
(犧牲之結果)라 ᄒ여도 됴흘이로다. ᄯᅩ 므릇 무슴 곡식이던지 츈하
지시에 뎐답에셔 청청(靑靑)히 싱쟐를 ᄶᅢ에 시험츠로 그 무엇시던
지 한폭이를 뽑아 볼 디경이면 반드시 그 씨가 썩고 말나셔 형용만
남아 잇슬지라. 그 연고는 싱순을 닌 고로 그 씨는 죽은 바ㅣ라. 혹

일기의 씨가 죽지 아니ᄒ엿드면 엇지 시 수 십기나 수ᄇᆡ 기의 곡식을 싱ᄒᆞᆯ 수 잇스리오. ᄯᅩ 이 세샹에 나라의 동서남북을 물문ᄒ고 대뎌 남의 부모된 쟈, 특별히 모친된 쟈ᄂᆞᆫ 실노 그 ᄌᆞ녀를 기ᄅᆞᆯ기 위ᄒ여 일평싱을 져ᄇᆞ린다 ᄒ여도 됴ᄒᆞᆯ지라. 티ᄋᆞ(胎兒)의 모친은 티ᄋᆞ를 보호ᄒᆞᆷ을 일시라도 잇지 아니ᄒ여 일동일졍을 ᄌᆞ긔의 임시로 못ᄒ고 영ᄋᆞ(嬰兒)의 모친은 영ᄋᆞ를 위ᄒ여 일츌일입을 여의케 못ᄒ고 병ᄋᆞ의 모친은 병ᄋᆞ를 위ᄒ여 삼복염텬과 엄동설한이라도 쥬야를 불고ᄒ고 진심간병ᄒ노라고 일면(一眠)을 들게 못ᄒ며 ᄌᆞ녀를 원방에 보ᄂᆡᆫ 모친은 츌외ᄌᆞ녀(出外子女)를 위ᄒ여 텬디신명ᄭᅴ 그 무ᄉᆞᄒ기를 츅원ᄒ며 화됴월셕(花鳥月夕)에 그 원졍(遠情)을 싱각ᄒ여 락루ᄒᆞᆯ지라. 일노 보면 모친된 쟈ㅣᄂᆞᆫ ᄌᆞ긔 일신의 회로익락을 도라보지 아니ᄒ고 다만 그 ᄌᆞ녀를 위ᄒ여 싱활ᄒᆞᆫ다 ᄒᆞᆯ지라도 과언이 아닐지라. 그런고로 동서남북을 아지 못ᄒᄂᆞᆫ ᄋᆞ희들이 안연무ᄉᆞ히 싱쟝립신ᄒ여 각기 허다 힝복을 누리고 지ᄂᆡ나니 그 원인(原因)은 엇지 다 모친의 혈심졍셩을 인ᄒᆞᆷ이 아니리오. (중략) 드른즉 근일 본국 유자 각위의 혈셩으로 부인학회(婦人學會)라 ᄒᄂᆞᆫ 거시 챵립되엿다 ᄒ니 그 조직(組織)과 현상(現狀)의 엇더ᄒᆞᆷ은 ᄌᆞ셰히 아지 못ᄒ나 엇지ᄒ엿던지 금일 본곡 녀ᄌᆞ 샤회에ᄂᆞᆫ 극히 필요ᄒ고 아름다온 일이로다. 그러나 대기 무ᄉᆞᆷ 일이던지 그 목뎍이 아름다올스록 만일 불힝ᄒ여 그 결과가 여의치 못ᄒ면 다른 심상ᄒᆞᆫ 일보다 ᄇᆡ비가 더 불미ᄒ게 보이ᄂᆞᆫ지라. 그런고로 우리 부인학회를 아모됴록 명실(名實)이 갓치 아름답게 ᄒ고져 ᄒ면 이ᄂᆞᆫ 말ᄒᆞᆯ 것 업시 각각 회원(各各會員)이 진심갈력ᄒ여 그 목뎍에 득달ᄒ게 ᄒᆞᆯ 밧게 수 업스나 대뎌 우리 한국 녀ᄌᆞ의 종리 습관이 다만 ᄌᆞ긔의 집 좁은 안방에 드러 안져셔만 셰월을 보ᄂᆡ고 사ᄅᆞᆷ 열 명이라도 모힌 딕 나셔 교제흔 일이 드믈고 혹은 업슬지라. 그런 즁 졸디에 크나 젹으나 일기 단테에 드러가고 보면 허다 난쳐지스도 만을 터이요, 쏘 엇지흐면 회를 위흐여 실노 유익흘지도 모로시는 이가 잇슬 듯흐나 뎨일 단체에 드러 잇는 쟈의게 필요흐고 아름다온 덕은 헌신덕 정신이라 흐리로다. 므릇 무슴 회던지 학교던지 드러가셔는 즈긔는 즉 그 회나 학교의 일분즈(一分子)라. 즈긔의 언허 동정과 픔힝 여부가 즉졉히 그 회와 학교의 대표(代表)가 되고 쏘 명예 셩쇠의 관계됨을 몽즁에라도 닛지 말고 므릇 무슴 일을 흐던지 즈긔로 즁심을 슴지 말고 그 단테로 즁심을 슴어야 흘지라. (하략)

◎ 雜報, 會裁請願, 황성신문, 광무 11년(1907) 5월 15일

女子敎育會 總裁 李鈺卿 氏가 度支部에 請願ᄒ되 本 敎育會ᄂ 一般 女子의 智識을 開導ᄒ며 實業을 發達케 흘 目的으로 組織인 바 現今 會員이 日益增加ᄒ야 千餘名에 達ᄒ얏ᄂ딕 會館이 狹小 흘 쑨 아니라 …

◎ 論說, 觀女會記念式 遺憾, 황성신문, 광무 11년(1907) 6월 4일

광무 10년 6월 1일자로 창시된 대한여자교육회는 독립관 연설대에서 기념식을 행하였으나 일본 순사대를 초빙하여 파수를 맡겼다고 함

◎ 雜報, 진명부인개회식 성황, 광무 11년(1907) 6월 17일

진명부인회 개최: 회장 신숙당, 총무 박영자, 내객 유성준, 정운복 하부인
(河夫人) 연설: 양규의숙 학도가 개회식가를 부름. (개회식가는 순국문으로
실려 있음)

◎ 論說, 女子의 敎育, 황성신문 융희 2년(1908) 2월 6일

관립 여학교, 숙경 여학교 설립 광포와 관련하여 여자 교육의 필요성을 역
설한 논설임

女子를 敎育흠은 即 男子를 敎育ᄒᄂ 模範이니 何者오. 女子ᄂ
男子의 母라. 其 母의 行實이 不正ᄒ면 其子의 謁然ᄒ 心이 必 其
母를 從ᄒ야 滅亡흘지니 … 我國의 敎育은 只 男子에 止ᄒ고 女子
에게ᄂ 不及흠으로 女子ᄂ 戶外를 不窺ᄒ고 內室에 閉鎖ᄒ야 …
風氣가 一變흠이 人文이 稍開ᄒ야 近日에 至ᄒ야ᄂ 國內의 女子
敎育회 及 女子學校가 四五處에 設立ᄒ얏고 且 官立女學校 及 淑
卿女學校를 設立ᄒ기를 既爲定筹 廣佈ᄒ얏스니 此ㅣ 全國 女學
의 模範이 될지로다. …(하략)

2.5. 교육사

◎ 講壇 西洋 敎育史, 頭山逸民, 서북학회월보, 제1권 제17호, 융희 3년 11월(1909.11.)

第一節 希臘之敎育

東洋 諸國의 各個人은 其國의 制度 習俗에 撿束(검속)혼 바 되야 能히 自由로 發達치 못ㅎ나니 印度의 階級制度와 埃及의 僧侶 勢力이 各히 個人의 自由發達을 妨害홈이 不尠혼지라. 西洋 諸國은 此에 反ㅎ야 個人을 最 重히 녁이는 故로 自由 發達홈이 最早ㅎ니라.

古代의 希臘國은 西洋 諸國 中에 開化가 最古혼 者라. 其 國이 山脈과 海灣이 種種 分劃ㅎ야 天候가 快適하고 地勢가 複雜홈으로 居民이 愉快로써 自由를 愛ㅎ며 高尙으로서 美術을 好홀 뿐 外라 海岸線의 延長과 交通上의 便利를 賴ㅎ야 文明의 進步를 大助ㅎ얏스니 此는 希臘人의 固有혼 性質이 된지라. 其國 自然혼 風土의 影響으로 敎育의 一種 特色이 別具ㅎ니라.

希臘의 宗敎가 自然히 敬歎홀 者ㅣ 有ᄒ니 其國民 陶冶에 影響이 大及ᄒ지라. <u>阿林伯과 得爾喀</u>[101] 等의 宗敎上 祭 及 公開 遊戱 等은 無非 愛國心을 達케 ᄒ며 又 技術 競爭心을 醒起홈으로 著名ᄒ 美術과 科學이 發達홀 際에 体育이 並히 發達되얏더라. 希臘敎育의 要素가 音樂과 体操의 二者뿐이라 音樂으로써 精神을 陶冶ᄒ며 體操로써 身体를 磨勵ᄒ야 內心의 善美와 外形의 善美가 兩相融合ᄒ더라.

希臘 中에 敎育으로 著名者ᄂ 則 德利亞足 所建의 斯巴達[102] 及 埃阿尼族 所建의 雅典[103]이니 二者의 敎育이 其趣가 互相 大異ᄒ더라.

斯巴達이 西曆 紀元前 八百二十年 頃에 來喀瓦士[104] 氏가 憲法을 制定홈이 斯巴達 武人의 敎育에 由ᄒ지라. 國家 公共의 事業을 務ᄒ고 各 個人의 自由를 排斥ᄒ야 先히 女子敎育에 注意ᄒ나 專혀 蹋踘[105], 角觸[106], 各種 体操術로써 相競ᄒ야 其 身體를 鍛鍊ᄒ고 恒常 男子로 더부러 隊伍를 相成ᄒ나니 故로 婦人을 視홈이 家族의 一部分뿐 아니라 卽 國家의 一部分이 되ᄂ지라. 然ᄒ나 婦人이 男子를 尊敬홈은 特別ᄒ며 其 結婚은 國家 監督의 下에 在ᄒ야

---

101 아림백(阿林伯)과 득이객(得爾喀): 고대 그리스 교육 과정에서 스파르타와 아테네의 청년들에게 실시했던 제전으로 추정됨.

102 덕리아족(德利亞足) 소건(所建)의 사파달(斯巴達): 도리아 족이 건설한 스파르타. 고대 그리스 민족은 아리안 족으로 아리안 족에는 도리아, 이오니아, 에오리아 세 부족이 있었음.

103 애아니족(埃阿尼族) 소건(所建)의 아전(雅典): 이오니아 족이 건설한 아테네.

104 래객와사(來喀瓦士: Lucurgos, 820 B.C.)가 헌법(憲法)을 제정(制定): 기원 전 8세기 경 리쿠르고스가 제정한 헌법으로, 스파르타 교육의 기초가 됨. 스파르타 교육은 극단적인 국가조의 교육으로 국민은 국가의 재산이며 국가의 희생물이 되어야 한다고 하였음.

105 답국(蹋鞠): 축국(蹴鞠).(표)

106 각촉(角觸): 미등재어.

恒常 强者와 强者가 相配ᄒ더라. 兒童이 初生홈이 先히 官廳으로 由ᄒ야 其 体格을 檢視ᄒ야 萬若 虛弱ᄒ면 溪谷間에 棄ᄒ고 但 强壯ᄒ 兒童을 僅養홀 ᄲ이라. 生ᄒ 六年 中에 家庭에서 養育ᄒ여 七歲에 至ᄒ면 國家로 設立ᄒ 養育場에 入ᄒ야 元老會議 監督의 下에 在ᄒ며 每日 驅足[107], 飛跳[108], 角刀[109], 圓盤投, 槍投 等 術을 練習ᄒ고 ᄯ또ᄒ 山林에 遊獵ᄒ야 艱苦를 慣賞홀 ᄲ 아니라 足에 履를 不著ᄒ며 頭에 冠을 不覆ᄒ며 二十歲로 自ᄒ야 冬에 惟一衣를 服ᄒ고 其 寢處는 僅히 枯草를 疊ᄒ야 榻(탑)을 作ᄒ며 비로소 兵役을 服ᄒ나니 三十歲에 至ᄒ야는 成人이 되야 每日 飮食을 共히 ᄒ되 體操는 不得不 練習ᄒ더라.

斯巴達이 비록 軍事上 敎育을 重히 넉이나 精神敎育이 少缺ᄒ며 心情을 陶冶ᄒ기 爲ᄒ야 音樂을 用ᄒ며 體操도 補助ᄒ고 唱歌에 至ᄒ야는 優柔를 排斥ᄒ고 勇壯活潑의 曲을 貴히 넉이며 其他는 僅히 習字를 課홀 而已러라.

其後 斯巴達의 敎育法을 擴張ᄒ 者ㅣ 畢達哥拉士[110]라 ᄒ는 氏가 出ᄒ야(紀元前 六百年傾) 一 學校를 起ᄒ고 寄宿舍를 設ᄒ야 斯巴達의 嚴格ᄒ 訓鍊法을 施行ᄒ더라.

斯巴達의 武事的 敎育으로 더부러 相對ᄒ 者ㅣ 雅典의 文事敎育이 是니 雅典은 梭倫[111]의 立法을 由ᄒ야 導ᄒ 者라.(紀元前 約六百三十八年) 梭倫의 法이 來咯瓦士의 憲法[112]으로 더부러 其趣

---

107 구족(驅足): 미등재어. 신체 단련 방법의 일종.
108 비도(飛跳): 미등재어. 신체 단련 방법의 일종.
109 각도(角刀): 미등재어. 신체 단련 방법의 일종.
110 필달가납사(畢達哥拉士): 미상.
111 사륜(梭倫): 솔론(Solon). 기원전 594년 시인, 현인, 애국자로 추앙받은 사람으로, 민중의 희망에 의해 집정관이 됨.
112 래객와사의 헌법(來咯瓦士의 憲法): 리쿠르구스의 헌법.

가 頗異ᄒ야 宗敎를 改良ᄒ며 祭禮를 愼重ᄒ고 勇士의 詩歌를 貴重히 홈으로 雅典이 自由精神을 陶冶ᄒᄂ 母國이 되야 美術 及 科學의 美果를 終結ᄒ니라.

雅典이 家庭生活에 對ᄒ야 斯巴達에 較ᄒ면 自由가 되니 其 婚姻을 結홈이 宗敎的 儀式을 從ᄒ야 一夫一婦의 制를 行ᄒ지라. 然ᄒ나 婦人을 尊敬홈이 斯巴達에 不及ᄒ며 因ᄒ야 女子敎育을 不着ᄒ고 又 兒童이 生홈이 乳母와 保姆에게 直委ᄒ야 其母ᄂ 多히 關係가 無ᄒ더라.

男子 七歲에 保姆의 手에 離ᄒ야 敎僕에게 移ᄒ니(敎僕은 卽 年長之奴隷) 恒常 敎僕과 伴隨ᄒ야 保護 監督을 受ᄒ며 世間의 習慣으로써 敎ᄒ더라.

其 敎科目 則 驅足, 角力, 槍投 及 圓盤投, 飛躍, 是曰 五藝니 其他ᄂ 游泳을 極重히 ᄒ며 萬若 游泳을 不能ᄒᄂ 者ᄂ 男子의 恥辱으로 知ᄒ니 雅典人의 体操를 練習ᄒᄂ 目的이 斯巴達의 軍事敎育과 稍異ᄒ야 오직 其 身体를 善히 홀 쓸음이러라.

十六歲에 至ᄒ야 비로소 敎僕의 手에 離ᄒ야 十八歲에 成丁이 되여 國家 官廳 指導의 下에 國家的 生活 準備가 無ᄒ면 或 詭辯派에 入ᄒ야 國家學을 修ᄒ며 及 修辭法을 學ᄒ나니라. 學校의 敎育 外에 社會組織의 影響으로써 希臘의 開化를 進行ᄒ니 美術, 建築, 彫刻, 繪畵가 優秀에 共臻ᄒ야 少年의 心情을 善히 陶冶홈이러라. 雅典 敎育의 特徵이 心身發達을 先謀ᄒ나 其 缺點은 奴隷의 敎育을 不顧ᄒ며 女子의 敎育을 欠闕홈이러라.

◎ 講壇 西洋 敎育史, 頭山逸民, 서북학회월보, 제1권 제18호,
　융희3년 12월 1일

第二節 德國

德國은 二十六 聯邦으로써 成흔 者라. 其 學制가 各邦을 因ㅎ야
異ㅎ니 聯邦 中 最大흔 者는 普魯士[113]니 其他 諸邦의 學制가 大
抵 普魯士를 依倣ㅎ야 定흔 者니라.

普國이 法에 大敗흔 後[114]로 維廉三世[115]가 以謂ㅎ디 國威를 挽
回흘 策이 小學校 敎育을 獎勵홈에 在ㅎ다 ㅎ야 於是에 學者를 瑞
士[116]에 遣ㅎ야 新敎育法을 學ㅎ야 文部省을 始置ㅎ야 全國 學事
를 掌케 ㅎ니 此로 自ㅎ야 普의 學事가 大進ㅎ야 今日의 盛況을
呈露ㅎ니라.

普國이 文部省 成立흔 以來로 全國 學事를 摠覽흘식 全國을 分
ㅎ야 十三州를 作ㅎ고 州에 學務局이 有ㅎ야 中學校를 監督ㅎ며
又 師範學校 等을 監視ㅎ고 又 全國을 三十六 縣에 分ㅎ야 各 縣
에 學務所를 置ㅎ고 縣 視學官을 兼置ㅎ야 小學校를 監督ㅎ며 縣
의 下에 郡이 有ㅎ니 郡에 郡 視學監이 有ㅎ야 郡內의 小學校를
監督ㅎ며 町村에 町村 視學監이 有ㅎ야 町村內의 學事를 監督ㅎ
더라.

小學校는 通例로 國民學校라 稱ㅎ나니 滿 六歲로붓터 十四歲에

---

113 보로사(普魯士): 프러시아.
114 보국(普國)이 법(法)에 대패(大敗)흔 후(後): 보불전쟁.
115 유렴삼세(維廉三世): 미상.
116 서사(瑞士): 스위스. 서서(瑞西)로 차자할 경우도 있음.

至ᄒ기ᄭ지 義務的 就學期를 定ᄒ고 萬一 父兄된 者ㅣ 兒童으로 ᄒ여곰 按期 就學케 아니ᄒ면 輕ᄒ즉 罰金을 受ᄒ고 重ᄒ즉 禁錮를 施ᄒ야 不得不 就學케 ᄒ며 學校가 비록 學費를 不收ᄒ나 謝儀가 全無치 못ᄒ더라.

小學校의 科目은 宗敎, 國語(話方, 讀方 及 書方), 筭術, 幾何, 圖畵, 實科(歷史, 地理, 理科, 唱歌), 體操(男兒) 及 裁縫(女兒)이요, 一星期[117]의 敎授ᄒᄂ 時數ᄂ 其 單級 小學校에 在ᄒ야ᄂ 下級은 二十点鐘[118], 中級은 二十八点鐘, 上級은 三十点鐘이 通例가 되더라.

小學校의 上 補習學校가 有ᄒ니 或 小學校에 附設ᄒ며 或은 獨立도 ᄒ야 小學校 卒業生의 入學ᄒ 處를 作ᄒ고 二年 或 三年에 卒業케 ᄒ며 一星期의 授業時數ᄂ 四点鐘 或 八点鐘이 通例가 되더라.

小學校의 敎員을 養成ᄒ기 爲ᄒ야 師範學校를 設ᄒ고 三年에 卒業케 ᄒ야 滿十七歲 以上과 二十四歲 以下로 ᄒ여곰 入學케 ᄒ고 豫備學校를 別設ᄒ야 師範學校에 附屬ᄒ고 亦 三年에 卒業케 ᄒ되 十四歲로 自ᄒ야 十七歲에 至ᄒ기ᄭ지 入學ᄒ야 二次 試驗을 經ᄒ고 師範學에 入ᄒ야 卒業ᄒ 者ㅣ 小學校 正敎員이 되나니라.

中學校를 六種에 分ᄒ얏스니 文科 中學校, 副文科 中學校, 實科 中學校, 副實科 中學校, 高等實科學校, 及 實科學校라. 此等 中學校의 區分이 各히 所敎의 語學으로써 主를 作ᄒ니 卽 文科 中學校, 副文科 中學校ᄂ 希臘 拉丁[119] 二語를 授ᄒ며 實科中學校, 副實科 中學校ᄂ 希臘語를 省去[120]ᄒ고 拉丁語를 授ᄒ며 又 英法語

---

117 일성기(一星期): 미등재어. '성기(星期)'는 7월 7일 또는 혼인한 날로만 풀이되어 있으나 여기서는 1주일의 주기를 의미하는 것으로 보임.

118 점종(点鐘): 미등재어. 시수를 의미하는 단위.

119 납정(拉丁): 라틴.

룰 授ᄒ고 高等實科學校 及 實科學校ᄂ 希臘 拉丁 二語룰 具省[121]
ᄒ고 英法語로써 課ᄒ며 以上 六種의 學校 中에 文科 實科中學校
及 高等 實科學校ᄂ 俱히 九年에 卒業케 ᄒ고 副文科 實科 中學
校 及 實科學校ᄂ 俱히 六年에 卒業케 ᄒ나니라.

九年 課程의 中學校 卒業ᄒ 則 大學에 入ᄒ나니 大學은 通常 四
科에 分ᄒ얏스니 神學科, 法科, 醫科 及 哲學科가 是也오 實科 卒
業生은 諸種 實業專門學校에 入ᄒ나니 近時 實科學校와 及 實業
專門學校의 數가 全國의 實業 勃興ᄒᄂ 程度룰 隨하야 日加ᄒᄂ
니라.

◎ 페수다롯지 傳, 대한흥학회보 제3호, 융희 3년(1909) 5월 20일

獨立自由 實踐躬行 愛國愛人 等 數語로 銘肝自警ᄒ야 近代 敎
育界에 明星을 作ᄒ 人物은 瑞西國 페수다롯지[122] 氏가 其人이라.

페수다롯지 氏의 祖先은 伊太利의 人으로 宗敎改革亂에 際ᄒ야
瑞西國[123]에 避居ᄒ야 氏룰 生ᄒ엿시니 卽 西曆 一千七百四十六
年이라. 페수다롯지 氏가 六歲에 父룰 喪ᄒ고 慈母의게 見育ᄒ야

---

120 생거(省去): 생략함.

121 구생(具省): 모두 생략함.

122 페스탈로치(Pestalozzi, Johann Heinrich). 스위스의 교육 개혁가·교육학자(1746~
1827). 루소의 영향을 받아 고아·아동 교육에 생애를 바쳤다. 지능·신체·도덕
의 조화로운 발달을 교육의 목표로 삼아, 근대 유럽의 교육 사조에 큰 영향을 주
었다. 저서에 ≪게르트루트(Gertrud)는 어떻게 아이들을 가르치는가≫, ≪은자
(隱者)의 황혼≫ 따위가 있다. (표)

123 서서국(瑞西國): 스위스.

忍耐와 勤勉의 慣習을 十分 養成ᄒ지라.

彼家에 一女婢가 有ᄒ니 彼父在時에 精을 勵ᄒ야 分을 竭ᄒᄂ 故로 彼父가 極히 撫愛ᄒ더니 及 其 臨終에 女婢를 喚ᄒ야 老妻와 幼兒를 依囑ᄒ다. 此 婢가 遺囑을 受ᄒ 後에 知遇의 恩에 感激되여 心力을 專盡ᄒ야 家事에 服從ᄒ며 節約을 嚴守ᄒ야 非時의 供과 無用의 費ᄂ 毫釐를 不消ᄒ고 忠良의 德을 發揮ᄒᄂ 故로 페수다롯지 氏가 此 女婢의게 感化된 바가 亦 不少ᄒ지라. 氏의 晚年 著書에 云ᄒ딕 余의 一生 事業이 悉是 慈母의 溫良 純粹와 女婢의 忠信勤儉ᄒ 德에서 基因홈이라 ᄒ다.

氏가 幼時에 同國小學校에 入學ᄒ야 普通學을 修了ᄒ엿시ᄂ 一般 遊戲에 極히 拙劣ᄒ야 一技도 通홈이 無ᄒ 故로 小兒輩의 啞笑 好材가 되여 外貌만 取ᄒ고 內心을 不知ᄒᄂ 同學 小兒輩가 居常에 氏의게 綽名(작명)을 付ᄒ야 白痴 '롯지'라 呼ᄒ딕 氏가 自若不介ᄒ더라. 學科 中에 重要ᄒ 諸點만 取ᄒ야 敏捷히 了解明記ᄒ고 枝末細葉에ᄂ 深究 留意치 아니ᄒᄂ 故로 各科目에 對ᄒ야 儕輩 中에 出拔ᄒ 點과 反此ᄒ 點이 相半되ᄂ지라.

又 宗敎에 入力ᄒ야 多大ᄒ 感化를 受ᄒ고 法律를 研究ᄒ야 法理를 通解ᄒ 故로 其時 政治와 宗敎의 騷亂을 盡力 救濟ᄒ야 大勳을 垂ᄒ니라.

後 十數年來로 氏가 國民敎育에 犧牲을 供ᄒ야 歐羅巴 諸國의 敎育制度를 問到視察ᄒ고 自己의 經驗 意見을 參加ᄒ야 敎授法을 發明ᄒ고 職工學校를 完全 組織ᄒ야 經濟界에 拿破崙을 作ᄒ엿도다. (未完)

◎ 日本 明治七年 以后 敎育界의 新傾向, (姜邁)

　　대한흥학회보 제12호, 융희 4년(1910) 4월 20일

해설

일본의 신교육자 니지마 조의 업적을 소개하면서, 한국에도 기독교 주의 정신교육의 필요성을 강조함. 니지마 조의 교육 사상 가운데 여자 교육론과 기독교 정신 교육을 강조한 점이 특징임. '자유 교육= 기독교 주의 = 아 제국 발전'이라는 등식을 강조함. 필자는 강매(姜邁)로 추론할 수 있음.

新島襄의 功績(日本 敎育界의 偉大훈 人物)

新島襄[124]은 日本國 上州 安中의 藩士라. 日本 元治 元年[125] 頃에 米國에 渡航ᄒ야 米國人 '할데이-'의 知遇를 受훈 배 되야 約 十年間 其 家庭에서 薰陶를 受ᄒ고 '암할스도 大學'[126]에 入ᄒ야

---

124 니지마 조[新島襄](1843-1890): 16세 때 해군 전습소(海軍傳習所)에 들어가 란가쿠[蘭學]를 배웠다. 1864년 미국 도항을 기도하고 한[藩]을 뛰쳐나와 하코다테[箱館]에 가서 영어를 배운 뒤, 같은 해 미국 상선 베를린호로 밀항해 상하이[上海]를 거쳐 보스턴에 도착했다. 1866년 세례를 받았으며 이듬해 앰허스트 대학에 입학해 자연과학·종교·역사를 공부했다. 1870년 대학을 졸업한 뒤 앤드버 신학교에 입학해 신학을 공부했다. 1871년에는 이와쿠라 사절단[岩倉使節團]의 안내를 맡아 유럽으로 건너가 각국의 교육과정을 두루 시찰했다. 1874년 그리스도교에 바탕을 둔 정신주의교육을 실시할 학교를 일본에 설립할 목적으로 귀국한 그는 이듬해 교토[京都]에 도시샤영학교[同志社英學校]를, 1977년에는 도시샤 여학교를 설립해 몸소 청소년교육을 담당했다(→ 색인 : 도시샤대학). 그 교육방침은 깊은 신앙심과 고상한 품성을 갖춘 인격의 도야를 기본으로 했다. 종합대학으로 발전시키기 위해 전국각지를 돌아다니며 전도하는 한편 자금모집에 힘썼으나 숙원을 이루지 못하고 병사했다. 〈니지마 조 서간집〉이 남아 있으며, 문하생으로 도쿠토미 소호[德富蘇峰], 도쿠도미 로카[德富蘆花], 아베 이소오[安部磯雄], 야마카와 히토시[山川均] 등이 있다. (다음 백과사전)
125 원치 원년(元治 元年):
126 암할스도 대학: 앰허스트 대학.

神學을 修흐야 宣敎師의 地位를 得흐고 明治 七年 頃에 還歸흔 者
ㅣ라.

氏가 歸國흔 後 먼져 靑年을 會集흐야 基督敎의 精神을 注入흐
기로 努力훌시 熊本에 同志社 學校[127]를 開設흐니 此校ᄂᆞᆫ 明治 七
年間에 日本 敎育界에 大勢力을 有흔 者ㅣ라. 此時를 際흐야 日本
이 歐州의 文明을 着着 輸入훌시 福澤諭吉[128] 氏ᄂᆞᆫ 物質的, 智識

---

127 도시샤 대학: 1875년 니지마 조 [新島襄]가 중심이 되어 야마모토 가쿠마[山本覺
馬]와 미국인 선교사 제롬 D. 데이비스의 도움을 받아 창립한 도시샤 영어학교가
전신이다. 1904년 전문학교령(令)에 따라 도시샤 전문학교, 도시샤 신학교가 인
가되었으며 1912년 양교를 합병하여 도시샤대학이라 개칭했다. 1920년 대학령에
따라 대학으로 인가받았으며 1948년 현 학제의 대학이 되었다. 1984년 현재 신
학·문학·법학·경제학·상학(商學)·공학 6개 학부를 두고 있으며, 각각 대학원이 설
치되어 있다. 인문과학·아메리카·이공학 연구소 및 계산기 센터가 부설되어 있으
며, 교토 시[京都市] 조쿄 구[上京區]에 자리잡고 있다. (다음 백과사전)

128 후쿠자와유키치[福澤諭吉](1835-1901): 1868년 도쿠가와 씨[德川氏]의 지배를
종식시킨 메이지 유신(維新) 때 정부 요인이 아닌 민간인으로서 가장 큰 영향력을
행사했다. 서구사상의 도입을 위해 앞장섰고 그가 거듭 표현한 대로 일본의 '힘과
독립'을 증진시키는 데 기여했다.

가난한 하급 무사의 아들로 태어나 2세 때 아버지와 사별하는 등 불우한 환경에서
자라났다. 그러나 그는 나가사키[長崎]로 가 학교에서 소위 '란가쿠'[蘭學]라는 새
로운 학문을 공부했다. 1854년 매슈 페리 제독에 의해 개항되기 전까지는 네덜란드
인들이 일본에서 유일한 서양인들이었기 때문에 일본인들은 서양의 지식과 과학을
표현하는 용어로 '란가쿠'라는 말을 사용하고 있었다. 1860년 함장의 종복으로 배
를 타고 미국으로 갔으며, 1862년 바쿠후[幕府] 사절단에 끼어 프랑스·영국·네덜란
드·독일·러시아·포르투갈을 다녀왔다. 그는 돌아온 뒤 〈서양 사정 西洋事情〉을
썼는데, 이 책은 서양의 정치·경제·문화 제도를 명확하면서도 쉽게 묘사했기 때문
에 곧 널리 읽혔다. 이후 서양문물을 도입하려는 노력을 계속했으며, 쉬운 문체를
개발해내고 대중강연과 대중토론을 처음으로 시도하기도 했다. 메이지 유신 직전
의 몇 년 간 반(反)외세 감정이 팽배해 있었던 시절에 서양문물을 적극적으로 옹호
했기 때문에 몇 차례 목숨을 위협당하기도 했다. 메이지 유신 후 일본정부가 외국
의 지식을 적극적으로 받아들이려 할 때, 정부로부터 계속 입각(入閣) 권유가 있었
으나 독립된 지식인층 육성의 필요성을 주장하면서 이를 뿌리쳤다.

후쿠자와는 의회주의 정부, 보통 교육, 언어 개혁, 여성의 권리 등에 대해 그
필요성을 역설하는 책을 100여 권 이상 집필했다. 그의 저서 〈학문의 권장
學問のすすめ〉 첫머리에 "하늘은 사람 위에 사람을 만들지 않고 사람 아래

的 泰西 文明을 輸入ᄒ야 新進 靑年을 勸諭ᄒ얏시나 新島襄은 精神的 內面的 泰西의 文明을 輸入ᄒ야 眞摯 恭虔ᄒ 國民的 氣質을 養成ᄒ얏도다. 夫 文明이란 것은 物質的 事物과 精神的 事象이 渾然融和ᄒ야 進步 發展ᄒᄂ 狀態를 謂ᄒᆷ이니 假令 日本의 敎育이 福澤 氏의 物質上 歐州 文明을 輸入ᄒᆷ의 止ᄒ얏슬진ᄃᆡ 此ᄂ 文明의 外花라 아모리 美麗ᄒ고 아모리 便利ᄒᆫ들 엇지 長時의 繁榮ᄒᆷ을 得ᄒ리오. 然則 福澤과 及 新島ᄂ 日本 敎育界의 雙親이라 可謂ᄒ리로다.

新島襄이 임의 同志社에 成功ᄒ야 漸次 隆盛ᄒᆷ에 至ᄒ니 此時ᄂ 日本에 歐米 崇拜의 氣風이 蕩然히 一世를 傾動ᄒᄂ 際라 於是에 基督敎 主義가 續續 設立ᄒᆷ에 至ᄒ얏도다.

明治十二年에 막구레ㅣ 博士[129]ᄂ 橫濱[130]에 神學校를 起ᄒ얏시며(今移于 東京赤坂區 靑山) 押川方義[131]ᄂ 米人 '호-이'[132]와 相謀ᄒ야 仙臺에 神學校를 設立ᄒ얏시며(卽 東北學院)[133] 米人

사람을 만들지 않았다"는 유명한 말을 썼다. 1868년에는 게이오 의숙[慶應義塾]을 설립했다. 이 학교는 정부의 지배를 받지 않는 최초의 독립된 사립종합대학인 게이오대학으로 발전했으며 수많은 실업계 지도자들을 배출했다. 1882년에는 〈지지신포 時事新報〉를 발간했는데, 이 신문은 수년 동안 일본에서 가장 영향력 있는 신문 중의 하나였으며, 당시의 수많은 자유주의적 정치가들과 언론인들에게 훈련의 장(場)이 되었다. 죽기 직전인 1901년에 쓴 〈자서전〉에서 후쿠자와는 메이지 유신으로 모든 봉건적 특권들을 폐지하고, 1894~95년의 청일전쟁으로 중국을 제압한 것(이로써 일본이 세계열강 대열에 끼는 계기가 되었음) 등은 자신의 삶을 완성시켰다고 단언했으며, 단 한 가지 아쉬움이라면 그의 많은 친구들이 이러한 훌륭한 변화를 보지 못하고 죽은 것이라고 썼다. (다음 백과사전)

129 막구레ㅣ 博士: 미상.

130 요코하마[橫濱]: 요코하마.

131 오시가와 마사요시[押川方義]: 1886년 센다이 신학교를 설립함.

132 호-이(William E. Hoy): 윌리엄 호이. 오시가와 마사요시와 함께 센다이 신학교를 설립함.

'란바스'[134]는 神戶에 關西學院을 設立ᄒ얏고 明治 十八年에 東京에 明治女學校와 十九年에 仙臺의 宮城女學校와 廣島에 英和女學校와 二十二年에 名古屋의 淸流女學校와 二十二年에 函舘의 淸和女學校가 勃興ᄒ얏도다.

新島襄의 敎育主義는 宗敎的 信仰에 富ᄒ야 高尙ᄒ 品性이 有ᄒ 文明的 紳士를 養成ᄒᆷ에 在ᄒ니 彼의 思想은 物質的 生活을 尊重ᄒᄂ 同時에 精神生活의 高尙ᄒᆷ으로 唯一 目的을 作ᄒ얏도다. 時에 新島襄를 評ᄒ야 曰 彼는 宗敎의 神聖ᄒᆷ을 唱導ᄒ야 此를 깁히 信仰ᄒ라 云ᄒ나 國家를 不忘ᄒ고 國体의 精華를 損傷치 안이ᄒᄂ 人物을 養成ᄒᆷ에 努力ᄒ얏다 云ᄒ얏스니 彼 新島襄의 當日 思想을 可知ᄒ깃도다.

新島의 功績은 大約 如左ᄒ거니와 彼의 目的ᄒ던 바 主義를 批評키 爲ᄒ야 彼의 論ᄒ 바 敎育方針을 略記ᄒ건딕 其 要에 曰

試ᄒ야 볼지어다. 彼 歐州諸國의 文運이 渙發ᄒᄂ 所以는 無他라. 自由의 擴張과 學問의 發達과 政治의 進步와 道德의 能力에 歸着ᄒ리로다. 雖然이나 以上 四者를 致ᄒ 所以는 卽 基督敎의 道德을 尊崇ᄒ야 日新ᄒᄂ 學術을 攻究ᄒᆷ의 在ᄒ니 今에 我國이 專혀 泰西의 學風을 振作ᄒ야 新鮮ᄒ 自由 天地를 開拓코자 ᄒᆯ진딕 다만 彼의 敎育을 模倣ᄒᆷ에 止ᄒ고 其 根底되는 純全ᄒ 道德을 收用치 안이ᄒ면 決코 成功ᄒᆷ을 不得ᄒ겟다 云云

---

133 도호쿠 학원[東北學院]: 1886년 오시가와 마사요시가 설립한 센다이 신학교로 1891년 도호쿠 학원으로 개명.

134 란바스((Walter R. Lambuth): 월터 램버드. 간세이가쿠인[關西學院] 창립자. 1932년 간세이가쿠인 대학으로 바뀜.

新島의 思想은 大略 如右ᄒ거니와 新島의 功績은 쏘혼 먼져 女學校를 創設ᄒ야 泰西의 新敎育을 施흠에 在ᄒ도다. 新島는 日本의 根底를 鞏固케 ᄒ야 文明의 域에 進코자 홀신 먼져 家庭의 改善흠을 斷行ᄒ얏스니 彼의 炯眼(형안)과 彼의 熱心은 가장 敬服흠을 不堪ᄒ깃도다.

眼光을 暫轉ᄒ야 我帝國을 回顧ᄒ건듸 基督의 福音이 靑邱ᄒ 廣播야를 一種 移採를 發揮ᄒ거니와 彼 新島의 思想을 懷抱혼 者ㅣ 幾人이 有ᄒ고 今에 基督敎 主義下에 設立된 學校 及 生徒數를 畧擧ᄒ건듸(隆熙 二年 十月末 調査에 依ᄒ야) 長老敎會에셔 設立혼 學校가 大學이 二處오 男子 中學이 十一處오 女子 中學이 六處오 男子 小學이 五百四十二處인듸 大學生徒가 五十人이오 男中學生徒가 八百八十三人이오 女中學生徒가 二百二人이오 男小學生徒가 一萬六百九十一人이오 女小學生徒가 二千六百四十四人아며 禮拜堂이 二百九十三處오 傳道 用費가 年七千九百六十五圓이오 學校費가 五萬二千三十二元이라. (以上은 長老敎會에 屬혼 者)(又 隆熙 三年 七月末 調査에 依ᄒ야) 全國內 私設學校에셔 學部에 認可出願혼 者ㅣ 合爲 二千二十校인듸 其中 七百八十九 校는 宗敎에 係혼 者ㅣ라.

以上의 記혼 바로 觀흘진듸 基督의 恩澤이 隆盛ᄒ야 歐州의 文明 光線을 導入흠의 先驅를 作혼지라. 故로 余는 日本의 新島襄과 如혼 人物이 幾百幾千이 現出흘 쥴노 思惟ᄒ거니와 此ㅣ 엇지 我帝國 一般 敎育界 諸公의 深思흘 바이 안이리오. 하물며 新學制가 頒布 以來로 余輩는 其 敎育 將來에 對ᄒ야 沈痛혼 悲哀를 不堪흠이리오. 大抵 我 帝國의 基督敎 信仰에 富흠은 世界의 定評이

自在ᄒ거니와 我 帝國 前途에 在ᄒ야 歐州의 文化를 輸入ᄒᆯ 者ᄂᆫ 唯 基督敎主義 敎育에 在ᄒ니 自由의 思想을 煥發ᄒᆯ 者도 此에 在ᄒ며 四千年 暗黑ᄒ던 家庭을 改良ᄒᆯ 者도 此에 在ᄒ며 福音을 信賴ᄒ야 進步心을 喚起ᄒᆯ 者도 此에 在ᄒ며 同胞를 相愛ᄒ야 精神的 團結을 作ᄒᆯ 者도 此에 在ᄒ다 ᄒ노니 炯眼을 具ᄒᆫ 者ᄂᆫ 余 言으로써 狂忘타 不謂ᄒ리로다. 余ᄂᆫ 日本에 學ᄒᄂᆫ 者ㅣ라. 今에 日本에 新敎育界 思想을 支配ᄒ던 者를 敍述코자 ᄒᆯ식 第一 大功績이 有ᄒᆫ 新島襄의 事을 略記ᄒᆷ이어니와 其他 日本 最近 四十年間 全般 敎育界의 思潮邊迂은 次號에 讓ᄒ겟도다.

◎ 日本 敎育思想의 特點, 編輯人, 대한흥학회보 제13호,
　　융희 4년(1910) 5월 20일

이 학술지의 편집인은 강매(姜邁)였으므로, 편집인 이름으로 된 이 논문도 강매의 논문이라고 볼 수 있음.

今에 日本國 文化의 進運을 論評ᄒᄂᆫ 者ㅣ 輒曰 日本은 東洋의 先進國이라 日本은 世界의 一等國이라 ᄒ야 그ㅣ 船이 堅ᄒ고 砲가 利ᄒᆷ에 畏劫ᄒ며 그 將이 練ᄒ고 兵이 强ᄒᆷ에 驚縮ᄒ야 吾國은 奈何오 吾國은 奈何오 ᄒ야, 狂奔ᄒᄂᆫ 者도 有ᄒ며 痛哭ᄒᄂᆫ 者도 有ᄒ며 甚ᄒᆫ 者ᄂᆫ 自身을 犧牲ᄒ고 赤血을 揮灑ᄒ얏도다. 嗟乎 嗟乎라. 彼 船堅砲利ᄒᆷ과 將練兵强ᄒᆷ이 엇지 無故히 致ᄒᆫ 비리오. 彼四十年間 幾多 志士의 心血을 注ᄒ야 全國 人民의 覺醒을 促ᄒᆫ

所以니 此는 余의 今日 持論ᄒ는 바 日本의 四十年來 文明의 步武은 卽 日本의 四十年間 敎育의 效果라 可謂ᄒ리로다. 雖然이나 敎育이라는 것은 또 엇지 空然이 致ᄒ 바이리오. 반다시 그ㅣ 敎育界 思想 如何에 在ᄒ지라. 此는 또ᄒ 余가 日本 敎育界 思想을 論述ᄒ의 眷眷ᄒ이로다.

大抵 日本 敎育界의 思想變遷은 그-久ᄒ이 四十年에 跨ᄒ고 그-遷移ᄒ이 가장 複雜ᄒ애 數頁의 論文으로 綜詳키 難ᄒ나 今의 다만 그-全般 思想界를 支配ᄒ야 影響이 國家의 普及ᄒ 者를 槪括的으로 論述ᄒ야 我韓 敎育界에 紹介코져 ᄒ노라.

第一. 實利主義 敎育(啓蒙時代, 歐化 鼓吹)

大抵 明治維新의 改革은 開國 進取의 國是를 斷行ᄒ얏스니 當時의 一般 思想界의 滔滔 潮流ᄒ는 一派는 卽 實學 尊重에 在ᄒ도다. 今에 實學主義 敎育派의 急先을 作鋒ᄒ던 福澤 氏의 事를 略記ᄒ건듸 氏는 豊前의 人이라. 初에 緒方 洪庵의게 就ᄒ야 蘭學[135]을 修ᄒ고 安政 五年 江戶에 來ᄒ야(今 日本 東京) 英學을 硏究ᄒ얏시며 安政 六年에 幕府의 使節를 隨ᄒ야 北米에 渡航ᄒ얏고[136] 慶應 三年에 다시 米國에 漫游ᄒ야 文物制度를 精詳히 視察ᄒ고 歸國ᄒ얏더라.

時는 증히 佛蘭西에 革命이 起ᄒ야 民權 自由 平等의 思想과 個人的 功利思想이 隆盛ᄒ던 時라. 福澤 氏는 다만 泰西 文明의 物

---

135 란가쿠[蘭學]: 화란(네덜란드)의 학문.
136 안정 5년은 1859년, 6년은 1860년임. 후쿠자와유키치가 도미한 것은 1860년임.

質的 方面만 視察홈에 不止ᄒ고 更히 精神的 文明 思想을 感受ᄒ야 文明 開化의 一大 化身을 作ᄒ야 昂然ᄒ 意氣로 本邦에 歸來ᄒ얏더라.

氏가 歸國ᄒ 後 軒冕에 念을 絶棄ᄒ고 後進을 誘導ᄒ야 國民 思想을 開拓키로 專心 從事홀ᄉᆡ 먼져 <西洋旅行案內>를 刊行ᄒ얏시며 明治 二年頃에 <世界國盡> 及 <西洋事情> 等의 著書를 公表ᄒ니 就中 <西洋事情>의 內容은 四海一家, 五族兄弟, 蒸氣濟人, 電氣電信 等의 文字ㅣ라. 整然ᄒ 西洋 諸國의 文物 制度를 極히 簡單히 一書에 排置ᄒ야 當時 一般 思想界를 傾動ᄒ야 實學思想의 潮來ᄒᄂᆞᆫ 導線을 作ᄒ지라. 故로 此書ᄂᆞᆫ 當時 一般 國民의 歡迎을 受ᄒ야 二十五萬 餘部를 出刊홈의 至ᄒ얏더라. 記者 此事를 論홀ᄉᆡ 多少 感想에 襲來홈을 不覺ᄒ겟노니 二十年 前에 我國이 비로소 歐洲에 玉帛을 通ᄒ 以來로 쳐음으로 西歐 事情을 記述ᄒ 一書를 見ᄒ얏ᄂᆞ니 卽 兪吉濬 氏의 <西遊見聞錄>이 是라. 그ㅣ 立論홈이 偏倚치 안이ᄒ고 그ㅣ 敍事홈이 甚히 綜詳ᄒ야 有志人士의 一讀홀 價値가 確有ᄒ얏거늘 歡迎은 姑捨ᄒ고 甚至於 排斥ᄒᄂᆞᆫ 者도 不無ᄒ얏쓰며 余ᄂᆞᆫ 該書를 購覽코자 苦心ᄒ얏쓰나 不得ᄒ얏ᄂᆞ니 엇지 人民의 思想이 이갓치 正反對를 示ᄒ얏난고. 故로 今日에 口로 隣邦의 富强을 能言ᄒ나 全般 人民의 思想 如何를 硏究ᄒ야 改進 或 奮發케 ᄒ지 못홀진대 一日의 新事業은 一日에 止홀 而已니 엇지 社會에 波及ᄒᄂᆞᆫ 好果를 得ᄒ리오.

福澤 氏ᄂᆞᆫ 更히 明治 五年 頃에 <學問의 勸>이라ᄂᆞᆫ 著書를 公表ᄒ니 그ㅣ 主旨ᄂᆞᆫ 自來 日本의 虛文을 一掃ᄒ고 日用 常行에 必要ᄒ 實學를 主唱하얏시며 更히 人權 平等의 原理를 道破ᄒ야 平民의 覺醒을 促ᄒ얏쓰니 福澤 氏ᄂᆞᆫ 진실로 獨立自尊의 一 平民으로

眼中에 政府도 無ㅎ며 貴族도 無ㅎ얏고 항상 峻烈흔 氣槪와 雄建
흔 思想으로 應病接藥ㅎ야 機宜에 投合ㅎ얏도다. 이에 平民의 自
覺이 日衆ㅎ며 實學의 思想이 膨脹ㅎ야 西歐 崇拜ㅎ는 氣風이 滔
滔히 一般 思想에 倒蕩ㅎ니 政府는 機를 利用흠에 汲汲ㅎ야 明治
五年에 實利主義 敎育에 學制를 頒布ㅎ얏도다. 其 要旨는

　　一. 小學校 敎育를 尊重흘 事
　　一. 師範學校를 開設흘 事
　　一. 女子敎育을 男子와 同一히 흘 事
　　一. 商法學校를 開設흘 事
　　一. 反譯을 急히 흘 事(以外 畧)

　等이오 當時 學制의 大要를 擧ㅎ건딕 全國의 學校는 此를 文部
省이 統轄ㅎ고 全國 敎育을 八大 學區에 分ㅎ며 每大 學區에 一區
에 三十二 中學區를 置ㅎ야 每區에 中學校 一所를 置ㅎ고(全數
二百五十六校) 每中學區 一區에 小學區 二百十區를 置ㅎ야 每區
에 小學校 一所를 置ㅎ고(全數 五萬三千七百六十校) 其他 工業學
校, 農業學校, 商業學校 等은 中學의 一種으로 ㅎ야 强硬흔 態度
로써 實施키를 斷行ㅎ고 文部省은 更히 同 五年 三月에 師範學校
와 六年 八月에 大阪에 七年 二月에 愛知, 廣島, 長崎, 新潟에 師
範學校와 同年 三月에 東京에 女子師範學校를 開設ㅎ야 人民의
게 模範을 表示ㅎ엿더라.(此外 各學校는 畧) 眼을 一轉ㅎ야 私立
學校 方面을 觀察ㅎ건딕 慶應義塾, 同人舍, 共立學舍, 三汉學舍,
攻玉塾 等 中學 程度 學校와 佐原純一의 共學舍와 鳴門義民의 鳴
門塾과 高橋秀雄의 弘道學舍와 江原素六의 集成舍 等이 聚然幷

起ᄒ야 一時 勢力을 飛揚ᄒ엿도다. 雖然이나 當時 敎育主義는 甚히 完全타 謂키 難ᄒ야 官私의 別도 無ᄒ고 高等 初等의 別도 無ᄒ야 總히 實利主義 敎育으로써 實用 知識을 養成홈에 在ᄒ엿도다. 時에 新島襄은 耶蘇敎의 精神을 輸入ᄒ야 平民 頭腦의 一點 光明을 與ᄒᄂ지라. 이에 平民의 覺醒이 益益 奮發ᄒ야 在野黨派의 民權運動이 猛烈ᄒ야 天賦人權, 民權自由의 思想이 一世를 震撼ᄒᄂ지라. 이에 志士의 視線이 法律學校에 注集ᄒ엿도다. 文部省에셔는 明法寮와 東京 開成學校의 開設이(現今 帝國大學) 有ᄒ고 私立에 係ᄒ 者는 明治 三十年에 京橋에 專修學校와(今移于神田區 猿樂町) 十四年에 麴町區 有樂町에 明治 法律學校와(岸本辰雄, 宮城浩造 等 設立 明治 十九年 移于于神田區 駿河臺 更名爲 明治大學) 十二年에 神田區 駿河臺에 和佛法律學校와(今 法政大學) 十五年 十月에 東京專門學校(此校는 大隈重臣 及小野梓 等의 設立이니 爾來 變遷을 更ᄒ야 早稻田 大學이 된 者ㅣ라) 等이 爭起ᄒ야 法政을 標榜홈에 至ᄒ니 當時 學界는 政治熱이 熾盛ᄒ야 其 蔓延홈을 抑遏(억알)키 不能ᄒ겟더라. 故로 當時 全般 敎育界의 思潮는 大畧 三派로 分홀 슈 有ᄒ니

一. 實利主義, 二. 政治主義, 三. 宗敎主義이라.

盖 實利主義 敎育이 漸漸 其 步武를 趨進ᄒᄂ 同時에 政治的 敎育 又는 宗敎的 敎育이 亦是 其 頭角을 現홈은 自然의 姿勢라 可謂ᄒ리로다. 然ᄒ나 當時 以上 三派의 共通 流行ᄒᄂ 思潮는 卽 自由를 謳歌ᄒ며 社會 平衡을 唱導ᄒ야 其 極度에 達ᄒ 즉 이에 國家主義 敎育이 必要홈을 高叫홈에 至ᄒ엿다.

二. 國家主義 敎育(國粹 尊重, 國是 標榜)

大抵 明治 敎育史上 敎育의 行政이 大히 整頓ᄒᆞ야 學校의 系統
이 齊齊히 其 成績을 奏흠은 明治 十九年間으로써 嚆矢를 作흘지
니 當時에 大功績이 有ᄒᆞ야 一指를 首屈흘 者는 森有禮[137]가 其人
이라.

森有禮는 鹿兒島人이니 幼少時로붓터 天才 頓悟ᄒᆞ야 神童의 稱
號를 得ᄒᆞ엿시며 慶應 元年에 藩命으로써 英國에 留學ᄒᆞ엿고 明
治 元年頃의 還國흔 者ㅣ니 森 氏은 思想이 急進ᄒᆞ고 議論이 風發
ᄒᆞ야 當時의 一個 快活男兒라. 그ㅣ 嶄新흔 知識과 遠大흔 抱負는
時人으로 ᄒᆞ야곰 驚服흠을 不已ᄒᆞ엿더라. 彼가 文部大臣의 位에
拔擢된 當時는 自由 民權主義의 思想이 一般 社會의 膨脹ᄒᆞ던 時
라. 彼의 炯眼은 能히 國粹 保存을 唱導ᄒᆞ야 國家主義 敎育을 高
叫ᄒᆞ엿도다. 明治 十九年에 먼져 帝國大學令을 頒布ᄒᆞ고 翌年에
師範學校令과 及 小學校令, 中學校令, 諸學校通則을 發表ᄒᆞ야 秩
序가 整然흔 學校 系統을 見흠에 至ᄒᆞ엿시며 森有禮의 敎育 方針
은 가중 師範敎育 振興에 注力ᄒᆞ엿시며 徹頭徹尾히 國家主義를
不忘ᄒᆞ엿나니 其 帝國大學令 第一條에 云ᄒᆞ엿시되, "帝國大學은
國家의 需要에 應흘 만흔 學術 技藝를 敎授흔다." ᄒᆞ엿도다. 然ᄒᆞ
나 彼 森 氏는 歐化主義에 心醉흔 者라. 明治 六年 頃에 明六社를
創起ᄒᆞ야 時勢를 痛論ᄒᆞ야 一世를 震蕩ᄒᆞ엿고 男女 同等權을 絶
叫ᄒᆞ야 明治 八年에 契約的 自由 結婚으로 廣瀨常了(森氏의 妻)
를 娶ᄒᆞ엿시며 明治 二十年에 特命全權公使의 使節로 英國에 赴

---

[137] 모리 아리노리(森有禮): 1889년 일본 문부상으로 교육령을 발포한 사람. 학교 제
　도를 인재를 양성하고 배분하는 장소로 인식함.

홀시 名字의 東洋임을 嫌惡ㅎ야 모리-(모리)라 改稱ㅎ엿나니 今에 其 敎育上 行政을 觀홀진딕 그ㅣ 平日 持論과 懸絶ㅎ야 氏의 思想은 善히 時機에 投合ㅎ야 崢嶸玲瓏홈을 賞讚ㅎ겟도다. 當時에 만일 彼 森 氏의 風飛磊落(풍비뇌락)ㅎ는 行政이 無ㅎ엿쓸진딕 日本의 社會는 곳 破綻崩鮮(파탄붕해)ㅎ야 底止홀 바를 不知ㅎ엿쓰리니 비록 井上哲次郎[138]과 如ᄒ 者ㅣ 讜論을 發揮ㅎ엿시나(井上은 宗敎와 敎育의 衝突이라는 論文[139]을 發表ㅎ야 國家主義를 唱導홈) 엇지 狂瀾의 奔放홈을 雙手로 挽回ㅎ엿쓰리오. 然ᄒ즉 森 氏는 日本 敎育界의 大勳됨이 不愧ㅎ갯도다.

眼을 更轉ㅎ야 最近 敎育界 狀況을 觀察홀진딕 日露戰雲이 初霽에 國民의 思想은 國民敎育의 普及이 戰勝의 原因을 作ㅎ엿다 ㅎ야 敎育熱이 益益 熾盛ㅎ야 各鐘學校가 陸續 增加홈의 至ㅎ니 京都에 帝國大學 文科大學과 仙臺에 高等工業學校와 鹿兒島에 高等農林學校와 小樽에 高等商業學校와 新潟에 醫學專門學校와 金澤에 高等工業學校와 奈良에 女子高等師範學校 等을 增設ㅎ엿시며 安天敬一郎은 三百萬圜을 投ㅎ야 福岡에 私立專門學校를 設立ㅎ며 古河虎之助는 百六十圜을 寄附ㅎ야 福岡醫科東北大學 理科 及 農科大學의 建築을 贊助ㅎ엿도다. 近日 小松原英太郎이 文相의 位에 居ᄒ 以來로 學制改革을 斷行코자 ㅎ야 全國 社會에 議論이 沸騰ㅎ거니와 該案의 結局은 後日을 俟(사)ㅎ야 報道ㅎ겟노라.

---

138 이노우에 데쓰지로[井上哲次郎]: 1890년대 동경 제국대학 철학과 교수. 교육 칙어 공포 뒤 우치무라 간조[內村鑑三]의 불경 사건(1891년 교육 칙어에 대한 배례 거부 사건)에 대해 '교육과 종교의 충돌'에 대한 담화를 발표하고, 기독교가 국체에 반한다고 주장함.

139 1899년 11월 5일 『교육시보』에 발표한 논문.

觀홀지어다. 帝國 今日에 在ㅎ야 敎育이 先務를 作홀 것은 誰가 不知ㅎ리오만은 能히 全般 社會의 向背를 察ㅎ며 思想 潮流의 標幟를 定ㅎ야 敎育이 社會를 改良ㅎ며 敎育이 國家를 發展케 홈의 注力ㅎ는 者ㅣ 幾人이 有ㅎ고. 만일 敎育 敎育한잇가 我도 敎育 敎育ㅎ며 人이 敎材를 選擇ㅎ잇가 我도 選擇ㅎ며 人이 數學 物理를 講ㅎ잇가 我도 數學 物理를 講ㅎ야 一定ㅎ 主意가 無ㅎ고 盲從홈의 不過홀진딕 비록 百年 千年 萬年을 敎育홀지라도 國家의는 조금도 有益홈이 無ㅎ리니 今에 日本 敎育界의 思想變遷과 敎育 行政을 詳察홀진딕 我의 今日 地位도 甚明홀 것이오 今日 我 帝國 敎育界는 何者를 尊崇홀는지도 可知홀지로다. 今에 帝國 敎育界 現象을 以上에 對照ㅎ야 取措코자 홀진딕 果然 如何ㅎ고. 今日 我 帝國 敎育界는 實學을 尊重ㅎ야 理化 及 農工 等을 孜孜 硏究홀 時라. 雖然이나 我國의 地位는 日本 明治初와 大異ㅎ지라. 그ㅣ 實學을 尊崇ㅎ야 實利를 講求ㅎ는 同時에 不可不 歷史 地理 及 法制 經濟의 敎材를 選擇ㅎ야 公民的 敎育을 施홈이 最急ㅎ니 此意를 能知ㅎ는 者ㅣ 幾人이 有ㅎ고. 惟 我 帝國 敎育界 諸公이여.

3.
교과 · 교과서 · 교수법

3.1. 교과 관련 논문

◎ 論說, 論中學校 課程, 황성신문. 광무 4년(1900) 12월 28일.
◎ 敎授와 敎科에 對ㅎ야, 張應震, 태극학보 제13,14호. 1907.9.24, 10.24.
◎ 學課의 要說, 서북학회월보 1권 9호, 융희3년 2월(1909.2.)
◎ 學課의 要說, 서북학회월보 1권 10호, 융희3년 3월(1909.3.)

3.2. 교과서

◎ 제국신문, 광무 2년(1898)년 9월 28일
◎잡보, 제국신문 광무 2년(1898) 11월 2일
◎잡보, 제국신문 광무 4년(1900) 2월 7일
◎ 론셜, 제국신문, 광무 6년(1902) 10월 28일
◎ 論說, 學部 敎科書 問題, 황성신문, 광무 10년(1906) 4월 5일, 4월 6일
◎ 論說, 賀敎科書籍之譯編, 황성신문, 광무 10년(1906) 4월 11일
◎ 論說, 各種 敎科書之精神, 황성신문, 광무 10년(1906) 5월 30일
◎ 論說, 上政府當局諸公(六) 學部大臣, 황성신문 광무 10년(1906) 6월 11일
◎ 求書普成, 만세보, 1906.7.20.
◎ 萬國史, 만세보, 1906.9.13.
◎ 雜報, 女校 敎科書 寄附, 만세보, 1906.11.1.
◎ 論說, 敎課書의 不可不備, 황성신문 융희 원년(1907) 11월 17일
◎ 論說, 敎育의 關係, 황성신문 융희 2년(1908) 2월 13일
◎ 雜報, 日人學徒 增加, 융희 2년(1908) 2월 19일
◎ 敎科用圖書 檢定에 關흔 注意, 황성신문 융희 2년(1908) 12월 26일
◎ 論說, 歷史 敎科의 急速 改正, 황성신문 융희 3년 2월 10일
◎ 敎育 方針에 對흔 意見, 柳承欽, 대한학회월보 제7호~9호, 융희 2년(1908) 9월 25일,
   11월 25일(2회 연재)
◎ 敎科書 檢定에 關흔 忠告, 蒿陽山人(장지연), 대한협회보 제10호,
   융희 3년(1909) 1월 25일
◎ 雜報, 敎科 檢定의 種目, 황성신문 융희 3년(1903) 3월 20일
◎ 雜報, 認可冊子數, 황성신문 융희 3년(1909) 3월 31일
◎ 學次 指示 要項, 황성신문융희 3년(1909) 12월 9일

3.3. 교수법

◎ 少年 百科叢書-童蒙 物理學 講談, 椒海生, 태극학보 제11호, 광무11년(1907) 6월 24일
◎ 理科 講談(小學校 敎員 參考ᄒ기 爲,ᄒ야), 浩然子 譯, 태극학보 제13호,
　　광무11년(1907) 8월 24일
◎ 理科 講談(小學校 敎員 參考), 浩然子 譯, 태극학보 제14호, 광무11년(1907) 9월 24일
◎ 天文學 講座, 仰天子, 태극학보 제14호, 광무11년(1907) 9월 24일
◎ 理科 敎授 問答, 浩然子, 태극학보 제15호, 광무11년(1907) 10월 24일
◎ 理科 敎授 講談(小學敎師 參考), 浩然子, 태극학보 제16호, 광무11년(1907) 11월 24일
◎ 學生의 勉學時間, 崔鳴煥, 대한학회월보 제3호, 융희 2년(1908) 4월 25일

3.4. 교사론

◎ 論說, 皇城新聞, 광무3년(1899) 7월 11일
◎ 師範學校의 落成, 황성신문 융희 원년(1907) 12월 3일
◎ 小學敎員의 天職, 浩然子, 태극학보 제17호, 융희 2년(1908) 1월 24일
◎ 小學校 敎員의 注意, 勸學子, 태극학보 제18호, 융희 2년(1908) 2월 24일
◎ 師範養成의 必要, 秋醒子, 태극학보 제26호, 융희 2년(1908) 11월 24일
◎ 雜報, 果好消息, 황성신문 융희 3년(1909) 8월 3일
◎ 敎師와 敎育社會의 關係, 具滋鶴, 대한학회보 제7호, 융희 3년(1909) 11월 20일
◎ 敎育急務莫先乎養, 東隱生 尹台鎭, 대한흥학회보 제8호, 융희 3년(1909) 12월 20일
◎ 敎育家의 職分, 春夢子, 서북학회월보, 제1권 제17호, 융희3년 11월(1909.11.)

근대 계몽기의 교육학 연구와 교과서

3.1. 교과 관련 논문

◎ 論說, 論中學校 課程, 황성신문. 광무 4년(1900) 12월 28일.

해설

중학교령과 시행 규칙 발포 이후 중학교 교육의 중요성과 교과 과정에 대한 논설임. 당시 교육과정의 한계를 비판함.

我國에 學校를 廣設ᄒ야 敎育을 實施ᄒ다 ᄒ야도 尋常 普通科에 不過ᄒ 小學校와 師範學校 幾處而已러니

聖化ㅣ 隆治ᄒ시고 治敎ㅣ 休明ᄒ샤 中學校를 命設ᄒ실ᄉ 巨額의 國金을 消費ᄒ며 宏暢ᄒ 覺宇를 建築ᄒ고 通明ᄒ 敎師를 簡拔ᄒ며 聰寫ᄒ 吉士를 敎授홈이 儒時匡之器를 陶鎔ᄒ야 春風生輝之化를 報答ᄒ기를 全國이 願望ᄒ나니 其 作人의 效ᄂ 敎育之方에 在홈이어늘 近日 敎育ᄒᄂ 課程을 槪聞ᄒ즉 現習 **地志로 論ᄒ건**ᄃ 論水則激浪奔波가 …

◎ 敎授와 敎科에 對ᄒ야, 張應震,

　　태극학보 제13, 14호. 1907.9.24, 10.24.

敎授의 目的은 現世人類의 開化를 適當히 理解ᄒ을만ᄒ 必要ᄒ 內容을 傳授ᄒ야 兒童의 知能을 啓發ᄒᄂ 作用이라 盖國民敎育의 目的ᄒᄂ바ᄂ 人이 此世에 生ᄒ면 一個人으로 又ᄂ 國家社會의 一員으로 相當ᄒ 品格을 保有ᄒ야 各自의 任務를 盡케 홈이니 此目的을 達코져ᄒ면 各個人으로 ᄒ여금 現世를 利害ᄒ며 國民의 資格으로 國家全体의 理想目的을 覺知ᄒ고 世上에 處ᄒᄂ데 必要ᄒ 知識과 技能을 傳習ᄒ며 漸次其主義를 陶冶ᄒ야 觀察을 頴敏히 ᄒ고 記臆想像의 作用을 增進ᄒ며 推理判斷을 精確ᄒ게 ᄒ야 處世上에 不便이 無케홀거슨 論을 不待ᄒ고 自明ᄒ거시ᄂ 敎授上에 最必要ᄒ거슨 其時代精神에 最適合ᄒ 敎科材料를 精選ᄒ메 在ᄒ지라 萬一 智識의 多量을 注入홈으로뼈 爲主ᄒ야 心的陶冶를 不顧ᄒ고 다못 雜多ᄒ 材料를 機械的으로 蓄積ᄒ면 其人의 人格을 高尙케 못홀샏만 아니라 習得ᄒ 知識도 活用키 無路ᄒ야 敎授의 本意가 無效에 歸ᄒ리니 然則 心的 修鍊을 또ᄒ 輕視치 못홀거시라 然이ᄂ 또 萬一 心的陶冶로뼈 唯一의 目的을 삼고 知識의 修養을 輕視ᄒᄂ 端이 有ᄒ면 往往偏見挾量에 陷홀샏만 아니라 世事에 疎遠ᄒ고 實際에 迂濶ᄒ야 生活上에 實用의 效果를 收키 不能ᄒ리니 故로 敎授의 良方은 一邊으로ᄂ 知識의 材料로뼈 感官을 鍊磨ᄒ야 觀察을 精密히ᄒ고 記憶豫想을 增進ᄒ며 推理判斷을 正當히ᄒ고 他邊으로ᄂ 心的鍛鍊을 更加ᄒ야 思想을 高尙히ᄒ고 感情을 調和ᄒ며 意志를 鞏固케ᄒ야 如此히 知的陶冶와 心的修養이 不偏不倚ᄒ야 兩兩幷進ᄒ 然後에야 敎授의 眞正ᄒ 效果를 可期홀지니 然則 敎科의 材

料撰擇과 其順序排列과 全科結合統一方法의 良否는 以上의 敎授
目的을 成ᄒ고 成치못ᄒ는데 最大ᄒ 關鍵이라

上古로브터 今日에 至ᄒ도록 何時代와 何地方을 勿論ᄒ고 學校에
셔 敎授ᄒ는 科目은 다ㅣ 當時의 理想目的을 從ᄒ야 撰擇ᄒ는거시
니 故로 敎科의 撰擇ᄒ는 方法이 其時代理想의 變遷을 從ᄒ야 相
異ᄒ거슨 自然ᄒ 理勢라 舊日東洋諸國中에 特히 我國에셔 擇用ᄒ
든거스로 觀ᄒ면 修身道德으로 唯一의 學問을 삼아 古代聖賢의 遺
書를 通解ᄒ고 文字를 知ᄒ며 文章을 作ᄒᆷ으로써 唯一의 敎科를
삼앗고 其後科擧法이 行ᄒ 以後로는 敎育의 統一이 缺ᄒ야 敎授의
方法이 不一ᄒ고 敎育의 目的이 又一變ᄒ야 畢竟有名無實ᄒ 尋章
摘句의 餘弊가 今日에 至ᄒ여스되 頑冥ᄒ 腐儒와 輕薄ᄒ 開化者類
는 時代를 洞察ᄒ야 此를 挽回ᄒᆯ 方策을 不究ᄒ고 迂論僻見을 主
張치아니ᄒ면 榮利宦夢에 浸濕ᄒ야 四千年迷夢을 永久히 醒覺ᄒᆯ
機會가 無ᄒ니 嘆惜치아니리오 西洋의 古代를 溯考ᄒ면 希臘에셔
는 敎育의 目的이 心身을 圓滿히 調和發達ᄒ야 人生을 高尙完美케
ᄒᆷ으로써 主眼을 作ᄒ지라 其敎科는 体操와 文藝二科에 大別ᄒ니
前者는 身体를 鍛鍊ᄒ고 後者는 精神을 陶冶ᄒ야 兩者가 相助調和
ᄒ 然後에아 完全ᄒ 敎育을 施ᄒ다ᄒ엿고 其後文明이 漸進ᄒᆷ을 從
ᄒ야 所謂 文明的 敎科는 最初에는 讀法 書法 音樂 唱歌 等으로 編
成ᄒ얏더니 其後에 다시 文法 習字 辯論 算術 音樂 幾何 天文의 七
科로 基本敎科를 作ᄒᆷ이 此制度가 中世紀ᄭ지 繼續ᄒ엿고 羅馬에
셔는 希臘의 理想的 見解와 反ᄒ야 實地的 敎科를 主張ᄒ고 直接
의 必要와 共通의 利益을 爲ᄒ야 言語의 熟達과 辯論의 巧能으로
써 學科의 中心을 삼고 文法으로써 重要한 敎科를 作ᄒ엿더니 中
世紀頃 宗敎의 勢力이 擴張된 後로는 宗敎 羅典語 文法 習字 辯論

術 等으로 主要혼 敎科를 作ᄒᆞ엿고 人道主義가 復興홀 時代에ᄂᆞᆫ 古學을 主眼ᄒᆞ고 實科主義가 旺盛홀 時에ᄂᆞᆫ 自然科學과 數學으로 基本敎科를 作ᄒᆞ엿고 實業主義가 勢力을 擴張홀 時에ᄂᆞᆫ 實際生活에 利益이 有혼 敎科 卽讀書 算術 外國語 實業科 等으로 主要혼 科目을 作ᄒᆞ엿고 近世에 至ᄒᆞ야ᄂᆞᆫ 各科學의 發展이 著大홀을 從ᄒᆞ야 此等科學을 專門으로도 硏究ᄒᆞ고 ᄯᅩ 各科學을 學校敎科中에 編入홀 意見을 主張홈에 至ᄒᆞ엿스니 如此히 學校敎科ᄂᆞᆫ 時代理想의 變遷을 從ᄒᆞ야 相異ᄒᆞ도다 ᄯᅩ 敎育의 如何ᄂᆞᆫ 國家盛衰에 直接혼 大關係가 有홈으로 現時開明혼 各國에서ᄂᆞᆫ 國家가 大槪敎育을 監督ᄒᆞ고 此를 干涉홈으로써 一大 任務를 삼아 敎科와 如히 敎育上의 重要혼 要素ᄂᆞᆫ 國家가 其理想ᄒᆞᄂᆞᆫ 目的을 從ᄒᆞ야 規定을 立ᄒᆞ고 方針을 指導홈에 至혼지라 然이ᄂᆞ 國家의 理想ᄒᆞᄂᆞᆫ 目的도 一定不變ᄒᆞᄂᆞᆫ거시 아니라 時勢와 人情을 從ᄒᆞ야 變홀거시민 此를 恒常 參酌 改定치 아니치못홀거시오 ᄯᅩ 一國內에서라도 各地方의 人情과 土地의 狀態를 從ᄒᆞ야 此規定을 斟酌치 아니치 못홀 거시라

然則 普通敎育을 施ᄒᆞᄂᆞᆫ데 敎科ᄂᆞᆫ 如何혼 標準을 因홀고ᄒᆞ면 第一 敎科ᄂᆞᆫ 國民開化의 全範圍를 包含혼 總要素를 撰擇홀거시오 敎授의 材料ᄂᆞᆫ 國民開化的 生活의 全範圍에서 撰擇치아니ᄒᆞ면 現在를 正當히 理解키 不能ᄒᆞ고 敎授의 目的을 達키 不能ᄒᆞ리니 此等要素ᄂᆞᆫ 大槪 今日 所謂 科學과 技術에 包括홈을 得ᄒᆞ깃스ᄂᆞ 此等 科學技術도 學校에서 直接으로 敎授ᄒᆞᄂᆞᆫ 敎科와 直接으로 敎授키 不能ᄒᆞ야 各自自由로 習得ᄒᆞᄂᆞᆫ 科目이 不無ᄒᆞ니 槪言ᄒᆞ면 敎科ᄂᆞᆫ 各國이 當時의 狀況을 顧察ᄒᆞ야 取捨撰擇ᄒᆞᄂᆞᆫ 거시오 ᄯᅩ 敎科ᄂᆞᆫ 開化의 全般을 包括치 아니치 못홀거신則 科學도 ᄯᅩ혼 心的 科學과 物的 科學이 適宜히 調和ᄒᆞ야 統一혼 世界觀을 得케 ᄒᆞᄂᆞᆫ거시 必要

ㅎ도다 然이ㄴ 各國의 狀況이 各異ㅎ야 敎科撰擇의 方法이 亦不一ㅎ되 大槪主要ㅎ 科目을 次第로 擧論ㅎ면 左와 如ㅎ니라

(一) 修身科

修身科ㄴ 古來我東洋先進諸國敎育上에 最必要ㅎ 科目으로 各敎科의 首位를 占ㅎ자라 西洋諸國에ㄴ 昔日希臘羅馬時代로브터 別노히 修身科가 無ㅎ엿고 中世紀頃에 至ㅎ야 耶蘇敎가 傳播된 以後로 各國이 敎育上에 宗敎科를 特設ㅎ고 (法國과 其他數國은 除外) 神學을 敎授ㅎ야 此로써 各敎科의 數科를 삼아 今日에 至ㅎ도록 此 神學이 各敎科를 統一連結ㅎㄴ 基礎가 된듯ㅎ나 東洋諸國에셔ㄴ 事情이 此와 異ㅎ야 古來로 修身道德이 거의 唯一의 敎科가 되엿슴으로 人民의 思想이 此間에 涵養되여 道德의 觀念이 隱然히 腦髓에 印ㅎ엿슨즉 今後로 敎育의 路에 當ㅎㄴ 者가 捨短取長ㅎ야 此를 漸次改善完成케홀 道理ㄴ 容易ㅎ거니와 此를 根本的으로 變更홀 必要ㄴ 無ㅎ깃도다

大抵 兒童의 良心을 啓培ㅎ고 德性을 涵養코져ㅎ면 此를 몬져 智識의 方面으로 誘導ㅎ야 善惡의 區別을 眞正히 ㅎ고 善良ㅎ 理想을 構成ㅎ야 行爲의 結果를 判斷케 ㅎㄴ 作用을 啓發홀쑨만 아니라 修身科의 敎授가 適當홈을 得ㅎ면 道德的 要素를 培養ㅎ고 善을 行코져ㅎㄴ 意思의 働作을 興奮홀거시라 吾人은 元來 發達홀만ㅎ 力量이 有ㅎ야 此가 自己와 밋 他人의 經驗으로 由ㅎ야 發達ㅎ나니 故로 敎授上에 秩序를 正히 ㅎ고 感化를 施ㅎ야 道德의 實踐을 主張ㅎㄴ거시 必要ㅎ도다 或은 謂ㅎ되 普通敎育上에 特別히 修身科를 設홀 必要가 無ㅎ고 敎科홀 時에 各敎科를 修身에 關係가 有ㅎ게 傳授ㅎㄴ거시 便利ㅎ다ㅎㄴ 此ㄴ 各敎科의 固有ㅎ 目的이 아닌則

다못 如此히 ᄒᆞ여셔ᄂᆞᆫ 滿足ᄒᆞᆫ 結果를 收키 難ᄒᆞ리니 然則 今日東洋 諸國의 大体로 觀ᄒᆞ면 修身科로써 秩序잇ᄂᆞᆫ 道德的 敎育을 施ᄒᆞ야 此로써 各敎科를 統一케ᄒᆞᄂᆞᆫ거시 必要ᄒᆞᆯ 듯 ᄒᆞ도다(未完)

(二) 言語科(國語及外國語)

言語修養과 心的陶冶ᄂᆞᆫ 密接ᄒᆞᆫ 關係를 有ᄒᆞᆫ 거시니 普通敎育上에 言語의 修養은 最必要ᄒᆞᆫ 거시라 吾人은 言語로써 意思表示와 思想 發展의 重要ᄒᆞᆫ 手端으로만 用ᄒᆞᆯ 쑨이 아니라 此로 由ᄒᆞ야 人類發展 의 經路와 國民開化에 多大ᄒᆞᆫ 影響을 及ᄒᆞᆫ 許多ᄒᆞᆫ 記錄을 理解키 能ᄒᆞ나니 故로 上古로브터 敎育設備上에 最初에ᄂᆞᆫ 言語를 敎授ᄒᆞ 야 書冊을 讀케ᄒᆞ고 또 此義意를 理解ᄒᆞᆷ으로써 重要ᄒᆞᆫ 科目을 삼앗 스니 此ᄂᆞᆫ 必竟 此等學習으로써 時代國民의 心的生活을 保有케ᄒᆞ 고 또 普通敎育의 基礎를 作ᄒᆞᆷ에 由ᄒᆞᆷ이라

今日普通敎育을 施ᄒᆞᄂᆞᆫ 學校에셔 程度의 如何를 不問ᄒᆞ고 一般自 國語로 중심을 삼ᄂᆞᆫ 거슨 세계각국이 일반이라 古昔人道主義가 復 興ᄒᆞᆯ 時代에ᄂᆞᆫ 古語를 硏究ᄒᆞ야 古人의 遺書를 利害ᄒᆞᆷ으로써 惟務 ᄒᆞ고 外國語를 自國語보다 도리혀 尊重히 ᄒᆞᆫ 弊端이 有ᄒᆞ엿스나(我 國의 從來敎育이 我國國文은 卑賤ᄒᆞ다 ᄒᆞ야 排斥不用ᄒᆞ고 漢文만 典尙ᄒᆞ엿스며 漢文에도 또 古字篆字와 窮僻ᄒᆞᆫ 文字등을 多數探究 ᄒᆞ야 古書를 多解ᄒᆞᆷ으로써 學識의 尊卑를 比較ᄒᆞᆷ과 如ᄒᆞᆷ) 此等謬見 은 過去時代에 已屬ᄒᆞ고 各國이 다ㅣ 그 自國語로써 敎育의 中心을 삼나니 此ᄂᆞᆫ 卽國民으로 ᄒᆞ여금 各自의 義務를 盡케코져ᄒᆞ면 일즉 히 國家名義에 同情을 表ᄒᆞ야 愛國의 情을 喚起케ᄒᆞᆯ 거시오 또 國 語ᄂᆞᆫ 其國民의 思想感情을 表出ᄒᆞᄂᆞᆫ거시미 同胞를 結合ᄒᆞᆷ에 最有 力ᄒᆞᆫ 方便이라 如此히 國民學校程度에셔ᄂᆞᆫ 다못 自國語로써 國民

現時의 狀況을 了解홈으로뼈 滿足흘거시나 萬一一層을 更進ᄒ야 此硏究理解의 力을 深遠케코져ᄒ면 其由來의 沿革을 明察ᄒ고 他國의 開化를 比較ᄒ며 他國民의 思想感情을 探究홀 必要가 有ᄒ도다 然則 國民學校以上程度되ᄂ 學校에셔 國語를 課ᄒ며 外國語를 課ᄒᄂ거슨 不得已흔 理勢라 特히 他國의 文化를 受入ᄒ야뼈 自國의 發展을 供給ᄒᄂ 國에셔ᄂ 一層 그 必要를 見ᄒ나니 故로 現時에ᄂ 何國을 勿論ᄒ고 中學程度以上되ᄂ 學校에셔ᄂ 自國과 最密接흔 關係가 有흔 一二個外國語를 課케으고 此와 同時에 自國文學을 一層 더 硏究ᄒ야 自國文學의 眞髓를 翫味ᄒ며 特質과 妙味를 感得케ᄒ야 演說과 文章上에 精巧를 極ᄒ게 務圖ᄒᄂ거시라

(三) 數學科

數學은 舊日 東洋學問界에 六藝中一科로 珍重흔 거시라 元來數學은 外物에 關흔 智識을 硏究ᄒᄂ 者이니 此로 因ᄒ야 外界에 關흔 適當흔 觀念을 得ᄒ며 그 種種흔 現象과 關係를 理解키 能ᄒ고 日常生活上에 人을 計ᄒ야 出을 節ᄒ며 柴少의 誤謬가 不生케ᄒ야 處身을 適宜히ᄒ며 勤儉貯蓄의 觀念을 養成ᄒ고 特히 商工業에 從事ᄒᄂ 者ᄂ 此觀念이 有흔 然後에야 經濟上職業上에 正當흔 位置를 制定홀 거시오 쏘 挽近以來 各種科學이 發展된 以後로 數學의 地位가 一層 緊要홈을 認定ᄒᄂ니 卽數學은 自然界의 現象과 法則에 對ᄒ야 精密흔 認識을 吾人에게 與ᄒᄂ 者이미 數學은 卽科學發展의 重要흔 原因이오 쏘 科學攻究의 重要흔 方便이라 吾人은 數學으로 因ᄒ야 確實흔 眞理를 認識ᄒ며 感官(五官)으로 得흔 知覺을 正當히 ᄒ며 經驗以外의 見知를 闡開ᄒ야 因果의 法則을 的確히 ᄒ고 쏘 此를 嚴密히 証明ᄒ야 自然力을 制禦利用ᄒᄂ니 其

他種種ᄒ 效用에 至ᄒ야ᄂ 一一히 枚擧키 未遑ᄒ도다 如此이 數學은 吾人의 日常生活上에만 必要ᄒᆯ 뿐 아니라 他學科攻究에 基礎가 됨으로 各國이 初等學校에셔ᄂ 日常卑近의 事實에 對ᄒ야 精確迅速히 計算을 爲主ᄒᄂ 算術을 教授ᄒ고 中學程度에 至ᄒ면 數學으로써 거의 全學科의 首位ᄅᆯ 占居케ᄒᄂ 傾向이 有ᄒ도다

(四) 歷史科

歷史ᄂ 人生의 苦心經營과 事業成敗와 行爲善惡과 國家社會의 盛衰興亡과 人類發達의 經路와 種種ᄒ 過去의 事實을 一一히 明示ᄒ야 吾人으로 ᄒ여금 人에 對ᄒ며 國家社會에 對ᄒ야 同情을 振起ᄒ고 良心을 興奮ᄒ며 人生凡般에 對ᄒ 知識을 給與ᄒᄂ 者이라 然則 歷史ᄂ 修身과 또 密接ᄒ 關係가 有ᄒ으로 昔日브터 道德的 教訓上에 往往歷史ᄅᆯ 採用ᄒ 事實이 有ᄒ엿스ᄂ 歷史ᄅᆯ 一教科로 編入ᄒ야 普通教育上에 課授케ᄒ거슨 十八世紀頃으로부터 始作ᄒ엿고 挽近에 至ᄒ야ᄂ 歷史ᄂ 人格을 陶冶ᄒ고 國家的觀念을 養成ᄒ며 政治的智識을 傳與ᄒᄂ데 適當ᄒ 거스로 認定ᄒ야 普通教育上에 重要ᄒ 教科가 된지라 그러ᄂ 初等教育에ᄂ 自國歷史ᄅᆯ 主眼ᄒ고 歷史上 關係ᄅᆯ 示ᄒᆯ지라도 自國歷史로 充足ᄒᆯ거신則 小學校 歷史教科ᄂ 各國이 大槪 自國歷史ᄅᆯ 標準ᄒ도다 然이ᄂ 何國을 勿論ᄒ고 其國의 文化發展은 此와 密接關係ᄅᆯ 有ᄒ 他國影響을 被授ᄒ이 不少ᄒ미 自國開化發達의 淵源을 推究코져ᄒ면 不得不 此等 關係國의 歷史ᄅᆯ 또 參考ᄒᆯ 必要가 有ᄒ니 故로 中等以上 教育을 施ᄒᄂ 學校에셔ᄂ 外國歷史ᄅᆯ 教授ᄒᄂ거시 今日各國教育界의 通則이라

(五) 地理科

地理學은 地球及地球의 表面狀態와 쪼 地球上人類生活의 狀態를 明瞭히 ᄒ고 土地와 人類의 關係를 說明ᄒᄂ 學科라 卽地球가 天体에 對ᄒ 關係와 地球表面上에 散在ᄒ 自然物及其現象과 地球上에 生殖ᄒᄂ 生物(動植物)과 人類生活의 狀態를 明示ᄒ고 쪼 此間에 存在ᄒ 因果의 關係를 說明ᄒ야 人的敎科와 物的敎科의 兩智識을 結合ᄒᄂ 敎科라 本是普通敎育에서ᄂ 兒童의 生活ᄒᄂ 本地方과 本國과 밋 本國과 重要ᄒ 關係가 有ᄒ 隣國의 地理的現象을 敎授ᄒᄂ 거시니 此等事實은 昔日交通이 未開ᄒ야 鎖國自活ᄒ든 時代에ᄂ 直接生活上에 必要를 不感ᄒ므로 斯學의 歷史가 久遠ᄒ믈 不拘ᄒ고 幼穉의 程度를 未免ᄒ다가 近世에 至ᄒ야 비로서 此를 敎科에 編入ᄒ여스니 此ᄂ 近時各種의 交通機關이 大開ᄒ야 遠隔의 地를 比隣과 如히 交通ᄒ믜 至ᄒ여스믜 此等地理的智識이 實際生活上에 必要를 生ᄒ므로 由ᄒ미라 特히 人類生活의 狀態ᄂ 一一이 自然的狀態의 影響을 被치아님이 無ᄒ니 人類生活을 理解코져 ᄒ면 此等互相의 關係를 攷究치 아니치 못ᄒ거시오 쪼 自己의 生活ᄒᄂ 地方及自國의 政治經濟相의 狀態와 自國이 外國에 對ᄒ 地位等은 此를 他地方國土의 比較對稱으로 因ᄒ야 明覺ᄒ믈 得ᄒᄂ니 然則地理敎授ᄂ 國民敎育과 處世生活上에 重要ᄒ 價値만 有ᄒᆯ 쑌 아니라 理科硏究上에 쪼欠치 못ᄒᆯ 敎科니라

(六) 理科

理科의 目的은 自然物과 及自然의 現象을 說明ᄒ야 此가 總히 一定ᄒ 理法下에 支配ᄒᄂ거슬 証明ᄒ고 쪼 自然物互相間의 關係와 自然物이 人生에 對ᄒ 關係를 理解ᄒ야 一邊으로 自然을 制禦利用

ᄒᆞ며 一邊으로ᄂᆞᆫ 吾人人類의 生活狀態를 增進케ᄒᆞᄂᆞᆫ 거시니 其範圍ᄂᆞᆫ 動物植物鑛物三界로브터 物理的化學的 現象과 人身生理衛生에 涉ᄒᆞᆫ 廣大ᄒᆞᆫ 材料를 包括ᄒᆞ엿도다 此等諸科를 如此히 結合ᄒᆞ야 初等學校에서 敎授케 ᄒᆞᄂᆞᆫ거슨 初學者로 ᄒᆞ여금 自然을 解折ᄒᆞᆯ 時에 互相間에 關連ᄒᆞᆫ 現象을 個個히 分割치 아니ᄒᆞ고 多方面으로 觀察ᄒᆞ야뼈 正當ᄒᆞᆫ 理解를 得케 홈이라 然이나 中等敎育以上程度에 達ᄒᆞ면 漸次 科學的 敎授를 施치 아니치 못ᄒᆞᆯ 거신則 此等諸材料를 各히 分科로뼈 順을 從ᄒᆞ야 敎授케 ᄒᆞ도다 盖吾人이 此世에 生活ᄒᆞᄂᆞᆫ 以上에ᄂᆞᆫ 須曳라도 自然物과 自然의 現象을 遭遇相關치 아님이 無ᄒᆞᆫ則 此等自然物의 性質을 探究ᄒᆞ고 現象과 理法을 明察ᄒᆞᄂᆞᆫ거슨 實際生活上에만 必要ᄒᆞᆯ ᄲᅮᆫ 아니라 此를 利用ᄒᆞ면 自然力을 制禦ᄒᆞ야 人生의 開化를 增進케 ᄒᆞ며 現世開化를 理解ᄒᆞᄂᆞᆫ데 欠치 못ᄒᆞᆯ 敎科니 實로 實業의 發展과 物質的 進步ᄂᆞᆫ 全혀 國民의 理科的 智識進步如何에 在ᄒᆞ도다.(未完)

◎ 學課의 要說, 서북학회월보 1권 9호, 융희3년 2월(1909.2.)

現今 我國의 敎育 情況이 稍稍 興起ᄒᆞᆫ다 云ᄒᆞ나 地方 各校의 內容을 觀察ᄒᆞ건ᄃᆡ 不完全 不規則의 欠點이 居多ᄒᆞᆫ지라. 此를 改良 進步케 홈이 實 是 急務인 故로 玆에 先進國에서 制定ᄒᆞᆫ 中學校 學課表를 參巧 譯載ᄒᆞ야 一般 敎育家의 模範될 材料를 供獻ᄒᆞ노라.

第一 修身

修身은 一年級으로 五年級꾸지 每週 一 時間式 敎授호딕

第一 第二學年에서는 道德의 要領 中 大体 如左호 細目에 關호야 敎授홈.

學徒의 注意(學校規則 師長에 對호 注意)

衛生에 關호 注意(運動을 勉호며 飮食을 節호며 身体와 衣服과 住居 等을 淸潔케 홀 件)

修學에 關호 注意(志操를 堅固케 홀 事, 學業을 勤勉홀 事, 困難을 忍耐홀 事)

朋友에 對호 注意(信義를 尊重홀 事, 愛情으로 交際홀 事, 互相 助力홀 事)

起居 動作에 關호 注意(時間을 貴重홀 事, 秩序를 整頓홀 事, 禮容을 崇尙홀 事)

家庭에 對호 注意(父母에게 孝홀 事, 兄弟間에 友愛홀 事)

國家에 對호 注意(國体를 尊崇홀 事, 國法을 遵守홀 事, 義勇公에 顯身홀 事)

社會에 對호 注意(長者와 公德을 尊敬홀 事, 自己의 地位와 職業에 對호 責任을 重히 홀 事)

修德에 關호 注意(主要호 諸德의 說明 及 其 實踐의 方法)

第三四學年

自己에 對호 責務(身体의 健康과 生命에 對홈과 精神의 智情義에 對홈과 自立에 就호야 職業 財産에 關호 事와 人格에 關호 事)

家庭에 對호 責務(父母 兄弟 姉妹 子女 夫婦 親族 祖先 家門 僕婢 等

에 對한 事)

社會에 對한 責務(個人으로 他人의 人格 身体, 財産, 名譽를 重히 ㅎ며 秘密 約束을 守ㅎ며 恩誼를 施ㅎ며 朋友 長幼 貴賤 主從의 關係를 明白히 ㅎ며 女性을 侮치 勿ㅎ며 又 公衆과 協同一致ㅎ기 爲ㅎ야 個人의 利害를 不顧홀지며 社會의 秩序와 進步에 留意ㅎ야 所屬 團体에 對ㅎ야도 相當의 責務를 盡홀 事)

國家에 對한 責務(國体가 何物됨을 知케 ㅎ고 皇室에 對ㅎ야 忠을 盡홀 事와 皇祖, 黃宗, 黃運의 大略과 國家에 關ㅎ야 國憲과 國法을 重히 홀 事로붓터 愛國 兵役 租稅 敎育 公務 公權 國際의 義理 等)

右外에도 人類의 對한 責務, 万有에 對한 責務(動物, 天然物에 對한 所務 及 眞善美 等)를 精細히 硏究ㅎ며 此와 關聯ㅎ야 此를 身에 修得한 德을 說明ㅎ고 諸 責務 及 諸 德相호되 關係를 敎授ㅎ며 第五年級에 至ㅎ야는 每週 一時間式 倫理學 一班의 敎授를 受ㅎ야 行爲의 要素 良心, 理想, 責務德, 修德의 工夫 倫理法과 自然法과 關係 等에 對ㅎ야 略知케 ㅎ고 最後에는 前學年 中 授業한 道德의 要領을 總攬ㅎ고 此에서 終홈이 規홈이라.

第二 國漢文 附 作文 習字

最初에는 國語와 漢文에 區別이 無ㅎ다가 漸進한 後에 各異한 敎科書로 敎ㅎ며 授業時間은 第一二三年級에는 每週 講讀 五時間 文法 作文 一時間 習字 一時間 都合 七時間인데 其材料는 現代 著述家의 平易한 記事 敍事文 演說 談話書 牘及 新體詩 等(中略)이오 第四學年級에는 古文 史記 蒙求 論語의 一端 國文學史

等을 敎授호딕 時間은 五年級 第二學期시지는 每週 講讀이 五時
間이며 全第三學期는 每週 三時間式 敎授ᄒ야 卒業케 ᄒᄂ니라

第三 歷史

歷史는 第一에 其 事實을 記憶ᄒ고 第二에 原因 結果의 關係를
明白히 ᄒ며 第三에 此로 從ᄒ야 人間社會에 對ᄒ 成敗 得失의 法
則을 摘出ᄒ야 小ᄒ면 一身 一家와 大ᄒ면 國家 社會의 進步 發達
홈에 應用ᄒ는 者인딕 就中 內國史로 論ᄒ면 我 祖宗 建國 以來
國家의 精神을 知케 ᄒ는 同時에 國民의 元氣를 養成ᄒ는 故로 中
學校에서는 五學年間에 二次를 學케 ᄒ되 第一年級에서는 每週
一時間 第二年級에서는 每週 一時間式 如左ᄒ 項目을 敎授ᄒ니
라. (中略)

五年級에서는 槪括的으로 各 時代의 主要ᄒ 事績, 制度, 文物,
外交, 宗敎, 風俗 等을 擧ᄒ야 多少 專門의 智識 及 歷史的 批評을
得케 홈인딕 每週 一時間式 敎授ᄒ며

次에 萬國史에 對ᄒ야는 東西를 區別ᄒ야 東洋史는 第三年級에
서 每週 二時間植 如左ᄒ 項目을 敎授홈

上古(上代의 支那, 唐虞三代, 春秋時代, 周의 制度 及 文物, 戰
國, 孔子, 周末의 學術, 上代의 印度, 佛敎의 興起)

中古(秦의 統一, 漢楚의 爭雄, 漢高祖의 創業, 文帝 景帝의 治
積, 武帝의 業, 四夷의 服屬, 王莽의 簒位, 後漢의 政治, 匈奴, 西域
의 叛服, 三國鼎立, 晋 五胡 十六國 南北朝, 隋 唐太宗, 武韋의 禍,
唐末의 大亂 (中略) 漢唐의 儒學 文藝, 佛敎 道敎 及 其他의 宗敎,

南海의 貿易, 五代, 宋太祖 仁宗의 治積, 王安石의 新法, 遼金의 興廢 (中略) 宋金의 交涉, 宋代의 儒學, 文藝 及 宗教)

近古(蒙古의 勃興, 元太祖의 西征, 太宗 憲宗의 南征, 世祖의 一統 及 東侵, 元代의 治亂 附 諸汗國의 盛衰, 明 太祖, 靖難의 役, 成祖의 遠略, 帖木兒, 明의 中世, 交趾의 版服, 明의 末世, 元明의 儒學 文藝, 莫臥帝國의 興亡, 葡萄牙, 이스바냐의 東略, 天主教의 東流)

近世(淸의 開國, 世祖의 一統, 淸聖祖, 高宗의 業, 淸의 學術, 東洋에 對호 蘭英 諸國의 競爭, 英領 印度, 淸英의 交涉, 長髮賊의 亂, 北淸事變, 露國의 東略, 淸露의 關係, 安南 *羅, 淸佛의 交涉, 韓淸日의 關係, 中東戰爭, 東洋에 對호 東亞 諸國의 現狀)

西洋史는 第四年級에셔 每週 二時間 第五年級에셔 每週 一 時間式 敎授호디 左와 如호 事項을 敎授홈

上古(埃及, 헤부라이, 휘니겨, 巴比倫[1], 앗시리아, 波斯[2], 다류스, 크석세의 業, 希臘, 希臘의 文物, 아데네, 스발다, 데-베, 波斯의 交涉, 黑海沿岸의 地方, 마게도냐, 亞歷山大[3]의 業, 휘니갸의 殖民地, 伊太利 統一에 至호 羅馬, 포에니 戰役, 亞歷山大 後에 東方諸國, 羅馬 共和制의 末路, 羅馬의 東征, 카에서의 業 , 羅馬帝政의 初, 羅馬와 발지아, 波斯, 羅馬의 制度 及 國情, 基督教)

中古(게마니의 東羅 遷徙와 波斯, 스랍 諸部落, 사라센, 中古에

---

1 파비륜(巴比倫): 바빌로니아.
2 파사(波斯): 페르시아.
3 아력산대(亞歷山大): 알렉산더.

在혼 東歐와 西歐, 카를 大帝의 業, 노루만, 神聖羅馬帝國, 法皇의 威權, 西歐의 制度 及 國情, 十字軍과 東方 諸國, 英國와 法國, 東歐의 國情, 蒙古의 侵入, 古學의 後興, 活板의 發明, 兵制의 變遷, 地理上의 發明, 西歐 諸國의 中央集權, 議會의 始起, 地方의 連合, 宗敎의 頹廢 及 救濟의 企圖, 옷도만 土耳其의 侵入, 宗敎改革, 이스마니아와 法國, 슈머칼덴 同盟)

近古(葡萄牙[4], 이스바니아의 殖民地, 宗敎改革의 反動, 和蘭의 獨立, 英國의 쥬더 朝, 法國 宗敎의 爭, 三十年 戰役, 法國 國家主義의 確立 及 外國 侵略, 이스바니아 繼承의 役, 英國의 革命, 南洋 及 東洋에 對혼 葡萄牙, 이스바니아, 和蘭 英國, 近古에 在혼 北歐 及 東歐 諸國의 盛衰, 北歐의 戰役, 波蘭 近隣 諸國, 부로시아의 勃興, 濠太利亞[5] 繼承의 役, 七年戰役, 英國 法國의 殖民策, 露國의 外交 及 拓植, 北米 合衆國의 獨立, 十八世紀에 在혼 歐洲 諸國의 情勢 及 文物) (以上은 第四年級)

近世(法國의 革命, 波蘭의 滅亡, 列國 局面의 變化, 拿破崙 一世의 業, 英國 殖民地의 擴張, 歐羅巴 獨立戰役, 뷘 列國會議, 歐洲 亂役의 國情, 米洲 諸國 及 希臘의 獨立, 七月 革命及 其 影響, 英國의 政黨政治, 東方問題, 二月革命 及 其 影響, 西歐와 東歐, 亞細亞에 對혼 露國 英國 法國, 伊太利 統一, 獨逸 統一의 企圖, 北米 合衆國의 經濟와 南北戰爭, 墨西哥[6], 法國의 交涉, 슈레수위그 홀스다인 問題, 부로시아 濠太利亞의 戰役, 德國 法國의 確執, 德國 統一, 露國과 바록간 半島, 埃及問題, 英西蘭法德美의 太平洋

---

4 포도아(葡萄牙): 포르투갈.

5 호태리아(濠太利亞): 오스트리아.

6 묵서가(墨西哥): 멕시코.

洲, 北米 合衆國 國是의 變遷 及 太平洋, 亞弗利加 南部의 拓植, 반스라뷔씀, 十九世紀의 文明 及 思潮, 世界에 對혼 東洋 諸國) (未完)

◎ 學課의 要說, 서북학회월보 1권 10호, 융희3년 3월(1909.3.)

第四 地理科

地理科는 國內, 外國, 地文 三部에 分ᄒ얏는딕 其 敎授 細目은 如左홈. 第一學年은 每週 二時間式 第二學年으로 五學年ᄭ지는 一時間式 次와 如혼 者를 敎授홈

    緒論(大洋, 大洲, 島嶼, 兩極, 赤道, 三帶 經緯度, 地圖의 畵法 等)

    內國 地理 總論(位置, 地勢, 氣候, 天産物, 住民, 政治, 生業, 交通)

    地方誌(各道 州郡의 區分과 天然 及 人事上 國民生活에 關혼 事)

    外國地理亞細亞(總論日本) (以上 第一學年)

    外國地理의 續 亞細亞의 續과 大洋洲(以上 第二學年)

    外國地理의 續 歐羅巴(以上 第三學年)

    外國地理의 續 阿弗利加, 結論(世界에 貿易, 交通, 人口, 言語, 宗敎, 我國과 外國의 關係 及 其 富力, 兵士, 領土, 植民地의 比較, 世界에 對혼 我國의 地位) (以上 第四學年)

    地文, 總論, 陸, 大氣, 海, 生物(以上 第五學年)

第五 數學科

數學科ᄂ 算術, 代數, 幾何, 三角 四部에 分ᄒ얏ᄂᄃ 筭術은 第一學年에셔 每週 四時間式 第二學年에셔 二時間式 敎授ᄒᄃ 其細目은 如左홈.

緖論(命數法, 記數法, 小數) 整數 及 小數 四則, 諸等數(時間, 米突法 度量衡, 尺貫法 度量衡, 本邦 貨幣, 外國 度量衡 及 貨幣, 諸等通法 及 命法, 諸等數四則) 整數의 性質(可約性, 素數, 約數, 最大公約, 最小公倍), 分數(分數의 主要ᄒ 性質, 約分通分, 分數ᄅ 小數로 化ᄒᄂ 法 及 小數ᄅ 分數로 化ᄒᄂ 法, 分數의 四則) 比及比例(以上 第一學年)

比及比例의 續(連鎖法, 比例分配, 混合), 割合(總論 步合筭, 利息筭, 其他 割合에 關係ᄒ 日用 諸筭) 冪(멱) 及 根(自乘冪, 及 平方根, 三乘冪 及 立方根 求積) (以上 第二學年)

代數ᄂ 第二三四年級에셔 每週 二時間의 割合으로 敎授ᄒᄂᄃ 其 細目은 左와 如홈.

緖論(記号의 定義, 代數式 結合의 法則, 定義의 擴張, 負數)

3.2. 교과서

---※---

『대한매일신보』에 실린 교과서 관련 자료는 허재영(2009)에서 정리한 바 있다.
여기에 실은 자료는 『제국신문』, 『황성신문』, 학회보에서 찾은 자료들이다.

◎ 제국신문, 광무 2년(1898)년 9월 28일

근릭에 학부에서 황명교령이란 칙 일빅 질을 기간ᄒ야 대닉로 드
려갓ᄂ디 그 칙인즉 명나라 썬에 각식 장뎡과 규칙 시힝ᄒ던 칙이
오 미질에 열 권식 합 일쳔 권인디 의정부 참정 윤용션 씨 쥬관이
라더라.

◎잡보, 제국신문 광무 2년(1898) 11월 2일

평양 소학교에셔 론을 지어 학부로 보닉엿스미 학도 권면ᄒᄂ 훈
령과 시무에 맛당ᄒ 셔칙을 좌와ᄀᆺ치 나려보닉엿다더라 공법회통

두질 퇴셔신스 국한문 다섯질 셔유견문 한권 즁일스략 열권 아라샤 스략 이십권 심샹소학 열질 대한국디도 두복 젹은 디구 그림 두복 과 열흘 문제를 뼈 보닉엿다더라 (제1권 70호 광무2년 11월 2일)

◎잡보, 제국신문 광무 4년(1900) 2월 7일

광고: 빅지학당에셔 작년 납월 방학혼 시이에 영셔 셔칙 슈빅권을 견실ᄒ엿ᄂᆞᆫ대 칙 일홈을 좌에 긔록ᄒ오니 쳠군즈ᄂᆞᆫ 그런 셔칙을 어딕셔든지 보시거든 본 학당으로 긔별ᄒ시면 특별히 그 후의를 갑겟소.

    빅지학당쟝 아편셜라

    카펜터스 을리더(北米與亞細亞地誌)

    파퓨라 싸인쓰(博物誌)

    퍼스트 을리더(第一讀本)

    씨큰 을리더(第二讀本)

    더드 을리더(第三讀本)

    포드 을리더(第四讀本)

    핍드 을리더(第五讀本)

    디어그러피(地誌學)

    히쓰토리(史記)

◎ 론셜, 제국신문, 광무 6년(1902) 10월 28일

경장 이후 교과서나 해외 견문자들의 서책이 만들어지지 않음을 개탄하며,
서책을 통한 계몽의 필요성을 강조함

아직신지도 동서를 분간치 못ᄒᆞᄂᆞᆫ 사름은 말ᄒᆞᆯ 것 업거니와 대
강이라도 세상 형편을 짐작ᄒᆞᄂᆞᆫ 이는 기명쥬우ㅣ가 하로밧비 확쟝
되여야 부지ᄒᆞᆯ 것이오 기명쥬의를 확쟝코즈 ᄒᆞᆯ진ᄃᆡ 교육이 아니면
엇지ᄒᆞᆯ 슈 업ᄂᆞᆫ 쥴을 다 얼어들을지라. 그런즉 교육이 아니면 나라
의 빅셩이 흥왕발달ᄒᆞᆯ 슈 업스니 교육이 뎨일 급ᄒᆞ다 ᄒᆞᄂᆞᆫ바ㅣ니
교육에도 분간이 잇ᄂᆞᆫ지라. 학교를 셜시ᄒᆞ야 인직를 ᄂᆡ쟈 흠은 교
육에 대지가 될 터이나 학교는 무슴 돈으로 방방곡곡이 일조일석
에 셜시ᄒᆞ깃스며 셜령 방방곡곡이 셜시ᄒᆞᆫ다 ᄒᆞᆫ들 당쟝에 셔칙이
업슨즉 일어나 영어를 몃히 빈화가지고 그 글로 칙을 볼 만ᄒᆞᆫ 후에
야 참 학문을 공부ᄒᆞ야 보깃고 ᄯᅩᄒᆞᆫ 그 후엔들 학도된 이들만 학문
이 잇고 기여 전국 남녀는 다 어두어서 동셔를 분간치 못ᄒᆞᆯ진ᄃᆡ 엇
지 교육 공효가 잇스리오.

그런즉 지금 뎨일 급ᄒᆞ고 긴ᄒᆞᆫ 것은 ᄉᆡ 학문 셔칙이라. 일변 학교
를 셰우고 싱도를 ᄀᆞ라치려도 국문으로 번역ᄒᆞᆫ 학문 셔칙이 잇셔
야 ᄒᆞ깃고 일변으로 공부 못ᄒᆞᆯ 사름과 아니ᄒᆞᄂᆞᆫ 전국 남녀로소들
로 ᄒᆞ야금 사름마다 보고 일거 것가량은 다 알녀 가지고야 학교에
셔 공부ᄒᆞᄂᆞᆫ 학도들도 효험이 업슬 것이오 ᄯᅩ한 빅셩들이 학문의
긴ᄒᆞᆫ 쥴을 알아서 국직를 의뢰ᄒᆞ지 아니ᄒᆞ고 각기 즈의로 학교를
셜시ᄒᆞ야 셔로 권면ᄒᆞ며 ᄀᆞ라칠지니 경쟝 시초에 뎨일 몬져 ᄒᆞᆫ 일

이 셔칙을 만들어 전국에 퍼치는 것이라.

그러나 우리나라에 이십여 년릭로 경쟝쥬의를 인연ᄒ야 닉란도 멋번 잇셧고 법률도 곳쳐 보앗스나 오날ᄭ지도 칙 만들어 젼파ᄒᆯ 회샤라든지 공회를 지은 것은 업고 <u>년젼에 학부에서 편집국을 셰워 대한 스긔, 디지 완, 심샹소학, 공법 회통, 틱셔신스 등 칙권을 쳥국셔 만든 딕로 번간ᄒ야 도로 한문을 닉고 다만 틱셔신스를 국문으로 번역ᄒ엿스나 한문 모로는 이는 볼 슈 업시 만들엇고 기외에 현칙 씨가 칙질이나 번역한 것이 또한 국한문으로 셕거 만든 것이오</u> 기외에는 다시 들어보지 못ᄒ엿스며 년릭 신문으로 인연ᄒ야 픽가망신한 이도 잇스나 그 후로는 칙과 글에 올흔 말ᄒ다가 다시 화를 당ᄒ엿다는 이는 업슨즉 국즁에 인민이 무엇으로 긔화의 리익을 ᄭᅵ달으리오.

경쟝 이후로 싱도를 봅바셔 셔양 각국에는 보닉여 본 적도업거니와 멋십 명 일본에 보닌 거시 학비금을 쥬지 못ᄒ야 무슨 곤경을 격그며 타국의 거렝이 노르슬 ᄒ니 싱도된 재들의게도 불힝이어니와 셰샹에서 대한 정부와 빅경을 일톄로 엇덧타 ᄒ깃뇨. 일로 말ᄒ면 유학싱을 보닉엿다고 말ᄒᆯ 슈 업시 되엿스나 <u>긔후로 종종 즈리ᄒ야 미국에 가셔 공부ᄒ고 근즈에 도라온 자도 여러히오 일본에 유학한 쟈도 도라온 쟈이 여러히라. 그 문견과 의스의 긔명홈은 의심ᄒᆯ 것이 업거니와</u>

본릭 외국에 가셔 공부ᄒ는 본의는 <u>싀 학문을 몬져 빅화가지고 내나라 모로는 사ᄅᆷ들의게 알녀쥬어 열니게 ᄒ는 거시 첫직 목적이기로 도라온 후에는 셔칙을 만드는 거시 의당히 ᄒ는 일이어날</u> 우리나라 싱도들은 칙 흔 권 ᄆᆫ들어 낸 쟈ㅣ 업스니 셜령 발간ᄒᆯ 슈 업셔 그러ᄒᆯ진딕 국즁 신문의 대강이라도 긔록ᄒ여 셰샹이 엇

더훈 쥴을 만분지 일이라도 알게 ㅎ려면 당초에 이런 거슬 보지 못
ㅎ니 그 무슴 연고ㅣ뇨. (하략)

◎ 論說, 學部 敎科書 問題,
  황성신문, 광무 10년(1906) 4월 5일, 4월 6일

학부에서 일본 문자로 교과서를 편찬하고자 한 방침에 대해 비판하는 논설
임. 〈대한매일신보〉 1906년 3월 29일(신 논교과서), 1906년 4월 3일 잡
보 '교과개량', 4월 13일 잡보 '교과질변', 1906년 4월 13일 ~ 14일 기서
'논 일어교과서'(혈루생), 6월 6일 잡보 '교육화태' 등의 기사와 같은 맥락
의 논설임.

教科書 者ᄂᆞᆫ 非閑漫書籍之類也라. 迺敎育之科程也오 指針也니
敎科之書가 苟不得其要領이면 不但 敎育之無效라. 反使其學者로
顚倒迷亂ᄒᆞ야 失其門路之趨嚮ᄒᆞᆯ지니 敎科書之關重於敎育이 顧
何如哉아. 盖其敎育之科程이 各其國之文化程度ᄒᆞ야 有國風國言
之殊ᄒᆞ며 有國情國性之別ᄒᆞ고 又有尋常高等과 普通專門之階級
ᄒᆞ야 戴然區劃이 不可混錯者故로 各 其國敎科之書文이 不能相同
ᄒᆞ며 大小學校之敎科書類가 亦自判異어ᄂᆞᆯ 近聞學部之消息컨딕
編輯之局에 敎科書之編纂者를 純用 伊呂波之日本文字라 ᄒᆞ기로
吾輩ᄂᆞᆫ 對此問題ᄒᆞ야 吃了一驚ᄒᆞ고 疑雲萬疊흠은 大抵 現今 小
學之兒童이나 勿論 中學之學員ᄒᆞ고 瞭然莫解於日本之言語ᄒᆞ며
亦不知日本之文法이거ᄂᆞᆯ 若强敎以假音之書類ᄒᆞ면 是ᄂᆞᆫ 杆格而

納鑿ᄒ며 齟齬而矛盾ᄒ야 其不能施行也라. 若不通日本之文字言語者면 雖有聰俊才智ᄒ 許多子弟라도 不能受一科之敎ᄒᆯ지니 然則 擧一國而先就日語學ᄒ야 費了幾多歲月ᄒ고 卒業成績然後에야 乃復入小學校而受業乎아. 且夫敎育者ᄂ 不特專主於術業이니 如政治 經濟 法律 技藝 農工商 實業이나 及 物理 化學이나 不問 何種 學問이던지 必 培養自國之精神으로 爲第一主義ᄒ야 國家精神이 貫徹於人人腦髓ᄒ야 養成國家之人民이라. 方爲開明之進步오 免致之萎敗也라. 雖有政治 法律 經濟 理化 等 高明國 學問이라도 若暗昧於自國之事蹟ᄒ며 迷失其祖國之精神이면 是ᄂ 卽 一個 雇傭之人而已라. 惡能發國民之思想이며 擔國民之義務哉아. 況彼靑年學童을 不敎而簡易之國文과 通常之國風ᄒ고 訓導難解之音義ᄒ면 其精神이 如在雲霧中ᄒ야 專昧方向ᄒᆯ지니 慾望敎育之發達이나 豈 可得乎아. 近又傳聞則學部諸公도 亦知其不可利用ᄒ고 此敎科書類로 將以受於高等以上學科라 ᄒ니 此ᄂ 猶賢乎小學校之科程也나 然而此亦朝三暮四之術也라. 現今 我韓에 學校程度가 尙未發達ᄒ야 中等以上之學校에도 能通鮮日文者가 未必具有ᄒ니 設或 粗解日語者라도 彼日文之精微를 惡能貫徹이리오. 本國之文이 甚簡易明白이거늘 奚故로 必取難解之假音하야 欲强其所不能인지 我韓 國文이 自世宗以來로 通行於國民ᄒ야 雖婦人孺子라도 無不悟解ᄒ야 便宜가 無比ᄒ니 宜自學部로 寧獎勵國文ᄒ야 專設學堂ᄒ고 講究其擴張之術이 敎育之設備어늘 迺反欲廢止ᄂ 何歟오. 學部諸公之主意를 殊未可知也로다. (未完)

 或曰 此ᄂ 卽 學部 參與官 幣原坦 氏의 主見故也라 ᄒ니 然則 吾輩ᄂ 尤不堪訏鬱ᄒ노니 假令 學部 諸公은 或 一時 誤解ᄒ야 有

此主見이라도 幣原坦 氏ᄂ 開明的 文學博士也라. 其於教育等 設
備 機關에 必應有高明之知見故로 始爲學部之雇傭也에 吾輩ᄂ 深
幸其文明人之於學政ᄒ야 意謂有教育發達之望矣러니 于今數個
年之間에 學校之衰頹도 依舊益甚ᄒ고 教育之設備도 依舊奧奔ᄒ
야 毫髮도 未見有教育上實施ᄒ고 其所事業者ᄂ 但日文教科書編
纂而已乎아. 教科書之編纂이 雖係急務나 捨自國便易之文ᄒ고 取
他方難解之語ᄒ야 要試語教育科程케 흠이 譬如珍珠寶貝가 非不
良美나 不如菽栗之適口充腹이라. 奚補於教育哉아. 昔에 露法 兩
國이 賞主波蘭[7]之教育홀ᄉᆡ 不用波蘭之語文ᄒ고 各自以己國之文
으로 教育波蘭之人ᄒ얏스나 決無以此而收效ᄂ 歷史之証이 昭在
어거늘 奚必效嚬於露佛之爲哉아. 然則我政府ᄂ 費了許多金額ᄒ
야 厚撥月俸 及 薪水等金ᄒ고 雇傭高名之士ᄒ야 置之於學政之任
者 ㅣ 豈不空然而廢費者乎아. 國庫入金이 原非天降地湧之物이오
皆吾國民之所納者이어늘 至於人民之教育一事ᄒ야도 不能實施
ᄒ면 惡在其政府之責任이며 焉用乎高名之雇聘乎아. 但靡費俸金
만ᄒ고 如尸素虛位ᄒ야 不做一事ᄒ면 其於文明思想에 恐未知如
何也ㄹᄂ지 一言以蔽曰 興學校振興教育은 實當今之急先務也나
最先主要者ᄂ 卽 教科書類也어늘 現今 我韓은 可謂 全無教科書
之國也라. 雖 有千萬學校라도 無教科書則莫振教育也니 教科書之
編纂이 誠一日之急者也라 今學校教科에 自有日語一科ᄒ니 其他
教科書ᄂ 不必用日文이오 其日文之書類ᄂ 寧以我國文으로 一切
飜譯ᄒ야 以做教科之方針이 決是教育之方便也며 且 我國之精神
을 不可不灌注於人人인ᄃᆡ 我國之歷史 地誌와 倫理 德義를 必須

---

7 파란(波蘭): 폴란드.

培養成就가 卽敎育之第一主旨니 火速編纂ᄒ야 將使全國敎育之
界로 一層 勃興ᄒ야 彬彬有起色矣리니 此豈非政府之榮譽而國民
之幸福歟아. 惟願當局諸公은 十分注力而熱心ᄒ야 參酌於國民之
習慣而指導之ᄒ고 不償誤於敎育方針을 攢頌而警祝也ᄒ노라.(完)

◎ 論說, 賀敎科書籍之譯編, 황성신문, 광무 10년(1906) 4월 11일

해설

탁지부 대신 민영기가 일본 백과전서와 신학문 서류를 수집하여 번역 편술
한다는 말을 듣고, 번역자로서의 지식을 갖춘 상태에서 번역할 것과 실제
번역 결과물이 나올 수 있도록 노력할 것을 권한 논설

夫書籍之發刊廣布가 爲敎育之最先要点은 吾輩之所重言而申
複者則不必架疊이로ᄃᆡ 大槪 我韓은 從前 內外書籍이 未是不備
언마ᄂᆞᆫ 皆漢文家陳腐蒼古之文이오 絶無硏究於時代的 新學問者
故로 現行 敎科書籍이 均之掇捨於古簡之餘編ᄒ야 未免荒陋而疎
謬이나 然而捨此以外ᄂᆞᆫ 夐無可敎之書故로 雖此陳書陋簡이라도
不得已需用於各學校之科程ᄒ니 敎育之機關이 如此하고 安敢望
敎育之發達而民智之啓導乎아. 此ㅣ 有識之所寒心이 久矣라. 然
則 敎科書之改良이 豈非爲今日之急急先務者乎아. 設有許多學校
라도 無敎書則無益也니 譬良田而無耕具ᄒ며 寶玉而無琢器면 何
以望收穫而成器也리오. 近日 巷說을 傳聞ᄒ 則 度支部大臣 閔永
綺[8] 氏가 我國의 新書籍이 未備ᄒᆷ을 感慨ᄒ야 日本의 百科全書
와 及 其他 新發明ᄒ 東西 各種 書籍을 多數 購入ᄒ야셔 行張 飜

譯編纂ᄒ야 國內에 廣佈ᄒ기로 注意ᄒ고 新舊學問에 粗解ᄒ 人
員을 選擇ᄒ야 現方飜譯蒐集ᄒᄂ 中이라 ᄒ니 吾輩ᄂ 此 事業에
對ᄒ야 尤一層 感賀흠을 不勝ᄒ노니 大抵 閔 度相은 現政府의 當
局 大臣이라. 國務 紛蕘ᄒ며 要會繁褥(번잡)ᄒ야 應接不遑ᄒ거늘
尙且何許暇隙에 此等 社會上 公益底事業을 又 講究ᄒ야 能히 敎
育機關의 發達을 圖謀ᄒᄂ지 實노 其力量의 過凡흠을可賀훌 것
이오 且 近來 我韓 風習이 數多 誇張無實ᄒ야 要得虛譽者ㅣ 迨種
種矣ᄅ식 故로 邇日學校之設이 到處紛興ᄒ야 籍口者ㅣ 輒曰 敎
育敎育이라 ᄒ되 夷考其實ᄒ면 未必有眞實敎育邊思想이오 直不
過要名而已며 直不過謀利而已라. 是以로 靡初鮮終之戒를 每嘗卜
於人而憂其時ᄒ더니 今此 度相之事業은 未始有要譽虛張之聲ᄒ
고 直以其家費로 擔務辦事ᄒ니 其收效也ㅣ 必矣라. 此ㅣ 吾輩所
以一層誠賀者也로다. 雖然이나 吾輩之所戒懼者ᄂ 每論敎科 及
其他書類ᄒ고 所謂飜譯編纂之人이 其胸中眼孔에 具有一副識見
ᄒ야 初不茫昧於學問之術이라야 乃可爲敎級之完書오 牖民之頂
針也니 書類之譯述이 亦豈易言乎哉아. 尤況我韓之人이 首唱銳氣
ᄂ 優餘ᄒ고 克終之決心은 鮮少故로 諸 凡公私間 事業之經營이
率多中途而蹶ᄒ야 未嘗無虧簣之歎ᄒᄂ니 此ㅣ 吾輩之所深懼而

---

8 민영기(1858-1927): 본관은 여흥. 호는 만암(滿庵)·포암(蒲庵). 아버지는 준호(峻鎬)
이다. 1879년(고종 6) 무과에 급제한 뒤 운봉현감·전라도어사·충청도어사를 역임했
다. 1894년 김홍집 내각이 들어서자 궁내부회계원 출납사장(出納司長)에 임명되었
다가, 신사유람단의 일원으로 일본에 다녀왔다. 1898년 경기도관찰사를 거쳐 군부
대신이 되었다. 이해 7월 황국협회(皇國協會)를 조직한 뒤 보부상(褓負商)을 동원해
독립협회를 탄압하는 데 앞장섰다. 1899년 12월 농상공부대신이 되었으나 춘생문
사건(春生門事件)으로 고군산(古群山)에 유배되었다. 1902년 풀려난 뒤 평안북도관
찰사·탁지부대신을 지냈다. 1905년 을사조약이 체결될 때 한규설(韓圭卨)과 함께
반대했다. 1908년 동양척식주식회사 부총재와 이왕직장관(李王職長官)을 지냈다.
1910년 한일합병 뒤 일본정부로부터 남작작위를 받았다. (다음 백과사전)

瞥告者也니 <u>第一은 宜注意於編纂之精備完全ᄒ야 免致奧奔之譏</u><u>가 可也오 第二ᄂ 宜熱心終始之結果</u>ᄒ야 毋踏爛漫之同歸를 區區切望而不已也ᄒ노라.

◎ 論說, 各種 敎科書之精神, 황성신문, 광무 10년(1906) 5월 30일

이 시기 외국 서적을 번역 편찬하여 교과서로 사용하는 경향을 비판한 논설로, 외국 서적을 번역 편찬할 경우 자국혼과 자국 정신을 배양할 수 없음을 강하게 주장함.

近日 我韓은 勿論 何等 學校ᄒ고 各種 敎科書類가 總皆不備ᄒ거니와 頃聞有志敎育之家ㅣ <u>往往 購入 外國書籍ᄒ며 措辦鉅額</u><u>資本ᄒ야 從事於敎科書 飜譯編纂之役</u>이라 ᄒ니 吾輩ᄂ 對此等事業家ᄒ야 不勝同情之感而攢賀之切ᄒ노니 敎科書者ᄂ 卽 敎育之原素也라. 雖三百四十一部에 家家設塾ᄒ며 村村設校라도 <u>苟其敎科書類가 不純完備ᄒ면 是ᄂ 敎育之設備가 皆無補也니</u><u>焉用乎學校爲哉아.</u>

然則 今此 敎科書之編纂이 卽 敎育發達之 第一 機關也니 爲國民而拱祝者ㅣ 豈比等尋常哉아. 我 大韓帝國이 從此로 其庶幾乎敎育之擴張而開明之進步矣리니 此實現今之一等事業也로다.

雖然이나 吾輩ᄂ 窃有所一言仰佈於編纂諸君子之案頭ᄒ노니盖勿論何種敎科書ᄒ고 意以敎育國民으로 爲主務ㄴ딘 不容不將此韓國之精神ᄒ야 貫注於人人之腦髓然後에야 方可爲韓國國民

之敎育이리니 日本 所謂 日本人은 有日本魂者ㅣ 卽此也라.

今也에 編纂敎科書籍ᄒ되 不能自辦力量ᄒ며 不能自出機杼ᄒ야 以自述自國之魂膽ᄒ고 購入外國人之書籍ᄒ야 飜譯而纂輯之ᄒ면 是其文法也ㅣ 外國之文法也오 其模範也ㅣ 外國之模範也오 凡其言語句讀와 風謠俗尙이 無一而非外國之筋骨氣脈也리라. 然則 是ᄂ 直不過一翻譯家之纂述而已오 只是外國之魂膽而已러니 彼 靑年子弟之受學者를 固當以祖國之精神으로 灌漑栽培ᄒ야 使其心性骨髓와 視聽言動으로 薰陶沐浴ᄒ며 照濡涵蓄ᄒ야 以養成了十分完全之大韓國民이라야 可以挑發其愛國之精神ᄒ야 可以期望於他日獨立之基礎어늘 今也에 純全以外國之魂膽으로 認爲敎育之方針ᄒ면 非但迷失其本然性格而已라. 亦豈無久而化臭之憂歟아.

試擧一事而証之ᄒ오리니 我國之人이 從前敎育之害를 一切用支那文字ᄒ야 自少至長으로 所 讀習講究者가 皆支那之書籍而已라. 因此로 人人이 皆欽誦支那ᄒ며 服從支那ᄒ야 於是乎 其 事大主義가 錮着腦根에 牢不可破ᄒ니 所以萌依賴之思想而忘獨立之精神者ㅣ 此也오.

又不特我國而已라. 如日本維新之初에도 游學泰西者ㅣ 多ᄒ야 輸入歐洲之文明故로 全國人民이 太半皆風靡於歐洲之化ᄒ야 歐化主義的 一派가 動盪輿論ᄒ며 靡定國是ᄒ다가 歷十數年至于今日에 始得底定은 抑諸君子之所習知也라.

且 近來에 各外國語學者로 言之라도 學英語者ᄂ 主英國ᄒ고 學法語學者ᄂ 主法國ᄒ고 學日語學者ᄂ 主日本ᄒ고 學俄語學者ᄂ 主俄國ᄒ야 各自以其所學者로 爲主者ᄂ 無以라. 卽 其習熟聞見之培養精神이 偏倚於此故也니 以此觀之ᄒ면 敎科書之關重於

子弟가 顧何如哉아. 此豈可但以外國飜譯之書로 爲敎育之元素가 可乎며 亦豈可以草草幽滅而爲者哉아. (하략)

◎ 論說, 上政府當局諸公(六) 學部大臣,
　　황성신문 광무 10년(1906) 6월 11일

해설

일문(日文) 교과서 편찬 방침에 대해 통탄하고 이를 중지할 것을 역설한 논설임

(전략) 至於 敎科書籍ᄒ야ᄂᆞᆫ 尤是 急務也며 必領也어늘 … 但以日文으로 編纂ᄒ다 ᄒᄂᆞᆫ 說만 四處誼藉ᄒ야 …

◎ 求書普成, 만세보, 1906.7.20.

해설

벽동 민병석 판서의 부탁으로 신재영, 김중환을 찾아와서 교과서 1권을 부탁하여, 신해영(당시 보성 교장)에게 찾아가야 하는데 신재영 씨를 찾아감. 민병석이 강습소를 열고 유성준 번역의 〈법학통론〉을 교과서로 구한 이야기임. 이 시기 국민교육회에서 야학 강습소를 열고 유성준을 교사로 하여 가르쳤다는 내용이 포함됨

曩日 普成專門學校에 一傳語客이 왔ᄂᆞᆫᄃᆡ 風采도 人만ᄒ고 言변

도 人만ㅎ고 爲人이 敎科書 一卷을 求ㅎ러 왓는듸 病身 구실을 ㅎ
얏나 보더라. …

◎ 萬國史, 만세보, 1906.9.13.

해설

김상연의 만국사 역술과 관련된 기사로, 김상연은 관비 유학생으로 일본
와세다 대학 정치과를 졸업한 뒤(1899-1902), 법관 양성소 교관으로 근
무하면서 〈만국사〉를 역술했음을 알 수 있다. 특히 이 시기 교과서는 학
교급을 정하지 않았음도 확인할 수 있다. 김상연의 〈정선 만국사〉는 임이
랑 역(2010), 〈근대 역사 교과서〉 6(이화여대 한국문화연구소 해제 번역,
소명 출판)을 참고할 수 있다.

法官 養成所 敎官 金祥演 氏가 萬國史를 飜譯ㅎ얏는듸 其書를
披覽ㅎ즉 萬國 萬代의 重要ㅎ 事를 摘取ㅎ야 上古 中世 近代의 三
編으로 合製ㅎ 冊이라. 此는 專門學校의 敎科書될 쑨 아니라 各
高等學校 及 普通學校에까지 必要ㅎ 敎科書되도록 簡易ㅎ고 通
明케 譯述ㅎ지라. 從此로 各學校에셔 一部 敎科書를 得ㅎ깃스며
此 我國 人民이 此等 史冊으로 因ㅎ야 萬國史도 可知ㅎ깃도다.
盖我國人民이 知識卑劣홈은 支那 歷史만 粗解ㅎ고 萬國史는
天外의 別世界와 夢中의 華胥國갓치 認홀 쑨인 故로 萬國史에 全
昧ㅎ 者가 滔滔皆是라. 故로 知識界가 發展치 못ㅎ엿더니 金氏가
是를 憂ㅎ야 腦髓의 精力을 聚ㅎ야 萬國歷史五車書 中에셔 此를
採輯ㅎ 것이라. 可謂 有志의 事이로다. 金氏는 往年에 官費學生으

로 日本 東京 早稻田 專門學校에셔 政治科를 卒業흔 人이러라.

◎ 雜報, 女校 敎科書 寄附, 만세보, 1906.11.1.

청국 유지 오여륜의 〈동유총록〉: 상해를 거쳐 미국 유학을 하고자 했으나
여의치 않아서 일본 동경에 유학하면서 여자 교육 관련 교과서를 기부함.

日今日之兒童은 卽他日之國民이오 軍旅오 官吏니 普將은 其事
理를 達흔 者ㅣ라 ㅎ얏더니 根有本根ㅎ고 源者深源이라. 近日 淸
國 有志 吳汝綸 氏의 東遊總錄을 見흔즉 有曰 敎育의 根本은 女
子敎育이 是라 ㅎ얏슴이 其題下에 棕核흔 事實과 丁寧 條例가 眞
面 正義를 反覆說盡흔 바 實空前曠後흔 格論이라. 其效應結果는
伏想*貴*位가 生보다 先爲料熟ㅎ얏실 쯧ㅎ옵기 不必煩陳이옵거
니와 其大旨則今日之女子는 卽他日之賢母良妻라 흠이라. … 現
時 歐米各國을 觀ㅎ면 女子師範 女子高等 女子大學신지 設ㅎ야
其才智를 培養ㅎ고 且 女子로 判任 奏任 至于女皇帝신지 有ㅎ야
其 需用을 獎勵ㅎᄂ니 若我國ㅎ야는 所謂 女子閨範이니 烈女傳
이니 二南正風이니 ㅎᄂ 文具虛言은 有ㅎᄂ 皆 中國에 模倣흔 例
說이요 其 事實은 無ㅎ야 … 生은 本是蕪才로 義不可素位食祿ㅎ
야 業己辭職ㅎ고 以遊學次로 今春에 由上海ㅎ야 將欲向美洲去矣
러니 事不如意ㅎ야 方留學於日本之東京而得知貴塾刱始ㅎ고 不
勝攢祝이나 行橐이 現乏ㅎ와 未由逐誠而玆以數卷冊子로 票衷하
오니 行項照領ㅎ시와 或備於講演之一題를 千萬願希光武十年 十

月 十三日

左開女子用 敎科書: 小兒養育心得 一冊, 家事提要 一冊, 裁縫敎科書 二冊, 嫏妻母 一冊, 女子敎育學敎科書 一冊

◎ 論說, 敎課書의 不可不備, 황성신문 융희 원년(1907) 11월 17일

年來 我國의 稍히 敎育의 先覺된 人士덜이 千幸萬苦로 學校를 建設ᄒ고 學徒를 募集ᄒ야 敎育을 維持코져 ᄒ나 新鮮ᄒᆫ 敎課書의 著述이 無ᄒᆷ으로 其不得已ᄒᆷ에 迫ᄒ야 千字 童蒙先習과 支那의 歷史 等 編을 敎授ᄒ니 此ᄂᆫ 眞所謂 도로 墨魚라 然ᄒᆷ으로 近日 有志氏덜이 其敎育의 欠缺됨을 慨歎ᄒ야 敎課書를 自初等, 中等으로 至於專門ᄭᅥ지 種種 編輯이 多出ᄒ얏슨즉 前日에 比ᄒ야ᄂᆫ 可히 稍勝이라 謂ᄒᆯ지나 其 國情의 適合으로 뻐 論ᄒ면 決코 首肯키 不能ᄒ도다.

盖敎課書란 것은 其 國情의 如何와 國民의 程度를 依ᄒ야 過不及의 歎이 無ᄒᆫ 然後에 可히 完全ᄒᆫ 效課를 收ᄒᆯ지니 此를 豈 尋常에 付ᄒ리오.

凡我社會之敎育의 有志 人士ᄂᆫ 此我韓의 國情과 程度를 依ᄒ야 可及的으로 先此 其 模範的 檢定의 敎員을 養成ᄒ며 其 適宜의 敎課書를 編纂ᄒ야며 其 旣成ᄒᆫ 學校의 至ᄒ야ᄂᆫ 其 永久 維持의 方法을 講究ᄒᆯ지오 且 姑未設定ᄒᆫ 部分에 對ᄒ야ᄂᆫ 如何ᄒᆫ 方法 手段을 取ᄒ던지 不可不 其 設立의 道를 朔起ᄒᆯ 것이어늘 此에 對ᄒ야 能히 猛鞭을 先執ᄒᆫᄂᆫ 者ㅣ 鮮少ᄒ니 未知케라. 我韓 所謂

有志 人士의 眼孔이 能히 其 國情의 適合흔 敎育界에 未達ㅎ얏눈지 設或 此等의 看破흠이 有ㅎ야도 姑息遷延의 習이 長ㅎ고 勇赴直前의 心이 短ㅎ야 其 本志에 達흠을 未得ㅎ얏눈지 實노 慨歎不已ㅎ깃도다.

今에 吾輩 執筆의 者눈 能히 其 敎育界에 深奧흔 識見이 有ㅎ다 흠은 不是로딕 凡 爲一般 國民의 敎育이란 것은 決코 其 躐等에 不在ㅎ고 順序를 必從흘지니 然흔즉 今日 現在의 所爾 <u>敎課書란 者가 可히 其 國民의 程度에 合不合은 未知ㅎ거니와 我韓의 敎育 前途를 窃料컨딕 以上 所陳흔 敎課書의 編纂과 檢定 敎員의 養成 과 學校 維持의 方法에 對ㅎ야</u> 決코 一二 個人의 義捐의 力을 賴 키 不能흘지오 必也 其 敎育上 有志의 人士와 爲其父兄者가 皆 其文明國의 通行ㅎ눈 義務敎育의 方法을 模範치 아니흠이 不可 ㅎ니 惟我敎育界의 有志흔 諸君子눈 可及的으로 此 國情의 如何 와 程度의 順序를 鑑ㅎ야 決코 其空想에 浮虛치 勿ㅎ고 着着히 其 眞實無瑕의 敎育方針을 執ㅎ야 先此 其 一般國民의 普通知識을 培養ㅎ며 世界 公眼에 無欠無缺의 歎이 無ㅎ도록 十分 勉勵흠을 頓祝頓祝(절축절축)하노라.

◎ 論說, 敎育의 關係, 황성신문 융희 2년(1908) 2월 13일

이 논설은 학부에서 일본 사범학교 졸업생 100여명을 고빙하여 각 보통학 교 교사로 임용한 일에 대한 비판 논설임.

無論 某國ᄒ고 國民을 敎育홈이 必 自國의 精神을 培養ᄒᆯ 것이오 自國의 精神을 培養ᄒ여야 忠愛의 目的을 到達ᄒᄂ니 故로 敎科書 第一課에 國語讀本이 是니라.

我國의 言語와 文字가 裕足지 아님은 不是로ᄃᆡ 國內를 統論ᄒ면 均一타 謂키 難ᄒ니 此ᄂ 國語讀本이 無ᄒᆫ 緣故라. 然則 三千里에 不過ᄒᆫ 區域 內에서도 方言이 互異ᄒ야 文理上辨論에 齟齬홈을 因ᄒ야 聽者로 ᄒ야곰 雖象譯은 不求ᄒᆯ지라도 或 誤解홈이 亦多ᄒ도다.

然則 我國의 今日 敎育은 國語讀本을 準備ᄒ야 一般 幼穉兒童으로 ᄒ야곰 講習ᄒ야 自國精神을 培養ᄒ 然後에 其體幹을 發育ᄒ야 健康을 能保ᄒ며 心性을 開導ᄒ야 智識을 誘掖ᄒ며 感情을 薰陶ᄒ야 中懷를 寬潤케 ᄒ며 意念을 達通ᄒ야 情理에 合當케 홈이 是原理의 順序를 從홈이니라.

今에 學部에서 日本 師範學校 卒業生 百餘名을 招聘ᄒ야 各普通學校 敎師로 任用ᄒ다ᄂ 說이 有ᄒ니 其 當局者의 思想이 何等 範圍에 出홈은 的知키 不能ᄒ거니와 大抵 普通學校ᄂ 幼穉兒童을 敎育ᄒᄂ 處이라. 其 思想이 蒙孩ᄒ고 腦髓가 軟弱ᄒ야 淺近ᄒ 言語와 簡易ᄒ 文字를 敎授치 아니ᄒ면 曉解키 不得ᄒ려던 況初 不聞知ᄒᄂ 外國의 言語로 直接 敎授ᄒ면 是ᄂ 反鏡索照오 隔壁搖磬이라 奚其可哉리오. 設或 聰慧ᄒ 兒童이 外國 言語를 學習 曉得ᄒᄂ 者가 有ᄒᆯ지라도 軟弱ᄒ 腦髓 中에 自國 精神의 培養을 不得ᄒ면 到底히 忠愛國民을 養成키 不能ᄒᆯ지니라.

嗟夫라. 當局者여. 人民을 敎育홈은 國家를 爲ᄒ야 功業을 樹ᄒ

며 幸福을 享코져 흠인즉 自國의 固有흔 性質을 確實히 養成흔 後
에 外國의 言語 文字를 講習케 ᄒ야 完全흔 才器를 成就흠은 敎育
의 順序라. 此 順序를 倒着ᄒ야 其本을 不務ᄒ고 其末에 從事ᄒ면
此는 方寸의 木을 岑樓보다 高케 흠이니 其 不可흠이 甚흔 者ㅣ로
다. 當局者는 其三思ᄒ지어다.

◎ 雜報, 日人學徒 增加, 융희 2년(1908) 2월 19일

해설

이 시기 일본인 거류민 학생 수와 교육비 관련 문제를 간략히 보도한 기사임

京城에 日本 居留民이 日益 增加흘 쑨더러 現今 學徒가 一千四
百三十九名이오 本年 四月 中에 入學흘 兒童의 豫算數爻가 合爲
二千五百餘名인딕 其 敎育費…

◎ 敎科用圖書 檢定에 關흔 注意,
　황성신문 융희 2년(1908) 12월 26일

해설

교과용도서 검정 규정은 융희 2년 8월 28일 공포되었으며, 이에 따라 검
정 관련 주의 사항을 12월에 공포하였다. 또한 교과서 검정 조사 사업을
실시하였는데 이에 대해서는 〈대한매일신보〉 융희 3년(1909) 3월 13일,
14일에 자세히 실린 바 있다.

❀

教科用圖書 檢定에 就ᄒ야 學部에서 勉力ᄒ야 愼重 公平의 態度를 執ᄒ야 檢定 請願人의 努力을 아모쥬록 棄却치 아니ᄒ도록 注意ᄒ으로 近間에 檢定 內規를 定흔 事를 今에 學部 編輯局에셔 得聞ᄒ얏기 其 要點을 左에 摘記ᄒ노라.

一. 檢定 請願에 係흔 圖書ᄂ 左의 要項에 準ᄒ야 査閱흠

甲. 學員學徒用 圖書

  一. 分量

  當該 科目의 實際 敎授時數와 平均 一時間에 敎授에 進度에 適合흠을 要흠

  二. 內容

  (一) 目的흔 學校 幷 學科의 種類에 適合흠을 要흠

  (二) 目的흔 學校의 敎授 要旨

      光武十年 八月 二十七日 學部令 第二十一號로 頒布된 普通學校令 施行規則 及 高等學校令 施行規則에 就看에 適合흠을 要흠

  (三) 學員學徒에 智識程度에 適合흠을 要흠

  (四) 組織에 關ᄒ야 左의 諸項의 適當흠을 要흠

      敎材의 取捨選擇, 記述의 繁簡詳略

  (五) 語句用字 事實 理論 等에 關ᄒ야 錯誤가 無흠을 要흠.

      特히 地理, 理科, 筭術 等 知的 科目에ᄂ 最히 注意흠.

      修身은 勿論ᄒ고 國語, 漢文, 歷史 等도 他科에 比ᄒ야 特히 日常에 子弟 德性의 涵養을 留意흠인즉 語句

用字라 偏僻奇矯에 不流흠을 要흠

(六) 文體 及記事는 一般히 容認키 難흔 嫌이 無흠을 要흠.
假令 徒히 理論에 偏ᄒ야 舊慣을 無視ᄒᄂ 新說이나
研究가 姑未十分흔 事項 等

(七) 人口 物産 概數의 記載는 不可흠이 無ᄒ나 年年 變動
이 有흔 統計的 數量은 記載치 아니흠을 要흠
高等學校 程度의 圖書로 必要不得흔 境遇에 其 調査
年月日을 表示흠을 要흠(未完)

◎ 論說, 歷史 敎科의 急速 改正, 황성신문 융희 3년 2월 10일

고구려 역사에 광개토왕비의 묘비를 증거하여 개정할 것과 발해 역사를 특
필로 표장하여 고구려의 국통을 계승한 것을 담아야 한다고 역설한 논설

◎ 敎育 方針에 對흔 意見, 柳承欽, 대한학회월보 제7호~9호,
융희 2년(1908) 9월 25일, 11월 25일(2회 연재)

이 논설은 이 시기 교육문제로 학회, 교과서, 교육 기관 조성으로 나누어
설명한 논설임. 제7호와 제9호에 실림. 제2의 교과서의 종류, 교과서 편술
에 사용하는 언어(특히 철자법 미정이나 국명, 인명 혼란) 등에 관한 언술
은 의미 있는 것으로 보임.

教育社會 諸公에게 一覽을 供흠

教育도 一定策이라. 精神의 位置와 方法의 順序를 要흘지니 萬一 此에 不明흘진디 其 弊害를 生흠이 反히 教育이 無흠만 不如흘지라. 凡 國籍을 自國에 有흔 者ㅣ 自國 教育策에 對호야 自國으로뼈 精神의 單位를 作코져 흠은 多辯을 不須호려니와 其 方法의 施設에 至호야 深察을 不加코는 順序의 差錯을 生호야 遂히 位置의 幻倒를 致흘지로다.

今에 祖國의 幸望은 다만 教育 一件에 在호다 흠은 諸公의 常히 唱導호는 바이오 且 諸公은 教育社會의 當局者이니 想念컨디 講究가 周到호얏실 것이오 吾儕는 此에 對호야 尙히 一 傍觀者의 地位에 不過흔지라. 故로 補充的으로 三種의 愚見을 略陳호노니 一曰 教育의 骨子되는 機關 組織에 對흔 意見이오 二曰 教育의 精神되는 教科書 編述에 對흔 意見이오 三曰 教育의 順序를 要호는 地點 先後에 對흔 意見이라.

(제일: 교육정책 자료 참고)

<u>第二 教科書의 編述</u>: 凡稱 教科書라 흘진디 幼稚園, 小學校와 如히 初入學童으로부터 各專門大學에 至호기신지 其間 百種 科學에 應用호야 教者는 此에 依호야 教授호며 被教者는 此에 從호야 學得호는 書類를 謂흠이니 今에 此를 便宜로 從호야 假定으로 左 數種에 分類 論述코져 호노라.

一. 育性 敎科書 及 育智 敎科書: 此ᄂ 被敎育者의 程度 及 年齡에 標準홈이니 幼稚園 及 小學校로부터 中學校 普通科에 至ᄒ기ᄭ지ᄂ 年齡이 猶히 小幼ᄒ고 聞見이 尙히 淺薄ᄒ야 是非와 善惡도 必히 敎者를 須ᄒ야 辨別홀 것이오 利害와 恩怨도 必히 敎者를 待ᄒ야 判定홀지니 此를 敎導홈은 其 後天的 智識을 開發홈이 아니라 卽 其 先天的 賦性을 補充홈이 必要홀지니 此에 用ᄒᄂ 敎科書ᄂ 育性敎科書라 홀 것이오 此에 反ᄒᄂ 中學校로부터 各 專門科學에 至ᄒ기ᄭ지ᄂ 於是乎 勢理를 世界에 觀察ᄒ며 微妙를 事物에 硏究 홀지니 卽 其 智識을 擴充홈이라. 故로 此에 用ᄒᄂ 敎科書ᄂ 育智 敎科書라 홀지로다.

二. 可動的 敎科書 及 不動的 敎科書: 此ᄂ 各 科學의 種類로뼈 標準코져 함이니 其 科目 中 比較的으로 物質的 及 固有名詞가 多ᄒ 야 人意로뼈 容易히 變改치 못홀 者ᄂ 不動的 敎科書라 홀지니 歷史學, 地理學, 工學 中 器械名 及 原料品, 商學 中 商品學과 如흔 者 ᄂ 此 部門에 入홀 것이오, 其 科가 時代에 隨ᄒ며 處所에 從ᄒ야 人의 智識으로 說明이 各殊ᄒ며 定義가 不同ᄒ되 基準的에 至ᄒ야 ᄂ 歸一無妨홀 者ᄂ 可動的 敎科書라 云홀지니 法律學, 政治學, 論理學, 社會學 等을 此 部門에 置코져 ᄒ고 此外에도 前項에 論述홈 과 如히 年齡과 程度로도 區分홀 수가 有ᄒ니 中學校 以下ᄂ 比較 的으로 年齡과 程度가 幼稚흔 故로 事物 判斷에 自覺力이 不足흔지 라. 隨ᄒ야 敎科書 及 敎師의 口를 須ᄒ야 一次 斷定ᄒ면 習遂成性 ᄒᄂ니 其 結果가 不動的에 歸홀 것이오 中學校 以上은 不然ᄒ야 自解 能力이 有흔지라 從ᄒ야 雖百 敎科書와 敎師가 橫竪說去홀지 라도 參量反覆홀 餘智가 有ᄒ니 其 結果가 可動的이 될지로다.

然而 近日 世界 風潮의 劇烈흠을 隨ᄒ야 國家의 政機을 一變ᄒ고 政機가 一變흠을 隨ᄒ야 敎育制度의 <u>更張을 是見ᄒ고 此 更張을 勵行ᄒᄂᆫ 同時에 敎科書 編述의 必要를 感覺ᄒ얏시니 實노 一日이라도 不可遲緩흘 政務</u>라. 於是에 在朝在野를 勿論ᄒ고 此에 <u>絶叫ᄒ며 此에 從事ᄒᄂᆫ 有志者가 百千으로 可計흘지니 實例를 擧흘진ᄃᆡ 學部의 編輯局과 興土團의 編纂所와 其他 國文硏究會와 某 志士의 改訂玉篇과 某學者의 歷史 地誌 物理 等 編述</u>이 是이라. 然則 吾先輩 諸公의 宏博識見이 盡善盡美에 達흘 줄노 思惟ᄒ나 或三思의 失을 補ᄒ며 千慮의 得을 圖코져 ᄒ야 管見을 敢陳ᄒ노니 盖 敎育이라 흠은 國民에게 普及ᄒ기로 爲主흠은 贅說을 不待흘 바ㅣ어니와 普及을 是主ᄒ랴면 漢字 國文을 交用 制作흠이 亦歸一흔 結論이라. <u>然이나 原來 我國은 言辭國이나 支那의 文化를 受흠이 年代가 頗久ᄒ야 全國의 通用 習慣이 殆히 文辭國을 化作ᄒ여거늘 此를 不拘ᄒ고 一朝에 國文의 蘊奧를 講究ᄒ야 原則에 輒返코져 흘진ᄃᆡ</u> 反히 人의 耳目을 眩惑케 ᄒ며 口舌을 澁滯케 ᄒ야 急進의 功效를 奏ᄒ기 難흘 것이오, 且 今日 新文化의 輸入이 時刻 惟急흔 時를 當ᄒ야 一編을 學得흔 者ㅣ면 即 一編을 譯述흘 것이오 一科를 學得흔 者ㅣ면 亦一科를 譯述ᄒ고야 可ᄒ깃거늘 此 國文 原則을 未曉흠에 遲疑不能흘 事도 有흘지라. <u>**實例**를 擧흘진ᄃᆡ 前者에ᄂᆫ 爲字에 對흔 '히다' 與 '하지'의 區別과 好字에 對흔 '됴티' 與 '죠치'의 區別 等과 如흔 者</u>이며 後者에ᄂᆫ 余도 其例에 在흔 一人이라 是에 反ᄒ야 <u>其 **綴文字義에 全不審愼ᄒ야 淸國에서 著述흔 書**를 漢字로만 但取ᄒ거나 日本에서 編纂흔 書를 日音으로만 直譯</u>흘진ᄃᆡ 遂히 地理學을 卒業흔 者ㅣ 地名을 言치 못흘지며 <u>歷史學을 專攻흔 者ㅣ 人名을 說치 못흘지니 實例</u>를

學홀진딕 前者는 '우라지호스더크(浦墟斯德)'를 '보름사득'이라 홀 것이오 後者는 '와싱돈(ワシントン)'을 '와신동'이라 홀 것이나 其 精神 單位와 如흔 重要主義는 已無加論이어니와 如此흔 細瑣點에도 不可 注意라. 今에 若其 難易의 關係로 平汎看過홀진딕 此後 十年이면 遂히 全國 學問界에 痼疾을 作ᄒ야 欲醫不得홀지라. 於此에 余의 一意見이 有ᄒ니 第一 敎科書 編에는 雖 何如者라도 外人의 干涉은 一切 拒絶ᄒ고 中學 以下 程度 及 歷史 地誌와 如히 育性的 或 不動的 種類에 屬흔 敎科書는 其 蘊奧를 硏鑽ᄒ며 原則을 明確히 ᄒ기 爲ᄒ야 一定흔 編述家에 專任ᄒ며 其他 中學 程度 以上 及 各 科學에 就ᄒ야 育智的 或 可動的 種類에 屬할 者는 廣히 多衆 學者에게 放任ᄒ야 細瑣흔 規則을 不拘ᄒ고 各其 意見딕 多敎飜譯 及 編述ᄒ기를 是望ᄒ노라. (하략)

◎ 敎科書 檢定에 關흔 忠告, 嵩陽山人(장지연),
　　대한협회보 제10호, 융희 3년(1909) 1월 25일

夫 世에 人이 無理흔 詬罵로써 人에 加ᄒ면 人이 必怒ᄒ야 其의 無理흔 言論을 抑遏코져 흠은 正當흔 理由라 ᄒ려니와 若夫不然ᄒ야 應然홀 公論 正議에 對ᄒ야도 一切 禁止케 ᄒ면 엇지 過失을 得聞홀 餘地가 有ᄒ리오. 余는 不得 忌諱를 冒ᄒ고 一言을 伸코자 ᄒ노니

近日 學部에서 敎科書 檢定의 規正을 發布흠은 一般 敎科書의 種類를 善良 完全흠을 揀ᄒ야 均一케 ᄒ랴는 主意라 誰가 敢히 贊

頌치 아니ᄒ리오. 雖然이나 此에 關ᄒ야 近者 敎育界의 輿論을 聞ᄒ즉 缺點이 不無ᄒ 것은 敎科書를 著作ᄒ 者ㅣ 其 檢定홈을 請願ᄒ면 許多ᄒ 歲月을 消磨ᄒ고 檢定의 期限이 杳然ᄒ야 畢竟 著作者로 ᄒ야곰 自沮의 念이 萌케 ᄒ다 ᄒ니 然則 是ᄂ 檢定의 規程으로써 著作者를 制限코져 홈이라 ᄒᄂ 論評을 未免홀지라. 旣是 規程을 頒布홀진ᄃ 職務를 擔任ᄒ 官吏가 必有ᄒ깃거늘 一味 因循ᄒ야 歲月만 遷延ᄒ면 溺職의 責을 亦難免홀지니 엇지 慨歎치 아니ᄒ리오.

又 一層 輿論에 激昻되ᄂ 것은 何種 敎科書를 勿論ᄒ고 愛國 二字ᄂ 削除케 ᄒ며 凡 愛國에 關ᄒ 旨義ᄂ 痛禁으로 爲主ᄒ다 ᄒ니 此說이 果然인지 其 確否ᄂ 未詳ᄒ거니와 不炊之竈에 烟不生이라 ᄒ니 必其苗脈이 有ᄒ리로다.

盖 敎科書에 政治의 觀念을 包含ᄒ야 人民의 情志를 激昻케 ᄒᄂ 類ᄂ 禁止ᄒᄂ 것도 容 或 無怪ᄒ 事이라 ᄒ려니와 至於 愛國의 二字를 永히 敎科의 文字에 削除케 홈은 極히 不可ᄒ다 斷言ᄒ노니

夫 敎師가 學徒에 對ᄒ야 敎授홀 時에 國家의 觀念으로써 愛國이란 意味를 演出ᄒ야 說明 或 諷諭ᄒᄂ 것은 自是 人情의 常이어늘 今에 一切 文字에 禁홈은 猶形式上으로 削去홀 뿐이오 毫髮도 實際 效力은 未有홀 줄노 思ᄒ노니 書籍에 載ᄒ 文字ᄂ 禁홀지언정 敎師의 口도 能禁ᄒ겟ᄂ가. 如此ᄒ 政略은 人民의 不平ᄒ 感情을 反히 觸激케 ᄒᄂ 迷見이 아니리오.

(하략)

◎ 雜報, 敎科 檢定의 種目, 황성신문 융희 3년(1903) 3월 20일

이때 학부 검정된 교과서

學部에서 編纂훈 敎科書 種目: 수신서, 국어독본, 일어독본, 한문독본, 이과서, 도화임본, 습자첩, 산술서 등 (8종)

學部에셔 檢定훈 敎科用圖書의 種目: 신찬지문학, 중등광물계교과서, 대동문수, 산술교과서, 동양사교과서, 신찬소박물학, 신편동물학, 문국지리대요, 초등식물학 (8종)

學部에서 認可ᄒᄂ 敎科用圖書의 種目: 법학통론, 상업대요, 간이상업부기학, 신편은행부기학, 신식산술교과서, 초등대한지지, 대한문전, 농업초계, 상업학, 초등위생학교과서, 초등용간명물리교과서, 신정산술, 만국지지, 대한전도, 세계전도, 신찬소물리학, 초등지리교과서, 중등생리위생학, 신편박물학, 신편화학, 최신경제학, 초등산술교과서, 중등만국신지지, 계몽편, 유합, 맹자, 논어, 대학, 고등소학이과서, 신찬이화학, 중등용도화법, 중등생리학, 중등산학, 신정교과산술통편, 신찬산술, 간명교육학 등류 (35종)

◎ 雜報, 認可冊子數, 황성신문 융희 3년(1909) 3월 31일

學部에셔 認可ᄒᄂ 敎科用圖書의 種目은 本報에 己載ᄒ엿거니

와 更聞ᄒ은즉 … 急爲認可ᄒ은다난 說이 有ᄒ더라.

　인가 책명: 신찬화학, 초등물리, 신편생리학, 신편소학교수법, 응용상업부기학

◎ 學次 指示 要項, 황성신문융희 3년(1909) 12월 9일

해설

학부 차관의 지시 사항으로 여러 항목 가운데 네 번째가 교과용 도서와 관련된 것임

　四. 敎科用書ᄂ 官私가 可成的 同一히 홈을 望ᄒᄂ 件

　學部ᄂ 普通學校用의 敎科書ᄂ 旣히 編纂을 成ᄒ얏스나 中等程度의 學校에 使用ᄒᆯ 敎科書ᄂ 아즉 編纂치 아니ᄒ고 目下에 此를 編纂ᄒᄂ 中에 在ᄒ 故로 官立學校에서도 各種의 參考書를 選擇ᄒ야 此에 依ᄒ야 敎授ᄒ 情態인즉 私學校에셔도 敎科書에 就ᄒ야ᄂ 必 困難ᄒ 狀態일지라. 抑 敎育上 效果ᄂ 敎師의 學力優劣에 待ᄒᄂ 事ㅣ 多홈은 固無論이어니와 又 善良ᄒ 敎科書를 採用홈은 敎育上 極히 緊要ᄒ 事라. 故로 同一 程度의 官立學校 職員과 協議를 暫遂ᄒ야 現時諸學校에셔 用ᄒᄂ 敎科書 中 最良好ᄒ 者를 選定ᄒ야 敎育上 遺筭이 無케 홈을 望ᄒ노라.

3.3. 교수법

◎ 少年 百科叢書-童蒙 物理學 講談, 椒海生, 태극학보 제11호,
광무11년(1907) 6월 24일

소년 백과총서라는 제목으로 이학 강론회 청년, 소학교와 중학교 생도를
위한 참고 자료용으로 집필한 글임.

本書ᄂ 內國 地方 理學講論會 靑年들과 小學校 中學校 生徒 諸
君의 一次 參考에 供키 爲ᄒ야 記述ᄒ오.

(一) 우리 地球: 하략

◎ 理科 講談(小學校 敎員 參考ᄒ기 爲,ᄒ야), 浩然子 譯,
　　태극학보 제13호, 광무11년(1907) 8월 24일

해설

소학교 교원 참고용으로 이과 강담을 연재함. 각 동물의 요항과 교수 사항
을 설명함. 설명 방식은 '요항', '교수', '주의', '응용'으로 이루어짐.

蛙

要項: 蛙는 水陸 兩棲에 適合ᄒ 狀態를 具備ᄒ 事. 蛙의 常習과 變態,
　　　蛙의 種類와 變色, 蛙는 農業에 有益ᄒ. 有脊動物, 無脊動物

敎授: 蛙는 通常 體滑ᄒ 動物이니 이는 皮膚에셔 粘液(곱)이 生ᄒ
　　　이요. (중략)

注意: 蠑螈(장줌이 類)도 亦是 兩棲類나 그러나 만히 水中에 在ᄒ
　　　야 間間 濕地에 出ᄒ며…(중략)

應用: 蛙는 無益ᄒ게 殺害치 말나. 但 無害뿐 아니라 農業上 無蟲이
　　　니라. (하략)

◎ 理科 講談(小學校 敎員 參考), 浩然子 譯, 태극학보 제14호,
　　광무11년(1907) 9월 24일

殖林

要項: 森林의 功用은 極히 廣大ᄒ
　　　森林의 繁殖과 保護의 必要

敎授: 元來 材木을 作成ᄒᄂ 處所ᄂ 森林이라. (중략)

◎ 天文學 講座, 仰天子, 태극학보 제14호, 광무11년(1907) 9월 24일

第一 天文學의 由來

　天文學이라는 語는 希臘 方言으로 星의 規則이라 ᄒ는 意義니
最古 時代브터 開展ᄒ 學問이라. (중략)
第二 宇宙의 組立
第三 太陽系統

◎ 理科 敎授 問答, 浩然子, 태극학보 제15호,
　 광무11년(1907) 10월 24일

해설

'이과'의 개념과 교과로서의 기원, 교수법 변천 등을 문답식으로 기술하였
음. 교수법 변천은 형식적 도야주의(퍼스터로-티: 페스탈로치), 실리주의
(스펜사: 스펜서), 근세 자연과학적 주의(프리쏘리트히 융게:?), 역사적 실
제주의(웸헴쌔이아, 헬쌔트), 절충설(자이벨트) 등의 교육 철학과 연관지어
설명함.

問: 理科라는 거슨 무엇이뇨.
答: 理科라는 거슨 自然界 現象의 硏究의 對象으로 숨는 自然科學
　　과 全혀 同一ᄒ 範圍를 包含ᄒ 거시니 動物學, 植物學, 鑛物學,
　　人類學, 物理學, 化學, 星學, 地質學 等이다. (중략)

問: 理科로 普通敎科의 材料를 숨은 起原은 엇더ᄒ뇨.

答: 理科를 普通教育上에 採用된 거슨 近世 自然科學이 發展됨을
　　줏츠 된 거시니 (중략)

問: 理科 敎授主義에 變遷이 有ᄒ뇨.
答: 然ᄒ다. 一般 敎授法上의 主義에 變遷이 有흔 것 ᄀ치 理科 敎
　　授의 主義에도 고메니우쓰 以來로 種種히 變遷ᄒ여스며 더욱
　　各 時代 自然科學 發達에 影響된 거시 多ᄒ니 左에 類를 一括
　　陳述ᄒ건듸 (중략)

◎ 理科 敎授 講談(小學敎師 參考), 浩然子, 태극학보 제16호,
　　광무11년(1907) 11월 24일

람프(洋燈)

要項: 람프의 構造를 燃燒에 適當케 흔 일
　　　 燈光이 燈笠에 返照ᄒᄂ 功用
　　　 瓦斯(氣)燈, 電氣燈의 要用
敎授: 람프ᄂ 石油의 燃燒를 因ᄒ야 發ᄒᄂ 光을 利用ᄒᄂ 器械니
　　　 今日 世界人의 普通 公用ᄒᄂ 燈火니라.
注意: (중략)

◎ 學生의 勉學時間, 崔鳴煥, 대한학회월보 제3호,
  융희 2년(1908) 4월 25일

해설

일본 뇌병원 의사의 연설을 간추려 학습 관련 위생법을 소개함

此는 卽 東京 腦病院長 後藤省吾 氏가 某 演壇에셔 陳述흔 바
一般 學生界에 參考가 有홀 듯흔 故로 玆에 其 大要를 譯抄하야
學生 諸君에게 紹介ᄒ노라.

3.4. 교사론

◎ 論說, 皇城新聞, 광무3년(1899) 7월 11일

해설

각지방 학교의 교원들이 학도 교육보다 봉급 받는 데만 신경을 쓰고 있다
고 비판한 논설임. '국한문 교용 문자'를 '개화자의 학'으로 여기는 일을 고
치지 않음도 비판의 대상으로 삼음.

國家에서 各地方에 學校를 設ᄒ고 敎員을 任ᄒ야 別定ᄒ 課程
으로 鄕家 子弟를 敎育홈은 其 蒙愚함을 解ᄒ고 開達한데로 就ᄒ
야 一國으로 ᄒ야곰 文明에 躋케 함이라. 故로 殘窘한 金額을 傾
ᄒ야 敎俸과 校費를 按月支撥ᄒ니 學校에서 맛당히 此 國家의 眷
念ᄒᄂ 意를 體ᄒ야 學ᄒ기를 倦치 아닐지니라. (중략)

今에 各地方 學校의 詳寄를 更聞ᄒ즉 說校 以來로 學徒가 朝三
暮四ᄒ야 規模가 懈弛홀 쑨더러 <u>國漢文 交用 文字를 開化者의 學</u>
<u>으로 歸ᄒ야 原定課程을 眼外로 視之ᄒ되</u> 校師ᄂ 一分도 勸勵홈
이 無ᄒ고 如何케 學ᄒ던지 一月만 送ᄒ면 俸給을 例索ᄒ니 或者

ㅣ 言ᄒ기를 各校 敎員들이 學徒 敎育에 董督ᄒ기를 其倅 董督홈
과 ᄀ치 ᄒ얏스면 學徒의 進就가 時月을 可期ᄒ리라 ᄒ니 此言이
其 激發ᄒ 듸셔 出홈이로다. (하략)

◎ 師範學校의 落成, 황성신문 융희 원년(1907) 12월 3일

중앙 사범학교 낙성식을 기념하여 '학도의 확장', '교관의 확장', '지방 사범
학교의 확장'을 촉구한 논설임

近日 學部에서 夥額의 資金을 投ᄒ야 師範學校를 新建築ᄒ고
工役이 己竣홈으로 今日에 內外國 諸賓을 請邀ᄒ야 宏壯ᄒ 落成
式을 設行ᄒ얏ᄂ듸 實로 前日에 比ᄒ면 一層 擴張이라 謂홀지라.
(하략)

◎ 小學敎員의 天職, 浩然子, 태극학보 제17호,
　　 융희 2년(1908) 1월 24일

호연자의 이름으로 게재한 소학교 교원의 임무에 관한 논설임. 당시 소학
교 교원에 대한 일반인이나 교원의 태도를 비판하고, 소학교 교원의 임무
가 무엇인지를 강조하고자 한 의도를 갖고 있음

大凡 國家의 發達은 民心의 統一을 湏要ᄒ니 統一은 主義를 豫

想ᄒ고 主義ᄂ 國体와 民性의 合全을 期待홈으로 大要를 作ᄒᄂ 者라. 故로 古來 偉人 英傑의 士가 비록 國民 感化力을 掌握ᄒ야 時代를 善造홈으로 써 國運의 發展을 謀遂혼 事가 有ᄒ다 홀지라도 此ᄂ 期必 成就의 完定혼 性質이 아니오 또 優遇 天然히 生ᄒ다 홀지라도 此ᄂ 百千年間에 一人 二人이나 期待홀 ᄲᅮᆫ이니 該 目的이 完全無缺을 成致치 못홀 거시오 또 政治ᄂ 國家發展의 目的을 向營ᄒᄂ 바이미 그 請求의 寸法디로 働作홀 力이 有ᄒ다 홀지라도 其 效果ᄂ 皮相 形式에 但止ᄒ야 根本的을 拔出치 못ᄒ고 國憲 法律로 一次 號令之下에 國民을 一波美域으로 動홀 力이 有ᄒ다 홀지라도 此ᄂ 所謂 機械的 所爲이미 其 勢力이 一時에 止ᄒ야 永美를 難期ᄒᄂ니 然則 何로써 國家 發達의 大目的을 遂홀고. 余ᄂ 答ᄒ되 敎育이라 ᄒ노니 何者오. 非他라. 敎育은 國民的 意識을 能히 根底브터 統一ᄒ야 그 國体 民性에 適應ᄒᄂ 國民精神을 陶冶ᄒᄂ 大力을 管有혼 所以니 然則 此 敎育을 掌握ᄒᄂ 者ᄂ 誰오. 小學校 敎員이 아닌가. 嗚呼라. 國本培養의 正路를 當ᄒ야 第二 國民되ᄂ 幾多의 兒女를 薰陶 養育ᄒᄂ 小學校 敎員의 幸福이여. 君 等은 榮譽의 天爵을 享受ᄒ엿고 無形의 桂冠을 領有ᄒ엿도다. 假令 其 地位ᄂ 低下ᄒ며 名望은 淺薄ᄒ야 所得의 俸給으로써 一家의 生活을 維持키 難ᄒ다 홀지라도 吾人은 君等을 崇尊仰慕홈에 誠衷을 傾渴ᄒ리로다.

世人은 通常 小學校 敎員을 指目ᄒ야 學校 先生이라는 尊號를 上ᄒ면셔도 一個 嘲笑的 格言 資料를 삼ᄂ니 噫라. 此ᄂ 다만 金錢上 問題로 打算혼 者가 아니냐. 誤哉過哉라. 小學校 敎員이 神聖혼 거시 아니냐. 만은 世人이 彼들을 冷笑ᄒ고 侮辱ᄒ야 待遇홈만은 何故뇨. 必也 彼等의 腐敗혼 所以가 有홈이니 左에 그 大綱

을 記述ᄒ여 볼가. 怪常토다. 現今의 小學校 敎員들이여. 大槪 輕佻浮薄ᄒ야 商賣的 營利的으로 一己를 愼謹흠에 正重ᄒ 行動이 無ᄒ고 子弟들을 敎導흠에 親愛를 不施ᄒ고 威喝을 縱行ᄒ야 純良흔 幼年의 良心을 全數히 懦弱케 ᄒ고 俸給의 多寡를 因ᄒ야 進退出入에 軌範이 無定ᄒ고 俗吏小人의 奴隷를 自甘ᄒ야 假善僞良의 現狀을 綻路(탄로)ᄒ느니 果然 如此ᄒ면 隱避치 못ᄒ 卽事오 否定치 못ᄒ 過責이라. 엇지 長太息 流涕흘 者가 아니리오. 故로 余輩ᄂ 彼들의게 正當히 訓責흘 바를 要ᄒ리라.

아직 東西를 未辨ᄒᄂ 兒女와 事理를 未解ᄒᄂ 少年 子弟를 敎授흠이 天爵이니 學의 曠ᄒ야 精흠도 要치 안코 識이 高ᄒ야 才가 儁흠도 求치 아니ᄒ되 幾許間이라도 道가 正ᄒ고 德이 高흠은 願ᄒᄂ 精을 窮ᄒ야 微에 入ᄒ고 面에 粹ᄒ고 背에 盎(앙)흠은 小學校 敎員의 願ᄒᄂ 바도 아니오 將次 宇宙를 呑盡ᄒ고 幽明을 窮排코져 ᄒᄂ 橄欖 林先生의 事蹟도 希望흠이 아니로되 다만 熱誠, 親愛, 眞摯, 自重은 小學敎員의 至盼ᄒᄂ 바로다.

莫大흔 國家를 建設흘 第二 國民을 養成흠은 小學敎員의 職分이니 宜當히 國民의 先覺者로써 自任흘 거시오 子弟를 率흠에ᄂ 口로써 ᄒ지 말고 道로써 ᄒ라. 古人이 云ᄒ되 我ᄂ 道로써 天下를 救援ᄒ리니 王覇의 分道가 道와 手의 相異쑨이라. 術로써 人을 弄ᄒ고 智로써 世를 馭(어)ᄒ며 自己의 誠意를 根因치 아니ᄒ고 一身의 實行을 爲本치 아니흠은 다 道로써 흠이 아니오 手로써 흠이니 道라 흠은 心을 原ᄒ고 理를 從흠이라 ᄒ엿슨즉 人物을 養成코져 ᄒᄂ 小學敎員이여 此言을 深亮ᄒ라.

敎育의 目的은 人物을 養成흠에 在ᄒ고 富貴와 顯榮을 嬴得(영득)ᄒ려 흠이 아니니 大抵 人은 神과 寶를 兼全키 不能흔 者라. 萬

一 富貴를 致코져 흐는 者는 敎育의 事業을 罷棄흐고 米商을 寧作흐며 料理를 營業흐라. 如此흔 奴輩가 神聖흔 小學敎員의 職務를 携帶흔 거슨 敎育界의 汚辱이요 侮恥니 速去速去홀지어다.

小學敎員들이여. 君等의게 通告커져 흐노니 俸給의 三四員이 不足흐다고 進退를 無常흐지 말고 或 四五圓이 增給된다고 欣喜흔 것 갓치 말지어다. 募軍이 賃金 三錢을 增給흔다고 嬉淚가 班班흐듯 그 行動이 鄙陋치 아니흔가.

다시 告諭흐노니 君等 中에 事理를 通解치 못흐는 者는 社會가 道德上으로 一點 寬容을 君等에게 許與치 안는다고 不平을 鳴흐고 愚痴를 傾흔다 흐니 何事로 覺悟치 못흠이 此에 至흐는가. 果是與語를 不共흐겟고 吾輩의 當士가 아니로다. 沈思흐라. 今世는 堂堂흔 一國의 所謂 宰相이라는 者가 酒色에 沈淪흐야 道德上의 罪惡을 犯홀지라도 敢히 責罰치 못하는 社會가 아니냐. 如此흔 罪惡 社會에셔라도 다만 德行을 猶求흐는 곳은 君等뿐이니 猶勝흐다 君等의 德行이여. 뎌 幼稚흔 社會가 道德上으로는 君等을 一國 總理大臣의 以上 位로 崇拜치 아니흐겟는가.

俗惡흔 社會의 好遇를 受享흠은 君等의 恥辱이오 社會의 窘迫은 君等의 祝福이며 虐待의 聲은 君等의 光榮이오 非難의 聲은 君等의 賞讚이니 吾輩는 ᄎ라리 惡俗흔 社會에셔 窘迫되는 거슬 公明흔 天道로 歡迎코져 흐노라.

昔에 압력슌듸아 大王은 萬古戰略의 英傑이라. 智力이 歐, 亞, 非 三洲에 震動흐엿스되 一人의 씌욱네스를 運動키 不能흐엿나니 腕力 知力 金力이 如何히 多大흐야 何等의 方法을 兼用홀지라도 畢竟 動치 아니흐는 者는 吾人의 精神 意氣가 아닌가. 僞를 不飾흐고 眞誠으로 此를 動흐는 者는 小學敎員과 生徒間에 但存홀 뿐

이니 彼等은 眞摯無邪로 先生의 言行 命令을 敬奉ㅎ야 何境에던
지 至ㅎ려 ㅎ나니 嗚呼라. 君等은 人生에 最上 感化力을 領有ㅎ엿
고 또 此力은 一時 皮相이 아니라 眞實노 根柢에서브터 永遠히 影
響되며 兒童의 純潔흔 腦裡에 深邃(심수)히 印象된 思想 感情이
彼等의 子孫 後昆의게 波及지 아니ㅎ겟나뇨. 都是 君等의 理想을
反映흠이니 人生의 快事가 此에 過흘 자가 外에 更有치 아니ㅎ리
니 孟子가 至樂의 一種으로 計數흔 育英의 聖業이 生命을 始保ㅎ
엿도다. 吾人도 비록 不肖ㅎ느 將次 小學教員의 榮職을 固願ㅎ노
니 機會를 좃차 君等과 갓치 育英事業에 熱誠을 盡供ㅎ야 此生을
終코져 ㅎ노라.

◎ 小學校 教員의 注意, 勸學子, 태극학보 제18호,
　 융희 2년(1908) 2월 24일

소학교 교원의 임무를 16개 조항으로 간추려 제시한 논설임

　小學校 教員의 良否느 普通教育의 弛張에 關ㅎ고 普通教育의
弛張은 國家의 隆替에 係ㅎ느니 其任이 重ㅎ고 大ㅎ다 謂흘지라.
今에 만일 小學教員에 其人을 未得ㅎ야 普通教育의 目的을 達ㅎ
며 人으로 身을 修ㅎ고 業을 就케 아니ㅎ면 何를 由ㅎ야 國을 愛
ㅎ고 君을 忠ㅎ는 志氣를 振起ㅎ고 風俗을 淳美케 ㅎ며 民生을 富
厚케 ㅎ야써 國家의 安寧 福祉를 增進케 ㅎ랴. (중략)

一. 人을 引導ᄒ야 善良케 흠은 智識을 廣博케 흠보다 더욱 緊要ᄒ
  지니 故로 敎員된 者ㅣ는 道德敎育上에 全力을 用盡ᄒ야 生徒
  로 ᄒ여곰 國을 愛ᄒ고 …

一. 智心敎育의 目的은 專혀 人으로 ᄒ여곰 智識을 廣博히 ᄒ고 才
  能을 助長케 ᄒ야 其 本分을 必盡케 흠이 適富흘지라. 엇지 聲
  譽만 徒取ᄒ고 奇功만 貪求ᄒ랴. 故로 敎員된 者ㅣ는 宜當히
  此를 體認ᄒ야 生徒 智心上의 敎育을 從事ᄒ라.

一. 身体敎育은 다만 体操로만 依著흘 거시 아니니 맛당히 恒常 校
  舍를 淸潔케 ᄒ고 光線 溫度의 適宜와 大氣의 流通에 留意ᄒ며
  ᄯᅩ 生徒의 健康을 妨害흘 習癖에 汚染될 거슬 豫防ᄒ야 從事흘
  지어다. (이하 13개조는 생략함)

◎ 師範養成의 必要, 秋醒子, 태극학보 제26호,
  융희 2년(1908) 11월 24일

해설

평양의 김제현 씨가 청년회를 조직하고 의연을 수합하여 일본에 유학생을
보냈으며, 박천의 모씨도 학교 기금을 분할하여 청년 재자 송욱현 씨를 일
본에 유학케 함. 사범 자격을 얻도록 하기 위해 일본에 파송한 사례를 근거
로 사범 교육의 필요를 강조한 논설임.

◎ 雜報, 果好消息, 황성신문 융희 3년(1909) 8월 3일

원영의, 장지연이 발기하여 관현 휘문의숙에서 강사친목회를 개회한다는
기사임

◎ 教師와 教育社會의 關係, 具滋鶴, 대한학회보 제7호,
　 융희 3년(1909) 11월 20일

대한학회 편집부원이던 구자학이 사범 교육의 필요성을 역설한 논설임.

大抵 如何혼 社會이던지 人才를 得ᄒ여야 事業을 成就홈은 同
一ᄒ나 人才와 事業의 關係는 如何혼 社會이던지 同一홈이 안이
라 特히 教育社會에 人才가 必要홈은 實業社會에 人才가 必要홈
보다 一層 尤甚ᄒ니 此는 教育社會엔 人才가 唯一 要素요 實業社
會엔 人才가 唯一要素가 되지 못홈이라. 其 關係 如何를 論ᄒ면
人을 教育ᄒ는ᄃᆡ 善良혼 教科書와 機械 標本이 相當히 必要ᄒ다
홀지라도 教育上 絶代 肝要홈은 아니오 最히 肝要혼 者는 賢良혼
教育家이며 實業社會에도 亦是 善良혼 實業家가 必要ᄒ다 홀지
라도 資本 供給에 比ᄒ면 何者가 肝要됨을 容易히 斷定홀지니 …
(중략) … 大凡 國家의 盛衰는 國民 知識 如何에 因ᄒ고 國民 知識
은 教育 善否에 在ᄒ고 教育 善否ᄂᆞᆫ 教師 賢愚에 關ᄒ고 <u>教師 賢
愚ᄂᆞᆫ 卽 師範教育에 由홈인즉 師範教育은 各種 教育 中에 最히 重</u>

要호 者이라. 故로 世界 列强이 다ㅣ 此에 盡力치 아니호눈 者ㅣ 無호건마눈 我韓은 如何호지 또 現今 各學校에 奉職호눈 敎師눈 다ㅣ 相當호 學識이 有호지 僕은 出疆多年에 內國 事情을 詳知치 못호나 傳聞호즉 敎育熱은 全國에 遍滿호얏스되 賢能호 敎師가 無호야 敎育의 困難이 不少호고 日本人이나 或 本邦人 中에 日語 算術을 稍解호눈 者눈 最良호 敎師라 호야 每朔에 五六十圓 俸給으로도 雇聘키 極難호다 호니 嗟호다. 外國人으로 敎育을 主管케 흠은 國民의 恥辱이오 內國人으로 論홀지라도 敎育學, 敎授法, 倫理哲學 等을 不知호눈 者 엇지 敎師의 職을 盡호며 經濟上으로 言흘지라도 我韓 現狀이 生徒에게 授業料를 不收호고 別로히 基本金이 又無호며 다만 一時的 寄附金 義捐金 多不過 數十圜으로 僅僅히 一小校를 創立호고 每朔 五六十圜을 費用호야 敎育上 全昧호 敎師를 雇聘호니 敎育의 成功을 奏호기 難흠은 已無可論이어니와 僅僅히 募集호엿던 金錢이 一二年에 盡호고 다시 生財의 方이 無호민 仍卽 閉鎖校門호고 解送生徒라 호니 豈慨嘆흘 而已리오. 今에 僕이 猥濫흠을 不顧호고 敎育을 實施코ㅈ 호눈 有志 諸君子에게 敢히 一言을 忠告호노니 今日 我韓의 敎育이 世界에 最劣흠은 誰가 嗟歎치 아니호리오마눈 欲速則不達이오 欲忙則反緩이라. 子弟의 敎育이 稍遲흠을 過慮치 말고 學校 營立코자 호눈 資本을 銀行에 任置호고 其 利子로 二三人 聰俊을 選擇호야 五六年 師範敎育을 受호 後 完全히 學校를 設立호야 未來 新國民의 腦髓를 穩健確實히 涵養호야 新舞臺活動흘 資格을 養成흘지며 姑息의 計로 不成樣호 制度와 不健全호 方法을 用호야 國民을 誤케 말지어다.

◎ 教育急務莫先乎養, 東隱生 尹台鎭, 대한흥학회보 제8호,
　　융희 3년(1909) 12월 20일

해설

이 시기 대한흥학회 평의원이었던 윤태진이 기고한 사범교육 관련 논설임.

自然界를 試觀ᄒ라. 森羅萬象이 高低 二儀에 最適ᄒ 地位와 寒暖 四序에 最宜ᄒ 氣候를 隨ᄒ야 無爲 繁昌홈이 如彼ᄒ니 엇지 吾儕의 自覺ᄒ 暗訓이 안인가. 스펜사ㅣ 所謂 生存競爭 適者生存의 原理ᄂ 愈久愈敬ᄒ 價値가 有ᄒ니 同一ᄒ 宇宙에 處ᄒ야 同一ᄒ 理法으로 同一ᄒ 生存을 競爭ᄒᄂ 人類도 ᄯᅩᄒ 此理에 不外ᄒ리로다. 彼 太白山下可憐ᄒ 同胞여. 首를 擧ᄒ야 全球 大勢를 一顧ᄒ라. 歐米大陸에 簇立釰戟(족립일극)과 西平兩洋에 雲屯艦舶은 慘憺ᄒ 殺氣가 極東 天地에 亘塞ᄒ야 血雨腥風을 頃刻에 喚起코자 ᄒ야 曰 …(중략) … 然則 吾儕 今日의 所取ᄒ 適點은 果何에 在ᄒ뇨. 政治 問題ᄂ 當局 諸公이 在ᄒ거니와 <u>適 新敎育이 堂頭ᄒ 急務오 責任</u>이로다. 挽近 以來에 社會 輿論이 此에 一致된 結果로 新敎育熱이 靑邱 全幅에 膨脹ᄒ야 縱橫 三千里에 洋制 日式의 大小 學校가 軒軒 相望ᄒ니 外面的 觀察엔 此亦 壯美ᄂ 唯一 最大 最重의 欠點은 完全ᄒ 新知式 敎師의 不備가 是라. 敎育의 目的은 新智에 在ᄒ거늘 敎師의 資格은 舊智식로 仍襲하면 是卽 前日 曰孔曰孟ᄒ던 私塾私齋가 幻容復活홈에 不過홈이니 엇지 吾의 理想ᄒᄂ 人材를 養成ᄒ리요. <u>況 現行 敎科書ᄂ 總是 嚴密ᄒ 檢閱를 經ᄒ야 無數 强制로 執筆者의 自由를 束縛ᄒ야 愛國的 思想과 獨立的 精神을 包藏ᄒ 藪源이 禿渴</u>ᄒ얏슨즉 如干 普通知識과 專門

技術를 學得ᄒ덜 何 利益이 國家에 有ᄒ리요. 近日 新學家 中에 種種 害毒을 自己 社會와 自己 同胞의게 施ᄒ는 惡類를 産出홈도 亦此에 基因홈인가 疑ᄒ노니 此弊를 救코자 ᄒ면 敎師된 者가 其 所掌學科에 博識이 有ᄒ며 所遭境에 明鑑이 有ᄒ야 **書外 漏語를 口能補拾ᄒ 一點 餘望뿐이어늘 但 其 不完全ᄒ 敎科書에만 是依 ᄒ야 字義解釋에 汲汲**ᄒ면 積極消極의 不適ᄒ 語로 多數 靑年의 幼腦를 是戕(시장)ᄒ 而已니 엇지 可愼可懼ᄒ 바이 안인가. 敎師 非其人의 害가 大略 此와 如ᄒ즉 實노 新敎育을 愛ᄒ고 實노 新敎育을 務ᄒᄂ 諸氏는 完全ᄒ 新智式 敎師의 養成을 是急是務ᄒ 것이오 若 其 其實行 方針에 對ᄒ야 具體的으로 管見을 陳컨딕

○ 機關

　一. 全國內에 師範養成會를 組織케

　二. 京城엔 總會館, 各府縣엔 支會舘을 建設케

　三. 總會舘엔 高等師範學校, 支會舘엔 尋常師範學校를 附設케

○ 資格

　一. 總會는 支會員, 支會는 府郡民을 監督케

　二. 高師엔 中學校, 尋師엔 小學校 敎師를 培養케

○ 敎師

　一. 內外國人 中 師範學識과 敎育 實驗이 兼備ᄒ 人으로

○ 生徒

　一. 各府郡이 公選ᄒ 境內의 聰俊ᄒ 子弟로

○ 員數

　一. 高師엔 敎師 三十人과 生徒 三千六百人, 尋師엔 敎師 各 十人과 生徒 五十人 以上 假量으로

○ 特典

　一. 高師 卒業 中 最優等 三分一은 外國에 留學을 擇送케

○ 義務

　一. 高尋 二科와 外國 留學의 卒業生은 其 修業年限과 同一흔
　　年數에 指定 服務케

○ 經費

　一. 全般 國民의 義務 分擔흔 公費로

○ 行政

　一. 百般 事務의 指揮監督은 同 地方官의게 官力을 借用케

흠이 是니 此에 所要되는 經費를 全國 各 敎師 生徒에게 分算合計ᄒ면 每朔 月給 百圓 假量되는 敎師 全數의 一年 總額은 …(중략)… 列强 今日의 養師ᄒ는 通則을 參考 報告흠이로다. 日本과 如흠 四千餘 民族으로 近三十萬 良師를 有ᄒ얏스니 藐爾흔 五島 小國으로 世界의 一等 待遇를 受흠이 엇지 그 偶然흠이리요. 競爭의 激烈를 制勝ᄒ고 誅戮의 慘毒을 救濟흘, 社會를 改良ᄒ고 國權을 回復흘 愛我同志 同志.

◎ 敎育家의 職分, 春夢子, 서북학회월보, 제1권 제17호,
　融熙3년 11월(1909.11.)

춘몽자란 필명으로 이 시대의 이동휘, 안창호와 같은 진정한 교육가가 출현하기를 희망하는 논설임

敎育이란 者는 社會를 改良ᄒᆞᄂᆞᆫ 原動力이 될지니 國家가 依ᄒᆞ야 愈榮ᄒᆞ며 民庶가 依ᄒᆞ야 愈安ᄒᆞᄂᆞᆫ지라. 所以로 敎育에 從事ᄒᆞᄂᆞᆫ 者ㅣ 赤誠으로써 人을 化ᄒᆞ며 卓識으로써 人을 導ᄒᆞᆫ 然後에야 敎育을 被ᄒᆞᆫ 靑年 子弟도 亦 精神的 活動으로 社會에 周旋ᄒᆞᆯ지오, 不然ᄒᆞ야 表面에 徒注ᄒᆞ고 實際를 不求ᄒᆞ야 但히 書籍을 讀ᄒᆞᆷ에 汲汲ᄒᆞ며 理則을 講ᄒᆞᆷ에 惴惴[9]ᄒᆞ야 外로ᄂᆞᆫ 熱心의 壯觀을 現ᄒᆞ나 內로ᄂᆞᆫ 識德의 一貫이 乏ᄒᆞᆫ지라. 是以로 忽甲忽乙[10]ᄒᆞ며 忽犬忽馬ᄒᆞ야 統一의 思想이 無ᄒᆞ면 비록 百年을 涵養ᄒᆞᆯ지라도 何處에 施措ᄒᆞᆯ가. 今日 諸氏가 荒漠ᄒᆞᆫ 平野에 繩을 張ᄒᆞ고 開拓의 初步를 奏ᄒᆞᆷ과 如ᄒᆞᆫ지라. 然ᄒᆞ나 水利의 便否와 運搬의 難易에 至ᄒᆞ야ᄂᆞᆫ 尙히 設施를 深試치 못ᄒᆞᆫ 者니 本 執筆人이 此에 對ᄒᆞ야 將來 劃策을 一問코자 ᄒᆞ노라.

敎育의 名義가 學校를 專指ᄒᆞ야 言ᄒᆞᆫ 者ㅣ 아니라 爲先 自己의 一身을 社會의 潮流에 投ᄒᆞ야 其 趨嚮(추향)을 豫定ᄒᆞᆷ이 亦 皆 敎育界의 事業이 될지라. 昔에 撲希培路[11]ᄂᆞᆫ 實物 指敎로써 有名ᄒᆞ얏스나 此가 다 社會的 大敎育家ᄂᆞᆫ 아니라. 惟 全社會에 躍出ᄒᆞ야 一身을 犧牲으로 供ᄒᆞᆫ 者ᄂᆞᆫ 盧梭[12] 氏가 其 人이며 人生의 難을 殉ᄒᆞ야 肉體를 暴露ᄒᆞᆫ 者ᄂᆞᆫ 基督[13] 氏가 其人이라. 此 數 君子가

---

9 췌췌(惴惴)ᄒᆞ야: 두려워하여. (미등재)
10 홀갑홀을(忽甲忽乙), 홀견홀마(忽犬忽馬): 갑자기 갑을 말하다가 을을 말하며, 갑자기 개를 말하다가 말을 말하는 것과 같이 횡설수설하는 모습을 나타낸 말로 보임. (미등재)
11 박희배로(撲希培路:): 미상
12 노사(盧梭:): 루소

能히 雙手로써 社會의 趍向을 歸正ᄒ며 人心의 歸一을 質定ᄒ얏
스니 諸氏가 果然 如此히 卓絶ᄒ 社會的 大敎育家의 事業을 注意
ᄒᄂ가.

社會 發達의 原則이 至極히 簡明ᄒ고 人生 敎養의 理法이 亦 至
極히 簡明ᄒᆫ지라. 一書를 得ᄒ면 卽 迷耽ᄒ며 一說을 聞ᄒ면 又
迷惑ᄒ야 遑遑茫茫에 新奇를 是務ᄒ니 今日 敎育界의 師友가 大
槪 如是ᄒᆫ지라. 進化의 理가 新說新理를 硏究흠은 當然ᄒ 工程이
나 此를 省識ᄒ야 實際에 應用ᄒ고 自重의 德을 尙ᄒ며 自信의 念
을 厚케 ᄒ야 新說과 新理로써 補翼흠이 適當ᄒ 學則이 아닌가.
千百의 理法이 其 体가 各異ᄒ즉 一貫의 思想으로 一律의 下에 叢
集케 홀지니 엇지 遑遑茫茫으로써 惟日不足ᄒ리오.

今日 我國에 有名ᄒ 敎育家 李東暉[14] 氏ᄂ 十年血淚로 晝夜 漣
漣 ᄒ야 學校의 産出이 十數로써 計치 못홀지오, 安昌浩[15] 氏ᄂ 我
國의 第一 初完全ᄒ 中學校를 設立ᄒ고 靑年 子弟를 誠心으로써
誘導ᄒ며 技術로써 涵養ᄒᄂ지라. 此 二 君子의 義務ᄂ 本筆로 加
讚홀 바 無ᄒᄂ 全國 二千萬 同胞 內에 更히 敎育家로 獻身ᄒᄂ
者ㅣ 此外에 無ᄒ가 有ᄒ가. 設或 有ᄒ다 홀지라도 主一ᄒ 精神이

---

13 기독(基督: Jesus): 예수 그리스도(크라이스트). 기독교의 창시자(?B.C.4~?A.D.30).
처녀 마리아에게 성령으로 잉태되어 베들레헴에서 태어나 30세쯤에 세례 요한에
게 세례를 받고 복음을 전파하다가 바리새인들에 의하여 십자가에 못 박혀 죽었
다. 그의 예언대로 죽은 지 사흘 만에 부활하고 40일 후 승천하였다고 한다. (표)

14 이동휘(李東輝): 독립운동가(1872~1935). 호는 성재(誠齋). 대한 제국 육군 참령(參
領)을 지냈다. 신민회 조직에 참여하였으며, 1920년에 대한민국 임시 정부 국무총
리에 취임하였으나, 이 무렵 공산당으로 전향하여 소련으로부터 받은 독립운동 자
금을 고려 공산당 조직 기금으로 유용하여 사임했다. (표)

15 안창호(安昌浩): 독립운동가(1878~1938). 호는 도산(島山). 신민회, 청년 학우회,
흥사단을 조직하고, 평양에 대성 학교를 설립하였다. 3·1 운동 후 상하이(上海)
임시 정부의 내무 총장이 되어 독립운동을 하였다.(표)

無호 被敎育 靑年 中의 政治를 學호 者는 政治學의 奴隸가 될지며
法律을 學호 者는 法律學의 奴隸가 될지며 其 餘 各 科學을 學호
者가 悉皆 各 科學의 奴隸가 될 뿐이면 將來 社會의 調和 手段과
國民의 統一 思想을 誰가 倡導호리오. 歲月은 如流호고 國運은 多
難호니 諸氏는 請컨딕 各其 職分을 早速히 勉盡호야 敎育의 本領
을 先立호기를 是望홀 뿐 外라. 또호 多數호 敎育家가 林林出來호
야 重大호 負荷를 互相 分擔호기를 尤望尤祝호노라.

4.
유학생 문제

◎ 제국신문, 광무 2년(1898)년 11월 4일

◎ 제국신문, 광무 3년(1899)년 2월 28알

◎ 제국신문, 광무 3년(1899)년 3월 2일

◎ 제국신문, 광무 3년(1899)년 5월 24일

◎ 제국신문, 광무 3년(1899)년 12월 8일, 12월 9일

◎ 잡보, 제국신문, 광무 6년(1902) 8월 21일

◎ 留學生會 趣旨書, 만세보, 1906.12.19. -20.

◎ 學部所關 日本留學生規程, 만세보, 1907.3.9.-10.

◎ 警告 我 日本遊學生 諸公, 京城 盧秉肅, 대한학회월보, 제1호, 융희 2년(1908) 2월 25일

◎ 敬告 我 今日 留學生 諸君, 文尙宇, 대한학회월보, 제2호, 융희 2년(1908) 3월 25일

◎ 學大演說, 李東初 主記, 대한학회월보 제3호, 융희 2년(1908) 4월 25일

◎ 謹告留學生 諸君(奇書), 南湖主人, 대한학회월보 제4호, 융희 2년(1908) 5월 25일

◎ 留學生 統計表, 대한학회월보 제6호, 융희 2년(1908) 7월 25일

◎ 論說, 留學生 歡迎會에 對ㅎ야 勸勉의 意를 表홈, 황성신문 융희 2년(1908) 8월 2일

◎ 論說, 留學生 談話, 황성신문 융희 2년(1908) 8월 11일

◎ 論說, 告海外留學生 諸君, 황성신문 융희 2년(1908) 11월 1일

◎ 日本, 편집자(유승흠), 대한학회월보 제7호, 융희 2년(1908) 8월 25일

◎ 新來學生歡迎會 所感, 高元勳, 대한학회월보 제8호, 융희 2년(1908) 10월 20일

◎ 論說, 留學界 活動, 융희 3년(1909) 7월 23일

◎ 日本 苦學生의 情形을 擧하야 我本邦 同學 諸君에게 告하노라, 具岡, 대한흥학보 제6호, 융희 3년(1909) 10월 20일

◎ 報說, 會員諸君, 대한흥학보 제7호, 융희 3년(1909) 11월 20일

◎ 內國 父老에 向ㅎ야 子弟 留學을 勸告홈, 姜筌, 대한흥학보 제7호, 융희 3년(1909) 11월 20일

◎ 敬告 我留學諸君 顧念父母之情恩, 金升植, 대한흥학보 제9호, 융희 4년(1910) 1월 20일

◎ 日本에 在혼 我韓 留學生을 論함, 대한흥학회보, 제12호. 1910.4.20.

◎ 日本留學生史, 학지광 제6호, 1915.7.23.

◎ 제국신문, 광무 2년(1898)년 11월 4일

일본에 류학ᄒ던 신희영, 어용선 량 씨가 보통과 졸업쟝과 탁지부 ᄉ무 견습 증셔를 가지고 도라오고 권봉슈 씨는 법부 ᄉ무를 졸업ᄒ고 김용제, 리규승, 유셰용 삼 씨는 ᄂᆡ부 ᄉ무를 졸업ᄒ고 홍셕헌 씨는 샹공업에 문셔 회계ᄒᄂᆞᆫ 법을 졸업ᄒ야 다 증셔를 맛하 가지고 도라온 고로 학부에서 그 소용을 따라 각부에 죠회ᄒ고 각각 나라 ᄉ무를 맛겨 쓰게 ᄒ라고 ᄒ엿다니 국가에서 싱도를 외국에 보ᄂᆡ여 불소ᄒ 국ᄌᆡ를 허비ᄒ며 교휵식인 효험을 지금이야 특별히 볼지라. 졔씨가 외국에 가셔 여러히 풍샹을 격고 도라오ᄆᆡ ᄌᆞ연 고싱도 만히 ᄒ엿스려니와 학문이 도쳐ᄒ 줄은 여러히 아는 ᄇᆡ라. 이 씨 됴흔 계졔를 엇어 ᄇᆡᄒᆞᆫ 학식을 낫하ᄂᆡ여 국은을 보답ᄒ기를 간절히 ᄇᆞ라노라.

◎ 제국신문, 광무 3년(1899)년 2월 28일

일본서 대한 사름을 교육ᄒ기 위ᄒ야 경성학당을 비셜ᄒ엿ᄂᆞᆯ딕 근일에 일본서 근등 공작과 길강건길 씨와 삼틱영일 씨와 압쳔방의 씨가 발긔인이 되여 경성학당을 확장ᄒ기로 여러 신ᄉ들이 모여 협의ᄒᆞ는딕 이등 후작과 대외 빅작과 쳥목 외무대신이 다 참예ᄒ야 연셜ᄒ엿다더라.

◎ 제국신문, 광무 3년(1899)년 3월 2일

광고: 일본가셔 유학ᄒᆞ는 우리나라 사름들이 친목회를 모으고 흔 들에 흔 번식 친목회보를 ᄶ며 긔간흔 칙이 미우 ᄌ미 잇는 론셜도 잇고 알어셔 긴요흔 일이 만으니 시무에 유지ᄒᆞ신 쳠 군ᄌᆞ는 본사로 와셔 그 칙을 ᄉᆞ다가 보시기를 바라오. 갑슨 한들치 흔 권에 십오젼식이오.

◎ 제국신문, 광무 3년(1899)년 5월 24일

일인학교: 일본 동아동문회 지파원(東亞同文會支派員) 지촌탁틱랑 씨가 향일에 셔울 와셔 한셩월보(흔 들에 흔 번식 긴요흔 소문과 각항 학문을 긔간ᄒᆞ는 것)를 긔간ᄒ량으로 방금 쥰비ᄒᆞ는 즁인대 ᄯᅩ 지작일에 동아동문회 파원 셰삼의조 씨와 공ᄉ관 통역관 국분상틱랑[國分象太郞] 씨가 학부에 와셔 말ᄒ기를 함경도 북쳥군에

학교를 셜시홀 터이니 북쳥군에 신칙ᄒ여 달나 ᄒ고 ᄯᅩ 소학교 장뎡 ᄒᆫ 벌을 달나고 ᄒ엿다 ᄒ니 타국에서 대한 사름을 왜 그럿케 교육ᄒ랴ᄂᆞᆫ지.

◎ 제국신문, 광무 3년(1899)년 12월 8일, 12월 9일

해설

　외국에 유학생을 보내야 함을 주장한 논설

(전략) 무릇 나라의 치의 법권을 엇고자 홀진대 법률을 먼져 발으게 ᄒ지 안코ᄂᆞᆫ 되지 안코 졍령을 쥬장코져 홀진ᄃᆡ 졍ᄉᆞ를 먼져 힘써야 홀 거시오 히륙 군비를 졍동ᄒ야 국가에 간셩을 만들고 롱공샹업을 일읏켜 국가에 부쟈될 근원을 열어셔 외국인으로 ᄒ야곰 즈연 복죵케 ᄒᆫ 후에야 약됴를 다시 뎡ᄒ기를 시쟉ᄒ야 나라에 슈치를 씨스리라 ᄒ고 샹하가 열심ᄒ야 밤낫으로 부즈런이 ᄒ야 썰쳐 일어날 도리를 경영홀ᄉᆡ 유학ᄉᆡᆼ을 외국으로 보ᄂᆡ야 세계의 지식을 구ᄒ여 들이며 나라에 법률과 경제와 군비를 일시케 닥가셔 형셰가 날로 나아간즉 삼십년을 지나지 아니ᄒ야 문명ᄒᆫ 학식과 부강ᄒᆫ 효력이 셔양 븩인죵 여러 나라와 세계상 큰 판국에 질 거시 업ᄂᆞᆫ지라 …

◎ 잡보, 제국신문, 광무 6년(1902) 8월 21일

私學費不撥: 일본에 유학싱 삼십일인의 학쟈비 쳔오구빅칠십륙원 사십젼 류리를 지발ᄒ라 ᄒ고 학부에셔 탁지부로 조회ᄒ얏더니 탁지부에셔 죠복ᄒ기를 긔국 오빅사년도에 파송ᄒ엿든 관비싱이 ᄎᄎ 회국ᄒ고 남어잇는 학싱이 불과 륙인이오 그외 이십오인은 다ᄉ비싱으로 가셔 관비로 붓쳣슨즉 그 학비는 본부에셔 지발치 못ᄒᆯ지라. 관비싱 륙인의 학비 미명 미삭에 십오원식 합 십팔 기월쏘 일쳔륙빅이십원만 방금 지발ᄒᆫ다고 ᄒ엿더라.

◎ 留學生會 趣旨書, 만세보, 1906.12.19.-20.

日本에 留學ᄒ는 我國學生이 留學生會를 組織ᄒ얏는딕 其趣旨書가 如左ᄒ더라.

(내용 생략)

◎ 學部所關 日本留學生規程, 만세보, 1907.3.9.-10.

학부령 제3호로 발포된 '학부소관 일본 유학생 규정'으로 모두 22조로 구성됨. 유학생 선발, 감독, 관비 지급 등이 규정되어 있으며 유학생 감독관은 사비 유학생의 품행에 대한 감독도 실시하여 정부에 보고하도록 되어 있음

學部令 第三號學部所關 日本留學生規程

第一條 留學生은 日本國에 留學홈이 必要혼 學術 技藝를 履修케
　　　 홈기 爲호야 身體 學力 及 品行을 檢定호야 適當홈으로 認
　　　 定혼 者에 對호야 學部大臣이 此를 命홈이라.
　　　 但 官立高等學校나 又此와 同等 程度 以上의 官立學校 卒
　　　 業生에 對호야는 學力試驗을 不行홈도 在홈이라.
第二條 留學生의 履修 學科 在留地 學校 及 留學期日은 學部大臣
　　　 이 此를 指定홈이라.

…

第十九條 留學生 監督은 私費 留學生에 關호야 不美홈으로 認호는
　　　　 時는 其 事實을 學部大臣에게 報告홈이라.

…

◎ **警告 我 日本遊學生 諸公**, 京城 **盧秉肅**, 대한학회월보, 제1호,
　 융희 2년(1908) 2월 25일

(전략) 若或心醉眼驚호야 趨仰外人하고 殆忘祖國호야 徒有遊學之
名호고 苟無遊學之效則於身何益이며 於國何補리요. (하략)

◎ 敬告 我 今日 留學生 諸君, 文尙宇, 대한학회월보, 제2호,
　　융희 2년(1908) 3월 25일

이 시기 유학생들의 행태를 비판한 논설

我 留學生之責任이 何日不重이며 何時不大리오만은 此時난 非
昇平烟月之時也라. 誠天崩地坼之秋也며 此時눈 非風調雨順之時
也라. …宗社之岌業도 必曰 我留學生 卒業 還國之日이라야 ᄒ며
生靈之塗炭도 必曰 我留學生 卒業 還國之日이라야 ᄒ며 政法之
腐敗와 實業之慚壞도 我留學生 卒業 還國之日이라야 ᄒ야 …

其在海外留學之日엔 有時乎討論演說之際에라도 堂堂 儀表와
箇箇 英雄으로 明目張膽ᄒ며 揮拳拍案에 滔滔河舌이 莫非萇弘之
碧血이며 盡是袁安之淚라. 開口則全球를 可吸이오 擧足則北海를
可超ᄒ야 忠肝義血이 頃刻五步ᄒ니 誠若此時此言이면 於我國計
에 何難之有리오만은 惜乎라. 人心之朝夕이여. 泛彼玄海ᄒ야 入
我靑邱之日也엔 已往之滿口盟語눈 盡歸於浮雲流水之外ᄒ고 目
前之百般運動이 只在於參書局長之間ᄒ야 營營苟苟에 乞哀昏夜
ᄒ야 或爲鄙夫之機關ᄒ며 或爲外人之倀鬼ᄒ야 幸得 一奏任 一判
任之職이면 自以請得志라 ᄒ야 紗帽洋杖으로 醉步紅塵에 眼下無
人ᄒ야 爲同胞之虎狼ᄒ고 爲他人之鷹犬ᄒ니 是以로 新聞 雜誌에
警告留學生之論說이 繽粉於耳朶ᄒ고 街兒村童의 新日本人之語
句가 浪藉於閭巷ᄒ니 誠寒心哉로다.

(하략)

◎ 學大演說, 李東初 主記, 대한학회월보 제3호,
　　융회 2년(1908) 4월 25일

해설

　4월 4일 학부대신 이재곤 씨가 일반 유학생을 초대하여 교육제도와 일반 학생의 학업상 문제에 대한 정책을 소개함. 특히 유학생회, 태극회, 친목회 등을 조직한 것을 우려하는 내용을 담고 있음.

◎ 謹告留學生 諸君(奇書), 南湖主人, 대한학회월보 제4호,
　　융회 2년(1908) 5월 25일

해설

　유학생들의 학회가 청년회 이후로 유학생회, 공수회, 낙동회, 태극회, 한금회, 호남회 등 명목에 따라 분열되는 현상 비판하고, 각 회가 합하여 '대한학회'가 되었으므로 대한혼을 일깨우고 대한몽을 깨우쳐야 함을 역설함.

◎ 留學生 統計表, 대한학회월보 제6호, 융회 2년(1908) 7월 25일

自高等學校로 各大學 及 專門科에 在學者: 179 人

相當혼 中學校에 在學者: 71人(府立 第一, 明治學院, 成城中學, 順川中學, 大成中學, 靑山學院, 慶應義塾, 曉星中學, 京北中學)

其他 語學 及 普通 豫備科에 在學者: 243人

合計: 493人(이하 출신 도별 통계를 중략함) …

本 編纂部에셔 至今신지 調査흔 結果로 本會 名錄과 留學生 監督
部 存案과 大韓基督靑年會에셔 探査흔 諸簿를 參考ᄒ야 右곳치 發
表ᄒ오나 此其 大畧이옴이 些少의 差違가 無ᄒ기를 確證치 못홈.

<참고> 대학학회월보 제6호에는 유학생 졸업 축하식 관련 기사를 게
재함: 감독 신해영 씨 연설, 본회 총대 채기두 씨 축사, 졸업
생 총대 최석하 씨 답사, 감독부 게시, 고시 등.
(이 시기 학부의 유학생 관리 자료임)

◎ 論說, 留學生 歡迎會에 對ᄒ야 勸勉의 意를 表홈,
　　황성신문 융희 2년(1908) 8월 2일

　再昨日 西北學生界에셔 自東京渡來흔 西道 留學生을 爲ᄒ야
東門外 塔洞寺에 前往ᄒ야 歡迎會를 設行ᄒ얏는딕 農科大學校와
警察專門校에 卒業흔 學生이 二人이오 現在 中學校에 受業ᄒᄂᆫ
學生이 三十餘人인딕 其 年齡은 … 是以觀之면 諸君이 各種 科學
을 精深硏究홈도 必要ᄒ거니와 注重者ᄂᆫ 自己가 自己를 敎育ᄒ
ᄂᆫ 方法을 實行ᄒ야 偉大흔 人格을 養成ᄒ야 遠大흔 目的을 到達
ᄒ기로 十分 切願ᄒ노라.

◎ 論說, 留學生 談話, 황성신문 융희 2년(1908) 8월 11일

　해외 유학생들이 여름에 귀국하여 각 지방을 시찰하고 그 결과를 논설위원

과 토론한 뒤, 이에 대한 논설위원의 의견을 세 가지로 제시함. 이때 거론
한 항목은 '학생의 품행', '인민의 사상', '시민 정도'의 세 항목임. 관서 지
방의 학생에 비해 경사(京師: 서울)의 학생의 품행 문제가 심각함을 지적

(전략) 一曰 學生의 品行이니 關西 各校의 一般學生은 卷烟을 吸ᄒ
ᄂᆞᆫ 者가 都無ᄒ고 平壤은 各校 學生 中 檢察이 有ᄒ야 或 學生에
帽子를 戴ᄒ고 酒肆에 出入ᄒᄂᆞᆫ 者ㅣ 有ᄒ면 卽行 懲罰ᄒ야 不敢
更染케 ᄒ거늘 京師의 學生은 或 其服을 移美케 ᄒ고 料理店과 轉
丸場에 追逐ᄒᄂᆞᆫ 者가 有ᄒ고 … 嗟我 漢城界 學生 諸君과 一般 同
胞여. 感覺이 有ᄒ고 羞恥가 有ᄒ거던 幸甚蕩然改圖ᄒ야 高尙ᄒ
品行과 善美ᄒ 變化가 四方의 標準이 되고 文明의 基礎가 되기를
十分 頂祝ᄒ노라.

◎ 論說, 告海外留學生 諸君, 황성신문 융희 2년(1908) 11월 1일

해설

당시 학문에 전념하지 않고 시간을 허비하며 유흥에 빠져든 유학생을 질타
하기 위해 쓴 논설

嗚呼라 留學生 諸君이여. 現二十世紀 舞臺 初幕에 際ᄒ야 最遠
最多ᄒ 希望과 至重至大ᄒ 責任을 擔荷ᄒ 者ᄂᆞᆫ 非諸君歟아. …
眞乎아, 假乎아. 果乎아 否乎아. 留學界 消息을 近聞ᄒ 則 平日
期望과 違反ᄒᄂᆞᆫ 情況이 往往而有ᄒ니 槪而論之ᄒ면 或者ᄂᆞᆫ 昨
日通學에 今日休學ᄒ며 今年入校에 明年退校ᄒ야 實業이 政治로

忽變ᄒ며 政治가 法律로 戀遷ᄒᄂ 者도 有ᄒ다 ᄒ며 或者ᄂ 出疆 幾年에 學校의 入學을 不爲ᄒ고 講習所에 爲名通學ᄒᄂ 者도 有 ᄒ다 ᄒ며 甚者는 學科의 修業은 度外에 置ᄒ고 花柳界 風月樓와 演劇場 料理店에 出入이 頻繁ᄒ야 貴重ᄒ 時間을 虛費ᄒ며 窘絀 ᄒ 學資를 空擲ᄒᄂ 者도 有ᄒ다 ᄒ고 一說은 曰 留學生 六百七十 名에 價値가 墜落ᄒ 學生이 半 以上이라 ᄒ며 一說은 曰 大韓學生 을 如彼任置ᄒ면 大韓 前途의 希望이 將無ᄒ리라 ᄒ니 …

◎ 日本, 편집자(유승흠), 대한학회월보 제7호,
　　융희 2년(1908) 8월 25일

　編輯者ㅣ 曰 現時代에 坐ᄒ야 言必稱 文明發達이라 홈은 何를 云홈이뇨. 簡單히 答ᄒ진ᄃᆡ 知己知彼에 明敏ᄒ 智識을 謂ᄒ다 ᄒ 지로다. … 凡稱 日本이라 云ᄒ 時에ᄂ 所謂 神代라ᄂ 上古時에 在ᄒ야ᄂ 文獻의 可徵이 無ᄒ기로 闕之ᄒ고 … 此에 參考ᄒ야 重 點을 國民의 固有ᄒ 性格에 置ᄒ고 上中下 社會의 等級을 分ᄒ야 研究홀지나 觀察者의 方面이 各殊홈을 因ᄒ야 或官人社會를 論 홀 者도 有ᄒ며 或 實業社會를 論홀 者도 有ᄒ고 其他 文學界와 女子界를 論홀 者도 亦有홀지며 甲은 惡으로 評判ᄒ 것을 乙은 善 으로 推斷홀 事도 有홀다 홀디라 ᄒ노라.

日本人관: 尹定夏 (생략)

◎ 新來學生歡迎會 所感, 高元勳, 대한학회월보 제8호,
　융희 2년(1908) 10월 20일

　是歲之秋에 留學의 目的으로 日本 東京에 新渡來흔 學生이 八九十人에 達ᄒ니 日本 留學生 歷史上 未曾有흔 盛事라 ᄒ야 本會에서 該 學生 諸氏의 歡迎會를 開ᄒ고 本會 代表 尹台鎭 氏 及 其他 諸氏의 祝辭며 新來 學生中 尹宇植 氏의 答辭로 歡迎者와 被歡迎者의 繾綣(견권)흔 意思가 相互間에 懇懇히 交換이 되야 一大 盛況을 呈ᄒ얏ᄂᆞᆫᄃᆡ 本記者ㅣ 亦此에 旅食홈이 諸氏보다 年月이 稍先홈을 因ᄒ야 歡迎者 中 一人에 居ᄒ얏시니 兹에 數言을 陳述ᄒ야 一은 諸氏를 迎接ᄒᆞᄂᆞᆫ 歡意를 表ᄒ며 一은 諸氏의 偉大흔 前途를 祝ᄒ노라.

(전략) 諸氏의 此行은 祖國이 危亡에 濱ᄒ며 宗族이 悲境에 在홈에 由ᄒ야 作홈이라. 噫라. 吾輩의 先進 當局者로 하야금 일직이 耳目이 天下大勢를 看破ᄒ야 乙未 甲辰 兩個 好機會를 利用ᄒ야 國民의 自覺心과 國家의 自立力을 養成ᄒ얏드면 엇지 今日 日本 東京에 新來 學生 歡迎會라ᄂᆞᆫ 名稱이 有ᄒ리오. … 然이나 歡迎의 名稱이 事實에 隨ᄒ야 意義가 不同ᄒ고 種類가 區別이 有ᄒ니 近日 米國 國航艦隊를 橫濱港에서 日本 政府가 歡迎홈은 外交的 形式에 不過ᄒ니 好意를 假裝ᄒ야 彼의 同情을 買ᄒ야 一方으로 戰爭을 延期ᄒ고 他方으로 武裝을 準備ᄒᆞᄂᆞᆫ 手段에 出홈이오 乙巳 新條約에 南大門 外에서 我韓 政府가 統監을 歡迎홈은 保護下 强制에 不過ᄒ니 彼 幼稚 未開흔 少數者가 國權을 他人의게 賣渡흔 惡結果에 由홈이니 … 尹台鎭 氏의 祝辭에 云 "今日 本會에서 諸氏를 歡

迎흠이 形式은 日本 東京에서 擧行ᄒ나 其實은 我韓 獨立舘에서 凱旋軍을 歡迎ᄒᄂ 意"라 ᄒ니 今日 歡迎흔 效力이 未來 凱旋ᄒᄂ 日에 發生될 줄노 豫期ᄒ노라. …

◎ 論說, 留學界 活動, 융희 3년(1909) 7월 23일

유학생들이 학회를 조직하고 학보를 발행하는 일뿐만 아니라 하기 강습소 개최 및 야구 단체 운동을 보급한 일을 환영하고, 앞으로의 임무를 당부하는 논설임

◎ 日本 苦學生의 情形을 擧하야 我本邦 同學 諸君에게 告하노라, 具岡, 대한흥학보 제6호, 융희 3년(1909) 10월 20일

일본에 고학하는 학생들이 할 수 있는 직업(아르바이트 개념)

(전략) 東京에 在흔 日本 苦學生의 些紬한 部分은 一一이 枚擧키 不能하나 但 其 自立自活의 方針으로 將來 偉大한 目的을 成就할 職業이 大畧 如左함

新聞分傳: 중략

新聞賣子

牛乳分傳

寫字生

人力車夫

◎ 報說, 會員諸君, 대한흥학보 제7호, 융희 3년(1909) 11월 20일

해설

유학생들이 가져야 할 마음가짐, 특히 정부 보조금에 의뢰하지 말 것을 촉
구함.

(一) 個人主義와 社會主義
(二) 淸國 留學生을 試觀ᄒ야 在米 同胞를 模範ᄒ라.
(三) 補助 依賴ᄂ 諸君의 恥辱이오 自力 維持ᄂ 諸君의 責任
(四) 本會 獻身은 國家 獻身이오 本會 冷笑ᄂ 國家 冷笑라.

◎ 內國 父老에 向ᄒ야 子弟 留學을 勸告홈, 姜荃,
   대한흥학보 제7호, 융희 3년(1909) 11월 20일

父兄의 常識은 子弟의 幸
靑年의 留學은 國家의 福

◎ 敬告 我留學諸君 顧念父母之情恩, 金升植,
　대한흥학보 제9호, 융희 4년(1910) 1월 20일

　슬푸다 諸君이여. 諸君이 일즉 小學을 讀ᄒ얏는지 (父母在不遠遊) 否ᄒ얏는지 試問코져 ᄒ노라. 諸君이 父母 敬勞의 恩과 撫育의 惠로 無恙(무양)히 長成ᄒ야 이에 妻가 有ᄒ며 子가 有ᄒ 境遇에 至ᄒ얏슬 뿐 안이라 兼ᄒ야 今日 世界上 十六億萬 人族의 一分子되얏스니 實노 그 恩惠를 엇더타 ᄒ리오. (중략) 諸君아 目을 擧ᄒ고 首를 回ᄒ야 西天을 望ᄒ라. 諸君의 今日 日東에 遊ᄒ는 目的이 果然 何에 在ᄒ뇨. 此 目的을 達ᄒ는 日이 卽 父母의 恩德을 報酬ᄒ는 日이며 父母로 ᄒ야곰 憂愁ᄒ는 心神은 淸江綠水에 洗滌(세척)ᄒ고 百世不老의 蔘茸大補를 供ᄒ는 時로다. 惟望 諸君은 父母의 念念不已ᄒ는 情況을 是思ᄒ야 寸陰을 是惜ᄒ며 熱烈ᄒ 勇力으로써 學業을 完全히 修了ᄒ고 早速히 國에 歸ᄒ야 公으로 國家의 棟梁의 材를 作ᄒ고 私으로 父母 兄弟의 團樂ᄒ는 家族 社會를 作ᄒᆯ지니 庶幾히 此를 實現ᄒ면 엇지 孝子가 아니며 엇지 忠臣이 아닌가. 諸君아.

◎ 日本에 在ᄒ 我韓 留學生을 論함, 대한흥학회보, 제12호.
　1910.4.20.

　(전략) 今日 日本 留學生의 思想을 大槪 三種으로 分ᄒᆯ 수 有ᄒ니 一은 學問을 博히 ᄒ며 智識을 廣히 ᄒ야 塗炭에 嗷嗷(오오)ᄒ는 半島 同胞를 自由의 福樂에 引導ᄒ며 自己의 芳名을 萬代의 歷

史에 彰ㅎ게코져 ㅎ는 者니 留學生 中에 가장 思慮가 多ㅎ고 理
想이 高尙흔 者오

二는 무엇이던 一箇 專門을 修了ㅎ야 自己의 衣食을 豊饒히 하려
하는 者니 前者는 稍히 破壞的 建設的 觀念이 有ㅎ나 後者에 至
ㅎ야는 此等 觀念은 全無ㅎ고 其社會의 風潮를 從하야 自己의
生存의 位置ㄴ 保持고져 하는 者오

三은 아못 自動的 思考力과 行動이 無ㅎ고 다못 受動的 機械的으
로 歲月을 送ㅎ는 者니 譬컨딘 余는 學校에 在흔 故로 不得已 通
學ㅎ며 不得已 工夫흔다 ㅎ는 者의 類라. 以上 所陳흔 者는 다못
日本 留學生界에 流ㅎ는 思潮의 異同흔 點을 模形的으로 極히
簡單히 分類흔 者나 此外에 全留學生界에 共通흔 思潮가 有ㅎ니
此가 余의 論ㅎ려 ㅎ는 主題라. (하략)

◎ 日本留學生史, 학지광 제6호, 1915.7.23.

(전략) 距今 一千二百三十四年 前에 新羅 沙湌 金若弼 等이 使節로
往할 時에 習言者 三人이 從伴하야 日語을 鍊習하얏고, 又 其後 七
十八年에 新羅 級湌 金貞卷이 쏘한 使節로 日本에 往할 時에 語學
者 二人을 攣往하야 日語를 學한 事이 有하얏고…(중략)… 然이나
右의 事實은 日本을 敎導할 當時에 因其性而以導之의 方針으로써
日語를 硏究함이오 文明을 學하거나 學理를 究得코쟈 함은 안이
라, 故로 右 事實로써 留學의 由來라 認하기 不可한지라, 然則 吾人
이 日本에 留學한 始初를 言하면 不可不 壬午年으로써 其源을 定
할지라. 初에 大院王이 執政 十年에 數百年 積弊의 民政을 刷新하

다가 閔族 等의 彈劾을 當한 以後 閔族의 跋扈 橫恣가 滋甚할 뿐
안이라 國財를 幻弄하야 軍人 月給을 支出치 못한지 三四삭 朔에
至하더니 一聲霹靂에 壬午軍亂이 起한지라, 此時 軍人 等이 閔黨
을 鋤誅(서주)하고 쏘한 日本 公使館을 襲擊하나, 此를 因하야 日
本과 重大問題가 忽起함으로 朴泳孝 等이 日本에 修信使로 往할새
此時 朴이 外國文明을 輸入하기 爲하야 往徒 十人을 攣去하야 留
學을 命하니 此가 卽 日本留學의 嚆矢러라.(하략)

◎ 대한매일신보의 교육 정책 관련 자료 목록
  : 허재영(2009) 부록 수록

1. 교육 관련 법령

통감 시대 1906 ~ 1910	관제	1905.3.1.	勅令 22號	學部官制	官報 號外	국한
		1907.3.23.	勅令 54號	學部官制	官報	국한
	사범 학교	1906.8.21.	勅令 41號	師範學校令	官報 第3546號	국한
		1906.9.1.	學部令 20號	師範學校 施行規則	官報 第3547號	국한
		1909.7.5.	學部令 3號	師範學校令 施行規則	官報 第4424號	국한
	보통 학교	1906.8.21.	勅令 44號	普通學校令	官報 第3546號	국한
		1906.9.4.	學部令 23號	普通學校 施行規則	官報 第3549號	국한
	고등 학교	1906.8.21.	勅令 42號	高等學校令	官報 第3546號	국한

		1906.9.3.	學部令 21號	高等學校 施行規則	官報 第3548號	국한
		1909.7.5.	學部令 4號	高等學校令 施行規則	官報 第4424號	국한
	고등 여학교	1908.4.2.	勅令 22號	高等女學校令	官報 第4037號	국한
		1908.4.10.	學部令 9號	高等女學校令 施行規則	官報 第4044號	국한
		1909.7.5.	學部令 2號	高等女學校令 施行規則	官報 第4424號	국한
	사립 학교	1908.9.1.	勅令 62號	私立學校令	官報 第4065號	국한
		1908.9.1.	學部令 44號	私立學校 補助規定	官報 第4065號 附錄	국한
	기타	1908.9.1.	學部令 53號	學會令	官報 4065號 附錄	국한
		1908.9.1.	學部令 16號	敎科用圖書 檢定規定	官報 4065號 附錄	국한

2. 통감시대 교육 정책 및 교과서 관련 논설

[1] <대한매일신보> 논설 '論蒙學敎科' 1905년(광무9년) 10월 5일

[2] <대한매일신보> 論說 '書籍이 爲開發民智之指南'

　　1905(광무9년) 10월 12일

[3] <구한국 관보> 1905(광무 9년) 12월 16일

[4] <대한매일신보> 論說 '韓日協約續報' 1905(광무 9년) 12월 23일

[5] <대한매일신보> 論說 '是日에 又放聲大哭' 1905(광무 9년) 12월 28일

[6] <대한매일신보> 雜報 '殖民計劃'(연재 기사)

　　1906(광무 10년) 1월 18일

[7] <대한매일신보> 1906년 6월 26일자

　　'別報'/ 6월 24일자에는 이에 대한 논설이 실려 있음

[8] <대한매일신보> 論說 '申 論敎科書' 1906년 3월 29일

[9] <대한매일신보> 雜報 敎科改良 1906년(광무 10년) 4월 3일

[10] <대한매일신보> 雜報 '敎科質辨' 1906년(광무 10년) 4월 13일

[11] <대한매일신보> '奇書' 論日語敎科書, 血淚生

　　1906년(광무 10년) 4월 13일

[12] <대한매일신보> '奇書' 論日語敎科書, 血淚生

　　1906년(광무 10년) 4월 14일

[13] <대한매일신보> 雜報 '敎育禍胎' 1906년(광무 10년) 6월 6일

[14] <대한매일신보> 평양 종로 대동서관 주인의 광고

　　1906년(광무 10년) 6월 6일

[15] <대한매일신보> 日語另令 雜報 1906년(광무 10년) 6월 16일

[16] <대한매일신보> 寄稿 警告大韓敎育家 喜懼生

　　1906년(광무 10년) 6월 27일

[17] <대한매일신보> 寄稿 警告大韓敎育家 喜懼生

　　1906년(광무 10년) 6월 28일

[18] <대한매일신보> 論說 '韓國敎育' 1906년(광무 10년) 7월 4일

[19] <대한매일신보> 장응진 '보통교육론'

　　1906년(광무 10년) 9월 27일

[20] <대한매일신보> 寄書 平安南道 順川 時務小學校 十四歲 生徒 李觀一,

　　1906년(광무 10년) 10월 31일

[21] <대한매일신보> 社說國文報 幷刊, 1907년(광무 11년) 5월 14일

[22] <대한매일신보> 論說 '各報의 品評과 國文報 發行의 趣旨',

　　　1907년(광무 11년) 5월 26일

[23] <대한매일신보> 興士團趣旨書1907년(융희 원년) 12월 15일

[24] <대한매일신보> 論說 '國文學校의 日增',

　　　1908년(융희 2년) 1월 25일

[25] <대한매일신보> 論說, 韓國敎育界의 悲觀,

　　　1908년(융희 2년) 2월 15일

[26] <대한매일신보> 論說, 國文硏究에 對흔 管見,

　　　1908년(융희 2년) 3월 1일

[27] <대한매일신보> 雜報 '日師 反對, 1908년(융희 2년) 3월 4일

[28] <대한매일신보> 論說 國漢文의 輕重, 1908년(융희 2년) 3월 17일

[29] <대한매일신보> 論說 國漢文의 輕重, 1908년(융희 2년) 3월 18일

[30] <대한매일신보> 論說 國漢文의 輕重, 1908년(융희 2년) 3월 19일

[31] <대한매일신보> 論說, 國家敎育, 1908년(융희 2년) 4월 10일

[32] <대한매일신보>, 寄書, 拜賀학生靑年諸君, 白頭靑年,

　　　1908년(융희 2년) 4월 25일

[33] <대한매일신보> 論說 送師範學校 卒業生 新任 小學校 敎師之任,

　　　1908년(융희 2년) 5월 14일

[34] <대한매일신보> 論說, 論國民敎育, 1908년(융희 2년) 5월 15일

[35] <대한매일신보> 寄書 國力振興在乎敎育, 北鄙生 韓準錫

　　　1908년(융희 2년) 5월 28일

[36] <대한매일신보> 寄書 敎育이 現今의 第一 急務, 弄雲娘子,

　　　1908년(융희 2년) 6월 5일

[37] <대한매일신보> 論說 書籍蒐集의 必要,

　　　1908년(융희 2년) 6월 14일 ~ 15일

[38] <대한매일신보> 論說 賀教育月報 刊行,

　　1908년(융희 2년) 7월 3일

[39] <대한매일신보> 論說, 通俗敎育의 必要,

　　1908년(융희 2년) 7월 7일

[40] <대한매일신보> 論說, 民族과 國民의 區別,

　　1908년(융희 2년) 7월 30일

[41] <대한매일신보> 寄書 國語國文獨立論 拾蠹生

　　1908년(융희 2년) 8월 3일

[42] <대한매일신보> 別報 1908년(융희 2년) 9월 8일, 9월 10일,

　　9월 13일 3회 연재

[43] <대한매일신보> 別報 學部訓令 第三號 1908년(융희 2년) 9월 13일

[44] <대한매일신보> 雜報 著譯家의 大不幸,

　　1908년(융희 2년) 9월 13일

[45] <대한매일신보> 論說, 探偵과 通譯의 行悖,

　　1908년(융희 2년) 10월 8일

[46] <대한매일신보> 論說, 教科書의 妄發혼 句語,

　　1908년(융희 2년) 10월 27일

[47] <대한매일신보> 論說, 文法을 宜統一, 1908년(융희 2년) 11월 7일

[48] <대한매일신보> 論說, 小學敎科書 宜精製,

　　1908년(융희 2년) 11월 12일

[49] <대한매일신보> 論說, 國文硏究委員會 諸氏에게 勸告홈,

　　1908년(융희 2년) 11월 14일

[50] <대한매일신보> 論說, 日語判事, 1908년(융희 2년) 12월 4일

[51] <대한매일신보> 論說, 私立學校령 解說,

　　1908년(융희 2년) 12월 16일

[52] <대한매일신보> 論說, 私立學校 維持에 對흔 意見,
　　　1909년(융희 3년) 1월 14일

[53] <대한매일신보> 論說, 敎育主務者에게 告흠,
　　　1909년(융희 3년) 1월 30일

[54] <대한매일신보> 寄書, 女子의 敎育이 師範敎育이라, 安岳 鄭나헬,
　　　1909년(융희 3년) 2월 21일

[55] <대한매일신보> 寄書, 語學을 論흠, 長吁生,
　　　1909년(융희 3년) 3월 2일

[56] <대한매일신보> 論說, 所謂 敎育家, 1909년(융희 3년) 3월 12일

[57] <대한매일신보> 別報, 敎科書 檢定調査의 着眼處,
　　　1909년(융희 3년) 3월 13일 ~ 14일

[58] <대한매일신보> 論說, 國家를 滅亡케 ᄒᄂ 學部,
　　　1909년(융희 3년) 3월 16일

[59] <대한매일신보> 論說, 同化의 悲觀, 1909년(융희 3년) 3월 23일

[60] <대한매일신보> 雜報, 合倂問題 1909년(융희 3년) 4월 13일

[61] <대한매일신보> 論說, 禽獸說, 1909년(융희 3년) 5월 9일

[62] <대한매일신보> 論說, 韓國內 美國 宣敎師의 問題,
　　　1909년(융희 3년) 5월 11일 ~ 12일

[63] <대한매일신보> 論說, 帝國主義와 民族主義,
　　　1909년(융희 3년) 5월 28일

[64] <대한매일신보> 論說, 今日 敎育界의 精神界,
　　　1909년(융희 3년) 6월 30일

[65] <대한매일신보> 論說, 書籍界 一評, 1909년(융희 3년) 7월 9일

[66] <대한매일신보> 論說, 祝 夏期 講習所, 1909년(융희 3년) 7월 20일

[67] <대한매일신보> 論說, 講師會에 對ᄒ야, 1909년 9월 23일

[68] <대한매일신보> 論說, 日本書籍의 勢力,
1909년(융희 3년) 9월 30일

[69] <대한매일신보> 論說, 警告 各學會, 1909년(융희 3년) 10월 15일

[70] <대한매일신보> 論說, 已往 亡命客 諸氏에게 對혼 一言,
1909년(융희 3년) 11월 11일

[71] <대한매일신보> 雜報, 作文專習1909년(융희 3년) 11월 13일

[72] <대한매일신보> 論說, 韓日合倂論者에게 告흠,
1910년(융희 4년) 1월 6일 ~ 1월 8일(2회)

[73] <대한매일신보> 論說, 敎科書와 學部,
1910년(융희 4년) 1월 11일

[74] <대한매일신보> 寄書, 文明 普及의 好方法,
1910년(융희 4년) 2월 2일

[75] <대한매일신보> 論說, 宋子大全 刊行說에 對ᄒ야,
1910년(융희 4년) 2월 9일

[76] <대한매일신보> 論說, 二十世紀 國民,
1910년(융희 4년) 2월 22일 ~ 3월 3일

[77] <대한매일신보> 論說, 韓國振興策,
1910년(융희 4년) 3월 13일 ~ 15일

[78] <대한매일신보> 論說, 語學界의 趨勢,
1910년(융희 4년) 4월 10일

[79] <대한매일신보> 論說, 敎科書 刊行團을 催ᄒ노라,
1910년(융희 4년) 4월 26일

[80] <대한매일신보> 論說, 私塾改良議, 1910년(융희 4년) 5월 7일

[81] <대한매일신보> 論說, 所謂 新聞 押收 處分,
1910년(융희 4년) 5월 14일

[82] <대한매일신보> 論說, 理想的 敎育制度,
　　1910년(융희 4년) 5월 26일
[83] <대한매일신보> 論說, 國民의 權限, 1910년(융희 4년) 6월 20일

5.
유옥겸, 간명교육학

유옥겸(兪鈺兼)

1883년(고종 20)~1922년. 일제 강점기 교육자. 본관은 기계(杞溪)이고, 출신지는 서울이다. 부친은 생원 유회준(兪會濬)이다. 백부는 유길준(兪吉濬)이고, 숙부는 유성준(兪星濬)이다. 전문학교를 졸업하고 법률 역사 교수로 선임되었다. 교과서에도 힘을 기울여 많은 교과서를 편찬하였다. 역사교과서뿐만 아니라 교수법(敎授法) 등의 교육학에 관한 부분도 저술하였다.

편찬한 역사교과서로 《중등동양사(中等東洋史)》·《동양사교과서(東洋史敎科書)》·《서양사교과서(西洋史敎科書)》 등이 있으며, 교육학과 교수법 관련 저서로 《간명교육학(簡明敎育學)》·《소학교수법(小學敎授法)》등이 있다. 그 밖에 《서유견문록(西遊見聞錄)》등을 저술하였다.

– 한국 역대 인물 종합 정보 시스템에서: 집필자 김혜영

序(중략)

국립중앙도서관본은 1쪽이 누락됨

이대본은 모두 살아 있음

簡明教育學 目次

第一編 總論

第二編 目的論

第三編 方法論 一敎授論

근대 계몽기의 교육학 연구와 교과서

杞溪 兪鈺兼 纂述

全城 李豊鎬 校閱

第一編 總論

第一章 敎育의 意義

敎育의 理를 講코져 홀진된 最先敎育의 意義를 明瞭히 홈이 緊要호나 此에 關호야는 自來學者의 見解와 世人의 使用이 不一혼지라. 玆에 最히 適當호다 思惟호는 바를 依호야 定義를 案出호고 変히 分論호노라. 敎育은 成熟者가 未成熟者로 호야금 道德的 生活을 完成케 호기 爲호야 一定혼 時期間에 有意成案的으로 普遍的 陶冶를 行호는 作業이라. 凡人은 唯敎育을 依하야 人됨을 始得호는 者라. 盖他動物은 生後에 直히 自活自營홈을 得호나 人은 不然호야 其 母體를 分離혼 後로브터 獨立自活호기에 至호기까지 長久혼 歲月을 他人의 援助를 必要호느니 此 援助를 與호는 者는 卽 敎育者라. 是以로 敎育者는 반다시 成熟者되며 被敎育者는 未

成熟者가 되ᄂᆞ니 然ᄒᆞᆫ 則 其 成熟 未成熟은 但히 年齡을 主看ᄒᆞᆷ이 아니오 心身 全般을 擧言ᄒᆞᆷ이라. 故로 成熟者ᄂᆞᆫ 自治의 能力이 具有ᄒᆞᆫ 長者를 謂ᄒᆞ고 未成熟者ᄂᆞᆫ 幼年의 兒童을 謂ᄒᆞᆷ이니라. 然ᄒᆞ나 成熟 未成熟은 比較的의 語오 其間의 明確ᄒᆞᆫ 限界ᄂᆞᆫ 可認키 難ᄒᆞ니라.

右와 如히 成熟者 及 未成熟者ᄂᆞᆫ 皆 是 人인 故로 敎育은 亦 必 人에 限ᄒᆞᄂᆞ니 卽 吾人이 能히 他 動物의 心理的 活動 及 狀態를 多樣으로 規定ᄒᆞ야 其 本能을 變化ᄒᆞ며 又 彼等으로 ᄒᆞ야금 符號 及 擧止 動作을 理解케 ᄒᆞ야 本來 彼等이 未有ᄒᆞᆫ 바 複雜ᄒᆞᆫ 活動을 能學케 ᄒᆞ나 是ᄂᆞᆫ 彼等 動物의 本能 性質에 因ᄒᆞᆷ이 아니오, 吾人의 隨意로 規定ᄒᆞᄂᆞᆫ 者인 則 彼等에 對ᄒᆞ야ᄂᆞᆫ 寧히 偶然ᄒᆞᆫ 事라. 故로 動物은 馴養이라 謂ᄒᆞᆯ지언정 敎育이라 云ᄒᆞᆷ은 不適ᄒᆞ니라.

然ᄒᆞ나 人은 其 幼時에 在ᄒᆞ야ᄂᆞᆫ 其 心意가 確定ᄒᆞᆫ 形態 及 方向을 不具ᄒᆞ야 物人無別의 間에 在ᄒᆞ다가 漸 其 身體의 成長을 伴ᄒᆞ야 心意도 亦 成長ᄒᆞᄂᆞ니 若 其 心意가 成長ᄒᆞᆷ을 觀察ᄒᆞᄂᆞᆫ 時ᄂᆞᆫ 其 內部예 存ᄒᆞᆫ 性格과 外界에 對ᄒᆞᆫ 識見은 總히 其 幼時에 接觸ᄒᆞᄂᆞᆫ 바 萬般의 活動狀態 及 相互의 關係로 出ᄒᆞᄂᆞᆫ 産物이라. 然而 此 産物은 又 必 成人의 影響에 由ᄒᆞ야 規定 指導되ᄂᆞᆫ 바가 多ᄒᆞ니 此 乃 敎育事業의 得行ᄒᆞᄂᆞᆫ 所以라. 是以로 成熟者ᄂᆞᆫ 此 幼期에 其 陶冶性을 利用ᄒᆞ야 敎育的 影響을 加ᄒᆞ야 心意에 一定ᄒᆞᆫ 形態를 與ᄒᆞ니 卽 人間의 思想 及 努力의 比較的 鞏固ᄒᆞᆫ 中心點을 構成ᄒᆞᆷ이니 此 形式은 他人의 任意的 目的을 持來ᄒᆞ야 加ᄒᆞᄂᆞᆫ 바가 아니오 彼 敎育者 自身의 內部的 必然ᄒᆞᆫ 者에 因ᄒᆞᆷ이니라.

敎育의 心意는 確乎흔 形態 及 方向이 未有흠과 第二 被敎育者의 內部 形態는 外來의 影響에 由ᄒ야 비로소 成立흠과 第三 此 外來의 影響은 敎育者에 歸屬케 흠이 可흔 事라.

前述흠과 如히 敎育은 未成熟흔 者에 對ᄒ야는 成熟者의 影響이나 是ᄲ으로는 滿足 適當타 謂키 難ᄒ고 其 必 一定의 目的과 又 此 目的을 達ᄒ는 一定의 方案을 具흘지니 彼 目的이 無흔 偶爾의 影響은 決斷코 敎育이 아니라 彼 幼者가 不識不知의 間에 其 父母의 所爲를 模倣흠과 他人의 言을 猝然히 聽聞ᄒ고 覺知흠은 眞正흔 敎育이 아니니 世間에 一般 兒童이 盡是 被敎育者로되 一般 大人은 盡是 敎育者가 아님을 見ᄒ라. 往昔 未開時代에 在ᄒ야는 兒童으로 ᄒ야금 自立의 力을 得케 ᄒ는 者는 唯 其 父母 兄等이나 原來 家庭의 敎育은 整然흔 目的과 方案이 欠缺흔 保護的 動作에 不過ᄒ는 者니 況且 今日과 如히 人事가 錯綜ᄒ고 分業이 盛行ᄒ는 時리오. 於是 眞正흔 敎育事業은 敎育者라 稱ᄒ는 專門家가 有意的으로 目的과 方案을 一定흠을 要흠이라. 然흔 則 所謂 目的은 如何흔 者를 云흠인가. 此는 此下에 詳陳흘 바어니와 玆에 簡言ᄒ면 一은 幼者의 必要에 基ᄒ야 獨立自裁흘 智能을 啓發ᄒ고 高尙흔 品格을 養成ᄒ며 一은 社會의 必要를 基ᄒ야 幼者로 ᄒ야금 社會의 有用흔 一員이 되며 國民의 忠實흔 一 分子가 되게 흠이니 要言ᄒ면 敎育의 目的ᄒ는 바는 人으로 ᄒ야금 此世에 道德的 生活을 完全히 ᄒ고져 흠이라. 然ᄒ나 此는 敎育의 時期가 定限이 有흔 則 期間에 實現ᄒ기는 到底히 不能흔 故로 敎育의 直接 目的이라 稱흘 바는 오직 幼者로 ᄒ야금 將來에 獨立ᄒ야 此 目的을 達흘 基本的 素地를 得케 흠에 在ᄒ니라.

敎育을 行흠에 一定흔 目的을 持흘지라도 其 目的에 對ᄒ야 各

部 相互의 關係는 原因 結果를 相成ᄒ야 前進者의 必然的 結果를 成ᄒ고 後進者의 先驅를 成ᄒ야 其 方法이 隋時 臨機의 變通이 아니오 兒童의 年齡 身體 及 心意의 發達ᄒᄂ 程度를 鑑察ᄒ야 豫定ᄒ 順序가 有ᄒ게 步武를 着着히 進흠이 可ᄒ니라.

凡人은 恆常 其 未成熟의 狀態에 在ᄒ야ᄂ 他人의 指導를 由ᄒ야 後來 發達의 基礎를 以作ᄒᄂ 者인 則 敎育은 此時期間에 中絶치 아님을 要ᄒ지라. 何者오. 一切 目的이 有ᄒ 動作은 其 最適當ᄒ 時期에 間斷이 無ᄒ 後에 厥效가 乃生흠이니라.

然ᄒ나 此 敎育 時期의 始期와 終期에 關ᄒ야ᄂ 歧說이 多ᄒ야 或은 人의 一生은 不斷ᄒ게 敎育이 行ᄒ다 ᄒ고 或은 胎敎를 主唱ᄒ야 人이 胎內에서 敎育이 卽始ᄒ다 ᄒ고 又 或은 人의 敎育은 學校에 入흠이 可ᄒ 時에 始ᄒ다 ᄒ고 又 死後에 己ᄒ다 ᄒ며 又 普通 智識이 完全히 有ᄒ 後에 己ᄒ다 云ᄒᄂ니 今 此 時期를 定코저 흘진딕 敎育의 範圍를 先定치 아니면 不可ᄒ도다. 凡 敎育은 廣義와 狹義가 有ᄒ니 廣義의 敎育은 家庭敎育 社會敎育 天然敎育 及 學校敎育을 幷히 包括ᄒ 者오 狹義의 敎育은 다만 學校敎育을 謂흠이라. 大抵 敎育은 先覺者가 後來者를 指導ᄒᄂ 者인 則 廣義를 用흠이 適當ᄒ나 前述흠과 如히 成熟者가 未成熟者에 對ᄒ 活動이라 云ᄒᄂ 以上은 人의 一生에 不斷히 敎育이 行ᄒ다 云ᄒᄂ 語ᄂ 可히 採用치 못흘지니 何者오. 此ᄂ 敎育의 時期를 定흘 必要가 初無흠이라. 是以로 玆에ᄂ 特히 狹義의 敎育을 取ᄒ노니 然ᄒ 則 敎育의 時期ᄂ 人이 可히 入學흘 時로브터 其 成熟의 狀態를 具ᄒ야 獨立의 見解가 有흘 時로 定흠이 可ᄒ니라.

凡 敎育은 未成熟者의 心身 全般에 及ᄒᄂ 者오 其 一局部에 偏

倚ᄒᄂᆫ 者가 아니니 換言ᄒ면 敎育은 幼者로 ᄒ야금 或 個 特別ᄒᆫ 業務에 堪能케 ᄒ고 又 特殊ᄒᆫ 技能 知識을 學得ᄒᄂᆫ 者가 아니오 오직 人의 人되ᄂᆫ 價値를 確立코져 ᄒᄂᆫ 活動이라. 是以로 彼特別ᄒᆫ 業務를 作爲ᄒ며 又 特殊ᄒᆫ 知能을 增進코져 ᄒᄂᆫ 者를 通常 職業敎育 又 專門敎育이라 云ᄒ며 軍事敎育 商業敎育의 名稱이 有ᄒ되 單純히 敎育이라 謂ᄒᆯ 時ᄂᆫ 人의 發育에 要ᄒᄂᆫ 諸點에 對ᄒ야 便頗홈이 업시 普遍的으로 陶冶를 行ᄒᆯ지라. 大抵 敎育이 實地生活과 互相關連ᄒᄂᆫ 者인 則 必須 諸般 事情 及 狀態를 隨宜斟酌ᄒ야 後日 社會에 幼者의 可取ᄒᆯ 業務에 適合ᄒᆯ 材料를 作코져 홈이 不可홈은 아니나 敎育의 主旨ᄂᆫ 特別ᄒᆫ 職務의 直接 準備홈에 在치 아니ᄒ고 唯 其 人格을 確立ᄒ야 後日에 如何ᄒᆫ 業務에 就ᄒ든지 其 心的 方向이 堅確忠實ᄒ야 人의 品格을 保持ᄒ고 國民의 義務를 克盡ᄒᆯ 根本的 素地를 作코져 홈에 專在ᄒ니 然則 人은 內部的 生活의 固定치 아니ᄒᆯ 時에 心身上 普遍的 陶冶를 受ᄒ야 强固ᄒᆫ 基礎가 有ᄒᆫ 後에야 他日에 其 可取ᄒᆯ 特殊ᄒᆫ 方向을 選定ᄒ기에 當ᄒ야 誤謬가 無ᄒᆯ지어늘 世人의 敎育이라 稱ᄒᄂᆫ 者ᄂᆫ 每 其 一便에 傾倚ᄒ야 或 身體에 置重ᄒᄂᆫ 者와 心意에 注力ᄒᄂᆫ 者ᄂᆫ 斷然 不可ᄒ니라. 玆에 一言을 更陳ᄒᆯ 者ᄂᆫ 敎育者와 被敎育者 兩間의 關係ᄂᆫ 自由意志的 卽 合意的이 아니오 寧히 壓制的 束縛的이라 云ᄒᆯ지니 卽 敎育上 關係가 契約上 關係와 不同ᄒᆫ 바라. 是以로 兩間의 關係가 一見홈에 甚히 可驚ᄒᆫ 危險이 有ᄒ나 然ᄒ나 凡 被敎育者ᄂᆫ 槪 其 幼時에 敎育의 必要를 未知ᄒ며 縱 或 知得ᄒᆫ 後라도 能히 自進ᄒᄂᆫ 心이 深치 못ᄒ야 其初에 在ᄒ야 其 心을 悅케 홈보다 寧 其 厭惡ᄒᄂᆫ 方便이 勝ᄒ며 且 幼者ᄂᆫ 固定ᄒᆫ 心志가 無ᄒᆫ 中 又 自己의 思想을 任行홈을 好ᄒᄂ니

敎育을 施홈에는 必須 其 心과 違反ᄒ야 豫定ᄒ 成案을 遵由케 홀지라. 是以로 敎育은 强制的이라 稱ᄒ노라. 然而 此는 오직 適宜ᄒ 敎育 方法에 限홈이오 自來 世人이 幼者를 待遇홈과 不同홈이니라.

第二章 敎育의 可能

敎育의 意義는 前章에 略述ᄒ얏스나 敎育은 果然 吾人이 豫定홈과 如ᄒ 好結果를 得홀지 此에 敎育의 可能을 暫論코져 ᄒ노라.

凡 人間은 生物 中 最히 他人의 依助를 其 幼時에 依賴ᄒ는 者라. 是以로 幼者는 其 身心이 共히 薄弱ᄒ야 固定ᄒ 意思 感情이 無ᄒ고 容易히 外來ᄒ는 影響을 受ᄒᄂ니 此 卽 陶冶性이라 稱ᄒ는 者라. 此 陶冶性이 實로 敎育의 根本的 思想이 되는 者니 盖 幼者는 能히 此 陶冶性에 因ᄒ야 他人의 指導에 服從ᄒ야 其 敎訓을 守ᄒ며 其 模範을 則ᄒ고 且 銳敏ᄒ 感覺과 聰慧ᄒ 記憶을 由ᄒ야 其 發育의 材料를 蒐集ᄒᄂ니 吾人은 此 陶冶性을 因ᄒ야 敎育의 可能을 證明ᄒ노라.

幼者는 此 陶冶性을 由ᄒ야 漸次 長成홀사록 體力의 增加와 共히 心의 自動力도 增加홈으로써 他의 勢力에 因ᄒ야 動ᄒ기 易ᄒ 性質은 減少ᄒ고 自信ᄒ는 바를 確守ᄒ야 其 行爲를 規定ᄒ기에 至ᄒᄂ니 盖 此 活力의 所自는 決斷코 偶然히 發生ᄒ는 者가 아니

오 唯 其 最初 發育期에 知覺 習得혼 바에 基ᄒ야 漸次로 一定의 法則에 從ᄒ야 發展혼 者니 此 卽 敎育이라 稱ᄒᄂ 外來의 感化的 影響이 內部를 確實케 홈을 可明홀지라. 見홀지어다. 彼 偉人 秀才라 稱ᄒᄂ 者도 雖 其 天稟은 衆人보다 超絶ᄒ나 若 其 成就홈에ᄂ 敎育의 力을 必賴치 아니ᄒᄂ가. 是故로 人은 陶冶性이 富혼 幼時에 適宜혼 方案에 由ᄒ야 有益혼 材料를 與ᄒ야 其 內部의 必然혼 者를 啓發ᄒ면 반다시 良好혼 結果를 可得ᄒᄂ니라.

玆에 最히 注意홀 者ᄂ 世俗에 盛行ᄒᄂ 豫定 運命論를 力排치 아니홈이 不可ᄒ니 彼論者ᄂ 以爲호ᄃᆡ 人間의 運命은 豫定혼 者라. 吾人의 力으로ᄂ 如何ᄒ기 不可혼 故로 敎育을 雖施홀지라도 其 功果ᄂ 斷無ᄒ다 ᄒ야 敎育으로 一種의 不可能의 事를 作ᄒᄂ니 此 誠 一個 迂論인 則 多辯을 不須홀 바어니와 敎育의 可能은 實際에 明確ᄒ니라.

或者ᄂ 又 言호ᄃᆡ 被敎育者가 敎育者에게 感化를 受혼 結果를 見혼 則 其 身體ᄂ 康健ᄒ며 其 知識은 增進홈을 可知홀지나 道德心 又 審美心과 如혼 者ᄂ 비록 敎育者의 手를 經ᄒ야도 發達혼 事를 知키 難ᄒ다 斷言ᄒ나 然ᄒ나 若 夫 實際의 事實을 觀察ᄒ면 비록 惡人이라도 此에 善良혼 習慣을 付與ᄒ고 善惡의 訓諭와 賞罰을 施ᄒ야 不絶ᄒ게 其心을 感化ᄒ면 其 人은 맛참ᄂᆡ 善人됨을 得ᄒᄂ니 此ᄂ 吾人이 歷史上과 事實上에 屢見ᄒᄂ 바라. 然則 敎育은 如何혼 点에든지 可能치 아님이 無ᄒ야 人의 身體上과 精神上이며 知識의 方面과 心情의 方面을 不問ᄒ고 敎育은 皆 可能ᄒ다 謂홀지니라.

第三章 敎育의 限界

前章에 敎育의 可能을 說示ᄒ얏스나 若 夫 實際를 觀察ᄒᄂ 時ᄂ 敎育者ᄂ 恆常 被敎育者에 對ᄒ야 自己의 心力을 費盡ᄒ야도 多數의 兒童을 悉皆 自己의 希望ᄒᄂ 바와 如히 善良ᄒ 結果를 能得치 못ᄒ야 於是乎 敎育至難의 嘆聲이 不絶히 熱心 敎育者의 口中으로 出ᄒᄂ니 然則 敎育의 可能은 實로 絶對的이 아니오 如何ᄒ 條件이 有ᄒ야 制限흠을 可知흘지로다. 果然흘진딕 此 敎育力을 束縛ᄒᄂ 者ᄂ 何인가. 吾人은 此를 二에 大別ᄒ노니 一은 被敎育者의 天稟이오 一은 不知不識間에 被敎育者에 及ᄒᄂ 外圍의 勢力이니라.

(一) 兒童의 天稟: 西儒 캔트[1] 氏가 言ᄒ되 人은 唯 敎育에 依ᄒ야 人 됨을 始得ᄒ다 ᄒ야 敎育의 萬能을 示흠이 此說이 十八世紀의 敎育界를 風靡ᄒ니 盖 此說에 對ᄒ야 吾人이 其 敎育의 必要와 可能을 示흠에ᄂ 實로 同意ᄒᄂ 바로딕 稍 其 範圍가 廣博ᄒ야 敎育의 功效를 認흠에 過ᄒ 故로 遂乃 語弊가 生ᄒ야 其終은 但히 人의 理性이 具有흘 만ᄒ 思ᄒ고 各人의 天稟이 有異흠은 不見ᄒ 缺點이 有흠인 則 其 敎育의 萬能을 示흠은 可히 贊同키 難ᄒ도다. 且 록크[2] 氏와 如ᄒ 人은 人의 精神은 純白ᄒ 板과 如ᄒ야 純白ᄒ 板에 種種의 文字를 皆 可書흠을 得흠과 如히 人은 敎育을 依ᄒ야 無限히 陶冶ᄒ다 ᄒ니 此 亦 敎育의 萬能을 示흠이라. 如是히 一世를 風

---

1 캔트: 칸트.
2 록크: 로크.

靡ᄒ든 萬能說은 夏히 一轉ᄒ야 敎育의 無能을 主唱ᄒᄂᆫ 說 卽 遺傳說이 硏出ᄒ야 其 勢가 滔滔ᄒᆫ지라. 然ᄒ 則 吾人은 반다시 此에 關ᄒ야 敎育이 如何ᄒᆫ 點까지 制限을 受ᄒᄂᆫ 바를 思考ᄒᆯ지니라.

人의 天稟은 內部的 性質의 作用이니 卽 其 先天的 性狀이라. 然ᄒ나 遺傳에 關ᄒ야ᄂᆫ 其 原理 及 勢力 如何에 至ᄒ야 一定ᄒᆫ 說이 尙無ᄒᆯ 쑨더러 且 此ᄂᆫ 他科學의 範圍에 屬ᄒᆯ 者인 則 玆에 煩論ᄒᆯ 바ᄂᆫ 아니로딕 其 遺傳의 世間에 存在ᄒᆷ은 一般 科學上에 同一히 認知ᄒᄂᆫ 바일 쑨더러 又 實際에 視ᄒ야도 明白ᄒᆫ 者라. 然ᄒ 則 玆에 特히 人의 天稟과 敎育의 關係를 略述ᄒ노라.

人의 天稟 卽 遺傳이 敎育者의 加ᄒᄂᆫ 敎育을 制限ᄒᆷ은 實로 無疑의 事로딕 彼 一派論者와 如히 敎育의 功效를 全滅ᄒᆷ은 아인 則 若 敎育者가 能히 實際에 兒童의 性質을 觀察ᄒ야 適宜ᄒᆫ 方法을 用ᄒ면 亦 必 敎育에 援助를 可作ᄒᆷ도 得ᄒᆯ지니 今에 先次 人의 身體에 就論ᄒ건딕 身體ᄂᆫ 心理的 發達에 密着ᄒᆫ 關係가 有ᄒᆫ 者라. 凡人은 其 身體가 康健ᄒ고 感官이 完全ᄒᆫ 時ᄂᆫ 意志가 速히 發達ᄒ며 其 性質이 活潑ᄒ나 體質이 羸弱ᄒ고 感官이 不良ᄒᆫ 者ᄂᆫ 其 反對의 傾向을 示ᄒᄂᆫ니 彼覺官이 損傷ᄒᆫ 聾啞와 完全ᄒᆫ 感機가 有ᄒᆫ 普通 人物 間에 如何ᄒᆫ 差別이 有ᄒᆫ가. 且 人의 精神上에 各其 嗜好와 本能이 有ᄒ야 文學 美術을 好ᄒᄂᆫ 者와 理科 數學을 愛ᄒᄂᆫ 者가 有ᄒ고 多血性의 者ᄂᆫ 動作에 活潑ᄒ나 事物의 原理를 探究ᄒᄂᆫ 力이 乏少ᄒ며 此와 反ᄒ야 陰血性의 人은 動作에 拙劣ᄒ나 深思熟考에 長ᄒ고 膽汁質의 人은 他人의 權勢 屈撓치 아니ᄒ로딕 粘液質의 人은 他人을 依信ᄒᆷ이 極甚ᄒᄂᆫ니 此를 觀

ᄒ면 此等 特性이 敎育을 制限홈은 實로 多言홀 바가 아니로다.

右述홈과 如히 人의 特性은 槪是 遺傳的 賦性이니 然혼 則 吾人은 敎育의 效果를 遺傳에 因ᄒ야 減少ᄒ고 已홀가. 吾人이 敎育의 力을 藉ᄒ야 吾人의 社會와 國家를 進步 發達케 홈은 經驗的 明白ᄒ거늘 此에 因ᄒ야 敎育의 勢力을 挫折홀진듸 奈何 其可ᄒ리오. 遺傳은 決코 發達혼 特性 或 意思로 現出ᄒᄂᆫ 者가 아니오 祖先 傳來의 特質을 兒童에게 對ᄒ야 單히 萌芽로 現홀 뿐이오 充分혼 幹枝를 具ᄒ야 現ᄒᄂᆫ 者ᄂᆫ 아니며 又 傾向으로 現ᄒᄂᆫ 者오 決코 有力ᄒ야 不可動홀 特質로 現ᄒᄂᆫ 者ᄂᆫ 아니라. 然ᄒ나 是ᄂᆫ 每常 人人이 同一치 못ᄒ고 其間에 强弱의 差異가 有홈은 不免ᄒᄂ니 是以로 弱者ᄂᆫ 殆히 可見치 못ᄒ게 되ᄂᆫ 者가 有홈을 不拘ᄒ고 强者ᄂᆫ 若 其 境遇와 機會를 得ᄒ야 一發ᄒ면 他 外部 勢力은 如何ᄒ기 不能ᄒ기에 至ᄒᄂᆫ 者도 有ᄒ야 弱者ᄂᆫ 敎育의 勢力을 加홈이 容易ᄒ야 良好혼 結果가 生ᄒ거니와 强者ᄂᆫ 實로 反對의 狀態를 呈ᄒᄂᆫ 者가 有ᄒ으로 世間에 遺傳論을 唱ᄒ야 敎育의 力을 非難ᄒᄂᆫ 者가 有혼 所以라. 然ᄒ나 其 强者도 萬若 細心注意ᄒ야 其 良好치 못혼 天稟으로 ᄒ야금 其 發達의 機會를 不得케 ᄒ야 其 滋養을 斷絶ᄒ고 又 他에 外部的 勢力 卽 敎育이라 云ᄒᄂᆫ 者가 連續ᄒ야 沉潤홀진듸 其 終은 쏘혼 其 遺傳의 傾向이 幾何間 減少홈을 得홀지라. 大抵 文明의 事業은 不斷ᄒ게 精神的 努力을 依ᄒ야 感覺的 肉體的 勢力을 抑ᄒ고 粗野혼 本能 衝動을 制止홈에 不過홈으로써 遺傳의 傾向 中 粗惡혼 性質을 除去ᄒ고 善美혼 바만 助長케 홈을 依ᄒ야 文明的 事業을 作成홈이라. 今에 音樂 圖畵 等 技術을 敎授홈이 天才가 超逸혼 者ᄂᆫ 覺悟 解得홈이 意表

에 誠出호딕 其 鈍劣호 者 卽 本能이 無호 人은 如何히 考慮 敎授
홀지라도 終局은 善良호 結果가 未有호니 如此호 者는 其 制限의
賦性을 因홈이라 謂홀지로딕 若 夫 實際에 人을 敎育호 結果를 見
호면 被敎育者가 皆是 天賦의 技能을 有호 者는 아니로딕 恆常 其
敎育홈을 依호야 善良호 學術家가 됨을 能得호느니 然호 則 此 有
意的 具案的의 敎育은 一般히 其 祖先의 遺傳호 模型을 脫케 호고
其 賦性과 全離호는 他個模型 內에 入호야 鍛冶홈을 得홈이 아닌
가. 是以로 쑤요 氏는 言호딕 遺傳은 吾人의 生活上에 宿命의 要
素오 敎育은 自由의 要素라 云호니라.

　且 夫 進化 發展의 法則은 生物學上의 原則만 되는 者가 아니오
人事 一般을 管理호는 者라. 各個 生活體는 其 生活을 連續호는
間에 恆常 全히 同一 性質을 保有호는 者가 아니오 周圍 外界의
狀況에 適應케 호기 爲호야 一定의 範圍 內에서 其 特性을 變化
或 改造홈을 得호야 其 後者에게 傳호야 漸次 其 度를 益強케 호
야 遺傳과 共히 自然의 勢力을 成호느니 然則 遺傳이 固定的 保守
的 要素가 됨에 對호야 境遇에 適應호는 力은 變動 改進的의 要素
가 됨이니 譬컨딕 水中에 立호 岩石과 如호야 岩石의 固定的 狀態
가 水流의 影響을 受호야 其 形을 漸變홈과 同호니 此 作用에 因
호야 遺傳과 適應力의 交互作用은 進化發展을 成홈이라. 前述홈
과 如히 人이 生홈이 其 父祖로브터 傳來호는 바는 唯 其 傾向과
萌芽오 其 傾向의 如何와 萌芽의 榮枯는 唯一히 外部的 事情에
關係호는 者라 如是히 進化 發展호 則 今日에 在호야 十分 成功치
못호 바도 幾代를 連續홀진딕 他日에 完全홈을 可得호리니 盖 今
日 敎育의 結果는 卽 次代의 遺傳的 事情이니라.

要컨딕 敎育이 遺傳에 依ᄒ야 多少間 其 掣肘를 受ᄒ나 然ᄒ나
是는 吾人의 關ᄒ 바가 아니오 吾人은 唯 當 敎育을 行홈에 當ᄒ
야 彼 園丁의 植物을 培養홈과 如히 ᄒ야 各個의 特性을 周到 觀
察ᄒ야 其 善흔 바를 助長ᄒ고 惡흔 바를 芟除ᄒ면 其 結果는 當
初 未培養ᄒ얏실 時에 曾見치 못ᄒ든 特性이 發見ᄒᄂ니 然흔 則
敎育은 障碍를 受홈과 同時에 又 效果가 善良ᄒ니 敎育의 萬能을
唱ᄒᄂ 者와 又 敎育의 無力을 主ᄒᄂ 者가 其히 誤謬를 難免홀지
니라.

(二) 外圍의 勢力: 外圍의 勢力은 兒童의 外圍로브터 及ᄒᄂ 敎育
以外의 影響이라. 此를 數種에 區別홈을 得ᄒᄂ니 盖 此等 諸 勢力
이 敎育者의 施ᄒᄂ 敎育과 同一 方面에 進行ᄒ면 敎育의 效果를
擧홈에 利益이 多大홀지로딕 實際는 互相 歧貳홈이 多有ᄒ니 然흔
則 敎育者는 必須 兒童의 心身의 特質을 注意홈과 同時에 外圍의
諸種 勢力을 觀察ᄒ야 適宜흔 方法을 施홀지니라. 外圍의 勢力 中
重要흔 者를 左에 擧示ᄒ노라.

(甲) 敎育者 自身의 特質: 敎育者도 被敎育者와 同히 心身上의 特
質이 有흔 者인 則 此 亦 不知不識 中에 被敎育者에 及ᄒᄂ 影響이
頗大ᄒ니 格言에 學徒는 敎師의 反映이라 云홈과 又 敎師를 不知
ᄒ거든 先 其 學徒를 見ᄒ라 홈이 實로 這般의 理를 表出ᄒᄂ 者라.
然則 敎育者는 반다시 自己의 特質을 認ᄒ야 其 心情의 狀態와 思
想의 流出 及 外部的 云 爲의 特徵을 注意ᄒ야 善흔 바를 發起ᄒ고
惡흔 바를 抑制ᄒ야 써 人의 模範됨에 不愧케 홀지니 萬若 此와 反
ᄒ면 到底히 敎育者됨을 不得ᄒᄂ니라.

(乙) 自然界의 勢力: 兒童은 出生時브터 有形 世界 卽 自然의 影響
을 受흠이 自然의 作用은 其 精神 內에 流入흠을 斷絕치 아니ᄒ야
其 心身의 發達을 左右흠이 極大ᄒ니 彼 寒村陋屋의 住居ᄒᄂ 兒
童과 大都 高樓 中에 住居ᄒᄂ 者의 間에 其 精神 內容은 如何흔
差異가 有ᄒ가. 最히 氣候의 良否와 山河의 形勢며 土地의 肥瘠과
天災의 有無ᄂ 總히 人心을 管理ᄒᄂ 者니 今日 科學의 進步흠을
從ᄒ야 自然界의 不良흔 勢力을 押制ᄒ고 善良흔 者를 利用ᄒᄂ
者가 大開ᄒ얏시나 尙且 人力이 如何ᄒ기 不能흔 者가 多ᄒ야 敎
育에 多少의 妨害를 受흠을 不免ᄒᄂ니라.

(丙) 家族의 勢力: 兒童의 身體를 圍繞흔 自然界의 勢力은 兒童을
養育ᄒᄂ 家族의 影響과 互相 結合ᄒ야 表現ᄒᄂ니 盖 自然은 冥
冥裏에 感化를 及호딕 家族은 時或 有意的으로 影響을 及흠이라.
是故로 兒童은 家族 中에 表現ᄒᄂ 바를 模範ᄒ야 擧動 言語를 學
ᄒ며 又 此에 依ᄒ야 其 精神 內容을 豊富케 ᄒᄂ니 然흔 則 家族
의 敎育上 非常흔 勢力이 有ᄒ야 敎育者의 施ᄒᄂ 敎育과 相候 進
行흠이 可흔 者라. 彼 下等 人民의 言語가 粗野ᄒ고 風俗이 卑劣흔
家族에서 生長흔 者와 上流 人民의 美善흔 家族에서 養育을 受흔
者의 精神 內容을 較着흘진딕 差異가 顯著흔 則 幼者의 父母된 者
ᄂ 深히 玆에 鑑흘지니 不然ᄒ면 敎育者가 如何히 盡力흘지라도
徒勞에 歸흘 쑨이니라.

(丁) 社會의 勢力: 兒童은 家族 中에서만 生活ᄒᄂ 者가 아니오 又
社會에 交遊ᄒᄂ니 凡 人類ᄂ 結社的 動物이라. 社會ᄂ 組成生活
ᄒᄂ 者인 則 兒童도 其生흠으로브터 스사로 衆多의 伴侶에 交接

흠이 因흥야 偶然 又 特別의 目的으로써 敎育者 外의 人으로브터 學흥는 바 多흥야 自然히 外圍의 風에 感染흥느니 是故로 一般社會의 狀態 及 特 其 日常 交際흥는 人의 性質의 良否는 非常히 其 兒童의 性質에 影響을 加흥는 者라. 昔時에 孟子의 母가 其居를 三遷흠은 엇지 偶然흔 事리오. 然흥나 彼 루소 氏와 如히 社會의 影響은 人의 進步에 害가 有흔 者인 則 兒童의 最初 時期에는 반다시 社會와 隔離케 흥고 唯一 人의 指導者에 從흥야 敎育흠이 可흥다 云흠은 實로 難行의 事일 쑨더러 吾人이 從來 我國의 敎育者가 其 子弟를 晝夜로 一室에 幽置흥고 恆常 自己의 側에 在흥야 薰陶흥는 者를 見흥야도 厥功은 良好치 못흥니라. 況且 社會는 全히 邪惡흔 者라 視흥기 不能흔 則 惟 其善흔 者를 利用흥야 敎育의 效果를 大케 흠을 要흘지라. 然흥나 全 社會의 不良흔 分子를 悉 皆 探知 排除흥고 兒童으로 흥야금 秋毫도 近接치 못흥게 흥기는 如何히 敏快흔 敎育者라도 難能의 事니 唯 可成的은 深히 注意흘지니라. 且 人事에 關흔 社會의 事業은 唯 敎育쑨이 아니오 政治 宗敎와 如흔 者도 皆 人類의 進步와 社會의 發展에 巨大흔 關係가 有흠이 若 其 政治가 生命 財産 及 自由의 安全을 持保흥기 不能흥고 又 其 宗敎가 邪惡흥야 人心을 眩迷케 흘진디 敎育者의 業務는 多大흔 妨害를 受흥느니라.

上述흠과 如히 兒童은 旣 其 天稟의 特性이 有흥고 又 外部 勢力의 影響을 受흥야 敎育者의 施흥는 敎育은 恆常 撞着됨을 未免흥나 然흥나 些毫도 失望치 말고 唯 其 當行흘 바를 行흥야 個人의 特性을 探察흥며 又 諸科學의 補助를 得흥고 且 他 社會的 事業과 互相 提携흥야 恆 其 障碍를 排除흥고 個人의 發達과 社會의

改良에 大勢力을 加흠을 企圖ᄒ면 現今에 播種ᄒᄂ 種子가 完實히 開花 結實치ᄂ 못ᄒ야도 其終은 반다시 其 萌芽가 留在ᄒ야 未來의 種族을 爲ᄒ야 美花를 開ᄒ고 好實을 結ᄒ리니 敎育者ᄂ 맛당히 斯에 注意ᄒ지니라.

第四章 敎育의 必要

前章에 已陳흠과 如히 敎育은 種種의 制限이 有흠으로 敎育은 全히 不必要라 論ᄒᄂ 者가 有ᄒ야 以爲호ᄃ 兒童의 天稟은 外圍의 影響에 由ᄒ야 其 發展흠을 可得ᄒ 度에 至ᄒ 則 完成ᄒᄂ 域에 遂進ᄒ다 稱ᄒ나 然ᄒ나 是ᄂ 誤謬의 言이라. 勿論 敎育者의 敎育이 雖 其 天稟 及 外圍의 勢力에 制限을 受ᄒ나 其 制限 內에셔 自由로 活動ᄒᄂ 範圍ᄂ 甚廣흘 쑨더러 又 其 必要ᄒ 點은 實로 多大ᄒ다 謂ᄒ지니라.

兒童의 性은 易動ᄒ 者라. 是以로 一定ᄒ 時期에 至ᄒ면 幼時에 受ᄒ 影響을 因ᄒ야 固定ᄒ 性을 生ᄒᄂ니 此是 敎育의 效果와 敎育의 必要를 証明ᄒᄂ 바라. 凡 幼者ᄂ 其 發展이 雖 其 自然의 稟賦에 因호ᄃ 能히 速進흠은 敎育의 力을 依흠은 明白ᄒ니 此를 詳言ᄒ건ᄃ 人은 本來 他의 助援을 依ᄒ야 發展ᄒᄂ 者인 則 必 其 幼時의 易助性을 因ᄒ야 有益ᄒ 材料로써 善良ᄒ 方向으로 誘導ᄒ면 一定ᄒ 成熟期에 至ᄒ야 善良ᄒ 主見이 確立ᄒ야 外來 邪惡의 勢力을 抵抗을 得흠은 何人이든지 是認ᄒᄂ 바니 此 豈 敎育의 必要가 아니리오. 是以로 吾人은 兒童의 身體的 及 精神的의 天稟

이 或 弱ᄒ거ᄂ 又 潛伏의 狀態에 在ᄒ 者를 發展케 ᄒ기 爲ᄒ야
刺戟을 加홈을 得ᄒᄂ니 卽 兩親의 膝下에서ᄂ 疾病에 羅(↑?)홈
이 可ᄒ 狀態에 在ᄒ 時ᄂ 此를 轉地케 ᄒ야써 未發에 防ᄒ며 或
又 精神上 薄弱ᄒ 性質의 人도 敎育上의 注意에 因ᄒ야 健全ᄒ 發
展을 遂케 ᄒ야써 有用ᄒ 社會의 一員이 됨을 得ᄒᄂ니 敎育은 正
當ᄒ 身體的 精神的 衛生法의 適用에 因ᄒ야 다만 善良ᄒ 天稟을
發展케 ᄒ 쑨이 아니라 其 劣者도 亦 善良ᄒ 方向에 發展홈을 得
ᄒᄂ니라.

且 此 社會ᄂ 文明에 益臻ᄒ야 生存競爭이 愈甚홈이 優勝劣敗
의 勢ᄂ 遂乃 適者ᄂ 存ᄒ고 不適者ᄂ 亾ᄒ기에 至ᄒ니 若 幼者의
發達을 一切히 自然에 任置ᄒ면 縱 或 一定의 發育을 得遂ᄒ다 ᄒ
지라도 長久ᄒ 時間을 要홀지며 且 必 其 思想은 正確을 缺ᄒ고
秩序가 無ᄒ며 又 其 知識 技能은 需要에 滿洽치 못홀지라. 彼 未
開 鴻濛의 時에ᄂ 人의 知識은 彼此를 不問ᄒ고 其 程度가 一般
低級ᄒ 故로 少年의 知識發達이 遲鈍ᄒ니 障碍가 少無ᄒ얏거니
와 今日갓치 一進一步ᄒᄂ 文明生活의 時代에ᄂ 新業務가 連續
發生홈으로 遂乃 社會ᄂ 人에게 迅速 堪能ᄒᄂ 力을 要ᄒ니 若 此
需要를 充코져 홀진딗 未成人의 自然的 發達에 具案的 影響을 不
加ᄒ면 不可홀지라.

玆에 至ᄒ야 吾人은 心理的 法則에 基ᄒ 敎育의 力은 能히 他
偶然의 勢力을 制限홈을 得홈을 確信ᄒ고 且 社會에 進展에 敎育
의 不可缺홀 要點이 有홈을 斷言ᄒ노니 彼 世人의 誤謬ᄒ 議論을
唱ᄒ야 敎育을 沮戲ᄒᄂ 者ᄂ 但 其 幼者 一人에 害될 쑨 아니라
國家 全般에 流毒ᄒᄂ 者니라.

第五章 敎育의 學 及 術

敎育思想이 此 世界에 發達홈은 其 由來가 已久ᄒ며 又 其 變遷도 一二次에 不止ᄒ니 盖 上古草昧時代로브터 一人으로 其 競爭을 勝키 難홈을 因ᄒ야 職業, 組合, 宗敎, 團體, 政黨, 國家라 云ᄒᄂ 團體의 上에 自己의 立홀 位地와 援助ᄅ 作ᄒᄂ니 大槪 幼年은 成年者ᄅ 模倣홈에 止홀 뿐이라. 一般 國民이 其 始ᄂ 皆 如斯ᄒ 狀態에 在ᄒ더니 世運의 進步와 社會의 發達을 隨ᄒ야 敎育도 亦 其 方面을 一新ᄒ야 人은 如何ᄒ 者인가 又 人은 如何히 發達홈이 可ᄒ 者인가. 此等의 問題가 生홈으로 遂 乃 敎育의 目的 及 方法에 就ᄒ야 人의 考慮ᄅ 惹起ᄒ기에 至ᄒ야 祖老의 習慣이 漸廢ᄒ고 從來와 如히 行動홈은 自由의 運動을 束縛ᄒᄂ 者라, 感動ᄒ며 且 他 種族의 比較上 人心의 動搖홈이 於是에 從來의 經驗的은 理論的으로 變ᄒ며 無意識的은 有意識的으로 變ᄒ고 簡單ᄒ 者ᄂ 複雜ᄒ게 되야 敎育의 學理ᄅ 唱道ᄒᄂ 者가 其 踵을 相繼ᄒ니 第十七世紀 頃의 프랜쓰[3]의 루소[4] 及 쩌마니[5]의 콤메니어스[6] 兩 氏가 最히 著名ᄒ 者오 其 後에 헐버트[7] 氏 等 諸 大家가 輩出ᄒ니라.

然ᄒ나 玆에 一大 問題가 學者 間에 出生ᄒ니 此 卽 敎育은 學인가 又 術인가 云ᄒᄂ 問題가 是라. 此ᄂ 尙今토록 一定치 못ᄒ며 又 其 學으로 認ᄒᄂ 者에도 一般的 價値가 有ᄒ 者라 云ᄒᄂ 者와

---

3 프랜쓰: 프랑스.
4 루소: 루소.
5 쩌마니: 독일.
6 콤메니어스: 코메니우스.
7 헐버트: 헐버트.

一般的 價值가 無흔 者라 云ㅎ는 者의 二流가 有ㅎ야 亦是 未定에 屬ㅎ니라. 然ㅎ나 吾人의 愚見으로 見ㅎ건디 敎育의 學됨은 明瞭호디 其 一般的 價値가 有흔 者라 云키는 難ㅎ니 玆에 敎育의 科學됨을 說明ㅎ기 前에 先次 科學의 何者됨을 略述코져 ㅎ노라.

夫 科學이란 者는 凡 吾人 知識의 對象되는 者 卽 現象에 關흔 吾人의 知識을 明晰 統一ㅎ야 體系가 有케 ㅎ는 者니 略言ㅎ면 普遍 貫徹흔 吾人의 知識이라. 然흠으로 吾人의 知識을 二에 分ㅎ야 一은 經驗的 知識이라 ㅎ고 一은 科學的 知識이라 云ㅎㄴ니 前者는 吾人이 或種의 事를 遭遇ㅎ야 生ㅎ는 斷片의 知識이오 廣大히 事物을 觀察ㅎ고 精密히 硏究ㅎ야 得ㅎ는 知識이 아니니 要言ㅎ면 不精密 不正確흔 바 十分 信憑치 못흘 知識이오 後者는 科學을 組織ㅎ는 學理라. 故로 科學的 知識을 成立ㅎ는 條件을 略擧흔 則 第一 槪括흔 知識됨을 要ㅎ고 第二 體系가 有흔 知識됨을 要ㅎ고 第三 確實흔 知識됨을 要흠이니 斯 三個의 性質이 具備흔 然後에야 眞實흔 科學的 知識이라 謂흘지니라.

然則 敎育學은 果然 科學을 成立흘 諸 條件은 具備흔가. 從來 諸 學者의 科學이 아니라 認흠은 大槪 敎育은 實際 敎育을 施ㅎ는 術에 不過ㅎ는 者라 云흠이니 此는 後에 詳陳흘 바이며 又 敎育學의 成立됨이 其 目的은 倫理學을 資ㅎ고 方法은 心理學에 基ㅎ거늘 此 兩 科學이 皆 幼稚를 不免ㅎ다 흠에 由흠이라. 然ㅎ나 元來 此点에 因ㅎ야 科學이 아니라 認定흠은 不可ㅎ니 何者오. 敎育學이 비록 此等 科學의 知識을 待흠은 無疑ㅎ야도 是는 敎育이라 云ㅎ는 事實을 總集 硏究흠이오 直히 倫理 心理 等을 爲흠은 아니라. 然흔 則 補助科의 不完全흠은 玆에 掛意흘 바가 아니로다. 況 又 敎育學은 다만 心理의 一部와 倫理의 一部를 合ㅎ야 直히 成立

ㅎㄴ 者가 아니오 반다시 彼를 運用 參擧ㅎ고 又 敎育上 歷史的 觀察에 依ㅎ야 穩合흔 目的과 方法을 以作ㅎ며 實際의 經驗을 基礎ㅎ야 適當흔 原則을 抽出 硏究흠이리오.

如是히 敎育은 科學으로 普遍히 理論的 硏究를 行ㅎ야 써 實際에 適合흠을 務ㅎ나 然ㅎ나 一般的 價値를 有흔 敎育學은 作出ㅎ기 難ㅎ니 何者오. 敎育의 最終 目的ㅎㄴ 바ㄴ 社會의 文明 發展에 唯在ㅎ거늘 此 文化란 者ㄴ 恆常 時代와 處所를 因ㅎ야 同一치 아니흔 則 形式的으로ㄴ 비록 一般性을 有흔 科學됨을 得ㅎ나 其 內容은 決斷코 不然흠이라. 此를 詳言ㅎ건듸 古代 希臘의 敎育 目的과 羅馬의 敎育 目的이 相異ㅎ고 又 同時에도 希臘의 아덴과 스파타의 間에 差異가 顯然ㅎ고 且 土地의 風俗 氣候의 差異ㄴ 人類의 性質 及 身體에 變化를 加흠이 自然히 其 地方의 敎育 目的이 相殊ㅎ야 各其 地方의 特色을 發揮흠으로 昔日의 敎育과 今日의 敎育이며 我國의 敎育과 西洋의 敎育이 其 敎育됨은 同一ㅎ나 其 包含ㅎㄴ 精神과 選擇ㅎㄴ 學科가 自異흔 則 비록 一般的 敎育學을 成立코져 흘지라도 實際에 無用의 業이 될 쑨이라. 然흔 則 敎育의 原理 原則을 論究흠은 何國 何時代를 勿論ㅎ고 同一ㅎ야 一般的이라 可謂흘지로듸 若 其 內容上 目的 又 方法을 取ㅎ야 一個의 敎育學을 作成코져 ㅎㄴ 時ㄴ 今日에ㄴ 到底히 不可能의 事에 屬흔 者라 謂흘지니라. 如右히 敎育學이 비록 一般的 價値를 有케 ㅎ기ㄴ 不能ㅎ나 旣已 一種 科學을 成立흔 者인 則 科學 分類 中 何에 屬흘가 ㅎ건대 大凡 科學은 種種의 觀察點을 因ㅎ야 分類흠이 不一흔지라. 第一 硏究의 對象으로브터 精神科學 自然科學에 分ㅎ고 第二 硏究의 方法에 因ㅎ야 說明的 科學 規範的 科學에 分ㅎ고 第三 他 關係로브터 純正科學 應用科學에 分ㅎㄴ니 此 分

類 方法에 依혼 則 敎育學은 精神科學 規範的 科學, 又 應用科學에 屬ᄒ니라.

右에 敎育의 學은 槪陳ᄒ 故로 玆히 敎育에 當혼 術에 論及코져 ᄒ노니 凡 術은 實行에 關ᄒ 事를 謂ᄒᆷ이니 詳言ᄒ면 實行 中 複雜 困難ᄒᆷ을 不拘ᄒ고 此를 達ᄒᄂ 特別의 知識과 鍊熟이라. 是以로 如何혼 科學을 勿論ᄒ고 恆常 術을 要ᄒᄂ니 卽 學理는 一般을 規定혼 者오 一一히 特別의 境遇에 適合케 ᄒᄂ 者가 아니어늘 實際에는 每常 變化가 百出ᄒ야 單히 理論으로는 到底히 良好혼 結果를 可收치 못ᄒ고 其必 實際家의 臨機應變ᄒᄂ 善 手段을 要ᄒ며 又 其 手段은 眞正혼 科學的 知識을 必須ᄒ야 完全ᄒᆷ을 可得ᄒᆷ이라. 是以로 學과 術의 關係는 極히 親密ᄒ야 學은 術을 因ᄒ야 始行ᄒ고 術은 學을 因ᄒ야 成功ᄒᆷ을 可知ᄒᆯ지니라. 今에 敎育에 當혼 術을 論ᄒ기 前에 敎育으로써 術이라 主唱ᄒᄂ 者의 誤謬를 明証코져 ᄒ노니 盖 其 根據를 溯究혼 則 敎育은 敎ᄒᆷ이 可혼 者가 아니오 敎育者 自然의 稟性에 出ᄒᆷ이라 云ᄒᆷ에 在ᄒ니 大抵 敎育은 實際에 術을 要ᄒᆷ이 明白ᄒ나 敎育的 作業을 營爲ᄒᄂ 上에 敎育者의 才力 稟性을 如何히 重視ᄒᆯ지라도 其 敎育者로 ᄒ야금 科學的 硏究를 務ᄒ야 作業의 可據ᄒᆯ 道를 正確히 知得ᄒᆯ진딕 玆히 一層 善美혼 敎育者를 成ᄒᆷ은 何人이든지 不疑ᄒᄂ 바인 則 敎育의 學的 性質을 非認ᄒᆷ은 肯服치 못ᄒᆯ지니라.

世人의 敎育에 關혼 誤解를 打破혼 則 敎育의 學 又 術됨을 可히 明知ᄒᆯ지라. 世人의 多數는 恆常 敎育의 一部 外面을 觀察ᄒ고 直히 敎育의 全部를 擧ᄒ야 敎育은 卽 敎授라 云ᄒᄂ니 是는 正히 醫師의 手術로써 醫學이라 云ᄒ고 司法官이 罪人을 治理ᄒᆷ으로써 卽 法律學이라 云ᄒᆷ과 同ᄒᆷ이라. 然則 術은 恆常 學의 實行에 不

過ᄒ야 學으로브터 術이 完全홈을 始得ᄒᄂ니 其 發達의 次序ᄂ 術이 學보다 先ᄒ나 學은 本이오 術은 末됨이라. 彼 醫師의 手術은 解剖學 及 生理學에 基礎치 아니ᄒ고 農業의 耕作은 化學 礦物學 等에 基礎치 아니ᄒᄂ뇨.

是故로 敎育은 學으로 原理 原則을 定ᄒ고 術로 實地에 適用ᄒᄂ니 然則 敎育의 術은 果然 如何ᄒᆫ가. 一言으로 斷定키 難ᄒ도다. 前述홈과 如히 敎育學의 一般的 難能의 事라 ᄒ얏신 則 術은 一層 尤難ᄒᆫ 事가 됨이라. 一派의 學者ᄂ 術로써 實地 敎育學이라 稱홈이 有ᄒᆫ 則 必要홈은 無疑ᄒᆫ 故로 此를 槪示코져 ᄒ노라.

實地의 敎育家ᄂ 若 其 術 卽 敎育을 施ᄒᄂ 바 術에 就ᄒ야 巧妙치 아니ᄒ면 能히 其 職을 盡ᄒ다 謂치 못홀지라.

夫 敎育의 術은 機械的 事爲가 아니오 又 無生物에 對홈과도 有異하야 其 對手者ᄂ 人類인 故로 其 術이 極히 高尙ᄒᆫ 者가 되ᄂ니 然則 施行者ᄂ 반다시 一般 施術者의 比較홀 바가 아니니라.

思惟컨딗 良好ᄒᆫ 敎育者에 必要ᄒᆫ 條件은 第一 敎育者에 關ᄒᆫ 豊富ᄒᆫ 知識과 第二 實際上의 經驗이 富홈과 第三 實際家됨이 可ᄒᆫ 天性을 具홈에 在ᄒ니 以上 第一 及 第二ᄂ 或 學ᄒ야 可得홀 者로딗 第三은 固 是 學得함이 可ᄒᆫ 者가 아니니 就中 學童의 稟性 及 行動에 關ᄒᆫ 者 審力과 談話 說明에 巧妙ᄒᆫ 等事ᄂ 後天的 可成홀 者ᄂ 아니라. 然홈으로 同一 敎育者 中에도 其 目的을 實現홈에 善良ᄒᆫ 者와 比較的 劣ᄒᆫ 者가 有홈은 吾人의 屢見ᄒᄂ 바라. 然ᄒ나 古時의 誤解와 如히 敎育者ᄂ 人의 作爲홀 者가 아니오 生成ᄒᆫ 者라 云홈은 置信홀 바가 아니니 要컨딗 敎育의 實際에 當務ᄒᄂ 者ᄂ 恆常 理論의 正當ᄒᆫ 者를 根據ᄒ고 實地의 經驗으로 得ᄒᆫ 바를 參照ᄒ야 一定ᄒᆫ 見解를 具ᄒᆫ 然後에 確信 斷行홈을

得홀지라. 故로 치스텔웹히 氏의 言에 曰 理論의 實驗을 管理홈은 至當ㅎ야 實驗上 不適合흔 点이 有홀 時ᄂ 理論이 矯正흔다 云ㅎ니 然흔 則 萬若 敎育者가 實習만 勉ㅎ고 理論을 蔑視홀진ᄃ 機械的 敎育者됨을 免치 못홀지오 理論을 重히 ㅎ고 實驗이 無홀진ᄃ 空想의 哲理派를 成홀지니라.

第六章 敎育學과 他 科學의 關係

敎育學이 科學으로 成立홈을 得ㅎ나 恆常 他 科學에셔 旣決흔 知識을 參據 利用홈이 多흔 故로 玆에 其 關係가 有흔 諸 科學에 就ㅎ야 論述ㅎ노니 盖 人類ᄂ 孤立ㅎ야 生活ㅎᄂ 者가 아니오 恆常 社會를 團結ㅎᄂ 者라. 然흔 則 人類를 養成ㅎᄂ 敎育에 至ㅎ야 반다시 個人과 社會의 兩 方面으로브터 觀察ㅎ야 써 敎育과 社會의 間에 如何흔 關係가 存在홈을 定흔 後에 敎育의 立脚地가 堅固홀지라. 故로 敎育學을 硏究홈에 當ㅎ야 社會를 對象이라 ㅎᄂ 科學이 重要흔 則 社會學을 硏究홈이 可ㅎ며 又 敎育學은 비록 倫理學 及 心理學의 集合 科學은 아니나 敎育의 目的을 論홈에ᄂ 人生의 目的을 論ㅎᄂ 倫理學을 捨흔 則 其 要點을 難得홀지오, 敎育의 方法을 論홈에ᄂ 人의 心意生活의 規則을 論ㅎᄂ 科學 卽 心理學의 幇助를 不得ㅎ면 硏究의 眞確홈을 難得홀지라. 是以로 敎育學은 社會學, 倫理學, 心理學으로써 最 必要흔 補助科學을 作홈은 明白흔 者라. 然ㅎ나 敎育의 完全함을 得함은 但히 將次 發育ㅎ려 ㅎᄂ 幼作의 精神뿐 아니오 亦 其 身體에 及ㅎ야 心身을 共

皆 發育케 함에 在훈 則 生理 發達의 次第를 硏究ᄒᄂ 生理學도 硏究ᄒ야 其 知識을 藉함이 可ᄒ며 又 心身이 相離함이 不可훈 關係로브터 心理學의 硏究를 爲ᄒ든지 抑 且 生理學의 硏究를 爲ᄒ든지 其 必 身體狀態의 惡傾向을 豫防ᄒᄂ 衛生學의 智識이 必要ᄒ며 此外에 又 歷史學 論理學 審美學도 敎育學에 巨大훈 關係가 有ᄒ야 敎育의 事業을 幇助흠이 不少ᄒ며 且 行政學은 敎育管理 의 上에 關係됨이 非常훈지라. 今에 其 關係의 最 重要훈 点을 畧히 擧示ᄒ노라.

(一) 敎育學과 社會學의 關係: 社會學은 其 發達이 最近훈 者라. 其 硏究의 對象은 人間의 共同生活을 硏究ᄒ야 其現ᄒᄂ 바 形狀을 指示ᄒ며 又 其 形狀의 互相 關係ᄂ 如何훈 法則의 下에 存在흠을 尋繹ᄒᄂ 者라. 諸家의 說이 不一ᄒ야 其 基礎 及 範圍가 相殊호딕 此를 因ᄒ야 影響 又 補益을 受흠은 諸般 科學이 皆然훈지라. 就中 敎育學에 至ᄒ야ᄂ 此 影響을 受흠이 益大ᄒ야 敎育學上에 社會的 의 形容詞를 冠ᄒ야 彼 個人的 敎育學이라 稱ᄒᄂ 者와 相對흠이 因 其 主義가 相異ᄒᄂ니 然훈 則 此를 深究홀 價値가 大有훈 者나 次編에 讓ᄒ야 論陳ᄒ려니와 敎育의 目的上 又 方法上 何 方面으 로 觀ᄒ든지 社會를 忽諸에 付흠은 不可훈지라. 盖 吾人으로만 存 在ᄒᄂ 者가 아니오 社會의 一員이 되ᄂ 者라. 個人의 人格은 社會 를 爲ᄒ야 其 力을 盡흠에 因ᄒ야 愈益 高尙ᄒᄂ니 然則 社會의 進 步ᄂ 個人의 價値를 保護ᄒ야 더욱 增長흠을 因ᄒ야 可望홀지라. 此를 詳言ᄒ면 社會的 精神을 各 個人의 心中에 吹入흠이 社會 政 策上 唯一의 正當훈 目的인 則 敎育의 作業에 在ᄒ야 반다시 兒童 으로 ᄒ야금 社會的 精神을 浹洽케 ᄒ야 써 個人이 發達ᄒᄂ 同時

에 社會와 國家가 發達케 홈이 可호니 然호 則 敎育學에 社會學의 必要홈을 不言 自明호니라.

(二) 敎育學과 倫理學의 關係: 倫理學은 人間 行爲의 道德的 判斷을 研究호는 者니 其 對象은 道德的 判斷을 下홈이 行爲의 外部的 事情이 아니오 其 行爲의 動機 又 其 意志의 方向 及 情操 等을 研究호는 者라. 要言호면 倫理學은 人間의 意志에 關호 科學이니 盖 此學의 務호는 바가 極히 複雜호야 第一 吾人이 道德的으로 判斷홈은 如何호 心理의 法則으로 依호야 現홈을 研究홈이 可홈과 第二 道德的 判斷의 原因 及 其 發達을 研究호기 爲호야 一方으로는 心理的 性質을 帶호고 一方으로는 歷史的 性質을 有홈이라. 然호나 又 此뿐 아니오 更히 人의 行爲에 向호야 其 範圍를 定홈이 可호니 以上을 總言호면 倫理學은 心理的으로 道德的 判斷을 下호는 心狀을 分解的으로 研究호고 其次에 其 心的 作用 卽 道德的 判斷의 基礎되난 道德的 感情의 起源 及 宗族 保持上에 必要홈을 生起的으로 研究호며 歷史的으로 道德的 行爲가 時代와 處所의 變遷홈을 因호야 其 判斷이 相異호 바를 比較 研究호야 其 發達의 法則을 明瞭히 호야 如是히 心理的 歷史的 材料를 集호 中으로브터 一定호 理法을 求得호야 此를 基礎호고 更히 一步를 進호야 人間은 반다시 如斯홈이 可호다 云호는 規範을 立홈이 可호니 要컨딕 其 經驗으로브터 更히 推究호야 理法을 立홈이 可홈이라.

然則 此 規範은 卽 人間 行爲의 標準됨이 可호 者이니 此에 依호야 人間 行爲의 目的을 可히 得定홀지니 敎育學에서 人間을 敎育호는 目的을 研究홈에 當호야 倫理學의 知識이 若無호면 如何

히 定ᄒ리오. 然ᄒ나 倫理學에 關ᄒ 學說은 人을 隨ᄒ야 相異ᄒ 則 何者가 適當ᄒ 者라 選擇흠에 至ᄒ야ᄂ 반다시 瞻富ᄒ 知識이 有ᄒ 人이 人心은 自然히 其 所向이 同一ᄒ 其点으로써 目的을 定 ᄒ지니 此ᄂ 下에 詳論ᄒ 處가 有ᄒ진져.

(三) 敎育學과 心理學의 關係: 前述흠과 如히 倫理學은 人生의 目 的 及 人生의 行爲 義務를 明케 ᄒᄂ 者인 故로 敎育學에서 此 目 的을 達ᄒ 方法을 必究흠이 可ᄒ니 此ᄂ 又 必 心理學의 知識을 資 ᄒ지니라.

盖 心理學은 人의 精神生活에 關ᄒ 規則을 硏究ᄒᄂ 科學이니 其 硏究의 對象은 卽 吾人의 知情意의 作用으로 日常經驗ᄒᄂ 바 現象이라. 昔時ᄂ 是等 現象을 生ᄒᄂ 本體 卽 心自身을 硏究ᄒ얏 시나 今日은 오직 直接으로 經驗흠이 可ᄒ 精神 現象을 論ᄒ 샏이 라.

然則 敎育學에서 心理學의 必要ᄒ 關係ᄂ 如何ᄒ 点에 在ᄒ가 論究ᄒ건듸 비록 敎育의 目的이 已立ᄒ나 心的作用의 性質 及 其 發育의 理가 不明ᄒ면 何로 由ᄒ야 能히 人을 導ᄒᄂ 方法을 得知 ᄒ리오. 是以로 心理學에 依ᄒ야 旣定ᄒ 敎育 目的에 向ᄒ야 兒童 의 心은 如何ᄒ 風으로 導ᄒ며 又 如何ᄒ 方法으로 其 力을 聯合 케 ᄒ고 又 如何ᄒ 事情의 下에 其 心力을 動케 ᄒ며 叟 進ᄒ야 兒 童은 如何히 其 心力이 發達ᄒᄂ 者인가 硏究흠이 可ᄒ니 盖 兒童 의 精神은 日日 發達ᄒᄂ 者인 則 敎育者가 心理學의 知識을 必要 흠은 多言ᄒ 바가 아니로다. 然ᄒ나 況 心理學은 單히 事實을 明 히 ᄒᄂ 者이오, 規範을 不定ᄒᄂ 者인 則 如何ᄒ 能을 發達ᄒ고 如何ᄒ 性을 抑制흠을 不論ᄒ얏시니 敎育者가 敎育學을 硏究ᄒ

는 時에 心理學을 參據ᄒ야 써 正當히 運用함이 可ᄒ니라. 是以로 近世에 至ᄒ야 社會心理學 又 兒童心理學의 硏究가 漸進ᄒ야 可據ᄒ 法則을 確認ᄒ기에 至흠이 敎育學의 是에 因ᄒ야 發達을 得致ᄒᄂ 效果가 多大ᄒ니라.

(四) 敎育學과 生理衛生學의 關係: 人의 心身은 其 關係가 極히 親密ᄒ지라. 格言에 云호ᄃ 健全ᄒ 精神은 健康ᄒ 身體에 宿ᄒ다 ᄒ니 盖 身體가 適當ᄒ 狀態를 保維치 못ᄒᄂ 時ᄂ 自 其 精神도 愉快치 못ᄒ 故로 精神의 開發을 望ᄒ진ᄃ 必 先 其 身體를 健康케 謀ᄒ지라. 是以로 敎育者ᄂ 恆常 兒童의 身體上ᅵ 注目ᄒ여야 其 作業의 成功을 可望ᄒ지니 被敎育者의 責務를 擔苟ᄒ 者가 醫學에 屬ᄒ 知識의 必要흠은 更論ᄒ 바가 아니라. 盖 敎育學은 兒童의 身體 及 其 發達上에 行ᄒᄂ 法則 標準에 依ᄒ야 其 事業을 定ᄒᄂ니 然흠으로 善良ᄒ고 完全ᄒ 敎育은 精神 或 肉體에 偏倚치 아니ᄒᄂ니라. 今에 西洋 古代를 遠溯ᄒ 則 希臘時代에ᄂ 身體 發揚에 注意ᄒ야 體操 遊戱를 極 重히 視ᄒ야 高下가 少無하야 心身의 發達이 調和흠을 務ᄒ 故로 希臘은 文明이 古今에 卓越ᄒ니라. 我國은 自來로 儒敎 又 佛敎에 因ᄒ야 終日토록 斂膝端坐흠으로써 至高히 認ᄒ야 身體ᄂ 精神 保護의 十分一을 不受ᄒ얏더니 今日에 至ᄒ야 此 弊瘼이 漸弛ᄒ니 實로 感賀ᄒ 事라 謂ᄒ노라.

(五) 敎育學과 歷史學의 關係: 敎育學은 人類 發展을 目的으로 ᄒᄂ 學이라. 然而 人類의 發達은 一朝一夕의 事가 아니오, 幾 許 世紀의 傳來ᄒ 事며 又 地方의 相異흠과 種族의 不同흠을 隨하야 其 發達의 順序와 程度에 差異가 有ᄒ야 如何ᄒ 國民이든지 各其 自

國의 歷史的 事情에 制限을 不受ㅎ는 者가 無혼 則 敎育을 硏究ㅎ는 上에 歷史的 觀察을 依ㅎ야 過去를 明ㅎ고 現在를 知ㅎ고 叉進ㅎ야 未來에 實現홀 바를 推定ㅎ며 又 敎育의 歷史는 文明史의 重要혼 者인 則 古來 敎育上 種種의 設計와 方法의 成功 不成功을 鑑ㅎ야 其 原因을 究홈은 正히 敎育의 目的을 定ㅎ며 方法을 現홈에 補益이 不少ㅎ니라.

(六) 敎育學과 他 諸科學의 關係: 人類에 關혼 諸科學은 實로 敎育學과 關係가 無혼 者가 殆無혼지라. 此를 略言ㅎ건딕 就中 政治學은 頗히 親密혼 關係가 有ㅎ니 何者오. 行政의 目的은 公共의 安寧 秩序를 維持ㅎ고 國民의 幸福을 增進홈에 在ㅎ야 敎育의 目的ㅎ는 바와 大略 同一ㅎ니 兩者가 共히 道德으로써 其 中心点을 삼고 出發홈이 可혼 者라. 敎育이든지 行政이든지 倫理上의 依助홈이 無ㅎ면 但히 外部 壓制의 力이 될 쑌이며 又 兩者가 共히 完美혼 社會를 作出ㅎ는 点에셔 齊一혼 理想을 有혼 故로 其 理想에 因ㅎ야 行政의 方針과 敎育의 方法을 講究ㅎ며 選定ㅎ느니 是以로 行政은 一面으로는 寧히 國家的 敎育術이라 可謂홀지라. 國民에 理想的의 力을 與ㅎ며 過去의 文明的 財産을 傳ㅎ고 開化의 事業을 增長케 ㅎ야 敎育의 行ㅎ는 바 範圍와 異홈이 無ㅎ고 敎育도 亦 國民의 開化를 後代에 傳ㅎ며 美術 文學 等에 依ㅎ야 趣味 道德 等을 少年의 心中에 培殖코져 務ㅎ는 中 尚且 近世에 及ㅎ야 行政은 但히 學校制度의 組織에 關係홈으로만 滿足타 아니ㅎ고 叉히 敎科案을 立ㅎ고 敎授의 方法을 指定ㅎ야 愈益히 敎育術의 行ㅎ는 바와 步武가 同一혼지라. 西洋에는 內政 卽 行政學의 方面으로브터 敎育을 硏究ㅎ는 人이 有ㅎ니 然혼 則 敎育과 行政은 同一 方向에 進行ㅎ야

社會 民衆을 爲ㅎ야 其 力을 克盡홈이 可ㅎ고 決斷코 兩者가 反目 不相叶홈은 國家의 不幸이 되ᄂ니라.

論理學 審美學도 共히 敎育上 精神 方面에 有益호 科學이라. 敎育者의 必要호 補助니 盖 論理學은 思想의 法則을 硏究ㅎᄂ 學인 則 幼年의 思想으로 ㅎ야금 明白 確實케 홀진ᄃᆡ 此 知識의 必要홈은 多辯을 不須홀 者며 審美學은 美的 現象을 講究ㅎᄂ 學이니 少年의 感情 陶冶의 上에 此 知識의 必要홈도 亦 明白ㅎ니라.

第二編 目的論

第一章 敎育의 目的에 關흔 諸主義

凡 何事를 行ᄒ든지 其 目的을 先立흔 後에 其 方向으로 進行흠이 可ᄒ니 敎育의 事에 關ᄒ야도 第一 先決 問題는 其 目的을 定흠이 是라. 是以로 從來 諸 學者가 槩(?)皆 敎育의 理論을 述ᄒ기 前에 敎育의 目的을 先言치 아니ᄒᄂ 者가 無ᄒ나 然ᄒ나 各其 取用흔 主義가 相異ᄒ야 甲論乙駁흠의 定說이 尙無흔지라 今에 從來 唱道된 諸 主義의 最 重要흔 者를 擧ᄒ야 其 得失을 略評흔 後에 最 完全ᄒ다 思料ᄒᄂ 바를 論示코저 ᄒ노라.

(一) 實利主義: 록크, 스펜셔 諸氏의 主ᄒ든 바니 卽 被敎育者로 ᄒ야금 社會에 立ᄒ야 可成的 獨立의 生活을 무營ᄒ야 此世를 幸福으로 過ᄒ며 又 個人으로 社會의 有用흔 人物을 作成케 ᄒ기 爲ᄒ야 實業에 關흔 學科에 用力ᄒ야 實用上의 知識 技能을 敎授흠으로써 敎育의 目的을 作ᄒᄂ 者라.

此 主義는 一個의 眞理가 有한 說이라. 敢히 非難홀 바가 無ᄒ니 盖 吾人의 學홈은 學問을 爲홈이 아니오, 生活을 爲홈이라. 是以로 敎育은 勿論 將來의 職業을 爲ᄒ야 考究 用意치 아니홈이 不可ᄒ나 然ᄒ나 人은 오직 業務的의 人이 될 ᄲᅢᆫ이 아니오 夏히 業務的 以上의 人이 됨이 可ᄒ니 換言ᄒ면 人은 必 先 完全한 人이 되지 아니ᄒ면 不可홀 ᄲᅢᆫ더러 且 若 根據를 不作ᄒ고 早時로브터 特別의 知識에 進ᄒ야 多利를 得홈을 目的ᄒᄂ 時ᄂ 往往히 輕浮賤劣ᄒ야 拜金의 惡風이 盛行ᄒ고 德義의 良心이 減損홈에 奈何홀가.

(二) 宗敎主義: 此 主義ᄂ ᄶᅥ마니의 스페너 及 프랑케 氏의 主唱한 者니 此 卽 所謂 敎化의 超絶的 思想이라. 其 言에 云ᄒ되 人은 人間的 現世的 目的을 爲ᄒ야 敎育을 受홈이 可치 아니ᄒ고 맛당히 彼岸에 在한 未來界를 爲ᄒ야 敎育을 受홈이 可ᄒ다 ᄒ야 未來 生活을 準備홈으로서 敎育의 目的을 作ᄒ야 人으로 ᄒ야금 現世의 苦樂을 輕視ᄒ고 身体의 必要를 制ᄒ야 精神을 淨化케 ᄒᄂ 者라.

此 主義도 吾人이 亦是 採用ᄒᄂ 者나 唯 其一方에 偏倚한 者라 云홀지니 何者오. 吾人이 人生에 宗敎的 價値를 雖認ᄒ나 敎育上 現世의 利害 身體의 必要를 輕視홈은 可取키 難한 故로라. 是故로 此 主義를 唱ᄒ든 者도 實際ᄂ 極端의 意義로 解釋ᄒᄂ 者가 아님은 其 此 主義의 標章을 飜揭ᄒ든 諸氏도 實科 學校를 建設홈을 見ᄒ면 可知홀지니라.

(三) 政治主義: 後日 國民으로 ᄒ야금 職業을 執홈에 不便홈이 無케 ᄒ고저 ᄒ야 敎育을 務한다 云ᄒᄂ 者니 此 主義ᄂ 卽 兒童으로 ᄒ야금 國家의 公民을 作코저 ᄒᄂ 바 古代 敎育이라. 此ᄂ 希臘 及

羅馬에 皆然ᄒ며 又 我國에서도 紳士됨을 爲ᄒ얏시니 其 範圍의 狹隘ᄒᆷ과 目的의 穿鑿ᄒᆷ은 엇지 可怪치 아니리오. 國家의 一員됨은 人의 本務의 一端될 ᄲᅮᆫ이니라.

(四) 自然主義: 人性은 其 自然ᄃᆡ로 一任ᄒᆫ 則 善ᄒᆫ 者라 預定ᄒ고 敎育의 影響을 消極的으로 施ᄒ야 唯 幼者의 自然 敎育에 妨害ᄒᄂ 者ᄅᆞᆯ 排除ᄒᆷ이 可ᄒ다 云ᄒᄂᆫ 者니 此 主義에 自然이라 稱ᄒᄂᆫ 者ᄂᆫ 果然 其 意義ᄅᆞᆯ 解ᄒᆷ에 明瞭치 아니ᄒ도다. 今 若 自然의 發育은 人의 具ᄒᆫ 바 一切 性質의 發育을 自然에 任ᄒᄂᆫ 意義라 云ᄒᆯ진ᄃᆡ 是ᄂᆫ 敎育의 無要ᄅᆞᆯ 唱ᄒᄂᆫ 者와 同意義니 敎育의 本義가 엇지 如斯ᄒᆯ가. 且 消極的으로 妨害ᄅᆞᆯ 排除ᄒ나 積極的으로 助長의 力을 不加ᄒ면 善良의 效果가 未生ᄒᆷ은 園丁의 植物을 養育ᄒᆷ에 肥料와 芟除ᄅᆞᆯ 俱施ᄒᆷ에 見ᄒ라. 且 若 心理의 法則을 從ᄒᆷ으로 自然이라 云ᄒᆯ진ᄃᆡ 其 必要ᄒᆷ이 可ᄒ나 其 目的을 示치 아니ᄒᆷ에 奈何ᄒ리오.

(五) 審美主義: 此 主義ᄂᆫ 實利ᄅᆞᆯ 爲ᄒ야 學問을 修ᄒᆷ으로써 陋ᄒ다 云ᄒ고 人의 氣韻을 高尙ᄒᆷ과 嗜好의 優美ᄒᆫ 点에 置重ᄒ야 美術 文學으로써 敎育의 目的을 作ᄒᄂᆫ 者라. 此 主義도 亦是 敎育上에 完全타 可謂치 못ᄒᆯ지니 何者오. 吾人은 但히 文學 美術로ᄂ 此 世界에 生活ᄒ기 難ᄒ고 其 必 實用的 知識 技能이 有ᄒᆷ을 要ᄒᆷ은 不言 自明ᄒᆯ ᄲᅮᆫ더러 特히 美ᄂᆫ 往往히 奢侈 惰怠의 風이 伴ᄒ고 文學은 浮虛 輕佻의 弊ᄅᆞᆯ 惹ᄒᄂᆫ 恐怖가 有ᄒᆷ이리오. 然ᄒ나 吾人은 又 專히 文學 美術을 排斥ᄒᆷ이 아니라. 其 必 實用的 知識 技術과 幷行ᄒᆫ 後에야 始可ᄒ다 ᄒ노라.

(六) 道德主義: 此는 캔트, 헐쌔트 諸氏의 唱ᄒᆞᄂᆞᆫ 바니 即 人生의 價值ᄂᆞᆫ 專히 其 道德的 意志의 堅固홈에 在ᄒᆞᆫ 則 敎育 終局의 目的은 確乎ᄒᆞᆫ 道德的 品性의 養成 即 德性의 陶冶에 在ᄒᆞ다 ᄒᆞᄂᆞᆫ 者니 此 主義의 堅固ᄒᆞᆫ 道德的 意志를 發達케 홈은 實로 敎育의 要務나 然ᄒᆞ나 但히 道德的 品性은 完全히 發達홀지라도 若 其 身體가 不健全ᄒᆞ고 知識이 極蒙昧ᄒᆞ면 何로써 世에 立홀가. 吾人은 玆에 至ᄒᆞ야 疑가 無키 不能ᄒᆞ도다.

右述홈과 如히 諸家의 說이 各其 主見으로서 敎育의 目的을 作홈이 其中에 一部의 眞理가 可採홀 바가 無홈은 아니로ᄃᆡ 各其 一方에 偏倚ᄒᆞ야 一面의 眞理를 闡明ᄒᆞ기에 止ᄒᆞ니 元來 人生의 複雜ᄒᆞᆫ 現象에 對ᄒᆞ야 簡單히 或種 一事로써 人을 敎育ᄒᆞᄂᆞᆫ 目的이 是에 在ᄒᆞ다 容易ᄒᆞ게 斷言홈은 實로 得當ᄒᆞᆫ 者라 謂키 難ᄒᆞ니라.

然ᄒᆞᆫ 則 敎育의 目的을 定홈의 一 方面에 不限ᄒᆞ고 廣大ᄒᆞᆫ 意義를 包含ᄒᆞ야 言홈이 可홀가. 即 或 學者의 言과 如히 敎育의 目的은 人의 諸力을 調和的으로 發達케 홈에 在ᄒᆞ다 云ᄒᆞ며 又 被敎育者로 ᄒᆞ야금 獨立의 人이 되게 홈에 在ᄒᆞ다 云ᄒᆞᄂᆞᆫ 等으로써 滿足타 謂홀가. 其 言ᄒᆞᄂᆞᆫ 바가 ᄯᅩᄒᆞᆫ 不可홈이 無ᄒᆞᄃᆡ 如斯히 漠然ᄒᆞ게 目的을 定홈은 敎育者에 對ᄒᆞ야 實際 何等의 指導를 不與홀 샏 아니라 又 此等의 語ᄂᆞᆫ 更히 詳細ᄒᆞᆫ 說明이 不有ᄒᆞ면 其 意를 明知치 못홀지니라.

如是히 敎育의 目的에 關ᄒᆞ야 完定홈이 無ᄒᆞ니 然ᄒᆞᆫ 則 敎育의 目的은 到底히 得情치 못홀가. 萬若 目的을 不定ᄒᆞ고 敎育의 學理를 研究홀진ᄃᆡ 是ᄂᆞᆫ 標的을 不立ᄒᆞ고 發矢홈과 同ᄒᆞ니 目的이 不定ᄒᆞᆫ 則 其 方法을 何에 由ᄒᆞ야 可立ᄒᆞ리오. 비록 如何히 困難홀

지라도 此를 先定홈이 最要혼 則 又 從來 學者와 如히 直 其 自己
의 意識中에 思考ᄒᆞᄂᆞᆫ 者를 抽出ᄒᆞ야 是乃 敎育의 目的이라 云홈
이 不可ᄒᆞ거든 又 況 何等의 思考도 不費ᄒᆞ고 獨斷的으로 或 學者
의 說을 取ᄒᆞ야 直히 自己의 說을 作홈이 可홀가. 然홈으로 玆에
ᄂᆞᆫ 實際의 事實에 發表ᄒᆞᄂᆞᆫ 現象을 硏究ᄒᆞ야 起点을 作ᄒᆞ고 此를
分解 精思ᄒᆞ야 正當ᄒᆞ고 矛盾이 無혼 立言이 至혼 後에 目的을 確
定코져 ᄒᆞ노니 盖 上列혼 諸主義의 一만 取ᄒᆞᄂᆞᆫ 時ᄂᆞᆫ 반다시 極端
에 走ᄒᆞᄂᆞᆫ 弊害가 生홈을 不免ᄒᆞ야 完全 圓滿혼 發達을 望ᄒᆞ기 不
可혼 故로 諸主義를 比較ᄒᆞ며 又 實際에 參觀홈이니 要言혼 則 諸
主義 中에 道德主義를 依홈이 多ᄒᆞ나 其 內容에 至ᄒᆞ야ᄂᆞᆫ 巨大혼
差異가 有ᄒᆞ니라.

第二章 實地와 理想

　凡 如何혼 時代, 如何혼 處所에든지 苟敎育의 動作이 有ᄒᆞ다 認
ᄒᆞᄂᆞᆫ 時ᄂᆞᆫ 其 第一로 現ᄒᆞᄂᆞᆫ 바 動機ᄂᆞᆫ 被敎育者에 對ᄒᆞ야 實地生
活을 圖홈이라. 是以로 其 父되ᄂᆞᆫ 者ᄂᆞᆫ 恆常 自己와 同業務를 敎
ᄒᆞ며 又 或 自己보다 高尙혼 業務에 就케 ᄒᆞᄂᆞᆫ 者도 有ᄒᆞ나 然ᄒᆞ
나 實地를 爲ᄒᆞ야 准備홈은 每樣 其 時代의 事情이 影響을 波及ᄒᆞ
ᄂᆞ니 詳言ᄒᆞ면 古昔 事物이 簡單ᄒᆞ든 時代에ᄂᆞᆫ 個人 間에 競爭은
激烈치 아니홈이 生活의 術이 比較的 容易ᄒᆞ얏시나 時代의 進步
를 從ᄒᆞ야 社會ᄂᆞᆫ 愈益 複雜ᄒᆞ고 生活은 愈益 困難ᄒᆞ니 現時의 狀
態를 若觀ᄒᆞ면 吾人은 반다시 心身의 諸 勢力을 同一히 伸張ᄒᆞ야

肉躰的 又 精神的 勢力을 强固케 홈이 可ᄒ고 又 但 個人의 勢力만 强固케 홈이 必要홀 뿐 아니라 社會的 勢力, 團躰的 勢力을 强固케 홈이 可ᄒ니 然혼 則 此 時를 當ᄒ야 人으로 ᄒ야금 此 生存競爭에 應ᄒ야 敗凶에 不至ᄒ고 能히 其 生活에 堪能케 홈이 敎育上 第一의 目的을 作홈이 實로 間然홀 바가 無ᄒ도다. 是以로 今人은 其 職業이 肉躰的 勢力을 要ᄒᄂ 者ᄂ 勿論ᄒ고 其 此를 要치 아니ᄒᄂ 者도 衛生 及 躰育에 就ᄒ야 特別의 養護 鍛鍊을 要홈이 大ᄒ니 是乃 其 生活上 必要혼 心的 活動을 保持코져 홀진딕 必 先 肉躰的 勢力을 先養ᄒ야 其 抵抗力을 排進ᄒ고 精神的 事業의 重荷를 堪耐케 홈이 必要홈이라. 今日에 在ᄒ야 如是히 人事의 關係가 複雜ᄒ고 生活의 業務가 如是히 困難ᄒ니 若 夫 優存의 地位를 占코져 홀진딕 銳敏혼 知覺으로써 自然 及 一般 外界의 現象을 其 細微혼 点ᄭ지 觀察ᄒ야 善良혼 記臆力으로 種種의 印象을 保持ᄒ고 正當혼 思考力으로 其 觀察 記臆혼 바를 生活上의 目的에 利用홈이 可홀지니라.

上陳홈과 如히 人類의 生活ᄒᄂ 今日 時代ᄂ 如是히 複雜ᄒ야 個人의 外에 團體가 必要ᄒ고 精神을 養成ᄒᄂ 同時에 身體를 養成치 아니홈이 不可ᄒ니 夫 人類가 原始時代로브터 進化홈은 實로 幾度의 變遷을 經過ᄒ얏ᄂ지 難知홀지라. 人의 宇宙 內에 生홈이 譬컨딕 宇宙ᄂ 一大船 과 如ᄒ야 宇宙의 船이 向方ᄒᄂ 바에 人類가 向行홈이 必可ᄒ니 不然혼 則 人類의 滅凶은 固然혼 理勢라. 嗚呼라 人類의 本務ᄂ 要컨딕 宇宙의 進化홈을 贊助ᄒ야써 自己의 進化를 顯現홀 뿐이라 謂홀지로다. 然則 人類ᄂ 將次 如何히 進化를 謀홈이 可혼가. 宇宙가 今日에 人類로 ᄒ야금 此 地球上의 萬物을 管理케 ᄒ니 宇宙의 目的은 進化에 在ᄒ며 又 其 宇宙의

進化를 委托홈은 人類에 在혼則 人類는 반다시 自己를 益益 發達케 ㅎ야 其 生存力을 强固케 홈이 卽 宇宙의 進化를 助ㅎ는 自己의 本務라 謂홀지라. 如斯혼 巨大혼 本務를 負ㅎ고 其 必要혼 方法을 硏究치 아님이 엇지 可ㅎ리오. 人類의 開化됨은 屢時代를 經過ㅎ야 今日에 以至ㅎ얏시니 此는 世界 文明史上에 就看ㅎ면 歷歷 可証홀 바라 然혼 則 此로브터 又 幾度를 變遷ㅎ야 如何혼 善美혼 境에 進홀는지 吾人의 預知치 못홀 바어니와 敎育의 限界를 論홀 時에 言홈과 如히 將來 發達됨은 十分 無疑혼 事오 又 人類의 開化는 今日에 아직 完全치는 못호되 其 此를 得致홈은 必 其 精神과 身體의 兩方面으로 自홈은 又 明白혼 事라. 然홈으로 人類의 開化는 極言ㅎ면 其 精神活動의 現象이라 謂ㅎ야도 亦過言이 아니니 何則고. 精神과 身体는 表裏를 互成ㅎ야 精神上에 何等의 進步가 되는 時는 身体上 特히 腦髓에도 尙且 此에 應ㅎ야 進步됨이 有ㅎ고 又 身體上 特히 腦髓에 發達이 되는 時는 尙且 精神도 進化됨이니라.

大抵 人類의 開化는 二種에 大別ㅎ니 一은 精神的 生活의 開化오 一은 物質的 生活의 開化라. 又 精神的 生活의 開化는 知識的 生活, 審美的 生活, 社交的 生活, 道德的 生活, 宗敎的 生活의 五에 分ㅎ고 物質的 方面의 開化는 經濟的 生活, 政治的 生活의 二에 分ㅎ야 此等 精神的 又 物質的 方面의 開化는 時代와 共히 開化ㅎ야 人類 種族으로 ㅎ야금 더욱 其 生存力을 無機物 又 動植物에 對ㅎ야 强固케 ㅎ느니 然혼 則 人生의 最大 目的은 形式的으로 言ㅎ면 可히 人類 開化의 發達을 促進홈에 在ㅎ다 云홀지오, 又 實質的으로 言ㅎ면 政治的 經濟的의 生活과 宗敎的, 道德的 知識

的 審美的 社交的 生活의 發達을 促進홈에 在ᄒ다 云홀지니라. 如
是히 人生의 目的이 大혼 同時에 開化의 進步됨은 無限혼 則 人類
ᄂᆞᆫ 반다시 此에 應홀 心力을 養成홈이 必要ᄒ나 然ᄒ나 若 其 職
業生活에 從事ᄒᄂᆞᆫ 其日로브터 此等 心力의 必要혼 바를 徐徐히
學홀진ᄃᆡ 其 到達이 又 極遲鈍혼 則 반다시 學校에 在혼 日로브터
自然界와 人間界에 確立ᄒ야 機敏ᄒ게 處身 立行홀 力을 備置치
아니ᄒ면 不可ᄒ니 要言ᄒ면 敎育은 被敎育者로 ᄒ야금 現時生活
을 得應ᄒ기 爲ᄒ야 第一로 其 心身 諸勢力의 發展을 期홈에 在ᄒ
다 謂ᄒ지니라.

　然ᄒ나 心身 諸勢力을 强烈히 費用홈은 드듸여 人類로 ᄒ야금
더욱 神經質이 되게 홀 ᄲᅮᆫ더러 又 酷烈혼 生存競爭은 人으로 ᄒ야
금 悲觀的 失望을 生케 ᄒᄂᆞ니 見홀지어다. 競爭者 中 能히 善良
혼 功效를 得奏ᄒᄂᆞᆫ 者ᄂᆞᆫ 比較的 少數오 多數의 人은 競爭을 保持
홈에 生活홀 ᄲᅮᆫ이라. 是以로 生活은 苦痛을 感生ᄒ야 人生을 悲觀
에 陷케 아니ᄒ나나가. 且 如斯혼 則 人生의 目的은 唯 競爭ᄒ기
爲ᄒ야 生活ᄒ며 生活ᄒ기 爲ᄒ야 競爭홈이라 云ᄒ기에 止ᄒ야
生活과 競爭은 原因과 結果를 互成ᄒ야 一生을 送了홈에 不過홀
지라. 社會ᄂᆞᆫ 오직 殺風景을 演出ᄒᄂᆞᆫ 處所오, 生活은 苦痛을 感
起ᄒᄂᆞᆫ 事爲라. 實로 慘極悲極홈을 難禁이로다. 然ᄒ나 此 社會ᄂᆞᆫ
其狀態가 已現ᄒ얏시니 其勝者를 觀ᄒ면 貯置혼 財産이 愈多홀
사록 貪慾心은 愈强ᄒ야 精神을 過勞ᄒᄂᆞᆫ 故로 忽然히 其人은 病
的에 陷혼 則 又 多少의 加減을 施홈이 慾望의 代에ᄂᆞᆫ 倦忌心이
遂起ᄒ야 彼競爭의 敗者 卽 悲觀的 失望者와 共히 社會 又 國家
의 繁榮 進化홈에 一大 嫌避者를 生ᄒ며 又 此 財産家 中에서 生

ㅎ는 少年은 父의 財産을 坐受安享ㅎ야 맛참늬 此世의 生活에는 何等의 勞力과 何等의 經營이 必要홈을 未知ㅎ야 其 怠惰흔 心意는 飽滿心을 養成ㅎ니 此亦 國家의 健全에 妨害物이라. 如是히 上述흔 結果는 人類의 精神을 過敏ㅎ며 又 一便으로는 怠惰心, 飽滿心을 胚生ㅎ고 一便으로는 悲觀的 生活의 敗者가 現出ㅎ야 悉 皆 社會 敗区의 原因을 生ㅎ야 衰区의 慘劇을 演出홈이 一再에 不止ㅎ는고녀.

上에 敎育은 幼年에 對ㅎ야 生存競爭의 准備를 作홈이 可흔 必要를 述ㅎ얏시나 其競爭을 單히 競爭을 爲ㅎ야 行ㅎ기에 止흔 則 右擧흔 社會 國家의 滅区의 惡現象을 出케 ㅎ는 故로 必 其 生活로 ㅎ야금 適合흔 價値가 有흔 者 卽 競爭에 適合흔 價値가 有흔 者가 되게 ㅎ야써 高尙흔 滿足을 生케 홈이 可ㅎ니 若 不然ㅎ고 單히 競爭을 爲ㅎ야 生活홈이라 云ㅎ기에 止ㅎ야 生活을 競爭으로서 始終을 作흔 則 人生은 無意味로 生活흘 섇에 止홈이 其 結果는 甚히 危險흘지라. 是以로 반다시 生活ㅎ는 理由 卽 競爭ㅎ는 理由를 尋繹홈이 最緊要ㅎ도다. 然흔 則 其 理由는 將次 財産이나 富를 爲홈인가. 此 亦 前述홈과 如히 人의 奮勵心을 減衰케 ㅎ고 感情을 空虛케 ㅎ며 又 死滅케 흘 섇이라. 眞正흔 競爭의 價値가 有흘 理由는 不足ㅎ니 果然흘진디 人生의 生活에 對ㅎ야 價値가 有케 ㅎ며 又 飽滿心 及 失望心에 對ㅎ야 保護됨이 可흔 者는 唯一의 理想이 有흘 섇이니라.

夫 理想이란 者는 現實에는 存在치 아니ㅎ나 將來 卽 終局에는 到達홈을 可得ㅎ리라 ㅎ는 完全흔 標準의 觀念이라. 凡 理想이 有흔 人는 現時의 狀態에 滿足치 아니ㅎ고 夏히 向上 進步ㅎ는지라. 是以로 吾人은 此 生存競爭 暴烈흔 時代에 在ㅎ야 能히 各人으로

호야금 此 理想의 樂을 享케 호는 必要를 感호노니 理想은 可히 生存競爭의 眞個 內容을 與호야 人生에 價値를 有케 호는 者라 云 홀지니라.

理想은 人生의 各種 方面으로 立홈을 可得호느니 卽 身體에 關 흔 理想과 精神에 關흔 理想은 肉體的 勢力을 修養호야 完全흔 身 體를 得호는 点에 在호니 所謂 理想은 卽 前述흔 生活을 營爲호는 方便으로 身體를 修養홈이 아니오 卽 其 身體 修養 自身을 目的호 는 者니 卽 肉體의 强壯 敏捷홈은 精神力을 增進호는 條件이 되는 同時에 又 人의 正當흔 權利를 完全케 홈이라. 彼 希臘人이 人間 의 理想으로 身體 及 精神을 共히 完全호게 形成한 者를 貴重히 知홈은 實로 得當흔 者라 可謂홀지니라.

精神에 關흔 理想은 敎育相 注目홈이 可흔 者를 因호야 三種에 大別호니 (一) 道德 宗敎에 關흔 理想 (二) 知識에 關흔 理想 (三) 美術에 關흔 理想이 是니라.

(一) 道德 宗敎에 關흔 理想은 人生의 主要흔 바니 吾人이 個人 及 社會의 道德的 構成은 唯一히 此 理想에 因호느니라. 然而 玆에 宗 敎와 道德을 幷擧 說明호얏신 則 兩間의 關係는 果然 如何호뇨. 夫 宗敎는 出世間的이오 道德은 世間的이니 換言호면 道德은 實際 社 會에 履行홈이 可흔 道理를 敎호는 者오 宗敎는 死后에 對흔 安心 을 求호는 者라. 然호나 宗敎도 亦 吾人의 道德 修養相에 巨大흔 補 益이 有호니 卽 宗敎는 眞正히 人生의 安心立命의 地를 與호야 人 生으로 호야금 價値 잇는 者가 되게 홈일식라.

然호나 世間에 愚人은 以爲호딕 宗敎는 道理 以外의 者니 此를

信仰홈은 卽 迷信이니 如斯훈 者로 人間의 道德을 修養ᄒᆞᄂᆞᆫ 方便을 作홈이 不可ᄒᆞ다 ᄒᆞᄂᆞ니 斯果 得當훈 論이라 謂ᄒᆞᆯ가. 斯에 躊躇홈을 不已ᄒᆞ노라. 但 宗敎의 奬勵를 學校 敎育上에 行ᄒᆞᄂᆞᆫ 與否ᄂᆞᆫ 至難의 問題라. 歐洲 諸學者間에 尙且 未決에 屬ᄒᆞ나 其 難行으로 認ᄒᆞᄂᆞᆫ 者가 多ᄒᆞ니라.

或 人의 言에 云ᄒᆞ되 宗敎的 段階ᄂᆞᆫ 社會發達의 最下階에 位훈 者라 今日 社會의 發達 程度로ᄂᆞᆫ 悉 皆 實驗의 事實를 基礎ᄒᆞ야 硏究홈이 可ᄒᆞᆯ 쑨이라 謂ᄒᆞ나 然ᄒᆞ나 凡 人類ᄂᆞᆫ 但히 數字的으로 物을 計筭ᄒᆞ며 物理的 化學的으로 分子와 原素를 分析ᄒᆞ며 測量ᄒᆞᆯ 쑨으로써 完全ᄒᆞ다 홈이 不可ᄒᆞ니 何者오. 人類의 知識의 要求ᄒᆞᄂᆞᆫ 바가 비록 此等 實驗的 硏究를 務치 아니홈이 不可훈 同時에 又 一邊으로ᄂᆞᆫ 物質의 外에 感動홈이 無ᄒᆞ면 不可ᄒᆞ니 此 卽 人心의 微妙훈 点이니 夏言ᄒᆞ면 理想을 求ᄒᆞᄂᆞᆫ 바가 是라. 彼 道德上에 忠臣이 國事를 爲ᄒᆞ야 私事를 廢ᄒᆞ고 愛國者가 國家를 爲ᄒᆞ야 一身을 犧牲에 供홈은 乃是 或 個 理想을 遂ᄒᆞ기 爲ᄒᆞ야 現ᄒᆞᄂᆞᆫ 者오 單히 物質的 又 計筭的 根據를 依ᄒᆞᄂᆞᆫ 者가 아니니 如是히 人類ᄂᆞᆫ 一邊으로ᄂᆞᆫ 科學的으로 精密훈 理想을 講究ᄒᆞ며 又 一邊으로ᄂᆞᆫ 幽玄의 鄕에 遊ᄒᆞ야 無窮훈 目的을 遂ᄒᆞᄂᆞᆫ 바 動物이라. 是以로 人類의 宗敎的 要求ᄂᆞᆫ 卽 此 理論과 理想을 幷求ᄒᆞᄂᆞᆫ 바에 存在ᄒᆞ니라.

(二) 知識的 理想을 說明ᄒᆞ건듸 凡 吾人은 屢述홈과 如히 學習에 由ᄒᆞ야 知能을 啓發ᄒᆞ여야 實智 處世의 生活을 營爲홈에 必要ᄒᆞ나 然ᄒᆞ나 吾人은 尙且 事物을 認識ᄒᆞ며 眞理를 追求ᄒᆞᄂᆞᆫ 바의 學習의 巨大훈 價値를 認홈이 可ᄒᆞ니 此 實 幸福의 人에ᄂᆞᆫ 高尙훈 裝飾

이오 不幸흔 人에ᄂ 其 憂苦를 慰撫ᄒ기에 足ᄒ며 又 此를 因ᄒ야 自然界 及 人類界의 理를 明ᄒ야 迷信을 去ᄒ고 偏見을 正ᄒ며 闇愚로브터 生ᄒᄂ 不當의 行爲를 防ᄒᆯ지라. 是以로 眞個의 興味를 科學에 對ᄒ야 有흔 人은 乃是 其 知識이 生活의 方便되나나 바로브터 學問을 硏究ᄒᄂ 人이 아니오 學問을 硏究ᄒᄂ 事 自身이 卽 其 人의 生命을 成ᄒᄂ 人이라. 然흠으로 凡 學을 樂ᄒᄂ 者ᄂ 目下의 生存競爭上에 在ᄒ야 能히 自由, 正當, 寬容, 平和를 科學의 發射ᄒᄂ 光線上으로브터 取得ᄒ야 無上흔 幸福을 享有ᄒᄂ니 然則 少年으로 ᄒ야금 此等 幸福을 得ᄒ도록 務흠이 敎育 及 敎授上의 最大 務라. 然ᄒ나 學校敎育의 期間은 極히 有限ᄒ며 且 學校에서 必 心意發達을 要求ᄒᄂ 바ᄂ 多方面을 涉ᄒ야 知識의 外에 道德을 注意ᄒ며 又 身體의 敎育에 致心흠이 十分 科學의 理想을 作出흠은 可望키 難흔 事라. 故로 學校敎育에ᄂ 幼年에게 科學의 價値를 示ᄒ야 將來 學問을 硏究ᄒᄂ 刺戟을 與흠이 可ᄒᆯ지니라.

(三) 美術에 關흔 理想은 人으로 ᄒ야금 其樂을 高尙케 ᄒ야 其 心身의 勢力을 野鄙흔 慾情의 滿足을 充ᄒ기 爲ᄒ야 消費치 아니케 ᄒᄂ 上에 巨大흔 必要가 有ᄒ니 大凡 美的 興味ᄂ 何等의 預備가 無흔 人도 能히 直接으로 享樂ᄒ야 下等의 國民과 上流의 社會와 均一히 其 影響을 被ᄒᄂ니 彼 詩人 又 哲學者의 言에 美術은 人類의 救濟者라 云흠은 實로 虛言이 아니라. 科學은 比較的 少數의 卓越흔 人士에 限ᄒ야 救助의 恩惠를 被ᄒ나 美術에 至ᄒ야ᄂ 何人을 勿論ᄒ고 皆 其 高尙흔 趣味를 感受흠을 得ᄒᄂ니라. 是以로 美術은 天力과 如히 自然으로 人으로 人을 感興케 ᄒᄂ 者인 則 一般 人類에 對ᄒ야 美術敎育을 施흠이 可ᄒ고 單히 少數의 富貴社會 又

才智가 有혼 人士에 專屬홀 者가 아니니라. 然ᄒ나 此 但 個個的 又 一時的의 娛樂으로 滿足ᄒ다 홈이 不可ᄒ고 叓히 一步를 進ᄒ야 能히 其 美혼 所以를 理會케 홈니 可ᄒ니 若 不然ᄒ면 趣味의 高尙은 夢想에도 得聞ᄒ기 不可ᄒ고 浮虛혼 裝飾에 眩惑ᄒ며 强固혼 志氣ᄂ 柔弱혼 風俗으로 化成ᄒ야 國家와 社會를 爲ᄒ야 極히 恐慌홀 者라. 是以로 現時에 文明을 自誇ᄒᄂ 國은 美術敎育의 必要를 大感ᄒ야 小學의 敎育에도 美術에 關혼 敎材를 授ᄒ야써 幼者의 技能을 鍊習ᄒ야 正當혼 微積 嗜好를 養成ᄒᄂ니 是 盖 美術의 眞價値를 感得홈에ᄂ 반다시 此를 試홈이 必要條件이 되ᄂ 故니라.

以上에 實地와 理想을 略論ᄒ야 其 利害 如何를 示ᄒ얏거니와 叓히 一言홀 바가 有ᄒ니 卽 實地와 理想을 調和ᄒ야 實地에 疎치 아니혼 理想家와 又 理想에 流치 아니ᄒᄂ 實地家를 作成홈이 是라. 大凡 理想은 恆常 實地와 反對가 되야 現實히 存在치 아니혼 或 個 事物을 追究ᄒᄂ 者니 萬若 理想에만 專히 注目ᄒᆫ 時ᄂ 恆 必 實地를 輕賤히 知ᄒ며 縱令 輕賤히 아니홀지라도 亦 必 疎遠ᄒᄂ니 假使 精神에 關혼 理想 中 宗敎的 興味를 專事ᄒᄂ 時ᄂ 其 終은 幽玄의 理로써 高尙ᄒ다 ᄒ야 社會와 相容치 못ᄒ며 其他 科學 美術이 皆 不適不利혼 弊害를 釀成ᄒ기에 易ᄒ니 然혼 則 眞善美의 理想은 人生에 莫大혼 價値가 有ᄒ나 又 錯誤ᄒᄂ 時ᄂ 非常혼 弊害가 有ᄒ니 敎育者ᄂ 맛당히 此에 注意ᄒ야 兩者를 調和홈이 可ᄒ도다. 然ᄒ나 是ᄂ 專히 敎育者의 技術 方法에 在ᄒ다 홀지니라.

第三章 個人과 社會

吾人이 人類는 但히 個人으로만 存在한 者가 아니오 又 社會의 一員이라. 社會의 何者됨은 學者의 定說이 尙 無호나 要言호면 一定호 關係를 有혼 個人間의 心意的 結合혼 團體라. 然而 此에는 大小의 別이 有호니 家族도 一社會오 市間村도 一社會며 又 國家도 一社會오 叏進호야 人類 全體도 一社會라 謂홀지니라.

然則 個人과 社會의 間에는 如何호 關係가 有혼가. 尋繹호건듸 個人이 自己를 主張홈은 自然히 得來호 權利오 個人이 社會에 對호야 讓步홈은 義務라. 何則코. 天은 吾人에게 我란 者로써 與호니 我란 者는 即 個人이 各 皆 固有호 바라. 我를 主張홈은 天理의 當然호 바니라. 然호나 個人은 各其 我를 主張호는 權利가 有혼 同時에 個人은 個人으로만 存在치 아니호고 又 社會를 成立호는 以上은 반다시 個人은 互相 讓步호며 互相 貢獻홈이 可호니 然則 社會라 云호는 觀念 中에 預先 個人의 讓步를 包含호 者니 斯是 義務라 稱호는 所以니라.

個人의 完全호 生活은 社會를 必依홈이 生存競爭이 愈烈홀사록 個人이 社會와 結合호는 關係는 愈益 親密호니 即 一人으로 其 競爭을 勝키 難홈을 因호야 職業, 組合, 宗敎, 團體, 政黨, 國家라 云호는 團體의 上에 自己의 立홀 位地와 援助를 作호느니 비록 此等의 團體 中에 在호야도 亦 常 不斷히 競爭호듸 其 範圍는 比較的 狹小호며 又 其 性質이 溫和호거니와 萬若 自己 團體의 外에 在혼 者에 對호야는 其 團體는 幷力同心호야 其 結合이 極히 鞏固호니라.

大凡 人類는 二種의 性情이 有ᄒᆞᄂᆞ니 其一은 卽 自愛心이오 他
一은 乃愛他心이라. 是以로 此 社會는 個人의 兩種 心情에 由ᄒᆞ야
써 發達을 得致ᄒᆞᆷ이어늘 或者는 個人으로써 唯社會로 組成ᄒᆞᄂᆞᆫ
細胞와 同一히 看ᄒᆞ니 其 誤謬ᄒᆞᆷ은 實로 巨大ᄒᆞᆫ 者라. 盖 個人 自
身도 亦 一有機的 統一體라 亦 各 固有의 目的이 有ᄒᆞ니라.

是以로 社會가 旣已 成立ᄒᆞᆫ 以上은 其 成立 原因의 如何를 不問
ᄒᆞ고 苟 其 團體를 維持코져 ᄒᆞᆯ진ᄃᆡ 반다시 其中에 道德的 要素의
存在ᄒᆞᆷ이 可ᄒᆞ니 道德的 要素라 ᄒᆞᆷ은 卽 如何ᄒᆞᆫ 程度ᄱᅡ지는 公共
的 利益을 爲ᄒᆞ야 自己의 個人的 利益을 犧牲에 供ᄒᆞᆷ이니 換言ᄒᆞ
면 社會를 爲ᄒᆞ야 自己의 權利를 讓步ᄒᆞᆷ이라. 若 其 共公의 目的
이 單히 生活 問題에 不止ᄒᆞ고 精神生活의 內容에 關係ᄒᆞᆫ 則 其
社會의 價値는 益大ᄒᆞᆷ이 因其 個人의 讓步와 獻身을 要求ᄒᆞᆷ이 益
大ᄒᆞ니 盖 人類 團體 中 最高ᄒᆞᆫ 社會는 國家 團體가 是라. 是以로
國家의 利益을 爲ᄒᆞᆫ 則 個人은 其 生命, 身體, 財産을 犧牲에 供ᄒᆞᆯ
지라도 愛惜치 아니ᄒᆞᄂᆞ니 是는 個人이 其 價値 잇는 生命을 保維
ᄒᆞᆷ은 唯一히 國家 勸力의 庇蔭에 因ᄒᆞᆷ이니라.

然ᄒᆞ나 個人이 社會를 爲ᄒᆞ야 讓步 獻身ᄒᆞᆷ도 若 其 性質을 不辨
ᄒᆞᄂᆞᆫ 時는 往往히 危險의 結果를 生ᄒᆞᄂᆞ니 盖 個人이 自己의 利益
을 社會에 讓步ᄒᆞᆷ이 固 是 當然ᄒᆞᆫ 義務로ᄃᆡ 此에는 반다시 其 程度
가 有ᄒᆞᆷ이 可ᄒᆞᆫ지라. 詳言ᄒᆞ면 個人의 本領 卽 其 個人의 有ᄒᆞᆷ이
可ᄒᆞᆫ 特別의 確信, 理想, 才能, 道德的 意思 等 內部의 本體는 乃是
其 人의 人格이니 此 人格을 抛棄ᄒᆞᆷ이 可ᄒᆞᆫ 義務는 無ᄒᆞᆷ이라. 若
此 人格을 抛棄ᄒᆞᆯ진ᄃᆡ 個人의 不利益은 姑舍ᄒᆞ고 社會도 亦 極 危
險ᄒᆞ니 是는 個人이 社會를 成立ᄒᆞ며 社會는 又 個人을 依ᄒᆞ야 成

立호 故로 個人이 衰弱호 時에는 社會 自身만 獨自 健全홈을 不得
홈이니라. 然호 則 個人이 發達호야 其 人格이 强固호 後에 社會에
對호 感情이 堅確호느니 是以로 各人의 自主獨立心이 極히 必要
호야 萬若 缺乏호는 時는 共同 團結이 缺乏홈과 共히 社會는 滅亡
에 必至홀지니라. 然호나 玆에 注意홀 者는 個人主義를 利己主義
와 相混치 아니홈이 可호니 卽 單純호 利己的만 務호는 者는 오직
自己를 保存코져 호야 社會의 興亡에 掛意치 아니호는 故로 利己
主義가 盛行호는 時는 其 大團體되는 國家는 蔑如에 必陷홀지나
個人主義는 如斯호 者가 아니오 卽 個人의 發達은 社會 興隆의 原
料되는 者니 個人主義는 반다시 非社會的이 아니니라.

　如是히 社會는 個人의 讓步를 必要호나 其 讓步는 無制限이 아
니오 一邊으로는 其 自主獨立心을 養成호고 一邊으로는 公共心
을 啓發호야 互相 依助호며 互相 制限홈이 可호니 然호 則 敎育에
務홀 바는 반다시 兩者에 偏倚치 아니호고 兩方面을 周觀호야 個
人性과 社會心을 調和的으로 發達케 홀지니라.

　然호거늘 敎育上에 社會主義를 極端으로 主호는 者와 個人主義
를 極端으로 主호는 者의 二派가 生호니 此 其 弊害가 無홈을 難
保홀지라. 何者오. 盖 社會主義를 主호는 者는 個人으로써 社會에
隷屬호 者로 認호야 個人의 人格을 蔑視호고 個人主義를 主호는
者는 利己主義에 陷호기 易홈이라. 然호 則 眞正호 敎育上 立脚地
는 兩 主義에 不偏호고 個人의 道德心을 養成호는 同時에 又 社會
에 對호 公共心을 啓導호면 可홀지니 何者오. 敎育은 幼年이 將來
에 國民 團體에 入호야 文明的 事業을 營爲케 호려 홈이니 然호
則 各 個人을 敎育홈에 總히 社會的 條件에 不依호면 不可호며 又

其 社會生活의 進步는 個人의 智識 力量을 是依ㅎ는 者인 則 敎育은 必 先 各人에게 高尙ㅎ 意味로 自己를 爲ㅎ며 又 社會를 爲ㅎ야 其 責務를 克盡훌 十分 價値를 付與홈에 在ㅎ니 若 不然호 則 個人이 存立치 못ㅎ는 同時에 社會도 亦 滅亾에 至훌지라. 是故로 敎育上에 반다시 個人과 社會의 兩便을 調和홈을 務훌지니 其 詳細는 下章으로 讓ㅎ노라.

第四章 道德的 生活

前章에 論흔 바를 總括ㅎ야써 完全흔 敎育의 目的을 案出홈이 可ㅎ니 卽 敎育은 個人性과 社會心을 調和的으로 發達ㅎ야 實地에 不迂ㅎ고 理想에 不流ㅎ는 人을 造ㅎ는 目的에 在ㅎ다 云훌지니 其 此를 能致ㅎ는 바는 唯 道德에 在흔 故로 吾人은 夐히 總括的으로 敎育의 目的은 道德的 生活의 完成에 在ㅎ다 云ㅎ고 此를 詳述코져 ㅎ노라.

然則 以上 二個의 調和에 就ㅎ야 詳論ㅎ건딕 實地와 理想의 調和는 知識 技能을 授ㅎ고 幷히 身體를 鍛錬홈에 關ㅎ야 方針을 示ㅎ고 方法을 繹ㅎ는 点에 專히 關係가 有ㅎ고 個人과 社會의 調和의 品性을 陶冶ㅎ는 点에 專히 關係가 有ㅎ니 品性은 通常 人格의 心髓오 又 各 個人의 內部的 生活의 特性이라. 此를 詳言ㅎ면 人의 意志 卽 目的에 對흔 思慮的 活動 方面이 何時에 顯ㅎ든지 前後에 矛盾이 無ㅎ고 一定흔 主義에 依ㅎ야 確然히 統一을 保ㅎ는 人이니 如是히 二 方面의 調和를 分說ㅎ나 此는 其 主되는 關係点

을 因흠이오 全然히 區別흠이 可흔 者는 아니라. 何則고. 實地와
理想의 調和에 就ᄒ야 旣已 理想이라 云ᄒ는 以上은 品性의 上에
도 亦是 關保가 有흠을 示흔 者니 卽 品性이 確立ᄒ는 時는 一定
흔 理想이 必有흠이오 又 個人과 社會의 調和에 就ᄒ야도 亦是 被
敎育者의 知識 技能을 修養ᄒ는 上에 關係가 有ᄒ니 卽 個人 又
社會의 敎育主義에 依ᄒ야 敎材에 變動이 有흠이니 要컨딕 此 兩
方面의 調和는 반다시 交互 相須흠이 可ᄒ니라.

前述흠과 如히 吾人은 身體의 理想 又 精神의 理想이 有ᄒ야 恆
必 實地와 調和흠이 可흘 섈더러 吾人의 精神과 身體에 對흔 道德
上의 義務가 有ᄒ니 此 卽 吾人이 能히 宇宙의 歸趣를 悟ᄒ야 安
心立命ᄒ는 道를 得ᄒ야 非望을 不懷ᄒ고 自然界와 人間界를 渙
然 理解ᄒ야 不迷不惑ᄒ고 高尚흔 趣味를 養成ᄒ고 劣等의 感情
을 抑制ᄒ고 又 身體를 健康케 ᄒ고 姿勢를 齊整케 흠이 必要ᄒ니
此等을 務흠은 오직 道德上 問題로 歸흠이 可ᄒ니라.

是以로 從來 敎育家는 此를 覺破ᄒ야 其 道德을 重히 ᄒ는 点에
至ᄒ야는 殆히 一致ᄒ니 凡 道德을 修養흠에는 先 其 品性을 確立치
아니ᄒ면 目的을 難達흘 故로 敎育學者 中에 道德的 品性 陶冶에
置中ᄒ는 者가 不少ᄒ니 是는 吾人의 同意ᄒ는 바라. 然흔 則 其 道
德的 品性 陶冶라 謂흠은 卽 道德主義에 依ᄒ야 品性이 確立ᄒ게
養成흠을 云흠이로딕 一流의 學者와 如히 道德的 品性의 陶冶로 敎
育의 唯一 目的을 作흠은 贊同치 아니ᄒ노니 是는 道德的 品性이 비
록 確立흘지라도 若 其 身體 又 知識上에 不足흠이 有흘 時는 此 生
存競爭의 時代에 在ᄒ야 完全흔 人이라 得謂키 難흠이니라.

吾人은 前編에 敎育의 目的을 論흠에는 倫理學의 知識이 必要

ᄒ다 云ᄒ얏시니 此 正 兹에 謂ᄒ 바 道德的 生活이 是라. 然ᄒ 則 반다시 倫理學上 人生의 目的에 關ᄒ 理論을 據ᄒ이 可ᄒ지로듸 此 問題ᄂ 學者의 定說이 尙無ᄒ이 容易히 解得키 難ᄒ 쑨더러 又 獨斷的의 可定ᄒ 性質도 아니라. 況 且 其中에 人生은 目的이 無 ᄒ다 論ᄒᄂ 人이 有ᄒ이리오. 吾人은 此에 關ᄒ야 人生은 目的이 必有ᄒ을 主張ᄒᄂ 者이나 此 点에 就ᄒ야ᄂ 爰히 倫理學上의 問 題로브터 轉進ᄒ야 哲學上의 問題를 作치 아니ᄒ면 不可ᄒ 故로 兹에 長提ᄒ기에 未遑ᄒ나 要言ᄒ면 人은 生物의 一種이니 반다 시 他種의 生物과 同히 生活ᄒ이 可ᄒ나 然ᄒ나 實際에ᄂ 人은 他 生物과 異ᄒ야 道德的 生活을 可得ᄒ 者니 盖 他動物 中에도 團體 的 生活 或 知力의 作用이 現ᄒ나 人과 如히 自覺作用 及 思慮的 運動의 眞正ᄒ 意志ᄂ 未有ᄒ 故로 唯 人은 眞正ᄒ 意志가 有ᄒ야 倫理를 辨ᄒ고 善惡의 區別을 知ᄒ며 善을 好ᄒ고 惡을 惡ᄒ 쑨 아니라 能히 此 意志로 由ᄒ야 惡을 避ᄒ고 善을 行ᄒ기에 至ᄒᄂ 니 然則 此 是 人의 人 되ᄂ 所以와 價值를 知ᄒᄂ 바니 爰言ᄒ면 此 乃 人의 道德的 生活을 能爲ᄒᄂ 바니라.

兹에 注意ᄒ 者ᄂ 道德的 生活을 營ᄒ과 道德的 品性을 作ᄒ은 同一ᄒ 者가 아니니 詳言ᄒ면 道德的 品性을 作ᄒ은 道德的 生活 을 營爲ᄒᄂ 一部分의 事爲에 不過ᄒ야 全體와 部分의 差異가 有 ᄒ이니 卽 道德的 生活을 營ᄒ에ᄂ 道德的 品性을 作ᄒ이 無論 重 要ᄒ 事로듸 此外에 尙且 許多의 要求事項이 有ᄒ니라.

生活上에ᄂ 幾多의 知識과 技能을 要ᄒᄂ니 何者오. 知識과 技 能이 不足ᄒ 時ᄂ 其 精神이 如何히 善良ᄒ야도 實地에 其 生活을 維持ᄒ기 不能ᄒ 故라. 然ᄒ나 生活에ᄂ 又 道德的 生活과 不道德

的 生活이 有ᄒ니 卽 其 人이 知識技能이 雖多ᄒᆯ지라도 此ᄅᆯ 主宰ᄒᄂᆫ 性格이 不善ᄒᆯ진ᄃᆡ 문득 一身의 蘗이 되고 全世의 毒을 成ᄒᆷ이라. 是以로 知識과 技能은 반다시 善用ᄒ기ᄅᆯ 務ᄒᆯ지니 然則 知識과 技能에 修鍊을 加ᄒ야 道德的 品性과 共히 道德的 生活의 一方便을 作ᄒᆷ이 可ᄒ며 且 身體ᄂᆫ 諸種 生活의 基本이 되ᄂᆫ 者인 則 비록 道德的 品性과 又 道德的 生活의 方便되ᄂᆫ 知識技能이 習熟ᄒᆯ지라도 其 十分의 實蹟을 得收ᄒᆷ은 身體의 健康ᄒᆷ을 要ᄒᄂ니 然ᄒᆫ 則 身體의 修養이 亦是 道德的 生活의 一 方便되ᄂᆫ 者니라.

然ᄒ나 道德은 但히 一人쑨으로ᄂᆫ 起ᄒᄂᆫ 現象이 아니오 恆常 他의 人間에 對ᄒᄂᆫ 關係로브터 生ᄒᄂᆫ 現象이라. 又 況 吾人은 但히 個人으로만 存在치 아니ᄒ고 又 必 社會ᄅᆯ 組成ᄒ야 個人되ᄂᆫ 同時에 又 社會의 一員이 된 則 반다시 其 行爲ᄅᆯ 道德的 되게 作爲ᄒᆯ지로다. 且 吾人의 社會ᄂᆫ 大小의 別이 有ᄒ나 其 最 堅固 强大ᄒᆫ 者ᄂᆫ 國家가 是니 國家ᄂᆫ 吾 個人의 上에 在ᄒ야 防衛 保護ᄒ야 써 文化ᄅᆯ 催進ᄒ며 幸福을 安享케 ᄒᄂᆫ 者라. 是故로 吾人 人類의 發達은 國家ᄅᆯ 組織ᄒ야 國民的 生活을 營爲ᄒᆫ 後에 愈益 發展ᄒᄂ니 此ᄂᆫ 歷史上 明白ᄒᆫ 者라. 國家의 說解ᄂᆫ 學者ᄅᆯ 因ᄒ야 不同ᄒ딕 大要 一致ᄒᄂᆫ 바ᄂᆫ 卽 一定ᄒᆫ 土地의 上에 又 統一ᄒᄂᆫ 主權이 有ᄒᆫ 바 個人의 合成ᄒᆫ 團體라 云ᄒ니라.

然ᄒ나 今日 敎育上의 主義ᄂᆫ 種種의 差別이 有ᄒ니 凡 主義라 謂ᄒᆷ은 卽 人의 精神生活 及 行爲ᄅᆯ 統一ᄒᄂᆫ 法則을 謂ᄒᆷ이라. 今 其 主義ᄅᆯ 列擧ᄒ면 大略 三種이 有ᄒ니 曰 個人主義, 國家主義, 四海同胞主義오 此 外에 又 帝國主義, 人道主義의 名稱이 有

ᄒ나 右陳ᄒ 諸 主義 中에 含包ᄒ 者니 此를 略言ᄒ노라.

　個人主義는 前陳흠과 如히 個人의 發達을 期ᄒ는 者니 卽 個人은 國家 社會의 根本인 故로 個人의 發達을 謂흠에는 敎育이 無흠이 不可ᄒ다 云ᄒ는 바니 或 自主 獨立主義라 又 稱ᄒ는 者라. 大抵 敎育의 及ᄒ는 바는 個人의 上에 在흔 則 敎育의 發達을 謀흠이 決코 背理흠은 아니로딕 個人의 發達을 得흠은 專히 個人의 自力에 由흠이 아니오 國家 又 社會의 庇蔭(비음:그늘)에 因ᄒᄂ니 是를 不完全흔 國家와 又 無政府의 狀態에 在흔 國民에 觀ᄒ면 可知홀지라. 然흔 則 今日 文明의 狀態에 極端의 個人主義를 唱흠은 敎育上에 適當타 謂키 難ᄒ니 此는 旣已 縷述흔 바니라.

　次에 四海同胞主義를 論ᄒ건딕 此 主義는 或 人類主義 又 世界主義라 稱ᄒᄂ니 卽 世界의 全人類로써 同一흔 目的에 向進흠이 可흔 者라 認ᄒ야 其 人類되는 性質의 發達을 期ᄒ는 者니 此 主義의 極端은 其 弊害가 卽 人類의 一團體를 作흠으로써 目的을 作ᄒ고 國家의 成立을 無視ᄒ야 境界와 國民의 特質을 打破ᄒ며 又 國體를 不重ᄒ는 故로 唯 他國에서 正當흔 者는 其 事情의 如何를 不計ᄒ고 直히 我에게 利用코져 ᄒ거나 又 我를 卑ᄒ고 他를 羨ᄒ는 風이 有흠으로 實行ᄒ기 難홀 뿐더러 若 又 國家의 存在는 許홀지라도 其上에 人類의 大政府를 建設홀진딕 猶 或 可行ᄒ려니와 今日에 在ᄒ야는 國際間에 絶對的 不可望의 事니라.

　國家主義의 何者됨에 至ᄒ야는 或者의 所謂 帝國主義와 同ᄒ니 卽 國家의 繁榮을 中心으로 作ᄒ고 人民에게 敎育을 施ᄒ는 者라.

現時의 狀態를 見ㅎ면 各國은 互相 競爭ㅎ야 其 國家 制度를 革新 完全케 ㅎ야 國家 制度가 整正홀사록 國民의 幸福은 愈益 增進ㅎ 야 遂 乃 個人의 道德的 生活을 保持ㅎ기에 至ㅎ며 竟히 國民的 生活을 完成ㅎ기에 至ㅎ느니 是에 由ㅎ야 敎育을 國家主義에 由 行홈은 實로 其 宜를 得흔 者라 云흘지니라. 然ㅎ나 玆에 注意홀 者는 國家主義도 又 自尊 驕傲ㅎ야 他國을 慢侮ㅎ야 自己의 短을 棄ㅎ고 他人의 長을 取홈이 不足흔 弊害가 有홈을 忘홈이 不可ㅎ 며 又 國家主義를 採홀지라도 昔日 希臘의 스파타 時代와 如 히 唯一히 國家의 繁榮을 目的ㅎ고 個人의 價値를 無視홈은 斷然 不 可ㅎ니 卽 國家는 個人을 由成홈이 個人이 無氣力흔 時는 國家도 隨 亦 衰亾ㅎ느니라.

　國家主義 卽 帝國主義에는 二種의 別이 有ㅎ니 盖 帝國主義는 國과 國 間의 關係로브터 言흔 者오 國家主義는 國家와 個人의 關 係로브터 言흔 者라. 雖 其 名稱은 殊異ㅎ나 實質은 同一ㅎ니 所 謂 二種의 別은 侵略的 帝國主義와 平和的 帝國主義가 是니 玆에 贊成ㅎ는 바는 無論 後者 卽 平和的 帝國主義라. 前者는 强暴의 尊大心을 鼓舞ㅎ야 他의 國民을 仇敵갓치 視ㅎ고 專히 兵力으로 써 他의 領土를 蠶食ㅎ야 自國의 領土를 擴張홈에 在흔 者오 後者 는 吾人 人類의 平和로 永遠의 理想을 作ㅎ야 可成的 平和的 手 段으로 民衆의 合同 一致를 謀ㅎ야써 文化를 催進홈에 努力ㅎ는 者라. 彼 國家의 下에 各個人이 天賦흔 能力의 差異에 依ㅎ야 分 業ㅎ야 切磋홈과 如히 世界 人類의 中에 各國民도 亦 其 地理 歷 史上의 得失에 因ㅎ야 互相 分立ㅎ야 平和的으로 競爭홈은 世界 의 文明을 助홈에 極히 有益홈이라. 是 乃 世界主義와 如히 世界가

唯一이 될진대 競爭홀 機會가 盡無ᄒ야 文明을 增進홀 期望이 無
ᄒ려니와 國民은 各其 固有의 差別을 因ᄒ야 一樣의 性質이 아닌
故로 互相 競爭ᄒᄂ 中에 世界의 文明은 益進홈을 可得홀지니라.

旣已 敎育上 國家主義를 採用홀진듸 敎育은 個人의 人된 方面
으로만 論홀 쑨 아니라 又 其 國民 卽 國家에 屬혼 人을 標準ᄒ고
其 陶冶를 論홈이 可ᄒ니 凡 國民이라 言홀지라도 個人과 國民이
相對立혼 者ᄂ 아니오 唯 個人을 國民的으로 標準ᄒ고 其 陶冶를
論ᄒᄂ 바라. 然ᄒ나 國民 陶冶 卽 國民的 生活도 亦是 其終은 道
德의 陶冶로 歸홀지니 盡言ᄒ면 其 主眼이 善良혼 國民을 作出코
져 홈이라. 然혼 則 敎育ᄂ 반다시 國家的됨을 務ᄒ듸 其 範圍를
狹隘케 勿ᄒ고 能히 世界의 舞臺에 立ᄒᄂ 勇氣가 잇게 ᄒ며 且
其 品性은 善良케 ᄒ야 其 行爲가 專히 道德으로 由出케 홀지니
如是홀진듸 敎育의 目的은 可히 達ᄒ얏다 謂홀지로다.

以上을 略言혼 則 敎育은 被敎育者로 ᄒ야금 道德的 生活을 完
成케 ᄒ고져 홈이니 此 道德的 生活의 範圍ᄂ 實로 廣혼 意味라.
其中에ᄂ 國民的 生活까지 包含ᄒ얏시니 此를 盡言ᄒ건듸 道德的
生活은 個人과 社會를 能히 道德的 品性의 陶冶에 因ᄒ야 調和홈
이 是에 由ᄒ야 其 國家에 對혼 忠良의 心誠을 發揮ᄒ고 次에 實
地와 理想은 其 生活에 必須혼 知識技能의 授與와 身體의 健康에
由ᄒ야 調和홈을 得홈을 謂홈이라. 我 普通學校令 第一條에 普通
學校ᄂ 學徒의 身體 發達에 留意ᄒ야 道德敎育 及 國民敎育을 施
ᄒ고 日常生活에 必要혼 普通知識과 技能을 授홈으로써 本旨라
홈이라 云홈이 玆에 云혼 바와 同意義라 謂홀지니 其 道德敎育이

라 흠은 道德的 品性의 陶冶를 主觀흔 者오 國民敎育이라 흠은 國民的 性情의 作出을 主觀흔 者니 此 二者에 必要의 知識技能을 授與흐고 身體를 修養흘진대 余의 云흔 바 道德的 生活의 完成과 何가 異흐리오.

第五章 敎育 特殊의 目的

前述흔 바는 敎育에 當흔 一般의 目的을 論述흐얏거니와 且 夫 個人의 狀態가 均一치 못흠과 人事의 煩多흠이며 社會의 複雜흠에 因흐야 其間에 可行흘 敎育은 반다시 一般의 目的에 特別의 事情에 應흘 特殊의 目的으로서 附加치 아니흐면 不可흘지라. 今 其 事情의 最著 且 大흔 者를 左에 擧論흐노라.

(一) 社會의 階級社會에 階級의 差別이 有흠은 可免치 못흘 事라. 大凡 人의 能力은 一樣이 아니오 又 貧富의 差異가 有흐야 諸人의 運命이 同一치 아니흐니 然흔 則 社會의 階級은 到底히 消滅치 못흘지라. 是以로 一時에 人工的으로 階級을 消滅흠을 得흔다 흘지라도 直復 下層의 地位에 立흔 者와 中等의 業務에 從事흐는 者와 社會의 上流에 立흔 者의 區別이 生흠은 甚히 明白흐니 此는 自然의 理勢가 使然흘 쑨 아니라 又 社會의 進步上에도 極히 必要흔 者니 蓋 社會는 다만 上流의 人쑨으로 成立흠을 不得흐고 亦 必 下層에 在흔 勞動者를 要흐니 彼 勞動者가 善良의 性質이 有흐고 且 其 業務에 熟錬흘진딕 實로 社會를 爲흐야 可賀흘 事라. 故로 敎育의 被

教育者의 能力 及 社會의 階級을 斟酌ᄒᆞ야 適當ᄒᆞᆫ 程度를 定ᄒᆞ고 合宜ᄒᆞᆫ 方針을 決ᄒᆞᆯ지오 强히 一般的을 務ᄒᆞᆷ은 不可ᄒᆞ니 彼 教育上 格言에 云ᄒᆞᆫ 바 總人은 教育을 被치 아님이 不可ᄒᆞ나 總人은 平等되게 ᄒᆞᆷ이 可치 아니ᄒᆞ다 ᄒᆞᆷ을 注意치 아니면 不可ᄒᆞ니 若 然치 아니코 資財도 無ᄒᆞ고 才能이 無ᄒᆞᆫ 子弟를 驅ᄒᆞ야 上等의 教育을 施ᄒᆞ야서 學者가 되며 政治家가 됨에 必要ᄒᆞᆫ 素養을 受케 ᄒᆞᆯ진ᄃᆡ 志望은 高尙ᄒᆞ고 實力은 不足ᄒᆞᆫ 人이 成ᄒᆞ야 一便으로 其力에 相當ᄒᆞᆫ 業務에 就ᄒᆞ기ᄂᆞᆫ 嫌避ᄒᆞ고 又 他便으로ᄂᆞᆫ 其 志望을 滿足ᄒᆞᆯ 業務ᄂᆞᆫ 得ᄒᆞ기 不能ᄒᆞᆷ의 於是乎 不平不滿의 情을 撼起ᄒᆞ야 無賴不良의 人을 化成ᄒᆞᄂᆞ니 其 個人의 上으로 見ᄒᆞ든지 又 社會의 上으로 見ᄒᆞ든지 危險ᄒᆞᆷ이 此에서 甚ᄒᆞᆫ 者가 叜有ᄒᆞᆫ가. 且 吾人은 白痴 不具者에 關ᄒᆞ야도 亦 人으로 認ᄒᆞᆫ 則 彼等 自己를 爲ᄒᆞ며 將 又 彼等으로 ᄒᆞ야금 社會의 負擔을 遂코져 ᄒᆞ기 爲ᄒᆞ야 人되ᄂᆞᆫ 價値의 存立을 得케 ᄒᆞᆷ이 可ᄒᆞᆯ지로ᄃᆡ 彼等의 教育은 通常 心身이 完全ᄒᆞᆫ 者와 同一키 難ᄒᆞᆫ 則 此에 關ᄒᆞ야도 亦 一般 平等의 教育을 務ᄒᆞᆯ진ᄃᆡ 엇지 愚迂치 아니ᄒᆞ리오. 是以로 教育學上 至高의 格言은 唯 高尙ᄒᆞᆫ 天賦를 有ᄒᆞᆫ 者에ᄲᅮᆫ 高尙ᄒᆞᆫ 教育을 施ᄒᆞ라 言ᄒᆞᄂᆞ니 然ᄒᆞᆫ 則 吾人은 教育을 施ᄒᆞᆷ에 教育의 普通의 基礎를 置ᄒᆞᆫ 後ᄂᆞᆫ 其 尋常의 地位에 立ᄒᆞᆷ이 可ᄒᆞᆫ 者에ᄂᆞᆫ 此에 最 適切ᄒᆞᆫ 教導를 行ᄒᆞ고 中等 以上의 位地에 進코져 ᄒᆞᄂᆞᆫ 者에ᄂᆞᆫ 一層 高尙ᄒᆞᆫ 教導를 受케 ᄒᆞᆯ지니라.

(二) 男女의 差異男子와 女子ᄂᆞᆫ 其 身體의 不同ᄒᆞᆷ과 如히 其 性質도 差異가 亦 有ᄒᆞ야 教育의 時 期間에 在ᄒᆞ야도 旣 其 差異를 可히 認得ᄒᆞᄂᆞ니 此 差異의 有ᄒᆞᆷ은 彼等이 實地에 就ᄒᆞᆯ 바 生活의 事業에 區別을 生케 ᄒᆞᄂᆞᆫ 者라. 男子ᄂᆞᆫ 通常 生存競爭의 正面에 立ᄒᆞ

야 外에셔 活動ᄒ고 公共ᄒ 業務에 從事ᄒ며 一家의 主가 되야 其 家族을 扶養ᄒᄂ 責任에 當ᄒ 者라. 其 强健ᄒ 身體ᄂ 能히 心身의 勞動에 適ᄒ며 其 深厚ᄒ 思考ᄂ 能히 永遠의 計謀에 足ᄒ야 容易히 感動치 아니ᄒ고 熟盧 決行ᄒ야 難事를 當ᄒ지라도 能히 忍耐 堪過ᄒ며 女子ᄂ 其 主되ᄂ 作用이 唯 男子의 所得ᄒᄂ 者를 保持ᄒ야 家內의 事務를 處理ᄒᆷ에 在ᄒ으로써 其 體格은 纖弱ᄒ고 其 心意ᄂ 柔軟ᄒ며 且 深慮 遠謀보다도 直觀的 知識에 富ᄒ야 其 思考 及 意思를 目前에 感知ᄒᄂ 바에 就ᄒ야 活動ᄒᆷ이 多ᄒ며 又 容易히 感動ᄒ고 其 感動ᄒᄂ 바ᄂ 心에 深銘ᄒᄂ 傾向이 有ᄒ야 能히 細事를 神速히 會得ᄒ고 又 親切 丁寧히 事物을 處理ᄒᆷ에 適合ᄒ니 如是히 兩間에 確然ᄒ 差別이 有ᄒ 以上은 男女로 ᄒ야금 各其 特質을 保存케 ᄒ며 各其 所長ᄃ로 活動케 ᄒᆯ진ᄃᆯ 其 個人上 又 社會上에 及ᄒᄂ 利益은 實로 尠少(선소)치 아닐지라. 然ᄒ 則 初等의 敎育에 男女의 兒童을 共同敎育ᄒᄂ 境遇에ᄂ 其 管理上 多少의 斟酌을 施ᄒᆯ지오 又 其 長ᄒᆷ을 從ᄒ야 可及的으로 男女의 班級을 各別케 ᄒᆷ이 可ᄒ니 此에 關ᄒ 利害 論述은 本書의 範圍에 逸出ᄒᄂ 故로 姑閣ᄒ노라.

(三) 土地의 狀況一國 內에 行ᄒᄂ 敎育은 其 大體의 方針을 一定ᄒᆷ이 可ᄒᆷ을 夏論ᄒᆯ 바가 아니나 然ᄒ나 同一의 國에도 土地를 隨ᄒ야 事情이 相異ᄒ고 又 業務를 因ᄒ야 特別의 狀況이 有ᄒ 則 敎育은 반다시 此에 適應ᄒᆷ을 務ᄒᆯ지라. 假令 農業地의 敎育은 後來 農業에 從事ᄒᄂ 者의 便利를 計ᄒ고 商業地의 敎育은 後에 商人되ᄂ 者에 有效케 ᄒ기를 謀ᄒ며 又 山岳 海濱을 隨ᄒ야 各其 特殊ᄒ 狀況을 參酌ᄒᆯ지니 斯是 普通敎育上 極히 注意를 大加ᄒ 處니라.

第三編 方法論 一敎授論

第一章 敎授의 意義 及 目的

　　敎育의 目的은 前編에 略述흠과 如히 道德的 生活을 完成흠에 在ᄒ다 云ᄒ야신 則 其 目的을 達홀 方法을 硏究흠이 可ᄒ도다. 然而 敎育의 方法은 三種이 有ᄒ니 卽 敎授, 訓育, 養護가 是니 養護ᄂ 身體에 當흔 바인 則 此ᄂ 別論홀 바어니와 訓育 及 敎授ᄂ 互相 關係가 密接ᄒ야 混淸ᄒ기 易ᄒ고 又 從來에 議論이 多흔 바인 故로 玆에 敎授를 論ᄒ기 前에 先次 訓育 及 敎授의 區別을 簡示ᄒ야써 敎授의 意義를 明瞭코져 ᄒ노라. 訓育은 敎育者가 直接으로 被敎育者의 德性에 感化를 及ᄒ야 其 意志를 養成ᄒ야 善良흔 品性을 造ᄒᄂ 者니 卽 感情 及 意志의 敎育이오 敎授ᄂ 直接으로 知識技能을 授ᄒ야 被敎育者의 思想界를 整頓ᄒ야 一邊으로ᄂ 道德的 品性의 作出흠을 幇助ᄒ고 一邊으로ᄂ 生活에 必要흔 資料를 與ᄒᄂ 者니 卽 知的 感化가 是라. 此를 要言흔 則 訓育은 德性의 上에 直接에 作用을 及ᄒ고 敎授ᄂ 思想界의 上에 作用

을 及ᄒ야 兩者가 同一히 結局의 道德的 生活을 完成케 홈이라. 敎授의 意義가 大略 如右혼 故로 更히 敎授의 目的을 進論ᄒ노라.

敎授의 意義가 旣已 被敎育者의 思想界를 發達홈에 在혼 則 其 目的도 亦是 有用의 知識技能을 多히 授與홈에 在홀 ᄯ룸이라. 然而 敎授ᄂ 非敎育的 敎授와 敎育的 敎授의 二者가 有ᄒ니 前者ᄂ 單 히 知識技能을 授與홀 ᄯ룸이라. 假令 工場에서 徒弟를 敎授ᄒ고 大 工이 其 弟子에게 其 事務를 鍊習ᄒ거나 又 各種 專門學校에셔 一 種의 知識技能을 敎授ᄒᄂ 者가 是오 後者ᄂ 다만 知識技能을 授 與홈에 不止ᄒ고 更히 此에 由ᄒ야 心性의 發達을 助ᄒ야써 敎育 의 目的ᄒᄂ 바 道德的 生活을 完全케 홈에 在ᄒ니 卽 普通敎育이 是에 屬혼지라. 是以로 或者ᄂ 前者를 特殊의 陶冶 後者를 一般의 陶冶라 云ᄒᄂ니 玆에 論ᄒᄂ 바 敎授ᄂ 卽 後者를 指홈이니라.

然혼 則 敎授의 必要ᄂ 何를 爲홈인가. 此를 詳言ᄒ건딕 卽 三 種에 可分홀지니 第一은 實地生活에 有益혼 知識技能을 授與ᄒ 며 第二ᄂ 倫理的 思想을 賦與ᄒ고 美想을 傳ᄒ야 美的 技能을 鍊 習케 ᄒ며 第三은 自發的 動作을 惹起ᄒ야 心力을 鍊磨케 ᄒ기 爲 홈이니 第一과 第二ᄂ 傳知홈을 務ᄒ고 知能에 養料를 與ᄒ야 其 實質의 增進을 計홈으로 此를 敎授의 實質的 目的이라 云ᄒ고 第 三은 旣已 付與혼 知識을 活動케 ᄒ야 此로 ᄒ야금 更히 他 知能 을 習得ᄒᄂ 資本이 되게 ᄒ야 其 自動的 志氣를 養成홈을 務ᄒᄂ 者인 故로 此를 敎授上 形式的 目的이라 稱ᄒᄂ니라.

敎授의 實質的 目的의 必要홈은 甚히 明白혼 바라. 盖 近來 自

然에 關흔 研究가 大進ㅎ야 其 法則을 應用ㅎ는 道의 大開흠과 又 人事는 複雜에 漸進ㅎ야 兒童이 後來에 可取홀 職務가 同一치 아니ㅎ야 其 自修흠이 可흔 바 及 人에 對ㅎ며 國에 對ㅎ야 有흔 關係의 複雜흠은 스사로 人으로 ㅎ야금 自然的 及 社會的의 事物에 就ㅎ야 多知의 必要를 感ㅎ기에 至흔지라. 是以로 知識技能의 傳受는 實用上으로브터 見ㅎ든지 又 善良ㅎ고 高尙흔 人物을 養成ㅎ는 上으로브터 見ㅎ든지 決斷코 忽諸에 付흠이 不可홀 쑨더러 且 吾人은 實質을 增加치 아니ㅎ고는 形式的 目的을 達흠이 不可ㅎ니 何者오. 苟 心意로 ㅎ야금 自動을 營코져 흠에는 先 其 資料되는 者를 加치 아니ㅎ면 不可ㅎ니 譬컨딕 身體의 力을 强코져 흔 則 適宜흔 滋養物을 供給치 아니흠이 不可흠과 同흠이라.

然ㅎ나 此를 因ㅎ야 又 形式的 目的을 輕視ㅎ면 不可ㅎ니 盖 實質的 方面으로 道德敎育 國民敎育의 資料되는 知識技能 及 日常生活에 必要흔 知識技能을 多히 授與ㅎ얏실지라도 心性의 發育鍛鍊이 缺乏ㅎ야 其 知識技能은 何等의 活用을 得爲치 못ㅎ느니 如是히 知識技能을 但히 留置홀 쑨인 則 是는 死知死術이니 何가 足貴ㅎ리오. 다만 個個의 事實을 敎ㅎ며 個個의 理法을 知케 흠은 恰然히 吝嗇家(인장가)가 金을 積置흠과 同ㅎ야 何等의 價値가 無ㅎ니 金의 貴흔 바는 엇지 積置흠에 在ㅎ리오, 唯 各種의 境遇에 活用흠에 在홀 쑨이라, 是와 同히 敎授의 價値는 一事一物에 就得흔 知識을 他의 事物을 硏究ㅎ는 上에 活用ㅎ는 力을 養成흠에 在홀 쑨이니라. 然ㅎ나 若 實質的 方面을 專主ㅎ는 時는 僅少흔 時間에 多量의 材料를 與코져 ㅎ는 弊에 陷ㅎ기 易흠을 深戒홀지니 是正 佳肴 美肉에 人生에 雖要ㅎ나 若 又 過食흔 則 反히 有害흠

과 同혼 故로 반다시 形式的 方面의 陶冶를 行홀지니라.

盖 形式的 方面의 陶冶는 吾人이 此에 由ᄒ야 感官을 錬磨ᄒ야 觀察을 精密케 ᄒ고 記臆 想像을 確實케 ᄒ며 感情을 調和ᄒ고 意志를 鞏固케 홈이 可홈이라. 然ᄒ나 此 形式的 目的은 恆常 其 材料 選擇에 弊害가 生ᄒ야 맛참내 世事에 疎迂(소우)ᄒ고 實際 生活에 失敗ᄒᄂ 憂慮가 有ᄒ야 恰然히 衛生에 有意ᄒᄂ 者가 但히 食物을 咀嚼(달작)홀 쑨이오 攝養物을 胃에 送入치 아니홈과 同ᄒ니라.

是故로 眞正혼 敎育上의 敎授는 實質的 又 形式的 方面에 共히 偏倚치 아니ᄒ고 兩者를 相須 並行ᄒ야 敎授ᄒᄂ 바 知識技術을 被敎育者로 ᄒ야금 種種의 境遇에 活用ᄒ야 硏究의 基礎를 作ᄒᄂ 点에 在ᄒ니 是 乃 헐버트 氏의 多方의 興味를 惹起홈으로써 敎育의 目的을 作혼 所以라. 然ᄒ나 若 夫 實際의 事情을 觀察ᄒᄂ 實로 巨大혼 危險이 有ᄒ니 卽 其 敎授홈이 實質的 方面에 偏傾ᄒ야 唯 注入을 是務ᄒ고 其 硏究ᄒᄂ 上에 活用ᄒᄂ 力을 養成홈이 乏少혼지라. 是以로 縱 其 一時의 外面으로는 知識을 多得ᄒᄂ 傾向이 有ᄒ야도 是로 因ᄒ야 兒童의 活氣를 減殺ᄒ고 敎授에 對혼 興味를 衰敗ᄒ야 其 學ᄒ고자 ᄒᄂ 바로 痕迹을 不留ᄒ야 被敎育者로 ᄒ야금 後에 自力에 由ᄒ야 學識을 大進케 홀 基礎를 作成치 못홀 쑨 아니라 從 其 實際에 茫昧ᄒ야 世用에 不堪ᄒ기에 至ᄒ니 是는 專히 敎育者가 實質的으로 實事實物에 關혼 知識을 敎授홈과 形式的으로 心力의 全軆를 修錬發達케 홈이 調和를 未得홈에 由하마이니라.

上述홈에 因혼 則 敎授의 目的을 得達ᄒ면 可홀 쑨이니 然則 被

敎育者의 思想과 感覺을 完全히 ㅎ야 써 道德的 生活을 完成케 흠을 助흠이 是乃 敎授의 目的이라 云홀지라. 此를 夏히 細陳ㅎ면 반다시 敎授의 實質上 目的이든지 又 形式上 目的이든지 헐버트 氏의 興味論이든지 互相 交用ㅎ야 此 目的을 以達홀지니 卽 道德的 品性, 國民的 性情을 作흠에 必要ㅎ고 並히 日常生活에 必須ㅎ 知識技能을 授ㅎ고 又 身體 强壯의 方法을 授ㅎ며 [實質上 目的] 同時에 興味를 起케 ㅎ고 [興味論] 其 結果가 思想 感情 意志에 影響을 及ㅎ야 能히 其 知識技能으로브터 得흥 바를 活用케 흠[形式上 目的]을 期홀지니 興味에 就ㅎ야는 下章에 論陳코져 ㅎ노라.

第二章 興味

興味의 唱道는 헐버트 氏에 始ㅎ니 氏는 敎授는 敎育의 目的을 達ㅎ는 方便이오 又 敎授는 興味를 起흠으로써 直接의 目的을 作ㅎ니 盖 氏의 主唱ㅎ는 心理說과 敎育의 目的을 定흠에 述者의 意見과 相異흥 바가 有ㅎ딕 其 興味의 效力에 至ㅎ야는 實로 忽諸에 可付치 못홀 뿐더러 敎授의 必要흥 바라, 故로 玆에 槪論ㅎ노라.

氏의 興味라 謂ㅎ는 바 眞意義를 知코져 흥 則 心理說을 必究홀지니 其 說에 云ㅎ딕 人의 一切 心意作用은 觀念이라 稱ㅎ는 知的 元素로브터 發生흠이 意志의 成立도 亦 觀念으로브터 發來ㅎ나 然ㅎ나 一切 觀念이 總히 意志를 發生흠이 아니오, 其 必觀念이 一種의 感情과 結合ㅎ야 活動 鼓舞ㅎ는 時에뿐 意志를 發生ㅎ는 故로 其 授與ㅎ는 바 觀念이 一種의 愉快흥 感情을 伴起ㅎ야 平穩

히 靜止치 못홈을 爲ᄒ야 種種의 努力을 促홈이 於是乎 觀念은 意志로 變化홈이라. 然則 其 快感의 刺激ᄒᆫ 바가 되야 其事를 愛好ᄒ며 注意ᄒ며 勤勞ᄒ야 內心의 興奮이 禁止치 못ᄒᄂᆫ 狀態를 興味라 云홈이니 氏의 說에 觀念으로서 總 心理作用의 基本을 作홈은 可히 採用키 難ᄒᆫ 바나 此의 論은 姑閣ᄒ고 事實上 興味의 存在를 認ᄒᆫ 則 其 興味뿐을 論코져 ᄒ노라.

氏의 興味의 意義ᄂᆫ 右陳홈과 如ᄒᆫ 故로 世人의 所謂 興味라 稱ᄒᄂᆫ 바와 有異ᄒᆫ 바라. 通常 世人의 興味라 ᄒᄂᆫ 바ᄂᆫ 其 意味가 兒童으로 ᄒ야금 或 事物을 容易히 理會케 ᄒ기 爲ᄒ야 用ᄒᄂᆫ 手段이니 卽 間接의 興味라. 其 敎授ᄒᄂᆫ 바 事物 其 者를 愛好ᄒ야 스사로 氣를 奪ᄒ고 心을 注ᄒᄂᆫ 故로 愈益히 奮發 勉强ᄒ야 써 進修ᄒᄂ니 是以로 世人의 所謂 興味ᄂᆫ 惟 知識을 得코져 ᄒᄂᆫ 興味에 止홈이 此를 領收的 興味라 稱ᄒ고 헐버트 氏의 興味ᄂᆫ 愈益히 進修ᄒᄂᆫ 興味인 故로 此를 進求的 興味라 稱ᄒᄂ니라.

前述홈과 如히 헐버트 氏의 說은 興味로써 敎授의 直接 目的을 作ᄒᄂᆫ 故로 興味ᄂᆫ 敎授의 手段이 아니오, 其 提示ᄒᄂᆫ 敎授의 材料가 興味를 生ᄒᄂᆫ 手段이라 ᄒ니 盖 興味ᄂᆫ 事物에 連關ᄒ야 發ᄒᄂᆫ 繼續的 自發力됨을 要홈으로써 縱 其 敎授ᄒᆫ 바 事物이 一時에 消失ᄒᆯ지라도 是로 由ᄒ야 生ᄒᄂᆫ 興味ᄂᆫ 全 生活間에 留在홈이 可ᄒᆫ지라. 是以로 但히 敎授ᄒᄂᆫ 바 事物을 明瞭히 ᄒᆯ 뿐으로ᄂᆫ 敎育的 敎授의 目的을 達ᄒ기 不可ᄒ고 반다시 生徒로 ᄒ야금 心을 傾ᄒ야 獨力으로 永久히 此에 關ᄒᆫ 硏究를 繼續하는 熱心 卽 興味를 生케 ᄒᆫ 後에 其 目的을 始達홈을 可得ᄒᆯ지니 不然ᄒᆫ

則 教授의 行호는 바는 徒勞에 屬호고 且 生徒로 호야금 其 中心에 其 學習호는 者를 嫌避호기에 至호는니 然홈으로 唯 興味를 喚起호는 知識이 能히 人의 精神을 改造호야 一生을 通호야 益益히 此를 擴張코져 호는 心을 生호는니라.

且 헐버트 氏는 興味를 多方的됨을 要호야 興味를 二種 六類에 分호니 其 見解에 依호 則 吾人의 觀念을 得호는 道는 經驗과 交際의 二 方面이 有호니 經驗이라 홈은 外物에 對호야 客觀的으로 知識을 得호는 者니 我가 彼外物의 千森萬羅혼 者를 對홀 時에 生호는 認識이오 交際라 홈은 人間 社會가 相接호야 主觀的으로 同情을 起호는 者니 卽 一個人 或 社會 公衆과 溫和히 交際호는 事가 是니 此 乃 經驗界에 應호는 興味와 交際界에 應호는 興味의 二種에 區別혼 所以라. 又 此를 客觀的 認識의 興味 或 知的 興味와 主觀的 同情의 興味 或 情的 興味라 稱홈도 可호나 此 二種의 興味는 各히 三個에 細分호니 其 經驗界에 屬혼 者는 經驗的 興味, 推理的 興味, 審判的 興味오 交際界에 屬혼 者는 同情的 興味, 社會的 興味, 宗敎的 興味라. 此를 圖示호고 夏히 次第 陳述호노라.

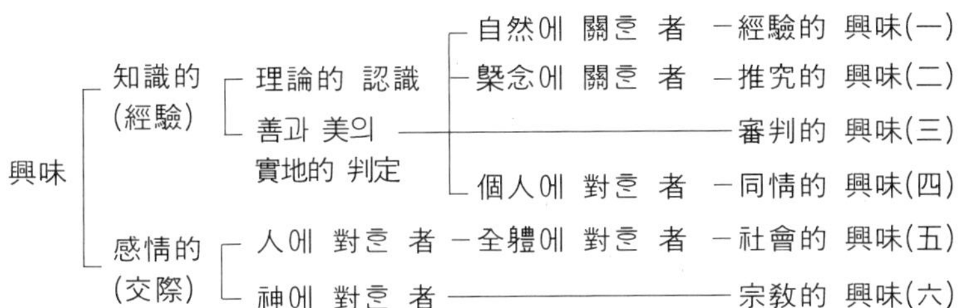

第一 經驗的 興味: 此ᄂᆞᆫ 或 事物 又 現象의 經驗에 對ᄒᆞ야 感起ᄒᆞᄂᆞᆫ 興味니 卽 此가 何인가 云ᄒᆞᄂᆞᆫ 疑問에 對ᄒᆞ야 發ᄒᆞᄂᆞᆫ 바라. 例ᄒᆞᆫ 則 敎師가 兒童에 動植物, 歷史譚 又 自然의 現象 等을 敎授ᄒᆞᆫ 則 兒童은 此等에 就ᄒᆞ야 可成的 種種의 方面으로 詳細히 觀察ᄒᆞ야 知了코져 ᄒᆞᄂᆞᆫ 熱望이 生케 ᄒᆞᆷ이 乃是 經驗的 興味니 此 興味ᄂᆞᆫ 如斯히 事實 現象에 對ᄒᆞᄂᆞᆫ 知識을 增ᄒᆞ고 見聞을 博코져 ᄒᆞᄂᆞᆫ 心인 故로 此을 求知心.或 貪知心이라 稱ᄒᆞᄂᆞ니라.

第二 推究的 興味: 此ᄂᆞᆫ 一現象의 互相 關係를 考ᄒᆞᄂᆞᆫ 時에 發ᄒᆞᄂᆞᆫ 바 興味니 卽 何故로 如斯ᄒᆞᆫ 現象이 有ᄒᆞᆫ가. 又 其 原因 條件은 何인가 云ᄒᆞᄂᆞᆫ 疑問에 對ᄒᆞ야 生ᄒᆞᄂᆞᆫ 硏究心이라. 吾人은 此에 因ᄒᆞ야 其 因果의 關係와 目的 手段의 關係 等을 推知ᄒᆞ며 且 個個의 觀念으로 普通의 槪念을 構成ᄒᆞᆷ을 得ᄒᆞᄂᆞ니 例ᄒᆞᆫ 則 兒童이 一戰爭의 歷史를 學ᄒᆞᆷ이 其 起因과 又 其 一國 及 一社會에 及ᄒᆞᄂᆞᆫ 影響 等을 硏究ᄒᆞ기 愛好ᄒᆞᆷ과 如ᄒᆞᆫ 者가 是니라.

第三 審判的 興味: 此ᄂᆞᆫ 天然과 人爲를 不問ᄒᆞ고 美醜 善惡의 標準에 依ᄒᆞ야 外物의 價値를 評定ᄒᆞᄂᆞᆫ 바 興味라. 例ᄒᆞᆫ 則 吾人이 忠臣孝子의 事蹟을 覽ᄒᆞᆷ이 敬服 欽羨ᄒᆞᄂᆞᆫ 念이 自生ᄒᆞ야 此를 模倣코져 ᄒᆞ며 不忠 不孝의 行을 見ᄒᆞ고 非難 誅責ᄒᆞᆷ과 風光의 美를 愛ᄒᆞ고 美術品을 樂ᄒᆞᆷ이 皆 此 審判的 興味에 因ᄒᆞᆷ이니라.

第四 同情的 興味: 此ᄂᆞᆫ 他個人의 苦樂 幸不幸에 對ᄒᆞ야 同情을 表ᄒᆞᆷ으로브터 發ᄒᆞᄂᆞᆫ 興味니 吾人의 人의 困窮을 憐ᄒᆞ며 忠臣 烈士의 成功을 喜ᄒᆞᆷ이 皆 此 興味에 屬ᄒᆞ니라.

第五 社會的 興味: 此ᄂᆞᆫ 國家 又 社會에 對ᄒᆞ야 利를 共히 ᄒᆞ고 同情을 表ᄒᆞᆷ으로브터 生ᄒᆞᄂᆞᆫ 바 興味니 卽 吾人의 國史를 讀ᄒᆞᆷ이 我의 國體의 貴重ᄒᆞᆷ을 知ᄒᆞ고 又 我의 同胞가 共同ᄒᆞ야 事業을 成就ᄒᆞ야

今日의 現象에 垂至홈을 覺ᄒ고 廣히 人類의 進步와 社會의 繁榮을 爲ᄒ야 努力코저 ᄒᄂ 心이 生홈은 此 興味에 因홈이니라.

第六 宗敎的 興味: 此ᄂ 天運命數의 不可知홀 事實에 對ᄒ야 吾人 人類의 無能力홈을 覺ᄒ고 因果應報의 嚴正홈을 知ᄒ야 天命을 畏ᄒ고 天道를 敬ᄒᄂ 念의 發動을 謂홈이니라.

以上은 헐버트 氏의 六類의 興味라. 前章에 己述홈과 如히 興味를 起홈은 敎授의 直接 目的은 아니로딕 敎授上 諸興味의 惹起가 必要홈은 多言홀 바가 아닌 則 此 多方的 興味를 總히 均一 平等으로 喚起홈이 可홀지로다. 然ᄒ나 斯ᄂ 決코 能爲치 못홀 바니 盖 人은 各其 特性이 有ᄒ야 文事를 喜ᄒᄂ 者도 有ᄒ고 理科를 愛ᄒᄂ 者도 有ᄒ야 能不能은 實로 同一치 아니혼 則 總히 一切의 人으로 ᄒ야금 以上의 諸興味를 平等히 振起홈은 到底히 可能치 못홀 바오, 且 世途ᄂ 開明에 進홀사록 分業이 盛ᄒ야 人人의 興味가 偏向ᄒᄂ 바가 有혼 則 쏘혼 同一히 ᄒ기 不可홈이니라. 是故로 헐버트 氏가 言호딕 人은 一切의 活動에ᄂ 好事者가 되고 特殊의 活動에ᄂ 熟練者가 됨을 要혼다 ᄒ니 然혼 則 此 多方的 興味의 養成이 비록 難能의 事가 될지라도 唯 普通敎育은 他日 世에 立홀 基礎를 作ᄒᄂ 者인 則 맛당히 六類의 興味를 偏向치 아니케 振起홀지라. 若 不然ᄒ면 此 社會ᄂ 分業의 弊害를 救濟홀 策이 無홀지니 要컨딕 普通敎育의 時代ᄂ 實地生活을 爲ᄒ야 心身上의 准備를 홈과 同時에 多方的 興味를 養成ᄒᄂ 時代라 見홈이 可ᄒ야 普通敎育의 年限이 長홀사록 多方的 興味의 養成에 利益이 有ᄒ다 홀지니라.

然혼 則 敎授上에 一學科 材料를 用홀지라도 多方的 興味를 惹起ᄒ기에 足홀진딕 其 可홀지나 敎授의 各科目은 單히 獨力으로

는 多方的 興味를 起ᄒ기 不可ᄒ 故로 其勢가 自然히 多數의 材料를 用ᄒ야 或 知識的 興味를 興ᄒ기 足ᄒ 材料를 取ᄒ고 或 感情的 興味를 起ᄒ기 適ᄒ 材料를 取ᄒ야 互相 補完ᄒ야 써 心的 諸作用을 圓滿히 發育홈을 期홀지니라. 但 感情的 興味를 起케 홈에는 敎授의 外에 尙且 他의 敎育方法의 大要홈을 注意홀지니라.

是以로 敎授上 興味를 惹起ᄒ기 爲ᄒ야 敎授의 實質的 目的을 不離ᄒ며 又 同時에 此 興味로 因ᄒ야 視察 經驗을 確實히 ᄒ고 推理 判斷을 正當히 ᄒ며 審美, 同情, 社交 等의 念을 起ᄒ야 其 自動力은 他日 研究의 基礎를 確立ᄒ야 써 敎授의 形式的 目的에 是合홀진ᄃᆡ 於是乎 敎授는 能히 敎授의 目的에 可合ᄒ다 謂홀지라. 然則 如斯히 홈은 興味의 效力이라 謂ᄒ야도 過言이 아이니 何則코. 興味를 不感ᄒ는 時는 敎育者의 徒勞에 止홀 쑨인 故로 假令 被敎育者가 算術上의 知識을 得ᄒ고 此에 興味를 能感홀진ᄃᆡ 學校에서 學ᄒ 바를 日常의 生活上 計算을 立ᄒ야 金錢을 使用ᄒ고 又 貯蓄ᄒ는 境遇에 應用홀지며 理科에 就ᄒ야 興味를 能感ᄒ는 者는 野에 出ᄒ고 山에 登홈이 種種의 動植物을 捕獲 採集ᄒ야 스사로 其學ᄒ 바에 從ᄒ야 種種의 觀察ᄒ는 志를 生케 ᄒᄂ니 若是를 將ᄒ야 彼學校에서 强力으로 敎授홈을 爲ᄒ야 嫌惡의 情을 懷ᄒ면셔 不得已 就學ᄒ얏다가 及其 校外에 出ᄒ야 自由를 得ᄒ기에 至ᄒ야는 頓然히 此를 放棄不顧ᄒ는 者에 比홀진ᄃᆡ 其 實用上 及 學問을 愛好ᄒ는 心을 生케 ᄒ는 点으로브터 見ᄒ 則 果然 何者가 優ᄒ며 劣ᄒ가. 此는 多論치 아니ᄒ야도 自明ᄒ 바라. 又 例를 換ᄒ야 言ᄒ건ᄃᆡ 其 傳ᄒ는 바 美想과 敎ᄒ는 바 美術에 就ᄒ야 興味를 感ᄒ는 者는 스사로 此를 模倣ᄒ며 且 想像을 動ᄒ야 優美ᄒ게 其 思想을 發表ᄒ며 或은 美麗ᄒ 形을 構成ᄒ는 技藝

를 鍊習ᄒ야 因 其 美的 嗜好를 大進ᄒ기에 至ᄒ며 修身科에 就ᄒ야 興味를 感ᄒᄂ 者ᄂ 善行의 實例를 倣코져 ᄒ며 又 其學ᄒ 바를 種種의 境遇에 活用ᄒᄂ 途를 考ᄒ며 又 或 此에 基因ᄒ야 種種의 人의 行爲를 判評ᄒ야 써 其 道德的 品性의 發達을 助ᄒᄂ니 顧ᄒ라. 興味의 效力이 果然 如何ᄒ가. 敎授上의 諸學科가 如斯히 敎育的 性質을 不帶ᄒ 者가 未有ᄒ 則 其 敎育者되ᄂ 人은 敎授의 方法을 硏究ᄒ야 其 敎授ᄒᄂ 바가 恆常 敎育的됨을 是務ᄒ지어니와 이트 氏의 言에 云ᄒ되 敎授上 何等 科目을 不問ᄒ고 苟 正當히 用ᄒᄂ 時ᄂ 心情의 發育에 效能이 皆有ᄒ거니와 若 其 方法이 得宜치 못ᄒ진되 如何ᄒ 材料든지 心情을 發達치 못ᄒ다 ᄒ이 엇지 格言이 아니리오.

右陳ᄒ과 如히 興味ᄂ 恆常 敎授와 伴ᄒ이 可ᄒ거늘 世間에 拙劣ᄒ 敎育者ᄂ 此를 未知ᄒ고 又 能爲치 못ᄒ야 其言ᄒᄂ 바가 以爲ᄒ되 今日에 비록 興味가 無ᄒ지라도 後日에 반다시 生ᄒ기에 至ᄒ다 ᄒ나니 엇지 可嘆ᄒ 바가 아니리오. 善良ᄒ 敎師ᄂ 每 其 敎時에 其 敎ᄒᄂ 바 事物에 就ᄒ야 直 其 興味를 啓發케 ᄒᄂ 者가 是니라.

興味ᄂ 繼續ᄒ야 發ᄒᄂ 自己의 動作이라. 是故로 怠惰 逸樂과ᄂ 相反ᄒ고 勉强을 得ᄒ야 厥功을 始奏ᄒᄂ 者라. 或 敎育家ᄂ 學徒로 ᄒ야금 遊ᄒ면셔 學ᄒ이 可ᄒ다 ᄒ며 又 或은 學徒의 業務를 輕減ᄒ야 平易ᄒ 事業에 從케 ᄒ이 可ᄒ다 ᄒ나니 此ᄂ 實로 大誤謬 不適當ᄒ 論이라. 吾人은 寧히 興味로써 勉强의 本을 作ᄒ이 可ᄒ다 ᄒ노니 何者오. 學徒가 能히 一事를 成就ᄒ야 能히 其 興味를 感ᄒ기에 至ᄒ 則 是에 連關ᄒ야 更히 一層 困難ᄒ 者에 從事케 ᄒ야 可成的 自力으로써 遂行케 ᄒ지라. 苟 如斯ᄒ 則 學

徒ᄂᆫ 其 事務에 就ᄒᆞ야 興味가 益深ᄒᆞ며 勉强이 益多ᄒᆞ기에 必至ᄒᆞᆯ지니 然ᄒᆞᆫ 則 興味와 勉强은 實로 相須成功ᄒᆞᄂᆫ 者라. 勞力을 不費ᄒᆞ면 眞正ᄒᆞᆫ 興味가 無ᄒᆞ고 眞正ᄒᆞᆫ 興味가 無ᄒᆞ면 活潑ᄒᆞᆫ 自動力이 無ᄒᆞᄂᆞ니라. 然ᄒᆞ나 吾人은 又 學徒의 到底히 得爲치 못ᄒᆞᆯ 事ᄅᆞᆯ 强行ᄒᆞ야 無益ᄒᆞᆫ 壓迫을 徒爲치 아니ᄒᆞᆷ을 注意ᄒᆞᆯ지니라.

學徒에게 其 學ᄒᆞᆫ 바ᄅᆞᆯ 實地에 活用ᄒᆞᆯ 機會ᄅᆞᆯ 與ᄒᆞ야 學問의 價値ᄅᆞᆯ 知케 ᄒᆞᆷ은 興味ᄅᆞᆯ 起生케 ᄒᆞᄂᆫ 有效의 手段이라. 若 其 敎ᄒᆞᄂᆫ 바가 屢次 實地에 使用ᄒᆞ야 其 學校에서 敎授ᄒᆞᄂᆫ 바 知能이 學校 以外에 適用됨이 多ᄒᆞᆷ을 見ᄒᆞ기에 至ᄒᆞᆫ 則 學問의 眞價ᄅᆞᆯ 能히 覺悟ᄒᆞ야 漸次 興味ᄅᆞᆯ 感ᄒᆞᆷ이 必深ᄒᆞ리니 是乃 敎授上 應用 鍊習을 貴重히 ᄒᆞᄂᆫ 所以니라.

第三章 敎案의 意義[8]

敎授의 目的이 旣定ᄒᆞᆫ 以上은 諸學科의 要旨ᄅᆞᆯ 示ᄒᆞ고 各學科 內에 可用ᄒᆞᆯ 材料ᄅᆞᆯ 選擇ᄒᆞ야 適當ᄒᆞᆫ 順序로 排列 整理ᄒᆞᆷ이 可ᄒᆞ니 此ᄅᆞᆯ 敎科案 又 敎案이라 稱ᄒᆞᆷ이라. 然ᄒᆞᆫ 故로 一學校의 敎案은 其 學校에셔 用ᄒᆞᄂᆫ 一切 敎材ᄅᆞᆯ 示ᄒᆞ야 如何ᄒᆞᆫ 時期에 個個의 材料ᄅᆞᆯ 始敎ᄒᆞ야 學校敎育의 終ᄒᆞ기까지ᄂᆫ 如何ᄒᆞᆫ 点에 進ᄒᆞᆷ을 明ᄒᆞ야 因其 一學年 一學期에 向ᄒᆞ야 敎授 材料의 分配ᄅᆞᆯ 定立ᄒᆞ고 且 一週間에 向ᄒᆞ야 各 材料ᄅᆞᆯ 必要ᄒᆞᆫ 時間을 豫定ᄒᆞᄂᆫ 者니

---

8 오늘날 교과과정 또는 교육과정에 해당하는 논리임.

是는 有限흔 時에 數多 事項을 敎흐는 境遇에 最히 必要흔 바라. 學徒의 程度와 各 事項의 價値 性質을 考흐야 時間을 分配호딕 不必要흔 바에 時間을 多費홈이 無케 흐고 緊要흔 바에 時間의 缺乏을 生치 아니케 흐야 써 總體의 敎科 材料가 一貫의 目的 卽 體系的으로 成立케 홈이 可흐니 盖 敎案을 正當히 調製홈은 實로 學校 組織上에 最 困難흔 事라. 遂 其 學校 業務 完全 與否가 是에 係흐야 若 其 敎案의 調製가 善美치 못홀진딕 敎師의 方法 材幹이 如何히 善美홀지라도 到底히 補充흐기 不能흐니라.

今에 敎案 調製上 根本問題라 可稱홀 者를 擧示흔 則 左와 如흐니라.

一. 必要흐고 過不足이 無흔 敎授 科目의 數의 如何

二. 學校의 可爲홀 任務에 對흐야 是等 敎授 科目의 必要흔 數가 如何홈과 又 全體의 敎案 中 其 各科目의 可費홀 時間의 如何

三. 是等 敎科目은 如何흔 順序로 配分홈이 可흔가

四. 各 敎科目의 材料 選擇의 如何

五. 選擇흔 敎授 材料의 配列 如何

六. 各 敎科目 及 其 各 部分은 如何히 互相 結合홈이 可흔가

右 六個 條件은 一般의 敎案 調製上의 要件인 則 비록 特別흔 學校에는 共히 必要흔 者가 아니로딕 普通敎育을 行흐는 學校에 在흐야는 極히 注意홀 바라. 大抵 敎授上 大體의 規定은 政府 當局者의 手를 經흐야 定흐나 是는 唯 其 大體에 止흐는 者인 則 其 細部에 至흐야는 敎育者가 其時 其地의 實地 狀況을 考흐야 最適切흔 敎案을 作홈이 可흐니라.

然ᄒ나 敎案에 關ᄒ야 以上 六 條件을 完全히 調和 實行ᄒ야 善良의 功效를 未奏ᄒ니 是 盖 科學界의 進步와 又 必要ᄒ 新材料가 連續 發生ᄒᄂ 故로 是以로 自來 敎育大家 等이 熱心 考究ᄒ얏시나 尙且 一般的 確實者를 得見치 못ᄒ얏시며 此를 縱 或 得코져 ᄒᆯ지라도 乃 絶對的 不能의 事니 何者오. 盖 敎案論에 關ᄒ야 下例ᄒ 三個의 關係체 脫出ᄒᆷ을 不得ᄒᆷ을 因ᄒᆷ이니 卽 (一) 國家의 要求 (二) 人智의 分量 (三) 鄕土의 關係가 是니라.

(一) 國家의 要求: 敎育은 國家 政務의 一이라. 是故로 國家의 理想삼ᄂ 바ᄂ 一國 學政의 方針을 成ᄒ야 敎育, 敎授의 所向을 決定ᄒᆷ이 因ᄒ야 敎案은 반다시 國家의 要求ᄒᄂ 範圍內에서 調製ᄒᆷ이 可ᄒᆯ지라. 然ᄒᆷ으로 現今 宇內에 文明의 諸國은 國家가 其 敎育機關을 統一ᄒᄂ 責任을 有ᄒ고 一般 國民에게 敎育의 義務를 强制로 負擔케 ᄒ며 又 國家가 國民되야 不有ᄒ면 不可ᄒ다 認ᄒᄂ 知識의 程度를 制定ᄒ야 此 標準에 依ᄒ야 써 敎授케 ᄒᄂ니 此 乃 今日 歐米 諸國의 取用ᄒᄂ 바 國家制의 敎育主義라. 然而 國家의 理想 卽 國是ᄂ 반다시 萬古를 通ᄒ야 不動ᄒᄂ 者ᄂ 아니오 寧히 時勢의 進步와 民情의 如何를 顧ᄒ야 隨時 變動ᄒᆷ이 可ᄒ 者이니 此 國家의 要求를 實現케 ᄒ기 爲ᄒ야 敎授 材料도 其 理想의 變動과 共히 變通ᄒᆷ이 可ᄒ니라.

(二) 人智의 分量: 精神界 及 物質界에 對ᄒᄂ 人智의 分量은 敎案上에 指針이 되ᄂ 者라. 盖 人智의 分量은 國家의 要求와 互相 關連이 되ᄂ 者인 故로 國家ᄂ 其 固有의 目的되ᄂ 自己의 生存을 圖ᄒᆷ과 同時에 敎育上에 可執ᄒᆯ 標準을 人智의 開發에 從ᄒ야 定ᄒᆷ이

可ᄒ고 獨斷的으로 決흠은 不可ᄒ니 何則코. 人智ᄂᆞᆫ 決코 一日이라도 靜止ᄒᄂᆞᆫ 者가 아니오 恆常 人格의 理想을 改造 補修ᄒ며 敎授 材料ᄅᆞᆯ 發明 增加ᄒ고 又 敎育 敎授의 理論을 進步 轉換ᄒᄂᆞᆫ 者인 則 敎案은 此에 因ᄒ야 敎材의 選擇 排列을 隋時 變更흠이 極히 必要ᄒ니라.

(三) 鄕土的 關係: 鄕土라 稱ᄒᄂᆞᆫ 者ᄂᆞᆫ 狹義와 廣義의 二種이 有ᄒ니 狹義ᄂᆞᆫ 吾人의 觀察 及 經驗의 及ᄒᄂᆞᆫ 小範圍ᄅᆞᆯ 云흠이오 廣義ᄂᆞᆫ 卽 其 國家ᄅᆞᆯ 指ᄒᄂᆞᆫ 者니 盖 此 要求ᄂᆞᆫ 敎授의 根本은 直觀됨이 可ᄒ다 云ᄒᄂᆞᆫ 理由에 因ᄒ며 又 一切 敎授ᄂᆞᆫ 兒童의 生活 及 其 經過ᄅᆞᆯ 基本ᄒ야 結合치 아니ᄒ면 不可ᄒ다 云ᄒᄂᆞᆫ 理由에 因흠이라. 是以로 狹義로ᄂᆞᆫ 其 都府, 村落, 海濱, 山地의 區別에 依ᄒ야 敎材의 選擇 排列의 差異가 有ᄒ고 又 廣義로ᄂᆞᆫ 國民의 歷史, 文物, 習慣에 因ᄒ야 敎案에 影響을 及ᄒᄂᆞᆫ지라. 然흠으로 甲國의 適好ᄒᆫ 敎科書가 乙國에 直譯ᄒ야 使用ᄒ면 不適ᄒ니 是ᄂᆞᆫ 本國的 材料ᄅᆞᆯ 敎授흠은 單히 敎育上 必要가 될 뿐 아니오 兒童의 心에 理會ᄒ기가 內國의 材料가 便易흠을 爲흠이니라.

此 外에 又 敎案上에 影響을 及ᄒᄂᆞᆫ 者ᄂᆞᆫ 各地 女子敎育의 方針 卽 男女 共同主義 又 男女 區別主義에 因ᄒ야 敎案에 差異가 生ᄒ며 且 各地에 敎員 養成의 方針에 因ᄒ야 敎案에 差異가 生흠은 難免의 勢니라.

上述흠에 依看ᄒᆫ 則 敎科案은 永久 不定ᄒᆫ 者ᄂᆞᆫ 아니오 又 劃一히 天下에 通用흠이 可ᄒᆫ 者도 아니라. 是故로 비록 敎案을 愼重ᄒᆫ 注意ᄅᆞᆯ 加ᄒ야 作ᄒ얏다 흘지라도 何時든지 此에 據用흠은 極히

不可ᄒ고 又 甲國의 敎案을 乙國에 擬用홈도 極히 不可ᄒ고 반다
시 當事者가 其 實地의 變動을 詳察ᄒ야 訂正改補홈이 可ᄒ니라.

第四章 敎材의 選擇

敎授를 行코져 홀진ᄃᆡ 必其 材料 卽 敎材가 有ᄒ여야 可ᄒ니 然
則 如何ᄒ 敎材를 選擇홈이 可홀가 云ᄒ건ᄃᆡ 先次 敎科의 分類를
就看홀지라. 然而 此方法을 人을 隨ᄒ야 相異ᄒ고 又 歷史的 變遷
이 多大ᄒ 故로 頗히 複雜ᄒ지라 今에 最히 簡明 適宜ᄒ다 思惟ᄒ
ᄂᆞᆫ 者를 取擧ᄒ노니 卽 빌만 氏의 法이라 此를 圖示ᄒ 後에 說明
코져 ᄒ노라.

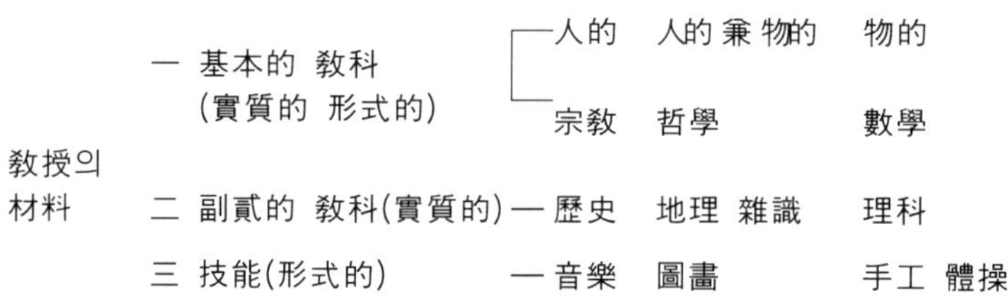

基本的 敎科라 홈은 諸科學習의 基本되ᄂᆞᆫ 敎科를 云홈이오 副
貳的 敎科라 홈은 人的 或 物的의 材料에 因ᄒ야 吾人의 思想界를
豊富케 ᄒᄂᆞᆫ 學科를 云홈이니라. 然則 又 其 人的 物的 及 人的兼
物的이라 稱홈은 何를 標準홈인가. 云ᄒ건ᄃᆡ 凡 吾人의 敎材ᄂᆞᆫ 人
類界와 自然界로브터 供給ᄒᄂᆞ니 其 人類 相互의 關係로브터 生

ᄒᆞᄂᆞᆫ 事項, 人類가 社會를 構成홈에 對ᄒᆞ야 可爲ᄒᆞᆯ 事項 及 人類가 理性이 有ᄒᆞ야 生物됨으로 因ᄒᆞ야 作爲ᄒᆞᆫ 事項은 卽 人類界로브터 來ᄒᆞᄂᆞᆫ 材料니 此를 人的 敎科라 稱ᄒᆞ고 其 自然의 現象 及 其 基因ᄒᆞᄂᆞᆫ 理法은 卽 自然界에셔 供給ᄒᆞᄂᆞᆫ 知識인 故로 物的이라 稱ᄒᆞ며 人的及物的은 卽 人類界 及 自然界의 知識을 幷具ᄒᆞᆫ 者를 語홈이라.

(一) 基本的 敎科: 此科ᄂᆞᆫ 他科의 學習ᄒᆞᄂᆞᆫ 基本되ᄂᆞᆫ 者인 故로 古로브터 今에 至ᄒᆞ기 凡如何ᄒᆞᆫ 處든지 學校에셔 敎授치 아니홈이 無ᄒᆞ며 又 實質的 形式的 兩方面의 價値를 具有ᄒᆞᆫ 者라. 我國 現時의 敎則規에 定ᄒᆞᆫ 科目으로 言ᄒᆞᆫ 則, 修身, 國語, 數學 等이 是에 屬ᄒᆞ니 盖 何時 何處를 勿論ᄒᆞ고 讀書算 三者ᄂᆞᆫ 恆常 他敎材의 增減을 不拘ᄒᆞ고 採用치 아니ᄒᆞᆫ 者가曾有치 아니ᄒᆞ니 是ᄂᆞᆫ 何를 學ᄒᆞ든지 반다시 國語의 媒介와 數의 觀念을 藉ᄒᆞᆯ 쓴더러 言語 文章의 現ᄒᆞᄂᆞᆫ 思想과 數題의 示ᄒᆞᆫ 事物에 因ᄒᆞ야 實質的으로 知識을 擴大ᄒᆞᄂᆞᆫ 同時에 又 正確히 思想을 發表ᄒᆞ며 整頓ᄒᆞᄂᆞᆫ 形式的 效果과 巨大ᄒᆞ며 且 日常의 生活上에도 亦極 必要ᄒᆞ니라. 就中 讀書ᄂᆞᆫ 吾人 人類ᄂᆞᆫ 歷史的 人間인 則 過去의 文物을 承繼ᄒᆞ야 現在에 發達ᄒᆞ고 未來에 傳授ᄒᆞᄂᆞᆫ 功效가 有ᄒᆞᆫ지라 是以로 國語 數學은 初等의 學校로브터 高等學校에 至ᄒᆞ기 皆 緊要ᄒᆞᆫ 者오 外國語ᄂᆞᆫ 外國 又 世界上의 諸種 事物을 學ᄒᆞᄂᆞᆫ 基本이오 又 外國人의 交際 及 世界的 生活을 營爲ᄒᆞᄂᆞᆫ 方便이 되ᄂᆞᆫ 者이나 初等 敎授에ᄂᆞᆫ 直觀法을 務行ᄒᆞ며 又 現時代ᄂᆞᆫ 國民生活의 時代인 則 國語ᄂᆞᆫ 國家 獨立을 保維ᄒᆞᄂᆞᆫ 精神이 存在ᄒᆞᆫ 者어늘 幼稚에게 外國語를 敎授ᄒᆞᆯ진딘 自國語도 未解ᄒᆞᄂᆞᆫ 者에게 向ᄒᆞ야 外國語를 理解홈을 望홈은

實로 不可能의 事오 又 或 愛國精神을 減損홀 虞慮가 有혼 則 初等 敎育에는 用ᄒ기 不可ᄒ며 修身에 至ᄒ야는 亦 基本的 敎科의 一이라. 盖 道德은 人間生活의 最上 要件이니 假令 何事를 行ᄒ며 何 學을 習ᄒ든지 縱其事物은 直接으로 道德과 關係는 無ᄒ다 홀지라도 苟 其人의 內心에 道德의 基礎가 不立혼 則 此를 惡用 又 誤用ᄒ야 人間社會의 有效혼 者가 되지 못ᄒ는 中 又 實質的으로는 人道에 關혼 知識을 豊富케 ᄒ는 同時에 形式的으로는 其人의 言語 擧動을 高尙케 ᄒ는 功效가 大有혼 故로 學校의 高下를 不問ᄒ고 何國이든지 皆 敎授ᄒᄂ니라. 但 哲學에 至ᄒ야는 初等 敎授에서는 可行키 難ᄒ니라.

(二) 副貳的 敎科: 此 敎科는 專히 知識을 領得케 흠을 直接 目的ᄒ는 者라. 故로 此를 又 實質的 敎科라 稱ᄒᄂ니 此에는 歷史, 地理, 理科, 農業, 商業, 法制, 經濟, 家事의 諸 敎科가 屬ᄒ니 歷史는 吾人 社會의 成立혼 事實을 敎ᄒ는 바 人的 敎科오 理科는 卽 博物, 物理, 化學 等이니 自然界의 知識을 供給ᄒ는 者인 則 明白혼 物的 敎科오, 法制, 經濟 及 商業은 人的 敎科라 稱흠이 頗穩ᄒ며 農業은 物的 敎科라 謂홀지오, 地理와 家事는 人的 兼 物的이라 謂홀지니 地理는 라인 氏는 物的 敎科라 稱ᄒ나 盖 地理는 地球 表面 人類 生活의 狀態, 彼我 國勢의 政治的 方面 及 天體에 關혼 事를 敎흠이오 家事는 多數는 女子學校에 有혼 바나 其 範圍는 大略 衣食住, 看病, 育兒, 家計 簿記 及 其他 一家의 整理, 經濟 等事에 關ᄒ야 敎授흠인 故로 人的 及 物的의 中間에 在ᄒ다 云흠이니라.

(三) 技能: 此는 專히 身體機關의 鍛鍊, 熟達을 主ᄒ며 兼ᄒ야 觀察을 精密히 ᄒ고 美情을 喚起ᄒ고 勤勉 忍耐에 慣ᄒᄂ 等 形式的 價値의 多흔 學科라. 故로 此를 又 形式的 敎科라 稱ᄒᄂ니 卽 一邊으로ᄂ 精神을 修養ᄒ며 一邊으로ᄂ 身體를 鍛鍊케 ᄒᄂ 者라. 體操, 遊戲, 圖畫, 唱歌, 手工, 裁縫의 諸敎科가 是에 屬ᄒ니 卽 體操ᄂ 手足을 動ᄒ며 圖畫ᄂ 眼 及 腕手를 使用ᄒ며 唱歌ᄂ 耳 及 音聲을 鍊習ᄒᄂ 者니라. 然而 技能과 知識의 價値 及 效果ᄂ 相下치 아니ᄒᄂ 者라. 是以로 敎師가 當局者의 規定에 依ᄒ며 又 兒童의 心意 發達에 應ᄒ야 敎材를 選擇호ᄃ 但 現今에 在ᄒ야ᄂ 兒童의 心理學은 其 發達上 明確흔 段階가 未定ᄒ얏실지라도 兒童은 其 初期ᄂ 物人無別의 時가 되며 漸次 成長홈을 隨ᄒ야 能히 自然物을 利用ᄒ기에 始至ᄒᄂ 者인 則 맛당히 敎材選擇上 易로브터 難에 進ᄒᄂ 原則을 據ᄒ고 實地의 狀況을 參顧홈이 庶可홀지니 又 況 我國과 如히 人民의 實業的 精神이 乏少ᄒ며 又 一國의 大計가 經濟의 發達을 大要ᄒᄂ 處에야 其 實地를 注意홈이 極히 必要ᄒ니 當局者의 留心 凝思홀 處가 是에 在ᄒ다 云홀지로다.

次에 敎科의 順序 卽 學校 敎科의 全體를 擧ᄒ야 敎案을 編成홈에 其 先後 順序의 如何를 論ᄒ건ᄃ 大槩 二種의 方法이 有ᄒ니 一은 單行方法이오 他 一은 並行法법이라. 單行法은 一個 敎科를 終흔 後에 他 一個의 敎科로 繼續ᄒᄂ 主義니 此 主義의 敎科案을 繼續的 敎科案이라 稱홈이라. 然ᄒ나 此 主義ᄂ 普通敎育上에 採用홈이 極히 不可ᄒ니 卽 兒童의 心意ᄂ 多方面으로 開發홈이 可ᄒ거ᄂᆯ 此 主義ᄂ 假令 今年은 甲方面의 心力을 開發ᄒ고 明年은 乙方面의 心力을 開發ᄒᄂ 者인 則 兒童 心力의 開發을 如斯흔 機械的으로 以홈은 極히 背理홈이오 是와 反ᄒ야 並行法은 諸敎科

를 相並ᄒ야 敎案 中에 編入ᄒ야 同時期에 諸種 敎科를 敎授ᄒᄂ 主義라. 然ᄒ나 凡敎科 中에ᄂ 初等 第一學年에 課홈이 可ᄒ 者와 程度의 高홈이 他 學年에 課홀 者도 有ᄒ고 又 如何ᄒ 學科ᄂ 他 學科의 豫備를 待ᄒ야 課홈이 可ᄒ 者도 有ᄒ 則 此 主義도 極端 으로 用ᄒ면 亦不適當ᄒ나 現今 此 主義를 採用ᄒᄂ니 其 敎科案 을 編成홈을 見ᄒ면 一般히 初에ᄂ 基本的 敎科를 課ᄒ고 漸次로 實質的 敎科, 形式的 敎科를 加ᄒ야 써 兒童의 心意 發達에 適合 케 ᄒᄂ니 卽 修身, 國語, 算術, 遊戱 等은 皆 初等 第一學年에도 始ᄒᄂ니 然ᄒ 則 敎材 選擇上 注意홀 바를 略言ᄒ건ᄃᆡ 左와 如ᄒ 니라.

一. 國定의 敎科에 依ᄒ고 土地의 狀況과 男女의 差別을 參互ᄒ야 加
減得宜케 홈이 可ᄒ니라.

一. 兒童의 理解力의 程度를 應ᄒ야 其 興味를 惹起ᄒ며 其精神에 類
化ᄒ기 易ᄒ 者를 用ᄒ야 自易人難의 原則을 勿忘홀지니라.

一. 敎案을 編成上에 敎材ᄂ 並行法을 採用호ᄃᆡ 兒童心意의 程度에
應ᄒ야 形式的 修練과 實質的 修練을 兼行ᄒ야 心意의 啓發과 身
體의 發育을 完全케 홈이 可ᄒ니라.

一. 兒童은 他日 生活 世界에 應ᄒ야 社會의 一員이 되며 國家의 一
民이 될 者인 則, 可成的 現時 社會 國家의 狀態를 了解케 ᄒ야 能
히 其 本分을 盡케 홈을 注意홀지니라.

第五章 敎材의 排列

敎材를 旣已 選擇흔 則 將次 如何흔 順序로 排列흠을 硏究흠이 可흔지라. 此에는 二種의 方法이 有흐니 一은 直進法이오 一은 循環法이라.

直進法은 敎材를 學年마다 次第로 一直線으로 進行흐는 法이니 例흔 則 筭術科에서 初等 第一學年에 加法, 第二學年에 減法, 第三學年에 乘法, 第四學年에 除法을 授흠과 如히 全學年에 一通을 授흐고 其間에 鱗次로 進行흐야 甲을 了흔 則 乙, 乙을 畢흔 後 丙에 進行흐는 方法이니 卽 콤메니어스가 羅甸學校에서 採用흔 方案이라. 氏는 第一年 文典, 第二年 地理, 第三年 數學, 第四年 倫理, 第五年 論理, 第六年 修學 等으로 配列흐야 各年에 一學科를 敎授흐니 此 方法은 敎授上 頗히 不適合흐다 可謂흘지라. 兒童 心力의 發達을 應흐야 敎材를 授與키 不能흐며 且 反復 錬習을 缺흐는 弊가 有흔 故로 近時는 採用흐는 者가 殆無흐니라.

循環法은 簡으로브터 繁에 進흐고 易으로터 難에 入흐는 原則에 據흔 者라. 同 種類의 敎材를 各學年에 課흐되 其 學年의 進흠을 從흐야 範圍와 程度를 高케 흐야 詳細히 敎授흐는 方法이라. 例흔 則 初等 第一學年에는 百 以下의 加減乘除를 敎授흐면 第二學年에는 漸 其 內容과 外圍를 擴張흐야 通常의 加減乘除를 課흠이 是라. 此 法을 基흐야 所謂 圓周的 敎案이라 稱흐는 者가 生흐니라.

大凡 敎授는 恆常 被敎育者의 心力을 量흐야 授與흐야 其 學흐는 바를 能히 理解 類化흠을 要흠으로써 一 敎科 全體에 就흐야

兒童에게 近易흔 者를 先ᄒ고 困難흔 者를 後코져 홀진딕 圓周的 敎案의 排列이 最可ᄒ니 此 敎案의 排列은 恰然히 水中에 石을 投ᄒ이 波動을 生흠과 如히 學科를 學年에 一 圓周式 行ᄒ야 波動組織의 圓扇形을 成ᄒᄂ 者니라. 然ᄒ나 凡 世事ᄂ 恆常 便利와 損害가 相伴ᄒᄂ니 然則 此 圓周的 排列도 亦 其 利害가 互有흔 則 其 利害点을 兩擧ᄒ야써 讀者의 取捨를 供ᄒ고 兼ᄒ야 吾人이 適合ᄒ다 思惟ᄒᄂ 者를 表明ᄒ노라.

圓周的 排列의 利益ᄒᄂ 바ᄂ (一) 敎材 選擇의 範圍가 廣흠으로써 最 適切흔 者를 選ᄒᄂ 便利가 有ᄒ며 (二) 前級의 事物을 後級에 叓授흠으로 漸次 困難흔 方面을 益明ᄒ고 前日의 學흔 바를 忘ᄒᄂ 事가 無ᄒ며 (三) 一 敎科의 各 部分을 偏頗흠이 無케 完全히 敎授흠을 得ᄒ며 (四) 兒童으로 ᄒ야금 敎科의 全部에 就ᄒ야 大體의 觀念을 早得ᄒ야 後에 敎ᄒᄂ 新事項을 會得흠이 速ᄒ고 因ᄒ야 興味를 深感ᄒᄂ 便利가 有ᄒ니라. 然ᄒ나 又 此 圓周的 排列의 不利흔 바ᄂ (一) 一種 敎科ᄂ 每年 循環ᄒ야 敎授흔 則 兒童은 其 幾分間 己知흠을 因ᄒ야 縱 其 新히 授與ᄒᄂ 바가 尙次 未知ᄒᄂ 重要의 部分됨을 不拘ᄒ고 厭症을 起生키 易흔 不利가 有ᄒ며 (二) 每年 循環ᄒᄂ 故로 恆常 切斷, 割裂흔 思想을 與ᄒ기에 止ᄒ고 一團의 思想을 兒童으로 受納흠을 不得ᄒᄂ 弊害가 有ᄒ야 反히 興味를 衰退케 홀 虞慮가 有ᄒ니라.

然ᄒᄂ 現今 此 圓周的 排列을 敎授上 取用ᄒᄂ 者가 多흠은 何故인가. 此를 晳言흔 則 其 取用ᄒᄂ 바ᄂ 極端이 아니오 唯 其 主要되ᄂ 或種의 敎材를 循環的으로 授與홀 쑨이오 반다시 同一의 材料를 每學年에 恆常 循環흠이 可흠은 아니니 此 乃 各敎科의 新

舊 二者의 不斷호 結合을 爲홈이오 二種의 敎材의 互相間 結合에
는 關係가 無호 바라. 要컨딕 敎授上 善良의 排列은 循環法 及 直
進法을 參互 折衷ᄒ야 用홀지니 例ᄒ 則 歷史科에 一年間 全體의
大要를 敎授홈은 容易치 아니호 故로 初期에는 直進法을 用ᄒ야
材料를 排列ᄒ고 後에 至ᄒ야 夏히 反復 敎授홈이 可홀지니 然호
則 大體上으로 圓周的 排列을 用호딕 其 循環의 時期에 對ᄒ야 斟
酌홈이 可ᄒ니라

第六章 敎材의 連關

　敎材를 如何히 適切ᄒ게 選擇홀지라도 其 排列이 得宜치 못호
則 其效가 無ᄒ고 又 各科 敎材의 排列 順序가 得宜홀지라도 異科
의 敎材와 互相의 結合이 完全치 못ᄒ면 其效가 亦無ᄒᄂ니 假令
甲의 敎授 事項은 兒童의 善히 了解ᄒ야 興味를 喚起ᄒ다가 次의
時間에 來ᄒᄂ 乙의 敎材가 前者와 關係가 少無ᄒ야 其 興味를 外
로 奪去ᄒᄂ 結果가 生호 則 兒童의 思想界는 徒自 亂雜 紛糾홀
뿐이라. 是以로 敎育上 敎材 相互의 結合 統一을 謀ᄒᄂ니 此是
敎育家의 統合 敎授法을 唱ᄒᄂ 所以니라. 然ᄒ나 此 統合法은 自
來로 諸家의 說이 不一ᄒ니 卽 칠너 氏와 如호 人은 中心 統合法
을 唱導ᄒ야 開化史的 階段의 理說에 據ᄒ야 心情的 敎科로써 中
心을 作ᄒ고 他敎科를 從屬的으로 統合코저 務ᄒ니 其 中心의 地
位에 在호 者는 歷史 宗敎로 以ᄒ니라. 又 린드너 氏와 如호 人은
字書的 統合法을 主ᄒ니 敎科를 字書의 體裁와 如히 먼저 大綱에

依ᄒ야 部門을 分ᄒ고 各部門의 中에 漸次 細密ᄒ 目을 置ᄒ며 敎材中 其 類似 聯關ᄒ 者를 結ᄒ여야 從은 主에 合ᄒ고 種은 類에 並ᄒ야 全體를 一 有機的 統一을 成ᄒ니 其 兒童에게 提供ᄒ기에 當ᄒ야는 包括的의 者를 先擧ᄒ고 漸次로 枝別ᄒ는 方法이니라. 此外에 又 스토이 氏는 繼續的 統合法을 唱ᄒ니 即 前述ᄒ 中心 統合法과 頗히 類似ᄒ 바가 有ᄒ 者라. 中心 統合法은 學校 全體의 年限間을 同一의 敎材가 中心의 地位에 常在ᄒ나 此는 異種의 敎材가 中堅의 地位를 交互相代ᄒ는 者니 假令 或時 期間은 歷史科가 中心의 地位에 在ᄒ고 他敎科는 此에 其 材料를 供給ᄒ다가 又 他時期에 至ᄒ 則 歷史는 主要되는 地位를 去ᄒ야 練習의 地位에 退去ᄒ고 他敎科에 讓ᄒ고 又 他敎科는 其 補助科가 되는 方法이라. 此外에 數多ᄒ 方法이 叟有ᄒ나 右 三者가 最히 重要ᄒ니라.

以上 三種의 方法은 各히 利害와 得失이 互有ᄒ야 今에 至토록 完全ᄒ 結合法은 尙且 未有ᄒ고 諸家의 論爭이 多ᄒ 則 到底히 成功키 難ᄒ도다. 盖 諸敎科는 各히 獨立의 價値가 有ᄒ고 其 敎授의 方法도 亦 特別의 進路가 有ᄒ 故로 其 進路를 障碍치 아니ᄒ고 其 固有의 價値를 十分 顯明흠이 敎授上 極히 必要ᄒ 바어늘 萬若 一敎科의 敎授를 關係가 最薄ᄒ 他敎科에 附從케 ᄒ려 흘진딩 是는 其 正順의 道路를 妨碍ᄒ고 內部의 連絡을 離析ᄒ야 其 敎科의 特別ᄒ 效果를 抑壓흠이 因ᄒ야 他敎科도 補益이 亦無ᄒ니 彼 筹術 及 博物 敎授의 貴ᄒ 所以는 倫理的 或 歷史的 敎授에 附從ᄒ기 爲흠이 아니오 又 十分 附從흠이 可ᄒ 者도 아니라. 然ᄒ 則 固有의 價値가 各有ᄒ 諸敎科를 主從의 關係가 有흠과 如히 作ᄒ며 又 或 混合ᄒ야써 各敎科의 自由活動흠에 障害가 有케 흘진딩 實로 敎材整理上 其宜를 未得ᄒ 者라 謂흘지니라.

然힌 則 各敎科를 互相 結合을 謀코져 힐진딕 반다시 次와 如힐지로다. 夫 各敎科 中에는 其 性質이 互相 類似힌 者와 又 互相 關係가 有힌 者가 不少힌 則 此等을 結合케 ᄒ면 다만 損害를 不生힐 쑨 아니라 戛히 巨大힌 利益이 有ᄒ니 假令 書法, 綴法, 讀法은 一根幹의 枝條와 如힌 者인 則 可及的 親密히 聯結케 ᄒ야 兒童으로 ᄒ야금 書ᄒ는 바를 讀ᄒ며 讀ᄒ는 바를 書ᄒ고 綴ᄒ며 其他 物體의 觀察과 言語 敎授를 聯結케 ᄒ야 兒童으로 ᄒ야금 實物을 見ᄒ는 同時에 其 名稱을 知케 ᄒ며 地理를 敎ᄒ는 同時에 兒童의 旣知힌 歷史的 事實을 談ᄒ고 歷史를 授ᄒ는 時에는 其 事實의 發生힌 土地를 敍述ᄒ며 筭術의 問題에는 地理 又 理科 中의 事物을 選ᄒ야 此를 解케 ᄒ야 如斯히 濟敎科를 連關 錯綜ᄒ야 一大團結을 成케 ᄒ면 庶幾히 其可힐지라. 然ᄒ나 此에 關ᄒ야는 深大힌 硏究를 不加ᄒ면 不可힌 바오 一朝一夕의 遽論힐 바가 아니로다.

雖然이나 敎育上 敎科의 結合은 極히 必要ᄒ니 今 其 利益되는 点을 擧힌 則 (一) 時間을 省略홈을 得ᄒ고 (二) 腦力을 經濟的으로 使用홈을 得ᄒ고 (三) 兒童의 理會力 及 信用心을 益深케 홈을 得ᄒ니 卽 此 學科에서 了解치 못힌 者를 他處에서 理會ᄒ며 又 他 學科에서 但히 聞ᄒ든 바를 此에서 實際에 應用홈이 有홈이오 (四) 兒童으로 ᄒ야금 興味를 深感ᄒ야 知識 收得에 對ᄒ야 自己 努力의 心을 益起케 홈을 得ᄒᄂ니 卽 兒童이 書法 敎授에 見힌 바가 讀本 中에 在홈을 知ᄒ는 時와 又 歷史 敎授에서 見힌 事가 地理 敎授에 學힌 市府에 生홈을 知ᄒ는 境遇에는 敎授에 對힌 興味와 注意가 自然히 愈篤홈이라. 然則 敎授上 各科의 結合은 深히 注意힐 바니 敎育當局者는 勿論 深思ᄒ려니와 敎科書의 編纂者도 請건딕 玆에 深鑒힐지어다

第七章 教授細目 及 日課表

凡何國이든지 敎育政務를 司혼 者는 恒常 敎科案의 主要되는 根基를 定ᄒᆞ야써 普通學校의 課程表를 製ᄒᆞ나 然ᄒᆞ나 是는 槪 其 一般의 大綱에 止ᄒᆞ는 者인 則 敎師는 其 範圍 內에서 以上 諸章의 論陳혼 바를 活用ᄒᆞ야 實際 敎授 細目을 編製홈이 必要혼지라. 今 其 編製上 注意홀 바를 略擧ᄒᆞ노라.

一. 全體의 敎材는 先此 各學年 又 其 學期에 適宜히 區分ᄒᆞ야 排定홈이 可ᄒᆞ니라

二. 敎科書의 順序를 無端히 變更홈은 不可ᄒᆞ나 敎材의 選擇上 得已치 못홀 境遇에는 敎科書 中 程度에 大差가 無혼 限內에셔 幾何變更을 加홈은 無妨호ᄃᆡ 맛당히 極頻極大히 變更치 마를지니라

三. 排定ᄒᆞ는 材料의 分量은 多에 失홈은 不可ᄒᆞ고 반다시 復習의 時間을 豫定ᄒᆞ야 餘裕가 有케 排定홀지니라

四. 鄕土의 關係로브터 敎科書를 補홈이 可혼 事項은 預其 分量을 定ᄒᆞ야 適宜히 排定홈이 可ᄒᆞ니 若夫 全國을 通ᄒᆞ야 敎科書가 一種되는 處에는 此 鄕土的 材料로 補充홈이 一層 緊要ᄒᆞ니라

此에 日課案에 關ᄒᆞ야 論ᄒᆞ건ᄃᆡ 課案은 一週間 又 一日內에 敎授홈이 可혼 敎材의 順序를 從ᄒᆞ야 其 分排의 分量을 示ᄒᆞ는 者를 云홈이니 凡 敎科는 難易의 度가 不一ᄒᆞ며 學徒의 活力은 時를 隨ᄒᆞ야 變化ᄒᆞ는 者인 則 敎材 性質의 難易혼 程度와 學徒 疲勞의 增減 狀況을 考察ᄒᆞ야 日課案을 整頓홈은 敎授上 一大 要務라. 今

其 注意홀 諸点을 左開ㅎ노라.

一. 思考를 要ㅎ며 又 心情의 興奮을 促ㅎᄂ 敎科ᄂ 兒童 心力이 新
鮮 活潑ᄒ 時 卽 午前에 置ㅎ고 午後에 人이 多少의 疲勞가 生ᄒ
則 身體의 鍛鍊을 主ㅎᄂ 敎科 卽 體操 手工 等을 課홈이 可홈이
라. 然ㅎᄂ 又 困難ᄒ 敎科를 午前에 悉集홈도 또ᄒ 不可ㅎ니 何
則코. 縱 其 午前은 前夜의 睡眠을 因ㅎ야 心力이 活潑ㅎ나 一時
에 思考를 多히 ㅎ야 長久에 過ㅎᄂ 時ᄂ 其 力이 永續치 못ㅎᄂ
니 是故로 敎育者ᄂ 次의 條件을 要히 注意홀지니라.

二. 心을 勞홈이 多ᄒ 敎科 後에ᄂ 반다시 此 校的 勞心홈이 少ᄒ 敎
科로서 繼ㅎ야 難易를 交互 要代홈이 可ㅎ니 盖 人은 一日의 何
時든지 一樣으로 心的 勞動을 堪치 못ㅎᄂ 者인 則 其 最 困難ᄒ
敎科ᄂ 兒童의 領會力이 最强ㅎ고 且 敎師의 活力도 亦 康健ᄒ
時에 敎授홈이 可ᄒ 故로 其 異種類의 數 敎科를 繼續ㅎ야 敎ㅎ
ᄂ 境遇에 困難ᄒ 者를 先ㅎ고 此 校的 容易ᄒ 者를 後ㅎ며 要히
困難ᄒ 者의 次에 又 容易ᄒ 者를 敎홈이 可ㅎ니 假令 四時間의
敎授 時間에ᄂ 第一 時間과 第二 時間의 難易의 程度를 第三 時
間과 第四 時間의 程度와 相等케 ㅎ야 第三 時間은 第二 時間보
다 幾分間 困難케 ㅎ야 勞心의 平均을 以得케 홀지니라. 且 心情
에 關ᄒ 敎科에ᄂ 特히 心이 新鮮 寧逸홀 時에 排定홈이 可ㅎ니
盖 長者도 或 時에 心의 狀態ᄂ 其 前時間의 行事와 關係가 多ㅎ
며 影響이 大ㅎ야 遊戲의 後에난 心은 極히 散亂ㅎ야 緻密ᄒ 思
考를 難爲ㅎ거든 況 兒童이리오. 然ᄒ 則 敎授者ᄂ 此를 極히 注
意홀 바라. 然ㅎ나 世間의 或者ᄂ 以爲호디 心의 勞動은 最少로
브터 始ㅎ야 漸次로 其 度를 强케 홈이 可ㅎ다 ㅎᄂ니 엇지 自然

에 反ᄒᄂᆫ 者가 아니리오.

三. 一週의 中에ᄂᆫ 前 三日에 同科의 敎材ᄅᆞᆯ 偏欹(편의)히 連續ᄒᆞᆷ은
極히 不可ᄒᆞ고 반다시 適當ᄒᆞᆫ 日을 隔ᄒᆞ야 週中에 滿遍히 排定ᄒᆞᆷ
이 可ᄒᆞ니 盖 如何ᄒᆞᆫ 敎材든지 二三日을 連續ᄒᆞᆫ 則 兒童의 記臆
及 興味ᄅᆞᆯ 減衰ᄒᆞᄂᆞ니라. 且 一日 內에도 同一 敎科ᄅᆞᆯ 二三 時間
에 連續 敎授ᄒᆞᆷ은 大 不可ᄒᆞ며 就中 下級의 兒童과 如ᄒᆞᆫ 者ᄂᆞᆫ 雖
一時間에도 同一 事物의 敎授ᄂᆞᆫ 其 倦怠心을 惹起ᄒᆞᆯ 憂慮가 有ᄒᆞ
니 敎師ᄂᆞᆫ 一時間 內에도 境遇ᄅᆞᆯ 隨ᄒᆞ야 一事로부터 他事에 移ᄒᆞ
야 新事物로써 再 其 注意ᄅᆞᆯ 奮勵케 호ᄃᆡ 恆常 兒童을 其 堪耐ᄒᆞᆯ
頂点ᄭᅡ지 緊張치 아니ᄒᆞᆷ을 要ᄒᆞᄂᆞ니라.

四. 身體ᄅᆞᆯ 猛烈히 使用ᄒᆞᄂᆞᆫ 敎科의 次에 微妙ᄒᆞᆫ 手腕을 要ᄒᆞᄂᆞᆫ 敎科
ᄅᆞᆯ 課ᄒᆞᆷ은 不可ᄒᆞ니 假令 體操의 後에 圖畵ᄅᆞᆯ 課ᄒᆞᆷ은 不適當ᄒᆞ며
又 遊戲로 大聲을 發ᄒᆞᆫ 後에 唱歌ᄅᆞᆯ 唱케 ᄒᆞᆷ도 不適當ᄒᆞ니라.

五. 兒童의 健康을 恆常 注意ᄒᆞᆯ지니 假令 正坐 傾聽을 要ᄒᆞᄂᆞᆫ 授業의
後에ᄂᆫ 起立을 要ᄒᆞᄂᆞᆫ 者ᄅᆞᆯ 置ᄒᆞ야 一 敎授와 次 敎授의 間에 心
을 休止ᄒᆞ기에 足ᄒᆞᆫ 休憩(휴게)ᄅᆞᆯ 與ᄒᆞᆯ지며 又 食事 前에 甚極ᄒᆞᆫ
心的 又 身體的 勞動을 避케 ᄒᆞ고 食後에ᄂᆫ 消化에 必要ᄒᆞᄂᆞᆫ 休
憩 時間을 與ᄒᆞ며 視力을 要ᄒᆞᆷ이 多ᄒᆞᆫ 者의 後에ᄂᆫ 此ᄅᆞᆯ 休ᄒᆞ기
에 足ᄒᆞᆫ 者ᄅᆞᆯ 實ᄒᆞᆷ이 可ᄒᆞ니라.

第八章 敎授의 階段

敎授의 材料ᄅᆞᆯ 旣已 選擇ᄒᆞ야 其 排列이 得宜ᄒᆞᆫ 後에ᄂᆫ 此ᄅᆞᆯ 敎

授上에 實行ᄒ야 兒童으로 ᄒ야금 其 事物을 完全히 理解 曉覺(효각)ᄒ야 써 其 所有를 作케 ᄒ고져 홀진딕 如何흔 順序를 依흠이 可홀가. 此 順序는 心理上의 法則을 基ᄒ야 行흠이 可흔 者니 盖 敎材의 性質과 兒童의 程度 及 敎授의 際에 生ᄒ는 特別의 事情에 因ᄒ야 敎授의 方法에 變化가 多大ᄒ나 然ᄒ나 其中에 스사로 一般을 通ᄒ는 一定의 法則이 存在흠은 心理學을 依ᄒ야 知得ᄒ는 바라.

今에 一般 心理學上에 吾人이 知識을 領得ᄒ는 法則을 據ᄒ는 時는 반다시 三階段을 經過ᄒᄂ니 卽 直觀 復現 思考가 是니 卽 直觀은 吾人이 感官의 媒介에 依ᄒ야 直接으로 外界의 物體를 感ᄒ고 次에 必意로써 間接으로 此를 知覺ᄒ야 把住ᄒ며 享受케 ᄒᄂ니 然흔 則 夏히 復現의 段에 及ᄒ야 其 物體의 形狀 性質을 內心에 止ᄒ야 비록 實物을 見치 아니ᄒ나 此를 心中에 復現흠을 得흠이라. 於是에 吾人은 能히 其 心中에 復現ᄒ는 者를 思考ᄒ야 夥多(과다)흔 物體의 形狀, 性質을 比較ᄒ야 抽象ᄒ고 綜合ᄒ야 其間에 存在흔 普遍의 眞理를 見出ᄒ야 써 他 事物에 應用ᄒ야 其 原因을 探ᄒ고 結果를 按흠을 得ᄒᄂ니 此는 近世 心理學이 비록 幼稚흔 境域을 不免ᄒ나 其 一般의 大體는 明瞭 確實ᄒ야 不可動홀 原則이라. 如是히 一定흔 原則이 有흠으로서 其 順序를 從ᄒ야 敎材의 同異를 不問ᄒ고 能히 形式的으로 敎授를 上進ᄒ는 <u>段階</u>를 定흠을 得ᄒᄂ니 此 事는 헐버트, 칠너 諸 大家의 大唱흔 바라. 然而 其 <u>階段</u>의 區別에 就ᄒ야는 各其 主張ᄒ는 心理學說의 差異가 有흠을 因ᄒ야 비록 同派 中의 人도 多少의 異見이 不無흔 則 此는 張皇히 論陳홀 暇隙(가극)이 無흔 故로 玆에 關如ᄒ고 唯 參

考에 供ᄒ기 爲ᄒ야 其 區別 名稱을 槪擧ᄒ면 卽 四段, 三段, 或 五段에 分ᄒ며 又 其 名稱도 相異ᄒ니라.

	헐버트 氏		칠너氏	
專心	明瞭(靜)	具體的 觀念	分析	
	聯合(動)		總合	
致思	系統(靜)	槪念的 觀念	聯合	
	方法(動)		系統	
		應用的 鍊習 方法		

	라인 氏		빌만 氏
一. 直觀	預備(第一段)	受納(第一段)	
	提示(第二段)	思考(第二段)	
二. 槩念	連結(第三段)	應用(第三段)	
	統括(第四段)		
三. 應用(第五段)			

如右히 諸說이 相異ᄒ되 其 原則에 至ᄒ야는 大差가 互無ᄒ나 然ᄒ나 玆에는 特히 라인 氏의 說을 據ᄒ고 一般의 心理에 依ᄒ야 說明ᄒ노니 是는 直觀이 無ᄒ 槩念은 空虛오 應用이 無ᄒ 槩念은 生命이 無ᄒ지라. 然ᄒ 則 必 先 直觀 知覺케 ᄒ고 次에 思考 理會케 ᄒ고 終에 實習을 加ᄒ여야 於是乎 敎授의 大體가 完成ᄒ얏다 可謂ᄒ지니라.

(一) 直觀의 階段: 凡 知識 發育의 基礎는 直觀에 在ᄒ니 盖 吾人은 實地의 經驗 知覺에 由ᄒ야 知識의 養料를 集ᄒ며 此 基礎에 由ᄒ야 其 遠隔ᄒ 바 實地 經驗ᄒ기 不能ᄒ 事項 及 虛形의 理를 了解ᄒ는 故로 敎授上 最初에 可爲ᄒ 바는 直接으로 實物을 觀察케 ᄒ며 又 模型, 繪畵 等을 示ᄒ거나 且 兒童이 이믜 直觀ᄒ 바를 結合

ㅎ야 言語로써 新事項을 傳흠에 在흔지라. 是以로 此 階段은 又 兩
段에 分ㅎ니 卽 預備와 提示가 是니라.

(甲) 預備: 新事項을 兒童에게 授흠에는 必 其 旣知흔 事項의 關係를
求ㅎ야 써 旣得의 舊觀念을 喚起ㅎ야 新觀念을 把住ㅎ는 基礎를
作成흠이 可ㅎ니 何者오. 新觀念은 <u>類化作用을 依ㅎ야</u> 受領흠을
始得ㅎ며 類化作用은 又 舊觀念을 必要흠이라. 是以로 新事項을
敎授홀 時에 其 舊觀念을 喚起케 ㅎㄴ니 此是 敎授上 預備라. 此
預備를 行흠은 材料와 境遇를 依ㅎ야 不一ㅎ니 或 前回에 授흔
바를 復習ㅎ야 其 知識으로써 今日의 預備를 作흠도 有ㅎ니 此
는 敎材가 昨今에 連續ㅎ는 境遇오, 或 其 新題目이 前回와 關係
가 疎隔(소격)ㅎ거나 又 關係가 全無흔 境遇에는 實物 標本, 地
圖 等에 據ㅎ거나 又 單히 言語로써 敎師가 學徒에게 問答的 敎
式을 行ㅎ야 써 舊時에 敎授흔 바를 覺케 ㅎ거나 又 經驗ㅎ야 知
흔 바를 答케 흔 後에 或 訂正ㅎ며 補綴ㅎ야 其 觀念을 一層 整
理 明確케 ㅎ야 將次 提示홀 新事實을 容易히 受領케 홀지니라.
(乙) 提示: 預備가 終흔 後는 兒童에게 新事實을 與ㅎㄴ니 此乃 提示
라. 敎授의 幹部가 되는 者니 此段을 <u>發問法</u>을 用흠이 亦可ㅎ나
敎師는 맛당히 主動者가 되야 動흠이 可ㅎ며 又 其 敎材도 適宜
히 分節ㅎ야 一時에 過多치 말고 節節히 順次로 敎授ㅎ야 明瞭
히 知覺흔 後에 叓히 全體를 統一ㅎ야 反復흠이 可ㅎ며 且 初에
는 外部, 表面의 形狀을 理會케 ㅎ고 次에는 內部, 裏面에 存在
흔 關係를 搜ㅎ야 反復, 銘記케 홀지니라. 然ㅎ나 提示의 方法은
敎材의 性質 及 兒童의 年齡을 隨ㅎ야 適宜히 斟酌흠이 可ㅎ고
一法을 固守흠이 不可ㅎ니 假令 下級의 童話는 繪畫를 示ㅎ면셔

說明ᄒ며 上級의 國語는 朗讀 又 講義ᄒ고 修身은 談話ᄒ며 理化學의 現象은 實驗ᄒ면서 講義ᄒ고 地理는 地圖에 依ᄒ야 說明홈과 如홈이니 要言ᄒ 則 此段은 可及的 <u>直觀을 務ᄒ야</u> 實物, 標本, 繪畫를 示ᄒ고 又 說話를 巧히 ᄒ야 實物, 實狀을 目睹ᄒ는 感이 有케 ᄒ며 且 注意홀 要件은 手帖 等에 記入케 홀지니라.

(二) 槩念의 階段: 吾人은 直觀의 基礎에 由ᄒ야 領得ᄒ 材料를 整理ᄒ고 其 關係를 考ᄒ야 其中에 存在ᄒ 理를 究ᄒ야 個個의 現狀을 一貫ᄒ는 法則을 覺ᄒ야 槩念을 得ᄒ기에 至ᄒᄂ니 此 階段은 夏히 兩段에 分ᄒ니 卽 連結과 總括이 是니라.

(甲) 連結: 提示에 因得ᄒ 新觀念은 此와 關係가 有ᄒ 舊觀念과 比較, 對照ᄒ야 分解 抽象ᄒ야 同異를 考ᄒ고 且 其間의 聯絡을 講究ᄒ야 各部 又 全體에 就ᄒ야 互相 連結케 ᄒ야 써 意識上의 融和를 成케 홀지니 盖 新觀念을 如何히 多與홀지라도 個個히 孤立홀진딕 是는 瓦礫(와력)의 堆積홈과 同홀 쑨이라. 故로 此段의 作用에 因ᄒ야 新舊 觀念의 異同 關係를 辨知홈을 得ᄒ고 仍ᄒ야 其間에 連鎖를 生ᄒ야 有用의 觀念을 成ᄒᄂ니라. 然ᄒ나 新舊 事項의 比較 連結은 或 預備 中 又 提示 中에서 行ᄒ는 事가 有ᄒ 則, 夏히 此段을 別置홈을 不要홀 境遇가 有ᄒ니 如此ᄒ 時는 强히 此段을 置ᄒ야 關係가 少ᄒ 者를 比較케 홀진딕 唯 時間을 徒費ᄒ고 兒童의 思想을 紊亂(문란)케 ᄒ는 無用의 事業에 不過홀 쑨이니라.

(乙) 總括: 類似ᄒ 新舊 觀念을 比較 抽象ᄒ 上은 一步를 進ᄒ야 此等의 要領을 統合ᄒ야 玆에 新槩念 又 法則을 作出ᄒ야 써 簡單ᄒ

表明을 成홈이 可ᄒ니 此段은 敎授上 極히 必要ᄒ 者라. 敎材의 理會ᄂ 唯 此를 俊ᄒ야 理會홈을 始得ᄒᄂ니라. 然ᄒ나 此段은 單히 槪念을 抽象ᄒ고 法則을 發見홀 쑨 아니오, 반다시 提示의 結果를 一括ᄒ야 簡明ᄒ 言語로써 表示ᄒ며 又 一個의 實例 及 標本에 就ᄒ야 見ᄒ 바를 其 所屬의 種類까지 廣히 推及홈이 可 ᄒ니 不然ᄒ 則 槪念 又 法則을 容易히 知得홈이 可ᄒ 者가 아닌 則 此段은 屢次 缺乏홀 쑨더러 特히 技能에 關ᄒ 事項에 至ᄒ야 ᄂ 模範의 指示와 鍊習 應用을 主홈이 兒童으로 ᄒ야금 觀察에 基ᄒ야 模倣的 鍊習과 應用을 重複ᄒ 後에 始覺ᄒᄂ 바가 有ᄒ ᄂ니 然ᄒ 則 敎育者ᄂ 맛당히 다만 形式에 拘泥ᄒ야 機械的 敎 授를 行치 마를지니라.

(三) 應用의 階段: 前段에 得ᄒ 槪念 又 法則을 他의 類似ᄒ 事項에 活用홈을 應用이라 云ᄒᄂ니 盖 吾人이 如何히 瞻富(쳠부)ᄒ 知識 을 貯藏홀지라도 此를 自手로 運用ᄒ야 實際에 適應ᄒ야 生活예 裨益홈이 無홀진듸 是ᄂ 死知를 有홈에 不過ᄒᄂ 故로 知識은 多 를 貴치 아니ᄒ고 唯 其 活動을 重히 ᄒᄂ지라. 是로서 敎授에ᄂ 應 用의 階段을 置ᄒ야 兒童으로 ᄒ야금 旣知旣得ᄒ 바에 基ᄒ야서 旣有ᄒ 者를 愈益確實케 ᄒ고 新得ᄒ 者를 愈益完全케 ᄒᄂ니라. 然而 此段의 方法은 亦 不一ᄒ니 卽 學科의 性質에 因ᄒ야 例言ᄒ 건듸 修身科에ᄂ 格言 或 道德上의 理法을 依ᄒ야 兒童으로 ᄒ야 금 個個의 適例를 發見케 ᄒ거나 又 敎師가 스사로 歷史 傳記 中으 로브터 個個의 事實 或 實際의 例를 提出 談話ᄒ야 兒童으로 ᄒ야 금 此를 批評 判斷케 ᄒ거나 又 或 兒童으로 ᄒ야금 如何ᄒ 境遇에 立ᄒ 者로 假定ᄒ고 其 處治의 方法을 講究케 홈이 可ᄒ며 言語科

에눈 文法上의 法則에 依ᄒ야 他 文章을 解釋케 ᄒ거나 又 他 文章의 誤謬를 正케 ᄒ며 又 新話句를 活用ᄒ야 作文을 作ᄒ거나 且 旣已 講讀ᄒ 바를 談話케 ᄒ며 筭術科에눈 其 法則의 實地의 賣買 貸借 等의 計算에 應用ᄒ며 理科에눈 其 原則에 依ᄒ야 新個의 動植物을 取來ᄒ야 其 何部類에 屬흠을 判斷케 ᄒ고 地理科에눈 記臆에 由ᄒ야 略圖를 描寫ᄒ거나 或 想像的 旅行을 爲케 ᄒ눈 等이 最히 有益ᄒ 錬習이라. 其他 技術에 關ᄒ 事項도 應用과 錬習을 主흠은 不言 自明ᄒ 바이니라.

以上에 論述흠과 如히 敎授上 階段에 五段의 順序가 有ᄒ 則 如何ᄒ 學校에든지 新知識을 與ᄒ눈 境遇에눈 皆 此 五段의 形式을 准據흠이 可흠은 勿論이라. 然ᄒ나 玆에 注意흘 바눈 五段의 順序눈 畢竟 理論的 又 形式的으로 模範的 敎授를 定ᄒ 者오, 特別의 境遇를 悉 皆 擧論ᄒ 者눈 아니니 卽 兒童에게 知識 技能을 授ᄒ눈 一般의 道를 示ᄒ 者라. 大凡 一般의 法則은 반다시 實地 特殊의 境遇에 悉皆 得當ᄒ 者눈 아니오, 實際의 境遇에눈 各個 特殊ᄒ 事情이 有ᄒ 故로 一般의 形式보다 多少의 取捨 斟酌을 置흠이 可흠이라. 然ᄒ 則 特殊의 境遇에 就ᄒ야눈 五段의 節次를 一一히 實地에 現ᄒ야 其 形式에 拘泥치 말고 唯 五段의 精神을 固守ᄒ야 行흠이 可흘 쑨이니라.

是已로 敎授에 善良ᄒ 者눈 五段의 順序를 오직 精神 中에 藏ᄒ고 實地에 活用ᄒ며 預先 不動의 階段을 立ᄒ야 如何ᄒ 境遇에든지 恆必 此를 墨守치 아니ᄒ고 隨時 取捨ᄒ야 或 五段 或 三段을 作ᄒᄂ니 盖 敎授의 目的은 畢竟 兒童으로 ᄒ야금 能히 知識 技能을 學習케 흠으로 爲主ᄒ고 五段의 順序눈 能히 此 目的을 達ᄒ기 爲ᄒ야 起ᄒ 者라. 然흠으로 理論的으로 最히 完全ᄒ 境遇에 就ᄒ

야 形式的으로 段階를 定홈인 則 苟 此 目的을 能達홀진딕 是 可
ᄒ니 何須 形式에 拘碍 牽掣(견체)ᄒ야 但히 方法을 墨守ᄒ고 其
方法을 忘却ᄒ리오. 然ᄒ나 敎師는 預先 個個의 境遇에 就ᄒ야 何
階段은 如何히 用홈이 可홈을 考定ᄒ고 又 其 用ᄒ는 階段의 必要
ᄒ 所以와 或 階段을 廢ᄒ는 理由 等을 明치 아니홈이 不可ᄒᄂ니
如斯ᄒ 然後에야 其 敎授는 能히 機械的 됨을 免ᄒ고 又 錯雜 無
規則에 陷홈을 免홀지니라.

　칠너 氏는 敎授의 諸 階段 外에 目的 指示의 必要를 唱ᄒ니 是는
敎授를 始ᄒ기에 當ᄒ야 敎授홀 事項을 前告ᄒ야 兒童으로 ᄒ야금
明瞭히 教師의 授코져 ᄒ는 바를 前知ᄒ야 各種의 雜念을 排除ᄒ
고 其心을 集合ᄒ야 舊觀念을 再生ᄒ고 期待心을 興奮ᄒ야 新動
作에 應홀 准備를 成케 ᄒ고 且 自動心을 鼓舞ᄒ야 目的에 到達홈
을 希望ᄒ는 者이 盖 人은 預期ᄒ 事에 因ᄒ야 頗(파) 其 認識을 明
瞭 迅速케 ᄒ는 者인 則 目的 指示는 卽 預期의 心을 喚起ᄒ야 써
敎授上 至大의 便을 與ᄒ며 且 目的의 不存ᄒ 바에는 意志가 無ᄒ
則 被敎育者로 ᄒ야금 敎科에 全力을 注코져 홈에는 必先 目的을
明示홈이 可홈이라. 故로 敎授의 際에 先 其 目的을 指示ᄒ딕 又
必 左의 諸点에 注意ᄒ여야 能히 善良ᄒ 效果를 收홀지니라.

(一) 目的 指示의 言語는 簡單ᄒ야 兒童의 了解ᄒ기 易ᄒ 者를 用
ᄒ딕 狹隘에 失ᄒ거나 又 廣博에 流ᄒ지 아니케 홈을 要홀지니라.
(二) 其 指示홈에 多言을 費ᄒ야 內容의 終局에 及홈이 不可ᄒ니
盖 目的 指示는 學徒의 旣有ᄒ 觀念을 喚起ᄒ야 敎授에 因ᄒ야 可
得홀 槩念을 明케 ᄒ기에 不過ᄒ는 者인 則 萬若 敎授의 終後에 兒
童의 始知홀 事項 又 抽象的 事項을 預告ᄒ거나 又 其 談話의 結果

를 述盡홀진딕 是는 敎授의 終局에야 被敎育者의 能히 到達홀 點을 其始에 未知의 槪念을 言及흔들 何等의 功效가 無홀 샢 아니라 反히 兒童의 敎授에 對흔 興味를 減殺ᄒ기에 不過홀 샢이니 何者오. 兒童은 敎授의 進行에 因ᄒ야 其 結果의 如何를 想像ᄒ고 興味를 大感ᄒᄂ 者어늘 其 始에 結果를 預知홀진딕 興味가 衰削홈에 必至홀지니라.

(三) 形式的에 流치 아니ᄒ고 具體的 內容을 有케 홈을 要ᄒᄂ니 假令 今日은 昨日의 連續이라 云홀진딕 形式的이로딕 若「昨日에 李舜臣이 龜船을 製흔 事를 終ᄒ얏거니와 今日은 李舜臣이 龜船으로써 如何히 日本兵을 防禦흔 事를 述ᄒ겟다」云ᄒ면 是는 具體的 內容을 云흔 者니라.

上述흔 바를 目的 指示에 當ᄒ야 常必 注意호딕 其 方式은 或 文章으로 以ᄒ거나 或 指導的 發問式을 用ᄒ거나 又 或 問題로 以ᄒ든지 是乃 當事者의 手段에 一任홀 바니라.

第九章 敎授의 方法

敎授의 階段을 旣定흔 則 其 各階段을 處置홈에는 如何흔 體裁에 依홈이 可홈을 硏究홀지니 此卽 敎授의 方式이라. 詳言ᄒ면 卽 學徒와 敎師間에 起ᄒᄂ 活動 關係를 指흔 者니 其 敎段과 異흔 点은 敎段은 精神 內部의 作用에 因ᄒ야 敎授 材料를 處置ᄒᄂ 方法이오 敎式은 實際에 敎授 材料를 外部에 處置ᄒᄂ 方法이니라.

敎式에 就호야는 種種의 區別이 有호나 大體를 括言호 則 其 取用호는 主義는 注入主義와 開發主義의 二者에 不過호니 注入主義는 何事를 敎호든지 敎師만 活動호야 或 說明호며 講演호고 學徒는 單히 受動的地位에 在호야 敎師의 注入호는 知識을 受容호는 者오, 開發主義는 學徒가 主動者가 되야 或 事項에 關호 知識을 스사로 考察 發明케 호고 敎師는 다만 學徒 知識의 開發을 補助홀 쑨에 在호 者라. 注入主義는 敎師의 講演에 專依호고 開發主義는 問答式을 專依호야 彼此가 全相 反對홈이 其 極端에 至호야는 得失이 互有호 則 正當호 敎式은 寧히 兩者를 折衷호야 利害를 相矯호며 得失을 互補호야 適當히 知識을 注入호고 又 適當히 知識을 開發홈이 可홀지니라.

然則 其 形式을 如何히 區別호여 實際에 應用홈이 可홈을 論究호건딕 敎段은 前章과 如히 五段으로 分호나 要言호 則 直觀의 階段, 思考의 階段 及 應用의 階段 三者에 歸호느니 今此 敎段 各個의 上에 可行홀 敎式을 列論호노라.

	直接의 直觀	… 指示 敎式	─目前 指示 敎式
			─目前 示範 敎式
一. 直觀段			─ 口述
	─間接의 直觀	… 敍述 敎式	─ 物語
	─ 名目의 理會	… 講演 敎式	─ 註釋 敎式
二. 思考段			─ 辯論 敎式
	─ 實質의 理會	… 發展 敎式	
	─ 知識의 確實	… 發問 敎式	
三. 應用段	─ 知識의 鍛鍊	… 課題 敎式	

(一) 直觀段에 關혼 敎式: 直觀의 階段에는 實物을 示호고 直觀케 호는 境遇(直接의 直觀)와 前에 直觀혼 者를 意識界에 實現케 호는 境遇(間接의 直觀)의 別이 有호니 直接의 直觀에 依호는 境遇에는 第一은 理科, 地理科 等에 實物, 標本, 圖畵를 示호는 境遇니 此를 目前 指示 敎式이라 云호고 第二는 體操, 唱歌, 手工 等에 模範을 示호는 境遇 卽 兒童의 目前에셔 或 事를 行호고 其 模範을 示호는 境遇니 此를 目前 示範 敎式이라 稱호니 兩者를 統括호야 指示 敎式이라 云호느니라.

間接의 直觀에 依호는 境遇는 若 其 敎授호는 바가 物의 狀態 又 土地의 狀形되는 時는 此를 口述호며 又 若 人의 行爲 或 動作되는 時는 此를 詳細히 物語로 홈이 必要호니 二者가 其히 口頭의 談話에 屬혼 故로 此를 敍述 敎式이라 稱호느니라.

右와 如히 直觀的 敎授는 直接 間接을 不問호고 其 敎式은 오직 兒童의 直觀에 依호야 敎授호는 바 物을 其 感官에 觸호야 確實혼 知覺을 得코져 目的홈인 則 實際上에 就호야 左의 諸点에 注意흘 지니라.

(一) 其 示敎호는 바는 반다시 實物을 用호야 兒童의 諸感官을 使用 호야 써 直觀케 홀지니 卽 目으로 호며 手에 觸호고 口로 嘗호며 耳로 聞호는 等 事를 許호되 唯 到底히 實物을 得호기 不能호거 나 又 物의 性質上 學校에서 現示호기 不能혼 時에는 模型物 及 繪畵를 用홈이 可호니라.

(二) 直觀케 홀 物體는 其 大小에 依호야 處置의 法이 相異호니 卽 極 大혼 者는 物體 所在地에 學徒를 率往호야 直觀케 홈이 可호고 小혼 者는 敎室內에 持來홈도 可호되 恆 其 物體는 一般의 學徒

가 同樣으로 觀察홈이 可혼 位實에 實홀지니 其 物體가 小ᄒ거
나 又 學徒가 多혼 境遇에ᄂ 物體를 兒童의 間으로 遞送(체송)ᄒ
거나 又 一時에 幾人式 觀察케 ᄒ야 可及的으로 近接케 홀지니
라. 但 圖畵 갓튼 者ᄂ 單히 見ᄒ야도 足혼 境遇가 有ᄒ니라.

(三) 實物을 示ᄒᄂ 境遇에 學徒의 注意를 集ᄒᄂ 必要로 言혼 則 其
物을 自初로 敎室 內에 顯實홈이 可ᄒ나 若 其 物이 極히 稀貴ᄒ
야 學徒가 其 物에 目과 心을 奪ᄒ야 敎授에 妨害가 될 憂慮가 有
혼 時에ᄂ 唯 其 必要를 因ᄒ야 突然히 此를 現示홈이 可ᄒ니라.

(四) 現示에 伴혼 敎師의 說明은 物體의 要点 及 其 知覺의 順序를 了
解ᄒ기에 足케 ᄒ며 又 兒童의 注意를 散亂케 아니ᄒ기 爲ᄒ야
敎師ᄂ 其 眼을 一度ᄂ 物體, 一度ᄂ 學徒의 上에 注홈이 可ᄒ니
若 但 物體만 注視ᄒ고 說明ᄒᄂ 時ᄂ 兒童은 放心 遊目의 弊가
生ᄒ기 易ᄒ니라. 且 時時로 敎授를 問答式으로도 ᄒ야 兒童으
로 ᄒ야금 自 其 觀察혼 바를 陳述케 ᄒ야 誤謬의 觀察이 有혼
時ᄂ 此에 注意를 加ᄒ야 서 矯正ᄒ고 又 一時에 多히 現示홈은
不可ᄒ고 必 其 一物에 對ᄒ야 十分 知覺홈에 必要혼 時를 與ᄒ
야 其 主要의 点을 遺漏가 업시 觀察케 홀지니라.

次에 示範 敎式에 就論ᄒ건ᄃ

(一) 敎師ᄂ 恆 必 模範됨이 可혼 價値가 有혼 者를 例示호ᄃ 徐緩히
行ᄒ야 明瞭히 知得케 홀지니 若 敎師가 身體에 障碍가 有ᄒ야
親自 善良혼 模範을 得示키 難혼 境遇에ᄂ 學徒 中에 最 鍊熟혼
者를 選拔 代爲케 홈도 可ᄒ니라.

(二) 模範을 示ᄒᄂ 同時에 說明을 加홈이 可ᄒ나 然ᄒ나 是ᄂ 簡短

(간단)ᄒ고 又 學徒의 模倣的(모주적) 擧動에 就ᄒ야 行ᄒ야 能
히 指導됨을 要ᄒᄂ니 若 其 模範을 示ᄒ기 前에 長大히 說明홈
은 甚히 不可ᄒ니라.

(三) 敎師ᄂ 學徒의 完全ᄒ 模倣를 要求홈이 可ᄒ니 卽 敎師ᄂ 맛당
히 學徒의 模倣的 擧動에 注意ᄒ야 其 不完全ᄒ 者가 有홀 時ᄂ
必 其 不當의 点을 矯正ᄒ고 模範을 再示ᄒ며 必要ᄒ 注意 說明
을 加ᄒ야 其 模倣가 得宜ᄒ기까지ᄂ 屢次 反複홈이 可ᄒ니라.

(二) 思考段에 關ᄒ 敎式: 思考에 關ᄒ야ᄂ 單히 名目쑨을 理會ᄒ
ᄂ 境遇 卽 實質의 理會와 其 裏面에 存在ᄒ 實質의 眞理 或 原則
을 總括ᄒᄂ 境遇 卽 實質의 理會의 二種에 分ᄒ니 假令 國語科에
文章으로 現ᄒ 바 言語를 理會ᄒ고 又 文章의 意味를 知ᄒ기에 止
ᄒ에ᄂ 境遇ᄂ 卽 名目의 理會니 此時에ᄂ 講演 敎式을 用홈이 可
ᄒ듸 若 其 字義 及 難解의 語句를 理會케 ᄒᄂ 時ᄂ 註釋 敎式을
用ᄒ고 本文의 意味를 理會케 ᄒᄂ 時ᄂ 辯論 敎式을 用홈이 可ᄒ
니 此를 共稱ᄒ야 講演 敎式이라 云ᄒ며 次에 實質的 理會ᄂ 假令
讀本에 就ᄒ야 文章의 意味를 一通 理會ᄒ 外에 其 文句의 裡에 藏
ᄒ 論理的 卽 文法的 關係 及 其中에 含ᄒ 眞理의 關係를 取出ᄒ야
其 原理原則을 知ᄒᄂ 類니 此ᄂ 旣有ᄒ 觀念에 新關係를 付與ᄒ
고 此에 根本的으로 含有ᄒ 一般의 原理原則을 開出홈이 可ᄒ 故
로 此를 發展 敎式이라 云ᄒᄂ니라.

今에 講演 敎式上 注意홀 要点을 擧論ᄒ건듸

(一) 凡 講演은 言語로써 ᄒᄂ니 盖 言語ᄂ 思想을 表出ᄒᄂ 手段이

라. 然ᄒ나 講演은 談話體로 行홈이 可ᄒ고 朗讀的으로 行홈은 不可ᄒ니 通常의 談話와 如히 平易혼 言語로 以혼 則 敎師ᄂ 能히 始終을 兒童을 注視ᄒ야 其 注意ᄒᄂ 바를 保持ᄒᄂ 便利가 有ᄒ나 然ᄒ나 其 談話ᄂ 반다시 預先 准備ᄒ고 敎場에서 忽地에 臨時 想起홈을 爲ᄒ야 時間을 多費홈이 不可ᄒ니라.

(二) 敎師ᄂ 明瞭ᄒ게 適度의 音聲으로써 談話홈이 可ᄒ니 縱 其 事物의 性質과 敎場의 廣狹 及 學徒의 多少에 由ᄒ야 音聲의 緩急과 高低의 別이 有 홀지라도 其 談話가 急速혼 時ᄂ 理會를 遲緩히 ᄒᄂ 兒童에 在ᄒ야ᄂ 極히 不適當홀 쑨 아니라 且 往往 發音의 不明瞭와 用語의 錯誤 等의 諸般 不良혼 結果가 生ᄒ며 時或 學徒의 笑를 惹起키 易혼 則 必須 徐緩히 淸麗혼 音聲으로 愼重의 態와 詳細의 意를 保持ᄒ며 特히 重要혼 處에ᄂ 十分 會得ᄒ기에 足혼 間隙(간극)을 置ᄒ야 正當혼 思想을 促進ᄒ며 感情을 興起케 ᄒ야 써 堅固 永久혼 印象을 留케 홀지니라. 然ᄒ나 但히 高聲을 發홈은 自然히 兒童을 不穩케 ᄒ고 只 其 注意를 散亂케 홀 쑨이며 又 敎師의 談話에 用ᄒᄂ 言語ᄂ 兒童의 模範이 되ᄂ 者인 則 話調의 野鄙홈을 近치 말고 文法上의 誤謬와 轉訛가 無케 홀지며 반다시 明瞭 爽快케 홀지니라.

(三) 講演에ᄂ 반다시 秩序가 有케 홀지니 事實의 前後 差異 及 對應의 不完全과 同樣의 事實을 屢度 反復홈은 共히 談話의 意義를 混亂케 ᄒ야 其 理解홈에 困難케 ᄒᄂ니라.

(四) 講演에ᄂ 반다시 段落이 有케 ᄒ고 一段落을 終혼 後에ᄂ 敎授의 形式을 變ᄒ야 問答式으로써 其 段落 中의 事物에 就ᄒ야 種種의 問을 發ᄒ야 兒童의 力을 試ᄒ고 叉히 兒童으로 ᄒ야금 一段落을 總括ᄒ야 述케 홈을 要ᄒᄂ니 其 段落의 範圍ᄂ 下級에

셔는 狹小케 ㅎ고 上級에 至ㅎ사록 廣大히 홈이 可ㅎ니라. 是乃 初에는 表面 名目上의 理會에 止ㅎ고 次에는 裡面 實質의 理會에 及홈이니 然혼 則 兒童은 最初브터 講演을 傾聽ㅎ야 倦怠 疲勞를 感홈이 少ㅎ고 且 其 聽ㅎ는 바를 確固케 홈을 能得홀 뿐더러 敎師도 亦 其 講演혼 바를 如何히 兒童이 理會홈과 又 其 如何혼 点이 兒童에게 困難홈을 能知ㅎㄴ니라.

(三) 應用段에 關혼 敎式: 應用段에 關혼 敎授는 旣得의 知識을 確實케 ㅎ는 境遇와 實際上의 活用ㅎ는 境遇가 有ㅎ니 此에 應ㅎ는 敎式은 課題 發問의 二式에 分ㅎ니 課題는 問題를 課홈이니 發問에 較혼 則 將且 複雜혼 者오 發問은 課題보다 短少혼 境遇를 云홈이라. 但 發問은 獨히 應用段에 用ㅎ는 者가 아니오 如何혼 段階든지 皆 使用ㅎ는 中 特히 發展敎式에 多用ㅎㄴ니라. 課題에 關ㅎ야 暫言ㅎ건딕 凡 課題는 學校에서 行ㅎ는 者와 宿題로 家에서 行ㅎ는 者가 有ㅎ니 要혼 則 兒童의 獨立 自動ㅎ는 氣分을 養ㅎ며 且 旣得혼 知識의 應用을 正確 迅速케 ㅎ며 又 宿題로서 學校 敎授 時間의 不足을 補ㅎ는 利益이 有ㅎㄴ니라. 今에 實際上 注意홀 바를 擧示ㅎ건딕

(一) 課題를 明瞭히 ㅎ야 兒童으로 ㅎ야금 其 要求ㅎ는 바 意義를 十分 知得케 홈이 可ㅎ니 是는 同樣의 課題를 曾己 授與홈이 少홈과 又 學徒의 幼少홈을 從ㅎ야 益多히 注意홀 바라. 故로 敎師는 課題를 提出혼 後에 兒童으로 ㅎ야금 反復 玩讀케 ㅎ며 又 例를 示ㅎ야 答홀 要点을 直觀케 ㅎ고 尙且 問을 發ㅎ야 全 學徒가 能히 其 眞義의 了解 與否를 確知케 홈이 可ㅎ니라.

(二) 課題는 兒童의 力에 適應홈이 可흔 則 雖 其 同一級에 在흔 兒童
을 ――히 應ᄒ기는 不可望의 事나 必 其 課題의 範圍를 廣濶케
ᄒ야 劣等者에게 多홈을 望치 말고 優等者로 ᄒ야금 十分 活動
홀 餘地가 有케 홀지니라.

(三) 課題는 兒童의 健康 及 其 家業의 如何에 因ᄒ야 斟酌홈이 可ᄒ
니 盖 小學校의 兒童은 社會 各種의 階級으로브터 會合홈이 一
例로 處理ᄒ기 難홀 쑨더러 又 貧民의 子弟는 自家에서 工夫홀
暇隙이 恆少흔 則 一般히 家에서 行홀 課題는 僅少히 홈이 可ᄒ
고 又 身體가 薄弱흔 兒童은 運動 休養의 機會를 可及的 多與홈
이 可홈을 勿忘홀지니라.

(四) 課題를 與흔 以上은 敎師는 必 其 境遇를 隨ᄒ야 兒童에게 課題
를 解홀 最良흔 方法의 大體를 指示ᄒ고 又 兒童으로 ᄒ야금 誠
心으로 從事ᄒ야 預定흔 時限內에 完全히 成就ᄒ고 答案은 順序
가 有ᄒ여 又 淸潔ᄒ게 作호딕 敎師는 其 答案에 對ᄒ야 愼重 詳
細히 審査ᄒ고 其 誤謬흔 点에는 印을 附ᄒ야 學徒로 ᄒ야금 自
己가 此를 訂正케 ᄒ며 又 或 親自 訂正홈도 可ᄒ니라.

次에 發問式에 對ᄒ야 論陳흔 則 發問의 目的은 一이 아니라.

(一) 吾人은 學徒의 旣得흔 知識을 試驗ᄒ기 爲ᄒ야 問을 發홈이라.

(二) 新事物을 敎授홀 際에 舊觀念을 惹起ᄒ며 又 整理ᄒ야 써 預備
를 作ᄒ기 爲ᄒ야 問을 發홈이라.

(三) 直觀的 事物 及 其他 複雜흔 事實을 分解ᄒ야 知覺을 正흔 方向
으로 導ᄒ야 漸次 眞理를 發展케 ᄒ기 爲ᄒ야 問을 發홈이라.

(四) 被敎育者에게 曾往 敎授흔 바를 複習ᄒ기 爲ᄒ야 問을 發홈이라.

如右히 發問式의 目的이 甚히 多岐혼 故로 又 其 功用도 亦 巨大ᄒᆞ니 敎育上 格言에 云혼 바 人이 若 發問式을 學校로브터 取去홀진딘 是ᄂᆞᆫ 世界에서 太陽을 取去홈과 同ᄒᆞ다 홈이 實로 誣言이 아니니 今에 發問式의 敎授上 及 與ᄒᆞᄂᆞᆫ 功益을 略示ᄒᆞ노라.

(一) 被敎育者의 注意ᄅᆞᆯ 一点에 集中케 홈을 可得홈이라.

(二) 被敎育者의 自動的 又 獨立的 精神을 促進ᄒᆞ며 興味ᄅᆞᆯ 奮起하야 스사로 學習을 勉勵케 홈을 可得홈이라.

(三) 被敎育者로 ᄒᆞ야금 敎授 材料랄 明瞭 確實히 理解홈을 可得홈이라.

(四) 敎師로 ᄒᆞ야금 被敎育者 個個의 理解力을 觀察ᄒᆞ고 各各 此에 應홀 處置ᄅᆞᆯ 取홈을 可得홈이라.

(五) 師弟間에 能히 思想을 交換ᄒᆞ야 兩間에 親切 愛慕의 情을 起ᄒᆞ며 又 學徒ᄂᆞᆫ 言語ᄅᆞᆯ 鍊習홈을 可得홈이라.

發問式의 功用이 如右혼 則 以上 諸功用을 完全히 得收코져 홀진딘 반다시 相當혼 注意ᄅᆞᆯ 要ᄒᆞᄂᆞ니 今에 注意홀 諸点을 略擧ᄒᆞ노라.

(一) 問을 發홈에 簡單明瞭홈을 主ᄒᆞ고 無用의 贅語ᄅᆞᆯ 不挾ᄒᆞ며 又 極히 迂回홈을 避ᄒᆞ야 文法上과 論理上에 共히 正實明瞭케 홀지니라.

(二) 一般 學徒가 能 皆 聽得홀 音聲으로 發音ᄒᆞ딘 兒童의 知치 못홀 言句ᄅᆞᆯ 避ᄒᆞ고 且 言語의 使用上 錯誤가 無케 홀지니라.

(三) 發問의 範圍ᄅᆞᆯ 定ᄒᆞ야 廣漠에 失홈이 無케 홀지니 卽 被敎育者ᄂᆞᆫ 必 其 思考ᄅᆞᆯ 敎師의 預期ᄒᆞᄂᆞᆫ 一点에 向ᄒᆞᄂᆞᆫ 者인 則 一問에

對ᄒ야 二個 以上의 答을 得爲ᄒ을 發問 及 又 二個 以上의 答을
要ᄒᄂ 바 發問은 務避ᄒ을지오, 且 虛僞의 問을 發ᄒ야 兒童으로
ᄒ야금 其 誤를 發見 又 矯正케 말지니 縱 或 一時에 利益이 有
ᄒ나 是ᄂ 一種 變則이라. 兒童이 屢次 如此ᄒ 境遇를 當ᄒ면 恆
常 敎師의 問을 疑ᄒᄂ 弊가 有ᄒ을지니라. 然而 敎師ᄂ 每 其 發
問ᄒ을 時에 其 答을 要ᄒᄂ 바 要点에 至ᄒ야ᄂ 特히 語氣를 一層
强固케 ᄒ야 써 兒童으로 ᄒ야금 問의 要點을 容易히 解得케 ᄒ
야 써 答을 導出ᄒ을지니라.

(四) 發問은 學徒의 思考 判斷을 喚起ᄒ기에 足ᄒ 者 됨을 要ᄒ을지니
難에 過ᄒ 發問은 學徒의 思考力을 萎靡케 ᄒ며 又 極易ᄒ 發問
은 學徒의 思考力을 鍊磨ᄒ기에 不足ᄒ 則 其 難易의 程度를 被
敎育者의 心力에 適應케 ᄒ을지니라.

(五) 發問은 然 又 否의 簡單ᄒ 語로써 得答ᄒ을 者ᄂ 用치 말지니 其
然ᄒ다 可答ᄒ을 發問은 所謂 肯定的 發問이오 否라 可答ᄒ을 發問
은 所謂 否定的 發問이니 假令 「此畵가 奇麗ᄒ냐」 又 「李舜臣은
忠臣이냐」 云ᄒᄂ 發問은 何等의 功效가 無ᄒ니 然ᄒ 則 敎師ᄂ
常 必 「何故로」, 「何를 爲ᄒ야」, 「如何히」의 等語로써 問을 發ᄒ을
이 可ᄒ니라.

(六) 多數의 兒童을 一時에 敎授ᄒ에ᄂ 問의 分配를 適宜히 ᄒ을지니
若 自始로 一兒를 指定ᄒ야 問을 發ᄒᄂ 時ᄂ 他 兒童 等의 不注
意를 招ᄒ을 慮가 有ᄒ이라. 大凡 敎授ᄂ 全級에 向ᄒ야 行ᄒᄂ 者
인 則 一般 兒童으로 ᄒ야금 問에 就ᄒ야 思考ᄒ야 何時든지 此
를 答케 ᄒ을 要ᄒᄂ 故로 敎師ᄂ 必 先 全學徒에 對ᄒ야 問을
發ᄒ야 其 思考ᄒ기에 適合ᄒ 少許의 時間을 與ᄒ고 能히 答ᄒ을
者ᄂ 手를 擧케 ᄒ 後에 指名ᄒ이 正當ᄒ니라. 然ᄒ나 時或 不擧

手ᄒᆞᄂᆞ 者도 指名ᄒᆞ야 答을 促ᄒᆞ야 其 思考를 誘動ᄒᆞ고 怠惰를 拒絶ᄒᆞᆯ지니라.

(七) 敎師ᄂᆞ 發問ᄒᆞᆯ 時에 學徒가 總히 此를 理會ᄒᆞᆷ을 審察ᄒᆞ기 爲ᄒᆞ야 恆常 學徒의 顔을 注視ᄒᆞ며 其 答의 語調를 注意ᄒᆞᆯ지니라.

凡 善ᄒᆞᆫ 問은 答을 要ᄒᆞᄂᆞ 者인 則 敎師ᄂᆞ 學徒의 答에 就ᄒᆞ야 硏究ᄒᆞ야 써 善히 答케 ᄒᆞᄂᆞ 術을 學ᄒᆞᆷ이 可ᄒᆞ니 今에 此를 三個의 境遇에 區別ᄒᆞ야 各其 注意ᄒᆞᆯ 点을 擧示ᄒᆞ노니 卽 答이 正實ᄒᆞᆫ 境遇, 答이 無ᄒᆞᆫ 境遇 及 答이 虛僞되나나 境遇니라.

(一) 答이 正實ᄒᆞᆫ 境遇: 學徒의 答이 外形 及 內容이 共히 正當ᄒᆞᆫ 時ᄂᆞ 敎師ᄂᆞ 通常 其 敎授를 進ᄒᆞ야 他事를 談ᄒᆞ며 他問을 發ᄒᆞ나 多數의 兒童을 一時에 敎授ᄒᆞᄂᆞ 時ᄂᆞ 唯一人의 理會로써 滿足히 知ᄒᆞᆷ이 不可ᄒᆞ니 盖 優等生의 答ᄒᆞᄂᆞ 바ᄂᆞ 劣等生이 理會ᄒᆞ기 不能ᄒᆞᆫ 者가 多ᄒᆞᆫ 則 如斯ᄒᆞᆫ 境遇에ᄂᆞ 敎師ᄂᆞ 優等生으로 ᄒᆞ야금 其答을 詳解 又 夏陳케 ᄒᆞ야 劣等의 生徒로 ᄒᆞ야금 可答케 ᄒᆞᆯ 手段을 用ᄒᆞ야서 一般의 了解를 進케 ᄒᆞᆯ지니라.

然而 其 答語ᄂᆞ 恆常 簡明ᄒᆞ며 各語가 明瞭 正確ᄒᆞ야 完全ᄒᆞᆫ 文章을 成케 ᄒᆞᆷ을 要ᄒᆞᆯ지며 且 其 答은 雖 正ᄒᆞ나 他人과 雷同ᄒᆞ든지 又 諳記的(암기적) 記臆 卽 機械的으로 發言ᄒᆞ고 十分 理會에 不出ᄒᆞᆫ 虞慮가 有ᄒᆞᆫ 時ᄂᆞ 敎師ᄂᆞ 問의 形을 變ᄒᆞ야 同事를 再問ᄒᆞ거나 又 答者로 ᄒᆞ야금 自己의 言語에 由ᄒᆞ야 其 答을 說明케 ᄒᆞᆯ지니라.

(二) 答이 無ᄒᆞᆫ 境遇: 兒童이 能答치 못ᄒᆞᄂᆞ 境遇에ᄂᆞ 或 暗示에 由

ᄒ며 或 問의 形을 變ᄒ야 其 答을 導出호ᄃᆡ 其 效가 尙無ᄒᆫ 時ᄂᆫ 此를 他兒에 移ᄒ고 다만 一兒에 止ᄒ야 敎授의 活氣를 無失ᄒᆯ지 며 若 他의 兒童이 共히 能答치 못ᄒᆫ 時ᄂᆫ 敎師ᄂᆫ 必自 反省ᄒ야 問의 形을 變ᄒᆯ지니라.

(三) 答이 虛僞되ᄂᆫ 境遇: 答이 不正ᄒᆫ 時ᄂᆫ 第一 其 內容의 虛僞와 第二 其 用語의 不當ᄒᆫ 二点에 注意ᄒᆯ지라. 答의 內容이 不正ᄒᆫ 時 ᄂᆫ 敎師ᄂᆫ 助言과 暗示로써 答者로 ᄒ야금 誤謬를 自覺ᄒ야 正當 ᄒᆫ 答을 想起케 ᄒᆯ지니 其 答은 雖 謬ᄒ나 思慮를 費ᄒᆫ 者에ᄂᆫ 勇 氣를 注入ᄒ고 罵詈(매리)의 言語나 冷笑를 加치 말고 其 信ᄒᆫ 바를 忌憚업시 盡言케 ᄒ고 不注意ᄒᆫ 者에ᄂᆫ 敎師의 問ᄒᆫ 바가 何됨을 明言케 ᄒ거나 又 他人의 答을 陳述케 ᄒᆯ지니라. 且 答의 形 이 不當ᄒᆷ은 下級의 學徒에 最甚ᄒᆫ 則 若 一一히 矯正ᄒᆫ 時ᄂᆫ 敎 授ᄂᆫ 殆히 前進ᄒ기 不能ᄒ니 其 初ᄂᆫ 最甚ᄒᆫ 誤謬를 矯正ᄒ고 高 級에 進ᄒ야 言語를 自由로 使用ᄒ야 其 用法이 正實明瞭ᄒᆷ을 期 ᄒᆷ이 可ᄒ며 若 其 語法에 誤謬가 有ᄒᆫ 時ᄂᆫ 其 答을 一層 明晰ᄒᆫ 言語로 變陳케 ᄒᆯ지니라. 然ᄒ나 若 其 全級의 兒童이 共히 誤答을 ᄒᆫ 時ᄂᆫ 彼 全級의 兒童이 共히 答을 能爲치 못ᄒᆫ 時와 同히 敎師ᄂᆫ 又 必 反省을 自加ᄒ야 誤謬를 自矯ᄒ고 發問의 形을 變更 ᄒᆯ지니라.

次에 問答의 體裁를 略述컨ᄃᆡ 此에ᄂᆫ 二種이 有ᄒ니 一은 一人 의 學徒를 指名ᄒ야 答케 ᄒᆫ 方法이오 一은 全級의 多數 學徒에 게 發問ᄒ고 一人의 學徒로 答케 ᄒᆫ 方法이라. 前者ᄂᆫ 各個 學 徒와 學力을 精密히 試驗ᄒᆷ을 得ᄒᆫ 利益이 有ᄒ나 多數의 學徒 를 敎授ᄒᆫ 際에 常行ᄒᆷ이 不可ᄒᆫ 則 <u>後者가 最히 多用ᄒᄂ니</u> 此

에는 二類로 又 分ᄒ야 一은 能答ᄒ 者로 擧手케 ᄒ고 其中에서 指名ᄒ야 答케 ᄒᄂ 方法이오 二ᄂ 全體에 發問ᄒ고 敎師가 隨意로 指名ᄒᄂ 方法이니 一의 境遇ᄂ 問答이 優等生에게 偏ᄒᄂ 弊가 有ᄒ고 二의 境遇에ᄂ 學徒의 欲望을 折ᄒ고 敎授의 活氣를 失ᄒᄂ 慮가 有ᄒ 則 敎育者ᄂ 반다시 實際의 境遇를 隨ᄒ야 適當ᄒ게 何 方法이든지 選擇ᄒᆯ지니 假令 新 敎材를 敎授ᄒᄂ 際에 學徒ᄂ 類化作用에 刺戟ᄒ 바가 되야 心意가 興奮ᄒ야 發言코져 自禁치 못ᄒᄂ 狀態에 至ᄒ 境遇에ᄂ 一의 方法에 依ᄒ야 學徒로 擧手케 ᄒ 後에 指名ᄒ고 若 又 複習의 境遇와 如히 全學徒가 旣皆 理會ᄒᆷ을 可得ᄒᆯ 時에ᄂ 敎師ᄂ 隨意 指名ᄒᆷ이 可ᄒ 則 二의 方法을 依ᄒᆯ지라. 然ᄒ나 敎師ᄂ 何 方法을 用ᄒ든지 恆常 坐 次의 順位에ᄂ 不依ᄒ고 或 前 或 後ᄒ야 其 何人에게 當ᄒᆯ지 預知치 못ᄒ야 心中에 皆 預備케 함이 可ᄒ며 又 困難ᄒ 問은 優等生에게 發ᄒ고 容易ᄒ 問은 劣等生으로 答케 ᄒᆷ이 可ᄒ니라.

第十章 敎授를 確實케 ᄒᄂ 方法

敎育者가 學徒에게 向ᄒ야 恆常 新事物을 敎授ᄒ야 其 知識을 瞻部케 ᄒ나 凡人은 其 一次 見聞ᄒᄂ 바를 悉 皆 完全히 記臆키ᄂ 不能ᄒ고 又 明確히 理會ᄒ기 不能ᄒ며 縱 或 理會ᄒ고 記臆ᄒ든 者도 久ᄒ 則 遺忘되기 易ᄒᄂ니 然ᄒ 則 敎師ᄂ 다만 日日히 新知識을 但히 授與ᄒ기만 務ᄒᆷ은 不可ᄒ고 又 必 其 敎授ᄒᄂ 바를 兒童이 善히 理解ᄒ며 記臆ᄒ야 써 敎授ᄒᄂ 知識을 確實케 ᄒ

는 方法을 取홈이 可훈지라. 此에는 三種의 法이 有호니 卽 諳誦, 齊唱, 複習이 是니라.

(一) 諳誦: 一定훈 事項을 表示훈 言語를 其形되로 記臆케 호는 者를 諳誦이라 稱호느니 盖 古時의 敎授法은 悉皆 暗誦을 爲主호야 其 弊害가 不少훈 則 今日에 至호야는 制限을 大加호나 全廢호기는 不可호니 盖 如何훈 學科든지 必 皆 暗誦훈 後에 其 效用을 始學홀 者가 有홈이라. 然호나 暗誦을 行홈에는 반다시 適宜훈 條件을 注意홈이 可호니라.

> (一) 諳誦케 홈이 可훈 者는 預先 理會케 홈이 可호니 盖 理會키 難훈 者는 記臆호기도 難호고 理會키 易훈 者는 記臆호기도 易훈 則 萬若 兒童에게 向호야 其 理會치 못호는 者를 機械的으로 記臆케 호면 是는 分寸의 效益 업시 兒童의 敎授에 對훈 興味를 枯槁호며 思考作用의 發達을 妨害케 호야 敎授가 아니오 虐政이니라.
>
> (二) 諳誦은 반다시 價値가 有훈 者에 限홀지니 卽 實地上 又 學術上에 共히 重要 有益호며 且 其 用語도 亦 模範的됨이 可훈 者를 選홀지니라.
>
> (三) 諳誦케 홀 者는 必 先 能讀호는 者 됨을 要홀지니 正훈 語調 及 發音은 記臆을 容易케 호느니라.
>
> (四) 敎師가 先自 暗誦호야 言語의 正實과 語調의 適宜홈으로써 學徒의 模範이 될지니라.
>
> (五) 諳誦케 호는 者는 叟히 言語로 述케 호되 或 個個의 學徒에 命호여 或 一齊히 述케 홈이 可호니라.
>
> (六) 諳誦은 반다시 其 本書의 重要 緊着훈 者를 其 形대로 暗誦케 홈

이 可ᄒ고 或 古時와 如히 俚語 又 詩句로 以홈은 不可ᄒ니 是ᄂ
盖 暗誦은 機械的되ᄂ 者인 故로 理會치 못ᄒᄂ 人이 或 有ᄒᆯ 慮
가 不無ᄒ거ᄂᆯ 若 復 當初에 敎師가 便利ᄅᆯ 爲ᄒ야 俚語 又 詩句
로 以ᄒᄂ 時ᄂ 其 眞意ᄅᆯ 失望ᄒᆯ 慮가 大有ᄒ니라.

(七) 一度 諳誦ᄒ 者ᄂ 屢次 反複홈이 可ᄒ니 盖 諳誦을 要홈은 重要
ᄒ 者인 則 此ᄅᆯ 失望홈은 決코 不可ᄒ니라.

(二) 齊唱: 齊唱은 一組 又全級을 一人과 如히 管理ᄒᄂ 者니 敎授
의 事項이 兒童의 旣知ᄒ 言語에 由ᄒ야 總括홈을 可得ᄒ기에 至
ᄒ 時와 又 一般 學徒가 總히 記臆홈의 可ᄒ 事項[卽 格言 等]에 到
達ᄒ 時에 行ᄒ고 又 下級의 學徒로 敎師의 言을 模倣ᄒ야 諳誦케
ᄒ야時나 又 地理 歷史 博物上의 新名稱 及 特質을 意識에 確印케
ᄒ려 ᄒᄂ 時 及 幼者의 怯心을 消却ᄒ고 敎授上의 變化ᄅᆯ 保持ᄒ
야 一事項을 特히 注意홈이 可ᄒ 者로 示ᄒᄂ 時에도 用홈이 可ᄒ
나 然ᄒ나 是ᄂ 精密ᄒ 鍊習에ᄂ 不適ᄒ 者인 則 鍊習上 主要의 方
法으로 使用홈은 不可ᄒ니라.

(三) 復習: 大凡 敎師의 敎授ᄒᄂ 知識은 學徒가 忘却치 아니ᄒ도
록 習得ᄒ야 何時던지 迅速히 應用홈을 得ᄒ기에 至홈이 可ᄒ나
其 知識을 堅固히 保持ᄒᄂ 與否ᄂ 最初 收得홈의 不完全에 由홈
이 大ᄒᆯ ᄲᅳᆫ더러 縱 其 完全히 收得ᄒ 者도 時日의 經過ᄅᆯ 隨ᄒ야
再次 想起ᄒ기 不能ᄒ 位地에 至홈은 心理上 不可免의 事니 然ᄒ
則 敎師ᄂ 다만 新히 知識을 授與홈이 不可ᄒ고 其 嘗 敎授ᄒ 바ᄅᆯ
學徒로 ᄒ야금 再次 觀察 思考ᄒ야 其 意識 內에 復現케 홈이 可ᄒ
니 此乃 復習이라. 復習을 行홈에ᄂ 又 必 下記ᄒ 諸條件에 注意ᄒ

지니라.

(一) 復習은 屢屢히 行홈이 可ᄒ니 卽 一事를 敎授ᄒ기에 當ᄒ야 曾己 授與ᄒ 事項 中에 預備됨이 可ᄒ 者를 復習케 ᄒ며 又 一敎授 時間에든지 一段落의 後에 其中의 事項을 反復ᄒ며 且 一章의 終後와 一定의 時期 後에 其間에 學習ᄒ 者의 大復習을 行홀지니라.

(二) 復習은 材料의 性質에 應ᄒ야 精密 又 繁簡히 홀지니 敎授의 事項이 異홈을 因ᄒ야 記臆에 難易가 有ᄒ지라. 具體的의 者ᄂ 抽象的의 者보다 記臆ᄒ기 易ᄒ며 興味의 濃(심)ᄒ 者 及 連關이 廣ᄒ 者ᄂ 興味의 薄ᄒ 者 及 獨立의 者보다 記臆ᄒ기에 易ᄒ 則 其 復習을 要홈도 比較的 僅少ᄒ니라. 又 重要ᄒ 敎科 及 一敎科의 主眼되ᄂ 處에ᄂ 반다시 兒童의 印象을 確實케 ᄒ기 爲ᄒ야 復習에 注意를 特히 大加홀지니라.

(三) 敎師ᄂ 敎材의 連結 統合ᄒᄂ 上에 復習을 利用홈이 可ᄒ니 卽 復習은 다만 曾 學ᄒ 바를 舊와 如히 叓陳홀 쑨으로ᄂ 不足ᄒ고 必須 異ᄒ 方法과 異ᄒ 形式으로 行홀지라. 假令 曾往讀ᄒ 바를 材料로 作ᄒ고 文을 作케 ᄒ거나 筭術의 復習으로 理科에 關ᄒ 事項의 計算을 運行케 홈과 如ᄒ니 盖 此等은 能히 倦怠를 防止ᄒ고 練習을 喜케 ᄒᄂ 效力이 有ᄒ니라.

(四) 敎師ᄂ 復習에 由ᄒ야 兒童의 力을 試ᄒ야 其 理會의 十分 明白치 못홈을 認ᄒᄂ 時ᄂ 直 其 完全ᄒ 理會에 必要ᄒ 例證, 說明 等을 用홈이 可ᄒ니라.

第四編 方法論 二

訓育論

第一章 訓育의 目的

訓育도 敎授와 共히 敎育의 目的을 達ᄒᄂᆫ 方法이니 其 目的이 專히 意志에 作用을 成ᄒ야 被敎育者에게 優美 快潤ᄒᆫ 氣風과 溫厚ᄒᆫ 感情 及 確堅ᄒᆫ 德性을 發育코져 홈이라. 叟言ᄒ면 被敎育者로 ᄒ야금 恆常 正義 善行으로 써 其 習慣 卽 第二 天性을 作ᄒ야 他日 社會에 出ᄒᆫ 後에 能히 身, 家, 國 及 社會에 對ᄒ야 忠實 有用ᄒᆫ 人이 되야 道德的 生活을 完成케 ᄒ려 홈이니라.

然ᄒᆫ 則 訓育은 結局 人의 意志를 鍛鍊홈에 在ᄒ니 斯 是 前編에 陳ᄒᆫ 바 敎授와 相異ᄒᆫ 바라. 訓育과 敎授의 關係ᄂᆫ 後에 讓ᄒ려니와 玆에 意志를 先論코져 ᄒ노니 是ᄂᆫ 從來 敎育家 等이 各其 心理上 主見이 相異ᄒᆫ 故로 訓育에 對ᄒᆫ 學說에 差異가 生ᄒ야 因

其 目的에 殊別이 有흔 故라. 然호나 張皇 論陳치 못호고 槪意만 略及호노라.

　或者는 人의 意志는 人의 觀念으로브터 派生호는 者라 論定호나, 然호나 現今 多數 學者의 見解호는 바는 意志와 觀念은 各히 別方面의 要素가 有흔 者라 云호느니 盖 意志가 分明히 心의 活動的 方面을 指호는 者로딕 單히 吾人의 身體의 活動을 起케 호는 바는 眞正흔 意志가 아니니 此를 明言호면 凡 吾人의 身體를 運動케 호는 起因은 種種이 有호야 其中에 自發 運動, 反射 運動, 感動, 衝動 又 本能 等이 有호니 自發 運動은 外部로브터 何等의 刺戟을 受흠이 업시 自發호는 運動이오, 反射 運動은 外部의 刺戟에 對호야 反射的으로 發호는 運動 機關의 無意識的 運動이오, 感動은 特別히 明白흔 目的이 업고 唯 外界의 刺戟에 對호는 感動이오, 衝動은 自身은 目的을 自覺흠이 업시 나 스사로 目的의 方面에 動흠이오, 本能은 卽 複褓흔 衝動의 運動이 或 目的에 適호는 者라. 如是히 此等이 皆 身體 運動을 起케 호며 又 或者는 目的에 自適흠도 有호나 然호나 是는 活動者 自身이 目的을 確立흠은 아니니 然흔 則 玆에 云호는 바 眞正흔 意志는 卽 思慮가 有흔 運動을 行호는 時의 心의 狀態니 叟言흔 則 無意識的 活動이 아니오 思慮의 結果로 生호는 運動이니라.

　敎育上 注意는 右述흠과 如호거니와 今 其 運動 次第의 大體를 略擧흔 則 神經의 中樞되는 腦髓가 或 命令을 發호야 運動神經에 傳호야 身體의 末端部를 動호는 反應을 生흠이라. 如是히 動作을 發흠에는 恆先 動機를 要호나니 動機는 卽 慾望이라. 盖 慾望은 現在의 狀態를 滿足타 아니호고 或種의 快樂을 求코져 호는 心의 作用으로 一個의 目的에 對호야 努力호는 者로딕 其 慾望이 眞正

흔 意志를 成홈은 吾人의 動機되는 慾望이 時或 數種이 同時에 幷
現ㅎ는 際에 此를 選擇ㅎ야 一 目的을 定ㅎ고 又 其 目的 貫徹ㅎ
는 手段을 覓出ㅎ야 始乃 身體를 活動케 ㅎ는 心의 狀態에 在ㅎ니
라.

且 知識과 思慮가 意志의 上에 巨大흔 關係가 有ㅎ나 完全흔 意
志를 作出홈은 單히 知識의 授與쑨으로 不能ㅎ며 其 必 此를 實行
ㅎ며 活動케 홈이 可ㅎ니 盖 敎授에 授與ㅎ는 知識은 直接으로 被
敎育者에게 意志 成立의 基本에 不過ㅎ고 其 意志를 眞正히 成立
홈에는 間接으로 影響을 加홀 쑨인 則 敎育의 目的은 다만 敎授로
由ㅎ야 盡ㅎ기 不可ㅎ고 同時에 被敎育者 實際의 行動上에 直接
으로 規定ㅎ며 誘導ㅎ야 써 意志 遂行의 鍊習을 作ㅎ야 知識을 正
當히 活用케 홀지니 要컨딕 訓育은 活動的 方面의 意志를 修養ㅎ
는 事라 謂홈이 可ㅎ니라.

然則 意志를 鍊習홈은 卽 知性의 命令에 依ㅎ야 感情 又 慾望을
能히 制止ㅎ고 正當히 活動케 홈이 必要ㅎ니 簡言흔 則 自主自律
ㅎ야 從心所欲不踰矩의 境域에 至홈이 可홈이라. 然ㅎ나 大凡 物
은 順序가 有흔 則 此 境에 超至ㅎ기 不能ㅎ니 其初에 在ㅎ야는
不知不識間에 心身의 活動이 此에 慣熟케 흔 然後에 漸次로 其 無
意識的의 活動을 有意識的으로 自律케 홈에 導홈이 可ㅎ니 斯 乃
訓育의 能事니라.

此 夫 意志의 鍊習은 品性의 陶冶를 成ㅎ는 所以니 所謂 品性은
其用義에 廣狹이 有ㅎ야 廣義로 言흔 則 吾人에 存흔 特性의 点을
云홈이나 狹義로 言ㅎ면 意志의 習慣이라. 是以로 品性이 成立흔
人은 常習的으로 一定흔 方向에 一定흔 目的에 達코져 ㅎ는 特徵
이 有ㅎ야 意志가 首尾不相變ㅎ야 如何흔 境遇에 處ㅎ든지 如何

히 世潮 時論에 變遷ᄒ든지 確然히 所守가 有ᄒ야 矻然(골연)不動
ᄒ나니 果然홀진딩 意志의 鍊習은 品性을 作出ᄒ고 訓育은 道德
的 品性을 確立ᄒᄂ 바 敎育의 直接 方便이니 要言ᄒ면 意志를 鍊
習ᄒ야 此에 道德的 習慣을 賦與ᄒ고 結局은 道德主義에 依ᄒ야
生活을 指導ᄒᄂ 者니 訓育의 責務와 訓育의 目的이 엇지 巨大치
아니ᄒ리오.

第二章 訓育과 他 敎育 方法의 關係

第一節 訓育과 敎授의 關係

世間에 敎授와 訓育을 混同ᄒᄂ 者가 多ᄒ야 以爲호딩 敎授를
善히 ᄒᄂ 敎師ᄂ 同時에 學徒를 善히 訓育ᄒᄂ니 卽 敎授가 巧ᄒ
故로 學徒ᄂ 自然히 熱心으로 其業을 受ᄒ야 勤勉忠實ᄒ게 學科
에 從事ᄒ 則 其 學徒로 ᄒ야금 熱心 勤勉 忠實케 홈이 訓育의 目
的이 아니오. 何인가 云ᄒ나니 此亦 一理가 不無ᄒ도다마ᄂ 大凡
如何ᄒ 物이든지 道理를 講究홈에 區別홈이 可ᄒ 方面으로브터
精細히 可成的으로 分析ᄒ야 錯雜ᄒ 바를 明白히 解釋홈이 可ᄒ
지라. 是以로 敎育을 論홈에도 其 講究의 便利를 爲ᄒ야 思想界에
作用ᄒᄂ 方面과 意志에 作用ᄒᄂ 方面을 區別홈이니 然則 敎授
와 訓育은 實로 同一ᄒ 者가 아니니라.

然ᄒ나 若 夫 實地에 事를 處홈에ᄂ 又 可及的으로 他 方面의
事物을 總合ᄒ야 調和 統一ᄒ 然後에야 社會의 實狀에 應홈을 始

得ᄒᄂ니 是故로 善良ᄒ 敎師ᄂ 兒童을 敎授ᄒᄂ 時에 訓育의 事를 兼行ᄒ다가 敎育의 實效를 以奏케 ᄒᄂ지라. 是에 由ᄒ야 論者ᄂ 實地 處辨的 方面으로브터 觀來ᄒ야 敎授 訓育 關係가 密接홈을 見ᄒ고 如右히 言홈이라.

然ᄒ 則 訓育과 敎授의 關係ᄂ 極히 密接ᄒ야 訓育의 目的은 獨히 訓育 自身ᄲ으로ᄂ 能達치 못ᄒ고 반다시 善良ᄒ 敎授에 由ᄒ야 其 思想界를 豐富케 ᄒ야 善惡 正邪의 別을 示ᄒ고 道德 實行의 法을 示홈이 아닌 則 到底히 完全ᄒ 功效를 可收치 못홀지라.

如右히 訓育이 다만 敎授의 資助를 待홀 ᄲ 아니라 又 敎授도 訓育의 影響을 受홈이 多大ᄒ지라. 玆에 訓育이 敎授에 及ᄒᄂ 效果를 左示ᄒ노라.

(一) 訓育은 敎授에 必要ᄒ 規律을 保持케 ᄒᄂ니 盖 敎授의 結果로 ᄒ야금 有功케 홈에ᄂ 被敎育者로 ᄒ야금 一定의 規律에 服從케 홈이 必要ᄒ야 萬若 此 規律이 無ᄒ 時ᄂ 被敎育者의 學習ᄒᄂ바ᄂ 單히 放縱亂雜ᄒ고 遂 其 精神에 何等의 功效도 不留홀지니 其 敎授에 必要ᄒ 一定의 規律을 保ᄒᄂ 所以ᄂ 實로 訓育의 任務니라.

(二) 訓育은 敎授의 任務를 完成ᄒ야 其 重要ᄒ 部分을 形成ᄒᄂ니 敎授ᄂ 被敎育者의 思想界를 陶冶ᄒ야 道德的 槪念을 形成케 ᄒ고 且 道德 實行의 方法을 指示ᄒᄂ 者나 此 重大ᄒ 敎授의 任務ᄂ 訓育을 由ᄒ야 完成홈을 可得ᄒᄂ니 詳言ᄒ 則 訓育은 道德 敎授의 最 必要ᄒ 實際的 應用의 部分을 形成ᄒᄂ 者라. 何則고. 訓育은 被敎育者로 ᄒ야금 敎授에 由得ᄒ 道德的 槪念을 實際的 行爲의 轉

케 ᄒᆞᄂᆞᆫ 者니 是로브터 善惡 正邪의 觀念을 一層 明瞭確實히 印象
케 ᄒᆞᆷ일시라. 然ᄒᆞᆫ 則 道德 及 道德 實行에 關ᄒᆞᆫ 知識을 與ᄒᆞᄂᆞᆫ 任
務ᄂᆞᆫ 다만 修身 敎授쑨으로 能히 完成치 못ᄒᆞ고 다시 訓育을 待ᄒᆞ
여야 비로소 完成ᄒᆞᄂᆞ니라.

第二章 訓育과 養護의 關係

凡 敎育은 被敎育에 對ᄒᆞ야 施ᄒᆞ며 又 敎育의 方法은 一種이 아
니니 然則 敎育의 方法上 最히 重要히 視ᄒᆞᆯ 者ᄂᆞᆫ 卽 養護니 養護
ᄂᆞᆫ 被敎育者의 身體와 精神을 健全케 ᄒᆞ야 써 敎育者의 施ᄒᆞᄂᆞᆫ 敎
育이 其功을 完成케 ᄒᆞᄂᆞᆫ 者라. 然ᄒᆞᆫ 中 訓育과 養護의 關係ᄂᆞᆫ 實
로 極히 親密ᄒᆞ야 根元的 關係가 有ᄒᆞ니 何者오. 人의 身體ᄂᆞᆫ 萬
事의 本이오 萬事ᄅᆞᆯ 善良히 做去ᄒᆞᆷ은 道德을 必資ᄒᆞᆷ이니라.

大抵 身體 養護의 方法을 盡ᄒᆞᆷ에ᄂᆞᆫ 다만 身體의 健全을 得ᄒᆞᆷ에
不止ᄒᆞ고 其 結果ᄂᆞᆫ 卽 精神生活에 及ᄒᆞ야 快活, 剛毅, 果斷, 忍耐
等 諸德의 完成을 促進ᄒᆞᄂᆞᆫ 資料됨을 爲ᄒᆞᆷ이니 萬若 身體의 發達
로 十分 完全치 못ᄒᆞᆯ진딕 비록 如何히 訓育的 方法을 盡ᄒᆞ야 其
目的을 貫徹코져 ᄒᆞᆯ지라도 能히 完全ᄒᆞᆫ 陶冶ᄅᆞᆯ 施치 못ᄒᆞ야 써 凡
百의 義務ᄅᆞᆯ 實行ᄒᆞᄂᆞᆫ 方便을 失ᄒᆞᆯ지니 然ᄒᆞᆫ 則 身體 養護의 任務
ᄂᆞᆫ 又 實 訓育의 目的을 完成ᄒᆞᆷ에 不可缺ᄒᆞᆯ 事니라.

且 身體 養護의 目的을 達코져 ᄒᆞᆷ에도 亦 其 精神은 반다시 訓
育을 受ᄒᆞᆫ 者 됨을 要ᄒᆞᄂᆞ니 盖 身體 養護의 目的을 達ᄒᆞᆷ에 必要
ᄒᆞᆫ 方法은 其 自己 道德에 關係됨이 最大ᄒᆞ며 自己 道德은 訓育이

아니면 實現홈을 不得ᄒᄂᆫ 者인 則 養護上 訓育의 影響이 極히 多
大홈은 多辯을 要치 아니홀 바니라.

第三章 抑制와 誘導

教育 以外에 人心에 影響을 加ᄒᄂᆫ 者가 不少ᄒ니 然則 教育上
에ᄂ 恆 其 善良ᄒᆫ 者ᄂ 利用ᄒ고 不良ᄒᆫ 者ᄂ 遠避홈이 可ᄒᆫ지
라. 況且 兒童은 其 經驗界가 極히 狹小ᄒ야 其 智力으로ᄂ 善惡
正邪ᄅᆯ 認識 鑑別ᄒ기 不能ᄒ면서 往往히 肉體的 感情 及 自然的
衝動은 其 理性的 意志ᄅᆯ 壓伏ᄒᄂᆫ 弊害가 有홈이리오. 是以로 訓
育에 在ᄒ야ᄂ 其 惡ᄒᆫ 者ᄂ 抑壓ᄒ고 善ᄒᆫ 者ᄂ 多動ᄒ야 益多히
發達케 홈이 是可홀 ᄲ뿐이니 此ᄅᆯ 㪅言ᄒᆫ 則 兒童의 外圍의 惡ᄒᆫ
影響 及 其 內部의 惡ᄒᆫ 萌芽ᄅᆯ 抑制ᄒ고 外圍의 良ᄒᆫ 狀態 及 其
內部의 善ᄒᆫ 傾向을 誘導ᄒᄂᆫ 者의 二種에 不過ᄒᄂ니라.

然ᄒ나 抑制 及 誘導ᄂ 實로 嚴密히 區別키 難ᄒᆫ 者니 何者오.
苟 抑制ᄅᆯ 不行ᄒᆫ 則 誘導ᄒ기 難ᄒᆫ 故로 不良의 性을 抑制ᄒᄂᆫ
良法은 善ᄒᆫ 性을 誘導홈에 在ᄒ니 然ᄒ 즉 訓育上 此 兩方面을
相依相助ᄒᆫ 然後에야 其 效ᄅᆯ 始奏홈이 實際에 決코 分離홈이 不
可ᄒᆫ 者니 教育者ᄂ 唯 兒童의 生長ᄒᄂᆫ 時期에 應ᄒ야 多少 斟酌
[斟酌의 오타로 추정]을 行ᄒ기에 不過ᄒ니라.

是以로 訓育의 目的을 達홈에 當ᄒ야 教育者의 注意홀 要件을
擧ᄒᆫ 則 二個가 有ᄒ니 一은 被教育者로 ᄒ야금 從順케 ᄒᄂᆫ 事
오, 一은 被教育者로 ᄒ야금 道德的 自由ᄅᆯ 得케 ᄒᄂᆫ 事니 左에

玆히 分論ᄒ노라.

(一) 被敎育者로 ᄒ야금 從順케 ᄒᄂᆫ 事니 皆 被敎育者의 思想界ᄂᆫ 尚 甚 狹少ᄒ야 其 智識은 正邪의 何者됨을 辨識ᄒ기 不能ᄒ고 又 道德 實行의 方法을 認知ᄒ기 不能ᄒ며 其 意志ᄂᆫ 尚且 發達치 못 ᄒ야 理性的 方向을 缺乏ᄒ니 萬若 此를 放任할진ᄃᆡ 其 結果ᄂᆫ 自 然的 衝動이 其力을 逞(령)ᄒ고 理性的 意志ᄂᆫ 壓伏을 被ᄒ야 遂乃 成長ᄒᆫ 后에 善을 知ᄒ나 能行치 못ᄒ고 惡을 知ᄒ나 能避치 못ᄒᆯ 지니라. 然ᄒ나 兒童은 又 其心이 蒙昧ᄒ야 直接으로 影響을 加키 亦難ᄒᆫ 則 敎育者ᄂᆫ 此時를 乘ᄒ야 被敎育者로 ᄒ야금 其 意志의 向ᄒᄂᆫ 바를 知케 ᄒ기 爲ᄒ야 自己의 心으로써 幼者의 內心을 管 理ᄒ며 幼者의 行爲를 規定ᄒ야 善惡邪正의 標準이 되고 道德實行 의 方途를 明ᄒᄂᆫ 客觀的 法則이 되야 幼子가 能히 此 標准과 法則 에 從ᄒ야 行動ᄒ면 於是乎 幼者의 從順ᄒᄂᆫ 習慣이 成立ᄒᆷ이니 外部的 意志에 從順ᄒᄂᆫ 習慣은 將來 眞正ᄒᆫ 內心 自由의 域에 達 ᄒ야 自己의 主觀的 標准에 從ᄒ야 獨立으로 正善의 行動을 行ᄒ 기 至ᄒᆯ지라. 然而 此 習慣을 養成ᄒᆷ에ᄂᆫ 恆常 不良의 事情에 還케 ᄒ야 其 榮養 運動 等에 注意ᄒ야 써 其 衝動의 發ᄒᄂᆫ 바 不良의 点을 抑制ᄒᆷ이 可ᄒ니 盖 幼兒ᄂᆫ 其 長成ᄒᆷ을 漸隨ᄒ야 其 本性上 으로브터 自己를 周圍의 成人에 向ᄒ야 其 成人과 如히 觀察ᄒ며 意志코져 ᄒᄂᆫ 傾向이 有ᄒ니 此 正動 植物이 其 生長ᄒᄂᆫ 土地에 適應코져ᄒᄂᆫ 衝動이 有ᄒ야 其 土色을 帶ᄒᆷ과 同ᄒᆫ 者라. 是以로 敎育者ᄂᆫ 兒童의 此 模倣的 衝動을 利用ᄒ야써 善良ᄒᆫ 習慣을 養 成ᄒᄂᆫ니 故로 習慣은 訓育의 初階段이라. 卽 此로브터 進ᄒ야 道 德的 規則에 自由로 服從ᄒ야 品性을 鞏固케 ᄒᆷ에 達ᄒᄂᆫ 者인 故

로 古人의 言에 云호딕 人類의 幼時에 受혼 印象은 極히 緊切혼 者라. 幼時의 感覺은 容易히 印象되며 幼時에 學혼 事物은 永久히 保存되고 且 幼時에 習熟혼 事物은 性情의 一部로 漸次 化成ᄒᄂ니 吾人은 幼時에 善을 習홈이 可ᄒ고 惡을 習홈이 不可ᄒ다 ᄒ니라.

然ᄒ나 兒童은 又 一種 特性이 有ᄒ니 卽 自己를 主張ᄒᄂ 心이 是라. 幼少의 頃으로브터 自己의 上에 他勢力을 感홈이 無ᄒ고 恆常 其 慾望을 充滿ᄒᄂ 者ᄂ 惡習慣을 馴性ᄒ야 萬般의 物은 皆 自己를 爲ᄒ야 存在홈과 如히 思考홈이 人의 利害ᄂ 不顧ᄒ고 自己를 中心으로 作ᄒ야 他人을 輕侮ᄒᄂ니 此等의 兒童은 恆常 上流社會에 祖父母 及 母의 手에 生長혼 者로 慈愛가 過渡혼 者에 生ᄒ야 轎傲自高홈에 恰然히 驕兵이 將令을 不從홈과 同ᄒ니 於是에 敎育者의 利用ᄒᄂ 模倣的 衝動은 此 性癖의 奪去혼 바 되야 敎育作業에 妨害됨이 極大혼 則 此 性癖을 矯正치 아니ᄒ면 從順의 習慣을 得致키 誠難ᄒᆯ지니 是故로 敎育者가 兒童의 邪惡에 對ᄒᄂ 傾向에 對ᄒᄂ 抑制ᄂ 決코 寬柔홈이 不可ᄒ니라. 然而 此 惡傾向을 助長홈과 又 制止홈에 最히 有力혼 者ᄂ 母가 是인 則 兒童의 母되ᄂ 者ᄂ 極히 注意ᄒᆯ지니 母ᄂ 助長ᄒ고 師ᄂ 制止ᄒ면 恰是 十寒一曝니 何等의 利效가 生ᄒ리오.

(二) 被敎育者로 ᄒ야금 道德的 自由를 得케 ᄒᄂ 事니 盖 人은 元來 單히 外部的 意志에 由ᄒ야 行動홈으로 滿足타 홈이 不可ᄒ고 반다시 自進ᄒ야 外部的 規範을 脫ᄒ고 自己 內心의 自由로 道德的 價値가 有혼 行爲를 行홈이 可혼 者니 此 卽 自律이라 稱ᄒᄂ 者라. 自律이 乃 訓育의 終務니 前述혼 習慣은 卽 自律에 對ᄒ야 預備가 되ᄂ 者라. 敎育者가 兒童에 對ᄒ야 求ᄒᄂ 바ᄂ 其起홈이 不可혼 感情이 起ᄒᆯ 時에 能히 自克自制ᄒᄂ 抵抗力이 有ᄒ야 喜怒

를 愼ᄒᆞ고 情慾을 抑ᄒᆞᄂᆞᆫ 心이 有ᄒᆞᆷ에 在ᄒᆞᆫ지라. 是以로 敎授에 因ᄒᆞ야 其 思想界가 漸次 豊富ᄒᆞᆫ 時ᄂᆞᆫ 敎育者ᄂᆞᆫ 訓育을 行호ᄃᆡ 兒童이 能히 自力으로 善惡 正邪를 辨別ᄒᆞ고 自力으로 其 實行의 方法을 覺知ᄒᆞ야 自家의 意志를 自由로 遂行ᄒᆞᄂᆞᆫ 能力이 生ᄒᆞ게 ᄒᆞᆯ지니라.

自律的 訓育의 能行ᄒᆞᄂᆞᆫ 時ᄂᆞᆫ 成年期에 至ᄒᆞ여야 可望ᄒᆞᆯ 者니 敎育者가 兒童에 向ᄒᆞ야 目的을 一定ᄒᆞ고 其 意志에 一定의 方向으로 示與ᄒᆞᆯ 時에 兒童의 性質이 良好ᄒᆞ며 又 其 習慣이 成就ᄒᆞ고 又 善良ᄒᆞᆫ 環界에 存ᄒᆞᆯ진ᄃᆡ 訓育의 所務ᄂᆞᆫ 唯前과 如히 習慣을 永續ᄒᆞ야 無意識的을 意識的으로 行ᄒᆞᆯ ᄲᅮᆫ이ᄂᆞ 若 不然ᄒᆞᆫ 時ᄂᆞᆫ 敎育者ᄂᆞᆫ 極히 注意ᄒᆞ야 習慣을 養成ᄒᆞᆷ과 如히 自律的 訓育을 行ᄒᆞᆷ이 可ᄒᆞ니라.

右述ᄒᆞᆷ과 如히 訓育의 目的을 達ᄒᆞᆷ에ᄂᆞᆫ 敎育者ᄂᆞᆫ 從順的 習慣과 自由的 制裁를 克盡ᄒᆞᆷ이 可ᄒᆞ야 服從의 間에 自由를 與ᄒᆞ고 自由의 間에 服從을 命ᄒᆞ야 ᄡᅥ 二者의 關係로 其 宜를 得케 ᄒᆞᆯ지니 卽 訓育의 初階에ᄂᆞᆫ 從順의 機會를 多케 ᄒᆞ고 漸進ᄒᆞᆷ을 從ᄒᆞ야 自由의 域을 擴大ᄒᆞᆯ지니라. 然ᄒᆞ나 敎育者ᄂᆞᆫ 自己의 便利를 爲ᄒᆞ야 服從을 求ᄒᆞᆷ이 可ᄒᆞᆫ 者가 아니오 兒童의 利益을 爲ᄒᆞ야 服從을 求ᄒᆞᄂᆞᆫ 者라. 此를 更言ᄒᆞ건ᄃᆡ 兒童으로 ᄒᆞ야금 敎師를 從順케 ᄒᆞᆷ은 卽 訓育上의 一種 手段이어ᄂᆞᆯ 此를 無制限으로 濫用ᄒᆞᆯ진ᄃᆡ 利益은 少無ᄒᆞ고 弊害가 反大ᄒᆞᄂᆞ니 何者오. 是ᄂᆞᆫ 敎育의 權利를 誤用ᄒᆞ야 其 結果ᄂᆞᆫ 兒童의 活力을 減殺ᄒᆞ며 精神을 萎縮ᄒᆞ야 善良ᄒᆞᆫ 個性의 發育을 妨害ᄒᆞᄂᆞᆫ 故로 善良ᄒᆞᆫ 敎育者ᄂᆞᆫ 唯 其不正不當ᄒᆞᆫ 点은 嚴格히 抑制ᄒᆞ며 又 其 兒童의 性質 中에 善良ᄒᆞᆫ 願望 及 行爲ᄂᆞᆫ 寬優히 助長ᄒᆞᄂᆞ니라. 萬若 此와 反ᄒᆞ야 兒童으로 ᄒᆞ야금 唯

一히 敎育者의 意志에 盲目的으로 服從케 홀진딕 却反 訓育의 目的을 違背홀지니 卽 天性이 弱혼 者는 無氣力 不決斷의 人이 되야 他人에 依賴호는 習慣을 成호야 自由 獨立치 못호고 恆常 他人의 意를 向호며 他人의 後에 附호는 奴隷性의 人이 될지오 其 天性이 强剛혼 者는 敎師에 對호야 嫌惡 厭忌호는 意가 生호며 詐欺 掩匿의 心이 動호야 外로는 從順호나 內에는 心腹치 아니호야 敎育者를 欺홈을 是務홈이 狡猾 陰險의 惡風을 唯成홀 쑨이니 然혼 則 訓育을 不施홈이 反勝홀지니라. 然호나 又 被敎育者로 호야금 其 自由에 任홈이 過호는 時는 放縱혼 行動과 悖惡의 心志가 萌長호야 맛참ᄂᆡ 自律호기에 不能홀지니 敎育者는 實로 極히 寬嚴에 注意홀지니라.

且 夫 人은 其 天稟에 各異혼 特質이 有호니 敎育者는 又 必 各個 兒童의 天稟의 特質과 年齡, 身體 及 男女의 性別 等에 留心 顧察호야 適當혼 訓育的 手段을 講호야 誘導 抑制홀지니 若 不然호고 一般 兒童을 總히 一樣의 模型 中에 投호야 一律의 範疇로 製作홀진딕 其 結果는 圓滿혼 個人의 發達을 能遂치 못호고 向上호는 社會의 展進을 反退케 호는 者니 何者오. 眞正혼 個人의 發達은 全其 個性을 隨호야 敎育을 受홈으로브터 可히 成就호며 又 完全혼 社會의 展進은 各異혼 特性이 有호고 特殊의 方面으로 發達혼 各個人에 由호야 비로소 得遂홈일식니라.

訓育上에 最히 必要혼 者는 敎師의 威嚴과 恩愛니 威嚴이 無호면 兒童이 敎師의 命令을 信聽치 아니호고 恩愛가 乏호면 兒童이 敎師의 命令을 心腹치 아니호야 다만 敎師가 徒勞에 屬홀 쑨 아니라 兒童도 厥效가 亦無호ᄂᆞ니 抑制에는 威嚴을 要홈이 多호고 誘導에는 恩愛를 要홈이 多호니라. 此外에 又 訓育上 方法에 不可缺

혼 者는 賞罰이 是니 此는 不에 更論홀 바어니와 其 施홀 時에 恆常 個人性을 審査ᄒ야 用ᄒ며 又 恩威를 十分 表示홀지니라.

以上의 論혼 바를 統括ᄒ건딘 敎育者는 最初에 敎育의 目的을 定ᄒ고 訓育의 方針을 立흠이 必要ᄒ나 兒童의 發達 程度가 低혼 時에는 其 目的을 理會키 難흠으로 單히 習慣을 養成ᄒ야 써 從順케 ᄒ고 其 進路를 隨ᄒ야 兒童이 漸次 自己의 意志 自己의 賦性 如何에 關혼 意識을 得ᄒ기에 至ᄒ는 時는 兒童의 將進홀 實地의 目的, 道德의 理想을 漸次 明白知了케 ᄒ야 써 此 目的에 到達ᄒ고 此 理想을 己有를 作코져ᄒ는 決心이 起ᄒ야 因 其 固有의 本性을 發展 擴張ᄒ며 或 反對의 天性을 克制ᄒ고 又 此 決心을 到達홀 力量을 成長케 홀지니 然혼 則 其 意志는 確固 統一ᄒ야 品性을 形成ᄒ기에 至홀지니 品性이 確立ᄒ면 可히 道成德立홀 境에 至ᄒ얏다 謂홀지라. 訓育의 能事는 玆에 畢ᄒᄂ니라.

第四章 訓育의 統一

被敎育者의 道德的 陶冶에 影響ᄒ는 勢力은 知識的 陶冶를 目的ᄒ는 敎授와 相異ᄒ야 極히 複雜 錯宗ᄒ니 盖 兒童은 其 周圍로브터 來ᄒ는 繼續的 影響은 맛참ᄂ 其 性格을 決定ᄒ는 上에 其 力이 大혼 故로 前陳흠과 如히 敎育者는 最先 習慣的 訓育을 務ᄒᄂ니라. 然而 習慣을 形成흠은 敎育者샏으로는 可히 善良혼 效果를 難望홀지니 何者오. 被敎育者는 恆常 學校에 在혼 者가 아니오 學校 以外에 家庭의 生活과 社會의 生活을 營ᄒ는 者인 則 此等 錯雜

혼 生活上의 訓育이 合同的 作用을 成ᄒ야 所向ᄒᄂ 步趣가 同一
혼 後에야 其 結果가 完美ᄒ지니 若 反是ᄒ진ᄃ 訓育의 目的을 達
徹ᄒ기 誠難ᄒ니라. 是以로 敎育者ᄂ 學校에서 訓育을 行ᄒᄂ 同
時에 社會 及 家庭의 諸勢力을 顧察ᄒ야 統一을 以計ᄒ지니라.

第一節 家庭의 訓育

敎育을 嚴正히 解釋ᄒᄂ 時ᄂ 此를 施ᄒᄂ 處所ᄂ 唯 學校가 是
라. 然ᄒᄂ 學校ᄂ 兒童이 學齡에 達혼 後에 始入혼 則 其 前에 兒
童의 敎育을 受ᄒ 處ᄂ 家庭이라. 夫 家庭은 血屬의 關係에 依ᄒ
야 狹隘혼 範圍內에서 成立혼 바 自然的 結合의 一小 社會라. 如
是히 兒童이 學校에 入ᄒ기 前에ᄂ 家庭에 在ᄒ야 父母의 訓育을
受ᄒ이 可ᄒ나 又 兒童은 將來 社會와 國家에 對ᄒ야 重大혼 責任
을 負担ᄒᄂ 一員이오 父母의 專有物이 아닌 則 其 父母되ᄂ 者ᄂ
맛당히 自己의 利害上으로브터 兒童을 管理ᄒ이 不可ᄒ고 威愛를
幷行ᄒ야써 敎育의 目的에 符合ᄒ을 是務ᄒ지니 所謂 家庭敎育
이 是라. 故로 家庭은 敎育 作業上의 最根源的 되ᄂ 者오 又 最自
然的되ᄂ 者라. 彼 原始時代에 學校의 名稱이 未起ᄒ얏실 時에도
家庭敎育은 其 跡이 己有ᄒ얏시며 又 人은 其 幼時에 見聞ᄒᄂ 바
ᄂ 印象을 確固히 ᄒ야 家庭敎育이 맛참ᄂ 敎育을 施ᄒᄂ 바 基本
的 位地를 占ᄒ이 此 自然的 基礎되ᄂ 家庭敎育에 因ᄒ야 後來의
發達이 其 方向을 定ᄒᄂ니 若 此 基本이 不完全ᄒ진ᄃ 他日 兒童
에 加ᄒᄂ 바 智的 動作과 道德的 業務를 勿論ᄒ고 何等의 功效를
能奏치 못ᄒ리니 然혼 則 兒童의 父母되ᄂ 者ᄂ 兒童에 對ᄒ야 擔
荷혼 責務를 思量ᄒ야 家庭敎育을 疎忽히 말지오녀.

回顧흔 則 社會上 人과 人의 關係ᄂ 三種에 分함을 可得ᄒᄂ니 上者가 下者에 對흔 關係와 下者가 上者에 對흔 關係 及 同等者의 關係가 是라. 然而 此等 關係가 模範的 形狀으로 家庭에 存在ᄒ니 卽 親이 子에 對흔 關係ᄂ 上者가 下者에 對흔 關係의 模範이라. 自己의 利害ᄅ 頓忘ᄒ고 純粹흔 慈愛 眞實 誠意로써 他에 對홈은 子ᄅ 保育ᄒᄂ 親에 始見홈을 可得ᄒ지오, 子가 親에 對흔 關係ᄂ 下者가 上者에 對흔 模範이라. 其 母의 鞠養에 對흔 感謝의 意ᄂ 愛情이 强固ᄒ야 人類社會에 最貴重흔 慈愛의 基本이 되며 其 父에 對흔 敬服의 心은 正理ᄅ 尊ᄒ고 義務ᄅ 重히 ᄒᄂ 氣風의 根源이 되며 兄弟 姉妹間의 關係ᄂ 同等者의 關係의 模範이라. 其 相互의 感情은 尊敬 服從의 性質을 帶홈이 雖少ᄒ나 利害ᄅ 共히 ᄒᄂ 機會가 多홈으로써 友愛의 情 及 協和依助ᄒᄂ 精神을 可養ᄒᄂ니 萬若 兒童이 其 長後에 社會와 隔絕ᄒ야 孤立의 生活을 營흔다 홀진딘 勿論이어니와 不然이면 家庭의 敎育에 關係됨이 엇지 重大치 아니리오. 且 又 家庭에 行ᄒᄂ 勤儉 忍耐 禮讓 秩序 淸潔 等의 諸 美德 善行은 皆 兒童의 心을 薰染 慣習ᄒ야 맛참닌 長後에 其 性質을 成ᄒᄂ니 今에 上流社會와 下級社會의 兩間에 性質의 差違와 行爲의 殊異ᄅ 見홀지면 其實은 家庭의 聞見에 因홈이 極大ᄒ니라.

且 家庭敎育은 다만 兒童의 心意에 關係가 有홀 ᄲ 아니오 又 其 身體에도 關係됨이 莫大ᄒ니 夐言ᄒ면 被敎育者가 學校敎育을 能受ᄒ기에 至ᄒᄂ 間은 精神的 肉體的 敎育을 專司흔 者ᄂ 家庭이오 又 學校敎育을 現受ᄒ며 又 畢受흔 後에도 家庭敎育은 繼續ᄒᄂ니 彼 養護의 主要되ᄂ 方法은 殆 皆 父母의 注意 及 家庭生活의 狀態 如何에 因ᄒᄂ니 然흔 則 家庭敎育의 最大 要務ᄂ 養

護 及 訓育의 完全을 謀흠에 在ᄒ니라. 如是히 家庭이 兒童에 對
ᄒ야 敎育上에 巨大흔 責任이 有ᄒ며 又 其 責任은 德育 體育이
主要되ᄂ 位置를 占ᄒ얏신 則 반다시 兒童에 十分 注意흘지니 今
에 家庭上 最히 重要흔 管理 事項을 擧示ᄒ노라.

(一) 融和흔 恩情 下에 家族은 互相 連關흠이 可흠 家族은 一小社
會라. 社會의 發展은 個人의 協和에 依ᄒᄂ니 然흔 則 父母되ᄂ 人
은 恆常 溫和히 言ᄒ며 正實히 行ᄒ야 써 兒童의 模範됨이 可ᄒ고
敢히 兒童의 面前에셔 爭論 嫉妬ᄒᄂ 語와 讒誣 批評의 言을 行치
말지니라.
(二) 家族은 皆 長上에 從屬ᄒᄂ 感情을 表現흠이 可흠 今日 兒童
의 家族生活은 他日 國民의 國家生活흘 預備라. 國家의 富强은 國
民의 忠愛에 由ᄒᄂ 者인 則 其 幼時에 반다시 長上에 對ᄒ야 忠愛
로 服從ᄒᄂ 諸德을 養成흘지라. 故로 兒童으로 ᄒ야금 家長의 權
卽 父權에 服從ᄒ게 흘지니라. 然ᄒ나 父ᄂ 又 無理히 抑壓흠이 不
可ᄒ니라.
(三) 兒童의 自由意志와 獨立氣風을 養成흠이 可흠 兒童은 반다시
其 定室을 與ᄒ야써 居處케 흘지니 不然ᄒ면 兒童은 或 父母의 言
行이 不善흔 点을 見聞ᄒ기 易ᄒ며 又 其 父의 威嚴이 或 過度흠에
因ᄒ야 其 發育ᄒᄂ 銳氣를 衰削케 ᄒ며 依賴의 劣風을 馴成ᄒ기
易흠이니라. 且 其 談話에도 兩親이 來客을 接흘 時ᄂ 兒童으로 室
內에 入ᄒ야 談話의 聽聞을 勿許흘지니 秘密을 漏泄ᄒ야 一家의
靜謐을 妨害ᄒ거ᄂ 又 談話의 性質에 因ᄒ야 其心을 憂慮케 흘 恐
이 有흠이니라. 此에 夐히 注意흘 者ᄂ 大人과 交際時에 近親間에
ᄂ 可及的 自由를 與ᄒ야 日後 社會上에 其 注意를 明白히 發表ᄒ

고 趑趄 囁嚅의 惡結果가 無케 홀지며 他 大人에 應接홀 時는 謙讓의 態를 取케 홀지오 同等者 卽 年輩間의 交際에는 長年의 兒童과 同處를 勿許홀지니라.

(四) 衣服을 奢麗케 말며 居處를 淸潔케 ᄒ고 物品을 整列ᄒ야 써 諸般 美德을 養成홀지니 勿論 父母가 此를 悉行홀지나 又 兒童으로 ᄒ야금 掃灑의 役을 執ᄒ며 書籍 等을 整列케 ᄒ고 兒童의 衣服을 極히 儉朴케 홀지니라.

右와 如히 家庭에서 注意ᄒ되 兒童에게 最히 親近ᄒ야 其 良習慣을 賦與ᄒ는 者는 母라. 母의 言行은 兒童의 模倣的 衝動을 成ᄒ는 者가 極多ᄒ며 稍히 年長ᄒ야 自律的 訓育의 時期에는 父의 責任이 最大ᄒ니 卽 品性의 强固 活潑과 將來에 可取홀 目的 及 業務의 方針을 定홈은 父라. 是故로 루소의 言에 曰 眞正ᄒ 保姆는 母오 眞正ᄒ 敎師는 父라 云ᄒ고 又 父母는 天然의 敎育者라 稱ᄒ는 格言이 有ᄒ니 人의 父母되는 者여, 家庭이 善良ᄒ야 訓育이 得宜치 못ᄒ면 徒 其 兒童 個人의 將來 運命이 悲境에 陷홀 ᄲᅮᆫ 아니라 國家가 隨厶ᄒ고 社會가 因滅ᄒ나니 請컨ᄃᆡ 父母되는 人은 兒子를 貴愛ᄒ되 飮食 衣服의 口體를 專主치 말고 恆常 精神의 修養과 身體의 鍛鍊 及 品性의 陶冶를 務홀지니 逸居ᄒ야 無敎ᄒ면 禽獸에 卽近ᄒ다 홈은 古聖의 遺訓이니라.

上述홈을 通看ᄒ면 訓育上 家庭의 必要홈은 多言을 不待홀 바나 世間의 家庭은 悉 皆 善良치 못ᄒ며 又 縱 或 善良ᄒ다 홀지라도 一定ᄒ 年齡에 達ᄒ 後에난 生活이 異ᄒ 範圍에 入ᄒ야 異ᄒ 經驗을 得홈이 必要홀 ᄲᅮᆫ더러 又 多方的 됨이 必要ᄒ 故로 家庭의 外에 學校의 訓育이 夏有ᄒ니라.

第二節 學校의 訓育

　敎育의 目的은 兒童의 道德的 生活을 完成홈에 在ㅎ니 道德的
生活을 營爲홈에는 道德的 品性을 陶冶홈이 最重き 部分이라. 然
而 世人은 多云호딕 品性의 陶冶는 家庭 及 社會의 可爲홀 바오
學校는 다만 知識 技能을 授與ㅎ기에는 適合ㅎ나 品性을 陶冶홈
은 不適當ㅎ다 ㅎ니 要言ㅎ면 學校는 敎育의 處所가 아니오 唯 敎
授의 處所라 云홈이니 是 盖 學校가 訓育上 家庭보다 各種 便益이
缺乏ㅎ야 家庭과 如히 血族的 關係로 來ㅎ는 統一이 無ㅎ고 各個
의 兒童은 各其 殊別의 特性이 有홈으로 一一히 此에 適應ㅎ는 訓
育을 施ㅎ기 不能홀 쑨더러 又 現今 學校의 事業이 專히 知識 敎
授를 爲ㅎ야 時間과 勞力을 費홈으로 因生ㅎ는 謬見 誤想이라. 然
ㅎ나 此는 實로 肯服치 못홀 바니 그래씨의 言에 曰 學校는 敎授
의 處所가 되고 又 敎育의 處所가 되는 者가 아니오 敎育의 處所
되는 同時에 敎授의 處所가 되는 者라 云ㅎ니라.

　今에 學校가 兒童의 品性을 陶冶홈을 可得홈과 又 學校가 敎育
의 處所됨을 面論ㅎ노니 夫 家庭의 共樂共哀는 兒童의 意志를 不
斷히 育成ㅎ는 感化力을 有ㅎ나 然ㅎ나 家庭生活을 其 區域이 狹
隘ㅎ야 社會의 複雜き 生活의 根底를 作ㅎ기에 圓滿치 못홀 쑨더
러 又 家庭은 恩愛에 深ㅎ야 兒童이 往惑 過失이 有홀지라도 此를
待홈이 寬大에 流홈으로써 道德的 品性의 基本은 家庭에셔 造得
홈이 無疑호딕 其 社會에 處ㅎ야 世潮에 屈撓치 아니홀 確毅き 意
志와 正當き 品性을 造作홈은 家庭에셔 難望홀지니라. 且 社會가
人의 品性에 及ㅎ는 影響을 見ㅎ면 社會는 生活 實行上에 多大き
機會를 與ㅎ야 此에 善行ㅎ면 品性이 確實ㅎ야 上進의 利益이 有

ᄒᆞ나 若 兒童의 柔軟ᄒᆞᆫ 意志를 全然히 社會 中에 放任 不顧ᄒᆞᆯ진ᄃᆡ 品性이 不具ᄒᆞᆫ 人이 되고 己ᄒᆞᆯ지니 試看ᄒᆞ라. 今日의 社會ᄂᆞᆫ 果然 道德이 完行ᄒᆞᄂᆞᆫ가, 否ᄒᆞᆫ가. 現世에ᄂᆞᆫ 其重히 ᄒᆞᄂᆞᆫ 바가 道德이 아니오 智能이라. 虛飾, 陰險, 詐欺, 浮薄 等 不道德이 一世에 公行ᄒᆞ나니 今 若 兒童이 利刃을 弄ᄒᆞᄂᆞᆫ 時ᄂᆞᆫ 其 父兄은 危險을 恐ᄒᆞ야 其刃을 必奪ᄒᆞᆯ지라. 兒童으로 ᄒᆞ야금 如斯히 危險ᄒᆞᆫ 社會에 直出케 ᄒᆞᆷ이 嬰兒에게 利刃을 手弄케 ᄒᆞᆷ과 無異ᄒᆞ니 然則 家庭의 陶冶가 旣已 不充足ᄒᆞ고 社會에 陶冶코져 ᄒᆞ나 又 尙極 危險ᄒᆞᆫ 則 其 中間에 介在ᄒᆞᆫ 學校에 向ᄒᆞ야 此 責任을 完全케 ᄒᆞᄂᆞᆫ 外에 他道가 夐無ᄒᆞ니라.

如右히 學校ᄂᆞᆫ 兒童의 訓育에 對ᄒᆞ야 負ᄒᆞᆫ 바 價値ᄂᆞᆫ 極히 重要ᄒᆞ니 學校ᄂᆞᆫ 卽 被敎育者로 ᄒᆞ야금 家庭으로브터 社會에 入ᄒᆞᄂᆞᆫ 段階를 成ᄒᆞ야 私人的 關係를 離ᄒᆞ야 共同的 關係에 向ᄒᆞ며 恩情的 交際의 範圍를 脫ᄒᆞ야 規則的 交際에 往케 ᄒᆞᄂᆞᆫ 者니 學校에 入ᄒᆞᆫ 則 其 環界의 中에 長幼가 有ᄒᆞ고 同輩가 有ᄒᆞ야 日常 交際ᄒᆞᄂᆞᆫ 上에 敎師ᄂᆞᆫ 治者로 其間에 監督ᄒᆞ며 又 學校의 規則은 兒童의 過失을 待ᄒᆞᆷ과 寬柔치 아니ᄒᆞᆯ 뿐더러 能히 矯正ᄒᆞᆷ을 得ᄒᆞᄂᆞ니 假令 驕奢 固執ᄒᆞᆫ 者ᄂᆞᆫ 友朋의 中에 愛敬을 能得치 못ᄒᆞ고 自負 自高ᄒᆞᄂᆞᆫ 者ᄂᆞᆫ 侮辱을 招ᄒᆞ고 無能ᄒᆞᆫ 者ᄂᆞᆫ 嘲笑를 被ᄒᆞ며 怯懦ᄒᆞᆫ 者ᄂᆞᆫ 鼓舞ᄒᆞ고 懶惰ᄒᆞᆫ 者ᄂᆞᆫ 促進ᄒᆞ며 柔弱ᄒᆞᆫ 者ᄂᆞᆫ 鍛鍊ᄒᆞ고 粗暴ᄒᆞᆫ 者ᄂᆞᆫ 琢磨ᄒᆞᄂᆞᆫ 諸般 大利益이 有ᄒᆞ니 此 皆 家庭에 得收키 難ᄒᆞᆫ 功果오 此外에 又 衆人의 利益을 爲ᄒᆞᆷ에ᄂᆞᆫ 自己를 屈ᄒᆞᆷ과 正當ᄒᆞᆫ 輿論下에ᄂᆞᆫ 個人의 固執 及 私利를 不許ᄒᆞᄂᆞᆫ 바 各種 美德을 能養ᄒᆞᄂᆞ니 此等은 皆 後來 社會上에 悉皆 適切 必要ᄒᆞᆫ 者라. 要컨ᄃᆡ 家庭의 關係ᄂᆞᆫ 私人的이오 學校의 關係ᄂᆞᆫ 公共的이며 學校

의 敎師는 實로 具體的 道德의 法則이오 又 非私人的 法則의 權
勢라. 彼 單方的되는 家庭의 個人的 訓育으로는 到底히 期望치 못
홀 多方的되는 完全의 訓育을 學校에 能受ᄒᆞᄂᆞ니라.

學校가 如是히 訓育上 巨大ᄒᆞᆫ 功果를 能奏ᄒᆞ나 然ᄒᆞ나 此에 特
히 注意홀 者가 有ᄒᆞ니 卽 家庭과 同히 敎師 相互間의 訓育的 思
想이 同一ᄒᆞ야 多數의 敎師는 其 主義 方法에 反對 矛盾을 不成
ᄒᆞ야 共同의 責任을 以完홀지니라. 若 不然ᄒᆞ야 校風이 不美ᄒᆞᆫ 時
는 學校는 多衆의 集合處라. 傳播의 迅速홈을 能히 制止키 難홈이
有ᄒᆞ니라.

以上에 述ᄒᆞᆫ 바를 依ᄒᆞᆫ 則 家庭과 學校가 共히 兒童의 訓育을
務치 아니홈이 不可홈은 明白ᄒᆞᆫ지라. 盖 學校에서는 家庭에서 行
來ᄒᆞᆫ 習慣이 善ᄒᆞᆫ 者는 進行ᄒᆞ고 惡ᄒᆞᆫ 者 改善ᄒᆞ며 又 家庭에셔
養ᄒᆞ기 難ᄒᆞᆫ 者를 補正홈에 在ᄒᆞ나 然ᄒᆞ나 家庭과 學校의 訓育上
兩處의 目的이 合一치 못함이 多ᄒᆞ야 家庭에셔는 兩親의 自然的
努力은 子의 幸福을 專主ᄒᆞ야 生存競爭 場上에 優勝을 得ᄒᆞᄂᆞ 点
에 着眼ᄒᆞᄂᆞ 故로 個人的 主義에 傾ᄒᆞᄂᆞ 方便이 有ᄒᆞ고 學校에셔
는 公共의 敎育所라. 自然의 性質이 一般의 幸福에 着眼ᄒᆞ야 一般
兒童이 悉皆 有爲의 國民됨에 努力ᄒᆞᄂᆞ 故로 一見ᄒᆞᆫ 則 兩相 對立
ᄒᆞ야 裨補홈이 互有홈과 如ᄒᆞ나 其實際를 考察홀 時는 此 反對의
兩處 主張은 同一의 兒童에 幷注홈이 兒童은 因其 兩間의 相異ᄒᆞᆫ
訓育을 受ᄒᆞ야 互相 調停을 不得ᄒᆞ고 恒常 相殺 相剋ᄒᆞ야 適從홀
바를 未知ᄒᆞ야 到底히 完美ᄒᆞᆫ 人格을 能成치 못ᄒᆞᄂᆞ니 大抵 兩間
의 相異ᄒᆞᆫ 方面에 走ᄒᆞᄂᆞ 傾向은 實로 自然의 性質이라. 然ᄒᆞ나
自然의 性質에 一依ᄒᆞ야 事를 直行홈은 決코 眞正ᄒᆞᆫ 敎育이라 謂
키 不可ᄒᆞ니 世間에 子를 愛ᄒᆞᄂᆞ 父와 職務에 充實ᄒᆞᆫ 敎師는 有ᄒᆞ

나 眞正호 敎育者되는 父와 敎師는 稀호도다. 請컨딕 眞正호 敎育者되는 父와 敎師는 반다시 個人的 及 公共的의 調和와 實利的 及 理想的의 調和를 務호야 敎育의 目的을 貫徹케 홀지니 然호 則 兩者는 恆常 聯絡호며 互相 協力호야 統一을 以圖홈이 可호니라.

於是에 家庭과 學校의 聯關홀 方法에 論及호건딕 即 家庭과 學校間에 親密호 交際를 常行홈이 可호니 其 學校에셔 可取홀 方法은 即 三種이 有호니 通信, 訪問 及 懇話會가 是니라.

(一) 通信家庭과 學校間 往復홈이 可호 通信簿 及 其他에 因호야 訓育上의 通信을 行홈이니 此에 依호야 學校는 特히 左의 諸点을 家庭에 通知홀지니라.

> (甲) 學校에 當호 兒童의 注意
> (乙) 兒童의 成績 出欠 賞罰 等
> (丙) 矯正을 要호는 特殊의 習癖

(二) 訪問單히 通信에 依호야 其意를 盡치 못호는 바가 有호 故로 敎育者는 叟히 餘暇로써 被敎育者의 家庭을 訪問홀지니 此 但 相知의 深切홀 뿐 아니라 兒童의 父母로 호야금 敎師에 對호는 尊崇心을 增加케 호는 利가 有호니라.

(三) 父兄 懇話會 家庭의 訪問이 訓育上 極히 有益호나 實行上 諸般 事情을 因호야 困難홈이 多호 則 一定호 時期에 父兄 懇話會를 開홈이 必要호니 是는 短少호 時日에 多數의 父兄을 得接호며 又 父兄으로 學校를 詳察호는 機會를 得케 호야 學校敎育의 精神을 能히 理會호느니라.

如此히 學校가 家庭에 對ㅎ야 聯關을 謀ㅎ는 同時에 家庭도 亦 學校에 對ㅎ야 盡力홀지니라.

(一) 父母는 學校의 施行ㅎ는 一切 事件에 對ㅎ야 深히 注意 尊行홀지니 卽 兒童으로 ㅎ야금 出席의 時間을 必守케 ㅎ며 學校에 向ㅎ야 諸般 報告를 懈怠치 말지며 又 時時로 學校에 進往ㅎ야 兒童의 行狀 及 學業을 視察ㅎ고 又 學校로브터 兒童에 關ㅎ는 報告 命令 等을 嚴히 遵守홀지니라.

(二) 父母는 兒童에 對ㅎ야 學校 及 教師에 對ㅎ는 言行을 審愼홀지니 卽 學校 或 教師에 對ㅎ야 不滿族 不適意가 有홀지라도 兒童의 面前에서 曝露치 마를지니라.

(三) 父母는 반다시 學校와 同一한 品性 陶冶의 目的을 持ㅎ고 且 此 目的에 基ㅎ야 熱心으로 正當한 訓育을 行홀지니라.

第三節 社會의 訓育

吾人은 兒童을 學校에 送ㅎ고 又 家庭과 學校에 關絡을 行ㅎ야 兩處의 訓育에 當한 目的을 同一히 ㅎ고져 ㅎ나 然ㅎ나 兒童을 唯一人의 教育者만 接ㅎ고 全然히 社會와 隔離케 홈은 不能한지라. 家庭教育 及 學校教育의 時期에도 社會의 影響은 到底히 可避치 못홀 쑨더러 況且 學校教育을 終한 者는 오직 社會의 影響을 受ㅎ야 써 自己를 上進케 홈이리오. 萬若 社會의 狀態가 不良홀진딕 學校教育을 裨補ㅎ기는 姑舍ㅎ고 反 且 功果를 衰滅케 홀지니라.

現今 社會上에 流行ㅎ는 習俗은 浮虛와 華奢가 盛行ㅎ야 一般의 兒童을 迷惑ㅎᄂ니 此는 若 其 教育을 周密히 施ㅎ야 能히 道德的 品性으로 確乎不拔의 基礎를 植立케 ㅎ면 猶或 可免홀지로

디 其最히 審愼홀 者는 社會에 行ㅎ는 演劇小說 等이 是니라.

夫 演劇은 人情의 細微혼 發動까지도 能히 言語 又 技藝로써 巧妙히 描示홈이 有益혼 知識을 傳播ㅎ고 高尙혼 娛樂을 供ㅎ나 其 種類에 因ㅎ야 醜猥혼 說話와 淫藝(음설)의 動作은 危險혼 思想을 傳ㅎ야 人性을 腐敗케 ㅎ는 原因이 되나니 如斯혼 者는 兒童으로 近接케 말지니라. 小說에 至ㅎ야도 其 人心에 感化홈이 其效가 極速 且大ㅎ나 間或 野鄙 猥藝의 類가 多ㅎㄴ니 特히 兒童을 爲ㅎ야 適當혼 材料로 編成혼 者 外에는 讀치 말게 홀지라. 凡 兒童에 書를 讀홈만 敎ㅎ고 讀홈이 可혼 者를 敎치 아니ㅎ면 讀을 敎치 아니홈만 反히 不如ㅎ니라.

第五章 訓育의 方便

訓育의 目的을 己定혼 則 반다시 目的을 達ㅎ기에 適當혼 方法을 講究홀지니 盖 敎育者가 被敎育者에 接觸ㅎ는 關係 如何에 因ㅎ야 訓育의 方法은 幾種에 分ㅎ니 曰 示範 曰 課業 曰 監視 曰 命令 及 禁止 曰 賞罰 等이 是라. 但 課業은 養護에 關홈이 多혼 故로 次篇에 論陳코져 ㅎ노라.

第一節 示範

吾人은 前章에 縷述홈과 如히 被敎育者의 性質은 模倣을 好ㅎ야 自己의 尊崇ㅎ는 人의 行動은 恆常 精密히 觀察ㅎ야 써 模擬ㅎ

눈지라. 於是에 示範의 名이 生ᄒ니 示範은 即 被教育者의 模倣性을 利用ᄒ야 直覺的 實例에 因ᄒ야 一定의 良習慣을 養成ᄒ야 써 感化ᄒᄂ 方法이라. 是以로 被教育者의 幼時에 家庭 及 學校에서 共히 善良ᄒ 例를 示ᄒ야 其 心意를 導養ᄒ고 敢히 不良ᄒ 實例를 得見케 말지라. 大凡 人은 先入이 主가 되ᄂ 者라. 幼時에 目에 野鄙ᄒ 者를 見ᄒ고 耳에 淫靡ᄒ 聲을 聞ᄒ면 其 醜惡을 不辨ᄒ고 却自喜好ᄒ야 因遂 感化ᄒ야 中心에 牢印ᄒ야 他日에 一切의 訓育은 其功을 竟失ᄒ기에 至ᄒᄂ니라. 今에 示範의 必要ᄒ 所以를 略舉ᄒ건ᄃᆡ

(一) 實例에 依ᄒ야 被教育者 自身도 尙且 此等의 善行을 可行ᄒ리라 ᄒᄂ 確信을 與홈이라.

(二) 幼稚ᄒ야 命令, 訓戒 等 他 方法으로 十分 理會치 못ᄒᄂ 時에도 直覺的 方法에 因ᄒ야 明瞭ᄒ 印象을 尙且 得與홈이라.

(三) 命令, 賞罰 等 他 方法은 屢用ᄒ 則 其 功力을 減少호ᄃᆡ 示範은 反復 施行ᄒᆯ사록 其 勢力이 彌大홈을 可得홈이라.

(四) 單히 一人의 教師의 實例에 不止ᄒ고 多方面에 因ᄒ야 可히 得與홈이라.

要컨ᄃᆡ 示範上 最히 重要ᄒ 者ᄂ 教育者니 教育者ᄂ 其 言行을 審愼ᄒ야 被教育者의 理想的 人物이 되야 其 尊崇ᄒᄂ 主心点됨이 可ᄒ니라.

第二節 監視

被教育者의 知識은 尙 未豊富ᄒ고 其意志ᄂ 尙 未鞏固홈으로 外界의 境遇에 處ᄒ야ᄂ 正當ᄒ 意志的 行爲를 完行ᄒ기 不能ᄒ야 時或 身體上의 危險을 冒ᄒ되 不顧ᄒ며 道德上의 諸般 誘惑을 拒絶치 못ᄒᄂ 故로 於是에 敎育者ᄂ 被敎育者와 接觸ᄒᄂ 一切 境遇에 其 行爲를 監視ᄒ야 其 身體上 及 精神上에 及ᄒᄂ 危險을 避ᄒ고 有益ᄒ 行動을 行케 홀지니 今에 監視에 對ᄒ야 注意홀 諸點을 擧ᄒ노라.

(一) 被敎育者의 發達에 應ᄒ야 漸 其 自由의 範圍를 廣濶케 홀지니라.

(二) 敎育者ᄂ 恆常 必監督의 態度를 用치 말고 맛당히 自然的 交際의 形式을 取홀지니 不然ᄒ 則 敎師의 目을 竊ᄒ야 品性의 修鍊에 貽害(이해)ᄒ며 又 敎師의 目을 畏ᄒ야 自由의 活動을 能爲치 못ᄒᄂ니라.

(三) 監視ᄂ 被敎育者의 一切 行爲에 對ᄒ야 悉皆 注意홈이 可ᄒ니라.

第三節 命令 及 禁止

命令 及 禁止ᄂ 或 特別ᄒ 境遇에 敎育者가 直接으로 被敎育者에게 一定ᄒ 意志의 實行을 要求ᄒᄂ 者니 命令은 或事를 爲홈을 要求ᄒᄂ 바 積極的 指令이오 禁止ᄂ 或事를 不爲홈을 要求ᄒᄂ 바 消極的 制止라. 大抵 命令은 上者가 下者에 對ᄒ야 行ᄒᄂ 바 意志의 要求를 總稱홈인 則 禁止도 亦 命令 中에 包含홀지니 其

性質의 殊異를 因ᄒ야 各別의 名稱을 付홈이라. 然ᄒ나 此 下에는 禁止를 命令의 中에 並擧ᄒ노라.

命令 及 禁止가 其 形式으로브터 觀ᄒ는 時는 通常 言語를 多用ᄒ나 時或 動作으로도 以ᄒᄂ니 幼年者의 訓育上 最先務는 其 意志의 方向을 定ᄒ야 道德的 習慣을 賦與홈에 在ᄒ며 此를 能致홈은 敎育者의 意志에 服從홈이 必要홈이라. 故로 命令 及 禁止는 實로 訓育上 必要ᄒ 條件이니 叐言ᄒ 則 卽 前述ᄒ 抑制와 誘導의 方法이라. 但 被敎育者의 發達을 隨ᄒ야 範圍를 定호ᄃᆡ 其 能行ᄒ는 바는 敎育者의 威權에 基ᄒ는 者인 則 敎育者는 諸般 注意홀 要件을 必遵ᄒ야 其 威權을 保維홀지니라.

(一) 命令은 正當ᄒ 理가 有홈을 要홈 敎育者의 一時 喜怒에 因ᄒ거나 又 任意的 偶然的으로 命令을 發홈이 不可ᄒ고 반다시 確固ᄒ 敎育的 目的을 有홀지니 此際에 敎育者의 第一知홀 者는 卽 自己는 果然 兒童에 向ᄒ야 何事홀 要求ᄒ는가 且 兒童은 何故로 此를 行ᄒ는가 思考홈이 是니라.

(二) 命令은 明瞭홈을 要홈 命令이 明確ᄒ 後에야 兒童은 其 意義를 容易히 了解ᄒ고 疑義를 不容ᄒ야 其 可爲 及 不可爲의 事를 明白히 知得ᄒᄂ니 不然ᄒ 時는 兒童은 能思치 못ᄒ고 此에 違反ᄒ야 不當ᄒ 懲戒 又 叱責을 或受ᄒ며 又此를 爲ᄒ야 往往히 遁辭를 設ᄒ야 呵責을 避홀 方法을 考出ᄒ는 弊가 有ᄒ니라.

(三) 命令은 簡勁홈을 要홈 命令의 言語는 簡單ᄒ 中에 强勢가 有홈이 可ᄒ니 然後에 敎育者의 威嚴이 能固ᄒ며 萬若 冗漫(용만) 贅長ᄒ면 是乃 講述이오 說明이라. 反히 兒童의 疑義를 招ᄒ기 易ᄒ고 又 命令의 效力을 減衰ᄒ기 易ᄒ니라.

(四) 命令은 普遍的됨이 不可ᄒ고 반다시 特別的됨을 要홈普遍의 意義를 含有ᄒ 抽象的 命令은 兒童으로 ᄒ야금 常 其 適從홀 바를 迷惑케 ᄒᄂ니라.

(五) 命令은 前後 撞着이 無홈을 要홈命令은 반다시 正確ᄒ야 前後가 一途에 出홈이 可ᄒ고 又 其他 一切의 訓育의 方法에 衝突이 無홈이 可ᄒ니 若 不然ᄒ 時ᄂ 敎育者의 威嚴을 損ᄒ며 且 兒童의 不從順의 習慣을 生홀 ᄲᅮᆫ 아니라 因 其 品性의 確立을 沮害ᄒ야 道德的 槪念을 作成ᄒ기 不能ᄒ니라.

(六) 命令은 實行됨이 可ᄒ 者 됨을 要홈玆에 特히 注意홀 바ᄂ 實行이라 謂홈은 다만 命令 自身의 實行홈이 可ᄒ 者 됨을 云홈이 아니오 兒童이 ᄯᅩᄒ 能히 遵奉 實行홈이 可ᄒ 者 됨을 要홈이라. 故로 命令을 發홀 時에 兒童의 年과 力을 量ᄒ야 其 適合ᄒ 바를 命ᄒ고 唯 自己의 容易ᄒ다 信ᄒ 者를 漫然히 發홈은 不可ᄒ니라.

(七) 命令은 實際에 適切홈을 要홈詳言ᄒ 則 敎育의 目的과 其 事情에 適應홈이 可ᄒ 者 됨이 可ᄒ니 萬若 謾然히 敎育과 直接 關係가 無ᄒ 者를 命홀진딕 此ᄂ 敎育的 命令이라 謂홈이 不可ᄒ니라.

(八) 命令은 峻刻홈이 不可ᄒ고 又 好意的 됨을 要홈命令은 恆常 愼重의 態度를 保ᄒ야 其 威嚴을 强固케 ᄒ야 違反이 無홈을 期ᄒ딕 又 粗暴 野鄙와 威嚇 壓迫의 言語를 用홈은 不可ᄒ고 必須 友愛의 情을 含ᄒ야 好意를 表ᄒ기에 足ᄒ 語氣로 以홀지니 粗暴ᄒ 言語ᄂ 幼者의 情을 激ᄒ야 其 不平不滿의 心을 惹起ᄒ고 又 威嚇的 言語ᄂ 恐怖의 心을 撼生홈이 其 服從은 價値가 鮮少ᄒ 則 兒童으로 ᄒ야금 敎育者에 對ᄒ야 心熱 誠服ᄒ도록 感化홈이 可ᄒ니라.

(九) 命令은 斷行홈을 要홈一度 已 發ᄒ 命令은 其 事情이 繼續홀 限은 斷然히 實行ᄒ고 此를 繳消홈이 不可ᄒ니 命令이 一徹치 못

혼 則 兒童은 敎育者를 輕侮ᄒᄂᆫ 心이 生ᄒ고 因ᄒ야 其 意에 不適
ᄒᄂᆫ 命令은 避免ᄒᆯ 計를 謀ᄒ기에 至ᄒᄂ니라.

(十) 命令은 過多치 아니홈을 要홈命令은 必要ᄒ 境遇에 發ᄒ고 煩
瑣치 마를지니 若 是와 反ᄒᄂᆫ 時ᄂᆫ 實行케 ᄒ기 難ᄒ고 又 實行을
監督ᄒ기 困難ᄒᆯ 섇 아니라 兒童은 每事에 敎育者의 命令 指揮를
仰ᄒ 後 處理ᄒᄂᆫ 習慣을 成ᄒ야 其 自身의 意思를 活動ᄒᆯ 餘地를
縮少케 ᄒᄂ니라.

　命令의 實行을 促ᄒ기 爲ᄒ야 被敎育者로 ᄒ야금 未來에 賞罰
의 期望을 有케 홈이 有ᄒ니 此를 約束이라 稱ᄒᄂ니라. 約束이
幼稚ᄒ 兒童에 對ᄒ야ᄂᆫ 亦 必要ᄒ 一 方法이니 約束을 行ᄒ 時ᄂᆫ
敎育者ᄂᆫ 반다시 實行ᄒᆯ지니라.

　命令의 外에 又 其 形式 性質의 類似ᄒ 者가 有ᄒ니 卽 許可와
拒非라. 許可ᄂᆫ 有益ᄒ 事項에 對ᄒ야 被敎育者의 意志에 任許홈
이오 拒非ᄂᆫ 有害ᄒ 事項에 對ᄒ야 被敎育者의 意志를 限制홈이
니 其 命令 及 禁止와 異ᄒ 바ᄂᆫ 彼에ᄂᆫ 意志를 提出ᄒᄂᆫ 者ᄂᆫ 被
敎育者 以外에 在ᄒ니 此에ᄂᆫ 被敎育者 自身이라. 然ᄒ나 此亦 被
敎育者의 意志의 方向을 確定ᄒ야 道德的 習慣을 形式홈에 極히
必要ᄒ 方法이니 敎育者ᄂᆫ 特히 注意를 大加홈이 可ᄒ니라.

第四節　褒賞　及　懲罰

　訓育의 方便으로 用ᄒᄂᆫ 褒賞 及 懲罰에 關ᄒ야 古來 敎育者 間
에 意見이 一致치 못ᄒ야 全히 非難 排斥ᄒᄂᆫ 者도 有ᄒ기에 至ᄒ
나 然ᄒ나 吾人은 賞罰의 訓育을 補助ᄒᄂᆫ 效用과 價値를 否定홈

은 實로 不可ᄒ니 凡 人間行爲의 發達은 三段階를 成ᄒ야 最初는 必然 次에는 當然흔 義務로 行ᄒ며 終에는 自由니 詳言ᄒ면 初에는 不得已ᄒ야 行ᄒ며 次에는 當然흔 義務로 行ᄒ며 終에는 自己의 意를 從ᄒ야 自由로 行ᄒ기에 至ᄒ는 者라. 然흔 則 發達의 最初 段階에는 兒童의 良習慣을 賦與 養成코져 흘진딕 반다시 兒童의 厭惡ᄒ는 바를 强行흘진딕 則 其 勢가 不得不 外部의 制裁를 加ᄒ며 獎勵를 行흘지니라. 然ᄒ나 其實效의 有無와 大小는 敎育上에 用ᄒ는 目的 種類 方法 等에 巨大흔 關係가 有ᄒ니라. 就中 賞보다 罰에 對ᄒ야 理論이 多흔 故로 玆에 懲罰을 先論ᄒ노라.

第一 懲罰

懲罰은 簡單히 言흔 則 故意로 兒童의 不快의 情을 惹起ᄒ고 是에 由ᄒ야 其 不當의 行爲와 不良의 性質을 矯正코져 흠이라. 是以로 其 目的이 惡行에 對ᄒ야 不快의 感을 起ᄒ야 써 惡의 何者됨을 認識ᄒ야 其 不可흠을 知ᄒ고 此를 記臆ᄒ야 拒避ᄒ는 傾向을 進코져 흠에 在ᄒ니라. 然ᄒ나 敎育者는 懲罰로써 唯一의 訓育上 主要 方法을 作흠은 不可ᄒ고 반다시 補助 方法으로 用흘지니 盖 訓育을 完行케 ᄒ기 爲ᄒ야 懲罰을 用흠인 則 懲罰의 目的은 반다시 訓育의 目的에 符合흠이 可흘지라. 然而 此에 關ᄒ야 異說이 多有ᄒ니 其 最 有力흔 者는 卽 應報論, 贖罪論이 適當ᄒ도다. 何故오. 改善論의 主旨는 道德의 光을 照ᄒ야 其 良心을 覺醒ᄒ야 惡意志를 挫扶ᄒ고 善道에 引入흠일새니라.

玆에 特히 注意흘 者는 敎育上의 罰과 國法上의 罰의 間에 重要흔 區別이 有ᄒ니 (一) 國法上의 罰은 成熟흔 人이 自己의 行爲에 對ᄒ야 責任을 有흠을 預想흔 故로 未成年者는 刑法을 適用치 아

니호나 敎育上의 罰은 兒童의 知見이 尙少호고 意志가 薄弱호야 責任을 負호기 不能흔 時期에 行호는 者오 (二) 國法上의 罰은 人이 不正흔 行爲를 法律에 惟依호고 內部의 道德에는 不關호나 敎育上의 罰은 單히 合法的으로 滿足타 아니호고 叉 其 心操에 入호야 不道德的을 罰홈이 可홈이오 (三) 國法上의 罰은 一定흔 條文에 依據호고 個人的 事情은 僅少의 影響을 及호기에 不過호나 敎育上의 罰은 個人的 事情을 大顧홈으로 固定의 罰則을 設호기 難홈이오 (四) 國法上의 罰은 原告 被告의 外에 裁判者가 有호야 判定호나 敎育上의 罰은 裁判者 及 原告는 通常 同一人됨이 是니 然則 罰의 原理에 就호야는 同一히 論홈을 可得호나 其 性質과 方式은 大差가 有호니라.

大抵 敎育上의 罰을 用홈은 被敎育者의 道德을 增進코져 홈이오, 道德의 價値는 其 動機의 善良흔 者에 存호거늘 罰은 惟 恐怖의 感情 卽 苦痛으로써 其 動機를 作홈인 故로 自來의 反對說이 有흔 故니 盖 其 種類와 程度, 方法 等이 得宜치 못홈에 因홈이라. 然則 敎育者는 必須 熟盧 注意호야 弊害를 起生케 말지니라.

罰의 種類는 一이 아니라 然호나 其 大體에 因흔 則 二種이 有호니 一은 物質的 卽 外面的 性質을 帶흔 罰이오 一은 道德的 卽 被罰者 良心의 刺戟을 主호는 罰이니 兩者가 共히 言語로 行호는 者도 有호고 行爲로 行호는 者도 有호니라.

(一) 道德的 罰은 又 數種에 分호니 卽 左와 如호니라.

    (甲) 訓戒直接으로 責問치 아니호고 其 非行을 擧호야 溫和히 說諭호야 良心의 責을 受호야 後晦 改悛(개전)코져 호는 者라.

    (乙) 叱責前者보다 一步를 進호야 敎育者가 威儀 잇는 言語로써 叱責

ㅎ야 速히 改悛케 ㅎᄂ 者니 訓戒와 叱責에 恆必 其 理由를 明示
흠을 要ㅎᄂ니라.

(丙) 公然히 恥辱을 感케 ㅎᄂ 事或 兒童의 非行과 此에 對ᄒ 罰을 公
告ㅎ야 써 恥辱을 深感ㅎ야 其行을 改케 ㅎᄂ 者라.

(二) 物質的 罰도 又 數種에 分ㅎ니 卽 左와 如ㅎ니라.

(甲) 體罰: 體罰은 直接으로 兒童 身體의 或 局部에 故意로 苦痛을 加
ㅎᄂ 罰이니 專히 摳打를 謂흠이라. 古時에 在ㅎ야 體罰을 重要
ᄒ 方法으로 用ㅎ얏시나 現今 文明ᄒ 邦國에ᄂ 漸次로 禁止ㅎᄂ
傾向이 有ㅎ야 旣往 全廢ᄒ 處도 有ㅎ고 亦 仍存ᄒ 處도 有ㅎ나
甚히 制限을 加ㅎ니 盖 體罰은 他 方法에 比ᄒ 則 危險흠이 有ᄒ
故라. 然ㅎ나 敎育上 罰을 用흠은 兒童을 善人으로 作成코져 ㅎ
야 其 惡行爲를 除去코져 흠인 則 體罰을 用흠이 無妨홀지며 且
家庭에서 體罰을 多受ᄒ 者ᄂ 學校에서 비록 溫和ᄒ 罰로 制裁
홀지라도 效力이 未有ᄒ 則 體罰을 學校에서 行흠이 可홀지로딕
但 體罰은 其 局部를 誤ᄒ 則 發達의 程度에 有害ㅎ며 又 成年의
初期에 漸至ㅎ야ᄂ 反히 罰의 目的을 失ㅎ야 訓育에 妨害를 加
ㅎ기 易ㅎ니 若 不得已 體罰을 學校에 許可ㅎᄂ 時ᄂ 幼童時에
限ㅎ며 又 敎育者가 十分 信用이 有흠을 必須홀지니 然則 此ᄂ
實로 難能의 事라. 故로 漸次 廢止ㅎ기에 至흠이라. 但 家庭에셔
ᄂ 實行흠이 尙多ㅎ니라.

(乙) 利益의 除去: 是ᄂ 家庭에셔 屢行ㅎᄂ 바니 假令 兒童의 好ㅎᄂ
物을 與흠을 拒흠과 父母兄弟가 同伴ㅎ야 外出흠을 不許흠과 又
共同의 樂에 與흠을 不得케 ㅎᄂ 類가 是니라.

(丙) 名譽心에 訴ㅎᄂ 者: 此ᄂ 最屢 使用ㅎᄂ 手段이니 卽 一定ᄒ 時

間에 罰席에 就케 ᄒ야 他 兒童으로 非行者를 隔離케 ᄒᄂᆫ 者라. 然而 其 時間은 必長홈을 不要ᄒᄂ니 盖 此罰은 非行者의 名譽心을 興奮 成立케 홈이어늘 若 過長ᄒ면 則 其 羞恥心을 鈍케 ᄒ야 反對의 結果를 呈ᄒ기 易홀 ᄲᅮᆫ더러 又 敎授上 兒童에게 大損失을 加ᄒᄂ니라.

(丁) 自由를 狹縮ᄒᄂᆫ 者: 此罰은 兒童 身體의 自由를 束縛ᄒ야 苦痛을 感케 ᄒᄂᆫ 者니 留置 禁足이 是에 屬홈이라. 留置ᄂᆫ 普通 敎室 內에 留置ᄒ야 遊戱 行步와 自由를 不許ᄒᄂᆫ 者니 此에ᄂᆫ 休憩時間의 留置와 終業 時間의 留置의 二種이 有ᄒᄂ니라. 凡 留置ᄂᆫ 兒童에게 對ᄒ야 極히 苦痛을 感ᄒᄂᆫ 者일 ᄲᅮᆫ더러 又 其 敎授上 及 養護上에도 妨害가 有ᄒ나 不得已 用ᄒᄂᆫ 者인 則 極히 注意홀지며 且 多數의 兒童을 同時 同處에 留置ᄒ면 反히 罰의 目的을 達치 못ᄒ기 易ᄒ지라. 是以로 兒童을 留置ᄒᄂᆫ 以上은 敎師가 監督홈이 必要ᄒ야 兒童의 留置ᄂᆫ 同時에 敎師의 留置를 成ᄒᄂ니라. 且 終業後의 留置에ᄂᆫ 其 故를 家庭에 通知ᄒ야 歸家 時間의 晩홈을 知케 ᄒ고 又 加罰ᄒᄂᆫ 趣意를 解ᄒ야 家庭에서도 注意를 加케 홀지니라. 禁足은 監督 업시 一室內에 禁錮ᄒᄂᆫ 者니 其 時間의 長홈은 敎授上 健康上에 害가 俱有ᄒ 則 用홀 時에 十分 斟酌홀지니라.

(戌) 停學 及 黜校: 停學은 訓育的 手段 卽 他의 罰로 過를 改悛키 不能ᄒ 者에 對ᄒ야 一定ᄒ 日限間 通學을 停止ᄒ고 家庭에 在ᄒ야 謹愼 自省케 ᄒᄂᆫ 者오 黜校ᄂᆫ 罰의 最 苛酷ᄒ 者니 卽 其 非行者가 到底히 改悛케 홀 道가 無홀 ᄲᅮᆫ 아니라 尙且 他 兒童에게 惡風을 汚染케 ᄒᄂᆫ 慮가 有ᄒ 時에 其 者에게 退學을 命ᄒᄂᆫ 者니 大抵 敎育上 罰은 本是 非行者의 改善을 促ᄒᄂᆫ 方便이어늘

今에 黜校홀 命홀진딕 其 人은 國家의 認許혼 바 敎育을 受홀 機會를 斷絶ᄒ고 兼ᄒ야 改善홀 道를 斷絶케 ᄒᄂᆫ 者니 其 敎育上 罰을 加홈이라 謂홈보다 寧히 敎育上 死刑을 宣告혼 者라 謂홈이 可홀지오 且 敎育의 業務ᄂᆫ 兒童의 知識 及 身體上의 不完全혼 点을 漸次 完全케 ᄒ기 爲홈이어늘 黜校를 命홀진딕 敎育이라 云ᄒᄂᆫ 意義와ᄂᆫ 矛盾인 則 可히 敎育의 自殺이라 謂홀지며 又 敎育者의 大 羞恥를 公告ᄒᄂᆫ 者라 謂홀지라. 然ᄒ나 學校도 一社會인 則 公衆을 爲ᄒ야 一人이 犧牲되지 아니홈이 不可ᄒ고 又 非行者의 不良은 自作이오 敎育者의 所造가 아닌 則 其 兒童에 對ᄒ야ᄂᆫ 淚를 呑ᄒ며 敎育者에 在ᄒ야ᄂᆫ 恥를 忍ᄒ고 決行치 아니홈이 不可홀지라. 然而 此가 敎育 本來의 目的은 아닌 則 熟廬 詳思ᄒ야 施行홀지니라.

以上에 懲罰의 一般을 記述ᄒ얏시나 大凡 懲罰은 不得已혼 方便으로 用ᄒᄂᆫ 者인 則 此를 用치 아니ᄒ고 訓育을 行홈만 如치 못ᄒ니 然則 敎育者ᄂᆫ 맛당히 罰을 避홀 方法을 十分 講究홈이 可혼지라. 左에 注意홀 條件을 大略 擧示ᄒ노라.

(一) 被敎育者의 罪過를 未然에 預防홀 事凡事ᄂᆫ 未然에 防홈이 旣發혼 後에 完케 홈보다 易ᄒᄂ니 兒童으로 ᄒ야금 犯過ᄒ기 前에 犯過치 안토록 홈이 더욱 必要ᄒ고 容易혼 則 敎育者ᄂᆫ 必先 他 敎育 方便을 善用ᄒ야 恆常 被敎育者가 犯過치 아니케 홀지니라.

(二) 敎育者 自己의 反省을 屢行홀 事敎育者의 命令의 矛盾과 言語의 不明瞭 及 其他 訓育의 方便의 不統一홈이 兒童의 犯過의 原因을 成홈이 多ᄒ니 然혼 則 被敎育者의 不德 罪過가 有홀 時ᄂᆫ 恆常

敎師가 自己를 反省ᄒ야 原因을 求ᄒ야 將來에 更히 發生치 안토록 注意ᄒ지니라.

(三) 敎育者ᄂᆫ 自制 忍耐의 力을 修養ᄒᆯ 事敎育者ᄂᆫ 理性이 尙 未發達ᄒᆫ 兒童을 敎育ᄒᄂᆫ 者인 則 恆常 失望 不忍耐의 域에 陷ᄒᆷ이 多ᄒᆷ은 難免의 事라. 往往히 其怒ᄂᆫ 移ᄒ야 被敎育者의 罰이 되기 易ᄒᆫ 則 敎育者ᄂᆫ 恆必 克己 忍耐의 德을 修養ᄒᆯ지니라.

第二 褒賞

褒賞은 被敎育者의 善行에 對ᄒ야 故意로 其 快情을 惹起ᄒ야 善의 何者됨을 認識ᄒ야 其 善行을 繼續ᄒ야 써 愈益 鍊成ᄒᆷ을 獎勵ᄒᄂᆫ 方便이라. 此亦 懲罰에 陳述ᄒᆷ과 同히 言語 或 行爲로 行ᄒ며 物質的 又 道德的의 區別이 有ᄒ니라.

賞도 又 懲罰과 如히 直接으로 道德的 行爲를 惹起ᄒᄂᆫ 者ᄂᆫ 아니오 唯 其 間接의 手段이라. 此에 關ᄒ야 反對說이 不無ᄒ나 實로 採用키 難ᄒᆫ 則 實際 當局者가 注意ᄒᆯ 審愼히 ᄒ야 用ᄒᆷ이 可ᄒᆯ ᄲᅮᆫ이라. 何者오. 兒童은 其 感情이 微弱ᄒ고 識見이 淺薄ᄒ야 外部의 刺戟에 左右ᄒᄂᆫ 者인 則 苟 其 善行을 誘導 啓發코져 ᄒᆯ 진ᄃᆡ 賞與 卽 心意의 刺戟은 極히 必要ᄒ나 但 兒童의 感情이 或 其 性質에 因ᄒ야 名譽心 又 利慾心에 傾ᄒ기 易ᄒᆫ 恐이 有ᄒᆫ 故로 能히 注意ᄒ여야 是可ᄒᆯ지니라.

賞의 種類 中 言語로 以ᄒᄂᆫ 者ᄂᆫ 稱讚이오 行爲로 以ᄒᄂᆫ 者ᄂᆫ 名譽를 表彰ᄒᄂᆫ 者와 物品을 授與ᄒᄂᆫ 者의 二種이 有ᄒ니 稱讚은 每 其 善行이 有ᄒᆯ 時에 敎師가 特히 贊同의 意를 示ᄒ야 益益히 獎勵ᄒᄂᆫ 者오 名譽를 表彰ᄒᄂᆫ 者ᄂᆫ 兒童의 名譽에 對ᄒᆫ 慾望은 무己發達ᄒᆷ이 其 名譽心을 滿足케 ᄒ야 써 善行을 獎勵ᄒᄂᆫ니

其 方法은 一般 名譽席을 與ᄒ며 或 名譽職을 受ᄒ이니 卽 善行者를 主席에 居케 ᄒ며 又 敎師의 助手가 되야 全級의 秩序를 保維 整頓ᄒᆷ을 司케 ᄒ야 命令의 傳達, 出席, 缺席의 調査 等으로브터 敎室 內外의 掃除의 監督 等을 行ᄒ야 敎師를 補佐ᄒ고 他生의 模範이 되야 全級의 風儀를 上進케 ᄒᄂ 義務를 負케 ᄒᄂ 者오 物品을 授與ᄒᄂ 者 卽 圖畵 書箱 等 物品은 下級의 賞品에 適ᄒ고 上級에 至ᄒ야ᄂ 漸次 感覺的의 物質의 代에 褒狀 等의 精神的의 物品을 用ᄒ이 可ᄒ니라.

第三 賞罰의 注意

賞罰을 行ᄒᆷ은 敎育上 效果를 完全키 爲ᄒ인 則 此에 關ᄒ야 極히 注意ᄒᆯ지니 其 要件이 一이 아니나 玆에 最 其 重要ᄒ 者를 擧示ᄒ되 便宜上 分論ᄒ노라.

(一) 褒賞에 關ᄒ 者ᄂ 左와 如ᄒ니라.

    (一) 賞與ᄂ 可成的 稀行ᄒᆯ지니 若 頻行ᄒ 則 賞의 效力을 失ᄒᄂ라. 且 最 顯著ᄒ 境遇에 用ᄒᆯ지니 敎師가 能히 兒童의 尊信을 得ᄒ 時ᄂ 其 顔貌 動作 言語 等으로도 能히 善行을 獎勵ᄒ고 外物의 補助를 不待ᄒᄂ니라.

    (二) 賞與를 行ᄒ되 級中 俊秀ᄒ 二三者에만 注意치 말고 全級에 對ᄒ야 注意ᄒᆯ지니 其 智力 材能을 賞ᄒᆷ보다 努力 勉强을 賞ᄒᆷ이 可ᄒ니 假令 級中에 恆常 一番 二番되ᄂ 者에게 賞을 施ᄒᆯ진되 是ᄂ 智力 才能의 賞이니 便是 天才를 賞ᄒᆷ에 不過ᄒ지라. 他 兒童은 비록 如何히 勉努ᄒᆯ지라도 其 天才가 一二番 學徒에 不及

홈으로 畢竟 暴且棄에 至홀 恐이 有ㅎ니 然ㅎ則 則 縱 其 成績은 中等에 在ㅎ야도 非常히 勉强ㅎ야 五六番에 至흔 者에도 賞與를 施홀지니 此는 其 努力을 賞홈이니라.

(三) 名譽心에 訴ㅎ는 者는 是에 因ㅎ야 다만 名을 好ㅎ는 弊를 釀成ㅎ느니 何者오. 兒童은 唯 賞을 得ㅎ기 爲ㅎ야 行홈이 賞의 本旨를 遂失ㅎ기에 至ㅎ고 若又 賞을 不得흔 則 不平의 情을 却生ㅎ야 再位홈을 不肯ㅎ기에 至홈이 其 終은 罰을 行ㅎ기에 必至ㅎ느니 此는 物品으로 以ㅎ는 境遇에도 亦同ㅎ니라.

(四) 物品의 賞與는 金錢으로 以홈보다 他 物品으로 以홀지니 金錢은 兒童의 利慾心을 刺戟ㅎ는 虞慮가 有홈이니라.

(五) 一個人에 向ㅎ야 施ㅎ는 賞與는 同輩의 嫉妬를 招ㅎ기 易ㅎ고 又 或 誤認에 由ㅎ야 賞을 與ㅎ는 時는 敎育者의 信用이 大減ㅎ느니라.

(二)[9] 懲罰에 關혼 者는 左와 如ㅎ니라.

(一) 懲罰도 可成的 稀用홀지니 卽 他方便으로써 罰을 加치 아니토록 行ㅎ다가 不得已흔 境遇에 始用홀지라. 兒童에게 懲罰을 加홈은 殆 皆 敎師의 無能이니라.

(二) 懲罰을 加홈에 當ㅎ야 恆常 自己의 事情을 制홀지니 罰은 自愛心에 基ㅎ야 兒童을 矯正코져 期ㅎ는 者인 則 兒童의 利害를 深鑑ㅎ야 行ㅎ고 決코 自己의 忿怒를 霽[10]ㅎ기 爲ㅎ야 用홈은 不可ㅎ니라.

(三) 罰은 適應홈이 必要ㅎ니 非行의 輕重에 從ㅎ야 罰의 輕重을 定

---

9 원문에서는 편집상 (二)가 누락됨.

10 霽(갤 제): 마음이 개운해지다. 쾌청해지다.

홈은 一般의 理라. 行爲가 正理에 反홈이 大혼 者는 重히 ㅎ고 小혼 者는 輕ㅎ야써 兒童으로 ㅎ야금 善惡 正邪에 對ㅎ야 正當혼 判斷을 得케 홈이 至當ㅎ나 然ㅎ나 正理는 人에 由ㅎ야 異혼 者가 아닌 則 罰을 行홈에도 公平無私를 主로 ㅎ고 親疎貴賤을 勿論홀지니라. 但 正理는 單히 外面的으로만 見ㅎ는 者가 아닌 則 外面에만 依ㅎ야 罰의 輕重을 定홈은 眞正혼 正理라 謂홈이 不可ㅎ니 何者오. 人은 內心은 相異ㅎ나 行爲는 相同혼 者가 多ㅎ며 又 罰을 感ㅎ는 度에도 人人이 不同ㅎ니 맛당히 此等 事情을 考察ㅎ야 適應히 施罰홀지니 卽 第一은 正不正에 就ㅎ야 兒童의 旣有혼 判斷力을 見홀지라. 若 其 判斷力이 未發達ㅎ야 不正을 不知ㅎ고 行혼 者는 參恕홈이 可홈이오 第二는 兒童의 性質에 應치 아니홈이 不可ㅎ니 卽 其 體質의 强弱, 男女의 殊別, 年齡, 感情의 銳鈍 等에 由ㅎ야 罰의 程度와 種類를 共히 斟酌 施行홈이 可홈이오 第三 其罰홀 非行은 始犯혼 者와 旣己 訓戒 禁止혼 者의 境遇를 審査홈이 可홈이오 第四는 兒童의 從來 敎育의 狀況을 考홀지니 其曾往 不良혼 影響 下에 在홈을 因ㅎ야 惡習慣이 有홈은 誠 是 可憐혼 者인 則 彼 各種 訓育의 手段을 盡ㅎ야도 改悛치 아니혼 者와 同一히 論홈이 不可홈이오 第五는 非行의 動機에 應치 아니홈이 不可ㅎ니 卽 同是 虛僞라도 朋儕의 難을 救ㅎ기 爲ㅎ야 然혼 者와 自利를 主ㅎ야 然혼 者의 間에는 大差가 不無ㅎ며 又 一時 恐怖의 情으로 出혼 者는 惡意의 者에 比ㅎ면 參恕홈이 乃可홈이니라.

(四) 罰은 반다시 非行이 有홀 時에 速行홈이 可ㅎ니 盖 罰과 非行의 關係는 原因 結果의 關係를 保홀지라. 비록 罰을 加홀 時에 行爲의 原因 及 兒童의 性質 等을 考홈이 必要ㅎ나 今日 非行을 二三

日 後에 至ᄒ야 罰홀진딕 罰의 效力을 減홈이 甚홀 ᄲᆞᆫ더러 且 兒童은 罰을 免키 爲ᄒ야 種種의 方便을 尋究ᄒ야 虛僞의 風을 生홀지라. 故로 非行이 有홀 時ᄂᆞᆫ 其 記臆이 猶新홀 時에 懲罰을 卽加ᄒ야 兒童으로 ᄒ야금 非行을 速改ᄒ도록 務홀지니라.

右에 賞罰에 對ᄒ야 注意홀 바를 分論ᄒ얏거니와 今에 更히 一般 賞罰에 共通홀 注意件을 左示ᄒ노니 卽 린드넬[11] 氏의 說에 擧ᄒ노라.

(一) 賞罰은 敎育上의 非常 手段인 故로 亦 其 非常홍 境遇 卽 他 方便으로ᄂᆞᆫ 奏效치 못ᄒᄂᆞᆫ 境遇에 用홀지니라.

(二) 賞罰은 功過의 程度에 適合치 아니홈이 不可ᄒ니 若 功過의 程度에 不適合홀진딕 其 結果ᄂᆞᆫ 敎師, 生徒의 不和를 醸成ᄒ야 可言치 못홀 弊害에 必至홀지니라.

(三) 賞罰의 種類ᄂᆞᆫ 其 行爲의 自然의 結果에 伴케 홀지니 但 自然의 應報ᄂᆞᆫ 其來홈이 遲ᄒ나 人工의 賞罰은 直其 行爲의 後에 接홈을 要홈이라. 假令 放縱을 罰홈에ᄂᆞᆫ 其 自由를 制限ᄒ고 怠惰를 罰홈에ᄂᆞᆫ 課題를 與ᄒ며 又 其 勤勉을 賞홈에ᄂᆞᆫ 休息을 與ᄒ고 誠實을 賞홈에ᄂᆞᆫ 其 言語에 與ᄒ딕 信任으로 以홈이 是니라.

(四) 賞罰의 際에 敎師ᄂᆞᆫ 다만 外部의 行爲쑨 아니라 兼ᄒ야 內部의 意志를 考察홀지니 是 實 兒童으로 ᄒ야금 彌縫 修飾의 弊에 不陷케 ᄒᄂᆞᆫ 第一 良法이니라.

(五) 賞罰은 道德的 性質을 有홈을 要ᄒᄂᆞ니 卽 賞罰은 兒童의 體慾 苦痛 等을 目的치 아니ᄒ고 其 內部의 名譽心과 道德心의 上에

---

11 린드넬: 미상.

其] 影響을 附與홈에 注意ᄒ야 改悛의 心을 速生케 홀지니라.

(六) 賞罰을 施홈에 當ᄒ야 其 賞罰에 用홈이 可ᄒ 事物을 選홀지니 萬若 道德上 非難을 免치 못ᄒᄂ 事物로써 褒賞ᄒ거나 又 兒童의 義務上 當行홀 事로써 罰홀진ᄃᆡ 是ᄂ 賞罰의 目的에 背反ᄒᄂ 者니라.

第六章 美的 陶冶

美的 陶冶ᄂ 一邊으로 觀ᄒ면 敎授論에 屬ᄒ 問題나 又 訓育論에 巨大ᄒ 關係가 有ᄒ 問題라. 元來 意志ᄂ 知識을 依ᄒ야 活動的 方面에 動ᄒᄂ 心的 作用이라. 故로 意志가 活動홈에ᄂ 感情과 共動홈을 要ᄒᄂ니 盖 意志를 活動케 ᄒᄂ 動機ᄂ 慾望이오 慾望은 感情으로브터 出ᄒᄂ 者인 則 感情이 乃是 意志 活動의 動機라. 然홈으로 意志의 修鍊과 共히 動機의 修養이 必要ᄒ며 動機 即 感情을 修養홈에ᄂ 美的 陶冶가 必要ᄒ니라.

然ᄒ 則 美ᄂ 何者를 云홈인가. 言ᄒ건ᄃᆡ 即 吾人에게 美的 感情을 起케 홈이니 其 美됨은 或 客觀的으로 外物에 屬홈도 有ᄒ고 或 主觀的으로 精神에 存홈도 有ᄒ야 一邊에 美的 性質을 惹起ᄒᄂ 者가 外物에 存홈과 同時에 精神界에도 此를 惹起ᄒᄂ 構造가 必要홈이라. 是以로 美的 練習의 結果ᄂ 人의 趣味를 高尙케 ᄒᄂ니라.

如右히 美的 陶冶를 加ᄒ야 趣味를 高尙케 ᄒ나 是가 何로 由ᄒ야 道德의 修養에 效益이 有ᄒ며 又 如何ᄒ 效益이 有ᄒ가. 果然

美와 善은 同一훈 者인가. 此에 關호야는 或 同一훈 者라 云호는 學說이 有호야 善으로써 美의 一種으로 見호나 然호나 善과 美의 間에 巨大훈 差異가 有호니 卽 善을 行흠은 人의 義務나 美的 實行은 人의 自由오 無趣味는 人의 缺点이나 不道德은 人의 罪惡이며 又 善을 行흠은 各人에 同樣으로 要求호는 者나 美景 美畵 等에 對호야는 何人 何時든지 恆常 同樣으로 感興케 호기 不可호며 善은 職業의 繁回를 不拘호고 恆常 向行흠이 可호나 美는 生活의 餘力으로써 行호는 者이니 此로 由觀호면 善과 美는 實로 同一훈 者가 아니라. 是以로 美를 樂호는 者는 盡 是 善을 樂호는 者라 云호기 不可흠은 更論홀 바가 아니라. 然호나 凡 眞正히 美를 樂호는 人은 純潔 高尚훈 者를 愛호고 不潔 野卑훈 者를 斥호는 感情이 生호느니 是는 何事에든지 皆然호야 行爲의 動機가 되는 故로 道德上에 助力을 與호는지라. 斯乃 美的 陶冶가 德性의 修養, 意志의 修鍊에 有益훈 所以라. 況且 美를 樂호는 者는 現世의 紛紜훈 利慾 中에 超然히 獨立호야 其 心에 餘裕가 有흠이리오. 美는 又 人의 苦悶을 救助호며 人의 意志를 高尚케 호느니라.

又 人에 美的 陶冶를 行흠은 社會의 道德을 救助호고 社會의 經濟를 發達케 호느니 前者를 言호면 現時 社會는 物質的 文明이 盛호야 其 結果는 國民의 趣味가 漸次 落下호야 道德상 厭惡호는 物質的 又 肉體的에 流호니 萬若 各人의 趣味가 高尚호면 可히 道德의 墮落을 防禦할지오 又 後者를 言호면 國民의 趣味가 下等이 된則 其 製造品의 品位가 低劣호야 同一의 製造品에도 其 製造者의 趣味의 古下를 因호야 材料 形式이 無異호건마는 品位의 程度에는 大差를 生호는 故로 於是乎 趣味의 劣下훈 者는 趣味의 高尚훈 者의 製造物에게 壓倒를 受호야 他國民에게 貢獻을 與흠과 同호

니 此를 防止 救助코져 홀진디 又 必 國民에게 美的 陶冶를 施홈
이 可ᄒ니라.

是以로 다만 學校에서 敎授로 圖畵, 唱歌, 手工 及 文學을 授與
ᄒ야 其 美想을 啓導홀 샏으로는 不足ᄒ고 尙且 學校의 庭園을 優
美히 裝飾ᄒ며 又 其他 自然美를 愛케 ᄒ기 爲ᄒ야 學徒를 引率ᄒ
고 郊外에 出ᄒ야 山川林野의 風景을 玩ᄒ며 禽獸 草木의 生活 狀
態를 覽ᄒ야 美的 趣味를 悟解케 ᄒ야써 高尙ᄒ 境域에 入ᄒ면 訓
育의 上에 巨大ᄒ 補益을 可加홀지니 티그레[12] 氏의 言에 曰 人間
自身은 一個 美術的 生産物이라. 其 他人과 交際를 調和ᄒ며 共同
的 生活을 營爲케 홈이 審美的 敎育의 骨髓오 又 此에 因ᄒ야 同
時에 道德的 生活을 完成홈을 得홈이 個人主義를 依ᄒ든지 社會
主義를 依ᄒ든지 共히 必要ᄒ다 ᄒ니라.

---

12 티그레: 미상.

第五編 方法論 三 養護論

第一章 養護의 목적

敎育의 目的은 道德的 生活을 完成홈과 其 方法으로 敎授, 訓育, 養護 三者에 分홈은 已皆 論述혼 바라. 玆에ᄂ 特히 養護에 就호야 暫言코져 호노라.

凡人은 心身 二者로 成호니 但 其心쑨으로ᄂ 人의 全部가 成立치 못호고 此에 肉體를 合혼 後에 完全혼 人을 始成호ᄂ니 然則 精神과 肉體가 共히 一體로 貴重호고 其間에 差異가 未有호거늘 或 學派ᄂ 身體의 養護를 訓育의 一部分으로 編入혼 者가 有홈은 實로 可取키 難혼 바니라. 今에 身體와 精神의 兩間에 如何혼 關係가 有홈을 示明호야 養護의 必要를 証호고 因호야 養護의 目的을 表現코져 호노니 精神과 身體의 關係ᄂ 如左홈이라.

(一) 身體ᄂ 精神의 容器오 宿所라. 是以로 身體가 健全혼 後에 精神도 健全홈을 始得홈이라.

(二) 身體는 精神作用을 達ᄒᆞᄂᆞ 機關이라. 吾人이 外界 事物을 知覺 觀察ᄒᆞᆷ에ᄂᆞ 身體의 感覺機關되ᄂᆞ 耳目口鼻 等을 使用ᄒᆞ며 又 精神의 感覺 思考ᄒᆞᆫ 바를 外部에 發表ᄒᆞᆷ에ᄂᆞ 身體의 運動 機關되ᄂᆞ 手足 其他 筋肉의 力을 必依ᄒᆞᄂᆞ니 然則 體力이 十分 健全치 못ᄒᆞ면 精神作用을 完全히 達ᄒᆞᆷ을 不得ᄒᆞᆷ이라.

(三) 身體ᄂᆞ 精神의 形象을 寫出ᄒᆞᄂᆞ 者라. 人은 內心에 喜怒哀樂의 情이 有ᄒᆞᆫ 則 自然히 身體의 外部에 發表되야 內部의 實況을 窺視ᄒᆞᆷ을 可得ᄒᆞ며 又 反是ᄒᆞ야 外部의 狀態도 內部의 感動을 惹起ᄒᆞᆷ도 有ᄒᆞᆷ이라.

(四) 身體ᄂᆞ 精神의 勢力을 添加ᄒᆞᄂᆞ 者라. 精神이 實際에 表現活動ᄒᆞᆷ에ᄂᆞ 其 勢力을 身體에 要求ᄒᆞᄂᆞ니 是以로 同一히 決心ᄒᆞ야 或 事를 作爲코져 ᄒᆞᆯ지라도 身體가 强壯ᄒᆞᆫ 者와 虛弱ᄒᆞᆫ 者의 間에 成功의 能否과 係ᄒᆞᆷ이라.

以上 四個의 關係를 依ᄒᆞ야 養護의 目的을 案出ᄒᆞᆫ 則 左의 二点에 不過ᄒᆞ니 卽 精神을 健全히 保持ᄒᆞ기 爲ᄒᆞ야 身體를 健康케 ᄒᆞᆷ과 精神의 活動을 完全케 ᄒᆞ기 爲ᄒᆞ야 體力을 十分 發揚 鍊習케 ᄒᆞᆷ이라. 此 目的을 達ᄒᆞᆷ에ᄂᆞ 一邊으로ᄂᆞ 新鮮ᄒᆞᆫ 空氣를 與ᄒᆞ고 慈養의 食料를 供ᄒᆞ며 運動 休息 等을 適當히 ᄒᆞ고 一邊으로ᄂᆞ 遊戱 體操 等에 依ᄒᆞ야 體力을 鍊達ᄒᆞ며 又 感官을 鍊習ᄒᆞ야 精緻의 度와 敏捷의 度를 共히 增進케 ᄒᆞᆷ이 必要ᄒᆞ니라.

或人은 以爲ᄒᆞ되 學校에셔 身體健康上에 過多히 注意ᄒᆞ면 敎授 時間을 減少ᄒᆞ야 必要ᄒᆞᆫ 知識을 十分 授與치 못ᄒᆞᆫ다 言ᄒᆞ고 又 或者ᄂᆞ 以爲ᄒᆞ되 健康의 法則에 背ᄒᆞ고 過激히 工夫ᄒᆞ면 壽命을 減ᄒᆞ나 其 工夫로 因ᄒᆞ야 大事業을 成就ᄒᆞᆷ을 得ᄒᆞᆷ이 假令 五十年의

壽命을 三十年에 短促홀지라도 是가 尙愈타 言ᄒᄂ니 此等의 言이 實로 一理가 不無ᄒ되 肯服키는 難ᄒ도다. 社會의 興亾盛衰는 唯其要素되는 個人의 健否에 專依ᄒ거늘 萬若 個人이 過激히 工夫ᄒ야 大事業을 成就ᄒ면 一時 社會의 利益은 得爲ᄒ나 旣 其精力의 竭枯ᄒᆫ 結果로 自己의 壽命이 短促ᄒ야 生殖의 效果를 全失ᄒ며 縱或 全失치는 아니홀지라도 子孫이 病弱ᄒ야 漸次 遺傳홈이 社會의 元氣는 消滅 乃已홀 쑨더러 又 常 過激히 精力을 用ᄒᆫ 者는 成業홈이 稀少홈이라. 蒸氣機關에 石炭을 過度히 燃燒ᄒ는 時는 機關이 破裂에 終至치 아니ᄒ는가. 且 人의 知識의 貴重홈은 其 分量의 多홈을 指홈이 아니오 實用을 云홈이라. 實用치 못ᄒ는 知識은 死知識이니 死知識은 將次 安用ᄒ리오.

身體 諸機關 及 其他 作用을 科學的으로 硏究홈은 寧히 醫者의 硏究 範圍에 屬ᄒ고 敎育者의 硏究홀 바가 아니ᄂ 唯 此를 應用 實行홈은 敎育者의 任務라. 兒童의 健康을 留心홈은 長者의 事業이오 兒童을 養育ᄒ는 任務에 當ᄒᆫ 者는 敎育者 及 家庭의 母라. 然ᄒᆫ 則 養護에 關ᄒᆫ 知識 卽 衛生學은 敎育者 及 母의 不可缺홀 者니 敎育者는 반다시 學校 衛生學을 硏究홀지며 又 敎育者 養成所에도 此에 關ᄒᆫ 科程을 設ᄒ고 且 敎師 檢定試驗 科目에도 此를 必設홈이 可홀지니라. 又 兒童의 母되는 者는 家庭의 事務 時間은 幾何를 減ᄒ고 兒童 養護를 爲ᄒ야 多大ᄒᆫ 時間을 費홈이 可ᄒ며 又 此 養護의 任務를 當홀진되 必 其 幾分의 知識을 有홈을 要홀지니 然ᄒᆫ 則 女學校에 幼稚園을 附設ᄒ야 育兒에 關ᄒᆫ 知識을 得領케 홀지니라.

第二章 養護의 主要되는 方便

屢陳홈과 如히 敎育의 事業은 複雜흔 業務라. 學問 硏究上 便利에 因ㅎ야 敎授 訓育 養護의 部門의 分ㅎ나 其實際에는 互相 結合ㅎ느니 故로 一事에 就ㅎ야 一方으로 見ㅎ면 或 敎授가 되며 或 訓育이 되나 同時에 又 一方으로는 養護되는 者가 多홈은 明白흔 事라. 然ㅎ나 其 重要히 視ㅎ는 바에 因ㅎ야 左에 幾種을 養護에 論ㅎ노니 此 皆 敎授, 訓育의 部門에 其 關係가 無흔 者 아니홈은 注意홀지니라.

第一節 身體的 鍊習

第一 遊戲

遊戲는 快樂으로써 直接의 目的을 作ㅎ는 活動의 一形式이라. 此에 因ㅎ야 兒童은 身體機關을 鍛鍊 强壯ㅎ느니 遊戲는 兒童의 特有흔 職業이라. 彼의 生命이 되며 彼의 閑居에 對흔 保護가 되는 者니 其 心身 兩者에 關係됨은 實로 至大흔 中 特히 活潑흔 勇氣와 進取의 强力을 培養ㅎ며 又 模倣의 本能과 活動의 本能을 滿足케 ㅎ야 將來 作業의 基礎가 되며 預備가 되느지라. 皆 兒童은 其 遊戲時와 如히 勤勉ㅎ는 時는 無ㅎ며 又 其 遊戲는 恆常 長者를 模倣홈이라.

然而 世間에 反對派가 多ㅎ야 以爲호딕 遊戲는 兒童의 敎授時間을 濫費홀 쑨더러 又 其 遊戲에 危險의 度가 常多ㅎ다 言ㅎ나 然ㅎ나 此는 掛意홀 바가 아니라. 盖 勤勞와 遊戲는 恆必 相待홈

이 可ᄒ니 비록 成人도 終日 勤勞치 못ᄒ고 時時 休息홈을 必要ᄒ거든 況 身心이 尙 未發達ᄒᆫ 兒童이리오. 兒童의 休息 時間에 遊戲를 充用ᄒ면 足히 閑居 不善의 弊를 防ᄒ며 又 敎授의 印象을 堅確히 ᄒᄂ 效果가 與홈은 明白ᄒᆫ 事實이오 且 遊戲도 亦是 敎育의 一方便이 되ᄂ 以上은 반다시 有意 成案的으로 定홀지나 然ᄒᄂ 遊戲의 性質은 自由되ᄂ 者인 故로 萬若 此에 干涉을 홀진ᄃᆡ 遊戲의 遊戲되ᄂ 所以를 失홀짐으로 비록 有意 成案的의 理由에 因ᄒ야 干涉을 加홈이 可ᄒᄃᆡ 其 遊戲의 性質을 完全키 爲홈으로 干涉을 妄加치ᄂ 아니ᄒ야도 尙且 適當ᄒᆫ 範圍에 監督 奬勵ᄂ 行ᄒ니 然ᄒᆫ 則 何의 危險이 有ᄒ리오.

今에 遊戲의 效用을 左에 略擧ᄒ야 其 必要ᄒᆫ 理由를 明証ᄒ노라.

(一) 遊戲를 行홈에 兒童으로 ᄒ야금 山野에 走廻ᄒ거나 又 花를 摘ᄒ며 草木을 集케 홈은 兒童을 自然界에 導ᄒ야 自然과 交通ᄒᄂ 機會를 多케 홈을 可得홈이라.

(二) 遊戲를 行ᄒ면 筋肉의 力을 增ᄒ며 身體의 熟鍊을 進ᄒ며 且 一致의 運動을 能爲ᄒ야 團體的 生活의 必要를 確認케 홈을 可得홈이라.

(三) 遊戲ᄂ 閑居의 惡結果를 防止홈을 可得홈이라.

(四) 遊戲ᄂ 其 競爭的됨에 因ᄒ야 勇氣와 忍耐心을 增進홈을 可得홈이라.

(五) 遊戲ᄂ 知覺, 想像, 思考 等 諸 心的作用을 發達케 홈을 可得홈이라.

(六) 遊戲ᄂ 兒童의 爽快의 心情을 保持홈을 可得홈이라.

(七) 遊戲ᄂ 敎育者로 ᄒ야금 能히 兒童의 個性을 察知홈을 可得홈

이라.

上述흠에 依흔 則 遊戲는 實로 敎育上에 不可缺흘 者이나 然흐나 其 實行上에 非常흔 注意 加흠이 可흔 故로 左에 其 注意흘 要件을 叟陳흐야 參考에 以供흐노라.

(一) 遊戲에는 力의 貯藏을 必要로 흐느니 一身을 維持흠에 全力을 費흐는 者는 遊戲를 得爲치 못흐는 故로 必先 榮養에 注意흐야 健康을 進케 흐야 自然히 發達흐는 諸般 動作을 自由로 흐게 흐며 且 遊戲를 行흠에는 恆常 自由의 感情 及 興味가 存在케 흘지니라.

(二) 敎育者가 兒童에게 遊戲를 命흐는 境遇에는 兒童으로 흐야금 스사로 敎育者가 指示흐는 中에서 選擇케 흐야써 其 外部의 狀態를 整理케 흘지니 盟母의 三遷이 是에 良由흠이니라.

(三) 遊戲는 決코 兒童의 力을 超過흐야 其 健康을 危險케 흠이 不可흐니 是乃 競爭的 遊戲에 注意를 最加흘 바라. 兒童은 恆常 一時의 遊謔[13]을 因흐야 身體를 過勞흐야 可히 回復치 못흘 境에 至흐느니라.

(四) 遊戲의 際에 敎育者는 其 必要흔 規定을 守케 흐는 外에는 總히 個人의 自由에 任흠이 可흐니 遊戲는 熱心을 要흐며 興味를 主흐는 故로 其 進步를 妨害치 아니흐는 限은 兒童의 意와 如케 흐고 決코 干涉흠이 不可흐니라.

(五) 遊戲를 最善히 進行흐며 又 其 效能을 最多케 흐고져 흐는 時는 敎育者는 스사로 兒童의 間에 雜흐야 共히 遊戲흠이 可흐니 此

---

13 유학(遊謔): 놀이와 희롱.

時는 敎育者가 兒童의 位置에 立ᄒ야 特別의 權利를 有치 아니ᄒ고 遊戲上의 規定을 從ᄒ야 兒童의 模範을 成홈이 可ᄒ나 然ᄒ나 遊戲가 若 不規則ᄒ야 亂雜에 流ᄒᄂ 時는 暫 其 威儀의 位置에 復ᄒ야 此를 整理ᄒ며 又 或 便宜에 由ᄒ야 停止 變更홈도 無妨ᄒ니라.

(六) 遊戲ᄂ 他業務의 進行을 妨홈이 不可ᄒ니 兒童은 一定흔 年齡브터ᄂ 嚴格흔 業務에 從事ᄒ야써 遊戲와 區別함이 可흔 者인 則 遊戲흘 時에 遊戲를 許ᄒ되 其 業務를 執홈에도 亦 熱心으로 從事케 흘지니라.

第二 體操

體操도 亦 身體 養護上에 重要흔 者라. 遊戲ᄂ 自由의 活動이나 體操ᄂ 性質上 自由의 活動을 不許ᄒ고 嚴格흔 規律의 下에 行케 ᄒᄂ니 其 規律의 嚴格홈이 乃 其 特色이오 又 其 遊戲보다 優勝흔 바라. 盖 遊戲ᄂ 自然에 任ᄒ나 體操ᄂ 人爲的으로 或 部分의 筋肉을 夏히 鍛鍊ᄒ야 機械的으로 活動ᄒ며 此와 同時에 兵役의 義務 等과 聯關ᄒ야 貴重흔 意味가 有흔 者라. 是以로 世間에 體操를 輕視ᄒᄂ 論者가 有홈을 不拘ᄒ고 敎育家에셔든지 政府에셔든지 皆 體操를 敎授의 一部로 編入ᄒ야 自由의 遊戲的 性質을 脫ᄒ고 規律의 兵式的 地步를 占ᄒ야 一邊으로ᄂ 其 身體를 强壯케 ᄒᄂ 同時에 又 一邊으로ᄂ 一齊히 公共的으로 同一 規律下에 動作ᄒᄂ 習慣을 養成ᄒ야써 國民敎育과 社會生活의 必要에 應ᄒᄂ니라.

第二節 課業

課業은 兒童으로 ᄒ야금 業務를 執行ᄒᄂ 習慣을 養成케 ᄒᄂ 者니 此亦 兒童에게 對ᄒ야ᄂ 前述ᄒ 遊戲와 同一ᄒ 듯ᄒ나 其間에 巨大ᄒ 差別이 有ᄒᆯ지라. 卽 遊戲ᄂ 人生에 關係가 無ᄒ 身體 內의 餘力을 洩ᄒᄂ 活動이니 所謂 無用的 活動이오 課業은 人生에 對ᄒ야 有用ᄒ 勤勞를 意味ᄒᆷ이오 遊戲에ᄂ 活動의 結果를 預想치 아니ᄒ고 專히 快樂을 目的ᄒᆷ에 在ᄒ나 課業은 活動의 結果를 預想ᄒ야 此에 由ᄒ야 人生에 有益ᄒ 目的을 達코져 ᄒᆷ이니 卽 遊戲ᄂ 兒童의 現在를 主ᄒ고 課業은 兒童의 將來를 主ᄒᆷ이오, 且 遊戲ᄂ 兒童의 任意 活動을 主ᄒ야 其 特有性을 發達코져 ᄒᆷ이나 課業은 一種 外部의 强制에 伴ᄒ야 兒童의 從順을 預定ᄒᆷ이니라.

凡人은 其 幼時에 在ᄒ야 비록 父母가 扶養 敎育의 義務를 負擔 ᄒ얏시나 長年 以后ᄂ 自立自活을 營爲ᄒᆷ이 可ᄒ 則 預 其 幼時애 業務를 執行ᄒ야 他日을 備待ᄒᆷ이 可ᄒᆯ ᄲᆫ더러 兒童도 漸其 作業을 堪ᄒ기에 至ᄒ 則 作業치 아님이 不可ᄒ니 此乃 課業을 行ᄒᄂ 所以라. 彼日 中의 作業으로써 夕間의 饗應을 樂ᄒᆷ이 可ᄒ며 週間의 辛苦로써 喜悅ᄒ 日曜日을 迎ᄒᆷ이 可ᄒ다 ᄒᄂ 詩人의 語ᄂ 엇지 正當치 아니리오. 夫 敎育을 被케 ᄒ다 ᄒᆷ은 生活ᄒᄂ 事를 習케 ᄒᆷ이니 生活은 遊戲가 아니오 生活에 對ᄒ야 最히 善良ᄒ고 最히 價值가 有ᄒ 者ᄂ 作業이니 作業을 課ᄒᆷ은 遊戲에 先自ᄒᄂ니라.

要컨ᄃᆡ 課業은 遊戲와 嚴格ᄒ 業務의 中間에 位ᄒ니 一邊은 遊戲와 類似ᄒ야 活動에 興味가 有ᄒ고 一邊은 一定의 目的에 向ᄒ야 一定의 結果를 望ᄒᆷ이라. 課業에 因ᄒ야 兒童은 第一은 從順의 習慣을 得養ᄒ니 從順은 實로 兒童의 德이오 第二ᄂ 兒童은 長者

의 命令에 因ᄒ야 作業을 課흠이 一定의 時間에 此를 成就치 아니
흠이 不可ᄒᆫ 故로 兒童은 此에 因ᄒ야 義務 及 義務의 遂行을 習ᄒ
며 第三은 兒童은 自力에 由ᄒ야 價値가 有ᄒᆫ 結果를 收흠을 經驗
ᄒᆫ 則 業務에 就ᄒᄂ 純粹의 快情을 生ᄒ며 自信의 念이 强ᄒ야 忍
耐力이 堅强흠을 可得ᄒᄂ니라. 學校에셔 行ᄒᄂ 課業은 다만 知
識의 方面에ᄲᆫ 有益ᄒᆫ 者가 아니오 身體의 方面에도 大益이 有ᄒᆫ
則 凡 如何ᄒᆫ 課業이든지 身體의 活動을 必務흘지라. 假令 耳로 聞
ᄒᆫ 바를 口로 話ᄒ거나 手로 書ᄒ거나 或 描케 흠이 悉皆 身體活動
上에 補益을 與치 아니ᄒᄂ 者가 無ᄒᄃ 就中 最히 必要ᄒᆫ 者ᄂ 卽
手工이니 手工은 卽 業務의 一種이라. 其種類 方法이 得宜ᄒᄂ 時
ᄂ 兒童의 活動性에 適ᄒ야 能히 其 興味를 惹起ᄒᄂ니라.

手工이 勿論 人의 生活上에 必要ᄒᆫ 方便이 되ᄂ 者나 其 目的을
此에 限흠은 實로 狹隘ᄒ니 卽 手工이 工業의 預備가 되ᄂ 者로ᄃ
學校에 加ᄒᄂ 手工은 반다시 工業의 預備를 專爲흠은 아니라. 此
의 效用을 擧ᄒᆫ 則 實로 多端ᄒ나 大略 如左의 數点에 在ᄒ니라.

(一) 他學科의 腦力을 疲勞케 ᄒᄂ 者에 對ᄒ야 筋肉, 手足의 運動
을 行케 흠은 恰然히 田地에 今年은 甲植物을 種ᄒ거든 明年은 乙
植物을 種ᄒ야 作物 變換의 法則에 依ᄒ야 其 土質을 害치 아니흠
과 同理로 思考와 筋肉의 疲勞를 互相 交代케 ᄒ야 身體發育을 完
全케 ᄒᄂ니라.

(二) 今日 何國民 間에든지 社會問題가 漸次 旺興ᄒᄂ 傾向이 有ᄒ
니 其 問題의 中心点은 貧富 懸隔으로브터 生ᄒᄂ 者인 則 若 上下
社會의 兒童을 一般히 手工에 從事케 ᄒ야 富者로 勞動者의 工務
를 濫蔑ᄒᄂ 意味를 不挾케 ᄒ면 社會問題도 可히 調和흠을 得흘

지니라.

然호 則 學校에서 課호는 手工은 如何호 者를 選홀가. 此에 關호야는 敎育者는 반다시 男女의 差異와 年齡의 多少에 依호야 注意홀지며 且 手工을 因호야 他 知識 敎授에 妨害를 加홀 虞慮가 有홀 쑨더러 一邊으로는 手工도 亦 遊戲가 아님으로 精神의 緊張을 要홈이 兒童의 精神上 負擔을 過重케 호는 弊害가 生호기 易호니 實地 執行上에 極히 加意홀 바라. 今에 現時 學校에서 通常 行호는 手工 等을 擧호면 卽 紙細工, 粘土細工, 竹細工, 木工, 金工 及 菓樹 培養, 園藝 等이오 又 特히 女兒에는 編物, 刺繡, 裁縫 等을 行호느니 凡 如何호 境遇든지 兒童에게 失望의 念을 生호고 自信의 力을 消却치 안토록 務홀지니라.

第三節 感官의 錬習

感官의 錬習은 特히 何學科에 依홈이 可호다 云홈이 不可호고 一般히 敎授의 際나 又 敎授 外에도 錬習호는 道가 多호나 然호나 學校에서 敎育者가 此点에 注意호면 善良호 結果를 可見호리니 卽 盲者 敎育에 指尖의 觸覺을 錬習호 結果는 實로 驚歎호기에 足호니라.

然호 則 敎育者는 반다시 兒童의 諸 感官을 錬習홈이 可호니 此乃 敎育家에서 直觀的 敎授를 唱道호 所以라. 夫 直觀이라 云호나 但히 目에만 限홈이 아니오 外 他 諸 感覺의 錬習을 並皆 含包호니라.

第三章 養護 一般의 注意

前章에 兒童 養護上 主要되는 者 卽 特히 學校 內에서 用ᄒᆞᄂᆞᆫ 者를 擧述ᄒᆞ얏거니와 今夋 一般의 方便을 略論코져 ᄒᆞ노니 卽 家庭 又 學校 內에서 幷히 注意ᄒᆞᆯ 바라. 其 家庭에서 行ᄒᆞᆯ 者ᄂᆞᆫ 營養, 住居, 衣服, 空氣, 休息 及 眠眠, 運動 等이오 其 學校에서 行ᄒᆞᆯ 者ᄂᆞᆫ (一) 校舍, 校地, 敎室, 冊床, 踞床, 敎授用具ᄂᆞᆫ 學校 衛生學의 法則에 依ᄒᆞᆷ이 可ᄒᆞ고 (二) 其他 敎授材料, 敎授時間의 排定 等 敎授의 方便은 一般 心理學 及 衛生學의 原理에 依ᄒᆞᆷ이 可ᄒᆞ니 前者ᄂᆞᆫ 學校 管理法上에 就看ᄒᆞᆷ이 可ᄒᆞ고 後者ᄂᆞᆫ 敎授法上에 就看ᄒᆞᆷ이 可ᄒᆞᆫ 故로 玆에 省略ᄒᆞ노라.

第六編 體制論

第一章 教育者

第一節 教育者의 種類

敎育은 長者가 幼者를 爲ᄒ며 又 社會를 爲ᄒ야 作用ᄒᄂ 者인 則 今代의 成熟者ᄂ 皆 後來의 未成熟者를 敎育ᄒ 權利가 有ᄒ고 義務가 有ᄒ다 云ᄒ지나 然ᄒ나 實際에 一切 成年者가 擧皆 敎育 의 實務에 從事ᄒᆷ은 到底히 得爲ᄒ기 不可ᄒ고 惟人의 父母된 者 及 特 其 職務를 有ᄒ 者로써 直接으로 人을 敎育ᄒᄂ 者라 謂ᄒᆷ 이 可ᄒ지라. 於是乎 敎育者를 自然的 敎育者와 職務的 敎育者의 二種에 分ᄒ니 玆에 論ᄒᄂ 바ᄂ 卽 後者나 兩者를 並히 次第 論 陳ᄒ노라.

自然的 敎育者ᄂ 兒童의 父母가 其 人이라. 盖 家庭은 敎育의 最初의 處所가 되ᄂ 者인 則 父母의 幼兒敎育에 最 必要 最 適當 ᄒᆷ은 多論ᄒ 바가 아니라. 然ᄒ 則 父母되ᄂ 者ᄂ 맛당히 兒童의

敎育을 執흠이 可ᄒ고 惟 不得已흔 境遇 外에ᄂ 他人에게 委흠이 不可홀지라. 然ᄒ나 世間에 往往히 自己의 勞를 省ᄒ고 自己의 便利를 求ᄒ기 爲ᄒ야 子女를 保姆에게 委ᄒ고 不顧ᄒᄂ 者가 多ᄒ니 엇지 可嘆홀 바가 아니리오. 子ᄂ 親의 意에 任ᄒ야 處理흠이 可흔 財産이 아니오 天의 畀賦ᄒ신[14] 養育의 職務니 엇지 一身의 安逸을 爲ᄒ야 自己의 子女를 他人에게 委흠이 可홀가. 德義上 決코 可許치 못홀 者니 事情의 可及ᄒᄂ 限은 必須 其 子女를 親接홀지니라.

職務的 敎育者ᄂ 敎師가 是니 幼兒가 漸漸 成長흔 則 其 敎育을 行흠에 特別흔 知識 及 技術을 要흠이 次第 增加홀 ᄲᅮᆫ 아니라. 又 兒童은 相當흔 年齡으로브터 他人과 接ᄒ며 他童과 交흠을 要ᄒᄂ 者인 則 父母가 其 敎育의 業을 他人과 分擔ᄒ기에 至흠은 必然의 理勢오 正當흔 順序라. 此와 同時에 社會도 亦 個人의 發展을 因ᄒ야 自身의 進化를 營ᄒᄂ 者인 故로 以上의 必要를 認ᄒ야 特히 敎育的 知識 及 技術을 具흔 者를 養成ᄒ야써 敎育의 任務에 當케 ᄒᄂ니라.

第二節 敎育者의 資格

敎育은 人間 業務 中 最高尙흔 者라. 其責은 重ᄒ며 其任은 大ᄒ니 然흔 則 此 任에 當ᄒᄂ 者ᄂ 其 人을 不得홀진딩 不可ᄒ도다. 盖 敎育者ᄂ 兒童의 間에 立ᄒ야 善良흔 方向에 導ᄒᄂ 者라. 苟 其 方法에 一度 錯誤가 有흔 時ᄂ 但 其 兒童의 不幸을 成홀 ᄲᅮᆫ

---

14 畀賦(비부)ᄒ신: 줌.

아니라 遂乃 社會 全體의 禍因을 釀ㅎㄴ니 是故로 學校 設備의 完
全과 方案 准備의 精巧가 惟一히 敎育者의 如何에 因ㅎ야 結果의
良否가 現ㅎㄴ 者라. 敎育者가 如斯ㅎ 責任이 有ㅎ므로 何人이든
지 皆 可爲ㅎ 바가 아니오 반다시 其人을 擇ㅎ지니 敎育者ㄴ 實로
學校의 精神 頭腦오 其他 凡百의 方案 准備ㄴ 卽 此 精神頭腦로
브터 發ㅎㄴ 動作되기에 不過ㅎ 쑨이라. 然ㅎ므로 敎育의 良果를
要ㅎ진디 敎育者 資格의 如何를 就論ㅎ지니 살터만[15] 氏의 言에
曰 學徒에 失行과 不良의 点이 有ㅎ거든 敎育者ㄴ 自己를 反省ㅎ
라 홈이 엇지 金言이 아니리오. 敎育者되ㄴ 人은 但 其 豊富ㅎ 知
識과 經驗이 有ㅎ 쑨으로ㄴ 良美ㅎ 者라 謂ㅎ기 不可ㅎ니 今 若
同等의 學識과 熟鍊을 有ㅎ 敎育者가 同樣의 學徒를 敎育ㅎ 結果
를 見ㅎ지라도 其 差異의 巨大홈은 實로 明白ㅎ 事라. 是以로 敎
育者됨에 可ㅎ 資格을 二에 分論ㅎ노라.

第一 敎師의 性格

凡 敎育의 業務ㄴ 單히 被敎育者에게 知識을 傳授홈에 止치 아
니ㅎ고 其 道德的 品性을 形成ㅎ야 將來 國家 社會의 有用ㅎ 一員
이 되며 其 道德的 生活을 完遂홈에 在ㅎ니 此ㄴ 旣已 縷述ㅎ 바
라. 是故로 敎育의 業務로써 最히 高尙 神聖ㅎ다 稱ㅎ나니 然則
敎育者되ㄴ 人은 반다시 精神的 修養이 有ㅎ 後에 可히 奏效ㅎ지
라. 今에 敎育者의 必具홈이 可ㅎ 性格을 略示ㅎ노라.
(甲) 愛情이 富홈이 可홈 愛ㄴ 敎育者가 幼者에 對ㅎ며 又 其 職務
에 對ㅎ 愛情이라. 敎育者ㄴ 必須 自家의 名譽 利害를 全忘ㅎ고 一

---

15 살터만: 미상.

意 專心으로 幼者를 愛ᄒ며 職務를 愛ᄒ 然後에야 敎育의 任務ᄂ 完成홈을 始得홈이라. 何者오. 愛情은 一切 敎授 訓育의 根源的 精神이라. 學校에 對ᄒ 興味든지 職務에 對ᄒ 忠實이든지 其他 諸般 敎育의 手段 方式이 悉皆 此 愛情으로 由出ᄒ야 幼者의 從順 感恩의 念은 唯是 敎育者가 彼等에 對ᄒ 深厚ᄒ 愛情의 反映에 不外ᄒᄂ니라.

眞正ᄒ 愛情은 言語로 表示홈이 아니오 實行홈이 是며 兒童의 意를 迎合홈을 謂홈이 아니오 唯 善良ᄒ게 敎導홈을 謂홈이라. 是以로 恩威를 適當히 俱行ᄒ야써 道德的 品性을 完成케 ᄒᆯ지니라.

(乙) 德望을 有홈이 可홈 敎育者의 德望이 必要홈도 亦 明白ᄒ니 왁네[16] 氏의 言에 曰 有德ᄒ 人의 前만큼 訓育의 能行홈이 未有ᄒ지라. 彼ᄂ 敎홈도 無ᄒ고 戒홈도 無ᄒ나 其 靜止ᄒ 現在ᄂ 太陽이 萬物의 上에 光熱을 與홈과 同ᄒ다 ᄒ니 凡 何事든지 다만 自己가 口로만 言ᄒ고 實行이 無ᄒ 則 人의 信服치 아니홈은 當然의 事라. 故로 敎育者ᄂ 맛당히 倫理의 諸德을 自己가 實行ᄒ야 模範을 示홈이 可ᄒ니라.

(丙) 熱心 忍耐力을 具홈이 可홈 루소의 言에 云호ᄃᆡ 熱心이 天才의 缺을 補홈은 天才가 熱心의 缺을 補홈보다 極大ᄒ다 云ᄒ니 蓋 敎育上 諸般 方法을 實地에 活用홈에 縱 其 天才를 要홈이 多ᄒ나 其 實效ᄂ 熱心의 勉勵 練習에 由홈이 大ᄒ지라. 人이 苟或 天才가 有ᄒ고 熱心이 無ᄒᆯ진ᄃᆡ 其終은 怠惰에 流치 아니ᄒ면 錯誤를 致홈이 多ᄒ니라.

敎育者에 向ᄒ야 忍耐力의 必要홈은 多言ᄒᆯ 바 아니라. 假令 敎

育의 效果가 一時에 現著치 못홈을 爲ᄒ야 急速의 成功을 望홈이
不可ᄒ 点에든지 又 變化無常ᄒ 兒童의 性質을 精密히 觀察ᄒ야
適宜ᄒ 方法을 考定ᄒᄂ 点에든지 又 不當ᄒ 行爲와 不良ᄒ 性質
에 對ᄒ야 激急히 憤怒치 아니ᄒ고 漸次로 矯正을 加홈이 可ᄒ 点
에든지 반다시 忍耐力이 無ᄒ면 不可ᄒ니라.

(丁) 威嚴을 有홈이 可홈 敎育者ᄂ 被敎育者의 理想的 人物이라.
幼者의 意志를 指導ᄒ고 行爲를 規定ᄒᄂ 者인 則 반다시 幼者가
其 中心으로브터 尊崇 服從ᄒᄂ 念을 起케 홈을 要ᄒ나니 然ᄒ 則
敎育者ᄂ 愛情의 外에 又 威嚴으로써 加홈이 可ᄒ니 威嚴은 但히
强壓의 言行을 謂홈이 아니오 敎育者의 身體의 健全 活潑홈과 智
力의 豊富 明晰홈과 道德의 卓絶堅固홈에 因ᄒ야 被敎育者의 心情
에 及ᄒᄂ 바 影響을 云홈이니라.

　玆에 叓히 一言홀 者ᄂ 敎育者ᄂ 身體의 强壯홈을 必要ᄒᄂ니
虛弱 多病의 人은 다만 實地 職務에 從事ᄒ기 不能ᄒ고 又 繼續의
活動을 可爲치 못홀 뿐 아니라 業務에 從事ᄒᄂ 時라도 勇氣가 少
ᄒ고 忍耐에 乏ᄒ며 神氣가 鬱ᄒ야 學徒의 快活ᄒ 心情과 熱心 勉
學의 志氣를 導養키 難ᄒ며 又 體操 遊戲 等에 學徒의 模範되기
難ᄒ고 且 思想을 交換홈에 必要ᄒ 機關 卽 聽覺機關 及 發聲機
의 十分 發育은 極히 必要ᄒ니라.

第二 敎育者의 智能

　凡人은 如何ᄒ 職業에 從事ᄒ든지 若 其 職業에 關ᄒ 智識과 此
를 運用ᄒᄂ 技能이 缺ᄒᄂ 時ᄂ 其 目的을 貫徹ᄒ기 到底 不能ᄒ
ᄂ니 然則 敎育의 業務에 從事ᄒᄂ 敎育者ᄂ 반다시 敎育에 關ᄒ
智識과 技能을 備有치 아니면 不可홀지라. 此를 叓言ᄒ면 敎育者

되는 人은 必先 一般 敎育 及 其 補助學科에 示흔 바 理論 方法에 精通학고 又 能히 運用홈이 可흔 伎倆을 有홈이 可홀지니라.

然학나 如斯흔 善良흔 敎育者는 僅少흔 年限으로는 養成홈이 不可학니 彼 師範學校는 但히 敎育者되는 端緖를 與학기에 不過홀 뿐이오 其 眞正흔 敎育者됨에 適合흔 技能은 卒業 後의 補修에 在학니 칠너 氏가 云호딕 敎師가 進學학는 力이 無학고 又 進學홈이 無要라 信학야 日新 進學홈을 不欲학는 者는 其 無能을 明示학는 者니 如斯흔 者는 自初로 敎師됨에 不適當학거나 縱或 一時는 適合홀지라도 不久학야 其不適任홈이 表現될지니 彼 師範學校의 卒業을 僅得흔 少年의 敎育者는 幾何의 價値가 有흔가. 若 彼等으로 학야금 其 僅少흔 智識을 滿足히 학고 一層 進學 補修의 念이 無홀진딕 到底히 完善흔 敎師되기 不能홀지라. 大凡 人을 敎導홈을 硏究홈에는 決코 足학다 云홈이 不可흔지라. 故로 適當흔 敎師는 恆常 眞理를 硏究홈에 就학야 勤勉흔 學徒됨을 不恥학며 善良흔 敎育者는 實地의 生活 及 高尙흔 敎理에 就학야 恆常 自己를 敎訓학는 者라 言학얏시며 又 류켈트[17] 氏의 詩에 日 汝는 須先 自學홈을 勉홀지어다. 然학면 他人은 自己의 敎師로 汝를 崇拜학리라 言학얏시니 此로 由觀학면 敎師의 補修는 極히 必要흔 바라. 今에 略論흔 則 敎師의 補修는 二種에 可分홀지니 卽 實地的 補修 及 學問的 補修가 是니라. 實地的 補修는 敎師가 實地 業務 執行에 關흔 補習이니 第一은 敎授의 準備에 注意학야 曾已 師範學校에서 習得흔 바에 基학며 諸家의 說을 參考학야 敎材를 整理학야 其 敎학는 바 事物 及 方法上에 些少의 疑点이 無학도록 勉홈이

---

17 류켈트: 미상.

可ᄒ며 第二ᄂᆞᆫ 敎授 中의 經驗을 敎授 後에 至ᄒᆞ야 此를 熟慮ᄒᆞ야 써 後備를 作ᄒᆞᆯ지니 卽 其 敎授 中에 觀察ᄒᆞᆫ 바 經驗을 書留ᄒᆞ야 其 準備ᄒᆞᆫ 敎授의 不適當ᄒᆞᆫ 点을 指摘ᄒᆞ야써 將來 改良의 目的을 作ᄒᆞᆷ이 可ᄒᆞ며 第三은 敎師ᄂᆞᆫ 다만 學校의 內部만 觀察ᄒᆞᆯ 쁜 아니 라 學校 以外의 勢力이 敎育的 影響이 有ᄒᆞᆫ 者에 關ᄒᆞ야ᄂᆞᆫ 極히 調査ᄒᆞᆯ지니 兒童의 父兄 親戚을 接交ᄒᆞ며 又 其 家風生活의 程度 를 審察ᄒᆞᆷ이 可ᄒᆞ니라.

學問的 補修ᄂᆞᆫ 敎師의 勉學을 謂ᄒᆞᆷ이라. 苟 人을 敎授코저 ᄒᆞᆯ진 딘 必先 自己가 善良히 學ᄒᆞᆷ이 可ᄒᆞ니 現今 社會의 知識이 逐日 進步ᄒᆞᄂᆞᆫ 世에 敎師의 知識은 固定ᄒᆞᆯ진딘 實로 老朽 無用의 人이 될지니 敎師의 補習의 必要ᄒᆞᆷ은 不言 自明ᄒᆞᆫ 바니라.

右와 如히 敎師의 補習이 必要ᄒᆞᆷ을 言ᄒᆞᆫ 故로 更히 補習의 方法 에 及ᄒᆞ노니 第一은 讀書니 讀書ᄂᆞᆫ 世의 進步에 極히 必要ᄒᆞᆫ 者 되ᄂᆞᆫ 中 敎師에ᄂᆞᆫ 尤 極 緊要ᄒᆞᆫ 바니 何者오. 敎師의 每日 從事ᄒᆞ ᄂᆞᆫ 業務ᄂᆞᆫ 大槩 書冊을 不離ᄒᆞᆫ 則 其 素養의 知識을 더욱 擴張ᄒᆞᆷ 은 當然ᄒᆞᆫ 事니라. 第二ᄂᆞᆫ 指導니 敎師ᄂᆞᆫ 講習會 或 個人的으로 學者의 敎授를 受ᄒᆞ며 經驗이 富ᄒᆞᆫ 敎育家의 講話를 聽ᄒᆞ야 其 指 導를 受ᄒᆞᆷ이 可ᄒᆞ니 下問을 不恥ᄒᆞᆷ이 敎師의 銘心ᄒᆞᆯ 바니라. 第三 은 參觀이니 事情이 可爲ᄒᆞᆷ을 得ᄒᆞᄂᆞᆫ 限은 他 學校를 參觀ᄒᆞ며 他 敎師를 傍聽ᄒᆞᆯ지니 此 目的은 他의 長處를 見ᄒᆞ고 我의 短處를 補 ᄒᆞ며 又 他의 短을 見ᄒᆞ고 我의 欠点을 矯코져 ᄒᆞᆷ이라. 何者오, 人 은 오즉 人을 由ᄒᆞ야 能히 自己를 知得ᄒᆞᄂᆞ니 故로 苟 自己의 如 何를 知코져 ᄒᆞ면 반다시 他人의 同一ᄒᆞᆫ 境遇에 如何히 作爲ᄒᆞᆷ을 見ᄒᆞᆷ만 不如ᄒᆞᆷ이니라. 第四ᄂᆞᆫ 批評이니 凡 人間은 自己의 缺点 欠 處를 自知치 못ᄒᆞᆷ이 多ᄒᆞᆫ 則 同僚 友人 等에 自己의 意見을 談ᄒᆞ

며 實地의 敎授를 示ᄒ야 其 批評을 求홈이 緊要ᄒ니 他人의 批評
이 皆 正鵠을 得ᄒᄂ 者라 云키ᄂ 難ᄒ나 其 有益홈이 極大ᄒ니
라. 第五ᄂ 講習이니 敎員會 又 敎育會를 設ᄒ고 經驗이 有ᄒ 敎
育家가 會合ᄒ야 其 實驗을 談ᄒ고 意見을 述홈을 聽ᄒ야 正理를
發見ᄒ고 誤謬를 訂正홈이 可ᄒ니라. 此外에 敎師ᄂ 다만 直接으
로 兒童의 敎育者가 될 ᄯᆞᆫ 아니라 又 一般 人民의 指導者가 되야
社會改善의 責任이 有ᄒ니 然ᄒ 則 補習敎育의 發達에 用意ᄒ야
夜學 休日學校 等의 設立에 盡力ᄒ야 普通 人民의 修學을 便利케
ᄒ며 又 文學 美術에 關ᄒ 高尚ᄒ 嗜好의 發達이 普及ᄒ게 周旋홀
지니라.

第二章 敎育의 處所

敎育의 處所를 論ᄒ건ᄃᆡ 二에 分ᄒ니 一은 家庭이오 一이ᄂ 學
校니 茲에 論코져 ᄒᄂ 바ᄂ 專히 學校에 在ᄒ노라.

第一節 個別 敎育과 共同 敎育 及 其 利害

敎育을 施ᄒᄂ 處所의 關係에 因ᄒ야 家庭敎育과 學校의 區別
이 生ᄒ고 又 敎育을 受ᄒᄂ 人의 關係에 由ᄒ야 個別敎育과 共同
敎育의 區別이 生ᄒ니 家庭敎育은 專히 個別敎育이오 學校敎育
은 專히 共同敎育이라. 夏言ᄒ면 個別敎育은 父母가 家庭에서 스
사로 其子를 敎ᄒ거나 又 此를 一人의 敎育者에게 專任홈이오 共

同敎育은 多數의 學徒를 同時에 敎授 指導ᄒᄂ 者니 此에 關ᄒ야
ᄂ 自來로 意見이 多혼 바이라. 今에 其 利害를 簡單히 陳述코져
ᄒ노라.

個別敎育을 主ᄒᄂ 論者ᄂ 루소가 其 一人이라. 其 言에 曰 兒
童은 全然히 社會와 分離ᄒ야 一人의 敎師에게 敎育을 受홈이 可
ᄒ다 言ᄒ얏시니 盖 此論은 可言이언졍 可行치 못홀 者라. 何者오,
盖 個別敎育은 一人의 敎師로 ᄒ야금 始終을 敎授홈이 能히 其 個
性을 精密히 觀察ᄒ야 其 必要혼 바를 應ᄒ야 適當혼 處置를 速爲
홀 ᄲᅮᆫ더러 又 間斷히 無ᄒ야 效力이 巨大홈을 可得홀지ᄂ 然ᄒ나
世의 父母되ᄂ 者가 悉皆 敎育者되기에 適혼 性質과 智誠 及 技術
이 有혼 者가 아니오 又 縱或 適合ᄒ다 홀지라도 各自 職業에 從
事치 아님이 不可홈으로 其力을 子女敎育에 盡ᄒ기 不能혼 則 必
須 專門의 敎師를 各自 延聘ᄒ야 家庭에 寘ᄒ고 子女의 敎育을 依
托ᄒ리니 此ᄂ 上流社會에ᄂ 縱或 可行홀지라도 一般 可行키 到
底 難望홀지며 萬若 一般 可行홈을 得혼다 홀진딕 敎師의 供給上
非常혼 困難이 生ᄒ야 兒童과 同數의 敎師를 養成치 아니ᄒ면 不
可홀지오 又 其 一人의 敎師에게 專히 委囑혼 境遇를 就看홀지라
도 一人이 能히 敎育上 一切 業務에 從ᄒ며 一切 敎科를 授홈은
幾許間 可得홀지나 兒童의 生長홈을 隨ᄒ야 漸 其 困難을 覺ᄒ고
且 始終 一人의 敎育者를 接홈은 偏頗의 發育을 致ᄒᄂ 虞慮가 有
ᄒ니 然則 個別敎育은 幾多의 利益이 有홀지라도 共同敎育의 必
要가 因生ᄒᄂ니라.

共同敎育은 卽 學校敎育이니[此에 幼稚園 及 寄宿舍 敎育을 包
含홈] 社會의 實際的 必要로브터 起혼 敎育의 一形式이라. 個別
敎育에 比ᄒ야 幾多의 短處가 有ᄒ나 又 個別敎育보다 特殊혼 長

處가 有ᄒ니 卽 被敎育者ᄂ 長成ᄒ 後에 社會의 一員이 되야 社會
的 生活을 營爲치 아님이 不可ᄒ 則 其 幼時의 敎育을 行ᄒ 時에
此에 適應ᄒ 社會的 訓鍊을 與ᄒ야 其 素地ᄅ 作ᄒ이 最히 必要ᄒ
니 此是 個別敎育으로ᄂ 難爲의 事오 共同敎育의 形式을 待ᄒ야
始可得見ᄒ 바라. 是以로 近世의 文明國에ᄂ 共同敎育의 重要ᄒ
機關되ᄂ 學校ᄅ 多數 設立ᄒᄂ니라.

然ᄒ나 前編에 已陳ᄒ과 如히 人은 個性別로 敎育ᄒ과 同時에
社會化로 敎育ᄒ이 必要ᄒ지라. 社會化의 方面으로 見ᄒ면 學校
의 家庭에 優ᄒ이 極大ᄒ되 個性의 方面도 亦 輕蔑ᄒ면 不可ᄒ니
要컨되 家庭敎育과 學校敎育은 互相 倂立ᄒ야 互相 裨補ᄒ야 家
庭의 敎育者되ᄂ 父母와 學校의 敎育者되ᄂ 敎師ᄂ 恆常 連絡의
關係가 有ᄒ야 同一 步趨ᄅ 取ᄒ이 可ᄒ니라.

玆에 特히 注意ᄒ 者가 又 有ᄒ니 個別敎育에 在ᄒ야 其 感化ᄂ
一人과 一人에 止ᄒ으로 其 關係가 極히 單純ᄒ나 共同敎育에 在
ᄒ야ᄂ 其 關係가 極히 複雜ᄒ야 被敎育者에 感化ᄅ 與ᄒᄂ 者ᄂ
다만 敎師뿐 아니오 共學의 同輩도 亦 有力ᄒ 感化ᄅ 波及ᄒᄂ 者
니 敎師ᄂ 반다시 自家의 敎育的 方案에 向ᄒ야 注意ᄒ 뿐 아니라
是等의 感化ᄅ 善히 利用ᄒ야 純良ᄒ 校風을 振起ᄒ에 盡力ᄒ고
共同敎育上 起ᄒ기 易ᄒ 惡風의 感染을 防禦ᄒ지니라.

第二節 幼稚園

幼稚園은 學齡의 前되ᄂ 兒童을 敎育ᄒᄂ 處所라. 一千八百三
十七年에 저마니 人 후레쎌[18] 氏의 創設ᄒ 바니 卽 滿 三年으로브
터 小學校에 就學ᄒ기에 至ᄒᄂ 兒童을 集ᄒ야 其 心身에 適當ᄒ

敎育을 施ᄒᄂᆞᆫ 處니 氏의 言에 曰 幼稚園은 다만 學齡前의 兒童을 集ᄒᆞ야 監視ᄒᆞᆯ 뿐 아니라 相當히 動作케 ᄒᆞ야써 其 身體를 健强케 ᄒᆞ고 其 感覺을 修鍊ᄒᆞ야 其 漸次 覺起코져 ᄒᆞᄂᆞᆫ 精神을 發動케 ᄒᆞ야 自然界 及 人類界의 觀察을 能爲케 ᄒᆞ며 特히 心情의 誘導에 用意ᄒᆞ야 同情에 厚ᄒᆞᆫ 風과 敬神 歸依의 情을 發揮코져 ᄒᆞᄂᆞᆫ 者니 然ᄒᆞᆫ 則 此 處所ᄂᆞᆫ 兒童의 遊戱에 重을 置ᄒᆞ야 兒童으로 ᄒᆞ야금 喜樂ᄒᆞ야 其 特有ᄒᆞᆫ 天眞의 氣風과 快活ᄒᆞᆫ 心情을 保持케 ᄒᆞᄂᆞᆫ 同時에 其力을 種種의 方面에 動케 ᄒᆞ야써 學校에 入ᄒᆞᄂᆞᆫ 准備를 作ᄒᆞ야 生活에 進步ᄒᆞᄂᆞᆫ 階級에 入ᄒᆞᄂᆞᆫ 預備가 되게 홈이 可ᄒᆞ다 ᄒᆞ니 幼稚園의 性質 目的은 此言에 依ᄒᆞ야 明白ᄒᆞ니라. 盖 幼稚園은 家庭과 學校의 中間에 位ᄒᆞᆫ 敎育 處所라. 家庭敎育의 缺處를 補ᄒᆞᄂᆞᆫ 者인 則 家庭이 不整備ᄒᆞᆫ 境遇의 必要홈은 更言ᄒᆞᆯ 바가 無ᄒᆞ거니와 其 整備ᄒᆞᆫ 境遇에도 亦 必要ᄒᆞ니 何者오. 幼稚園에셔ᄂᆞᆫ 每日 一定ᄒᆞᆫ 時間에 他 同年輩의 兒童과 會合ᄒᆞ야 共同的 生活을 營爲홈이 其 心身 發育上 家庭에셔 得收키 不能ᄒᆞᆫ 許多의 利益이 有ᄒᆞ며 且 學校ᄂᆞᆫ 社會에 出ᄒᆞᄂᆞᆫ 最終의 准備라. 稍 嚴格ᄒᆞᆫ 共同的 規律下에 生活ᄒᆞᄂᆞᆫ 者인 則 家庭으로브터 學校에 直入ᄒᆞᆯ진ᄃᆡ 兒童은 苦痛을 甚感ᄒᆞ야 幼稚園에 共同的 生活의 預備를 先爲홈만 不如ᄒᆞ니 此로 由觀ᄒᆞ면 幼稚園은 兒童의 반다시 經過홈이 可ᄒᆞᆫ 敎育所니라.

然ᄒᆞ나 其 敎育法에 就ᄒᆞ야ᄂᆞᆫ 注意를 大要ᄒᆞᆯ 者가 有ᄒᆞ니 學齡에 達치 못ᄒᆞᄂᆞᆫ 者ᄂᆞᆫ 아직 眞正히 學을 修홈이 可ᄒᆞᆫ 者가 아닌 則 衆童을 集ᄒᆞ야 互相 悅樂ᄒᆞ야 遊戱的 作業 等을 行케 홈으로써 唯

---

18 후레셸: 프뢰벨.

一의 手段을 作ᄒ고 決코 强迫을 避ᄒ지니라.

第三節 學校

學校는 眞正ᄒ 共同敎育을 行ᄒᄂ 處所라. 人은 반다시 此 機關을 通過치 아니함이 不可ᄒ니 此是 學校를 設立ᄒᄂ 所以라. 然ᄒ나 此에도 各種 關係에 因ᄒ야 學校의 種類가 不一ᄒ니 卽 程度의 上으로 初等敎育의 學校, 中等敎育의 學校, 高等敎育의 學校의 別이 有ᄒ고 又 學校 設立者의 關係로부터 官立學校, 公立學校, 私立學校의 別이 有ᄒ며 次에 被敎育者에 及ᄒᄂ 陶冶의 關係로브터 普通敎育의 學校, 職業敎育의 學校의 別이 有ᄒ니 前二者ᄂ 頗 其 區別이 明瞭ᄒᄂ 最後의 區別은 論陳ᄒ 必要가 少有ᄒ 故로 暫言ᄒ노라.

普通敎育은 一般의 修鍊을 行ᄒᄂ 바니 前陳ᄒ 바와 如히 道德的, 國民的 生活을 遂ᄒ기 爲ᄒ야 施ᄒᄂ 敎育이라. 或種의 職業에 適ᄒ 人을 作코져 홈이 아닌 故로 其 學徒ᄂ 將來에 如何ᄒ 職業에 就ᄒ든지 其 共通의 基礎 卽 人類되며 國民되ᄂ 基礎를 作ᄒ려 ᄒᄂ 者오 職業敎育은 或 一種의 職業을 熟達케 홈을 目的ᄒᄂ 者니 卽 專門敎育이 是라. 普通敎育의 學校에서 受ᄒ 敎育을 基礎ᄒ야 其上에 成立홈이 可ᄒ 敎育이니 此 兩者의 關係ᄂ 互相 裨補홈이 可ᄒ 性質이 有ᄒ고 且 國家 政策上으로 言ᄒ야도 兩者에 缺一ᄒ면 極히 不可ᄒ니 盖 普通敎育이 無ᄒ 職業敎育은 單히 機械的 人間을 作成ᄒ기에 不過ᄒ고 又 普通敎育은 受ᄒ야시나 專門敎育이 無ᄒ 則 實際의 職業을 營ᄒ기에 不足홈이라. 故로 普通敎育의 學校의 後에 實業學校가 有ᄒ야 此를 卒ᄒ 然後에 始可 社會

生活을 營爲홀 人이 되느니 然혼 則 普通敎育은 總히 預備學校라 可謂홀지라. 今에 此에 關혼 外國學校 系統의 大略을 附ᄒ야 參考에 以供ᄒ노라.

(一) 普通敎育의 學校: 普通敎育의 程度에 至ᄒ야는 此를 受ᄒ는 者의 身分과 他日 從事홈이 可혼 職業의 差別에 因ᄒ야 自然히 同一치 못ᄒ니 卽 職業에 難易가 有ᄒ며 資力에 貧富가 有ᄒ고 才能에 賢愚가 有홈이 其 預備의 年月에 長短이 又 生혼 則 其 勢가 不得已 普通敎育의 學校에도 程度의 高下를 生ᄒ기에 至홈이라.

(甲) 小學校: 小學校는 國民의 就學치 아니ᄒ면 不可혼 敎育의 處所니 卽 一般 人民의 皆 經由홈이 可혼 敎育機關이라. 是以로 文明혼 邦國은 皆 其 設實를 國民에 强制ᄒ고 且 父母되는 者로 ᄒ야금 必 其 子弟를 入學케 ᄒ느니 此 卽 所謂 義務敎育이 是라. 此 義務敎育의 年限에 至ᄒ야는 民力의 發達과 開化의 程度에 適應ᄒ야 定홈이 可혼 故로 現世 列國이 皆 同一치 아니ᄒ니 日本은 四個年 저마니는 八個年, 佛蘭西는 七個年, 不列顚[19]은 七個年 或 八個年이라. 如是히 義務敎育의 年限을 定ᄒ나 其 義務敎育은 卽 初等 小學의 敎育이오 此外의 又 高等 小學의 敎育이 有ᄒ니 例컨딕 日本은 尋常小學校의 修學年限이 四個年이오 高等小學校의 修學年限은 二個年 或 三個年 又或 四個年이며 佛蘭西는 初等小學의 年限이 七個年이오 高等小學의 年限이 二個年, 三個年 或 四個年이라. 然ᄒ거늘 我國은 義務敎育도 尙且 實行치 못

---

[19] 불열전(不列顚): 미상.

ᄒ며 又 小學의 年限은 普通學校 四個年으로 定ᄒ니 此 誠 當局者의 意見을 難解ᄒᆯ 處라 謂ᄒᆯ지라. 日本의 敎育家ᄂᆫ 其 義務敎育 卽 尋常小學의 年限 四個年을 六個年으로 改定코져 ᄒ거늘 我國은 初等 四個年, 高等 三個年을 短縮ᄒ야 普通學校 四個年으로 定ᄒ니 其 理由ᄂᆫ 實로 得知키 難ᄒ도다. 學齡도 各國이 一定치 못ᄒ야 或 六年 七年으로 自ᄒᄂ니 我國은 八年으로 始ᄒ니라.

高等小學校ᄂᆫ 初等小學校에서 卒業ᄒᆫ 者가 叉히 高度의 普通敎育을 受ᄒᄂᆫ 處니라.

初等小學校 及 高等小學校에서 補習學校ᄅᆯ 設ᄒᄂᆫ 制가 有ᄒ니 我國은 普通學校에 三個年 以下의 補習科ᄅᆯ 設ᄒ니 是ᄂᆫ 普通敎育을 補習ᄒᆷ을 目的ᄒᆷ이오 此外에 實業的 知識의 補習을 專主ᄒᄂᆫ 者ᄅᆯ 實業 補習學校라 稱ᄒᄂ니라.

(乙) 中學校: 中學校ᄂᆫ 高等小學을 卒ᄒ거나 又 此와 同等ᄒᆫ 學力을 有ᄒᆫ 者로 入學케 ᄒᄂ니 其 年限은 四個年 惑 五個年이라. 盖 社會의 業務ᄂᆫ 上位에 進ᄒᆯ사록 精細 緻密의 思考ᄅᆯ 要ᄒᄂᆫ 者인 則 中流 以上의 業務에 從事코져 ᄒᄂᆫ 者ᄂᆫ 下層에 立ᄒᆫ 者보다 一層 高尙ᄒᆫ 普通敎育을 要ᄒᆷ은 自然의 理라. 故로 其 程度ᄂᆫ 異ᄒ나 普通敎育되ᄂᆫ 趣旨에 至ᄒ야ᄂᆫ 小學校와 相同ᄒ니 女子의 對ᄒ야ᄂᆫ 高等女學校가 有ᄒ니라. 我國은 中學校로써 高等學校라 稱ᄒ니 修業年限은 三個年으로 定ᄒ니라.

中學校의 敎育을 修了ᄒᆫ 者ᄂᆫ 實地 業務에 直就코져 ᄒᄂᆫ 者도 有ᄒ고 又 叉進ᄒ야 高等ᄒᆫ 學校에 入ᄒ야 高等ᄒᆫ 科學的 敎育의 素養을 作코져 ᄒᄂᆫ 者가 有ᄒᆫ 故로 中學校 敎育에ᄂᆫ 實地 生

活에 直接 聯關홈이 可호며 又 其 專門的 敎育을 叓進코져 호는 者에 對호야는 其 預備를 要홈으로써 日本과 如혼 國에는 高等 學校를 設코 大學의 預科를 作호니라.

(二) 職業敎育의 學校: 職業敎育은 普通敎育과 異호야 其 目的호는 바가 專히 社會 特殊혼 位置와 境遇에 立호야 生活호기 爲호야 被敎育者에게 特殊혼 職業에 關혼 智識 技能을 授호는 者니 盖 進步혼 社會는 分業이 盛行혼 則 此에 適應호는 生活을 營爲코져 홈에는 必須 專門의 智識 技能을 有홈이 可혼 故로 普通敎育을 卒혼 後에는 各其 特殊의 專門的 職業敎育을 授홈이 可홈이라. 然호나 被敎育者의 身分과 學力과 目的에 應호야 種種의 程度와 種種의 性質을 帶혼 學校를 設立호느니라.

> (甲) 徒弟學校: 初等 小學校를 卒業혼 後에 直 其 生活上의 便益을 得코져 호는 者의 入學호는 處니 各種의 職業에 關혼 實際的 卑近의 智識技能을 授호느니라.
>
> (乙) 實業學校: 高等小學校를 卒業혼 後에 從事코져 호는 者를 爲호야 商業, 農業, 工業에 關혼 各種의 實際的 智識技能을 授호는 處니라.
>
> (丙) 師範學校: 師範學校는 特히 敎育에 從事코져 호는 者를 爲호야 小學校 敎師됨에 必要혼 學術 技能을 得케 호는 處니 高等小學의 卒業人이 入學홈이 通例오 修業年限은 一般 三個年 以上이니라.
> 女子師範學校는 女子 初等敎育의 敎師를 養成호는 處니라.
> 此外에 又 高等師範學校가 有호니 此는 中等普通學校 又 師範學校의 敎育에 當코져 호는 者를 爲호야 設혼 處니 師範學校 又 中學校를 卒業혼 者가 入學호느니라.

(丁) 各種 專門學校: 中學校를 卒業ᄒ고 大學에 進치 못ᄒᄂ 者를 爲
ᄒ야 設ᄒ 바 專門學校니 其種은 枚擧ᄒ기 不遑ᄒ니라.

(戊) 大學: 大學은 最高等의 學術 技能을 敎授ᄒ며 且 其 蘊奧를 攻究
홈으로써 目的ᄒᄂ 處니 此에셔 卒業ᄒ 者ᄂ 上流社會에 立ᄒ야
專門의 業務에 從事ᄒ니 此에ᄂ 各種 分科가 有ᄒ니라.

第四節 特殊敎育

被敎育者가 平常의 狀態에 在ᄒ 者ᄂ 單히 家庭과 學校로써 其
敎育을 完成ᄒ야 其 社會的 職分을 盡케 홈을 得ᄒ나 若 其 身體
上 或 精神上에 異狀이 有ᄒ거나 又或 外界의 關係로 平常과 異ᄒ
者에 對ᄒ야ᄂ 平常의 家庭 及 學校에서 敎育홈을 不得ᄒ지라. 於
是乎 國家ᄂ 此를 爲ᄒ야 特殊敎育所를 設置홈을 要ᄒᄂ니라.

特殊敎育을 行ᄒᄂ 處所ᄂ 其種이 不一ᄒ나 要言ᄒ 則 孤兒院
及 感化院, 痴兒院, 訓盲院, 聾啞院 等이 有ᄒ니라.

(甲) 孤兒院 及 感化院: 孤兒院은 養育者를 早失ᄒ야 無依의 孤兒
를 收養救濟ᄒ고 此에 適當ᄒ 普通敎育을 授ᄒ며 且 社會的 職業
에 關ᄒ 智能을 與ᄒᄂ 處라. 最初ᄂ 專히 國家가 戰死者의 遺兒를
扶助코져 ᄒᄂ 目的에 出ᄒ얏더니 中世 耶蘇敎의 博愛的 精神에
由ᄒ야 一層 發達ᄒ 者오 感化院은 種種의 事情에 因ᄒ야 其 德性
의 發達에 沮害를 受ᄒ 바 不良의 兒童을 收容ᄒ고 特殊의 方法으
로 敎育을 施ᄒᄂ 處所니 卽 平常의 敎育으로ᄂ 奏效키 難ᄒ 者를
爲홈이라. 此亦 博愛派의 敎育家에 由ᄒ야 發達을 大致ᄒ 者니 此
兩院은 實로 社會上에 道德의 方面으로 言ᄒ던지 政治上으로 言ᄒ

든지 可缺치 못홀 者인 則 如此혼 事業은 다만 敎育的 關係에 不止
호고 直接으로 重大혼 國家 責任에 歸홀 者니라.

(乙) 痴兒院: 先天的 遺傳 或 後天的 疾病 等에 因호야 精神作用이
平常에 比호야 薄弱혼 者를 痴兒라 稱호느니 其 薄弱의 程度가 敎
育을 可히 得行홀 者와 絶對的 得行치 못홀 者의 二種에 分호야 敎
育을 可施홀 者는 痴兒院에 收容호고 他는 癲狂院(전광원)에셔 收
容호느니 痴兒의 敎育은 其 起源이 頗遲호야 十九世 中葉 以後에
漸次 興起호니라.

(丙) 訓盲院: 此는 盲人을 敎育호는 處所니 盲人은 先天的 遺傳 或
後天的 疾病에 因호야 眼의 感覺을 全失혼 者라. 此 盲人敎育의 起
源은 千七百八十四年에 佛蘭西 巴里〇[起혼 訓盲院이 嚆矢니라.

　盲人은 다만 視覺에 關혼 心象을 不得홀 쑨이오 其他 精神作用
은 平常人과 異홈이 毫無홀 쑨더러 恆常 觸覺으로써 視覺을 代홈
이 觸覺의 發達이 平常人보다 猶勝호며 又 記臆力도 亦 平常人에
過호며 每事에 專心 致知호는 習慣이 有홈으로 有名혼 學者 技術
家가 盲人 中에셔 多出호느니라. 盲人의 敎育도 亦 普通敎育과 職
業敎育의 二에 分호니 其 敎授의 困難혼 者는 讀法, 書法 及 其他
直觀敎授라. 讀 及 書를 平常의 文字로 以치 아니호고 簡單히 一
種의 符號를 製出호야 此를 觸覺케 호느니 現今은 千八百三十四
年에 루이푸레유[20] 氏의 案出혼 点字法에 依호며 直觀敎授는 實
物 及 其 模型을 使用호야 觸覺에 因호야 形狀, 大小, 性質, 重量
等에 關혼 槪念을 構成호나니라.

(丁) 聾啞院: 此는 聾啞者를 敎育호는 處所라. 聾啞敎育의 起源은

千五百八十四年에 西班牙人 피터[21], 씌폰스[22] 氏가 四人의 聾啞에 發語의 法을 敎授홈에 始ᄒ나 聾啞院 建設의 起源은 千七百九十年에 佛蘭西 巴里에 起혼 聾啞院이니라.

此外에 又 貧民學校가 有ᄒ나 此ᄂ 別로 論述홀 者가 無홈으로 闕略ᄒ노라.

<簡明敎育學 終>

---

21 피터: 미상.
22 씌본스: 미상.

6.

기무라[木村知治], 신찬교육학

근대 계몽기의 교육학 연구와 교과서

근대 계몽기의 교육학 연구와 교과서

기무라 지치[木村知治]의 『신찬교육학』은 1896년 일본 오사카에서 발행된 교육학 교과서이다. 이 교과서가 어떤 목적에서 편찬되었는지를 알 수는 없으나 『대한매일신보』1906년 6월 6일 평양 종로 대동서관 주인의 서적 광고에 이 책명이 등장하는 것으로 볼 때, 근대 계몽기 사범학교용 교과서로 쓰였음을 확인할 수 있다.

일본인이 저술한 교과서이지만 한문에 한글 현토를 하여 당시 재일 유학생이나 국내 사범학교에서 쓸 수 있도록 한 것으로 보인다. 더욱이 책의 앞부분에 윤치호가 헌사를 남겼으며, 발매소가 조선 경성부 남대문 근명례방인 점을 고려할 때 교육학 교과서가 충분하지 않던 근대 계몽기에 이 책을 교과서로 사용한 학교가 다수 있었을 것으로 추정한다.

저자인 기무라에 대한 기록은 찾기 어려우나 일본 효고현(兵庫縣) 거주자로 조선에 체류 중이었던 것으로 볼 수 있다. 발행 연월일은 1896년(일본 明治 28年) 9월 15일이며 발행자는 오사카 동구에 거주했던 마에가와[前川善兵衞]로 나타난다.

여기에 옮긴 것은 서울대학교 국어교육연구소 이정찬 연구원이 일본 국립국회도서관에서 확보한 책이다. 근대 계몽기 국어 교육사 연구를 위해 자료를 제공해 주신 이정찬 선생님께 감사드린다.

여기서는 다른 연구자들에게 정보를 제공하는 차원에서 원문을 입력하고, 간략한 번역문을 실었다. 번역은 편저자가 임의로 한 것이어서 오역이 많을 뿐만 아니라 내용상 정확하지 않은 면도 있으므로, 이 책으로 이 시기 교육학의 수준을 연구하고자 하는 분들은 원문을 대조하여 오역한 부분에서 발생하는 착오를 바로잡을 필요가 있다.

• 서지 및 윤치호 헌사

1. 木村知治 著, 尹致昊 題字

   기무라는 일본 효고현(兵庫縣) 거주자로 당시 조선에 체류 중이었음.

2. 明治 28年 9月 15日 發行

3. 發行者 前川善兵衛(오사카 동구), 印刷者 谷久黙次

4. 發賣所 喜多旭堂(조선 경성부 남대문 근명례방)

5. 윤치호의 헌사

   山不在高有仙則名

   水不在深有龍則靈

   國不在大敎民則興

   乙未 閏五 下旬尹致昊 (인장)

新撰敎育學 目錄

第四章

第五章

근대 계몽기의 교육학 연구와 교과서

第一章 緖論

今夫當敎育之任者ㅣ 先可以辨學與術之二端也[1]니 二者는 猶車之有兩輪乎ㄴ저 有學而無術ㅎ고 有術而無學이면 則不可行이니 是故로 欲施敎育之術者ㅣ 不可不修其學이라 學能修之면 術亦得達焉이니 所謂學者는 敎育之理요 術者는 敎育之法也니라.

右明學術之要義

分敎育之種類ㅎ야 爲二ㅎ니 曰學科程度와 曰學科種類ㅣ 是也라 例如曰實業敎育과 曰美術敎育은 各因其類而賦其名ㅎ느니 硏究農業桑曰農業敎育이요 學商理曰商業敎育이요 習畵圖雕刻之技曰美術敎育이니 其如小學校에 修淺近之學科는 曰初等敎育이요 其學科ㅣ 輘高如中學敎育者는 曰中等敎育이라. 如此之類를 一循其學科高下而賦名ㅎ니 猶中小學敎育에 以硏究通常之學科로 稱普通敎育이요 且如大學에 以硏究高尚之學科로 稱專門敎育也니라.

右明敎育之種類

---

1 학여술지이단야(學與術之二端也): 학과 술의 관계를 의미하는 것으로 교육학이 도입될 시점에 학과 술의 관계에 대한 논의가 있었음을 의미함.

蜘蛛는 張綱ㅎ고 衆鳥는 營巢ㅎ니 如此巧智는 人或不及也로딕
鳥獸蟲魚는 其狀態古今同轍ㅎ야 無所進化ㅎ니 是는 欠於本能的
作用也라. 苟無本能的作用者는 日淬月勵ㅎ야 敎育之라도 不能發
育其眞智어니와 人類則不然ㅎ야 智識이 日進月化故로 上古穴居
之俗이 於變ㅎ야 爲宮室爲樓臺ㅎ고 肩輿馬蹄를 古稱迅速이러니
今也에 進化ㅎ야 爲輪船爲電車ㅎ니 其變化之功을 不可推測이니
人類之才智는 他動物이 不能企及也라. 人類ㅣ 元稟此特性故로
又名曰敎育動物也라. 有人則亦有此理ㅎ니 父敎母育이 皆所以順
天而全理也니라.

　　右明人物之才智

人必相助相長이니 所以組成社會者는 固出於其天性이 不可如
禽獸蟲魚然也라. 於是乎國家敎育者ㅣ 生焉ㅎ니 卽一國政府之所
以關涉乎敎育之務也요 亦可謂鞏固一國之基礎矣니라.

　　右明政府之責任

人智伸否는 固關於氣候之寒熱과 土壤之高低와 洋流之溫蕩과
海岸線之短長ㅎ고 而其他는 因土地之形勢ㅎ야 各異其趣ㅎ니 若
北洋 南洋之寒地와 印度亞弗利加之熱地와 海岸短線之境은 雖施
之敎育이라도 不能奏其功이어니와 如日本及歐米諸國과 朝鮮淸
國은 乃爲自然之敎育國ㅎ니 天賜ㅣ 可謂腆也요 而如日本朝鮮之
二國은 則東南으로 控穩波浩蕩之太平洋ㅎ야 土地溫暖이 適于其
度ㅎ고 多海岸線之出入ㅎ야 水光嵐影이 風景佳絶ㅎ고 山海所産
之寶와 田野所出之穀이 凡四方萬國에 無比肩者ㅎ니 名以爲美術
國敎育國이 非徒然也니라.

　右論日本朝鮮清國之爲自然教育國

教育學者는 非單一이요 則如動物學植物學也니 恰似乎醫學에 混合學問焉이라. 欲知人之心情인뒨 則學心理學이요 欲究體育인뒨 則講衛生生理之學이니 教育學者는 乃合心理論論理倫理衛生生理解剖組織宗教哲學斯美斯善等之學科而後에 成者也라. 而諸學이 無不聯絡于教育學ᄒ니 欲專修教育之學인뒨 則置心理的教育學과 倫理的教育學이요 以講其外면 必不能成其完美矣니라

　右明教育學卽混合學之義趣

教育이 有二類ᄒ니 一曰自然教育이요 二曰人爲教育이니 而自然教育을 又分爲三種ᄒ니 地學的社會的運命的이 是也라. 地學的者는 如前述氣候物産住居等之關係者니 孔聖所謂南方之强北方之强과 晏子所謂江南之橘을 移植于江北이면 乃爲枳는 蓋水土之異者也요 社會的者는 如里仁이 爲美ᄒ니 擇不處仁이면 焉得知者와 蓬生麻中에 不扶而自直之謂也요 運命的者는 關于家業之富貧과 居處之如何者也니 若赤貧如掃ᄒ야 學資ㅣ 欠乏ᄒ고 居處僻遠ᄒ야 師書를 不能需면 最爲不幸而不能達講學之目的者ㅣ 是也라. 如此三要件은 爲自然教育之大有力者而惟日本朝鮮清國이 適于此三要件教育之國이로다. 然이나 此章에 所特論者는 多著人爲教育之要旨요 次章에 將敍其大旨焉이로라.

　右明教育之二類

第二章 總論

　　敎育者는 謂應于其國狀態及進步之度ᄒ야 使成完全之國民이니 所以敎育者之功이 及于學問者之能力也라. 大凡列國이 各具其特質習慣故로 當敎育之任者ㅣ 觀察其特質習慣ᄒ야 不偏于歐米諸國之學理ᄒ고 要應該國進步之度ㅣ니라. 雖然이나 不可復偏于自國習慣之態요 復宜參酌列國情況과 先哲遺敎夫ᆫ저. 헤루바루도[2](英吉利[3]之 哲學者也라) 氏敎育學者는 以倫理學으로 爲其目的ᄒ고 以心理學으로 爲是方便ᄒ니 同氏之敎理也ㅣ 最適于日本朝鮮淸國之狀態라. 故로 依헤루바루도, 게룬[4](헤루바루도 氏之門弟也) 兩氏之學理ᄒ야 參照本國之地理, 歷史, 政治, 風俗, 經濟ᄒ야 以施應用的敎育也니 如歐語 에시유게시온[5](歐洲敎育學也)으로 解敎育之字義ᄒ야 卽爲導出之義ᄒ며 亦爲發達開暢乎人之稟天智德ᄒ며 鎔造人物之完全無缺者也니라.

　　右明敎育之意義

---

2 헤루바루도: 헤르바르트.

3 영길리(英吉利): 영국.

4 게룬: 헤르바르트의 제자. 미상.

5 에시유게시온: 에듀케이션(education)을 번역한 말.

敎育之目的은 在養成圓滿之德ᄒ니 使意思與良智로 相調和也
ㅣ 所以達其目的之方法矣라. 故로 任敎育者ㅣ 專留心於陶鑄學
徒之品性하야 可以完成至極之目的也ㅣ니 換語言之면 可應于修
學者之體軀强弱과 身位高下ᄒ야 發達於巨細精粗之意思與良智
요 而又令成忠孝兩全之道ㅣ니 蓋使身體로 發育健全이 可也니라.
　右明敎育之目的

古昔解敎育二字之義ᄂ 不特爲人類而已요 汎敎養他動植物之
義方矣러니 今更釋之ᄒ야 專爲人類敎育之名ᄒ고 又有擴張其意
而論之者ㅣ 曰嬰兒出胎而至老死之境ᄒ야 始盡敎育焉이라 ᄒ니
라. 政治法律衛生之學을 擧屬之於敎育範圍ᄒ니 於是乎有政治敎
育法律衛生敎育之目焉이라. 殊不知敎育學者ᄂ 所唱者ㅣ 不如是
廣漠乎ㄴ저. 凡人生이 幼而八于小學校ᄒ고 長而八于大學校ᄒ야
終其業之間에 而敎育書所論을 幷與學齡年間之敎育으로 爲其標
準이 可也라.
　右明敎育之範圍

敎育之爲學也ㅣ 至廣至美ᄒ야 固無際涯ᄒ니 其所以爲冠辨於
諸般學科乎ㄴ져. 且使圓滿於人間相互關係之德ᄒ고 其他神巧電
信之術과 迅速汽車之便과 測定萬有之算과 美妙風雅之術과 日夜
所用之物質이 若非敎育之不可思議的能力이면 不能完其功也니
天地之間에 未有如敎育之大者니라.
　右明敎育之效能

分 敎育爲三ᄒ니 曰德育과 智育과 體育이 是也ㅣ라. 更加美育
而有四育之說ᄒ고 又有宗敎敎育者ᄒ니 如其所謂三育者ᄂ 當並
行耦進而不可偏廢也라. 雖然이나 其間에 自有輕重緩急之別ᄒ니
不可同視也라. 凡敎育之所主ㅣ 在德育焉이니 何者오. 人之百行
에 惟德이 爲重矣요 如智能健康은 不過爲是介助也라. 雖然이나
健康良智之助長을 亦不可忽也로다. 有健體而后에야 良智을 可得
以育ᄒ며 德行을 可得以成也ㅣ니 體育을 豈可輕視哉아. 使人之
身體로 尫弱委微ᄒ야 不能振作이면 是ᄂ 育者之所深恐也라. 顧
體育之法은 任之于自然之境이라도 猶可見其效어니와 獨智德之
敎育은 則有異其撰者ᄒ니 下章에 希得明焉이로라.
　右明敎育之區別

德育之主眼은 在保圓滿德行之强健ᄒ며 使遂其志氣之活潑矣
니 如發育目的之方은 則讓之于後章ᄒ고 先論德育之必要也로라.
　右明德育之目的

凡人類之處世에 同氣相助ᄒ며 同類相親이요 不可孤立이니 蓋
人間之本性이 爲然也라. 故로 雖太古蒙昧之世라도 相聚而部落ᄒ
야 鞏固其生存之勢ᄒ니 是其證左也로다. 殆於自네시욘[6](英語之
所以稱國家的時代者也)으로　卽國家的時代將移於世界的今日故
로 吾人이 處今日之社會ᄒ야 人人이 協力分勞ᄒ야 輔車相依ᄒ며
脣齒相助ᄒ고 保護其關係而相順應ᄒ며　建立其道德而相保安也
ㅣ 所以涵養圓滿之德ᄒ야 必要其生也니 若無此敎則吾人이 其如
禽獸蟲魚ᄒ야 溺于自滅之境이 必矣리라.
　右明德育之必要

---

6 네시욘: nation을 소리 나는 대로 적음.

智育之目的은 有二ᄒ니 曰使發達也와 曰使强健也라. 而兩者達
其目的之期ᄂ 專自兒童으로 達于成年之間히 是爲施開達的敎育
之好時期也요 如其强健法則以成年後로 爲好時期也라. 雖然이나
使發達之道와 强健之期로 不啻始於嬰兒之時ᄒ야 發達于成年之
後也니 如前述者ᄂ 卽示其一般之定規耳라. 至智育之要旨ᄒ야ᄂ
讓之於敎授法中而將明其由也니라.

　右明智育之目的

智育發達이 神妙無窮ᄒ니 可謂不可思議也라. 爲一線而傳信千
萬里之電信機와 運千萬重量之汽車汽船이 特於實業上審美上哲
學上理學上에 現不可思議之功ᄒ니 是ᄂ 吾人之所夙知也라. 就中
至如爲敎育之大本과 圓滿之德行ᄒ야ᄂ 亦待選擇判斷等之智力
然後에야 可活用也니 然則智育之必要ᄂ 不待多言이로다. 世或皮
相觀之者ㅣ 未達智育之奧義ᄒ고 徒以智力으로 爲足遂事之功之
具라 ᄒ니 實可悲也요 其弊也ㅣ 終使智育으로 後遲而不振ᄒ리니
可勝惜哉아.

　右明智育之必要

體育之目的은 與智德兩育之目的으로 同其軌ᄒ야 俱在體軀之
發育與强健也니 身體發達之期ᄂ 人皆自兒童으로 至于弱冠內外
히 必進行而止ᄒᄂ니 故로 勿忽其初ᄒ고 可令兒童으로 食滋味ᄒ
며 運動四肢ᄒ야 而遂其發育也요 至於强健之期ᄒ야ᄂ 雖在成年
之後ㅣ나 亦自幼年으로 至于老耄之際히 不可不用意也니라. 其詳
說은 元屬于生理衛生學等之範圍焉ᄒ니 請讓之于體育所論之中
矣로라.

　右明體育之目的

第三章 智育論

欲知智育之爲何物인된 先可以辨心理學之大要니 故로 將述心理學之大要ㅎ노라.

大凡生存宇宙間者] 千狀萬態也니 殆不可堪數也라. 然而盡名之謂物이요 吾人之身體도 亦不外乎天地之間一物이니 然故로 能知萬物之理者를 名之曰心이라. 是以로 取現存于宇宙者ㅎ야 分爲心物之二者ㅎ고 名心曰 我] 나 然이나 達乎外界稱美稱高之心은 非名曰心也라. 心理學上 所謂心者는 在데가루도[7] 氏(데가루도 氏 佛蘭西之賢人)之所謂吾思하니 故로 知自己之所在는 卽付吾心이요 知吾心之現存者는 乃是心也] 니 亦稱曰我也니라. 有人於玆ㅎ야 若間心之形狀方圓과 面積長短이면 則雖不能答이나 旣認種種之心象이 現于外ㅎ니 亦當認心體之現存이라. 卽心體는 如鏡ㅎ고 心象은 如形影ㅎ니 自其心體現象之上으로 硏究者를 謂之徵驗心理學[8]이니 卽敎育者之所學也요, 尋其心意本體之因緣ㅎ야 就心意自體而硏究者를 謂之純性心理學[9]이요, 若哲學者는 屬一層深

---

7 데가루도: 데카르트.
8 징험 심리학(徵驗心理學): 경험 심리학.

遠之學ᄒ니 自哲學上으로 論唯心唯物인된 心物이 兩存ᄒ야 乃神妙之不可思議ᄒ니 可謂深味難測之學問也니라.

右明物與心之別

人體之中에 而心이 現存于何處오. 果存于全身인된 至斷手足而不失心之一部者ᄂ 則因何理아. 當切斷手足之際에 心亦感乎疼痛ᄒᄂ니 由此推之컨된 非心存于全體而何也오. 雖然이나 心者ᄂ 非存于全身也요 唯在腦髓脊髓之中ᄒ니 所謂神經者ᄂ 管其傳導焉이라. 腦脊兩髓ᄂ 如電信局이요 身體諸部之神經節은 殆如其支局也니 而神經은 譬之電信線이면 其說이 自明了矣리라.

右明心之所在處

心意與身體로 相爲密接之關係ᄒ니 凡人이 發情則認面色之ᄒ고 當喜怒哀樂之情이 發於中이면 不特面色之變而已요 動于四體ᄒ야 或舞蹈ᄒ며 或狂奔이 是其例也라. 患腦病者ᄂ 趣減記憶力ᄒ고 過于飽滿者ᄂ 趣爲怠惰ᄒ야 而失意思之活動ᄒ고 其他如空腹疲勞及停睡眠負傷疾病은 則大及影響于心意ᄒ며 思美味에 乃分泌睡液ᄒ며 想劇戰之事에 身自戰慄ᄒ며 思悲哀之事에 淚乃目下ᄒ며 當有大患疾病也에 病者ㅣ 依禁厭祈禱ᄒ야 心先得安而如覺微瘉者ᄂ 卽身心相關之所致也니라. 以心理學上之次序로 言之則第一心意生理論이요 第二分解論이요 第三心意發育論이니 第一所謂心意生理論者ᄂ 與身體生理로 有直接之關係ᄒ니 乃讓之于體育之條項而倂說焉ᄒ고 第二分解第三發育은 將應用于敎育

---

9 순성 심리학(純性心理學): 이성에 따른 심리학. 징험 심리학에 대립되는 심리학.

也니라.
　右明身心之關係

　分心意二者而有解釋之說이나 然이나 以三分解釋이 爲常也니
智情意是也라. 而三者ㅣ 相關聯而活動ㅎᄂ니 若區分之면 則不可
焉이라 何其個個孤立而活動哉리요. 例如指几上之一書曰是ᄂ 書
籍也라 ㅎ며 某國은 未開之國也라 ㅎᄂ니 其生徒ㅣ 學讀本也에
發如此知覺이 卽是智也요, 此書ᄂ 有益ㅎ고 某國은 未開ㅎ니 使
之向于開明이라 ㅎ면 習讀本之生徒者ㅣ 活發可愛也라. 起如此之
感於中心ㅎ야 乃至勉勵活動者를 名曰情焉이요, 某書ᄂ 有益之書
라 ㅎ야 常欲購焉ㅎ며 某國은 未開之國也라 ㅎ야 常欲開焉이면
卽爲活發之生徒故로 欲愛育焉이니라. 以上은 如屬于意思之活動
이나 然이나 實是情中含智ㅎ고 意中有情智ㅎ고 智中有情意也니
라. 雖如上節之所述이나 三者ᄂ 相關係而難分離ㅎ며 亦有不相容
者矣라. 悲哀之情이 極이면 而失智力焉ㅎ며 意之決行이 過敏ㅎ
면 不暇顧情이니 殊如壯年之意氣發達強盛ㅎ야 乏于智與情이라.
是以로 諸事ㅣ 不免陷於誤謬ㅎ고 且如老孃이 感情甚多ㅎ면 乏于
智與情이니 是以易偏於悲歎也니라. 世之所謂才人智略家者ᄂ 殆
無情無義無理者ㅣ 有焉ㅎ니 故로 敎育者ᄂ 必除此弊라야 三者相
得而達于完美之域也니라.
　右明智情義之分別及關係

　因五官之媒介ㅎ야 不接外物而發現於作用을 謂之心意요 心意
顧心意ㅎ야 不假五官之媒介ㅎ고 唯發作於內者를 謂之意誠焉이
요 與各種之心意로 同時而發育者ᄂ 卽心意之作用이니 以活動於

外面者를 謂之注意요 意識이 固發于內部者를 謂之回想及反省이
니 意識之敎育이 非有法焉이나 然이나 及受心意及諸能力之敎育
ㅎ야는 而意識이 亦被敎育也니라.
　右明內感外物之心意區別

　學科上之發見과　技術上之發明이　殆不外乎注意力及苦學之結
果也니라. 붓후온[10] 氏(붓호온 氏 未詳其生國)云智者ᄂᆞᆫ 恒久之耐
忍也ㅎ니 而注意力者ㅣ 於精神健康之時에 以得活動이 卽爲之能
力基礎焉이라. 及智力諸形態之完全ㅎ야 意思ㅣ　亦從而生焉ㅎ나
니 所謂稱自己之觀念發達而後始生也라. 自兒童으로 達于學齡ㅎ
而發生隨意的注意力이니 故로 可使兒童으로 適于其度ㅎ야 惹起
興味ㅎ여 接平易之事物이면 不識不知之間에 自然注意於實際어
니와 苟或衰弱其精神ㅎ며 輕挑其行爲ㅎ야 不感學科之興味면 不
能得注意力이니 縱令敎育之라도 固無其效矣리라. 故로 爲敎師者
ㅣ 須使兒童으로 伴于體育ㅎ야 令其精神으로 快闊且靜肅ㅎ고 敎
授之間에 多添興味ㅎ며 定課程ㅎ야 養其單思ㅎ고 考課程ㅎ야 習
慣於耳目이면 自假似之注意로 漸入於眞正之注意니라.
　右明兒童之注意力

　感覺力者ᄂᆞᆫ　求心神經外部之極端ㅎ야　致所受之激因於感覺中
樞ㅎ고 因所起單純心意之現象ㅎ야 而入智力之門也니 今雖摘要
其所感覺之次序와　及感受性之器能이나　至於生理的解剖的之事
實ㅎ야는 蓋讀者ㅣ 知之故로 不揭說ㅎ니 而敎育之大目的이 不存

---

10 붓호온: 미상.

於玆也라. 特於收得智識之上則無重要于感覺敎育矣니라. 루우쇼[11] 氏(루오쇼 氏 佛蘭西之賢人也)曰兒童之於成人에 雖身不長力不强ᄒ야 乏于思慮ㅣ나 至其見聞ᄒ야는 殆如成人이어늘 而冷視此重要之器而不施敎育者는 果不如何意也로다. 小兒五感之銳敏이 有可駭者ᄒ니 故로 如베수다로지[12] 氏와 후레베루[13] 氏(베수다로지 氏 후레베루 氏 皆獨逸國之賢人也)는 躬自任兒童之敎育ᄒ야 創製六種之恩物ᄒ니 世之所夙知也라. 베수다로지 氏ㅣ 特潛心於實物敎育而著其格言者ㅣ 乃爲初等敎授之原則也니라.

　　右明感覺之定義

　嗅味兩者之發育이 尤爲遲緩이나 然이나 味感은 爲較速이라. 二感이 俱居于五感之劣位ᄒ야 殆如無關於智力之發育이로ᄃᆡ 唯以爲身體之生活及消化作用ᄒ야 令避危險ᄒ니 敎授飮食之味于吾人者ㅣ 卽可謂苦樂之本源也니라. 雖然이나 資于化學者之感香氣와 好味家之認美味硏究之事를 亦有不可附等間也니라.

　　右明嗅味之感覺

　聽感者非徒知了聲音而已요, 臨讀書科音樂科敎授之時ᄒ야 而聽感이 爲之媒介焉ᄒ니 是以로 宜依樂聲而使遂其發育ᄒ야 而屬生理的敎養이요 不可復怠也니라. 此器也는 其發育이 最速故로人生三十六日이면 兒孩聽感其母之聲音ᄒᄂ니 구이구네(구이구네 氏 亦獨乙國之人也) 氏 云然則發育敎育之法이 如何則可乎아.

---

11 루우쇼: 루소.

12 베수다로지: 페스탈로치.

13 후레베루: 프로베르.

唯在以節用而練習之ᄒ야 使無喧噪與音響之常絶矣니라.

右明聽感之義

觸感者ᄂ 雖爲全軀之機關이나 就中如唇及舌端指頭ᄂ 殊爲銳敏ᄒ니 而一般觸感之發育이 自孩兒之期로 始焉ᄒ야 能了知乳媼之懷抱ᄒᄂ니 幼兒之觸感은 元屬於他動的故로 而其用手指ᄂ 不能如大人自由也라. 然이나 預有力助于諸感覺ᄒ야 無害自然之發育이니라. 盖指頭之練習銳敏은 東洋人之特質이 西歐人에 所不能及也니라.

右明觸感之義

레구소헤[14](레구소헤 氏者未詳其生國) 氏曰兒童之總身이 皆眼也ㅣ라 ᄒ니 然이나 不受多數思想之妨害ᄒ고 而熱心精密ᄒ야 視外物千狀萬態而無漏ᄂ 唯兒童이 自三四歲로 至五六歲히 爲然焉이라. 其爲赤子時에ᄂ 燭火도 猶厭視ᄒ야 殆如盲者라가 漸至視物ᄒ야ᄂ 則盡認外物爲平等ᄒ야 無大小凹凸焉ᄒᄂ니 小兒之視官이 特與手足으로 相俱發達故로 不可妨自然之敎育이요 而更不可令避過度之刺劇ᄒ야 怠於衛生的敎育也니라 元來眼者ᄂ 智識之窓戶ㅣ니 五官中에 特爲必要之具焉이라 至他觸官ᄒ야ᄂ 雖有際限이나 而眼은 獨爲得見無限之遠距ᄒ야 離之感器焉ᄒ니 是以로 其敎育法이 亦有多種이로ᄃ 養而成之之法과 住居廣大而採聚光線之法을 不可不完全也니라. 住都城狹隘之處者ᄂ 則多近視眼者ᄒ고 近世學生이 在校舍而讀細字之書라가 對塗板面上光線之

---

14 레구소헤: 미상.

反射而注視焉ᄒ며 或對白堊之墻壁ᄒ며 或對洋燈之赫燿ㅣ면 如此之類ᄂ 主受敎育之妨害ㅣ 爲不少ᄒ니 欲定課而敎育인된 則先自色之濃艶과 種類形狀之大小遠近方向으로 以至對照虛妄與實視히 進而至複現的敎育이면 卽注意之養成等이 殊爲視官敎育之最要之件也니라.

右明視感之義 及 視感發育之法

兒童이 槪所以欲行智力之不能及者ᄂ 乃無他ㅣ라. 生于無意的觀察力之活動也ㅣ요 且不外於好奇心也ㅣ니 兒童之觀察이 固自銳敏이라. 是以로 수벤사[15] 氏(수벤사 氏 英吉利之哲學者也)以敎育之成效ᄂ 全自此觀察以成이라 ᄒ니 於是乎以如哲學之毫無關于觀察之科者로 直欲施之於兒童이면 亦可謂大謬也ㅣ라. 然이나 科學上所發見者ᄂ 皆因起此觀察敎育故로 於初等敎育에 應用博物理化之學於實業上이면 則其價値이 爲不尠焉이라. 古來敎育家ㅣ 過稱觀察敎育ᄒ야 不覺論及於範圍之外ᄒ니 現今排擊者ㅣ 頗多矣로다. 若使此觀察鍊習으로 不得完全이면 則智力이 混亂ᄒ야 失靈智之本源ᄒ고 不能硏究奧妙之理想ᄒᄂ니 故로 不可不使之適當鍊習ᄒ야 須使十歲之時로 善判道塗之距離ᄒ며 測了事物之性體也니라.

右明觀察的敎育卽實物敎育之義

知覺力者ᄂ 謂聚合諸感覺ᄒ야 歸之於存于空間之或物이니 所謂知得其物之資質과 心意之作用也라. 然이나 感覺知覺二者를 不

---

15 수벤사: 스펜서.

可相分離니 感覺이 來則知覺이 亦隨而應이니라. 有人於玆ᄒ야 初聽物響에 雖辨其聲音이나 未詳其爲鐘爲鼓爲磽이면 卽是感覺이요 詳知彼聲音之爲鍾爲鼓爲磽이면 卽屬知覺焉이니 故로 感覺力이 高則知覺力이 亦得隨高ᄒᄂ니 是其定理也ㅣ라. 而其敎育之間에 使分感覺知覺二力而敎養之면 則其不見效也ㅣ니 實物敎授論者之熱心所講이로다. 蓋此表現的敎育이 卽在觀察法也ㅣ니라.

右明知覺力之定義

記臆力者ᄂ 謂從初知覺之順序ᄒ야 而經其時後에 不峻其知覺識之更起ᄒ고 以復現之之作用也라. 大凡人之感覺知覺於事物者를 而不留於腦裏면 則忽忘却而不能成知覺焉이나 能所以復現旣往之事者ᄂ 卽記臆力之效也니 實是必須之物也로다. 기쇼[16] 氏(기쇼 氏 佛蘭西之賢人也)曰 知之能力이 雖最可貴也나 無記臆이면 卽屬于無用이라 ᄒ고 시아도리부껜 氏(시아도리부껜 未詳其生國)曰 雖親愛懇切之心情이라도 若無記臆이면 則何功之有哉리오 ᄒ니라. 名其復現作用曰把住性이니 而其至可把住之前엔 各種事情이 互相印象而聯合故로 名其彙類次第曰聯合律이라. 聯合律이 有三種이니 曰類似律 曰對比律 曰接近律이 是也ㅣ라. 類似律者ᄂ 例如因思雪而想起鹽之白色ᄒ며 見人之愛兒而想吾兒者也요 對比律者ᄂ 如思某國人之暴慢而想某國人之德行ᄒ며 臨春暖而思冬寒者也요 接近律者ᄂ 逐次接物而因起思想者也니라.

右明記臆力之定義

가무반[17] 女史(가무반 米國之賢女也)에 云三歲以下之兒ᄂᆞᆫ 不存記臆力이라 ᄒᆞ니 其說은 事物이 比達于三歲之時면 於成長之後에 嫌其回想之小哉ᆫ뎌. 然이나 不可謂之頓無記臆力也ㅣ라. 二歲之兒도 猶能記得其母之顔面ᄒᆞ고 且幼兒之記臆力이 有卓越收得者ᄂᆞᆫ 則熱心而探知事物之實ᄒᆞᄂᆞ니 是ᄂᆞᆫ 老成人之所不及也요 就中自學齡으로 至十五六歲之間ᄒᆞ야는 記臆力이 頗强盛活潑ᄒᆞ야 能詳記萬事之實故로 레구우베 氏(레구우베 氏 未詳其生國) 評幼兒에 以爲如評價者ㅣ 皆登錄諸物品而細大를 無所遺漏ㅣ라 ᄒᆞ니 以敎育上에 何不練習於記臆之有價値乎아. 如 롯구[18] 氏(롯구 氏는 英吉利 賢人也) 所謂無價値之說은 不免大謬也로다. 若使練習言辭上之記臆力ᄒᆞ야 以害他人之心力이면 則爲敎育之大敵이니 能與興味ᄒᆞ며 能使理解ᄒᆞ고 鄭重施注意而漸使練習ᄒᆞ야 要以反覆與敏捷焉이니라. 然이나 記臆斷定之二力이 固不相容故로 依練習記臆力ᄒᆞ야 莫妨斷定力이 可也니라.

右明小兒之記臆力

想像力者ᄂᆞᆫ 謂追思分解記臆識ᄒᆞ고 取捨所得之元素而構成ᄒᆞ야 合于一定之目的ᄒᆞ야 應于想像識之作用ㅣ니 例如自古로 未有知龍之形體者나 畵師ㅣ 假定以爲龍性이 猛也故로 頭必類狼ᄒᆞ고 牙必類象ᄒᆞ고 身體類蛇라 ᄒᆞ야 因是而自加趣巧ᄒᆞ야 以描出不可思議的動物之一形ᄒᆞ니 是ᄂᆞᆫ 無他라. 其初에 記臆狼象蛇三種物之形狀ᄒᆞ고 然後에 描出一種之龍者也ㅣ니 是非依想像力而何哉오. 大凡想像力者ᄂᆞᆫ 此之記臆力이면 則高尙加其度ᄒᆞ야 離原物而獨立

---

17 가무반: 미국의 여성 철학자.

18 롯구: 로크. 영국의 철학자.

이라. 小兒之乏於此力云는 如간도[19] 氏(간도 氏獨逸國 賢人) 소유
시유루 氏[20](소우시유루 氏, 고메니우수 氏 皆佛蘭西之賢人也) 所
謂兒童之想像力이 極活潑故로 寧要是箝掣이언정 而不要擴張者
也니라. 小兒之時에 自其想像力上으로 懼虎狸ᄒ야 惹起恐怖之情
ᄒ고 婦人은 妄信世有幽靈妖怪者ᄒ야 釀一種之病者ㅣ 爲不尠이
라. 然이나 該力이 得養成法之宜守一要項이어든 加於所被授知識
之精密ᄒ야 與所收得之知覺活潑로 以充分於注意요 不可理會于
錯雜曖昧之問而亦不可使想像力으로 朦朧也ㅣ니라.

　　右明想像力之定義 及 得失

　　圖畫者는 爲實業的敎授之一課業이요 兼爲技術的敎育標準也
라. 고메니우수[21] 氏 始用圖畫於該敎授ᄒ니 此科는 使婦人及小兒
로 依圖而解事物이니라. 則至口授에 有小能解深遠之想像識者어
든 使圖解之則如發蒙見天ᄒᄂ니 使初學者로 敎以圖畫的이 於實
用上에 殊爲足養美術與想像識之要具也니라.

　　右明圖畫之實效

　　詩人之風流와 歌客之雅趣는 俱爲想像之極高尙者也라. 兒童도
亦如詩人歌客之樂乎山水ᄒ야 亦演戲技而自樂焉ᄒᄂ니 兒童之
云爲動靜이 種種自想像識來也라. 然則大人은 當使學詩歌요 小兒
는 當使戲弄曲的玩具圖畫之等物也ㅣ며 又以種種有益之談話로
養成想像之力ᄒ야 須令簡明精切ᄒ고 而且高尙淸潔也니라.

　　右明大人及小兒之想像識

---

19 간도: 칸트.

20 소우시유루: 프랑스의 철학자.

21 고메니우수: 코메니우스. 프랑스의 교육자.

作爲文章者는 必要心之諸能力이니 雖記臆斷定이라도 無不必需ㅎ며 想像力이 亦爲有功焉이라. 殊至記事傳記之文ㅎ야는 則依想像力而成者ㅣ 甚多矣니 文章之練習은 其初에 以依于復現想像之力이 特爲良法也니라.

右明文章養成之想像力

以上所說感覺知覺記臆想像力者는 關于特種之事物이 所謂特關智識이 是也요 而槪念斷定推理之三種은 謂之普關識也라. 關于事物이 爲汎且高尙矣니 復謂之心意之思念作用也니라.

右明諸覺力之關係

槪念力者는 因知覺力之所得ㅎ야 個個特殊之直識이요 且因記臆力想像力之所得ㅎ야 個個特殊之復現識이니 唯抽象槪括其類似之形像ㅎ야 以達普關智識之心意作用也니라. 此槪念者는 吾人所以相互之思想與言辭也ㅣ니 除固有名詞之外면 槪借此力而表出焉이라. 例如稱山之言에 不稱何地何邦之山ㅎ고 總稱曰山者也로다. 或曰日本國富士山之白雪과 吉野山[22]之櫻花와 日光山[23]之丹楓以外에는 無比特殊之風景로 不問其何國何縣之山ㅎ고 以均有山之形勢로 除所稱富士吉野日光之冠詞ㅎ고 使單稱山而通言焉ㅎ느니 卽自槪念識想像發也ㅣ라. 而抽象與槪念을 不可相分離요 從普關事物而抽象이면 則必作槪念矣니 槪念이 發則抽象이 亦隨而起焉이니라. 槪念者는 雖未通言語之孩兒도 亦有焉이니 如曩認一猫而後에 復見一猫면 兒童도 旣知了爲其猫ㅎ고 亦擬其叫聲

---

22 요시노 산[吉野山]: 일본 나라 현에 있는 산.
23 닛코 산[日光山]: 일본 도치기 현에 있는 산.

이니라. 今擧槪念力敎授之三要則於左ᄒ노라.
右明槪念力之定義

一. 實例聚積法: 乃使知實物之性質形態類似與差違也니 在授普
關則이라. 베인[24] 氏(베인 氏 英吉利之賢人也)曰實物之數及性質
은 不可適當이라 ᄒ니 其示實例를 亦不可過于多ᄒ며 不可過于少
ㅣ니 其撰擇이 不得意면 却妨槪念之成長이니라.

二. 從順序槪括其初ᄒ야 以單純之槪念으로 令分解之호ᄃᆡ 如彙
聚抽象的觀念各部之類를 不可不漸進也니라.

三. 正用語ᄂᆞᆫ 敎授上所用之言語니 臨解釋意義ᄒ야 最要精密明
確이라. 生徒ㅣ 有滿足于曖昧ᄒ며 且混亂于槪念ᄒ야 傾向殊甚ᄒ
니 故로 不可勉於矯正其怠慢也니라.
右明槪念識敎授之三則

斷定力者ᄂᆞᆫ 基于類似之關係ᄒ야 而聯合槪念與觀念之間ᄒ니
現無類似關係之心意作用也ㅣ나 詳言之則擧格段事物之直現識及
復現識[25]ᄒ고 又以全類之槪念으로 而統括于所具ᄒ야 與是同一
之形象과 其他槪念之中에 以明示二者間所存類似之關係ᄒ고 或
現格段事物之現識과 或全類似之槪念과 與他槪念之間은 全所以
無類似之關係也라. 例如孔子曰聖人이라 ᄒ야 摠括於卽付면 所稱
孔子之一個體復現識과 與稱聖人之槪念中에 以示二者類似之關
係也요, 曰足利尊[26] 氏ᄂᆞᆫ 非忠臣이라 ᄒ민 所稱足利尊氏之一個

---

24 베인: 영국의 철학가.

25 현식(現識)과 복현식(復現識): 현식은 사물을 직접 대하여 얻은 지식을 말하며, 복
현식은 사물을 재현하여 얻은 지식을 말함.

26 족리존(足利尊): 1336년 일본의 실정막부(室町幕府)를 연 사람.

體復現識과 與所曰忠臣之槪念識中에 以示全無類似之關係也ㅣ
라. 兒童이 初雖以完全之語로 不能斷定이나 然이나 幼兒之所以
有此斷定力者는 擧其證則如近燭光於小兒之身邊이면 則退蹙者
는 是斷定獨火之受燒也ㅣ니 練習斷定力之必要는 不俟論也로다.
凡世界에 至知此敎育之可貴는 則佛國 몬덴[27] 氏 보루도로이야
요[28] 氏(몬덴 氏, 보루도야이요 氏 皆佛蘭西之賢人也)功也요, 而
如幼時斷定敎育法은 루유쇼[29] 氏(루우쇼 氏 見上)消極的敎育이
最可也니 更不須敎育者之煩勞也요, 得改兒童에 發育言語之誤謬
이 則足矣라. 家庭敎育은 要在乳母慈母嚴父之注意니라. 獨逸國
學校則一週間에 限幾時ᄒ야 使練修之ᄒ고 更不要特別之時而倂
授談話及文章ᄒ며 而如斷定力은 從其智識之淺深而活用이니 苟
或智識이 未充實ᄒ고 思考力이 未發達ᄒ고 經驗이 未完全之時에
以强施斷定敎育[30]이면 易陷于誤謬ᄒ니 可不危險哉아.
　右明斷定力之定義小兒斷定力之修練法

　推理者는 普關智識中에 最複雜高尚矣니 其定義는 乃謂認識二
個之斷定으로 結論一個新斷定之作用也라. 例如言人必不免於死
者와 釋迦도 亦人也者ㅣ로다. 人必死者는 卽推理作用也니 稱死
之槪念識이 則被包含於類似之關係也요, 而稱死之槪念識中에 又
曰釋迦도 人也者는 則被包含於所謂釋迦亦死之槪念中이라. 然則
以此二條斷定之關係로 應推理於釋迦도 亦必死也요, 且推理者ㅣ

---

27 몬덴: 프랑스의 철학가.
28 보루도로이야요: 프랑스의 철학가.
29 루우쇼: 루소.
30 단정교육: 강압적으로 행하는 교육을 의미함.

有正面與反面ᄒ니 例如人必死也而釋迦도 人也故로 不能免於死
者는 卽正面推理也요 人必死也로ᄃᆡ 石非人也故로 不死云者는 卽
反面推理也라. 詳論此關係된 論理學之所關也ㅣ니 世人에 日常所
話者ㅣ 無非此命題集合故로 忽有投新聞之號外ᄒ며 揭國旗而祝
戰勝者ᄒ니 盖平壤牙山九連城戰勝之際[31]에 發刊新聞號外而報焉
이라. 雖然이나 日常之事每易誤也ㅣ니 新聞號外에 豈特報戰勝而
無報他事哉아. 若非曩之推理下斷定之力이면 往往有誤謬也ㅣ라.
故로 欲無誤謬인ᄃᆡ 不可不硏究推理力也니라.

　　右明推理力之定義

　　롯구[32] 氏(롯구 氏見上)曰兒童이 亦善推理라 ᄒ고 곤레이얏구
氏(곤레이얏구 氏未詳其生國)曰與感覺으로 同發育이라 ᄒ니 或
恐其發達이 不可如此迅速乎ㄴ뎌. 曾見三歲之兒童도 推理之力이
旣發達矣니 其証은 以狐로 觀兒童而問其嚙乎否면 恐怖之色이 現
于顔色ᄒ고 其他傾聽傍人之談話類ㅣ 是也라. 其敎育法은 不如斷
定之力之特別練習法이나 然이나 文法理學歷史地理科學은 則由
敎師之智ᄒ니 不論何科ᄒ고 可使勉於發育也로ᄃᆡ 如理學數學은
特爲推理之學科故로 於小學校에 應用之可也며, 其間에 雖有歸納
演繹兩科之別이나 亦於同學科中에 而料時之辨宜而敎授之면 自
然解了而應用也ㅣ니라.

　　右明小兒之推理力及養成之法

<hr>

31 평양 아산 구연성 전승지제(平壤牙山九連城戰勝之際): 1894년 청일 전쟁 당시 일
　　본의 전승 지역을 의미함.
32 롯구: 로크.

歸納法者는 自數多枝葉的事物로 納得一定根本的事物之法也니 例如當學博物之料에 聚其各種爲一科하고 彙其各科爲一類ㅣ是也요, 演繹法者는 全與歸納法으로 相反하야 而自根本的으로 分類之하며 又分其一類而爲數科數種하니 謂以自然而散布範圍하야 而後에 入于詳細也ㅣ라. 故로 於文章於談話에 隨機應變하야 自歸納으로 進于演繹하고 自演繹으로 赴于歸納已矣니 所以歸納法中에 有演繹하고 演繹法中에 有歸納也ㅣ라. 例如當試一場之修身談하야 自其修身之要領으로 分岐而入于事實之談은 卽演繹法也요, 而又集其事實而爲溫習的格言하야 而供于兒童記臆之便은 卽歸納法也ㅣ니라.

右明歸納演繹兩法

敎育者는 爲養成道德及性質之辭ㅣ니 而其本領이 雖不在智育이나 其敎授者는 爲在智育이라. 而敎授與敎育이 元異其趣하니 欲爲敎授딘 必自智育始라. 是以로 智育者는 但有效於敎授하고 而無價値于敎授乎否아. 欲達道德及氣質之練習法인딘 卽敎育之目的에 必先可以施智育이니 敎育之目的者는 不存於身體上之能力하고 而存于智力及內部之能力矣요 思想之品位者는 高尙於身體而其所關係는 自然施於本能力之心性發育上하야 大達于身體發育上하니 可知智育이 不能孤立也ㅣ니라.

右明智育之價値

諸能力之發育順序는 有倂發論順發論之別焉하니 如 루우쇼 氏는 則採順發論하고 이지리[33] 氏(이지리 氏未詳其生國)는 有倂發

論ᄒ니 兩氏 雖俱爲極端之論이나 至心育則不能多少差違也ㅣ라. 하바도수벤사[34] 氏(하바도수벤사 氏 英吉利之賢人也)說智進化之定則에 欲自單純至於複雜ᄒ며 自實體至於抽象ᄒ며 自特種至於一般ᄒ며 自不定至於定限ᄒ며 自經驗的進於理論的ᄒ야 而智育發達二者ㅣ 須與進步也ㅣ니 若空過可進步之期면 不能挽回ᄒ리니 後에 雖施敎育이라도 亦無收納이니라.

右明諸能力之發育順序

智育較則이 左短右長ᄒ야 易生不均ᄒ니 不能無缺統一之感也ㅣ라. 故로 與發達諸能力으로 同施而可圖均齊統一也ㅣ니 기쇼 氏(기쇼 氏 見上)曰 人之智力中에 有諸能力之均齊ᄒ야 如物質界中에 有物質力之均齊也ᄒ니 而無妨此運動ᄒ고 能保秩序ᄂ 有此均齊矣라 ᄒ고 간도 氏(간도 氏 見上)諸能力練習之原則者ᄂ 非但練習其一能力이요 與他能力으로 應同練習ᄒ야 加以調和ㅣ 亦爲必要也라 ᄒ고 니고루[35] 氏(니고루 氏 英吉利之賢人也)曰 敎育之功은 在能力이 互相輔助而調和也라 ᄒ니라.

右明均正統一之義

베곤[36] 氏(베곤 氏 英吉利之哲學士)曰心意者ᄂ 非可得充塞之空器요 而又不可不燃之火也라 ᄒ니라. 實然이나 心意者ᄂ 得自展開發育之苗芽也ㅣ라. 故로 徒莫投入諸智識ᄒ고 而要從自然發

---

33 이지리: 미상.
34 하바도수벤사: 미상. 헤르바르트와 스펜서를 일컬은 것으로 보임.
35 니고루: 영국의 철학가. 미상.
36 베곤: 영국의 철학가 베이컨.

育之順序而開發焉이니라. 구레아[37] 氏(구레아 氏 未詳其生國)曰
人智를 不可悉教焉이니 唯教以不可不知者則足矣라 ᄒ고 又云兒
童者는 當獎勵隨意的之勉强이요 不可急激也ㅣ니 宜補內部的發
育ᄒ야 不可不至於實際的與實用的也라 ᄒ니라.

　右明心意發達之方法

---

37 구레아: 미상.

第四章 德育論

教育之目的이 全在此章矣니 欲硏窮心意作用인된 則情意二者를 不可不俱講焉이나 其複雜而奧妙는 非智育之比也니라.

右明情意講究之理

感情者는 所覺知於快樂苦痛之意識狀態也ㅣ니 而人之幸福否運이 無不關于此二者焉이라. 父子之親과 夫婦之別과 朋友之信이 皆不外於此情也로다. 換語而言之된 卽國家社會之結合이 盡因此情而成立焉ᄒᆞᄂᆞ니 故로 不可不知感情因起之原性也ㅣ라. 試其原性之三種于左ᄒᆞ노라.

右明感情之原因

一 發動은 卽運轉之理法이요, 二 變化는 卽對比之理法이요 三 相贊은 卽調和之理法ㅣ니 發動之理法者는 謂其心意ㅣ 感乎快樂ᄒᆞ야 卽令身體之機關과 心意之器能으로 從適度而發動也ㅣ라. 爲此發動也ㅣ 或有過不及이면 必感苦痛ᄒᆞᄂᆞ니 例如閱書之時間이 過久면 乃爲苦痛焉ᄒᆞ며 閒遊ㅣ 失于過久면 乃不堪無聊焉ᄒᆞ며 運

動睡眠이 不足이면 乃感苦痛者ㅣ 是也요 變化之理法者 謂快樂
苦痛二者ㅣ 各因其量與資質之如何而有變化矣니 當聽音樂에 衆
音이 皆同ᄒ야 未有音之高低張弛면 卽分量律呂 是資質之變化
라. 則乏于感快樂之量ᄒ고 且有音之過弛過張이면 亦應無感快樂
者ㅣ 是也요 調和之理法者 謂當有多少之激音ᄒ야 而互有相贊
之趣味也ㅣ니 例如呈黃金色於菜花中而若有綠葉이 點綴其間이
면 雖呈一段之美觀이나 反之着黑衣之人이 纏紺色之帶면 則無趣
味焉이니 是因一得調和ᄒ고 一不得調和也ㅣ니라.
　右明感情之理法

分感情ᄒ야 爲情緒之二者ᄒ고 又小分感覺ᄒ야 爲普通特殊之
二者ᄒ니 感覺은 旣於智育章에 說明矣故로 惟此章은 欲述情緒也
ㅣ니 情緖 最極複雜ᄒ야 而其分類法이 亦有衆說이나 通常分爲
三種ᄒ니 曰私情曰同情曰中情이 是也ㅣ니라.
　右明感情之分解

私情者 情緖中最單純也ㅣ니 一身上所起快樂苦痛之感과 及
就對自己ᄒ야 與格段關係中之目的物로 又因起快樂苦痛之感也
ㅣ라. 換語而言之則快苦二者 皆主自己而不及于他物也로다. 且
如希望成功名譽稱讚自重自負失望失敗誹謗自侮自輕等이 皆由自
己之經驗而所起于一身上之情也요 又如對父母妻子之快樂과 其
他對讎敵及競爭者之苦痛이 雖不止于一身이나 旣以爲目的焉故
로 爲私情也ㅣ니라.
　右明私情之義

同情者는 謂非主自己也오 專以他人으로 爲目的而所及于他人
快樂苦痛之情也ㅣ니 故로 比之於私情컨딘 尤爲高尙故로 其發育
之序를 亦可列于私情之後也라. 換語而言之면 如聽他人之榮達而
亦悅焉ㅎ며 見隣家之禍災而亦愁者는 是蓋同情也ㅣ라. 若兒童則
此情이 極薄ㅎ야 其二三歲之時에 失離父母면 則似不能無哀者ㅣ
나 然이나 其哀者는 只爲無保己也라. 若有保護者則必無哀悲之心
也ㅣ니 是以로 可知乏于同情者也니라.

　　右明同情之義

中情者는 謂非但察他人之感情可起者而已요 一層高尙ㅎ니 斷
定推理等之力이 充分觀念之後에 所發之公情也ㅣ라. 例如忠君愛
國之情과 自然之愛와 卽眞理之愛也ㅣ니 其博愛는 卽仁義道德也
ㅣ니라.

　　右明中情之義

小兒之感情은 其初에 僅止于味觸二感이라가 而後에 漸感視聽
之快樂ㅎ야 遂發同情及反情也라. 然이나 幼稚者之同情은 與成人
者로 異其趣ㅎ야 惟止于現實之物ㅎ고 及至成人ㅎ야는 不對其物
이면 不發同情也ㅣ라. 小兒則向木馬土牛之類와 或護謨猫等之完
具ㅣ라도 猶現親愛之情ㅎㄴ니 大凡感情者는 雖爲敎育之上之最
必要者ㅣ나 然이나 複雜困難ㅎ야 非良敎育者ㅣ면 難達其目的也
라. 世上有名之敎育者ㅣ 亦有大謬之事實者焉ㅎ니 例如使兒童으
로 訴事于眞理ㅎ며 訴事于感情이면 則大謬也ㅣ니 感情者는 非可
徒敎育其物而已요 可與他之智力으로 倂行而敎育也ㅣ라. 故로 루
우쇼 氏(루우쇼 氏 見上)曰 感情的은 敎育者ㅣ 宜施之於十五歲以

前也라 ᄒ니 然이나 是決不能施於實地之說也로다. 吾人이 寧從
交誼的而發育孝行信義等之情ᄒ야 雖自己的感應이라도 必鼓舞
之ᄒ며 雖熱情이라도 亦不止于悉挑激焉이니라. 사례[38] 氏(사레
氏未詳其生國) 雖自愛心會欠乏之期라도 則有從消極的而鼓動者
ㅣ라 ᄒ니 卽其性質이 虛弱昏睡之兒童은 可使强於進取之氣力이
니 雖傲慢功名之感이라도 亦使發達이요 熱情者ᄂ 驕恣專橫之偏
癖者也ㅣ니 雖危險暴淚라도 從其時期ᄒ야 要使其熱情으로 漸轉
而趣於高尙之情感이면 小之則孝行友誼요 大之則社會國家事業
之方便焉이니라. 今揭 마리온[39] 氏(마리온 氏 佛蘭西之賢人也)之
言ᄒ야 使知其大要ᄒ노라. 夫預所警戒之事ᄂ 乃優於臨時而加抑
制及諫言ᄒ니 兒童者ᄂ 不可不加細心之保護也ㅣ며 可資增進於
德性之健康者ᄂ 不論某事ᄒ고 不可不悉取而施之니 如此則可免
不時之告訴及無用之呵責也ㅣ라. 預禦兒童之欲陷于有害機會ᄒ
야 不可使惡書惡物로 觸於耳目이요 擇其所常交之朋友ᄒ야 而使
聞端正之談ᄒ고 且示善良之模範이면 須盡到底之責任이니라.

　右明小兒之感情及感情發育法

　上門所述之感情者ᄂ 雖多受外來之激因而發動이나 其意思ᄂ
乃所發感於內心之作用이니 卽向自己之勢力於外境ᄒ야 現是發
動作用이요 以下定義ᄂ 心神이 與意識及反省力으로 自由於撰擇
之行ᄒ며 自裁於決定之力也ㅣ라. 意思通常은 分爲單純意思複雜
意思二者ᄒ니 今將陳其次序ᄒ노라.

　右明意思之定義

---

38 사례: 미상.
39 마리온: 프랑스의 철학가.

單純意思者는 原性之願與望作用也 ㅣ라. 例如見机上之書冊ᄒ고 而發欲得之願望이면 則要所適于身體之發作이니 蓋此發作者는 單純意思之終結이 對願望而稱於作爲ᄒᄂ니 如是願望者를 謂之動念也 ㅣ니라.
　右明單純意思之發作

複雜意思者는 因其意思之現ᄒ야 以要于外部之發作과 心意發動之複雜者也ㅣ나 此心意發動之所以複雜者는 則外部發作之推動與願望이니 卽動念之發育이 因整理於複雜錯綜之後에 非外部之發作이면 難達于一定之目的也ㅣ니라. 平生經驗之發動이면 有種種之異ᄒ야 或充情慾ᄒ며 或希博名譽ᄒ며 或欲保品行ᄒ며 或欲守德義ᄒ며 或知其非義而欲行之ᄒ니 其願望이 勃發于中心ᄒ야 遭其複雜之交來면 則心中之戰鬪를 不可名狀也ㅣ니 今將述其所以然焉ᄒ노라.
　右明複雜意思之作用

動念之理法은 有相贊軋轢二者ᄒ니 例如爲國家欲報效ᄒ야 遠航于海外而父母ㅣ 許之ᄒ고 己意亦決者는 則其心이 相調和故로 名曰相贊이요 若被牽于父母妻子之情ᄒ야 而不能果ᄒ면 則其情이 相攻ᄒ야 達于其極度ᄒ니 如此者는 名曰軋轢이라. 如欲臨軋轢而決定인딘 可要左例心意之發動也ㅣ니라.
　右明動念之理法

心意之發動이 有五ᄒ니 一曰制止요 二曰思慮요 三曰 撰擇及批判이요 四曰決斷及忍耐요 五曰自制也ㅣ니 第一制止者는 心中不

相容之動念이 發而不能決ᄒ고 遂中止者ㅣ 是也ㅣ니라.
　右明制止之義

　第二思慮者ᄂᆞᆫ 二者不相容之動念이 雖互戰이나 然이나 不可不決定者ㅣ 是也ㅣ니라.
　右明思慮之義

　第三 撰擇及批判者ᄂᆞᆫ 發思慮軋轢之槪念後에 漸覺其一方之制勝ᄒ야 撰定乎其可行者를 謂之撰定批判也ㅣ니라.
　右明撰擇及批判之義

　第四 決斷及忍耐者ᄂᆞᆫ 經於撰擇批判而斷定決行者를 謂之決斷也요 以其所決로 不辭困難而遂之者를 謂之忍耐也ㅣ니라.
　右明決斷及忍耐之義

　第五 自制者ᄂᆞᆫ 抑制反對之勇敢也ㅣ니 若無此力이면 則雖決斷이라도 不能忍耐ᄒ여 終有失焉이니라.
　右明自制之義

　心意之發育이 有二法ᄒ니 其一은 則箇器能之成長이라 而謂心意器能之旣所出發者ㅣ 漸次與年齡으로 俱進步而成育ᄒ며 且令能力克壯也요 其二ᄂᆞᆫ 則衆器能之開展이 而當心意未發育之初ᄒ야 自二三之器能으로 漸次開展ᄒ야 發出數多複雜器能也ㅣ라. 且其所發育之法이 有三種ᄒ니 曰經驗 曰發育 曰遺傳이 是也니라.
　右明心意發育之理

經驗者ᄂ 謂非獨立而可進步也요 必經歷種種之物ᄒ야 以遂發達
也ㅣ니 而其經驗者ㅣ 不特一生而已요 積數世之經驗ᄒ야 施改良
得進步者를 謂之進化也ㅣ라. 其間에 自有經驗而以敎他人은 所謂
敎授者ㅣ 是也ㅣ니 名曰人爲經驗이라. 不論自然經驗과 人爲經驗
과 有限經驗ᄒ고 不止于己一生而積數代之經驗者ᄂ 卽進化於諸
經驗之有鴻益乎心者ᄒᄂ니 於其發育上에 不待論明之也ㅣ니라.
　右明經驗之義

發育者ᄂ 雖有種種之理法이나 然이나 由其自然發達之順序ᄒ
야 自感覺知覺等之單純으로 漸移于情意之複雜이라야 能以完全
이니라. 於此發育法에 有自然與人爲之別焉ᄒ니 人爲敎育法은 則
屬醫家敎育之任也ㅣ니라.
　右明發育之義

遺傳者ᄂ 與道理力으로 同ᄒ야 元是人類之特有而適于事功之
作用者也ㅣ니 獨在於運用其諸心力之人耳라. 而如兒童은 雖自決
斷而爲動作이나 純然不可名之以意思也로다. 以其亡反省力之判
斷故也라. 其於練習意思之手段에 或恐往往有誤故로 請陳一二之
例于左ᄒ노라.
　右明小兒之意思

간도 氏(간도 氏 見上)曰 父母ㅣ 拒絕小兒要求之物이면 可謂誤
矣라 ᄒ니 兒童者ᄂ 依其所親愛之父母ᄒ야 望得其所欲이 蓋自然
之性也어늘 而無理而拒絕之면 則爲悖理之甚者也라. 然이나 欲令
悉充其所欲이면 却是荼毒其性者也ㅣ라. 故로 自然者ㅣ 雖曰可責

ㅣ나 亦可使確守父母嚴師之命令ᄒᆞ야 注意於一切行爲ᄒᆞ고 不可
輕輕看過也ㅣ니라.
　　右明兒童之自然性

　　루우쇼 氏(루우쇼 氏 見上)曰 夙使兒童으로 知自然力之所賦與
於人者則有苦難之羈絆ᄒᆞ야 可令感覺於傲慢之心意也라. 卽所稱
必要嚴重之羈絆이 是也ㅣ라. 盖此羈絆者ᄂᆞᆫ 凡人之不可不不服從
者ㅣ니라.
　　右明兒童之羈絆法

　　意思之修練者ᄂᆞᆫ 考以皮相的인딘 雖如家庭敎育이 有優於學校
敎育이나 然이나 學校者ᄂᆞᆫ 紀律이 嚴正ᄒᆞ고 家庭者ᄂᆞᆫ 命令이 柔
和也ㅣ니 故로 以學校敎育으로 爲適當於意思之敎育乎ᆫ져. 넷가
女史에 曰學校之敎育은 使强健性質而發達德義及精力ᄒᆞ야 則爲
明亮之利益焉이라 ᄒᆞ니 然이나 意思之敎育은 非獨入學校而後에
可完也ㅣ라. 盖人之性質品行이 得其完全則惟當社會之實務而親
接于生活之日矣로다. 經驗者를 名之爲養眞正意思之學校也나 然
이나 意思之敎育이 最困難也ㅣ니 如何則可乎아. 가우제 氏(넷가
及 가우제 氏 皆未詳生國)曰 吾人所以不可不正者ᄂᆞᆫ 則意思라 ᄒᆞ
니 凡人之意思ᄂᆞᆫ 可使微弱者로 生强硬ᄒᆞ며 暴惡者로 生仁賢也ㅣ
니라.
　　右明意思之敎育

　　간도 씨(간도 氏 見上) 意思論에 曰天地에 有無限之善者를 謂之
善良意思也라 ᄒᆞ니 如才智聰明斷定과 其他智力上之資質及强勇

決斷堅忍節制ᄂ 則自種種之關係로 見之된 亦善良而爲可希之性
質이어니와 若使用之而又主所名德性之物ᄒ야 所搆成之意思ㅣ
有不善이면 是ᄂ 天賦之賜ㅣ 爲極邪惡極有害之物也ㅣ라. 善良之
意思者ᄂ 非關係及結果之善良이면 或非爲有善良于所名意思之
物也ㅣ니라.

右明간도氏意思論

第五章 德育本論

人生이 莫不有德義之性이언마는 或因外物之蔽ᄒ야 其動作이 有不合於道理者ᄒ니 可不敎而育之哉아. 人之不可不修者ᄂ 是天授之職分也ㅣ니 道德者ᄂ 卽屬于吾人職分之學問也ㅣ라. 元來道德之學問이 不論古今東西ᄒ고 未有二道ᄒ니 萬世不易이로딕 惟其標準則學士之論이 有數種ᄒ니 換語而言之컨딕 非因年齡身位職業男女老幼性質等之分而可變者也로다. 世雖有論道德之改良者ㅣ나 然이나 道德者ᄂ 非可得改良者요 可使發達者也ㅣ니 故로 敎育者ㅣ 與其道德之發達擴充으로 俱改社會之風俗이면 可期國家之隆盛也ㅣ니라.

右明人生之本分

智育之心理學과 體育之心理學이 最爲必要也로딕 唯德育者ᄂ 包括倫理學及道德之原論ᄒ야 其能力이 有三種ᄒ니 一曰感情的能力은 卽愛看善者之情也요 二曰智力的能力은 卽善與惡과 德與不德之觀念也요 三曰意思的能力은 卽知善則能自決行이 是也ㅣ라. 故로 道德敎育者ᄂ 通古今徹上下ᄒ니 其目的이 雖遠且大也

ㅣ나 其敎授法則不過于一小部分也ㅣ라. 其於學校敎育之必要ㄴ
不在增加生徒之智識이요 而在修練其意思ᄒ니 雖千萬回戒示于
敎育勅語之項이라도 亦未爲不可也ㅣ라. 德育之原이 不主證明而
主感動ᄒ니 宜因高尙之情緖ᄒ야 以至于行德乎ㄴ져. 然이나 特於
小學校엔 德育이 實非所先之學科요 技術이 爲開發之要也ㅣ니라.
　右明德育之三能力

　兒童之道德心은 卽以稟天之道德的觀念으로 得分別善惡ᄒᄂ니
則其何時乎아. 베루수[40] 氏(베루수 氏 다인 氏未詳其生國)曰兒生
六七月이면 總念善惡之客觀的이라 ᄒ고 다인[41] 氏曰 兒生十有三
月이면 旣有道德心이라 ᄒ니 兩氏之論이 雖格言이나 如二三歲之
兒童은 不能分別善惡之觀念也夫ㄴ져. 假使對三年有八月之兒와
與滿四年之兒ᄒ야 試問汝之父母ㅣ 死則如何오 ᄒ면 兒童이 必云
惡矣요 又問曰何故惡乎아 ᄒ면 一兒는 答曰爲不得同衾이라 ᄒ고
一兒는 答曰爲無給衣服之人也라 ᄒ리니 復謂曰吾可與爾同衾ᄒ
며 衣服을 亦應給焉이라 ᄒ면 兒童이 乃曰然則父母ㅣ 雖死ㅣ나
不必念也로라 ᄒ리니 如斯之例ㅣ 甚多ᄒ니 雖百考之라도 兒童은
不滿六歲則道德之觀念이 不能發芽者를 可知矣로다. 然이나 其芽
萌之端이 成于在胎之時ᄒ니 惟其開發之方法則敎育兒童者ㅣ 不
可不深施焉이니 兒童은 唯求己快樂與利益ᄒ야 而模倣的道德之
外에는 無所有也ㅣ니 若與彼聰明淡遠之良心으로 大相懸隔ᄒ야
而施敎育之困難이면 有不能比喩者也라. 故로 德業方正之士ㄴ 能
察兒童之天性而敎育之ᄒ야 則得良效ᄒᄂ니라.
　右明兒童之道德心

---

40 베루스: 미상.
41 다인: 미상.

東洋之邦國은 特富于歷史上之模範ᄒ니 是以로 經驗之間에 於演劇과 於游技[42]와 於俗曲[43]과 於畵圖에도 猶有忠孝之表識이온 況微于正史면 則有足養其德之事蹟이라. 부랏기[44] 氏(부랏기 氏 未詳其生國)云 欲造高尙之性質이면 宜描偉人豪傑之想像이라 ᄒ니 但不死之形跡과 過去之事情과 現今人之可爲模範者ㅣ 不爲尠也ㅣ니라.

右明歷史的敎訓

蓋從理論而言之ᄒ며 從實地而言之딘 以現存之人으로 爲摸範而其爲摸範之人이 完全則效力이 絶大矣니 是以로 學植物學者ᄂ 必觀察植物之種類ᄒ고 學動物學者ᄂ 必觀察動物之種類ᄒ고 學化學者ᄂ 化合萬物之分析ᄒ고 學地學者ᄂ 必察地形ᄒ고 欲養德者ᄂ 必從有德之師ᄒ며 交有義之友ᄒᄂ니 如博物學者之觀察動植物과 化學者之化合分析物者ᄂ 凝聚精神ᄒ야 而無怠其觀察이면 則不知不識之間에 化爲有德之人也ㅣ 必矣라. 衣服之類와 身體之態와 言語進退之機와 動止周旋之節에 其有德之狀이 無不洋溢乎外ᄒᄂ니 故로 常在其人之傍이면 焉得不化于其德哉리요. 是以로 學家最貴者ᄂ 無尙于敎師也라. 若論敎育之理딘 最先可以擇有德之師ᄒ야 薰陶生徒也ㅣ니라.

右明諸學進步之基

景仰聖賢之摸範ᄒ야 欲入德門者ㅣ 雖如高遠이나 然이나 敎育
之目的이 固在於此ᄒ니 不可不練習之也ㅣ 明矣라. 縱令考究於親
愛仁惠之感情과 良心發育之方法과 意思及德行之進步ㅣ라도 不
得其師면 未達目的也ㅣ니 故로 博學無方ᄒ야 愈進而愈究者ㅣ 則
爲道理之最高와 觀念之最貴ᄒᄂ니 其情緒之混合而所生之心者
ᄂ 卽愛眞焉嗜美焉尙善焉敬宗敎焉이 是也ㅣ니라.

　　右明擇師之道

愛眞之情이 有差等之別ᄒ니 如其惟懼詐僞者則固屬劣等이요
如探道理而斥假虛者則進于高等之域也ㅣ라. 베인 氏(베인 氏見
上)曰 眞實正義仁惠ㅣ 爲根本的三大德이라 ᄒ니 而欲修養其眞者
則無善於示眞實之例也요 옛지우오수[45] 女史(옛지우오수 未詳其
生國)에 曰 正眞者ᄂ 爲兒童敎育之最良策이라 ᄒ니 然이나 兒童
者ᄂ 未可以擧眞實之實例而滿足也요 當其眞實試査之時ᄒ야 爲
父母爲敎師者ㅣ 不可不謹愼戒之也ㅣ니라. 若穿鑿而不能明其事
ᄒ고 隱匿而不能昭其機면 兒童이 却淬其隱匿ᄒ야 至於釀成將來
害進之行ᄒ리니 可不懼哉며 可不察哉리요.

　　右明愛眞情之根本

마리온[46] 氏(마리온 氏 佛蘭西之賢人也)曰矯正虛言之法은 兒
童이 一出虛言이어든 則無信之ᄒ고 以其所言으로 更依其朋友之
言ᄒ야 證明不然之意則可也ㅣ요 若嫌其嚴肅與悲歎之聲音하야
不能禁止ᄒ고 而信彼言이면 難免大謬也ㅣ라 ᄒ니 必以正大師友

---

45 옛지우오수: 미상.
46 마리온: 프랑스의 철학가.

之言으로 訓而導之ᄒ야 以明不可不深信之由ᄒ고 懇切說之ᄒ야 使至于自悔也ㅣ니라. 切盡此種之措置ᄒ야 以誠拒抗之兒童이면 可爲感化之目的者也ㅣ라. 然이나 以上所述은 單不過語己知之眞故로 猶不得迫於探究也ㅣ니라.

右明試查兒童之眞實法

眞實探究法者ᄂ 先要兒童之好奇心助力이니 兒童이 若以好奇之心으로 愛讀歷史어든 當依其所好ᄒ야 以歷史로 敎授後에 使排假說ᄒ고 以究眞境ᄒ야 適于思想力而無過于困難ᄒ고 使能自咀嚼ᄒ야 能自論證ᄒ고 且使習熟於批評的思想ᄒ야 唯熟講之면 明白於意味ᄒ야 能令表言與自己之說로 習慣而進ᄒᄂ니 宜自數學幾何學論理學等으로 使至于愛眞理學也ㅣ니라.

右明眞實之探究法

欲知審美之爲何物인된 不可不學審美學이니 何者오. 則不外乎敎育上知美之可責也로다. 所謂美者ᄂ 何也오. 曰難言矣라. 蓋美者ᄂ 自天然物及人工物來ᄒ야 而觸吾人之耳目ᄒ니 其妙趣微味를 不可名喩로다. 固雖高尚幽雅ㅣ나 如兒童之無知라도 亦能感焉ᄒ야 愛美麗之圖畫ᄒ며 悅艷濃之花卉ᄒᄂ니 欲使敎育으로 完全而進인된 宜修練此自然的性質이니 自然者ᄂ 元人類之本性而天地之自然妙美ᄂ 乃作諸美之測量心이요 文學上之雅趣ᄂ 乃爲優美之嗜好心이요 音樂之風韻은 乃爲釀美感이니 其美育之德이 發而爲摸造鑑定者와 鑑技術者와 風致者에 助其道性者也ㅣ니라.

右明審美之理

부라도[47] 氏 (부라도 氏古代希臘國之賢人也)曰 吾人이 因其才智之力ᄒ야 不可不求其美麗雅致及宇宙之無窮技術이라 ᄒ니 是之所求ᄂ 卽爲年少者之居無害健全之地也ㅣ라. 自其高尙天工之漏出浩氣로 衝入于耳目ᄒ야 而從四圍而得其收吸也ㅣ요 所謂善者ᄂ 自其初時冥冥之間으로 摸倣好愛ᄒ야 道理與眞理之美者를 而得調和之也ㅣ니라. 又마리온氏曰 美之本性者ᄂ 秩序與調和也ㅣ라 ᄒ니 是爲兒童敎育上之無比價値也로다. 其原이 雖存于想像及智力作用이나 然이나 則轉入于心情作用中ᄒ야 而更表現ᄒ야 爲優美雅致之外貌ᄒᄂ니 使其運動으로 均齊整一而發表云爲乎ㄴ져. 善良之嗜好者ᄂ 則呈自重自尊之形狀이요 美術者ᄂ 爲人間快樂之泉源也ㅣ니 而人間之快樂을 何可一日離也리요. 美術之淸純快樂은 大減精神之煩勞與腐敗ᄒ나니 而爲成就事業之一大師也ㅣ니라. 수쥬아도미루 氏(수쥬아도미루 氏英吉利之哲學者也)曰 富于科學之思想ᄒ며 因于眞理之光輝ᄒ야 文質彬彬者ᄂ 無不感美術之快樂也라 ᄒ니 是雖哲學者之言이나 然이나 唯在小學校ᄒ야는 殊非可課者也요 而畵圖器具之排置와 音樂之練習과 室屋之淸潔과 博物館陳列品之參觀과 春堤之艶櫻嫩柳와 金黃之菜花와 潮紅之桃花와 秋天之銀月과 鳥聲蛩音을 不論直接與間接ᄒ고 無不發育ᄒ며 無不涵養이 可以爲美育也ㅣ니라.

右明美育之義而包尙善

天下에 有四大敎焉ᄒ니 一曰儒 二曰佛 三曰天主 四曰回回也ㅣ니 儒ᄂ 則堯舜禹湯文武周公孔子에 所傳之道也요 佛은 瞿曇氏에

---

47 부라도: 플라톤. 고대 희랍의 철학자.

所傳之道也요 所謂天主者는 以耶蘇教法於歐羅巴中矣러니 而今
蔓然于諸蕃矣요 所謂回回者는 以馬哈默[48]으로 爲鼻祖ᄒ니 馬哈
默이 生於陳宣帝大建二年ᄒ야 行教於亞細亞印度之間也ㅣ라. 大
凡世界萬國에 宗教異同은 天地自然之道也ㅣ니 惟敬修自國之宗
教而倂行世界文明之俗이면 自有富强之道也ㅣ니라.
　右明敬宗教之義

---

48 마합묵(馬哈默): 마호메트.

第六章 體育論

體育者ᄂ 使身體로 無至尫弱之弊而使發健強之氣然後에 忠君愛國之義와 愛親敬長之道와 其他一平生千萬事業이 可以成就也ㅣ니 吾人之不可不學者也ㅣ라. 衛生生理及解剖組織等學이 是也로ᄃᆡ 不能詳說而左陳其略ᄒᆞ노라.

右明體育之義

人各有頭ᄒᆞ고 此中에 又有被覆于皮肉而包容腦髓之頭蓋骨者ᄒᆞ니 蓋骨은 位于頭頸相聯之脊項ᄒᆞ고 頸之上部에 有咽喉ᄒᆞ야 分爲二管焉ᄒᆞ니 一則氣管이요 一則食道也ㅣ라. 是等이 盡被蓋于無數之筋肉ᄒᆞ고 於脊樑之前面에 頸與肩이 同達于水平之後ᄒᆞ야 通于體之大腔而先通于其上部之骨ᄒᆞᄂᆞ니라.

右明頭頸及咽喉之位置

氣管者ᄂ 雖止于肺나 然이나 食道者ㅣ 直過骨而密接於脊骨ᄒᆞ야 而過橫膈膜之小孔後에 達于腹ᄒᆞ야 至胃而擴張ᄒᆞ고 再爲狹小之腹而物彎曲之後에 辭之ᄒᆞᄂᆞ니라.

右明氣管食道之區別

手足者ᄂᆫ 卽附着于胴ᄒᆞ야 而無空腔ᄒᆞ고 俱有左右二個焉ᄒᆞ며 其他內臟腎肺도 各分爲二焉이로듸 唯頭脊髓者ᄂᆫ 俱有一個而爲 左右同一之狀ᄒᆞ니 卽左側右側이 各爲獨立運動也ㅣ니라.

右明手足之運用

骨骼者ᄂᆫ 非個個獨立之物也요 互相絡繹ᄒᆞ야 組織筋肉焉이니 是故로 名其骨骨相維持者ᄒᆞ야 謂之關節也ㅣ라. 關節部ᄂᆫ 亦有勒 帶與纖維帶ᄒᆞ야 或受打衝이라도 不受挫折傷創也ㅣ라. 然이나 運 動이 過于劇甚이면 則有損害勒帶ᄒᆞ야 或有黴毒及腺病者ᄒᆞ며 依 低小之机而久屈身體면 則屈曲而難可復治也ㅣ니 故로 有病者ᄂᆫ 宜服良藥而治之也요 如爲屈曲身體之業者ᄂᆫ 可時時運動也ㅣ니 라. 現今校舍中에 依低少之机案者ㅣ 不尠ᄒᆞ니 而爲可憂者故로 机案之形式長短高低를 記之於管理書部中矣니라.

右明骨節聯接之形狀

發揚精神이 最爲有效也ㅣ니 如游戱之水泅氷鞋狩獵博物採聚 ᄂᆫ 不遑細述이어니와 殊於小學校適當之遊戱法은 則以無危險之 體操로 爲可焉ᄒᆞ니 體操者ᄂᆫ 非運動目的而已요 爲正規律勵勇氣 ᄒᆞ야 發達愛國之志志氣焉이니라.

右明體操之效能

食物者ᄂᆫ 米麥及牛肉牛乳魚鮮野菜之類ㅣ 最適於調味ᄒᆞ니 夏 日則增麥飯野菜之類ᄒᆞ고 冬日則增黍飯牛肉之類ㅣ 可矣라. 我東 洋諸國에 現今所需之物이 無不盡適于人類之食者也로듸 如蒟蒻 煙草及多量之酒精은 有害而無益也요 且飮寒冷之水與沸熱之湯

이면 甚不可宜也ㅣ니 其調理法을 不可不注意이며 至於小學校兒童ㅎ야는 當其飮食之際에 雖嚴冬이라도 不試一椀之茶ㅎ고 或過飮湯物ㅎ며 或缺咀嚼之類ㅎ느니 最可深戒焉이니라.

　　右明飮食之調理

　　수벤사[49] 氏(수벤사 氏 英吉利之哲學者也)曰 生活上에 所成功之第一要訣은 則在善良動物ㅎ고 國家之富强之第一要領은 卽在國民이 擧爲善良之物也라 ㅎ니 非但戰爭勝敗에 因兵士之强勇健强而決而已也요 商業社會之爭鬪도 亦因生産者에 身體之强健與忍耐力之如何而決焉이니 若怠於體育而身體尫弱이면 智識意思ㅣ 俱不活動也ㅣ니라.

　　右明體育之必要

　　衛生與體操는 卽體育之二原素而於家庭에 使小兒로 營家業이면 則爲自然體育法之最良策也ㅣ니 是以로 富貴家ㅣ라도 女子則使爲食具寢具等之出納灑掃之事ㅎ며 男子則務屬于家事之補助ㅎ야 朝夕無怠면 則身體强壯肥大ㅎ야 無病安寧ㅎ고 而節約質素和順之德行이 亦從而發達也ㅣ니 常以此術로 施之於六七歲之男女兒則趣得好結果矣라. 以牛乳食之者ㅣ 不如使爲灑掃ㅎ며 以아로이로나도(아로이나도 西洋藥名强壯劑也)로 肥之者ㅣ 不如使爲進退ㅎ며 口喝節儉이 不如使營生産之業ㅎ니 是는 一擧兩得之敎方也ㅣ니라.

　　右明體育之一方便

　　루우쇼 氏 (루우쇼 氏 見上)曰 衛生者는 一種之德也ㅣ요 而非學

---

[49] 수벤사: 스펜서. 영국의 철학자.

也ㅣ라 節度動躬ᄒ며 節制飲食ᄒ며 洗滌衣裳이 卽衛生也ㅣ니 而
謂一種體育之德이 亦可也라 ᄒ니 故로 不問學校與家庭ᄒ고 苟基
于衛生之趣旨者ᄂ 必可行之나 然이나 使兒童으로 耐艱苦而發强
健은 宜如鄕黨之風이요 優柔薄弱은 不可如京都人之風也ㅣ니라.
　右明衛生的體育

兒童者ᄂ 睡眠之節度를 可使待曉而起寢이니 三分二十四時ᄒ
야 以其一로 使就于睡ᄒ되 其寢室則寒暖采光을 不可不完全也요
如入浴室則一定溫度與時間ᄒ야　可用微溫湯也ㅣ며　沐浴時間을
亦不可使過十分之間而能滌能洗ᄒ야　可以備衛生之法焉이요　其
他如室上之煤煙과　机案之不潔과　牖戶牆壁之汚穢은　乃破兒童에
淸廉之諸德ᄒ고　且害體育之意也ㅣ니　故로　於家庭於學校에　宜愼
且誠焉이니라.
　右明兒童保護之法

兵式體操者ᄂ　於通常體育之外에　養義勇ᄒ며　練武藝ᄒ야　奮發
愛國之心而規律與命令을　守而不失者ㅣ　莫若此科也ㅣ로다. 苟或
不然則國無干城ᄒ야　終欠陰雨之失備니　此亦國家之一大關係而
不可不預修者也ㅣ니라.
　右明兵式體操之效

體育者ᄂ　非徒益於身體之健康强壯而已요　能使智力으로　敏捷
端正ᄒ야　習慣於決斷秩序之功ᄒᄂ니　大合於國家敎育과　實業敎
育之要旨焉
　右統論體育之功

〈新撰教育學 終〉

明治 廿八年　　九月 一日 印刷
同　　　　　　九月 十五日 發行

[板權所有]

　　　兵庫縣 飾西郡 荒川村 拾番屋敷
著作者　　木 村 知 治
　　　　　在朝鮮京城

　　　大阪市 東區 南久寶寺町 四丁目 十九番屋敷
發行者　　前 川 善 兵 衛

　　　大阪市 東區 北久太郎町 二丁目
　　　大阪 活版製造所
印刷者　　谷 口 默 次

　　　朝鮮 京城府 南大門 筋明禮坊
發賣所　　喜 多 旭 堂

제1장 서론

지금 대저 교육의 책임을 맡고 있는 자는 먼저 학과 술의 두 근원이 있음을 분별해야 하니, 이 두 가지는 수레에 두 바퀴가 있는 것과 같다. 학이 있으나 술이 없고 술이 있으나 학리가 없으면 실행이 불가하니 그러므로 교육의 술을 시행하고자 하는 자는 불가불 그 학리를 닦지 않으면 안 된다. 학리를 능히 닦으면 술은 또한 통달함을 얻을 수 있으니 학이라는 것은 교육의 이치요 술이라는 것은 교육의 방법이다.　　　　<우는 학술의 요체와 의의를 밝힌 것이다.>

교육의 종류를 나누면 둘이 되니 학과 정도와 학과 종류가 그것이다. 예를 들어 실업교육과 미술교육은 각기 그 종류에 따라 이름이 붙은 것이니 농업과 잠업[蠶]을 연구하면 농업교육이요, 상업의 이치를 배우면 상업교육이요, 도화와 조각의 기술을 익히면 미술교육이라고 하니, 소학교에서와 같이 쉽고 근이한[천근(淺近)] 학과는 초등교육이라고 하고, 그 학과가 중학 교육과 같이 좀더 높은 차원이 되면 중등교육이라고 한다. 이와 같은 종류를 그 학과의 고하에 따라 이름을 붙이니 중등 소학교육과 같이 통상의 학과를 연구하는 것으로써 보통교육이라 칭하고 대학과 같이 고상한 학과를 연구함으로써 전문교육이라 칭한다.

<우는 교육의 종류를 밝힌 것이다.>

거미는 그물을 넓히고 무릇 새들은 둥주리를 만드니 이와 같은 뛰어난 재주는 사람이 미칠 바가 아니로되, 무릇 새와 벌레와 어류는 그 상태가 고금이 같은 궤를 밟아 진화하는 바가 없거니와 인류는 곧 그러하지 않아서 지식이 날로 발달하고 달로 변화하여 상고의 혈거 풍속이 궁실이 되고 누대가 되며, 수레와 말발굽을 견주어 옛날에는 빠르다고 하였으나 지금에는 진화하여 윤선이 되고 전차가 되어 그 변화의 공이 측량하기 어렵다. 그러니 인류의 재주와 지혜는 다른 동물이 미칠 바가 아니다. 인류는 원래 이러한 특성을 부여받은 고로 또한 교육 동물이라고 이름 할 수 있다. 사람이 있으면 또한 이러한 이치가 있으니 아버지가 가르치고 어머니가 기르는 것이 대개 하늘의 이치에 순응하며 모든 이법이 되는 까닭이다.

<우는 사람의 재주와 지혜를 밝힌 것이다.>

사람은 반드시 서로 돕고 서로 성장하니 사회라는 것을 조직하는 까닭은 진실로 그 천성으로부터 나온 것으로 금수 충어의 본성과 같지 아니하다. 이에 국가의 교육이라는 것이 생겨나니 곧 일국 정부가 교육의 사무에 관계하고 간섭하는 까닭이요, 또한 일국의 기초가 된다고 말할 수 있다.   <우는 정부의 책임을 밝힌 것이다.>

인류의 지혜를 펼치고 못함은 진실로 기후의 추위와 더위, 토양의 고저, 양류(洋流)의 온탕(溫蕩)[50], 해안선의 장단과 관계되니 그

밖의 것은 토지의 형세에 따라 그 취지가 각각 다르니 북양과 남양의 한지(寒地)와 인도 아프리카의 열지(熱地), 해안이 짧은 경우는 비록 교육을 실시할지라도 그 효력을 나타내기가 불가능하다. 일본과 구미 제국과 조선, 청국은 이에 자연이 교육이 가능한 나라이니 하늘이 내린 것이 가히 풍요롭다 할 것이며, 일본과 조선 두 나라는 곧 동남으로 호탕한 태평양을 끌어당겨 토지의 온난이 그 정도가 적절하고, 해안선의 출입이 많아 수광 남영(水光嵐影)[51]의 풍경이 매우 아름답고 산과 바다가 산출하는 보물과 전야(田野)에서 나는 곡식이 무릇 사방 만국에 비견할 것이 없으니 이로써 기술이 좋은 나라, 교육의 나라로 헛되지 아니하다.

<우는 일본 조선 청국이 자연 교육국이 됨을 논한 것이다.>

교육학이라는 것은 하나가 아니요 곧 동물학 식물학과 같으니 의학과 흡사하여 혼합 학문이라. 사람의 심정을 알고자 할진대 곧 심리학을 배우며 체육을 탐구하고자 할진대 위생 생리의 학을 강구하니 교육학이라는 것은 이에 심리학 논리 윤리 위생 생리 해부 조직 종교 철학 미(美)와 선(善) 등의 학과를 합한 연후에 이루어지는 것이다. 모든 학문이 교육학에 연결되지 않는 것이 없으니 교육학을 전수(專修)하고자 할진대 곧 심리적 교육학과 윤리적 교육학이요, 그 이외의 것을 강구하면 반드시 그 완미(完美)함을 이루지 못할 것이다.　　　<우는 교육학이 혼합 학문인 뜻을 밝힌 것이다.>

---

50 양류(洋流)의 온탕(溫湯): 물 흐름의 원만함이나 급격함. 사전 미등재어.
51 수광 남영(水光嵐影): 물빛과 산 그림자.

교육이 두 종류가 있으니 하나는 자연교육이요, 둘은 인위교육이다. 자연교육을 다시 세 종류로 나누면 지학적, 사회적, 운명적인 것이 그것이다. 지학적[52]이라는 것은 앞에 서술한 기후 물산 주거 등의 관계와 같은 것이니 공자와 같은 성인이 이른바 남방의 강함과 북방의 강함, 안자가 이른바 강남의 귤을 강북에 옮기면 탱자가 된다는 것은 대개 수토(水土)가 다른 것이요, 사회적이라는 것은 이인(里仁)이 위미(爲美)하니 가려서 어짊에 거처하지 않으면 어찌 지혜를 얻겠는가라고 한 것과 삼 가운데의 쑥이 누가 돕지 않아도 스스로 곧음을 일컫는 것이요, 운명적이라는 것은 가업의 빈부와 관련되거나 거처를 어떻게 하는가와 관련되는 것이니 만약 모든 것을 쓸어버린 듯이 몹시 가난하여 학자(學資)가 결핍하고 거처가 궁벽하여 스승과 책을 구할 수 없으면 가장 불행하여 강학(講學)의 목적에 도달할 수 없는 것이 그것이다. 이와 같은 세 요건은 자연교육의 큰 영향력이 되는 것으로 오로지 일본 조선 청국이 이 세 요건을 갖춘 교육국이다. 그러나 이 장에서 특히 논하고자 하는 것은 인위교육의 요지요, 다음 장에 그 큰 취지를 설명하고자 한다.

<우는 교육의 두 종류를 밝힌 것이다.>

---

52 지학적(地學的): 지리적 특성과 관련된 학문

제2장 총론

교육이라는 것은 이른바 그 나라의 상태 및 진보의 정도에 따라 완전한 국민을 이루도록 하는 것을 일컬음이니 교육의 공이 학문의 능력에 미치는 까닭이다. 무릇 열국이 각기 그 특질과 습관이 있는 까닭으로 교육의 책임을 담당하는 자는 그 특질과 습관을 관찰하여 구미 제국의 학리에 치우치지 않고 해당 국가의 진보의 정도에 따라야 한다. 그러나 자국 습관의 상태에 치우치는 것은 불가하고 마땅히 열국의 정황과 선철의 남은 가르침을 돌아보아야 한다. 헤루바루도(영길리의 철학자이다) 씨의 교육학은 윤리학으로 그 목적을 삼고 심리학으로 그 방편을 삼나니 이 분의 교리는 일본 조선 청국의 상태에 가장 적합하다. 그러므로 헤루바루도, 게룬(헤루바루도 씨의 문하생 제자이다.) 양 씨의 학리에 의하여 본국의 지리, 역사, 정치, 풍속, 경제를 참조하여 응용적 교육을 실시함으로써, 유럽어 에듀케이션(구주의 교육학이다.)으로 교육의 자의를 해석하면 곧 도출(導出)의 뜻이 되니 또한 사람의 품성과 천연스러운 지덕을 개발하고 펼쳐 여는 것이니 사람의 완전무결함을 주조하는 것이다.　　　　　　　　　　<우는 교육의 뜻을 밝힌 것이다.>

　교육의 목적은 원만한 덕을 양성하는 데 있으니 의사와 좋은 지식으로 서로 조화를 이룸으로써 그 목적을 달성하는 방법이 된다. 그러므로 교육을 담당하는 자는 학도의 품성을 만들어가는데 전심하여 이로써 지극함을 완성함을 목적으로 하는 것이니 바꾸어 말하면 수학자의 체구 강약과 신위 고하에 따라 크고 작으며 정교하고 조잡한 의사와 지혜에 따라 발달하도록 하는 것이요, 충효의 두 도리를 이룰 수 있도록 하는 것이니 대개 신체로 하여 발육 건전하게 하는 것이 가하다.　　　　　<우는 교육의 목적을 밝힌 것이다.>

　옛날 교육 두 자의 뜻을 풀이하는 것은 특히 인류뿐만 아니라 다른 동식물의 의방까지 넓히니 지금 그것을 다시 풀이하면 오로지 인류 교육을 이름이요, 또 그 뜻을 확장하여 논하면 영아가 태반에서 나와 늙어 죽음에 이르기까지 교육의 시작이요 마침이라 하니라. 정치, 법률, 위생의 학문을 교육의 범위에 포함하니 이로부터 정치 교육 법률 위생 교육의 종류가 있다. 특히 교육학을 알지 못하고 무엇인가를 주장하는 것은 넓은 사막과 같은 것이다. 무릇 인행이 어려서는 소학교에서 여덟을 보내고 성장해서는 대학교에서 여덟을 보내어 그 업을 마치기까지 교육하는 책에 논한 바와 아울러 학령 연간의 교육으로 그 표준을 삼아야 가하다.

　　　　　　　　　　　<우는 교육의 범위를 밝힌 것이다.>

　교육을 학문으로 삼는 것은 지극히 넓고 아름다워 진실로 거리감이나 장애가 없는 것이니 제반 학과를 나누는 데 으뜸이 되는 까닭이다. 또한 인간 상호 관계의 덕을 원만하게 하고 기타 신비하고 정교한 전신(電信)의 기술과 신속한 기차의 편리함과 만유의 계산

을 측정하는 것과 미묘하고 풍아한 기술과 일야에 소용되는 물질이 만약 교육의 불가사의한 능력이 아니면 그 효과를 완전하게 하기 어려우니 천지간에 교육만큼 위대한 것이 없다.

<우는 교육의 효능을 밝힌 것이다.>

교육을 나누면 세 가지니 덕육, 지육, 체육이 그것이다. 다시 미육을 가하여 네 가지 교육이 있다고 말하고 또 종교 교육이라는 것이 있으나 이른바 삼육이라는 것은 마땅히 병행하여 짝을 이루어 나아가야 하며 편벽되거나 폐지해서는 안 된다. 그러나 비록 그 사이에 경중과 완급의 구별이 있으니 동일시하기는 어렵다. 무릇 교육의 중심은 덕육에 있으니 무엇을 말함인가. 사람의 모든 행실은 오로지 덕이 가장 중한 것이요, 지능과 건강은 이를 돕는 매개에 불과한 것이다. 비록 그러하나 건강 양지의 도움과 성장을 또한 경시하지 못할 바이다. 건강한 신체가 있은 연후에야 양지를 가히 얻어 기를 수 있으며, 덕행을 가히 성장할 수 있으니 체육을 어찌 가히 경시할 수 있겠는가. 사람의 신체로 하여금 약하고 미미하게 하여 진작하지 못하면 이는 교육에 심히 두려워하는 바이다. 체육의 방법을 돌아보건대 자연의 상태에 맡기더라도 오히려 그 효능이 있음을 발견할 수 있으나 지덕의 교육은 이와 달라 아래의 장에 그것을 밝히고자 한다.

<우는 교육의 구별을 밝힌 것이다.>

덕육의 주안점은 덕행을 원만하게 하고 강건하게 하며 그 뜻과 기개를 활발하게 하는 것이니 발육 목적의 방편은 뒤의 장에서 서술하고, 우선 덕육의 필요를 논한다.

<우는 덕육의 목적을 밝힌 것이다.>

　무릇 사람이 처세에 같은 부류끼리 서로 도우며 같은 부류끼리 서로 친하여 홀로 서는 것이 불가하니 대개 인간의 본성이 이러하다. 그러므로 비록 태고의 몽매한 시대라도 서로 모이고 부락을 만들어 그 생존의 힘을 공고하게 하니 이것이 바로 그 증거이다. 가까이 네시욘(영어로 국가적 시대를 일컫는 것이다.)으로 곧 국가적 시대가 장차 세계적 금일로 이행하니 그러므로 우리들이 금일의 사회에 처하여 사람마다 협력하여 노력을 나누고 수레와 같이 서로 의지하며 입술과 이와 같이 서로 돕고 그 관계를 보호하고 서로 순응하며 그 도덕을 세우고 서로 평안을 유지하는 것이 원만한 덕을 함양하는 까닭이어서 반드시 그 생에 필요한 것이니 만약 우리들이 이를 가르치지 않으면 곧 우리들이 금수나 충어와 같아 자멸의 지경에 빠질 것이 틀림없다. <우는 덕육의 필요를 밝힌 것이다.>

　지육의 목적은 둘이 있으니 발달하게 하는 것과 강건하게 하는 것이다. 그러나 양자의 목적을 도달하는 시기는 오로지 아동으로 하여금 성년에 이르는 기간이 바로 교육의 시작과 마무리를 해야 할 좋은 시기요, 그 강건한 법칙으로써 성년 이후로 좋은 시기를 삼는 것과 같다. 그러나 발달의 도와 강건의 시기가 영아의 때에 시작되지 않아 성년 이후에 발달하니 앞에 서술한 것과 같이 곧 일반의 정한 법칙일 따름이다. 지육의 요지에 이르러서는 교수법 중에서 장차 그 이유를 밝히기로 한다. <우는 지육의 목적을 밝힌 것이다.>

　지육의 발달이 신묘하고 무궁하니 불가사의라 할 만하다. 하나의 줄로 천만 리 말을 전하는 전신기와 천만의 중량을 운반하는 기차와 기선이 특히 실업상 심미상 철학상 학리상에 불가사의한 효과로 나타나니, 이것은 우리들이 일찍이 아는 바이다. 이를 취하여 교육의 큰 근본을 삼음과 원만한 덕행이 또한 지력의 선택과 판단이 이루어진 연후에야 가히 활용할 수 있으니, 그러므로 지육의 필요는 여러 말을 할 필요가 없다. 세상에는 혹 겉으로 두 가지를 바라보는 것이 지육의 바른 뜻에 도달하지 못하고, 헛되이 지력으로 일의 효과를 갖게 하는 도구에 만족한다 하니 실로 가히 슬픈 일이다. 그 폐단이 마침내 지육으로 하여금 지체되고 부진하게 하리니 가히 안타까움을 이기지 못하리다.

<우는 지육의 필요를 밝힌 것이다.>

체육의 목적은 지덕 양육의 목적과 더불어 그 궤를 같이 하니 체구의 발육과 강건함을 갖추게 하는 데 있다. 신체 발달의 시기는 사람이 모두 아동으로부터 약관 내외에 이르기까지 진행되다가 멈추니 그러므로 그 초기에 허물을 만들지 말고 가히 아동으로 하여금 맛있는 음식을 먹게 하며 사지를 운동하게 하여 그 발육에 따르게 해야 한다. 강건의 시기에 이르러는 모름지기 성년 이후가 되나 또한 유년으로부터 노약에 이를 때까지 불가불 주의하지 않을 수 없다. 그 상세한 설명은 원래 생리 위생학의 범위에 속한 것이니 체육론으로 미루고자 한다.   <우는 체육의 목적을 밝힌 것이다.>

제3장 지육론

지육이 무엇인가를 알고자 하면 먼저 심리학의 대요를 구분할 필요가 있으니 그러므로 장차 심리학의 대요를 설명하고자 한다.

무릇 우주에 생존하는 것들은 천태만상이니 거의 그 수를 헤아리기가 어렵다. 그러나 사물을 일컫는 이름이 다 있으니 우리의 신체도 또한 천지의 한 사물에 벗어나지 않으니 그러므로 능히 만물의 이치를 아는 것을 이름 하여 마음[심(心)]이라 한다. 이로써 현재 우주에 존재하는 것을 취하여 심리와 사물의 둘로 나눌 수 있고 마음을 심리를 이름 하여 '나'라고 하나 외계의 미와 고를 일컬음을 통달하는 것은 심리라고 하지 않는다. 심리학 상 이른바 마음이라는 것은 데카르트 씨(데카르트 씨는 프랑스의 현인)가 이른바 '내 생각'이라 하는 데 있으니 그러므로 자기가 존재하는 바를 아는 것은 곧 나의 마음에 있는 것이요, 우리의 마음이 현존하는 것은 곧 마음이니 역시 '나'라고 일컬을 수 있는 것이다. 사람이 이에서 마음의 형상과 방원(方圓)[53]과 면적과 장단은 곧 답을 얻을 수 없는

---

53 방원(方圓): 모진 것과 둥근 것.

것이니 이미 여러 종류의 심상을 인식하는 것이 밖으로 드러나는 것이니 또한 마땅히 신체의 현존을 알게 되는 것이다. 곧 마음과 몸은 거울과 같고 심상은 형상과 그림자와 같으니 그 심체(心體)로부터 연구하는 것을 일컬어 징험 심리학(徵驗心理學)이라 하니 곧 교육자가 알아야 할 학문이요, 더욱 그 마음의 본의는 신체로 인하여 심의(心意)를 취하여 신체로부터 연구하는 것이니 그것을 일컬어 순성 심리학(純性心理學)이라 하며, 만약 철학자는 일층 그것을 더 깊이 탐구하니 철학상으로부터 유심론 유물론이라고 논하건대 마음과 물질이 양존하여 이에 신기한 묘리를 알 수가 없으니 이른바 심미난측(深味難測)의 학문이라고 할 만하다.

<우는 물질과 심리의 구별을 밝힌 것이다.>

인체에서 마음은 어느 곳에 존재하는가. 과연 전신에 존재할진대 수족을 끊고도 마음의 일부를 잃지 않는 것은 곧 어떠한 이치인가. 마땅히 수족을 절단할 때에는 마음도 또한 그 아픔을 느끼니 이로 말미암아 추론하건대 마음은 몸 전체에 전재하는 것이 아니니 어디에 존재하는 것인가. 그러나 마음이라는 것은 전신에 존재하는 것이 아니요, 오로지 뇌수 척수의 가운데 존재하는 것이니 이른바 신경이라는 것은 그것을 전달하는 기관이다. 뇌수와 척수는 전신국과 같고 신체 각부의 신경 마디는 지국과 가까우니 신경은 비유하건대 전신줄이면 그 설명이 명료해질 것이다.

<우는 마음이 존재하는 곳을 밝힘이라.>

심의는 신체와 더불어 서로 밀접한 관계를 가지니 무릇 사람이 감정이 일어나면 곧 얼굴의 색이 그것을 알게 하고 마땅히 희로애

락의 감정이 그 가운데 일어나면 특히 얼굴의 색만 변하는 것이 아니요, 온 몸에 영향을 미쳐 혹은 춤을 추며 혹은 광분하는 것이 그 예이다. 뇌의 병을 앓는 자는 기억력이 줄어드는 경향이 있으며 지나치게 배불리 먹는 것은 게으르고 나태하여 활동하고자 하는 뜻을 잃고 기타 공복 피로 및 수면 부상 질병은 곧 심의에 큰 영향을 미치며 맛있는 것을 생각하면 곧 타액(唾液)이 분비되며 전쟁과 같은 일을 상상하면 신체가 스스로 전율하며 비애의 일을 생각하면 눈물이 나며 큰 어려움이나 질병을 당함에 병자는 삼가고 기도하여 마음이 먼저 안정을 얻으면 조금이라도 나음을 깨닫게 되는 것은 곧 몸과 마음이 서로 관련되어 있는 까닭이다. 이로써 심리학의 순서대로 말하면 제일은 심의 생리론이요, 제이는 분해론, 제삼은 심의 발육론이니 제일의 이른바 심의 생리론이라는 것은 신체와 더불어 생리로 직접 관계가 있으니 이에 체육의 조항에서 아울러 설명하기로 하고, 제이의 분해론과 제삼의 발육론은 장치 교육에 응용해야 할 것이다.   <우는 심신의 관계를 밝힌 것이다.>

심의를 둘로 나누어 풀이하나 셋으로 나누어 풀이하는 것이 일반적이니 지와 정과 의이다. 이 세 가지는 서로 관련되어 작용하니 그것을 구분하는 것은 불가하니 어찌 각각 고립하여 활동할 수 있겠는가. 예를 들어 안석 위의 책 하나를 '이것은 책이다.'라고 하며 '어느 나라는 미개한 나라이다.'라고 하니 그 생도가 독본을 배움에 이와 같이 지각이 생기면 곧 이것은 지(智)요, 이 책은 유익하고 어느 나라는 미개하니 이들로 하여금 개명하도록 해야 한다고 하면 독본을 배운 생도가 활발히 사랑할 수 있는 바이다. 이와 같이 마음 가운데 감정이 일어 힘써 활동하는 것을 일컬어 정(情)이라

하는 것이요, 어느 책은 유익한 책이라 하여 항상 구독하고자 하며 어떤 나라는 미개한 나라라 하여 항상 개명하고자 하면 즉 생도로 하여금 활발하게 하는 것이므로 교육을 사랑하고자 하는 것이다. 이상은 의사의 활동에 속하는 것이나 사실 정 가운데 지가 포함되어 있고 의 가운데 정과 지가 있으며 지 가운데 정과 의가 있다. 비록 위에 진술한 바와 같으나 세 가지는 서로 관계를 맺고 있어 분리하기 어려우며 또한 서로 어울리기 어려운 점도 있다. 비애(悲哀)의 정이 지극하면 지력을 잃으며 의지의 결행(決行)이 지나치면 정을 돌아볼 겨를이 없으니 특히 나이가 들어 의기가 발달하고 강성하면 지와 정이 결핍됨과 같다. 그러므로 모든 일에 오류에 빠짐을 면하기 어렵고 또한 노인이 되어 감정이 많아지면 지와 정이 결핍되니 이로써 비탄에 치우치기 쉽다. 세상에 소위 재인과 지략가라는 사람이 정이 없고 의가 없으며 이치가 없는 자가 있으니 그러므로 교육자는 반드시 이 폐단을 제거해야 세 가지를 서로 얻어 완미한 지경에 이를 수 있도록 해야 한다.

<우는 지정의(智情義)의 분별 및 관계를 밝힌 것이다.>

오관을 매개함으로 인하여 외물에 접하지 않고 작용을 드러내는 것을 일컬어 심의(心意)라고 하며, 심의를 돌아보는 마음으로 오관을 매개하는 것에 기대지 않고 오직 내부로부터 작용하는 것을 일컬어 의성(意誠)이라 하며 각종 심의로 더불어 동시에 발육하는 것은 곧 심의의 작용이니 그러므로 외면에 활발히 작용하는 것을 일컬어 주의(注意)라고 하는 것이요, 의식이 내부로부터 발동하는 것을 일컬어 회상 또는 반성이라고 일컬으니 의식의 교육이 특별한 법칙이 있는 것이 아니나 심의를 받아들이고 온갖 능력을 교육함

에 이르러서는 의식이 또한 교육의 대상이 된다.

<우는 내적인 감각과 외물의 심의를 구별함을 밝힌 것이다.>

학과상의 발견과 기술상의 발명은 주의력 밖에 있는 것이 아니며 힘써 배운 결과이다. 붓호온 씨(붓호온 씨는 출생한 나라를 알 수 없음)가 말하기를 지라는 것은 항구적으로 인내하는 것이니 주의력은 정신이 건강할 때에 활동이 가능한 것이니 곧 능력의 기초가 된다. 지력의 모든 형태가 완전함에 미쳐 의사가 또한 이를 따라 생겨나니 이른바 자기 관념 발달 이후에 생겨나기 시작하는 것이다. 아동으로부터 학령에 이르기까지 수의적으로 주의력이 발생하니 그러므로 아동으로 하여금 그 적당한 정도에 따라 흥미를 불러일으키며 평이한 사물을 접하여 부지불식간에 자연히 실제에 주의하려니와 진실로 혹은 그 정신이 쇠약하며 그 행위에 기울어져 학과의 흥미를 잃으면 주의력을 기르기가 힘드니 교육의 요령을 따르더라도 진실로 그 효과가 없을 것이다. 그러므로 교사가 되고자 하는 자는 모름지기 아동으로 하여금 몸의 성장에 맞게 그 정신이 쾌활 또는 정숙하고, 교수를 할 때에 흥미를 첨가하며 과정(課程)[54]을 정하여 가지런한 생각을 기르도록 하고 그 과정을 살펴 이목의 습관을 기르도록 하면 주의와 유사한 것으로부터 점차 진정한 주의에 이르게 될 것이다.   <우는 아동의 주의력을 밝힌 것이다.>

감각력이라는 것은 마음이 신경 외부의 극단에서 구하여 감각 중추로부터 그 영향으로 인하여 받아들이게 되고, 단순한 심의의

---

[54] 과정(課程): 교육에 필요한 내용을 조직하여 순서를 정함. 교육과정의 의미와는 다른 뜻.

현상이 일어나는 바에 따라 지력의 문으로 들어가는 것이니 지금 모름지기 그 감각의 순서에 적절하고 필요한 것과 교육의 큰 목적이 이보다 다른 것이 없다. 특히 지식을 얻는 입장에서는 곧 감각 교육보다 중요한 것이 없다. 루소 씨(루소는 프랑스의 현인이다.)가 말하기를 "아동에서 성인까지 비록 몸은 성장하여 힘이 강하지 못하여 사려가 부족하나 견문에 이르러서는 성인과 가깝거늘 이 중요한 도구를 무시하고 교육을 실시하지 않는 것은 과연 어떤 의미와 같을 것인가?"라고 하였다. 소아는 오감이 예민하여 소란스러움이 있으니 그러므로 페스탈로치와 프로베르(페스탈로치와 프로베르는 모두 독일의 현인이다.)는 몸소 아동 교육을 맡아 여섯 가지의 좋은 사물을 만들었으니 세상이 일찍이 알고 있는 바이다. 페스탈로치가 특히 실물 교육에 잠심하고 그 격에 적합한 말을 지은 것은 초등 교수의 원칙이 된다. <우는 감각의 정의를 밝힌 것이다.>

냄새와 맛[55] 두 가지의 발육이 더욱 늦으나 미감은 비교적 빠르니 두 감각이 오감의 낮은 위치에 갖추어져 지력의 발육과 무관함과 같되 오직 신체의 생활과 소화작용으로써 위험을 피하게 하니 우리들에게 음식의 맛을 가르치는 것은 곧 이른바 고락의 본질과 근원이라고 할 만하다. 그러나 화학자가 향기를 맡는 것과 호미가(好味家)[56]가 좋은 맛을 알고 연구하는 일을 고려할 때 하여 또한 등한히 할 일은 아니다.　　<우는 냄새와 맛의 감각을 밝힌 것이다.>

청감이란 것은 쓸데없는 성음을 아는 것만을 이름이 아니요 독

---

55 후미(嗅味): 냄새와 맛.
56 호미가(好味家): 맛을 즐기는 사람. 식도락가(食道樂家).

서과나 음악과를 교수할 때에 청감이 매개가 되니 이로써 마땅히 좋은 소리에 의지하여 발육을 하게 함으로써 생리적 교양에 속하는 것이요 게을리 할 수 있는 것이 아니다. 이 도구는 그 발육이 가장 빠른 까닭에 인생 삼십육 일이면 아이들은 그 어머니의 성음을 듣고 알 수 있으니 구이구네(구이구네 씨도 역시 독일 사람이다.) 씨는 말하기를 '그러한즉 발육하고 교육하는 법이 어떠해야 되겠는가?'라고 하였다. 오직 절용으로써 그것을 연습하여 시끄러움과 외부의 소리[57]가 없도록 해야 할 것이다.

<우는 청감의 뜻을 밝힌 것이다.>

촉감이라는 것은 오직 온몸에 있는 기관이나 입술과 혀끝 손끝과 같은 곳은 특히 예민하니 일반 촉감의 발육이 어린이 시절부터 시작되어 능히 유모[58]가 안고 있음을 알게 되니 어린이의 촉감은 본래 타동적인 까닭에 손가락을 사용하는 것이 어른이 자유롭게 하는 것과 같지 못하다. 그러나 미리 여러 감각보다 힘 있게 도울 수 있어 해로움 없이 자연스럽게 발육하게 된다. 대개 손끝을 예민하게 단련하는 것은 동양인의 특질이 서구인에 미치지 못하는 바[59]이다.

<우는 촉감의 의의를 밝힌 것이다.>

레구소혜(레구소혜 씨는 출생국이 미상이다) 씨가 말하기를 아동의 모든 신체가 다 눈이라 하니 그러나 다수의 사상의 방해를 받

---

57 훤조(喧噪)와 음향(音響): 훤조는 시끄러움을 말하며 음향은 자연의 소리, 곧 외부의 소리를 말함.

58 유온(乳媼): 유모.

59 盖指頭之練習銳敏은 東洋人之特質이 西歐人에 所不能及也: 이 구절은 문화적 편견이 들어 있는 구절로 판단됨.

지 않고 본래 마음을 정밀하게 하여 외물의 천태만상을 보되 빠뜨
림이 없는 것은 오직 아동이 삼사 세로부터 오륙 세에 이르기까지
자연히 그러한 것이다. 그 어릴 때에는 촛불도 오직 보기 싫어하여
맹인과 같이 위태롭다가 점차 사물을 바라봄에 이르러서는 곧 외
물을 인식하는 것이 모두 같아서 대소와 요철이 없으니 아동의 시
각이 오직 수족과 함께 발달하는 까닭에 자연스러운 교육을 방해
할 수 없는 것이요, 또한 과도한 자극을 피하도록 하여 위생 교육을
게을리 해서는 안 된다.원래 눈은 지식의 문이니 오관 중에 특히 필
요한 도구이다. 다른 감각은 오직 한계가 있으나 눈은 무한히 먼 거
리를 볼 수 있어 감각 기관과 분리될 수 있다. 따라서 교육 방법도
여러 종류가 있는데, 양성하는 방법과 넓은 곳에 거처하여 광선을
채취하는 방법으로 완전하게 하지 않으면 안 된다. 도성의 좁은 곳
에 거처하는 자는 근시안자가 많으며, 근세의 학생이 교사(校舍)에
서 작은 글씨의 책을 읽는데, 칠판의 광선이 반사되는 면을 대하거
나 주시하며 혹은 흰 백토의 담벽을 대하며 혹은 양등(洋燈)의 불
빛을 대하면 이처럼 교육의 주된 방해 요소가 적지 않으니 교과를
정하고 교육하고자 한다면, 곧 먼저 (교재의) 색의 농염(濃艷)과
(교재) 종류의 형상의 대소 원근 방향으로 허망(虛妄)과 실시(實視)
를 대조하여 나아가 교육에 다시 이르게 하면, 곧 양성(養成)에 주
의하는 것들이 특히 시관(視官) 교육의 가장 중요한 요건들이다.

<우는 시감의 의미와 시감 발육의 방법이다.>

　아동이 대개 지력을 행하고자하나 미치지 못하는 것은 다름이
아니라 아무 의미 없이 관찰하는 활동에서 비롯되는 것이요, 또한
호기심을 좋아하는 것일 뿐이니 아동의 관찰은 진실로 예민하다.

그러므로 스펜서는 교육의 성효(成效)는 이 관찰로부터 시작되이 완성되는 것이다. 이에 철학에서 관찰과 관련되지 않은 분야가 조금도 없듯이 바로 아동에게 그것을 시행코자 한다면 이 또한 큰 오류라고 할 것이다. 그러나 과학상 발견한 것은 모두 이 관찰 교육으로 비롯한 것이니 초등교육에 실업상의 박물, 이화학에 응용하면 곧 그 가치가 적지 않다. 고래로 교육가가 관찰 교육을 관찰 교육을 간과하여 범위 밖에 논급함을 깨닫지 못하니 지금 그것을 배격하는 자도 매우 많다. 만약 이 관찰 연습을 사용하여 완전함을 얻지 못하면 곧 지력이 혼란하여 참된 지식의 본원을 잃게 되니 오묘한 이상을 연구하기가 불가능하니 불가불 알맞게 연습하여 모름지기 십 세 때 길과 진흙의 거리를 잘 판단하며 사물의 본성과 형체를 헤아릴 수 있도록 해야 한다.

<우는 관찰적 교육 곧 실물 교육의 의미이다.>

　지각력이라는 것은 모든 감각을 취합하여 공간에 존재하는 것이나 사물로 돌리는 것이니 이른바 사물의 자질을 이해하여 깨닫는 것과 마음의 작용을 의미하는 것이다. 그러나 감각과 지각 두 가지는 서로 분리할 수 없는 것이니 감각이 곧 지각을 불러와 상응하게 하는 것이다. 이에 대해 사람이 처음 사물의 소리를 들음에 모름지기 그 소리를 변별하나 종소리인지 북소리인지 또는 돌쇠뇌 소리인지 알지 못하면 이는 곧 감각이요, 이 소리가 종소리인지 북소리인지 또는 돌쇠뇌 소리인지 알면 이는 곧 지각에 속하는 것이다. 그러므로 감각력이 높으면 곧 지각력이 또한 따라서 높아지니 이 또한 정해진 이치이다. 그러므로 교육 기간에 감각과 지각력을 나누어 가르치면 곧 효과를 보지 못할 것이니 실물 교육론자들이 애써

강구하고자 한 바이다. 이러한 것들이 표현적 교육 곧 관찰법이다.

<우는 지각력의 정의이다.>

　기억력이라는 것은 처음 지각의 순서에 따라 경과한 이후에 지각의 지식이 오래가지 않고다시 일어나지 않아서 그것을 재현하고자 하는 작용이다. 무릇 사물에 대한 감각이나 지각이라는 것은 뇌리에 머물지 않으면 곧 잊어버려서 지각을 이루기 어려우나 이미 일어났던 일을 재현하는 것은 곧 기억력의 효과이니 사실 이는 반드시 필요한 것들이다. 기소(프랑스의 현인)가 말하기를 지각 능력이 가장 귀하나 기억하지 않으면 곧 쓸데없는 것이라고 하고 시아도리부겐(출생과 국가를 알 수 없음)이 말하기를 비록 친애와 간절한 심정이 있더라도 만약 기억이 없으면 어떤 성과가 있겠는가라고 하였다. 복현 작용(復現作用)을 일컬어 파주성(把住性)이라 하니 이전의 일을 감싸 안을 때에는 각종 사정이 상호 인상되고 연합하는 까닭에 이러한 종류와 순서를 일컬어 '연합률(聯合律)'이라고 한다. 연합률에는 세 가지가 있으니 유사율, 대비율, 접근률이 그것이다. 유사율은 예를 들어 눈을 생각하면 소금의 흰 색이 떠오르는 것과 같이 다른 사람이 아이를 사랑하는 것을 보면 나의 아이들이 생각나는 것과 같다. 대비율은 어떤 나라 사람들의 사납고 야만스러운 것을 보면 다른 나라 사람들의 덕행을 떠올리게 되고 따뜻한 봄에 이르러 겨울의 추위를 생각하는 것과 같다. 접근률은 순서를 따라 사물을 접하며 그로 인해 생각하는 것을 말한다.

<우는 기억력의 정의이다.>

　가무반 여사가 말하기를 3세 이하의 아동은 기억력이 없다 하니

이 설은 사물이 3세에 도달하기 이전이라면 성장한 이후에 그것을 회상하는 일이 어렵고 적기 때문이다. 그러나 진실로 기억력이 없다고 하기는 어렵다. 2세의 아동도 그 어머니의 얼굴을 기억하고 또 아동의 기억력이 탁월하여 수득(收得)할 수 있는 것은 곧 사물의 실제에 힘써 탐지하기 때문이니 이는 노성인이 미칠 수 없는 바이며, 학령(學齡)의 나이로부터 15·6세 사이에 이르러 기억력이 더욱 활발해지니 능히 만사의 사실을 자세히 기억하기 때문에 레구우베는 아동을 평하여 말하기를 이처럼 경가하는 것이 모든 물품과 세밀함과 거대함을 등록하여 빠뜨림이 없다고 하였으니 교육상 가치 있는 것을 기억하는 일을 연습하지 않을 수 있겠는가. 로크처럼 무가치하다고 하는 설은 큰 오류를 면할 수 없다. 만약 언사상(言辭上)의 기억력을 연습하도록 하여 다른 사람의 심력을 해치게 되면 이는 곧 교육의 큰 적이니 흥미와 더불어 이해하도록 하고 주의(注意)와 함께 점차 연습하도록 하여 반복하고 민첩하게 할 필요가 있다. 그러나 기억과 단정 두 가지 능력이 진실로 서로 수용하기 어려운 까닭에 기억력 연습에 의지하여 단정력을 해치지 않도록 해야 한다. 　　　　　　　　<우는 어린아이의 기억력을 밝힌 것이다.>

상상력이라는 것은 추사(追思), 분해(分解), 기억(記臆)하여 얻은 원소(元素)를 취사하여 구성함으로써 일정한 목적에 따라 합하여 상상한 지식을 따르는 작용이니 예를 들어 옛날부터 용의 형체를 알지 못하지만 그림을 그리는 사람이 용의 성질을 가정할 때 그 성질이 사나움으로 인하여 머리는 반드시 이리 종류로 하고 어금니는 코끼리처럼 하고 신체는 뱀처럼 하여 스스로 그 특성을 가미하여 불가사의한 동물의 한 형체를 묘사하니 이는 다름이 아니다. 처음에 이리 코끼리 뱀과 같은 세 종류의 동물의 형상을 기억하고 그 이후에 일종의 용을 그려낸 것이니 이것이 상상력이 아니면 무엇이겠는가. 무릇 상상력이라는 것이 그것을 기억하는 능력이라면 곧 고상하여 그 정도를 더하여 본래의 사물을 분리하여 독립시킬 수 있다. 어린 아이가 이 능력이 부족하다고 말하는 것은 칸트, 소유시유루는 아동의 상상력이 극히 활발하여 차라리 억제할지언정 확장할 필요는 없다고 하였다. 소아 시절에 상상력으로 말미암아 호랑이와 이리를 두려워하여 공포의 심정을 야기하고 부인은 세상의 유령과 요괴를 망령되이 믿어 일종의 병을 만드는 것이 적지 않다. 그러나 이 능력이 양성(養成)의 방법으로 마땅히 지켜야 할 한 요항이면 가르쳐 지식의 정밀함을 더하여 지각을 활발하게 함과 더불어 충분히 주의할 바요, 어그러지거나 복잡하며 애매한 문제를 이회(理會)하거나 몽롱한 일에 상상력을 사용해서는 안 된다.

<우는 상상력의 정의와 득실이다.>

도화라는 것은 실업 교수의 한 과업이요 아울러 기술 교육의 표준이다. 코메니우스는 처음으로 도화를 교수에 사용했는데 이 교과는 부인과 소아로 하여금 그림으로 사물을 이해하도록 한 것이다. 곧 구수(口授)에 이르러 심원한 상상 지식이 적거든 도해를 사용하여 깨우침을 얻도록 하니 초학자로 하여금 도화를 사용하여 가르치는 것이 실용상 특히 미적 기술과 상상 지식을 기르는 데 필요한 도구이다.　　　　　<우는 도화의 실효를 밝힌 것이다.>

시인의 풍류와 가객의 아취는 상상력의 지극히 고상함을 구비한 것이다. 아동도 시인 가객이 산수를 즐기는 것과 같이 또한 기예를 즐기며 스스로 즐거워하니 아동이 동정(動靜)을 운위하는 것은 종종 상상의 지식으로부터 말미암아 비롯된다. 또한 종종 유익한 담화로 상상력을 길러 모름지기 시키는 일이 간명 정절하고 고상 청결해야 한다.   <우는 대인과 소아의 상상의 지식을 밝힌 것이다.>

문장을 짓는 것은 제반 능력이 필요하니 비록 기억과 단정이라도 필수(必需)치 않은 것이 없으며 상상력도 또한 효과가 있다. 특히 기사문이나 전기문에 이르러서는 곧 상상력에 의지하여야 성취할 수 있는 것이 매우 많으니 문장 연습은 처음에 상상력으로 재현하는 데 기대는 것이 특히 좋은 방법이다.
<우는 문장에서 상상력을 기르는 방법을 밝힌 것이다.>

이상 언급한 바 감각, 지각, 기억, 상상력이라는 것은 특별한 종류의 사물에 관계된 것이니 이른바 특별 관계의 지식이 그것이요, 그러나 개념, 단정, 추리 세 종류는 보편적 지식과 관련된 것을 말함이다. 사물과 관계된 것은 보편적이고 고상한 것이니 다시 말해 심의의 사념 작용(思念作用)이라고 할 것이다.
<우는 제반 각력(覺力)의 관계를 밝힌 것이다.>

개념력이라는 것은 지각력으로 얻은 바로 인하여 개개 특수한 직접 지식이요, 또 기억력과 상상력으로 얻은 바에 의해 개개 특수하게 재현한 지식이니 유사한 형상을 추상하고 개괄하여 보편적인 지식의 심의 작용에 도달하게 하는 것이다. 이 개념이라는 것은 우리들이 서로 상상하고 말로 표현하는 것이니 고유명사를 제외하면 개념이 모두 이 능력을 표출하는 것이다. 예를 들어 산을 일컬을 때

어느 땅 어느 나라의 산이라 하지 않고 총칭하여 산이라고 하는 것과 같다. 혹자는 일본의 후지 산의 백설과 요시노 산의 벚꽃과 닛코 산의 단풍 이외에 특히 비교할 만한 풍경이 없다고 말하는데 어느 나라 어느 현의 산을 묻지 않고 모두 산의 형세로 후지 요시노 닛코의 관사를 제외하고 홀로 산으로만 통칭을 하니 곧 개념의 지식이 상상하여 발동한 데서 비롯되는 것이다. 그리고 추상과 개념은 서로 분리할 수 없으며 보편적으로 사물과 관계하는 것과 추상을 따르면 곧 개념이 만들어지니 개념이 발동하면 곧 추상이 또한 뒤따라 생겨나는 것이다. 개념이라는 것은 모름지기 언어를 사용하지 못하는 아동일지라도 또한 갖고 있는 것이니 만약 이전에 고양이를 본 이후 다시 고양이를 보면 아동도 이미 그 고양이를 알고 있어서 또한 그 소리를 흉내 내게 된다. 이제 개념력 교수의 세 가지 요령을 좌에 제시하고자 한다.   <우는 개념력의 정의를 밝힌 것이다.>

일. 실례취적법: 실물의 성질 형태 유사 및 차이 등에 관한 지식으로 보편적 관련이 있는 것을 가르치는 법칙이다. 베인 씨가 말하기를 실물의 수효와 성질은 교수에 적당하지 않으므로 그 예를 보이는 것이 또한 지나치게 많아도 안 되고 지나치게 적어도 안 되니, 그 선택이 마땅하지 않으면 개념의 성장을 방해하는 데 그칠 따름이다.

이. 순서와 개괄을 따라 처음에는 단순한 개념으로 분석하게 하되 각 부분의 추상적 관념을 모아 점진(漸進)하도록 하지 않으면 안 된다.

삼. 바른 용어는 교수상의 용어이므로 뜻을 해석할 때 정밀함과 명확함을 요구한다. 생도가 애매한 것에 만족하며, 또한 개념에서 혼란이 특히 심한 경향이 있으니 그 태만(怠慢)한 상태를 힘써 교정하지 않으면 안 된다.

<우는 개념 지식의 세 가지 교수 원칙을 밝힌 것이다.>

　단정력이라는 것은 유사 관계에 기초하여 개념과 관념을 연합하는 것이니 유사 관계가 없는 심의 작용을 나타낸다. 자세히 말하면 곧 사물의 직현(直現) 지식과 복현(復現) 지식을 각 단계에 따라 모든 종류의 개념으로 구체적인 것을 통괄하여 동일의 형상을 부여하는 것과 기타 개념 사이에 둘 사이에 존재하는 유사 관계를 명시함으로써 또는 사물의 현식(現識)의 단계를 나타낸다. 혹은 유사 개념 전체에 다른 유사 개념을 부여하는 것은 유사 관계가 존재하지 않기 때문이다. 예를 들어 공자를 성인이라 하여 총괄하여 붙이면 이른바 공자가 일 개체의 복현 지식과 성인이라 일컫는 개념 중에 두 개의 유사 관계를 보이는 것이요, 족리존 씨를 일컬어 말하기를 충신이 아니라고 하면 이른바 족리존 씨 일 개체의 복현식과 이른바 충신의 개념식 중 두 가지의 유사 관계가 전무하다. 아동이 처음에는 비록 완전한 말로 단정하기 어려우나 유아가 이 단정력을 갖고 있음은 곧 어린 아이의 근처에 촛불을 가까이하면 곧 물러나니 이는 오직 불에 델 수 있음을 단정하는 것과 같으니, 단정력을 연습할 필요는 다시 거론할 필요가 없다. 세계적으로 볼 때 이 교육이 중요함을 알게 된 것은 프랑스의 몬덴과 보루도로이야의 공이며, 유시 단정 교육법은 루소의 소극적 교육이 가장 적합한 것이니 다시 교육자가 번로하게 할 까닭이 없으니 곧 아동을 개량함에 언어 발육의 오류로도 충분하다. 가정교육은 유모, 어머니, 아버지가 주의할 바이니 독일국 학교 교칙에 제1주간에는 일정한 시간을 정하여 이를 수련하도록 하고 다시 특별한 시간을 내어 담화나 문장

과 함께 이를 행하지 않으니 이 단정력은 지식의 얕고 깊음과 활용에 따르는 것이니, 진실로 지식이 충실하지 않고 사고력이 발달하지 못하고 경험이 완전하지 않은 때에 강제로 단정 교육을 시행하면 오류에 빠지기 쉬우니 위험하지 않겠는가.

<우는 단정력의 정의와 소아의 단정 수련법을 밝힌 것이다.>

추리라는 것은 보편적 관계의 지식 중에 가장 복잡하고 고상한 것이니 두 개의 단정을 인식하여 한 개의 단정을 결론 짓는 작용이다. 사람들은 반드시 죽음을 면하지 못한다는 것과 석가도 역시 사람이라는 것을 예로 들어보자. 사람이 반드시 죽는다는 것은 곧 추리작용이니 죽음이라는 개념 지식은 곧 유사 관계에 포함되는 것이요, 죽음의 개념 지식 가운데 또한 석가도 사람이라는 것은 역시 석가 또한 죽음의 개념 중에 포함될 것이므로 곧 이 두 조건의 단정 관계로 석가도 반드시 죽는다는 것을 추리할 수 있다. 또 추리라는 것은 정면과 반면이 있으니 예를 들어 사람은 반드시 죽으므로 석가도 또한 사람인 까닭에 죽음을 면할 수 없다는 것은 곧 정면 추리이며, 사람은 죽는데 돌은 사람이 아닌 까닭에 죽지 않는다고 말하는 것은 반면 추리이다. 이 관계를 상론하는 것은 논리학의 소관 사항이다. 세상 사람들이 일상 말하는 것이 이 명제를 집합하는 것에 다름 아니어서 신문의 호외를 발행하거나 국기를 게양하여 전승을 축하하는 것이니 대개 평양, 아산, 구연성에서 전승할 때 신문 호외를 발간하여 보도한 것이다. 그러나 일상의 일은 매번 착오되기 쉬우니 신문 호외에 어찌 전승 특보이외에 다른 일은 보도하지 않는가. 만약 이전의 추리에서 비롯된 단정력이 아니라면 왕왕 오류가 있기 때문이다. 그러므로 오류를 없게 하고자 한다면 추리력을 연

구하지 않으면 안 된다.　　　　<우는 추리력의 정의를 밝힌 것이다.>

　로크가 말하기를 아동이 역시 추리를 잘한다고 하고 곤레이아크가 말하기를 감각과 더불어 발육한다고 하니 혹 그 발달이 이처럼 신속한 것일까. 일찍이 세 살짜리 아동도 추리력이 이미 발달하니 그 증거는 여우로써 아동에게 보게 하고 무는지 안 무는지 묻게 되면 공포의 색이 안면에 나타나고 그밖에 주위 사람들의 이야기를 귀를 기울여 듣는 것이 바로 그것이다. 그 교육 방법은 단정력의 특별한 연습법과 같지 않으나 문법, 이학, 역사, 지리, 과학은 곧 교사의 지식으로 말미암으니 어떤 학과를 막론하고 발육에 힘쓰게 해야 한다. 이학, 수학은 특히 추리의 학과인 까닭에 소학교에 이를 응용하는 것이 가하며, 그 사이에 모름지기 귀납 연역 두 과의 구별이 있으나 역시 같은 학과 중에 자료와 때에 따라 구분하여 적절히 교수하면 자연스럽게 이해하고 응용할 수 있다.

　　　　　　<우는 소아의 추리력과 양성법을 밝힌 것이다.>

　귀납법이라는 것은 여러 가지 지엽적 사물로부터 일정한 근본적 사물의 법칙을 추리하여 얻는 것이니 예를 들어 박물의 재료를 배울 때 각종의 과를 모아 한 학과를 이루고 그 각 과를 모아서 한 유(類)를 이루는 것이 그것이요, 연역법은 귀납법과 전혀 상반되는 것으로 근본적으로 대상을 분류하며 그 한 종류를 여러 과나 여러 종으로 나누니 이른바 자연스럽고 여러 범위에 산재하도록 한 뒤에 상세한 부분에 들어가도록 하는 것이다. 그러므로 문장이나 담화에서 적절하게 대응하여 귀납법으로 시작하여 연역으로 나아가고 연역으로 시작하여 귀납에 이르도록 할 따름이니 귀납법 중에

연역이 있고 연역법 중에 귀납이 있는 것이다. 예를 들어 수신담 일장을 시험하여 자신의 수신 요령으로 삼고 이를 나누어 사실담에 들게 하면 곧 연역법이요, 사실을 모아 온습적 격언을 만들어 아동이 기억하기 편하게 하면 곧 귀납법이다.

<우는 귀납과 연역 두 법칙을 밝힌 것이다.>

교육은 도덕과 성질을 양성하는 것을 말하니 그 본령이 비록 지육에 있지는 않으나 교수는 지육에 있는 것이다. 그러므로 교수와 교육은 본래 그 취지가 다르나 교수를 하고자 하면 반드시 지육을 먼저 해야 한다. 이로써 지육이라는 것이 단지 교수에만 가치가 있으며 교수가 아닌 것에는 가치가 없는 것일까. 도덕과 기질의 연습법에 도달하고자 할진대 곧 교육의 목적에 반드시 먼저 지육을 시행하는 것이 가하니 교육의 목적이라는 것은 신체상의 능력에만 존재하는 것이 아니고 지력과 내부의 능력에 존재하는 것이요, 사상의 품위라는 것은 신체가 고상하며 그와 관련된 것은 자연히 본 능력의 심성 발육을 실시하여 신체 발육에 이르도록 하니 가히 지육이 고립되어서는 안 됨을 알 것이다.

<우는 지육의 가치를 밝힌 것이다.>

모든 능력의 발육 순서에 대해서는 병발론과 순발론이 있으니 루소와 같은 사람은 순발론을 취하고, 이지리와 같은 사람은 병발론을 주장하니 두 사람이 비록 극단에 있는 것 같으나 심육은 곧 다소의 차이가 존재한다. 헤르바르트 스펜서는 지식 발달의 법칙이 단순에서 복잡으로, 실험에서 추상으로, 특종에서 일반으로, 부정에서 한정으로, 경험적에서 이론적으로 발달하여 지육 발달 두

가지는 모름지기 함께 진보하는 것이다. 그러므로 만약 진보의 시기를 지나치게 되면 만회하기 어려워 나중에 비록 교육을 한다고 하더라도 결과를 얻기 어렵다고 하였다.

<우는 모든 능력의 발육 순서를 밝힌 것이다.>

지육을 비교하는 법칙이 장단이 있어 균형감이 없기 쉬우니 통일하여 결함이 없도록 하지 않으면 안 된다. 그러므로 제능력의 발달과 더불어 동시에 균형감 있게 통일되도록 시도해야 한다. 기소는 사람의 능력에서 제반 능력이 균형감이 있는 것은 물질계에서 물질의 힘이 균형감이 있는 것과 같아서, 운동을 방해하지 않고 질서를 유지하는 것이 이 균형감에서 비롯되는 것이라고 하였다. 칸트는 제반 능력을 기르는 연습 법칙은 단지 하나의 능력을 연습하는 데 그치는 것이 아니요, 다른 능력과 더불어 함께 연습해야 조화를 이룰 수 있으므로 이 또한 꼭 필요한 것이라고 하였으며, 니고루도 교육의 효과는 능력이 서로 조화하는 데 있다고 하였다.

<우는 균정과 통일의 의미를 밝힌 것이다.>

베이컨은 심의라는 것은 빈 그릇에 채우거나 막을 수 있는 것이 아니며 또한 불이 타지 않도록 하는 것이 불가함과 같다고 하였다. 그러므로 쓸데없이 제반 지식을 투입하지 말고 자연스러운 발육 순서에 따라 개발할 필요가 있다. 구레아는 불가불 아는 것만으로 가르치는 것이 족하다고 하면서, 또 아동은 마땅히 마음에 따라 힘쓰도록 장려해야 하며 급격히 해서는 안 되고, 따라서 내부적 발육을 보충하는 것이므로 실제적이고 실용적이지 않으면 안 된다고 하였다. <우는 심의 발달의 방법을 밝힌 것이다.>

제4장 덕육론

교육의 목적이 모두 이 장에 있으므로 심의 작용을 궁리하여 연구하고자 한다면 정과 의 두 가지를 모두 강의해야 하나 그 복잡함과 오묘함은 지육과 비교할 바가 아니다.

<우는 정과 의에 대한 강구(講究)의 이치를 밝힌 것이다.>

감정이라는 것은 쾌락 고통의 의식 상태를 지각하여 아는 것이니 사람의 행복 불운이 모두 이 두 가지와 무관하지 않다. 부자의 친애와 부부의 유별, 붕우의 믿음이 모두 이 정에서 벗어나지 않는다. 달리 말해 국가와 사회의 결합이 이 정으로 인하여 성립되는 고로 감정이 일어나는 근본 성질을 알지 않으면 안 된다. 이 근본 성질을 좌의 세 가지로 나누고자 한다.

<우는 감정의 근본 요인을 밝히고자 한 것이다.>

일 발동은 곧 운전의 이법이요 이 변화는 곧 대비의 이법이며 삼 상찬은 곧 조화의 이법이니 발동의 이법이라는 것은 심의가 쾌락을 느끼는 것을 말함이니 곧 신체 기관으로 하여금 심의의 도구가

되도록 하는 것으로 적당한 정도의 발동을 따르게 하는 것이다. 이 발동이 된다는 것은 간혹 지나쳐 미치지 못하면 반드시 고통을 느끼니 예를 들어 책을 보는 시간이 오래되면 곧 고통을 느끼며 한가하게 노는 시간이 지나치면 곧 무료함을 감당할 수 없고, 운동과 수면이 부족하면 곧 고통을 느끼는 것이 그것이다. 변화의 이법이라는 것은 쾌락과 고통 두 가지를 일컫는 것이니 각기 그 양과 질의 여하에 따라 변화가 있으니 음악을 들을 때 무릇 음이 모두 같아서 고저와 긴장 이완이 없으면 곧 율려를 나눔이 자질의 변화이다. 곧 쾌락의 양이 결핍하고 음이 지나치게 이완되거나 긴장됨이 있으면 곧 쾌락을 느끼지 못하는 것이 그것이다. 조화의 이법은 다소의 격음이 있어 서로 상찬하는 맛이 있음을 의미하니 예를 들어 채화(菜花) 중에 황금색이 드러날 때 녹색 잎이 있어 점차 그 시간이 오래되면 모름지기 미관이 화려하지만 반대로 검은 옷을 입은 사람이 감색(紺色)의 띠를 두르면 그 맛이 없는 것과 같으니 이로 인해 한편으로 조화를 이루고 한편으로 조화를 이루지 못하는 것과 같다.

<우는 감정의 이법을 밝힌 것이다.>

감정을 나누어 정서의 두 가지로 하고 또 감각을 보통과 특수 두 가지로 세분하니 감각은 이미 지육장에서 설명하였으므로 이 장에서는 정서를 서술하고자 한다. 정서는 가장 복잡하여 그 분류법이 여러 가지 학설이 있으나 통상 세 종류로 나누는데, 사정과 동정과 중정이 그것이다.　　　<우는 감정을 분류하고 해석하는 것을 밝힌 장이다.>

사정은 정서 가운데 가장 단순한 것이니 일신상 일어나는 쾌락 고통과 같은 감정과 자신의 격단(格段)에 관여하는 목적물에서 비롯하는 쾌락과 고통의 감정이다. 달리 말하면 쾌락과 고통 두 가지는 모두 자기를 중심으로 하나 다른 사물에 미치지는 못한다. 또한 희망 성공 명예 칭찬 자중 자부 실망 실패 비방 자모 자경 등이 모두 자기의 경험으로부터 비롯되는 일신상의 정서이며 부모나 처자의 쾌락이나 기타 원수나 경쟁자의 고통에 대해 비록 일신에 그치지는 못할지라도 이 또한 목적하는 바가 되므로 이도 사정(私情)이라고 할 수 있다. <우는 사정의 정의에 대해 밝힌 것이다.>

동정은 자기를 중심으로 하는 것이 아니라 오로지 타인을 중심으로 하는 것으로 목적하는 바나 타인의 쾌락 고통에 대한 정서이다. 그러므로 사정과 비교할 때 좀 더 고상하기 때문에 발육의 순서를 본다면 가히 사정 이후에 놓여야 한다. 달리 말해 다른 사람의 영달을 들으면 곧 기뻐하고 이웃집의 재앙이나 화를 보면 또한 근심하는 것은 모두 동정이라고 할 수 있다. 만약 아동이 이 정서가 극히 박약하여 이삼세에 부모를 잃고 이별하면 곧 무애자(無哀者)가 될 수 없으니, 무애라는 것은 다만 자기를 보호하는 자가 없는 것이므로 만약 보호가 있으면 곧 비애의 마음이 없게 되므로 동정이 결핍됨을 알 수 있다. <우는 동정의 정의를 밝힌 것이다.>

중정은 비단 타인의 감정이 일어나는 것만을 살피는 것이 아니요 한층 더 고상하니 추리와 단정력 등이 충분히 관념이 된 연후에 일어나는 공정한 정서이다. 예를 들어 충군애국의 정이나 자연을 사랑하는 정과 진리를 사랑하는 정이니 그 가운데 널리 사랑하는 것은 곧 인의 도덕이다. <우는 중정의 의미를 밝힌 것이다.>

　소아의 감정은 처음에 겨우 미각과 촉각 두 감정뿐이지만 그 이후에 점차 시각과 청각의 쾌락을 느껴 동정과 반정이 발동하게 된다. 그러나 유아의 동정은 성인과 그 성격이 다르기 때문에 오직 현실의 사물에 그치고, 성인에 이르러 그 사물을 대하지 않으면 동정이 일어나지 않는다. 어린이가 목마나 토우 등을 좋아하는 것과 고양이 등의 완구를 감싸 그릴지라도 친애의 정이 나타나는 것과 같으니 무릇 감정이라는 것은 비록 교육상 가장 필요한 것이지만 복잡하고 곤란하여 훌륭한 교육자가 아니면 그 목적을 달성하기 어렵다. 세상의 유명한 교육자도 또한 큰 착오하는 사실이 있으니 예를 들어 아동으로 하여금 진리를 따르도록 호소하며 감정에 호소하면 큰 오류이다. 감정은 그 대상만을 교육하는 것이 가하지 않을 뿐만 아니라 다른 지력과 함께 병행하여 교육해야 한다. 그렇기 때문에 루소는 감정은 교육자가 마땅히 십오 세 이전에 시행해야 한다고 말했다. 그러나 이것은 결코 현실에서 실행할 수 있는 주장이 아니다. 우리가 차라리 교의적(交誼的)인 것을 따르고 효행이나 신의 등의 감정을 발육하여 모름지기 자기의 감정이라도 반드시 그것을 고무해야 하며 열정일지라도 또한 부추겨 일으키는 것을 그치지 않아야 한다. 사례 씨는 비록 자애나 심회가 부족한 시기일지라도 소극적이나 고무하는 것을 따름이 있으니 곧 그 성질이 허약하고 미흡한 아동에게 진취하는 힘을 강하게 할 수 있으니 비록 오만이나 공명(功名)의 감정일지라도 또한 발달할 것이요, 열정이라는 것은 교만 방자 전횡 등의 편벽한 것이니 비록 위험하고 사나울지라도 그 시기를 좇아서 그 열정으로 하여금 점차 고상한 감정이 되게 한다면 작게는 효행·우의요 크게는 사회·국가의 사업에 중요한 방편이 될 것이다. 이제 마리온 씨가 말한 바를 게재하여 그

대요를 알리고자 한다. 대저 미리 경계할 것은 곧 때에 다다라 충분히 하며 억제와 간언을 더해야 하니, 아동은 불가불 세심하게 보호해야 할 대상이다. 덕성의 건강(풍부)함을 증진할 자료는 어떤 일을 막론하고 반드시 그것을 취하여 시행해야 하니 이렇게 한다면 곧 아무 때나 고소(告訴)하고 무용한 자책을 하는 일을 면할 수 있다. 아동의 욕망이 유해한 데에 빠지지 않도록 예방하여 나쁜 책이나 좋지 않은 물건이 이목에 닿지 않도록 해야 하며 친구들과 사귈 때 가려서 하도록 하며, 바르고 곧은 이야기를 듣게 하고 또 선량한 모범이 될 만한 것을 보여주면 모름지기 그 책임을 다했다고 볼 수 있다.　　　　　<우는 아동의 감정과 감정 발육법을 밝힌 것이다.>

위에 진술한 감정이라는 것은 모름지기 외부에서 온 자극과 발동이 많으나 의사는 내심의 작용에서 느끼고 발동하는 것이니 곧 자기의 힘이 외부에 미치어 발동 작용이 드러나는 것이다. 이하의 정의는 심신이 의식 및 반성력과 더불어 스스로 선택하여 행하는 것이며 결정하는 힘도 스스로 하는 것을 말한다. 의사는 통상 단순 의사와 복잡 의사 두 가지로 나눌 수 있으니 장차 이에 대해 서술하고자 한다.　　　　　<우는 의사의 정의를 밝힌 것이다.>

단순 의사의 본성은 소원과 희망의 작용이다. 예를 들어 책상 위의 서책을 보고 그것을 얻고자 하여 소망이 생겼다면 곧 신체의 발작에 적합한 요소이니 이와 같은 발동 작용은 단순 의사의 종결이 소망에 대한 행위를 일컫는 것이니 이와 같이 소망하는 것을 일컬어 동념[60](動念)이라 한다.

　　　　　<우는 단순 의사의 발동 작용을 밝힌 것이다.>

　복잡 의사라는 것은 그 의사가 발현함으로써 외부 발작의 요소가 되는 것과 심의 발동이 복잡한 것을 말한다. 이 심의 발동이 복잡한 이유는 발작의 추동(推動)과 원망(願望)이 외적인 것이니 곧 동념의 발육이 복잡하고 종합되어 정리된 연후에 외부로 발동하여 작용하지 않으면 일정한 목적에 도달하기 어렵기 때문이다. 평생 경험이 발동하면 종종 다른 것들이 있어서 혹은 정욕을 충족하며 혹은 널리 명예를 희망하며 혹은 품행을 보존하며 혹은 덕의를 수호하고자 하며 혹은 의가 아님을 알지만 그것을 행하고자 하니 그 소망이 중심에서 발발하여 복잡하게 얽히면 곧 심중의 갈등을 형용하기 어려우니 지금부터는 그 이유를 밝히고자 한다.

<우는 복잡 의사의 작용을 밝힌 것이다.>

　동념의 이법은 상찬과 알력 두 가지가 있으니 예를 들어 국가에 보답하고자 멀리 해외로 떠나 부모가 그것을 허락하고 스스로 결정했을 경우 그 마음은 서로 조화를 이루었으므로 상찬이라고 부르고, 만약 부모·처자의 정에 이끌려 결과를 보지 못했으면 그 정이 서로 충돌하여 극도에 달하니 이러한 것은 알력이라 부른다. 알력에 다다랐으나 그것을 결정할진대 다음 열거한 심의 발동의 요소가 필요하다.　　　　<우는 동념의 이법을 밝힌 것이다.>

　심의 발동은 다섯 가지가 있으니 하나는 제지요, 둘은 사려, 셋은 찬택 및 비판, 넷은 결단 및 인내, 다섯은 자제이니 제일의 제지라는 것은 심중 서로 용납하지 못하는 동념이 발하여 결정하지 못하

---

60 동념(動念)은 동기(動機)와 비슷한 의미로 쓰였다.

고 결국 중지하는 것이 그것이다. <우는 제지의 뜻을 밝힌 것이다.>

제이 사려는 두 가지 서로 용납하지 못하는 동념이 갈등하나 불가불 결정해야 하는 것을 말한다. <우는 사려의 뜻을 밝힌 것이다.>

제삼 찬택 및 비판은 사려나 알력의 개념이 발동한 후에 점차 그 중 우월한 하나를 깨우쳐 가히 행할 것을 선택하여 정하는 것을 일컬어 찬정·비판이라고 한다.

<우는 찬택 및 비판의 개념을 밝힌 것이다.>

제사 결단 및 인내는 찬택 비판으로 행할 자를 결정하는 것을 결단이라고 하고, 그 결정한 바로 수행하기 곤란한 것을 일컬어 인내[61]라고 한다. <우는은 결단 및 인내의 개념을 밝힌 것이다.>

제오 자제라는 것은 억제하고 반대하는 용기를 말하니 만약 이 능력이 없으면 비록 결단하더라도 (포기한 것을) 인내하지 못하여 결국 실패하게 된다. <우는 자제의 뜻을 밝힌 것이다.>

심의 발육이 두 가지가 있으니 첫째는 개별 기능의 성장이다. 심의 기능은 이미 시작되어 점차 연령과 함께 진보하고 성장하며 또한 능력이 능히 장대해지는 것이다. 둘째는 여러 기능이 함께 발전하는 것이니 마땅히 심의가 발육되기 전에 이삼의 기능이 점차 발전하여 여러 복잡한 기능이 발달하게 되는 것이다. 그리고 발육의

---

61 인내: 두 가지 동력에서 하나를 선택함으로써 포기해야 하는 다른 동력을 뜻함.

방법에는 세 가지가 있으니 경험, 발육, 유전이 그것이다.
<우는 심의 발육의 이치를 밝힌 것이다.>

경험은 홀로 가히 진보하는 것이 아니요, 반드시 여러 대상을 두루 겪어 발달하는 것이다. 경험은 일생뿐만 아니라 여러 세대에 걸쳐 경험하여 개량하여 진보된 것을 얻음이니 이를 일컬어 진화라고 한다. 그 사이에 스스로 경험한 것으로 타인을 가르치는 것을 이른바 교수라고 하니 이를 일컬어 '인위경험'이라고 한다. 물론 자연 경험과 인위 경험과 유한 경험은 자신의 일생에 그치지 않는다. 그뿐만 아니라 여러 세대에 걸쳐 쌓인 경험은 심의에 유익함이 있는 제반 경험을 발전하게 한다.　　<우는 경험의 정의를 밝힌 것이다.>

발육은 모름지기 여러 가지 이치가 있으나 자연 발달의 순서에 따라 감각 지각 등이 단순한 것으로부터 점차 정의의 복잡한 상태로 나아가야 완전해 진다. 이러한 발육법에 자연적인 것과 인위적인 것의 구별이 있으니 인위 교육 방법은 의학 분야에서 담당해야 할 일이다.　　　　　　　<우는 발육의 뜻을 밝힌 것이다.>

유전은 도리력과 같아서 원래 인류의 특유한 것이며 사물과 공효에 적합한 작용이니 홀로 제반 심력을 운용할 따름이다. 따라서 아동은 모름지기 스스로 결단하고 행동하나 순연히 이를 이름하여 의사라고 하기 어렵다. 왜냐하면 그것이 반성의 힘에 따른 판단이라고 하기 어렵기 때문이다. 그러므로 의사를 연습하는 방법에는 간혹 잘못됨도 있는 까닭에 좌에 한두 가지 예를 진술하고자 한다.
<우는 소아의 의사를 밝힌 것이다.>

칸트가 말하기를 부모가 소아의 요구를 거절하면 이는 가히 잘못이라고 하였으니 아동은 그 친애하는 부모에게 의존하여 하고자 하는 바를 얻기를 원하니 그것이 자연스러운 성질이다. 그런데 이유 없이 거절하면 곧 도리를 벗어나는 것이 심해진다. 그러나 그 욕구를 충족시켜 주고자 한다면 이 쓴 독의 본성을 버리도록 해야 한다. 그러므로 자연이라는 것은 모름지기 가책할 만하나 또한 부모나 엄한 스승의 명령을 확고하게 지킬 수 있도록 하여 모든 행위를 주의하고 가볍게 간과해서는 안 된다.]

<우는 아동의 자연성을 밝힌 것이다.>

루소는 일찍이 아동으로 하여금 자연이 인간에게 부여한 것 곧 고난의 굴레임을 알게 하여 오만한 심리를 깨우치게 하는 것이라고 하였다. 곧 엄중한 기반(羈絆)이라 일컫는 것이 그것이다. 대개 이 기반(羈絆)이라는 것은 무릇 사람들이 불가불 복종하지 않을 수 없는 것이다. <우는 아동의 기반법을 밝힌 것이다.>

의사를 수련하는 것을 피상적으로 살펴건대 모름지기 가정교육이 학교 교육보다 우수하나 학교는 기율이 엄정하고 가정은 명령이 유연하니 진실로 학교 교육이 의사 교육에 적당할 것이다. 넷가 여사는 학교 교육은 강건한 성질로 덕의와 정력을 발달하게 할 수 있으니 곧 진실로 이로움이 될 것이라 하였다. 그러나 의사 교육은 오로지 학교에 입학한 연후에 완성되는 것은 아니며, 대개 사람의 성질과 품행이 사회의 실무를 담당하고 생활에 접하여 완성되는 것이라고 하였다. 경험은 진정한 의사를 양성하는 학교를 일컫는 것이나 의사의 교육은 가장 어려운 것이니 어찌하면 좋을 것인가.

가우제는 우리들이 불가불 바르게 하고자 하는 것이 곧 의사라고
하니 무릇 사람의 의사는 가히 미약한 것으로 강경하게 하며, 포악
한 것에서 어짊과 현명함이 생겨나게 하는 것이다.

<우는 의사 교육에 관해 밝힌 것이다.>

칸트의 의사론에 천지에 무한한 선(善)이 있어서 이것을 일컬어
선량 의사라고 하니, 재지가 총명하고 단정한 것과 기타 다른 지력
상의 자질 및 강용(强勇) 결단 견인 절제는 곧 종종의 관계로부터
이것을 보건대 또한 선량하며 희망하는 성질이다. 만약 덕성의 대
상을 주로 하여 의사를 구성한 바 선하지 않음이 있다면 이는 하늘
이 부여한 성질이 극히 사악하고 극히 유해한 것이라고 할 것이다.
선량한 의사가 관계 및 결과가 선량하지 않다면 의사의 목적도 선
량한 것이 아니다.　　　　<우는 칸트의 의사론을 설명한 것이다.>

제5장 덕육 본론

인생이 덕의의 성질이 없지 않지만 혹은 외물에 가려 그 행동이 도리에 적합하지 않음이 있으니 가히 가르치고 교육하지 않을 수 있을까. 사람이 불가불 수양하는 것은 하늘이 내린 직분이니 도덕은 곧 우리의 직분에 속한 학문이다. 원래 도덕의 학문이 동서고금을 막론하고 두 가지 도가 있을 수 없으니 만세에도 바꿀 수 없는 것이지만 오직 그 표준이 되는 학자들의 논의는 여러 유형이 있다. 바꾸어 말하면 연령 신분 직업 남녀노소의 성질 등이 나뉘며 변화하는 것이다. 세상에는 오직 도덕 개량자가 있으나 도덕은 개량하여 얻을 수 있는 것이 아니요, 가히 발달시켜야 하는 것이다. 그러므로 교육자가 도덕의 발달과 확충으로 사회의 풍속을 개량하면 가히 국가가 융성함을 기약할 수 있다.

<우는 인생의 본분을 밝힌 것이다.>

지육 심리학과 체육 심리학이 가장 필요하되 오직 덕육은 윤리학과 도덕의 원론을 포괄하여 그 능력이 세 종류가 있다. 첫째 감정적 능력은 착한 것을 사랑하는 정서요, 둘째 지력적 능력은 선과

악, 덕과 부덕의 관념이요, 셋째 의사적 능력은 선을 알면 곧 스스로 결행하는 능력이다. 그러므로 도덕 교육이라는 것은 통상 고금 상하에 늘 존재했으니 그 목적이 모름지기 원대하고 크다. 그러나 그 교수법은 극히 작은 부분에 불과하다. 학교 교육의 필요는 학도의 지식 증가에 있는 것이 아니라 그 의사를 수련하는 데 있으니 비록 천만 번 교육 칙어의 항목을 계시하더라도 또한 가능하지 않다. 덕육의 근원이 증명에 있지 않고 감동에 있으니 마땅히 고상한 정서로 말미암아 덕행에 이르도록 하는 것이다. 그러나 특히 소학교에서는 덕육이 다른 학과에 선행하여 실행할 바 아니요 기술의 개발이 필요하다.　　　　<우는덕육의 세 가지 능력을 밝힌 것이다.>

　아동의 도덕심은 곧 하늘이 내린 도덕관념으로 선악을 분별하니 그것은 언제부터인가. 베루수 씨는 아동이 태어난 지 육칠 개월이면 선악의 객관적 관념이 모두 형성된다 하고 다인 씨는 생후 십삼 개월이면 이미 도덕심이 있다 하니 두 사람의 논의가 비록 다르나 이삼 세의 아동은 선악 관념을 분별하기 어려울 것이다. 가령 삼년 팔 개월 된 아동과 만 사세 된 아동에게 시험 삼아 "너의 부모가 돌아가시면 어떻겠니?"라고 물으면, 아동은 반드시 나쁘다고 말할 것이요, 또 "왜 나쁘니?"라고 물으면 한 아이는 잠자리를 얻을 수 없으므로 나쁘다고 하고 한 아이는 의복을 제공해 주는 사람이 없어서 나쁘다고 할 것이다. 다시 말하기를 "내가 너에게 잠자리를 주고 의복을 제공해 주면 어떻겠니?"라고 묻는다면 아동이 이에 부모가 비록 돌아가셔도 꼭 필요하다고 생각하지는 않는다고 할 것이니 이와 같은 예들이 매우 심하니 이를 백번 되돌아보아도 아동은 만 육세가 되기 전에는 도덕관념이 싹트지 않음을 알 수 있다.

그러나 그 싹의 단서는 태내에서부터 시작하니 오직 그 개발 방법은 곧 아동 교육이니 불가불 이를 실시해야 한다. 아동은 오직 자기의 쾌락과 이익을 구하여 도덕을 모방하는 것 이외에는 다른 방법이 없다. 만약 이 총명과 돌원(湥遠)한 양심이 크게 달라 교육을 실시하기 곤란하면 달리 깨우쳐 줄 방도가 없다. 그러므로 덕업이 바른 선비는 능히 아동의 천성을 관찰하여 교육해야 좋은 효과가 있다.

<우는 아동의 도덕심을 밝힌 것이다.>

동양 여러 나라들은 특히 역사상 모범이 될 만한 것이 풍부하니 이로써 경험하고자 할 때 연극과 유기와 속곡과 그림에도 오직 충효의 표식이 있으니 하물며 정사(正史)에서는 그 덕을 기를 만한 사적이 풍부하다. 부라키는 말하기를 고상한 성질을 기르게 하고자 하면 마땅히 위인과 호걸을 그리도록 해야 한다고 하였다. 다만 불사의 형적과 과거의 사정과 지금 사람들이 모범이 될 만한 것이 드물지 않다.

<우는 역사적 교훈을 밝힌 것이다.>

대개 이론에 따라 말하고 실지에 따라 말할진대 현존하는 사람으로 모범이 되게 하고 그 모범이 되는 사람이 완전하면 효력이 매우 크니 이로써 식물학을 배우고자 하는 자는 반드시 식물의 종류를 관찰하고, 동물학을 배우고자 하는 사람은 동물의 종류를 관찰하며, 화학을 배우고자 하는 자는 화합된 만물을 분석하고, 지학을 배우고자 하는 사람은 반드시 지형을 관찰하며, 덕을 기르고자 하는 사람은 반드시 유덕한 스승을 따르며 의로운 벗을 사귀고자 하니 박물학자가 동식물을 관찰하는 것과 화학자가 사물을 화합하고 분석하는 것은 그 정신을 응결하여 관찰에 태만하지 않으면 부지불식

간에 유덕한 사람이 될 것이다. 의복의 종류와 신체의 태도와 언어 진퇴의 기능과 동작 주선(周旋)의 절제에 유덕한 모습이 밖으로 넘쳐나지 않으므로 그 사람 곁에 있으면 어찌 그 덕에 감화되지 않으리오. 이로써 학가(學家)에서 가장 귀한 것은 교사를 숭상함이라 만약 교육의 이치를 논할진대 가장 먼저 유덕한 교사를 가려 생도를 가르치는 것이다.   <우는 제반 학문 지본의 기틀을 밝힌 것이다.>

성현의 모범을 우러러 덕문에 들고자 하는 것은 모름지기 고원하나 교육의 목적이 진실로 이에 있으니 불가불 닦고 익히지 않을 수 없음은 명백하다. 친애(親愛) 인혜(仁惠)의 감정을 고구하는 것과 양심을 발육하는 방법, 의사 및 덕행의 진보라도 스승을 얻지 못하면 목적을 달성할 수가 없다. 그러므로 널리 배우고 모난 데 없이 더 진보하고 더 연구하는 것이 곧 도리의 가장 높음이 되고 관념의 가장 귀함이 되니, 그 정서가 합쳐지며 마음이 생겨나는 것은 곧 진리를 사랑하고, 미를 좋아하고, 선을 숭상하고 종교를 경애하는 것이다.   <우는 스승을 가리는 길을 밝힌 것이다.>

진리를 사랑하는 정서에도 차등이 있으니 오직 거짓과 허위를 두려워하는 것은 열등한 것이요, 도리를 탐구하고 가식과 허황됨을 배척하는 것은 고등한 영역이다. 베인이 진실과 정의와 인혜가 근본적인 세 가지 큰 덕이 된다고 하니 그 진리를 수양하고자 하면 곧 진실의 사례를 보이는 것보다 나음이 없다. 엣지우오스 여사가 말하기를 정의와 진실은 아동 교육의 가장 좋은 방책이라 하나 아동은 진실의 실례를 들어 만족하기 어려우며, 마땅히 진실을 시험하고 조사할 때 부모가 교사가 되어 불가불 근신 경계하지 않을 수 없는 것이다. 만약 그 사실을 천착하여 밝힐 수 없고, 은닉하여 그 기제를 밝힐 수 없다면 아동이 은닉한 바를 물리쳐 장래의 행함에 해가 됨을 양성할지니 가히 두려워하지 않을 수 있으며 가히 살피지 않을 수 있겠는가.

<우는 진리를 사랑하는 정의 근본을 밝힌 것이다.>

마리온이 허언을 교정하는 방법은 아동이 한 번 허언을 하거든 그것을 믿지 말고 그 말한 바를 다시 친구의 말에 따라 그렇지 않음을 증명하면 되며, 만약 그 엄숙함과 비탄하는 소리를 싫어하여 금지할 수 없고, 그 말을 믿으면 큰 잘못을 면하기 어렵다 하니 반드시 사우의 바른 말로 인도하여 깨우쳐, 불가불 깊이 믿는 이유를 밝히고 간절히 설명하여 스스로 후회하게 해야 한다. 진실로 이러한 조치를 다하여, 이로써 아동을 훈계하면 감화의 목적이 된다. 그러나 이상 진술한 바는 단순히 자신을 아는 말에 불과한 진리인 고로 탐구에 미치는 것은 아니다.

<우는 아동의 진실을 시험하고 조사하는 방법을 밝힌 것이다.>

진실 탐구법은 먼저 아동의 호기심을 돕는 능력이니 아동이 만약 호기심으로 역사를 읽거든 마땅히 그 기호에 의지하여 역사를 가르친 후 가설을 펼치게 하고 참된 경지로 사상력에 적합하게 하고 곤란하지 않게 하니 능히 스스로 (그 의미를) 맛볼 수 있게 하여 논증하는 능력을 기르게 한다. 또한 비평적 사상을 익히게 하여 그것을 열심히 강구하면 의미가 명백하여 능히 말로 표현할 수 있고 자기의 견해로 습관화하여 진보하니 마땅히 수학, 기하학, 논리학 등으로 진리를 배우는 데 이르도록 하는 것이다.

<우는 진실 탐구법을 설명한 것이다.>

  심미가 어떤 것인지 알고자 할진대 불가불 심미학을 배워야 할 것이니 그것은 무엇인가. 곧 교육상 미를 알게 하는 것밖에 다른 것이 아니다. 이른바 미라는 것은 무엇인가? 이것은 말로 하기 어렵다. 대개 미라는 것은 천연물과 인공물로부터 비롯하여 우리들의 이목을 자극하는 것이니 그 미묘한 맛을 비유하기 어렵다. 진실로 고상하고 깊고 우아하나 아동이 그것을 알지 못할지라도 역시 능히 느낄 수 있어 아름답고 화려한 도화를 사랑하고, 농염한 꽃을 즐기니 교육으로 하여금 이를 완전하게 발전시키고자 한다면 마땅히 자연적 성질을 연습하도록 해야 한다. 자연이라는 것은 원래 인류의 본성이며 천지의 자연미는 모든 미를 측량하는 마음에서 만들어지며 문학상의 아취는 우미(優美)한 호기심이 된다. 그리고 음악의 풍류와 운치는 미감을 기르게 하니 미육의 덕으로 발현하게 하고 감상할 수 있는 것을 모조하는 것과 기술을 감상하는 것과 풍치라는 것이 그 도리와 본성을 돕도록 하는 것이다.

<우는 심미의 이치를 밝힌 것이다.>

  플라톤이 말하기를 우리들이 그 재지력으로 말미암아 미려와 아치 및 우주의 무궁한 기술을 구하지 않을 수 없다고 하니 이를 구하는 것은 곧 연소자에게 무해하고 건전한 것이 된다. 그 고상한 천연 성질의 호기가 흘러나와 이목에 닿게 하여 사위(四圍)를 따르고 호흡하는 것이요, 이른바 선이라는 것은 처음 명명(冥冥)의 시간으로부터 모방하기를 좋아하여 도리와 진리의 아름다움을 조화롭게 하는 것이다. 또한 마리온은 미의 본성은 질서와 조화라고 하였으니 이는 아동 교육에서 비교할 가치가 없는 것이다. 그 근원이 모름지기 상상과 지력 작용에 있으나 심정 작용으로 바뀌고 다시 표현

되어 우미하고 아치스러운 겉모습이 되니 이 작용으로 가지런하고 균등하게 표현함을 일컬음이다. 좋은 취미는 곧 자중 자존의 형상이요, 미술은 인간 쾌락의 근원이니 인간의 쾌락을 어찌 하루라도 버릴 수 있겠는가. 미술의 청순한 쾌락은 정신의 번로와 부패를 크게 줄이니 사업을 성취하는 데 큰 스승이 된다. 수주아도미루는 과학사상이 풍부하며 진리의 광휘로 말미암아 문질이 빈빈한 사람은 미술의 쾌락을 느끼지 못한다고 하니 이는 비록 철학자의 말이지만, 오직 소학교에서는 특별한 학과가 아니라 도화와 기구의 배치, 음악의 연습, 교실과 가옥의 청결, 박물관 진열품 참관, 봄 언덕의 농염한 벗과 예쁜 버드나무, 황금색의 꽃, 붉은 물결의 복숭아꽃, 가을의 은빛 달, 새의 소리와 메뚜기 소리를 직접 또는 간접을 가리지 않고 발육하지 않을 수 없으며 함양하지 않을 수 없으니 이것이 가히 미육(美育)이 된다.

<우는 미육의 정의와 선을 숭상하는 것을 포함하여 설명한 것이다.>

천하에 사대 종교가 있으니 첫째는 유교요, 둘째는 불교, 셋째는 천주교, 넷째는 회회교이다. 유교는 요순 우탕 문무 주공 공자로부터 전해오는 도요, 불교는 구담씨가 전해온 도며, 이른바 천주교는 야소교법으로 유럽에 널리 퍼져 있으니 지금 여러 지역에 만연하고 있으며, 이른바 회회교는 마호메트로 비조를 삼으니 마호메트가 진선제 대건 2년에 태어나 아시아와 인도 사이에 교를 행한 것이다. 무릇 세계 모든 나라의 종교의 같고 다름은 천지 자연의 도리이니 오직 자국 종교를 공경하고 세계 문명 풍속을 병행하면 이로 말미암아 부강한 도가 될 것이다.

<우는 종교를 공경하는 의미를 밝힌 것이다.>

제6장 체육론

체육은 신체로 하여금 불완전하거나 허약한 폐를 없애고 건강하게 발달하도록 한 연후에 충군애국의 뜻과 애친경장의 도리와 기타 일평생 천만 사업이 가히 성취할 것이니 우리들이 불가불 배워야 할 것이다. 위생 생리 및 해부 조직 등의 학문이 그것이로되 상세히 설명하기 어려워 다음에 간략히 진술하고자 한다.

<우는 체육의 의미를 밝힌 것이다.>

사람은 모두 머리가 있고 그 가운데 피육(皮肉)에 덮인 것이 있으며 뇌수의 두개골을 포함하니 두개골은 두경(頭頸)에 위치하여 척항(脊項)과 연결되어 있으며, 목의 윗부분에 인후가 있어 두 기관이 나뉘어 있으니 하나는 기관이요, 하나는 식도이다. 이들이 무수한 근육에 덮여 있어 척량(脊樑)의 전면에 목과 어깨가 수평하게 닿아 있으니 신체의 큰 강(腔)을 통하고 그 상부의 뼈에 미치도록 되어 있다.   <우는 두경 및 인후의 위치를 밝힌 것이다.>

기관은 모름지기 폐에 멎도록 되어 있으나 식도는 뼈를 지나 척

골과 밀접하여 횡경막의 작은 구멍을 지난 뒤 배에 도달하여 위에 이르러 확장되고 다시 협소한 배가 되며 굽은 뒤에 멈추도록 되어 있다. <우는 기관과 식도의 구별을 설명한 것이다.>

수족은 장기에 부탁되어 빈 강(腔)이 없고 좌우 두 개가 있으며 기타 내장 신장 폐도 각각 둘로 나뉘어 있으되 오직 머리와 척수(頭脊髓)는 하나가 있어 좌우가 동일한 형상이니 곧 좌측과 우측이 각각 독립하여 운동한다. <우는 수족의 운용을 설명한 것이다.>

골격은 각각 독립하여 있는 물건이 아니요 서로 연결되어 있어 근육을 조직하는 것이니 그 뼈들이 서로 유지하고 있는 것을 관절이라고 한다. 관절부는 역시 늑대와 섬유대가 있어 혹은 충격을 받더라도 부러지거나 상처가 생기지 않는다. 그러나 운동이 지나치면 늑대를 손상하여 간혹 곰팡이균이나 분비 기관에 병이 생기며, 낮은 책상에 의지하거나 신체를 구부리면 곧 몸이 굽어 다시 치료하기 어려우니 병이 있는 사람은 양약을 복용하여 그것을 치료해야 하므로, 신체가 굽는 일을 하는 사람은 시간 날 때마다 운동을 해야 한다. 지금 교사(校舍) 중에 낮은 책상에 의지하는 경우가 적지 않으니 걱정되는 까닭에 궤안의 형식이나 장단 고저를 관리 서부에 기록해야 한다. <우는 골절이 연접한 형상을 설명한 것이다.>

정신을 발양하는 것이 가장 효과적이니 수영 수렵 박물 채취와 같은 유희는 자세히 서술할 경황이 없지만 특히 소학교에 적당한 유희법은 위험이 없는 체조가 가할 것이다. 체조는 운동 목적뿐만 아니라 규율을 바르게 하고 용기를 북돋워 애국의 지기를 발달시

킬 수 있다.   <우는 체조의 효능을 설명한 것이다.>

먹는 것은 쌀과 보리 및 우육, 우유, 생선, 야채 등이 가장 적절한 맛을 이루니 여름에는 보리밥과 야채류를 증가하고 겨울철에는 기장밥과 소고기류를 증가하면 좋다. 우리 동양의 여러 나라들이 현금 소비하는 물건이 인류의 음식에 적합하지 않음이 없으나 구약(蒟蒻)이나 연초 및 다량의 주정(酒精)은 유해할 뿐 유익하지 않으며 또한 찬물을 마시거나 끓는 탕을 먹으면 심히 마땅하지 않으므로 그 조리법을 불가불 주의해야 한다. 소학교 아동에게는 마땅히 음식을 먹을 때 비록 추운 겨울이라도 한 사발의 차를 시음하도록 해야 하며 혹은 지나치게 끓는 탕을 마시며 혹은 씹는 류가 부족함을 가장 경계해야 한다.   <우는 음식의 조리를 설명한 것이다.>

스펜서가 말하기를 생활상에 성공의 제일 요결은 물건을 잘 운용함에 있고 국가 부강의 제일 요령은 국민이 모두 선량한 사람들이 되는 데 있다 하니 비단 전쟁의 승패에 병사의 강함과 용맹 강건이 결정하는 것이 아니며, 상업 사회의 쟁투도 생산자에 기인하여 신체의 강건과 인내력이 어떠한가에 따라 결정되는 것이니 만약 체육을 게을리하고 신체가 허약하면 지식과 의사를 갖추더라도 활동할 수 없다.   <우는 체육의 필요를 밝힌 것이다.>

위생과 체조는 곧 체육의 두 근본 요소이며 가정에서 어린아이로 가정에서 (체육을) 영위하고자 한다면 곧 자연 체조법이 가장 좋은 방책이다. 이로써 부잣집이라도 여자는 곧 음식 도구와 침구 등을 내고들이며 청소하는 일을 하도록 하며, 남자는 곧 가사를 보조하는 일을 힘쓰게 하여 아침저녁으로 게을리하지 않으면 곧 신체가 강건하고 튼튼해 져 병이 없고 평안하며 절약과 깨끗한 소질과 화순한 덕행이 또한 이에 따라 발달한다. 이러한 기술로써 행하면 육칠 세 남녀는 곧 좋은 결과를 얻게 될 것이다. (신체 건강에) 우유를 먹이는 것은 청소를 시키는 것만 못하며, 아로이로나도를 복용하는 것은 나아가고 들이는 것을 시키는 것만 못하며, 입으로 절검을 외치는 것은 생산의 업을 하게 하는 것만 같지 못하니 이는 일거양득의 교육 방법이다.   <우는 체육의 방편을 설명한 것이다.>

루소가 말하기를 위생은 일종의 덕이며 학문이 아니라고 하였으니 몸을 움직임에 절도에 맞게 하고 음식을 절제하며 의상을 세척하는 것이 곧 위생이니 일종의 체육의 덕으로 일컫는 것이 마땅하다. 그러므로 학교나 가정을 불문하고 진실로 위생의 취지의 기틀은 반드시 행해야 하나 아동으로 하여금 간고(艱苦)를 참고 강건하게 발달하게 하는 것은 향당의 풍속에 적합하며 우유박약(優柔薄弱)이 경도인(京都人)과 같은 기풍[62]이 되어서는 안 된다.

<우는 위생 체육을 설명한 것이다.>

아동은 수면에 절도가 있어야 하니 새벽을 기다려 일어나도록 하며 24시간을 3등분하여 그 중 하나로 잠을 자게 하되 침실은 곧 한난과 채광을 완전하게 하지 않으면 안 된다. 욕실에 들어가는 것과 같이 일정한 온도와 시간을 유지하고 기타 방안의 매연과 궤안의 불결과 창문 담장 벽의 오물은 아동에게 제반 덕목의 청결함을

---

62 優柔薄弱은 不可如京都人之風也: 문맥상 경도인은 일본의 교토 지역 사람들로 해석되나 정확하지 않음.

해치고 또 체육의 본의를 상하게 하는 것이다. 그러므로 가정이나 학교에서 마땅히 삼가고 경계해야 할 바이다.

<우는 아동 보호법을 설명한 것이다.>

병식 체조는 통상 체육 이외에 의와 용을 기르며 무예를 연마하여 애국심을 분발하고 규율과 명령을 준수하여 잃지 않게 하는 것이 이 과만 한 것이 없다. 진실로 그렇지 아니하면 곧 나라의 간성이 없으며 종차 음우(陰雨)가 부족하고 준비를 잃게 되니 이 또한 국가에 중대한 관련이 있으므로 불가불 미리 수련하지 않으면 안 된다.

<우는 병식 체조의 효과를 설명한 것이다.>

체육은 신체 건강과 강장에 도움이 될 뿐만 아니라 지력을 발달시켜 민첩하고 단정하여 결단과 질서를 몸에 배게 하는 효능이 있으니 대체로 국가 교육에 합치하며 실업 교육의 요지가 된다.

<이상은 체육의 효능을 통합하여 논한 것이다.>

찾아보기

허재영

[현재] 단국대학교 교육대학원 교육학과 국어교육 조교수.

[연구] 국어 문법사를 전공하고, 국어 교육사 및 한국어 교육사 연구에
　　　힘쓰고 있음.

『우리말 연구와 문법 교육의 역사』(2008, 보고사),『일제 강점기 교과서
정책과 조선어과 교과서』(2009, 경진),『통감시대 어문 교육과 교과서
침탈의 역사』(2010, 경진) 등의 저서가 있으며, 국어 문법사 및 국어 교
육사와 관련된 다수의 논문을 발표하였음.

근대 계몽기의 교육학 연구와 교과서

초판 인쇄 | 2012년 4월 11일
초판 발행 | 2012년 4월 18일

편   자   허재영

책임편집   윤예미

발 행 처   도서출판 지식과교양
등록번호   제 2010-19호
주   소   서울시 도봉구 창5동 262-3번지 3층
전   화   (02) 900-4520 (대표)/ 편집부 (02) 900-4521
팩   스   (02) 900-1541
전자우편   kncbook@hanmail.net

ISBN 978-89-94955-80-3 93370   정가 42,000원

이 도서의 국립중앙도서관 출판도서목록(CIP)은 e-CIP홈페이지(http://www.nl.go.kr/ecip)에서
이용하실 수 있습니다. (CIP제어번호: CIP2012001727)